Jörg Stabenow **Architekten wohnen** Ihre Domizile im 20. Jahrhundert

Jörg Stabenow

Architekten wohnen

Ihre Domizile im 20. Jahrhundert

Verlag Bauwesen

Coverabbildung: Haus Ungers, Belvederestraße 60, Köln-Müngersdorf,
Ansicht von Norden

Die Deutsche Bibliothek – CIP-Einheitsaufnahme

Stabenow, Jörg:
Architekten wohnen: ihre Domizile im 20. Jahrhundert /
Jörg Stabenow. - Berlin: Verl. Bauwesen, 2000
ISBN 3-345-00735-5

ISBN 3-345-00735-5

Verlag Bauwesen
10400 Berlin, Am Friedrichshain 22
Printed in Germany
Gesetzt aus: Caxton light
Reproarbeiten: Karl Findl & Partners GmbH & Co. KG
Druck und Bindearbeiten: Westermann Druck Zwickau GmbH
Lektorin: Renate Marschallek
Gesamtgestaltung: Marlies und Sieghard Hawemann
Herstellung: Rainer Spitzweg

Inhalt

8 Dank

9 Einleitung

9 ›Künstlerhäuser‹ · 10 Architektur des Wohnens · 12 Leitsektor Wohnbau · 13 Architektenhäuser im 19. Jahrhundert: England und Deutschland · 14 Thematisierung des Wandels · 16 Wege der Interpretation · 16 Bauen und Kunst · 17 Acht Wohngeschichten

18 Der Imperativ des Zeitgemässen: **Otto Wagner**

20 Theorie · 20 Die erste Villa · 23 Das Billardzimmer · 24 Der Atelieranbau · 26 Die zweite Villa · 29 Häuser von Wagner-Schülern: Brüder Gessner, Jan Kotěra · 31 Ornamentlosigkeit statt moderner ›Bekleidung‹? · 33 Von der ›freien Renaissance‹ zur Moderne · 35 Wohnsitze in der Stadt · 38 Neustil versus modische Innovation

40 Die Aktualität der Tradition: **Theodor Fischer**

41 Wohnhausbauten eines Generalisten · 42 Das ›Laimer Schlößl‹ · 45 Biedermeierliche Modelle: Paul Bonatz, Paul Schmitthenner · 47 Baumeisterliche Ethik und geistige Aristokratie · 48 Der Ort Laim · 49 Schlederloh · 49 Das regionale Vorbild · 51 Gabriel von Seidl: ein ländliches Capriccio · 53 Richard Riemerschmid: ein rustikales Gesamtkunstwerk · 54 German Bestelmeyer: der Typus als Dogma · 55 Beinahe ein Kleinhaus · 56 Zwischen Goethe und Dürer. Ikonographisches · 56 Gesten der Bescheidenheit

58 Retrospektive Erneuerung: **Fritz Höger**

59 Kontext Heimatschutz · 61 Magdalenenstraße 70: ein polemischer Umbau · 64 Fritz Schumacher: Distanz statt Polemik · 65 Bekenreihe: eine autobiographische Rekonstruktion · 68 Das Bauernhaus als Leitbild · 71 Suche nach Dauer · 72 Identifikation mit dem Urtyp · 73 Bernhard Hoetger: Künstler-Exzentrik statt Handwerks-Ethos · 76 Vision einer Synthese

78 Die Metropole der Avantgarde: **Le Corbusiers Paris**

80 Ein Maler als Pionier modernen Wohnens: **die Maison Ozenfant**

80 Paris als Künstler-Wohnstadt · 84 Ozenfant und Jeanneret · 85 Avenue Reille 53: das Haus des puristischen Künstlers · 89 Vom Atelierhaus zum Wohntyp · 90 Parallelismus der Kunstgattungen · 92 Der Künstler, Wegbereiter eines neuen Zeitalters · 94 Leitbild für Künstler und Architekten: Theo van Doesburg, Ernst May, Konstantin Melnikow · 96 Aus der Mansarde ins Dachappartement

98 Die Eroberung der Dachzone: **Auguste Perret**

99 Rue Franklin 25bis: das Pathos der Innovation · 104 Häuser von Zeitgenossen: Hector Guimard, Paul Guadet · 106 Rue Raynouard 51-55: die Beharrlichkeit einer Recherche

110 In der Rolle des Künstlers: **Le Corbusier**

111 Rue Nungesser-et-Coli 24: ein ›plan libre‹ für den Architekten · 116 ›Grands travaux‹ · 117 ›Ville Radieuse‹ · 117 Dachterrasse und Stadtpanorama: das Appartement de Beistégui · 119 Steinwand und Tonnendach · 121 Fundstücke · 122 Ein archaisches Idol · 124 Maleratelier eines Architekten · 125 Auguste Perret, Vorbild und Kontrahent · 128 Pierre Patout: die Kommandobrücke des Baumeisters · 129 Die Dachwohnung wird zum Topos · 130 Epilog: der Architekt in der Hütte

132 Der Avantgardismus des Kollektivs:
Walter Gropius und die Dessauer Meisterhäuser

133 Der Ort in der Geschichte des Bauhauses · 135 Einzelhaus und Doppelhäuser · 139 Ergebnis einer Stil-Suche · 142 Auf dem Weg zum Systembau · 144 Das Direktorenwohnhaus: Baukunst, die dem Leben dient · 145 Künstler siedeln · 147 Vorläufer: Darmstadt und Hagen · 152 Die Identität des Kollektivs · 154 Elite und Volk · 154 Die Meisterhäuser: Ideal und Wirklichkeit

158 Die Zukunftsmacht der Form: **Erich Mendelsohn**

159 Großbauten und Wohnhäuser · 161 Am Rupenhorn · 165 Ein Buch zum Haus · 167 Jenseits des Funktionalismus · 168 Ein modernes Gesamtkunstwerk · 172 Rückblick: das Haus Behrens · 173 Facetten einer Künstler-Rolle · 175 Brüder Luckhardt: Wohnen im Versuchsgelände · 177 Bruno Taut: zwischen Norm und Symbol · 180 Hans Poelzig: die Sachlichkeit des Baukünstlers · 182 ›Ein kostspieliges Haus‹ · 182 Am Rand des Hauptstroms · 183 Epilog: ein Elfenbeinturm · 184 *Anhang: Amédée Ozenfant, Für Erich Mendelsohn*

188 Selbstkritik der Moderne: **Oswald Mathias Ungers**

190 Das Wohnhaus: am Kopf der Zeile · 192 Ein Manifest · 192 Kunstwerk-Charakter und Ortsbezug · 193 Abgrenzung und Zuwendung · 194 Eigene Zeit und Tradition · 195 Programmatische Konfrontation · 196 Stellungnahme in einer Architekturdebatte · 196 Erprobung einer Entwurfsmethode · 197 Der Bibliotheksanbau: Ergänzung und Widerspruch · 200 Eine private Architekturgeschichte · 200 Wahlverwandtschaften und Ewigkeitswerte. Ikonographisches · 202 Palladio in der Eifel · 203 Postscriptum: aphoristische Variationen · 205 *Anhang: Reinhard Gieselmann und Oswald Mathias Ungers, Zu einer neuen Architektur*

206 Die Permanenz der Utopie: **Frei Otto**

207 Das Haus und die Stadt von morgen · 211 Warmbronn · 215 Falle für Sonnenstrahlen und bewohntes Gewächshaus · 216 Maschine und Nest · 217 Bezüge im Werk · 218 Innovation und Kontinuität · 219 Wohnen als Experiment · 220 Bautechnik und Wohnhygiene: Rudolph Michael Schindler · 222 Domizile von Konstrukteuren: Jean Prouvé, Richard Buckminster Fuller · 224 Spiegel einer Haltung · 225 Widerschein einer Utopie

227 Überschau

227 Architektonische Bekundungen und ihr zeitlicher Kontext · 230 Die Position im Gesamtwerk · 230 Architekten ohne selbst gebauten Wohnsitz · 231 Vorbildliche Bewohner · 232 Exemplarische Bauten · 233 Utopische Signale · 233 Individualistische Manifestationen · 235 Architekten als Künstler · 236 Strategien der Repräsentation · 236 Vorzugslagen · 237 Pluralität und Konvergenz · 238 Bis heute

241 Häuser und Wohnungen von Architekten im 20. Jahrhundert
Ein Katalog

Anhang
261 Literatur
276 Abbildungsnachweis
277 Personenregister

Dank

Die Anregung zur vorliegenden Arbeit verdanke ich Hans-Peter Schwarz. Er lenkte mein Interesse auf das Wohnen der Architekten und weckte meine Begeisterung für das Thema. Hermann Hipp, Universität Hamburg, danke ich für kontinuierliche Beratung, für Ermunterung und Geduld. Von Wolf Tegethoff, Zentralinstitut für Kunstgeschichte, München, erhielt ich Rat und stetige Unterstützung, wofür ich ihm herzlich danke.
In vielen Einzelfragen war ich auf die Hilfe von Spezialisten angewiesen. Für Kritik, Hinweise und weiterführende Informationen danke ich insbesondere Martin Bressani, Helmut Gebhard, Wolfram Hagspiel, Peter Haiko, Ita Heinze-Greenberg, Torkild Hinrichsen, François Loyer, Dörte Nicolaisen, Wolfgang Saal und Julius Posener. Ferner danke ich Paul Asenbaum, Klaus Dammann und Markus Kristan, die mir ihre unpublizierten Arbeiten zur Verfügung stellten.
Zu Dank verpflichtet bin ich all jenen, die mir Archivmaterial zugänglich machten und damit meine Arbeit wirksam unterstützten: Achim Wendschuh und Matthias Schirren, Akademie der Künste Berlin, Magdalena Droste, Bauhaus-Archiv Berlin, Theo Böll, Kunstbibliothek Berlin, Wilfried Rottmann, Staatsarchiv Hamburg, Winfried Nerdinger und Birgit-Verena Karnapp, Architekturmuseum der TU München, Christian Pixis, München, Evelyne Tréhin, Fondation Le Corbusier, Paris, Réjean Legault und David Peyceré, Institut Français d'Architecture, Paris.
Mein Dank gilt außerdem Gerhard Ahrens, Ernst Fuchs, Rob Krier, Dieter Langmaack und Oswald Mathias Ungers, die mich die Schwelle des Privaten überschreiten ließen.
Gudrun Meyer begleitete meine Arbeit mit Sachkenntnis und Sprachgefühl. Thomas Will war mir ein kritischer und ausdauernder Gesprächspartner. Ihnen beiden bin ich sehr dankbar.
Die Arbeit wurde von 1989 bis 1991 durch das ›Kunststipendium‹ der Universität Hamburg, von 1991 bis 1992 durch ein Promotionsstipendium der Friedrich-Naumann-Stiftung gefördert.
Bei der Drucklegung halfen die Rudolf-Lodders-Stiftung, Hamburg, und die WK-Erwin Hoffmann-Stiftung, Neu-Isenburg, in großzügiger Weise.
Dem Verlag Bauwesen, insbesondere meiner engagierten Lektorin Renate Marschallek und dem einfühlsamen Graphikerehepaar Marlies und Sieghard Hawemann, danke ich für das Vertrauen in die nunmehr vorliegende Publikation.

Jörg Stabenow

Einleitung

Als ›Visitenkarten‹, ›Demonstrationsobjekte‹, ›gebaute Manifeste‹ werden die Häuser beschrieben, die Architekten für sich selbst gebaut haben. Ihre Gemeinsamkeit besteht darin, dass in ihnen der Architekt als sein eigener Bauherr auftritt. Ungebunden durch die Wünsche eines fremden Auftraggebers, kann er persönliche Vorstellungen in die Realität übersetzen. Mehr als bei anderen Bauaufgaben bietet sich ihm im eigenen Hausbau die Möglichkeit, Aussagen zu treffen, Signale zu geben, Ideen mitzuteilen. Der so vorgetragenen Botschaft verleiht der Architekt Glaubwürdigkeit, indem er selbst hier wohnt. Es ist die Identität von Entwurfs- und Wohnpraxis, die den besonderen Charakter des Architektenhauses ausmacht. Berufsausübung und Lebenswirklichkeit begegnen sich im Bau, theoretische Positionen und utopische Versprechungen werden überprüfbar.[1]

Die folgende Untersuchung versteht das Architektenhaus als Instrument eines ›Redens über Architektur‹. Sie fragt einerseits nach den Inhalten, die im Wohnen der Architekten zur Sprache kommen, andererseits nach der Art und Weise, wie sich die Vermittlung dieser Inhalte vollzieht. In acht personenbezogenen Einzelkapiteln werden die Standpunkte herausgearbeitet, welche Architekten in ihren Wohnsitzen zum Ausdruck bringen. Neben individuellen Hausbauten werden dabei auch Wohnungen in städtischen Etagenwohnhäusern berücksichtigt.

Den zeitlichen Rahmen der Studie bildet das 20. Jahrhundert, also jener Zeitraum, in dem die ›moderne Architektur‹ sich formierte, durchsetzte und schließlich einer kritischen Revision unterzogen wurde. Architekten haben im Bau ihrer eigenen Häuser diesen Vorgang begleitet, kommentiert und mitunter beeinflusst. Das Interesse der Studie gilt nicht nur den Parteigängern einer fortschrittsorientierten Moderne, sondern auch ihren traditionsbewussten Widersachern, nicht nur den zielstrebigen Neuerern, sondern auch den behutsamen Reformern. Der Blickwinkel der Betrachtung konzentriert sich auf Deutschland, ohne die internationale Entwicklung außer Acht zu lassen. Wichtige Hausbauten aus den europäischen Nachbarländern, aber auch aus den USA, sind mit einbezogen. Nicht beabsichtigt ist eine lückenlose Vorstellung aller prominenten Vertreter der Spezies ›Architektenhaus‹. Jedoch vergegenwärtigt ein im Anhang beigegebener Katalog durch mehr als 400 Beispiele den weiteren Umfang des Gegenstands.

›Künstlerhäuser‹

Nur unter dem Oberbegriff des ›Künstlerhauses‹ wurde das Wohnen der Architekten bisher übergreifend behandelt. Vor allem die Arbeiten von Hans-Peter Schwarz[2] und Christine Hoh-

1 Zum Thema liegt bisher vor: Dammann 1987. – Von den wenigen Einzelstudien seien genannt: Bechstein 1985. – Levine 1988. – Haiko 1990. – Osteneck 1991. – Jaeger, Roland 1995. – Kirsch 1996, S. 140–148, 160–181 u. 191–206. – Sbriglio 1996. – Kraft 1997.

2 Schwarz 1990. – Vgl. auch: Ders. 1989.

Slodczyk[3] sind in diesem Zusammenhang zu nennen.[4] Beide Autoren untersuchen die Wohnsitze von Architekten gemeinsam mit den Häusern von Malern und Bildhauern. Ein solches Vorgehen ist sinnvoll für das von Schwarz betrachtete 16.–18. Jahrhundert; für das 19. Jahrhundert, mit dem sich Hoh-Slodczyk beschäftigt, erscheint es jedoch problematisch. Waren im ›Zeitalter der Universalgenies‹ die künstlerischen Disziplinen nicht selten in einer Person vereint, so begann am Ende des 18. Jahrhunderts eine fortschreitende Spezialisierung des Architektenberufs. Der entwerfende Maler wie auch der malende Architekt wurden nun zu Ausnahmen. Die Ablösung der Baukunst von den Schwesterkünsten spiegelt sich in der schrittweisen Emanzipation der Architektenausbildung von den Kunstakademien.[5] Zwar verstand der Architekt seine Tätigkeit weiterhin als eine künstlerische, doch diese Tatsache verlor ihre Selbstverständlichkeit und muss seitdem stets von neuem bekräftigt werden.

Während sich der Maler oder Bildhauer im ›Künstlerhaus‹ einen kongenialen Rahmen für seine Arbeit schafft, gibt der Architekt mit dem Bau des eigenen Domizils eine unmittelbare Probe seines Könnens. Gerade zur Feststellung von Überschneidungen zwischen den Häusern von Architekten einerseits, Malern und Bildhauern andererseits ist es wichtig, auf diesen prinzipiellen Unterschied hinzuweisen. Die Frage nach dem Kunst-Charakter des Bauens gehört zu den Themen, zu denen der Architekt in seinem Hausbau Stellung nimmt. Nur bei Anerkennung einer grundsätzlichen Differenz zum ›Künstlerhaus‹ wird es als Besonderheit wahrnehmbar, wenn auch der Architekt sich in seinem Wohnen als Künstler ausweist.

Hans-Peter Schwarz möchte im ›Künstlerhaus‹ eine eigenständige Bauaufgabe mit klaren typologischen Konturen erkennen.[6] Diese Einschätzung ist plausibel vor allem für die italienischen Künstler-Wohnsitze des 16. Jahrhunderts. Im Rückgriff auf humanistische Konzepte zum Wohnen des Gelehrten bildeten Künstler im höfischen Umfeld zusammenhängende Programme aus, mit denen sie einen höheren gesellschaftlichen Rang für sich einforderten. Schon damals handelte es sich allerdings weniger um einen ›Bautyp‹ als um eine Verfestigung ikonographischer Systeme. Nicht architektonische Konstanten, sondern Elemente der Ausstattung und die durch sie vermittelten sozialen Ambitionen bestimmten die Eigenart des ›Künstlerhauses‹.[7]

Fügen sich die Künstlerdomizile der Frühzeit zu einem relativ geschlossenen Bild, so gibt das Wohnen des Künstlers seit dem späten 18. Jahrhundert Anlass zu einem breiten Spektrum von Manifestationen. Entsprechend groß ist die Mannigfaltigkeit der Erscheinungen, die Christine Hoh-Slodczyk unter dem Begriff des ›Künstlerhauses‹ subsumiert. Die Domizile, die sie untersucht, reichen vom neogotischen Landsitz ›Strawberry Hill‹ des Schriftstellers Horace Walpole bis zum Wohnhaus des Porträtisten und ›Malerfürsten‹ Franz von Lenbach, von der Geburts-, Grab- und Ruhmesstätte des Bildhauers Antonio Canova bis zum Haus ›Bloemenwerf‹ des angehenden Architekten Henry van de Velde. Die Vielfalt der Einzelfälle lässt einen typologischen Gesamtumriss nur noch schwer ausmachen. Den übergeordneten Typus stellt nun das bürgerliche Wohnhaus dar, das Künstler und Architekten ihren jeweiligen Vorstellungen anpassen. Gehobenes Bürgertum und arrivierte Künstlerschaft orientieren sich an denselben Wohnleitbildern. Ein künstler-spezifischer Bautyp entsteht lediglich im städtischen Atelierhaus des Malers. Durch sein großes Atelierfenster unterscheidet es sich auch nach außen hin vom bürgerlichen Stadthaus. In seiner Verbreitung bleibt das Atelierhaus jedoch auf wenige Metropolen beschränkt.[8]

Architektur des Wohnens

Die angedeutete Differenzierung im Wohnen der Künstler vollzog sich im Rahmen einer generellen Aufwertung des Wohnbaus als Tätigkeitsfeld der Architektur: Erstmals wurde im 19. Jahrhundert das Wohnen in größerem Umfang architekturwürdig.[9] Zählten Architekten

3 Hoh-Slodczyk 1985.

4 Außerdem zum Thema: Hüttinger 1985. – *Wiener Künstlerwohnungen* 1990. – Vgl. auch: Stabenow 1989. Der Aufsatz behandelt vorwiegend Architektendomizile. Einige darin formulierte Überlegungen werden in der vorliegenden Arbeit revidiert.

5 Am Beispiel Münchens beschrieben durch: Nerdinger 1993, S. 10 ff.

6 Schwarz 1990, S. 4 f. – Analog auch: Schwarz 1989, S. 11 u. 13. – Stabenow 1989, S. 86.

7 Dies betont auch: Schwarz 1990, S. 4 f. – Als »typologisch offenes Mischwesen« charakterisiert das Künstlerhaus: Hüttinger 1985, S. 11.

8 Dass das Atelierhaus früh als selbständige Gattung begriffen wurde, zeigt die Berücksichtigung in Handbüchern: Schmitt 1901. Darin über Malerateliers: S. 34–69. – Städte, in denen zahlreiche Atelierhäuser gebaut wurden, sind Paris und Brüssel. Vgl. etwa: Delorme 1987. – *Kunstenaarsateliers* 1987.

9 Vgl. besonders: Brönner 1987, S. 19 f. – Muthesius, Stefan 1974, S. 55.

auf dem Gebiet des Wohnbaus bislang nur den Palast oder feudalen Landsitz zu ihren Aufgaben, so machten sie nun auch das einfache ›Haus‹ zum Gegenstand ihrer Arbeit. Es begann ein Prozess, in dessen Verlauf die traditionelle Hierarchie der Bauaufgaben außer Kraft gesetzt wurde. Der Wohnbau war nicht länger eine alltägliche Nebensache, die den handwerklichen Baumeistern überlassen blieb, sondern trat in den Horizont der Baukunst, die hier viel beachtete Leistungen erzielte. Den Hintergrund für diese Entwicklung bildeten die einsetzende Industrialisierung, das Wachstum der Städte und die steigende wirtschaftliche und kulturelle Bedeutung des Bürgertums. Das Wohnen im frei stehenden Haus mit Garten wurde zum Ideal eines prosperierenden Mittelstands.

In England, das gegenüber dem europäischen Kontinent die ökonomische Vorreiterrolle innehatte, setzte sich das neue Wohnideal am frühesten und nachhaltigsten durch.[10] Zahlreiche dem Hausbau gewidmete Publikationen und Vorlagensammlungen unterstützten den Aufschwung der Wohnarchitektur.[11] Als stilistisches Vorbild bevorzugten die Entwerfer von Einzelhäusern die italienische Renaissancevilla, die sie malerisch variierten. Daneben griffen sie auf Formen und Kompositionsmethoden der mittelalterlichen Gotik zurück. Eine Alternative zur Stilimitation bot die Orientierung am einfachen ländlichen Wohnhaus, dem ›Cottage‹. Bereits früh gingen von diesem volkstümlichen Bautyp Impulse zu einer Reform des Hausbaus aus. Mit fortschreitender Abnutzung der historischen Stilformen gewann das ländliche Modell an Attraktivität.

Die Konjunktur des Hausbaus in England spielte für die Rezeption der britischen Architektur auf dem Kontinent, insbesondere in Deutschland, eine wichtige Rolle. Zwar erreichte das Einfamilienhaus in Deutschland quantitativ nicht die Bedeutung, die es in England besaß. Doch es beherrschte auch hier in Konkurrenz zur städtischen Mietwohnung die bürgerlichen Wohnvorstellungen.[12] Etwas später als in England setzte in Deutschland die Reihe der Spezialveröffentlichungen ein, die die Aufwertung des Wohnhausbaus begleiteten.[13] Wie in England bestimmte die Dualität zwischen dem Vorbild der Renaissancevilla und einem gotisch inspirierten Haustyp die Wohnarchitektur. Im letzten Drittel des Jahrhunderts überlagerte ein immer freierer Stilpluralismus die divergierenden Hausformen.[14]

In einer Periode stilistischer Vielfalt war der Hausbau ein Schauplatz der Diskussion um den ›richtigen‹ Baustil. Als am Ende des Jahrhunderts das Unbehagen an der historistischen Entwurfspraxis wuchs, wurde das bürgerliche Wohnhaus zum Fluchtpunkt architektonischer Reformbestrebungen. Die Vorkämpfer einer künstlerischen und kulturellen Erneuerung konzentrierten ihre Arbeit auf die Wohnarchitektur. Die verschiedenen Ansatzpunkte der Reform – Kunstgewerbe, Kunsterziehung, Volkskunst – trafen sich im Wohnbau. »Alle Kunstpflege muß im Hause beginnen«, forderte Alfred Lichtwark, Direktor der Hamburger Kunsthalle und führender Kopf der Kunsterziehungsbewegung.[15] Der Berliner Architekt Hermann Muthesius formulierte: »Im Hause kann das Erziehungswerk zur Hebung des Geschmacks zuerst am wirkungsvollsten einsetzen«,[16] denn »die Wohnung ist das Bindeglied, das jeden Menschen mit der Architektur verknüpft.«[17] Damit übernahm der Entwerfer des Wohnhauses die Rolle eines Erziehers: »Ich will euer Wohnungslehrer sein«, verkündete Muthesius' Wiener Kollege Adolf Loos den Lesern seiner Zeitschrift ›Das Andere‹.[18] Als Zielgruppe solcher Erziehungsarbeit stellte sich Muthesius eine bürgerliche »Geistesaristokratie« vor:[19] »Es ist klar, daß hier zunächst nur die geistig Führenden in Betracht kommen können, wie denn die Kultur stets nur von wenigen gemacht worden ist.«[20] Von einer Verbesserung der bürgerlichen Wohnkultur erhoffte sich Muthesius eine pädagogische Breitenwirkung, die das ganze Volk erfassen sollte.

Von der Schlüsselrolle des Hausbaus für die Architektur der Jahrhundertwende zeugte 1901 die Darmstädter Ausstellung ›Ein Dokument deutscher Kunst‹, der als erster reiner Bauausstellung

10 Dixon/Muthesius 1978, S. 47 f.

11 Folgende einflussreiche Publikationen der ersten Jahrhunderthälfte seien hier genannt: Papworth 1818. – Parker 1832–41. – Loudon 1833.

12 Muthesius, Stefan 1974, S. 55 u. 70 ff.

13 Die wachsende Bedeutung des Wohnbaus kommt etwa in folgenden Publikationen zum Ausdruck: Ungewitter 1856. – Geul 1868. – Weichardt 1878.

14 Vgl. hierzu: Brönner 1987, S. 239.

15 Lichtwark 1899, S. 149. – Über Lichtwark: Präffcke 1986, besonders S. 199–219.

16 Muthesius, Hermann 1913, S. 497. Zitiert nach: Hubrich 1981, S. 104. – Die theoretische und praktische Leistung von Hermann Muthesius für die Wohnarchitektur der Jahrhundertwende hat herausgearbeitet: Posener 1979, S .127–158.

17 Muthesius, Hermann 1907, S. 54.

18 Loos 1903 a, S. 43.

19 Muthesius, Hermann 1903, S. 80.

20 Muthesius, Hermann 1909, S. 26 f.

historische Bedeutung zukommt.[21] Die Ausstellung präsentierte den Wohnbau als herausragendes Thema der kulturellen Erneuerung. Hauptexponate der kunstgewerblichen Leistungsschau waren die Wohnhäuser der neu gegründeten Künstlerkolonie auf der Mathildenhöhe.
Auch in der nächsten Phase architektonischer Modernisierung, im ›Neuen Bauen‹ der zwanziger Jahre, behielt der Wohnbau seinen Stellenwert als zentrales Anliegen der Reform. Der Kunsthistoriker Sigfried Giedion, Generalsekretär der Congrès Internationaux d'Architecture Moderne (CIAM), stellte 1929 fest: »Im Mittelpunkt der baulichen Entwicklung steht heute ohne Zweifel das Wohnen.«[22] Allerdings zielte Giedions Interesse – im Unterschied zu den Reformern der Jahrhundertwende – auf »die Wohnung für jedermann, die Gestaltung der Massenwohnung«. Ging es bislang um das Wohnen einer sozialen Elite, so traten nun die Wohnbedürfnisse der Masse in den Vordergrund. Vom bürgerlichen Wohnhaus verlagerte sich das Engagement der Neuerer auf die städtische Kleinwohnung. Dennoch blieb das Einzelhaus weiterhin Paradigma einer fortschrittlichen Wohnkultur. Wenn Giedion für die Vorzüge eines ›befreiten Wohnens‹ warb, dann sprach er stets vom »Haus«.[23] Auch der Kritiker Adolf Behne sah den Beginn der architektonischen Erneuerungsarbeit beim einzelnen Haus.[24] In der Form des Hausbaus erkannte er einen »didaktischen Wert«. »Und selbstverständlich ist es eine der wichtigsten Aufgaben des Architekten, bessere Wohnsitten heranbilden zu helfen.«[25] Noch entschiedener als Behne hob der Architekt Bruno Taut die erzieherische Bedeutung des Wohnbaus hervor. Die Bewohner, erklärte Taut, »werden durch die Anlage des Hauses in ihrem gegenseitigen Umgang und ihren gegenseitigen Beziehungen geführt. Die Architektur wird so zur Schöpferin neuer gesellschaftlicher Formen.«[26] Taut folgerte, »daß der Architekt mit seinen Häusern viel weiter in das Leben eingreift, als die Menge ahnt, daß er die Sitten und die Gewohnheiten eines ganzen Volkes beeinflussen und auf eine höhere Stufe stellen kann.«[27] Der hier vorgetragene erzieherische Anspruch ging über den pädagogischen Elan der Reformarchitektur um 1900 noch hinaus.
Erneut dokumentierte 1927 eine Bauausstellung die Konvergenz der zeitgenössischen Architekturtendenzen im Wohnbau. Auf Einladung des Deutschen Werkbunds führten auf dem Stuttgarter Weißenhof die Vertreter einer internationalen Avantgarde ihre Hausmodelle vor.[28] Wie bereits 1901 in Darmstadt, zeigte sich in Stuttgart der Hausbau als Spiegel und Schrittmacher der architektonischen Entwicklung.

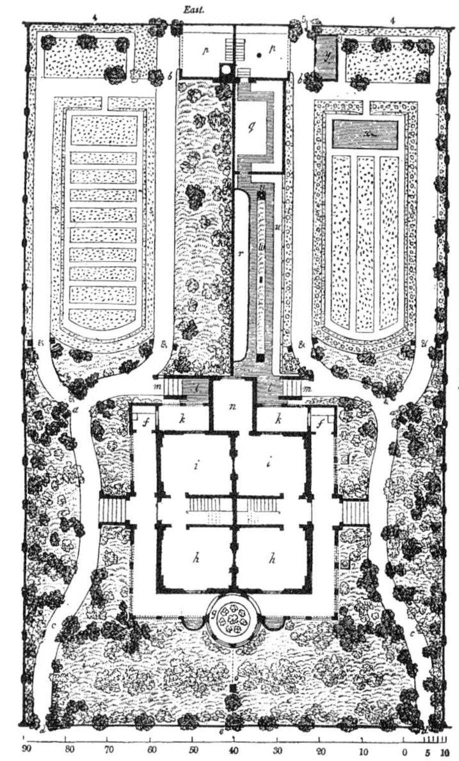

1 John Claudius Loudon, Doppelhaus mit Wohnung des Architekten, Porchester Terrace 3–5, London, 1823–24, Grundriss und Gartenplan

Leitsektor Wohnbau

Die Ausstellungen in Darmstadt und Stuttgart etablierten die Bauaufgabe Wohnhaus als Leitsektor des architektonischen Wandels. Von der zeitgenössischen Kritik wurde die zentrale Bedeutung des Wohnbaus innerhalb der Architekturentwicklung aufmerksam registriert. Dagegen hat die Geschichtsschreibung der modernen Architektur dem Wohnbau keine eigenständige Rolle zugebilligt. Durchaus typisch ist das Vorgehen Sigfried Giedions, der als ›Aktivist in der Einrichtungsfrage‹ für eine Reform des Wohnens eintrat,[29] aber als Historiograph der Moderne dem Thema ›Wohnen‹ eine eigene Behandlung verweigerte.[30] Herausragende Wohnhausbauten ordnete er als Einzelwerke in eine historiographische Gesamterzählung ein und nahm so dem Wohnbau seine Konturen als selbständiges, auf das ganze Architekturgeschehen ausstrahlendes Arbeitsfeld.[31] Eine an Entwicklungsphasen und Architektenpersönlichkeiten orientierte Erzählstruktur konnte der spezifischen Bedeutung der einzelnen Bauaufgabe nicht gerecht werden.[32] Auch in jüngerer Zeit haben nur wenige Autoren übergreifender Darstellungen den Wohnbau gesondert betrachtet.[33] Lediglich im Rahmen von Spezialveröffentlichungen wurde die Wohnarchitektur nach ihren eigenen Bedingungen

21 Über die Darmstädter Ausstellung: Kruft 1978. – Zur Geschichte der Bauausstellung: Cramer/Gutschow 1984, hier besonders S. 10 u. 94–103.

22 Giedion 1929, S. 10.

23 Ebd., S. 6 ff.

24 Behne 1927, S. 24.

25 Ebd., S. 30.

26 Taut 1929, S. 7.

27 Ebd., S. 13.

28 Zur Ausstellung auf dem Weißenhof: Kirsch 1987. – Tegethoff 1987. – Pommer/Otto 1991.

29 Mehlau-Wiebking/Rüegg 1989.

30 Giedion 1965.

31 Ähnlich verfahren z. B.: Benevolo 1964. – Tafuri/Dal Co 1976. – Frampton 1992.

32 Als epochenübergreifende Betrachtung nach Bauaufgaben blieb eine Ausnahme: Pevsner 1976. Die Gattung Wohnbau wird in dem Band nicht berücksichtigt.

33 Für das 19. Jahrhundert widmen dem Hausbau eigene Kapitel: Hitchcock 1958, S. 253–279. – Mignot 1983, S. 272–300. – Den Stellenwert der »Neuen Wohnung« innerhalb des Neuen Bauens hebt hervor: Huse 1985, S. 64–86.

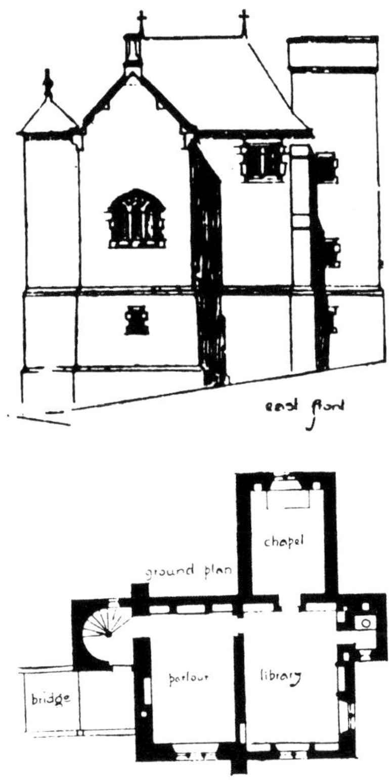

2 Augustus N. W. Pugin, ›St. Mary's Grange‹, Wohnhaus des Architekten, Alderbury (Wiltshire), 1835–36, Ansicht und Grundriss des Hauptgeschosses

behandelt, dabei allerdings zumeist vom übrigen Architekturgeschehen abgekoppelt.[34] Die vorliegende Arbeit wählt eine vermittelnde Perspektive, die den Wohnbau als spezifisches Arbeitsgebiet anerkennt, ohne ihn als Sonderthema zu isolieren. Das Interesse gilt der Architektur des Wohnens als Leitsektor – als eigenständigem Bereich *und* als wichtigem Teil der architektonischen Gesamtentwicklung.
Mehr als in anderen Bauaufgaben vergewissert sich der Architekt im Wohnbau der lebenspraktischen Einbindung seiner Arbeit. Er sucht darin nach Wegen, die Gesamtheit des Lebens zu ordnen und zu gestalten. Ein besonderes Engagement ist dort von ihm zu erwarten, wo es sich um die Gestaltung seiner eigenen Lebenswirklichkeit handelt. Das eigene Haus des Architekten erscheint deshalb als ein geeignetes Paradigma, um den Wohnbau auf das Ganze der Architekturentwicklung zu beziehen.

Architektenhäuser im 19. Jahrhundert: England und Deutschland

Parallel zum Aufschwung des bürgerlichen Wohnbaus im 19. Jahrhundert ist zu beobachten, wie Architekten in ihren Domizilen exemplarische Lösungen verwirklichen und neue Modelle vorführen. Einige Architektenhäuser des 19. Jahrhunderts, in denen eine solche demonstrative Absicht erkennbar wird, seien hier vorgestellt. Frühe und bedeutende Beispiele bietet England. Der Gartenarchitekt John Claudius Loudon etwa bemühte sich in seinem Buch ›The Suburban Gardener and Villa Companion‹ um die Popularisierung des Doppelhauses.[35] In dem Band bildete er ein Zweifamilienhaus ab, das er 1823–24 gebaut hatte, und dessen eine Hälfte er seither selbst bewohnte.[36] Durch seine eigene Wohnpraxis warb Loudon für die vorgeschlagene Hausform. Ein häufig publizierter Bau ist das Londoner Haus, das John James Stevenson 1871 für sich errichtete.[37] Sein Domizil bot eine frühe und vorbildliche Umsetzung des ›Queen Anne‹-Idioms, das während der siebziger Jahre in Anlehnung an einfache Stilformen des ausgehenden 17. Jahrhunderts klassische und gotische Vorbilder verdrängte. Mit dem eigenen Hausbau trug Stevenson zur Durchsetzung des stilistischen Richtungswechsels bei.
Weiter gespannte Reformziele verfolgte Augustus N. W. Pugin in seinen eigenen Häusern ›St Mary's Grange‹ in Alderbury bei Salisbury (1835–36) und ›The Grange‹ in Ramsgate (1843–44).[38] Pugin vertrat eine gotische Stilsprache, wandte sich jedoch mit der Forderung nach konstruktiver Zweckmäßigkeit gegen den malerischen Reichtum der englischen Neogotik. In seinem Wohnen verwirklichte er eine moralisch geprägte Einfachheit, die sich vom Stilvorbild weitgehend emanzipierte. Die Idee einer ästhetischen Reform leitete auch den Kunstgewerbler William Morris, als er mit Hilfe des Architekten Philip Webb 1859–60 sein ›Red House‹ in Bexley Heath realisierte.[39] Der schlichte Backsteinbau ähnelt in seiner stilistischen Zurückhaltung und der darin artikulierten Moralität den Häusern Pugins. Allerdings geht die künstlerisch ambitionierte Innenausstattung, die Morris gemeinsam mit seinen Malerfreunden Edward Burne-Jones und Dante Gabriel Rossetti ausführte, über die Zielsetzungen des älteren Architekten hinaus. In Abgrenzung gegen die historistische Kunstindustrie erprobte der Hausherr des ›Red House‹ eine vom Handwerk ausgehende Erneuerung der kunstgewerblichen Praxis. Während Pugin den Fluchtpunkt seiner Arbeit noch im Sakralbau sah, stellte Morris die Wohnarchitektur ins Zentrum seines künstlerischen Bemühens. William Morris' ›Red House‹ ist als entscheidende Wendemarke und Signal eines architektonischen Neuanfangs interpretiert worden. Trotz seiner zukunftsweisenden Merkmale ist jedoch das Haus kein revolutionärer Einzelfall, sondern Teil des ›Domestic Revival‹ innerhalb der viktorianischen Architektur.[40]
Ähnlich wie ihre englischen Kollegen markierten deutsche Architekten mit den eigenen Wohnhäusern professionelle Standpunkte und bereiteten Entwicklungen vor. So baute

34 Als frühe historische Darstellung des modernen Wohnbaus ist hervorzuheben: Platz 1933. – Neuere Darstellungen des Themas ›Wohnen‹: Petsch 1989. – Kähler 1996.

35 Loudon 1836–38.

36 Über Loudons Haus: Gloag 1970, S. 73–80. – Gloag 1971, S. 223f. – Simo 1988, S. 261–267.

37 Dixon/Muthesius 1978, S. 29 u. 65.

38 Ebd., S. 48f.

39 Ebd., S. 50. – Eine eingehende Betrachtung unternimmt: Hoh-Slodczyk 1985, S. 99–108.

40 Als »erstes Beispiel in der Geschichte des modernen Hauses« bezeichnet den Bau: Muthesius, Hermann 1904, S. 106. – An den Beginn der modernen Architekturentwicklung stellt das ›Red House‹: Pevsner 1949, S. 31 f. – Zurückhaltender bewerten die Pionierrolle Morris' und seines Hausbaus: Hitchcock 1958, S. 259. – Muthesius, Stefan 1974, S. 119f. – Dixon/Muthesius 1978, S. 50.

sich Conrad Wilhelm Hase, führender Repräsentant der ›Hannoverschen Schule‹, sein Domizil 1860–61 als »aeltestes gothisches Backstein-Wohnhaus neuerer Periode«.[41] Hase verfolgte das Ideal konstruktiver und funktionaler Wahrhaftigkeit, wie er es in der mittelalterlichen Backsteinarchitektur verkörpert sah. Die gotischen Ziermotive seines Wohnhauses sind somit nicht nur Ausdruck einer Stilpräferenz, sondern zugleich Erkennungsformen einer architektonischen Doktrin. Der Münchner Architekt Gabriel von Seidl errichtete sein Stadthaus 1879–80 im Stil der ›Deutschen Renaissance‹, der sich damals landesweit durchzusetzen begann und die lang ersehnte nationale Stileinheit zu versprechen schien.[42] Wie kurz vor ihm der Engländer Stevenson, setzte sich auch Seidl mit dem Bau seines Hauses für die Verbreitung einer neuen Stilrichtung ein. Reformerische Impulse, die über die historistische Stilkonvention hinausweisen, sind im Wohnen deutscher Architekten vor der Jahrhundertwende kaum auszumachen. Erst um 1900 wurde hier das Vorbild des ›Red House‹ wirksam.

Eine wichtige Voraussetzung für die Möglichkeit, mit dem Bau des eigenen Hauses Meinungen darzustellen, lag in der für das 19. Jahrhundert kennzeichnenden Intensivierung der architektonischen Debatte. Zunächst auf lokaler Ebene, dann landesweit schlossen sich Architekten zu Vereinen zusammen, die als Foren für die fachliche Auseinandersetzung fungierten.[43] Gleichzeitig kam es zu einer kontinuierlichen Ausweitung der Architekturpublizistik.[44] Eine wachsende Zahl von Zeitschriften stand für die Verbreitung von Gedanken und Bauwerken bereit. Sie konstituierten eine erweiterte Öffentlichkeit, welche die Arbeit des Architekten wahrnahm und beurteilte. Die im Architektenhaus vorgetragene Äußerung richtete sich nicht nur an die zwangsläufig geringe Zahl von Besuchern, sondern vor allem an das Publikum der Fachpresse. In den neunziger Jahren trat eine Gattung von Zeitschriften hinzu, die verstärkt auch die Inneneinrichtung zum Thema machte.[45] Ihr Leserkreis schloss eine breite Schicht interessierter Laien mit ein. Neue photographische Wiedergabetechniken ermöglichten es, bei der Veröffentlichung von Hausbauten den Privatbereich des Hausherrn in die Präsentation einzubeziehen.

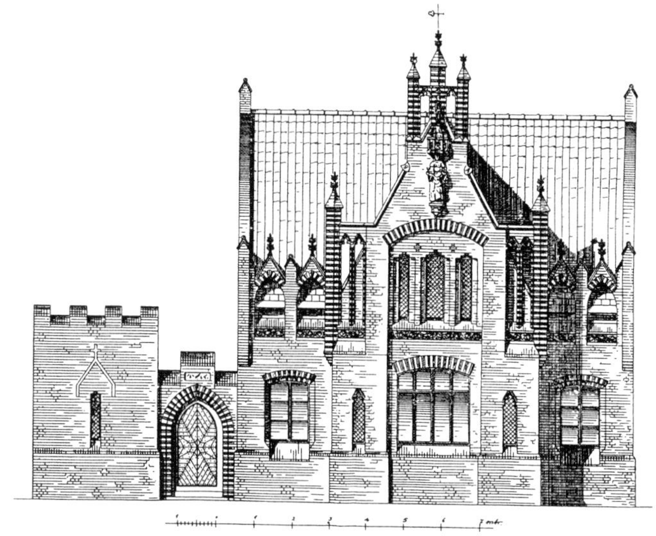

3 Conrad Wilhelm Hase, Wohnhaus des Architekten, Hannover, 1860–61, Fassadenansicht, Straßenseite

Thematisierung des Wandels

Bereits am Ende des 19. Jahrhunderts ist das Architektenhaus ein Topos. Der erfolgreiche Architekt sieht sich mit der Erwartung konfrontiert, ein Haus für sich zu bauen und darin zu zeigen, welche Position er vertritt. Sicherlich kann der Architekt auch in anderen Bauten programmatische Aussagen treffen – im eigenen Haus jedoch wird man damit rechnen. Die programmatische Instrumentalisierung des Wohnens verbindet die Architektendomizile des 20. Jahrhunderts mit ihren Vorläufern im 19. Jahrhundert. Weiterhin bedienen sich Architekten ihrer Häuser als Mittel, berufsbezogene Aussagen zu formulieren. Der reformerische Impuls, der sich in den Häusern von Pugin und Morris vorbereitete, gewinnt allerdings in den neunziger Jahren an Intensität. Fühlten sich die beiden Engländer in ihrem Reformstreben der Tradition noch eng verbunden, so fassen um 1900 zahlreiche Architekten den Vorsatz, sich von der Vergangenheit loszulösen. Es entsteht das Bewusstsein, mit der eigenen Arbeit einem tief greifenden Wandel den Weg zu bereiten. Dieses innovatorische Bewusstsein markiert den Beginn des hier gewählten Betrachtungszeitraums.

Architektendomizile, in denen ein Bewusstsein des Wandels deutlich zum Ausdruck kommt, sind Henry van de Veldes Haus ›Bloemenwerf‹ in Uccle bei Brüssel, die Häuser Joseph Maria Olbrichs und Peter Behrens' auf der Mathildenhöhe in Darmstadt sowie die Häuser und Wohnungen Otto Wagners in Wien. In der Villa, die Henry van de Velde 1895 für sich errichtete,

41 *Hannover* 1882, S. 30. – Vgl. auch: Brönner 1987, S. 173 f. u. Abb. 316–318.

42 Ebd., S. 238 u. Abb. 583. – Vgl. außerdem: Bössl 1966, S. 21 u. 87 f.

43 Wichtige Zusammenschlüsse von Architekten in England: Institute of British Architects (1834), Architectural Association (1847); in Deutschland: Architektenverein zu Berlin (1824), Verband Deutscher Architekten- und Ingenieurvereine (1871), Vereinigung Berliner Architekten (1885), Bund Deutscher Architekten (1903).

44 Von den englischen Architekturzeitschriften seien genannt: The Builder (1842), The Building News (1855). Die erste deutsche Fachzeitschrift, die wie der ›Builder‹ wöchentlich und öfter erschien: Deutsche Bauzeitung (1867).

45 In England: The Studio (1895); in Deutschland: Deutsche Kunst und Dekoration (1897), Dekorative Kunst (1897).

4 Henry van de Velde, Haus ›Bloemenwerf‹, Wohnhaus des Architekten, Brüssel-Uccle, 1895, Ansicht, Eingangsseite

knüpfte er an die von William Morris eingeleitete Reform an, die auf die künstlerische Ausstattung des Wohnhauses zielte.[46] Entschiedener als Morris vollzog van de Velde die Abwendung von der historistischen Gestaltungspraxis. Mit geringerer Skepsis als sein englischer Vorläufer stand der belgische Künstler einer maschinellen Reproduktion kunstgewerblicher Erzeugnisse gegenüber. Wenn er seine Entwürfe als Modelle für eine breite Nachahmung empfahl, so lässt sich das auch auf die ›Bloemenwerf‹-Möbel beziehen.[47]

Ebenfalls im Kontext kunstgewerblicher Reformbestrebungen entstanden 1901 die Architekten- und Künstlerhäuser der Darmstädter Mathildenhöhe.[48] Als zentrale Exponate der schon erwähnten Ausstellung ›Ein Dokument deutscher Kunst‹ dienten die Häuser der Demonstration einer erneuerten Wohn- und Einrichtungskultur. Der Exponatscharakter der Hausbauten traf sich mit dem Anspruch der Bewohner auf modellhafte Wirksamkeit. Am eindringlichsten vermittelte Peter Behrens in seinem Wohnhaus das Bild vom Künstler als Wegbereiter des Neuen.

Mit besonderer Konsequenz realisierte der Wiener Architekt Otto Wagner in seinen zwischen 1888 und 1913 bezogenen Häusern und Wohnungen den jeweils neuesten Stand der architektonischen und kunstgewerblichen Entwicklung. Durch die dichte Folge seiner Domizile wurde er zum gewissenhaften Chronisten des architektonischen Wandels. In seiner zweiten Villa, die er 1912–13 neben seiner 1888 fertig gestellten ersten Villa errichtete, gelangte er zu einer inszenierten Gegenüberstellung von Alt und Neu.

Trotz ihrer entwicklungsgeschichtlichen Bedeutung sollen nicht die Häuser Henry van de Veldes oder Peter Behrens' am Beginn dieser Veröffentlichung stehen,[49] sondern die Wiener Wohnsitze Otto Wagners. Prägnanter als seine Zeitgenossen artikuliert Wagner in seinem Wohnen den Willen zum architektonischen Neubeginn. Während van de Velde und Behrens die englischen Reformversuche weiterführen, vollzieht der Wiener Architekt ostentativ den Bruch mit dem vorangegangenen Jahrhundert. In der Abfolge seiner Häuser und Wohnungen manifestiert sich die Jahrhundertwende als Epochenschwelle.

46 Über das Haus ›Bloemenwerf‹: Sembach 1989, S. 37–45.

47 »Mein Ideal wäre eine tausendfache Vervielfältigung meiner Schöpfungen«. Van de Velde 1897/98, S. 263. Zitiert nach: Sembach 1989, S. 40. – Zu den ›Bloemenwerf‹-Möbeln, die der Künstler in verschiedenen Ausfertigungen anbot: Pecher 1981, S. 90 f. u. 269.

48 Zu einer Bewertung der Darmstädter Ausstellung im Hinblick auf das Wohnen der Architekten: Stabenow 1989, S. 90 ff.

49 Die Häuser Henry van de Veldes und Peter Behrens' behandelt ausführlich: Hoh-Slodczyk 1985, S. 108–121. – Im Rahmen der vorliegenden Arbeit werden die Darmstädter Ausstellungshäuser und das Haus Behrens in Gegenüberstellung mit später entstandenen Architektendomizilen betrachtet.

Wege der Interpretation

Die Studie interpretiert Häuser und Wohnungen als Instrumente eines Diskurses. In ihrem Wohnen teilen Architekten etwas mit über ihre Architekturauffassung, über ihr Rollenverständnis. Diese Mitteilung ist zunächst eine individuelle Äußerung. Das Domizil des Architekten ist eingebunden in Biographie und Werk, in die persönliche und berufliche Entwicklung des Hausherrn. Um dem individuellen Charakter der jeweiligen Domizile gerecht zu werden, wurde für die Untersuchung der Weg ausführlicher Einzelanalysen gewählt. Die Betrachtung folgt den ›Wohngeschichten‹ der Architekten. Die Auswahl der Fallbeispiele orientiert sich an zwei Kriterien. Zum einen sollen Positionen zu Wort kommen, die für die Architekturentwicklung im 20. Jahrhundert relevant sind und diese in ihrer Vielfalt repräsentieren. Zum anderen sollen unterschiedliche Strategien gezeigt werden, mit denen Architekten im eigenen Domizil ihre Standpunkte vertreten.

Die Deutung der einzelnen Domizile setzt eine Rekonstruktion der Kontexte voraus, in denen sie entstanden. Solche Kontexte sind das jeweilige Werk, das zeitgenössische Architekturgeschehen, aber auch die unmittelbare örtliche Situation, in die sich der Architekt begibt. Erstens bildet die selbst gebaute Wohnung einen Teil des Gesamtwerks. In welchem Verhältnis steht sie zur übrigen Arbeit des Hausherrn? Gibt dieser Auskunft über sein Selbstverständnis, indem er im eigenen Auftrag eine Sonderlösung realisiert? Zweitens tritt der Hausherr in Wettbewerb mit seinen Berufskollegen. Antwortet er mit dem Bau seines Domizils auf eine aktuelle Diskussion, konkurriert er mit historischen Leistungen? Drittens reagiert der Architekt auf eine lokale Realität. Veranschaulicht er seine Position, indem er örtliche Bezüge herstellt oder verweigert?

Ein Mittel, die in den Häusern und Wohnungen vorgetragene Äußerung greifbar zu machen, ist die Konfrontation: Bei der Betrachtung der einzelnen Wohngeschichten sollen jeweils Domizile anderer Architekten zum Vergleich herangezogen werden. Den Anknüpfungspunkt geben teils formale oder typologische Merkmale, teils die jeweiligen Darstellungsabsichten oder Inszenierungsmodi. Auch zeitlich und örtlich Auseinanderliegendes soll zueinander in Beziehung gesetzt werden. Dabei geht es nicht darum, Gruppen verwandter Häuser oder Positionen zu bilden. Ziel der Gegenüberstellung ist es vielmehr, divergierende Eigenschaften der Wohnsitze schärfer herauszuarbeiten.

Indem die einzelnen Domizile nebeneinander betrachtet werden, erschließt sich ihre diskursive Qualität. Die in den Häusern vorgetragenen Äußerungen verbinden sich zu einem ›Gespräch‹, in dem Modelle und Methoden, Programme und Positionen aneinander gemessen werden. Die Zusammenschau der Wohnsitze eröffnet einen neuen Blick auf die Pluralität der Architekturentwicklung im 20. Jahrhundert.

Bauen und Kunst

Das Interesse am Kunst-Charakter des Bauens begleitet die Untersuchung. Die bereits erläuterte Entscheidung, die Domizile der Architekten getrennt von den Häusern der Maler und Bildhauer zu betrachten, dient der Absicht, die Schnittstelle zwischen Architektur und freien Künsten schärfer in den Blick zu fassen. Trotz oder gerade wegen der sich vertiefenden Trennung zwischen freien und angewandten Künsten suchen Maler, Bildhauer und Architekten nach gattungsübergreifenden Kontakten. Bildende Künstler sind bereits im 19. Jahrhundert wichtige Auftraggeber fortschrittlicher Architekten.[50] Wie diese bemühen sie sich um ein vorbildliches Wohnen. Um ihre bildnerische Praxis auszuweiten, wechseln in den Jahren um

50 So fanden schon William Morris und Philip Webb einen Großteil ihrer Auftraggeber in Künstlerkreisen. Muthesius, Stefan 1974, S. 59 f., 64 f. u. 120.

1900 zahlreiche Maler zur Architektur über.[51] Umgekehrt wollen Architekten als Künstler wahrgenommen werden. In ihrem Fortschrittsstreben ist ihnen die Pionierhaltung avantgardistischer Maler und Bildhauer ein Vorbild. Sie verfolgen das Ideal eines Gesamtkunstwerks, das der Architektur die zentrale Stellung unter den Künsten sichert. Die Kontaktaufnahme zu den Schwesterkünsten thematisieren die Architekten in ihrem Wohnen. Künstlerspezifische Wohnformen finden Eingang in die Wohnmodelle, die sie für sich und andere entwickeln. Besondere Bedeutung gewinnt die Verbindung zwischen Bauen und Kunst in der Arbeit Le Corbusiers und in der Lehre am Bauhaus unter Walter Gropius. Die diesen Architekten gewidmeten Kapitel werden auch vom Wohnen der Künstler handeln.

Acht Wohngeschichten

Zwei gegensätzliche Wege ins 20. Jahrhundert beschreiten Otto Wagner und Theodor Fischer. Wagner vollzieht in seinen Wohnsitzen mit deklamatorischem Pathos die Lossagung der ›modernen Architektur‹ vom historistischen 19. Jahrhundert. Fischer hingegen strebt in seinen Häusern nach einer bruchlosen Fortführung der Tradition. Zugleich bemüht er sich um eine pathoslose Sachlichkeit.
Auch Fritz Höger greift auf traditionelle Werte zurück, stellt diese jedoch aggressiver als Theodor Fischer gegen die aktuelle Baupraxis. Mit der Rekonstruktion seines Elternhauses errichtet er einen retrospektiven Weltanschauungsbau. Zwei Themen behandelt der Abschnitt über das Paris Le Corbusiers: zum einen die Allianz der architektonischen mit der künstlerischen Avantgarde im Atelierhausbau für Amédée Ozenfant, den Weggefährten des Architekten, zum anderen die Entdeckung der Dachwohnung als Architektendomizil durch Auguste Perret und Le Corbusier. Die Gemeinschaft von Architektur und Schwesterkünsten nimmt auch in Walter Gropius' Häusern für die Bauhausmeister Gestalt an. Das avantgardistische Bekenntnis ist hier nicht Äußerung eines Einzelnen, sondern Sache des Kollektivs. Während Gropius die künstlerische Komponente des Bauens in ein funktionalistisches Gesamtkonzept integriert, besteht Erich Mendelsohn auf der Autonomie der Kunst. Zum Hauptstrom des Neuen Bauens, wie Gropius ihn zu bestimmen versucht, wahrt er Distanz. Sein Domizil ist Bestandteil einer facettenreichen ›Architektenhauslandschaft‹ im Berlin der zwanziger Jahre.
Anhand der Wohnsitze zweier Protagonisten der Nachkriegsarchitektur soll die Betrachtung an die Gegenwart herangeführt werden. Oswald Mathias Ungers baut sich ein Haus, das an die deklamatorische Geste früherer Architektenhäuser anknüpft. Von jenen distanziert er sich jedoch durch den Inhalt seiner Botschaft. Ihm geht es um die Anbindung an den Ort und an dessen historische Prägung, mithin um eine Wiedergewinnung verlorengegangener entwerferischer Qualitäten. Anders als Ungers setzt Frei Otto inhaltlich die Arbeit der modernen Pioniere fort. Beim Bau seines Hauses experimentiert er mit einem neuen Wohnmodell. Doch er verzichtet darauf, den innovativen Charakter seines Entwurfs durch das Pathos formaler Innovation zu unterstützen. Otto stellt sich mit Selbstverständlichkeit in die Tradition der modernen Architektur.

51 Die prominentesten sind Peter Behrens, Bernhard Pankok, Richard Riemerschmid, Paul Schultze-Naumburg, Henry van de Velde.

Otto Wagner (1841–1918) begann sein Studium 1857 am Wiener Polytechnischen Institut, besuchte 1860–61 die Königliche Bauakademie in Berlin und vollendete seine Ausbildung 1861–63 an der Wiener Akademie der bildenden Künste. Zu spät geboren, um sich am Ausbau der Wiener Ringstraße mit großen Projekten beteiligen zu können, baute er bis zum Beginn der neunziger Jahre vorwiegend bürgerliche Mietshäuser. Während der Arbeit an den Hochbauten der Wiener Stadtbahn (1894–1900) gelang ihm die Ablösung vom Historismus. In seinen nach der Jahrhundertwende entstandenen reifen Bauten, so der Kirche auf dem Steinhof (1902–04) und dem Postsparkassenamt (1904–06 und 1910–12), suchte er eine neue, seiner Zeit gemäße Stilform zu verwirklichen. Eine breite Ausstrahlung entfaltete er seit 1894 als Leiter der Specialschule für Architektur an der Wiener Akademie. Zu seinen Schülern zählten Josef Hoffmann, Jan Kotěra, Jože Plečnik, Leopold Bauer und Rudolph Michael Schindler.

5 Gottlieb Theodor Kempf-Hartenkampf, Porträt Otto Wagner, 1896, Pastellbild, Sammlung Paul Asenbaum, Wien

6 Egon Schiele, Porträtstudie Otto Wagner, 1910, Bleistift, Aquarell und Deckweiß, Historisches Museum der Stadt Wien

Der Imperativ des Zeitgemäßen: **Otto Wagner**

Als ältester unter den Pionieren der architektonischen Moderne ist Otto Wagner[1] derjenige, der am tiefsten in der Bautradition des 19. Jahrhunderts verwurzelt war. Bis zum Alter von fast fünfzig Jahren stand er fest auf dem Boden der historistischen Konvention. Um so entschiedener fiel die Wende aus, die er ab 1889 in programmatischer Abkehr von der historischen Stilkopie vollzog und seit der zweiten Hälfte der neunziger Jahre auch in seiner Entwurfsarbeit verwirklichte. Otto Wagners Laufbahn umfasst die gesamte Entwicklung von der Hochblüte des Historismus bis zum Durchbruch der Moderne in den Jahren vor 1914. Damit verkörpert der Architekt wie kein anderer den tief greifenden Wandel in der Architektur um 1900. Wagner hat diesen Wandel nicht nur in seiner Entwurfspraxis beständig vorangetrieben, sondern er war stets bemüht, ihn auch in seinem Privatbereich Gestalt werden zu lassen. Jeder Entwicklungsschritt des Architekten findet einen Reflex in seiner Wohngeschichte.[2] Architektonische Arbeit, Wohnen und Leben sind aufs Engste miteinander verzahnt.

Nicht weniger als sieben verschiedene Domizile bewohnte Otto Wagner zwischen 1882 und 1918. Es handelte sich dabei um zwei Villen, ein Stadthaus und vier Wohnungen in selbst entworfenen Mietspalästen. Nachdem Wagner 1882 in der Rathausstraße 3 Wohnung und Atelier bezogen hatte, ließ er sich 1884 in der benachbarten Stadiongasse 6–8 nieder. An den Hängen des Wienerwalds im Vorort Hütteldorf errichtete er 1886–88 seine erste Villa, einen einfachen Baukörper mit zentraler Loggia und flankierenden Pergolen. Als Pendant zur Villa baute er sich 1890–91 am Rennweg 3 ein Stadthaus zwischen zwei ebenfalls von ihm entworfenen Mietshäusern. Vier Jahre später gab er das Haus am Rennweg auf und machte die Villa in Hütteldorf zu seinem Hauptwohnsitz. Die bis dahin als Palmenhaus genutzte rechte Pergola baute er 1895 in ein Billardzimmer um; in der linken Pergola installierte er 1899 sein Atelier. Bereits zuvor, 1898, hatte Wagner auf der Linken Wienzeile und in der Köstlergasse drei zusammenhängende Mietshäuser entworfen. In der Köstlergasse 3 reservierte er eine Dreizimmerwohnung als ›Absteigquartier‹ für sich selbst. 1911 verkaufte er seine erste Villa und verlegte seinen Hauptwohnsitz in die Stadt zurück. Nachdem er ein Jahr lang im Hotel gewohnt hatte, bezog er 1912 eine Wohnung mit rückwärtigem Ateliertrakt im neu errichteten Mietshaus Döblergasse 4. Gleichzeitig mit dem Neubau in der Döblergasse errichtete er 1912–13 auf dem Nachbargrundstück der ersten Villa eine zweite Villa, sein letztes ausgeführtes Projekt.

1 Vom Architekten herausgegebene Werkpublikation: Wagner, Otto 1987. – Wichtige Schriften: Ders. 1893. – Ders. 1896. – Sämtliche Projekte und Schriften Wagners enthält: Graf 1985. – Monographien (Auswahl): Lux 1914. – Geretsegger/Peintner 1963. – Trevisiol 1990. – Mallgrave 1993a.

2 Eine vollständige Zusammenfassung der Wohngeschichte Wagners bietet: Asenbaum 1983, S. 111–119. – Aus der Arbeit ging hervor: Asenbaum/Zettl 1984. In dem Katalog sind alle eigenen Häuser und Wohnungen des Architekten ausführlich dokumentiert. – Folgender, im selben Band enthaltener Aufsatz war grundlegend für die hier unternommene Analyse: Haiko 1984. – Vgl. außerdem: Ders. 1990.

Theorie

Sowohl seine erste Villa als auch das Haus am Rennweg veröffentlichte Wagner 1890 in der frühesten Ausgabe seiner Werkpublikation ›Einige Scizzen, Projecte und ausgeführte Bauwerke‹. In der kurzen, im Oktober 1889 verfassten Einleitung zu dem Band[3] fixiert er erstmals seine architekturtheoretische Position.[4] Wagner distanziert sich vom historistischen Stilpluralismus und nimmt stattdessen einen »neuen Stil« in Aussicht, den die Zukunft noch verwirklichen muss. Dieser Stil habe, anstatt sich beliebig aus dem Formenvorrat der Vergangenheit zu bedienen, die Bedingungen seiner eigenen Epoche authentisch widerzuspiegeln. Er werde daher, gemäß dem utilitaristischen Charakter der Jetztzeit, ein »Nutz-Stil« sein, durchdrungen von »krassestem Realismus«.[5]

Im Kern formuliert Wagner damit bereits den Standpunkt, der seiner 1896 erschienenen Programmschrift ›Moderne Architektur‹ zugrunde liegt.[6] Der Einleitungstext von 1889 antizipiert vor allem die utopische Stoßrichtung des späteren Programms, indem er einen Epochenstil ankündigt, dessen Realisierung noch aussteht. Im Unterschied zu dem frühen Theoriekonzept setzt allerdings die Schrift ›Moderne Architektur‹ einen deutlichen Akzent auf der Rolle des Künstlerischen bei der Herausbildung des neuen Stils. Zuvor hatte Wagner vom Architekten verlangt, auf dem Weg zum ›Nutz-Stil‹ den Künstler in sich zugunsten des Bautechnikers zurückzudrängen. Jetzt dagegen erblickt er gerade in einer bewusst künstlerischen Aneignung der modernen Bautechnik den Schlüssel zum »Neustil«.[7] Als Aufgabe des Künstlers, nicht des Ingenieurs sieht Wagner es nun, die den neuen Baustoffen und Konstruktionsmethoden angemessenen Formen zu schaffen. Dem bereits 1889 geforderten »Realismus« stellt er einen künstlerischen »Idealismus« an die Seite, der das utilitäre Bauen erst zur Architektur erhebt.[8]

Mit dem gleichen Nachdruck vertritt Wagner einerseits ein zweckbestimmtes, ganz den technischen Bedingungen gehorchendes Bauen, andererseits die Herrschaft des Künstlers in der Architektur. Den darin angelegten Konflikt versucht er zu entschärfen, indem er sein ›Nutz-Stil‹-Konzept zum Begriff einer »Notwendigkeit« differenziert, welche Zweckerfordernisse ebenso umfasst wie das Bedürfnis nach künstlerischer Veredelung.[9] In dem Bemühen, die Kluft zwischen Nutzform und Kunstform zu schließen, liegt der zentrale Impuls der ›Modernen Architektur‹.

Die erste Villa

Als exemplarische Einzellösungen, die im zeitübergreifenden Dialog miteinander stehen, heben sich die beiden Villen Otto Wagners aus der Wohngeschichte des Architekten heraus. Der Entwurf der ersten Villa orientiert sich an Vorbildern der italienischen Renaissance und lässt noch keinen Bruch mit der Tradition des Historismus erkennen.[10] Der Bau erhebt sich auf der Grundfläche eines einfachen Rechtecks. Er wird begleitet von zwei seitlichen Pergolen und öffnet sich zur Straße hin in einer hohen Fassadenloggia. Das Pathos palladianischer Säulenarchitektur verbindet sich mit der an florentinischen Modellen inspirierten Form des weit ausladenden, flach geneigten Daches. Planvoll ist das den Bau umgebende, natürlich ansteigende Gelände in die architektonische Komposition einbezogen. Durch den terrassierten Vordergarten, der sich wie ein Sockel dem Villenbau unterordnet, führt eine Treppe zu den Säulen der Loggia empor. Die strenge Axialität des Zuwegs und die kolossale Säulenstellung der Loggia verleihen dem kleinen Bau die Aura eines antiken Tempels. Hinter der Villa umfängt ein lockerer Baumbewuchs die Konturen des Baukörpers, seitlich schaffen die offenen Kolonnaden der Pergolen einen gestaffelten Übergang zum offenen Umraum. Die pavillon-

3 Wagner, Otto 1889.

4 Eine Einführung in die Architekturtheorie Otto Wagners gibt: Kruft 1985, S. 367–369.

5 Wagner, Otto 1889, S. 72 u. 73. – Zum ›Realismus‹ als Schlüsselbegriff der frühen Theoriebildung Wagners: Duncan Berry 1993. – Mallgrave 1993b.

6 Wagner, Otto 1896. Zum folgenden: S. 275–278.

7 Ebd., S. 278.

8 Ebd., S. 276.

9 Ebd., S. 275. – Zu der hier skizzierten Akzentverschiebung in der theoretischen Position Otto Wagners vgl. auch: Haiko 1984, S. 41, Anm. 137.

10 Wagner, Otto 1987, Bd. 1, Nr. 36–39. – Asenbaum/Zettl 1984, S. 132–137. – Graf 1985, S. 66–69.

7 Otto Wagner, erste Villa des Architekten, Wien XIV, 1886–88, Ansicht

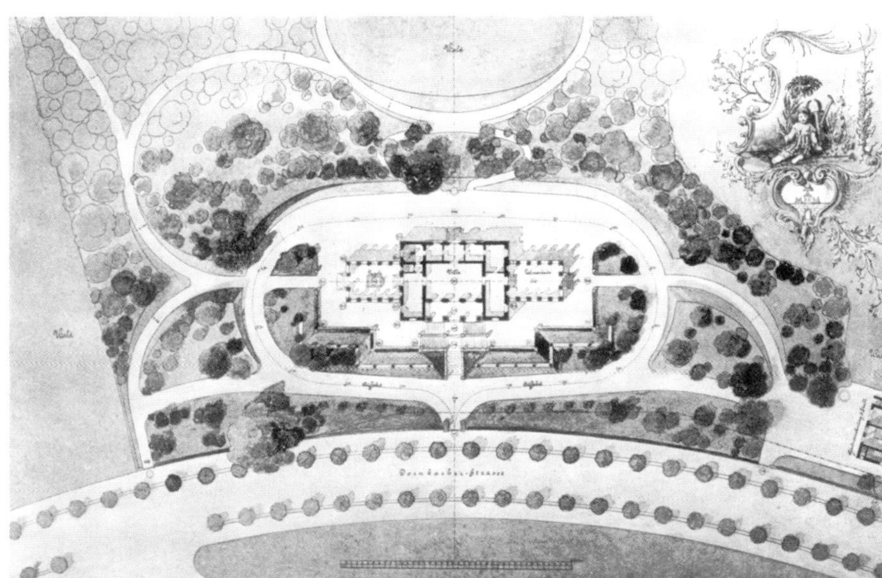

8 Erste Villa Wagner, Wien XIV, Grundriss Erdgeschoss und Situation

artige Architektur strebt nach einer szenographischen Bildwirkung, wie sie die in Wagners Werkpublikation wiedergegebene Ansicht vermittelt.[11] Trotz des einheitlichen Erscheinungsbilds kennzeichnet eine eklektische Grundhaltung den Entwurf. Er vermischt Formen der florentinischen Villenarchitektur mit palladianischen Elementen, deren monumentaler Charakter die begrenzte Dimension des Baukörpers nahezu überfordert.

Unmittelbarer Vorläufer der eigenen Villa war Wagners im Jahr zuvor realisierter Entwurf für die Villa Hahn in Baden.[12] Bei eng verwandter, um einen zentralen Speisesaal gruppierter Grundrissorganisation haben dort die aus der Fassadenflucht vorgezogenen Seitentrakte ein größeres Gewicht. Französische Mansarddächer setzen sie gegen den Mittelteil ab und betonen die Tiefenausdehnung des Gebäudes. Dagegen unterstützt Wagner im Fall der eigenen Villa durch Dachausbildung und Pergolen den Breitenzug. Anders als in der Villa Hahn bündelt er hier die repräsentative Wirkung in einer einzigen Ansicht, in der auch die Loggia stärker zur Geltung kommt.

Die Hauptfassade der Villa zieren zwei Leitsätze des Architekten, der eine als persönlicher Wahlspruch – ›Sine arte sine amore non est vita‹ –, der andere als berufsbezogenes Bekenntnis: ›Artis sola domina necessitas‹. Das von Gottfried Semper entlehnte Motto taucht hier zum ersten Mal auf. Es wird 1893 als Kennwort des wagnerschen Generalregulierungsentwurfs[13] und von da an in allen theoretischen Schriften wiederkehren. Im Licht der weit reichenden Konsequenzen, die Wagner später aus dieser Maxime zog, verwundert es, dass er bereits hier, drei Jahre vor der Forderung nach dem ›Nutz-Stil‹, seine Arbeit im Dienst einer architektonischen ›Notwendigkeit‹ sieht. Offenbar empfand er keinen Widerspruch zwischen dem italienischen Renaissance-Stil der Villa und seiner Suche nach einem zeit- und zweckkonformen Bauen im Zeichen der ›necessitas‹.[14] Tatsächlich äußerte er 1889 im Einleitungstext zu seiner Werkpublikation die Auffassung, »daß eine gewisse freie Renaissance, [...] mit größtmöglicher Berücksichtigung aller unserer Verhältnisse, [...] für die Architektur der Gegenwart und Zukunft das allein Richtige sei«.[15] Im Bau seiner Villa wie in der architekturtheoretischen Gedankenskizze präsentiert sich Wagner als Vertreter einer an der italienischen Renaissance und an den mit ihr verbundenen Prinzipien der Symmetrie und des regelhaften, klaren Komponierens ausgerichteten Architektur. Ausgehend von dieser festen Grundlage hofft er, durch allmähliches »Fort- und Umbilden« zum erstrebten »Nutz-Stil« zu gelangen.[16] Zwischen seiner ersten Villa und dem frühen theoretischen Text, zwischen Stilkonvention und Zukunftsstil, zwischen ›freier Renaissance‹ und ›necessitas‹ zeigt sich Wagner in einer Situation des Übergangs. Er weist einen Weg zu radikaler Erneuerung, möchte aber auf die historistische Legitimation zunächst nicht verzichten. Fast entsteht der Eindruck, als wolle er die Renaissance der Villa schon als Erfüllung des Neuen anbieten.

Wagners Renaissance ist ›frei‹ nur im Hinblick auf die Verwendung von Einzelformen; an strenge Regeln gebunden ist sie in Fragen der Massenverteilung und Proportion.[17] Mit dem Bekenntnis zur Renaissance bezeichnet der Architekt seinen Standort in Opposition zu allen informellen Villenkonzepten, die sich in ländlich-rustikaler Verbrämung oder im Stilgewand einer deutschen Renaissance auch in Österreich ausbreiteten.[18] Indem Wagner sich von ihnen distanziert, nimmt er Abstand auch von der Idee der Villa als eines Ortes des tatsächlichen oder fiktiven Rückzugs vom städtischen Leben. Er schafft sich kein abgelegenes Idyll, sondern überträgt den repräsentativen Charakter städtischer Wohnformen in eine vorstädtische Umgebung. Der gewählte Ort am Rand der offenen Landschaft ermöglicht eine raumgreifendere Selbstinszenierung, die einerseits Architektur und Natur gemäß idealen Ordnungsvorstellungen zueinander in Beziehung setzt, andererseits den Garten als erweiterte Kulisse gesellschaftlicher Repräsentation in Besitz nimmt.

11 Anlage und Inszenierung der Villa erinnern an die ›Gloriette‹, die in dem Projekt ›Artibus‹ (1880) eine ideale Stadt der Künste überragt. Vgl. hierzu: Trevisiol 1990, S. 142 ff.

12 Koller-Glück/Lindner/Schawerda/Vyoral-Tschapka 1986. Vor der Villa Hahn hatte Wagner bereits zwei Villen realisiert, die Villa Epstein in Baden (1867) und die Villa Kunewalder in Bad Vöslau (1870).

13 Wagner, Otto 1893.

14 Dieses die Stilkonvention voraussetzende Verständnis der ›necessitas‹ entspricht noch weitgehend demjenigen Gottfried Sempers. Zur Bedeutung Sempers für Theoriebildung und Praxis bei Wagner vgl.: Borsi/Godoli 1985, S. 159–161. – Moravánszky 1988a, S. 69–73. – Ders. 1988b, S. 67–76. – Trevisiol 1990, S. 66–67. – Duncan Berry 1993, S. 246–247 u. 252–256. – Oechslin 1994, besonders S. 29 u. 94–96.

15 Wagner, Otto 1889, S. 72.

16 Ebd.

17 Vgl. hierzu: Haiko 1986, S. 117.

18 Beispiele hierfür finden sich in: *Wien* 1906, Kap. K. III.: Familienhäuser und Villen, S. 427–442. Vgl. besonders auf S. 436–441 die ›Cottages‹, die sich in Wien großer Beliebtheit erfreuten. – Dass Wagner mit seiner Befürwortung eines regelstrengen Komponierens im Hausbau nicht ganz allein stand, zeigt etwa die von den Opernarchitekten van der Nüll und Siccardsburg in Hütteldorf errichtete Villa Wilhelm: Ebd., S. 433.

9 Erste Villa Wagner, Wien XIV, Billardzimmer, 1895, Innenansicht

Wagner demonstriert mit seiner ersten Villa, dass er die Konventionen großbürgerlicher Selbstdarstellung virtuos beherrscht; er übersetzt sie jedoch in eine Idealität, die konventionelles Repräsentieren hinter sich lässt. Durch die Formenassoziation der Tempelfront, vermittelt über die Villenarchitektur Palladios, stilisiert Wagner seine Villa zum Heiligtum. Mit dem Pathos der Szenographie – Treppe, Loggia, Garten – kontrastiert der in Wahrheit begrenzte Umfang der Bauaufgabe. Die repräsentative Geste ist losgelöst von der realen Größe der Architektur, gewinnt gerade dadurch aber um so stärkeres Gewicht. Jenseits der konventionellen Würdeform scheint Wagner damit eine Sonderrolle für sich als Baukünstler einzufordern.

Das Billardzimmer

Als Wagner 1895 in der rechten Pergola seiner Villa ein Billardzimmer einbaute,[19] war er von der Bevorzugung der ›freien Renaissance‹ als des ›allein Richtigen‹ abgekommen. Im Jahr zuvor, bei seiner Antrittsrede an der Akademie der bildenden Künste, hatte er sich aller Verweise auf eine für die Suche nach dem neuen Stil vorbildliche historische Epoche enthalten.[20] Mit der Kassettendecke, den Halbsäulen, den gestreiften Wandbespannungen und den schlichten, sparsam dekorierten Möbeln, die er für den Ausbau des Billardzimmers verwendete, griff er auf Formen der Zeit um 1800 zurück. Der Wechsel des historischen Vorbilds von der Renaissance zum ›Empire‹[21] brachte zwar eine deutliche formale Reduktion, bedeutete aber noch keine Abkehr vom Prinzip der Stilimitation. Allerdings konnte der Autor der ›Modernen Architektur‹ diesen Tatbestand nicht zugeben. Entschieden verwahrte er sich gegen den Vorwurf, »daß auch ich den sogenannten ›Empire-Stil‹ verwende oder denselben als Ausgangspunkt einer Fortentwicklung benütze«.[22] Der für Wagner bezeichnende Zwiespalt zwischen programmatisch vorweggenommenem Neustil und uneingestandener Verwurzelung in der historistischen Praxis öffnet sich im Billardzimmer am weitesten.[23]

19 Wagner, Otto 1987, Bd. 2, Nr. 34 – Asenbaum/Zettl 1984, S. 148–151.

20 Wagner, Otto 1894.

21 Dies der Begriff, unter dem um 1895 Stiltendenzen der Zeit um 1800 zusammengefasst wurden. Haiko 1984, S. 23 f.

22 Wagner, Otto 1896, S. 270.

23 Die nicht nur hier zu beobachtende Ungleichzeitigkeit zwischen Wagnerscher Theorie und Praxis möchte relativieren: Duncan Berry 1993, S. 245. – Vgl. dagegen die grundsätzlichen Überlegungen zur relativen Autonomie von Architektur und Theorie in: Oechslin 1994, S. 15 u. 105.

10 Erste Villa Wagner, Wien XIV, Atelieranbau, 1899, Innenansicht, Zustand 1962

Der Atelieranbau

Die tatsächliche Emanzipation von den historischen Vorbildern gelang Wagner in der Auseinandersetzung mit einer technischen Bauaufgabe, die ihn sechs Jahre lang, von 1894 bis 1900, beschäftigt hielt: In den Bauten der Wiener Stadtbahn löste er seinen Anspruch auf gestalterische Kompetenz des Architekten im Bereich des Ingenieurbaus ein und ersetzte das Repertoire der ›freien Renaissance‹ schrittweise durch neu geschaffene Formen.[24] Spiegel dieser Entwicklung war das Atelier, das er 1899 in der linken Pergola seiner Villa einbaute.[25] Nicht als praktischen Arbeitsraum entwarf Wagner den Anbau, sondern als Repräsentationsatelier.[26]

Anstelle der im Billardzimmer verwendeten Halbsäulen gliedern flache Wandstreifen den Raum, die gurtartig in die Deckenzone hineinragen. Sie tragen als vergoldete Schmuckreliefs auf halber Höhe stilisierte Weihrauchschalen, deren Rauch in schwingenden Linien zur Decke steigt. Bunte Glasfenster filtern das von der Straßenseite ins Atelier einfallende Licht.

24 Zur Wiener Stadtbahn: Kolb 1989.

25 Asenbaum/Zettl 1984, S. 182–189.

26 Der Architekt bezeichnete den Raum auch als ›Archiv‹. Ein größeres Atelier stand ihm in der Akademie der bildenden Künste zur Verfügung. Vgl. hierzu: Kolb 1989, Teil 1, S. 223.

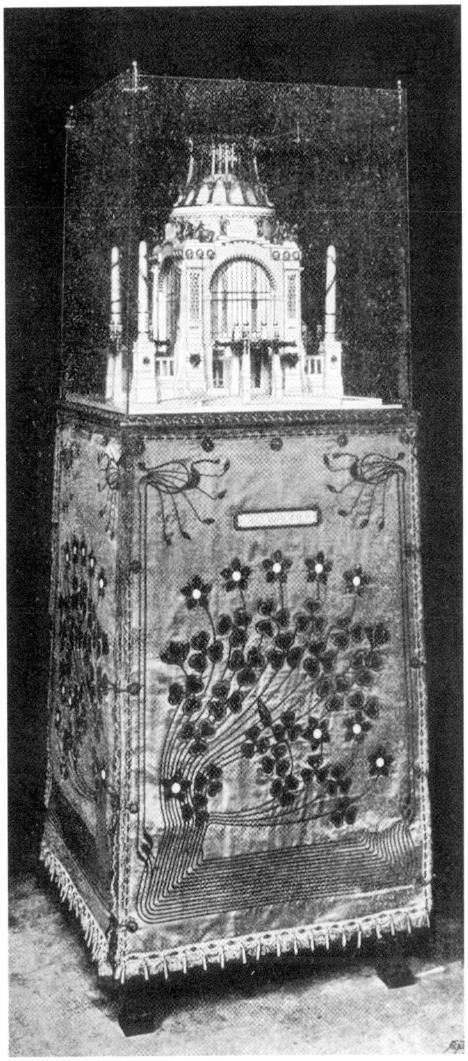

11 Vitrine mit einem Modell der Eingangshalle aus Otto Wagners Projekt für einen Neubau der Akademie der bildenden Künste, 1898, ehemals ausgestellt im Atelier der ersten Villa Wagner

Die acht von dem Künstler Adolf Böhm gestalteten Fenster, die sich zum Panorama einer Herbstlandschaft fügen, waren auf der V. Secessionsausstellung gezeigt worden, bevor sie in Wagners Atelier eingebaut wurden. Dem Herbstlaubornament des Glasbilds passt sich die bewegliche Ausstattung des Raums motivisch an: Armlehnstühle mit textiler Bespannung, Staffeleien, Arbeitstische und ein Zeitschriftenschrank. Raum und Mobiliar bilden eine Einheit, die nicht mehr im verbindlichen Rekurs auf einen historischen Formenkomplex begründet ist, sondern in der übergreifenden Verwendung naturalistischer Dekorationsmotive. Ebenso wie die Stuhlbespannung wird dabei die Architektur zum neutralen Träger eines flächigen Ornaments.[27]

Auf zeitgenössischen Aufnahmen steht vor der Fensterwand eine Glassturzvitrine, die das Modell für die Eingangshalle aus Wagners 1898 verfasstem Projekt einer Kunstakademie ausstellt.[28] Das Modell führt eine alte Lieblingsidee des Architekten vor, die Vision eines der Kunst gewidmeten Tempelbaus. Die Präsentation des Modells im Atelier veranschaulicht die Bestimmung des Raums: das Bauen verstanden als ein künstlerischer Tempeldienst. Dieser Leitgedanke beherrscht die gesamte Dramaturgie des Atelieranbaus. Gold und Weihrauchdämpfe geben der Arbeit des Architekten die Weihe einer kultischen Handlung, getöntes Licht taucht seine Werkstatt in eine überwirkliche Atmosphäre. Gegen die Außenwelt schottet Wagner sein Atelier mit einem Glasbild ab, das den realen Fensterausblick durch einen künstlichen ersetzt und den natürlichen Wechsel der Jahreszeiten vom Raum fernhält.

Im Atelier der ersten Villa baute der Architekt für den Künstler Wagner und schuf einen quasi-sakralen Raum für seine Arbeit. Zu einer Zeit, in der ihn vorwiegend technische Großprojekte beschäftigten, erhielt die Darstellung seines Künstlertums besonderes Gewicht. Einer Tendenz zur Versachlichung in den Stadtbahn-Entwürfen steht die Sakralisierung der Berufspraxis im Atelierraum gegenüber. Es manifestiert sich hier dieselbe Dualität, die bereits in den theoretischen Formulierungen der ›Modernen Architektur‹ angeklungen war. Dort propagierte Wagner einerseits eine Architektur, die sich ganz von praktischen Erfordernissen herleitete. Andererseits stilisierte er die Baukunst zum »höchsten Ausdruck menschlichen, an das Göttliche streifenden Könnens«, feierte den Architekten »als die Krone des modernen Menschen« und wies ihm gegenüber der kunstindifferenten Allgemeinheit eine kulturmissionarische Aufgabe zu.[29]

Über Wagners erste Villa kursierte in Wien das Gerücht, sie sei ursprünglich für den Kronprinzen Rudolf errichtet worden.[30] Diese Vorstellung verdeutlicht den von den Zeitgenossen wahrgenommenen fürstlichen Anspruch des Baus. Der Hausherr Wagner kleidete sich in das Gewand eines Künstlerfürsten. Mit dem Ausbau des Ateliers verwandelt er sich nun vom fürstlichen zum priesterlichen Künstler. Im Moment der Loslösung von den historischen Stilen artikuliert er die Idee einer geistigen Führerschaft des Baukünstlers. Das nunmehr tatsächlich eingelöste Versprechen, neue Formen hervorzubringen, scheint ein neues, priesterliches Selbstbewusstsein des Architekten Wagner zu begründen.

Die religiöse Übersteigerung seines Künstlertums ist für Wagner jedoch nicht nur Ausdruck eines tatsächlichen Selbstbewusstseins. Er benötigt die verklärende Inszenierung der eigenen Arbeit auch zur Verteidigung einer gefährdeten Position. Das Gewicht, das er bei der Suche nach dem Neustil den Gesetzen der Technik zumaß, bedeutete eine Aufwertung des Ingenieurs als Sachwalter dieser Gesetze. Indem Wagner gleichzeitig die Kompetenz des Architekten in eine priesterliche Sphäre enthob, behauptete er seine Vorrangstellung gegenüber dem Ingenieurberuf. Ein sakral inszeniertes Künstlertum bildete das notwendige Gegengewicht zur profanisierten Entwurfsstrategie.

27 Der Ausstattung des Atelierraums liegen zwei Gestaltungskonzepte zugrunde. Dem ersten Konzept, das die Fenster Adolf Böhms noch nicht berücksichtigt, folgt die feste Wand- und Deckengestaltung. Nach dem Einbau der Fenster entwarf Wagner den Großteil des beweglichen Inventars. Einige bereits fertige Möbel wurden neu bespannt. Vgl. dazu: Asenbaum/Zettl 1984, S. 182–189.

28 Graf 1985, S. 306–321. – Ideeller Vorläufer des Projekts ist die Planung ›Artibus‹ von 1880: Ebd., S. 34–39. – Ein weiteres Akademieprojekt entwickelte Wagner 1910: Ebd., S. 624–634.

29 Wagner, Otto 1896, S. 266.

30 Moravánszky 1988 a, S. 75.

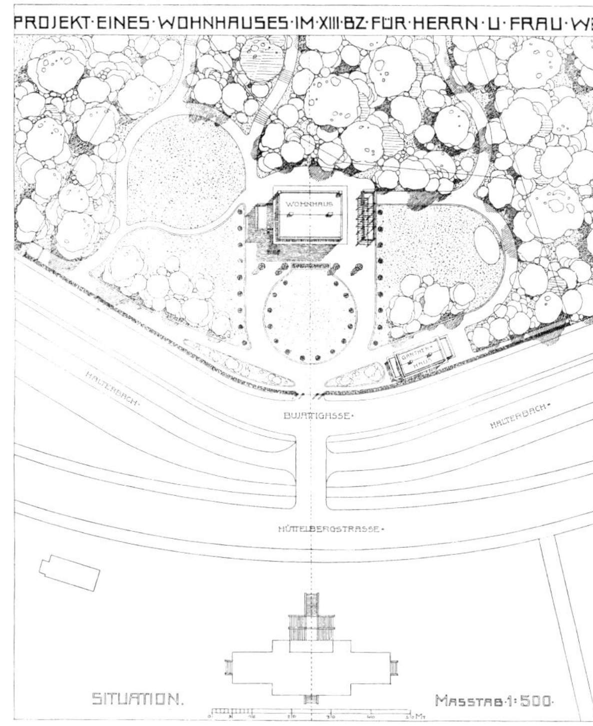

12 Otto Wagner, Projekt einer Villa für den Architekten, Wien XIII, 1905, Situation

13 Projekt Villa Wagner, Wien XIII, 1905, perspektivische Ansicht

Die zweite Villa

Schon bevor Wagner sein Stadthaus am Rennweg aufgegeben hatte, trug er sich mit dem Gedanken, seinen wachsenden Raumbedarf durch den Bau einer zweiten Villa zu befriedigen. Hierfür bot sich das zu Wagners Eigentum gehörende Gelände gegenüber der ersten Villa an, zu dem er bereits 1893 eine Brücke über den dazwischenliegenden Halterbach anzulegen plante.[31] Jedoch erst 1905 entstand für dieses Grundstück das Projekt eines Wohnhauses.[32] Der Entwurf sah eine präzise axiale Zuordnung zur ersten Villa vor. In seiner zurückgesetzten Lage auf ansteigendem Terrain spiegelte das projektierte Gebäude exakt die Situation des älteren Baus.

Vom Gegenüber übernimmt Wagner die Hierarchie der Stockwerke mit niedrigem Sockelgeschoss, hohem Hauptgeschoss und abnehmender Höhe der beiden Obergeschosse. Durch ein Kranzgesims über dem ersten Stockwerk verbirgt er die oberste Etage und nähert so den Entwurf an die Proportionen des Altbaus an. Die verwandte Gesamtgestalt bringt die Verschiedenheit der Fassaden um so klarer zur Geltung. Dem dekorativen Reichtum seiner ersten Villa möchte Wagner einen weiß verputzten Neubau gegenüberstellen. Als einziges Ornament belässt er ihm ein geometrisches Schmuckband im Hauptgeschoss. Hervorstechendes Merkmal der projektierten Fassade sind die schmale Form und dichte Reihung der Fenster, die sich aus der engen Folge der Stahlbetonstützen ableiten. An die Stelle einer herkömmlichen Fassadenkomposition mit ihrem Wechselspiel zwischen geschlossener Wand und individuellen Einzelfenstern tritt eine durch dicht gedrängte Gruppen gleichartiger Öff-

31 Graf 1985, S. 86.

32 Wagner, Otto 1987, Bd. 3, Nr. 68. – Graf 1985, S. 510–512.

14 Otto Wagner, zweite Villa des Architekten, Wien XIV, 1912–13, Entwurf, perspektivische Ansicht

15 Zweite Villa Wagner, Wien XIV, Ansicht, Eingang

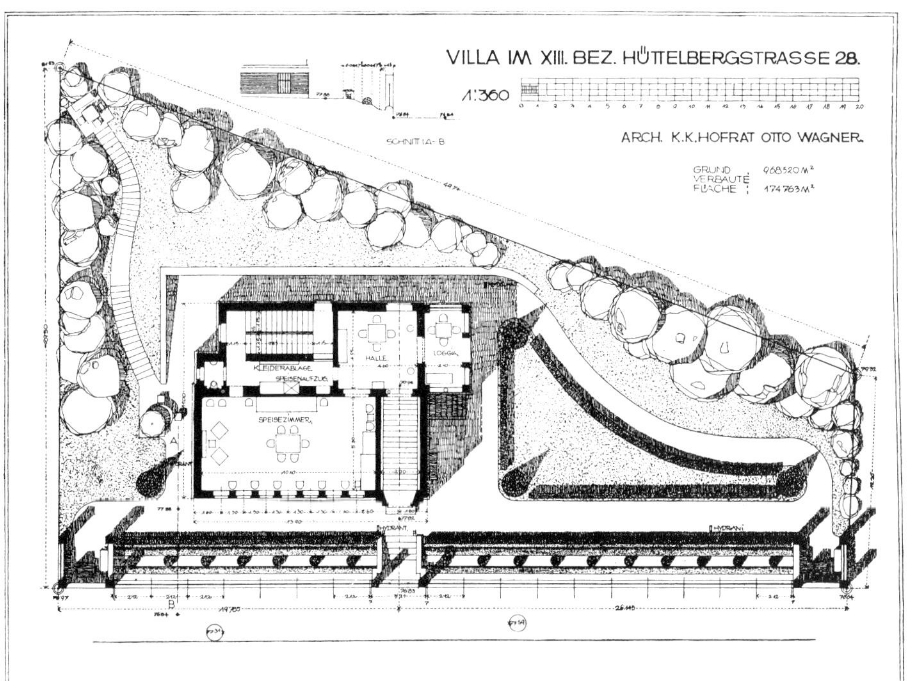

16 Zweite Villa Wagner, Wien XIV, Grundriss Erdgeschoss und Situation

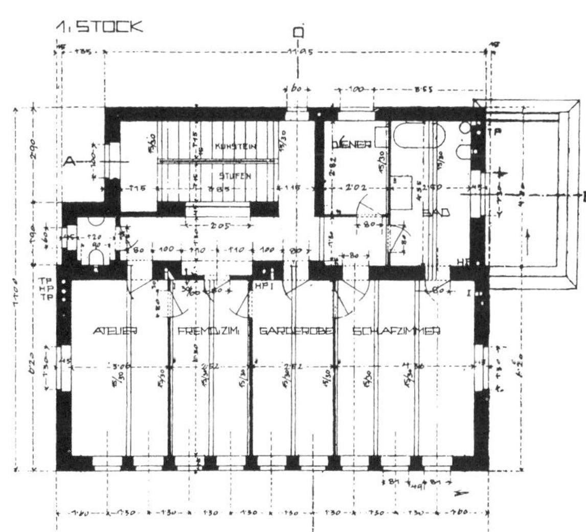

17 Zweite Villa Wagner, Wien XIV, Grundriss Obergeschoss

18 Otto Wagner, Postsparkasse, Wien I, 1904–12, Ansicht

nungen perforierte Wandfläche. Es entsteht ein neues Verhältnis zwischen Fassade und Fenstern, das dazu tendiert, dem Gebäude zu nehmen, was man als sein ›Gesicht‹ bezeichnen könnte. Die Fassadensymmetrie bleibt dabei noch weitgehend unangetastet. Den asymmetrischen Akzent der seitlichen Eingangsloggia überspielt Wagner durch die axiale Gegenüberstellung mit der ersten Villa.

Nicht auf dem zunächst vorgesehenen Gelände, sondern auf einem links an die inzwischen verkaufte erste Villa angrenzenden Grundstück gelang es dem Architekten 1912–13, seinen Neubau zu verwirklichen.[33] Von dem um sieben Jahre zurückliegenden Projekt trennen den ausgeführten Bau wenige Modifikationen, die sich jedoch sehr wirksam sowohl in der Außengestaltung als auch im Grundriss niederschlagen. Indem Wagner auf das zweite Obergeschoss verzichtet, gibt er dem Gebäude eine einfachere, der ersten Villa noch stärker angenäherte Bekrönung. Die rhythmische Fensterfolge, die im Fassadenentwurf von 1905 die innere Raumaufteilung erkennen ließ, verbindet er zu völlig gleichmäßiger Reihung. Die serielle Abfolge der Öffnungen verwehrt nun jeden Rückschluss auf das Innere des Gebäudes. Sie ließe sich beliebig verlängern und erinnert hierin an die von Wagner ausdrücklich gebilligte Uniformität städtischer Mietshäuser.[34]

In den Putz eingelassene blaue Glasplättchen und runde Aluminiumscheiben fügen sich zu einer sparsamen Ornamentierung, die das Haus friesartig umgürtet. Die runden Scheiben sind Nägel mit Aluminiumköpfen, wie Wagner sie am Außenbau seines Hauptwerks, der Wiener Postsparkasse, verwendete. Dort dienten sie vorgeblich der Befestigung der Fassadenverkleidung aus Marmorplatten. Auf die Putzhaut der Villa übertragen, können sie jedoch die konstruktive Illusion nicht aufrechterhalten. Sie erscheinen hier als werkimmanenter Querverweis auf jenen Bau Wagners, in dem er eine allein aus der modernen Verkleidungstechnik abgeleitete Dekorationsform gefunden zu haben glaubte.[35] Die Verwendung der Nieten im eigenen Domizil zeigt die emblematische Bedeutung, die sie für den Architekten besaßen. Herausgelöst aus ihrem ursprünglichen Kontext, verlieren sie als Bekenntnisformen der wagnerschen Moderne allerdings an Plausibilität. Allein die Eingangstür der Villa trägt eine Aluminiumverkleidung, die tatsächlich durch Nieten montiert ist.

33 Wagner, Otto 1987, Bd. 4, Nr. 34–37. – Asenbaum/Zettl 1984, S. 292–300. – Graf 1985, S. 647–653. – Trevisiol 1990, S. 173–178. – Vgl. auch: Fanelli/Gargiani 1994, S. 96.

34 Wagner, Otto 1893, S. 98. – Ders. 1896, S. 281.

35 Zur Postsparkasse: Graf 1985, S. 425–447. – Die Verkleidung des Baus behandelt ausführlich: Haiko 1984, S. 36–39.

Mit der Verlagerung des Projekts auf das linke Nachbargrundstück lockert der Architekt erstmals in seinem Werk entschieden die Bindung an die Symmetrie.[36] Der wesentlich kleinere, unregelmäßig geschnittene Bauplatz veranlasst Wagner, die zentrale Anordnung der älteren Entwurfsvariante aufzugeben und den Bau dicht an den Straßenrand heranzurücken. Den Eingang verlegt er von der seitlichen Loggia zur Straßenfassade und die ursprünglich vorgesehene, zum Hauptgeschoss führende Freitreppe ins Gebäudeinnere. Durch die dekorative Hervorhebung des an den Rand gedrängten Portals, das in teleskopartiger Staffelung aus der planen Fassadenfläche heraustritt, unterstreicht er den Verzicht auf eine symmetrische Fassadenkomposition. Die Öffnung über dem Eingang schmückt er mit einem farbigen Glasfenster von Leopold Forstner.[37]

Die in der Außengestaltung angekündigte Asymmetrie setzt sich im Inneren fort. Der Grundriss gliedert sich in einen breiteren vorderen Teil, der den Wohnbereich aufnimmt, und einen verkürzten hinteren Abschnitt, in dem überwiegend Dienst- und Erschließungsflächen angeordnet sind. Eine rampenartige, an Wiener Mietshaustreppen angeglichene Stiege führt vom Eingang in den hinteren Gebäudeteil. Sie mündet in einer quadratischen Halle, welche Funktionen eines Vorraums mit denen eines Wohnzimmers verbindet. Der Raum leitet über zu einem Speisezimmer, das die gesamte Straßenfront des Hauses einnimmt. Im oberen Stockwerk erschließt ein Korridor, der parallel zur Straße das Haus durchquert, Schlafzimmer, Garderobe, Gästezimmer und Atelier. Nicht als individuell gestaltete Raumeinheiten, sondern wie Büroräume zwischen dünnen Trennwänden reihen sich die Zimmer hinter der Fensterfolge der Straßenfassade auf. Gleich den frei unterteilbaren Büroflügeln der Postsparkasse erscheint das Obergeschoss der zweiten Villa beliebig verlängerbar. Ein Raum wie alle anderen ist das in der ersten Villa sakral überhöhte Atelier, das sich hier allenfalls durch die zusätzliche Seitenbelichtung von den Nachbarzimmern abhebt.

Transparenter als das Projekt von 1905 spiegelt die ausgeführte Villa ihre innere Zweiteilung nach außen. Wagner gelangt in dem Bau zu einer begrenzten, im werkimmanenten Vergleich jedoch zur weitestgehenden Lockerung seiner strengen Entwurfsprinzipien. Gleichwohl präsentiert sich auch der Bauherr der zweiten Villa in der Auseinandersetzung mit informellen Villenkonzepten als Anwalt eines streng regelhaften Komponierens. Im Begleittext zur Veröffentlichung der Villa führt Wagner polemische Seitenhiebe auf willkürliche Unregelmäßigkeiten des Grundrisses und auf die Suche nach malerischen Wirkungen und rustikalen Effekten. Mit kämpferischer Rhetorik wendet er sich gegen einen angeblich aus München importierten »Bräustil«, den er zum Oberbegriff für die von ihm befehdeten Richtungen erklärt.[38] Die Abgrenzung von informellen Entwurfsstrategien bildet eine Konstante wagnerscher Architektur wie Programmatik und verbindet die erste mit der zweiten Villa.

Häuser von Wagner-Schülern: Brüder Gessner, Jan Kotěra

Die Eigenhäuser der Brüder Gessner und Jan Kotěras bezeichnen unterschiedliche Positionen im engeren Umkreis Otto Wagners während der Jahre zwischen erstem Entwurf und Fertigstellung der zweiten Villa. Die Brüder Hubert und Franz Gessner, die 1898 bzw. 1906 Wagners Meisterklasse verlassen hatten, setzen sich im Entwurf ihres Wohnhauses 1907 mit Wagners Villenprojekt von 1905 auseinander.[39] Enger als ihr Lehrer lehnen sie sich an den Typus der kubisch geschlossenen Renaissancevilla an. Über einem ebenerdigen Sockelgeschoss, in dem sich das Atelier der Brüder befand, erhebt sich ein hohes Piano nobile, bekrönt von einem mächtig ausladenden Kranzgesims. Die auffälligste Modernisierung des Renaissancemodells besteht in den drei großen, die symmetrische Hauptfassade beherr-

36 Vgl. hierzu: Trevisiol 1990, S. 106, Anm. 125.

37 Mrazek 1981, S. 92 f. u. 140. Das Glasbild zeigt einen Perseus mit Gorgoneion. Der Hausherr Wagner scheint hier den Sieg der ›Moderne‹ über die historistische Gorgo zu thematisieren. Mit der apotropäisch verwendeten Fratze hält er zugleich die Widersacher des architektonischen Fortschritts von seinem Domizil fern. Eine verwandte Darstellung der Minerva mit Gorgonenschild schuf der von Wagner bewunderte Gustav Klimt 1898 für das Plakat zur I. Ausstellung der Secession. Vgl. dazu etwa: Whitford 1990, S. 66 u. 74.

38 Der Erläuterungstext aus dem vierten Band der Werkpublikation Wagners ist abgedruckt in: Graf 1985, Bd. 2, S. 648–649. Wagners Polemik bezieht sich auf die gesamte, von Camillo Sitte und Gabriel von Seidl bis zu Theodor Fischer reichende ›malerische‹ Strömung in der zeitgenössischen Architektur. – Die gleiche polemische Stoßrichtung besaß bereits der begleitende Text zum Villenprojekt von 1905 im dritten Band: Ebd., S. 510–511.

39 Zeitgenössische Veröffentlichungen: Der Architekt, Jg. 14, 1908, S. 102; Jg. 15, 1909, Tf. 52. – Über das Haus Gessner: Borsi/Godoli 1985, S. 225–227. – Kristan 1992, S. 191–196 u. 515–517.

19 Hubert und Franz Gessner, Villa der Architekten, Wien XVIII, 1907, Entwurf, perspektivische Ansicht

schenden Bay-Windows. Mit ihnen verweisen die Architekten auf ihr im gleichen Jahr fertiggestelltes Verlagsgebäude ›Vorwärts‹, so wie Wagner im Bau seiner zweiten Villa auf das Postsparkassengebäude anspielt. Die Brüder Gessner betonen die körperhafte Geschlossenheit ihres Baukörpers und gestalten die Hauptfassade als repräsentatives ›Gesicht‹. Wagner dagegen zerlegt den Baukörper seiner Villa in flächige Einzelfassaden und perforiert die Hauptansicht durch längliche Fenstereinschnitte. Er unterstreicht so den Abstand vom Ausgangsmodell der Renaissancevilla.

Der Wagner-Schüler Jan Kotěra, Absolvent des Jahres 1897, hat sich, als er 1908 in Prag-Vinohrady sein Haus baut, bereits weitgehend vom Vorbild seines Lehrers emanzipiert.[40] Er stellt diesem ein eigenes Architekturkonzept entgegen, das die zweckgerechte Form weniger im Ausdruck konstruktiver Gegebenheiten als in einer funktionalen Artikulation des Baukörpers sucht. Kotěra gibt seinem Haus eine charakteristische plastische Gestalt, indem er es in unterschiedliche Nutzungsbereiche zergliedert. Aus einem zweistöckigen Haupthaus unter niedrigem Walmdach trennt er seitlich einen Baukörper für Salon und Musikzimmer, zur Straße hin einen Treppenturm und einen lang gestreckten Korridor als überdachten Zuweg heraus. Einerseits die Haupträume, andererseits die horizontalen und vertikalen Erschließungsflächen treten als selbständige Volumina neben die Grundform des Hauses. Am wirkungsvollsten sprengt der schlanke Kubus des Treppenturms den Kontur des Gebäudes und verdeutlicht zeichenhaft Kotěras Streben nach einer nutzungskonformen Massenorganisation. Der Architekt durchbricht damit die von Wagner postulierte Geschlossenheit des Baukörpers, ohne sie jedoch ganz zu informeller Freiheit aufzulösen, ohne auch die gelockerte Gruppierung zu einer neuen, malerischen Einheit zu verschleifen. Er gibt das Modell der Renaissancevilla samt deren proportionaler Ausgewogenheit und hierarchischer Geschossgliederung auf, ohne etwa ein ländliches Modell an seine Stelle zu setzen. Das Äußere des schmucklosen Gebäudes gliedert er allein durch eine das Obergeschoss aussparende helle Ziegelverkleidung. Kotěra artikuliert in seinem Hausbau ein von der Suche seines Lehrers abweichendes

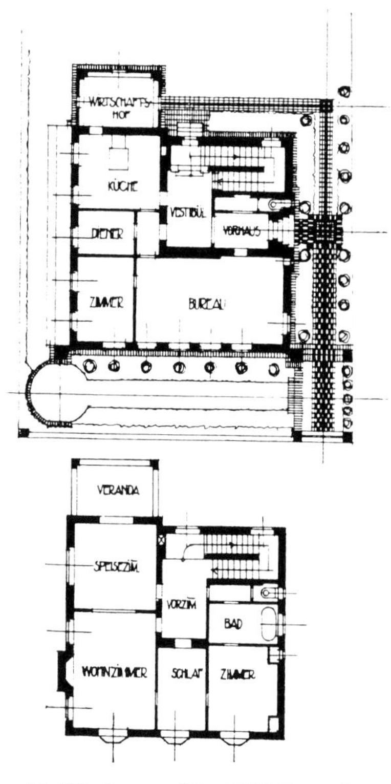

20 Villa Gessner, Wien XVIII, Entwurf, Grundrisse

40 Zur Arbeit Jan Kotěras: *Tschechische Kunst* 1984, Bd. 1, S. 138–157, besonders S. 149, und Bd. 2, S. 175–179. – Zeitgenössische Veröffentlichung des Hauses Kotěra: Der Architekt, Jg. 16, 1910, Tf. 17–18.

21 Jan Kotěra, Villa des Architekten, Prag-Vinohrady, 1908–09, Ansicht, Straßenseite

Konzept zweckbestimmten Entwerfens, das nicht in der Außenhaut der Architektur, sondern in der Verteilung der Volumina seinen Ausdruck findet. Gegenüber der extremen Lösung Kotěras bleibt Wagners Bemühen um eine funktionale Differenzierung des Außenbaus begrenzt. Die abgestufte Gebäudebreite und die Hervorhebung des Eingangs nehmen der zweiten Villa nicht ihre geschlossene Gesamtform.

Ornamentlosigkeit statt moderner ›Bekleidung‹?

Markieren die eigenen Häuser von Hubert und Franz Gessner und von Jan Kotěra einen Rahmen für die Bestimmung der spezifischen Modernität Wagners, so stellen die zeitgenössischen Bauten eines anderen Architekten diese Modernität grundsätzlich in Frage. Adolf Loos propagierte bereits seit 1898 den Ornamentverzicht als ausschlaggebendes Kriterium für den Fortschritt in der Architektur.[41] Mit dem Bau des Geschäfts- und Wohnhauses am Michaelerplatz (1909–11) sowie den Wohnhäusern für Hugo Steiner (1910) und Gustav Scheu (1912–13) gelangen ihm erste Demonstrationen seiner Auffassung.[42] In den drei Projekten realisierte Loos die Ornamentlosigkeit als am weitesten vorgeschobene Position der baukünstlerischen Moderne und setzte so neue Maßstäbe auch für die Bewertung der zweiten Villa Wagner. Größte Publizität sicherte ihm das Michaelerhaus, mit dem er eine erregte öffentliche Debatte auslöste.[43] Die hier erreichte Nacktheit der Fassaden übertrug er zunächst im Haus Steiner auf die Gartenseite, sodann im Haus Scheu auch auf die Straßenfront eines vorstädtischen Einzelhauses.

Als frei stehendes Einfamilienhaus eignet sich besonders das Haus Steiner für eine Gegenüberstellung mit der zweiten Villa Wagner. Die Bauvorschriften hinderten Loos daran, das Haus straßenseitig über ein Geschoss hinauswachsen zu lassen. Daher konnte er nur zum Garten hin dem Gedanken des Ornamentverzichts eindrücklich Gestalt geben. Die dreigeschossige, flach abschließende Fassade gliedert sich in zwei Seitenrisalite und einen breiten

41 Die ersten dezidiert ornamentfeindlichen Äußerungen des Architekten finden sich in: Loos 1898b. – Ausführliche Darstellung seiner Gedanken zum Ornamentverzicht: Ders. 1908.

42 Rukschcio/Schachel 1982, Kat.-Nr. 67, S. 460–469; Kat.-Nr. 75, S. 476–480; Kat.-Nr. 87, S. 493–496.

43 Ebd., S. 147–160.

22 Adolf Loos, Haus Steiner, Wien XIII, 1910, Ansicht, Gartenseite

Mittelteil, der nur im Erdgeschoss an die vordere Flucht heranreicht, in den oberen Stockwerken dagegen zurückweicht. Loos verwendet ein dreiteiliges Fassadenschema, wie es der ersten Villa Wagner zugrunde lag. Radikal reinigt er seinen Entwurf von allem architektonischen Dekor. Die um Fensterrahmen, Säulen und Gesimse erleichterte Fassade erhält ihr Gepräge allein durch Massenverteilung und unterschiedliche Proportionen der Fenster. Eine strenge Symmetrie steigert das Fehlen artikulierender Elemente zum pathetischen Schweigegestus.

Über zwei Jahrzehnte hinweg bemühte sich Otto Wagner, in seinem Wohnen den jeweils neuesten Stand der künstlerischen Entwicklung umzusetzen. Ein programmatisches Streben nach Modernität trieb ihn dazu, unablässig über Erreichtes hinauszugehen. Um so auffälliger ist es, dass er im Bau seiner zweiten Villa den von Loos vorweggenommenen Schritt zum völligen Ornamentverzicht nicht mitvollzieht. Erstmals reagiert er negativ auf einen Modernisierungsschritt. Obwohl das Haus Steiner erkennbar in Kontinuität mit seiner eigenen Entwurfshaltung steht, macht Wagner sich die loossche Variante architektonischer Modernität nicht zu eigen. Zu sehr ist für ihn jede Art von Modernisierung mit der Artikulation der Oberfläche als künstlerischer Bekleidung verbunden, als dass er die von Loos vorgeführte Entkleidung der Architektur akzeptieren könnte.[44] Nicht nur beharrt er in seinem Villenbau auf dem Prinzip des ornamentalen Bekleidens, er verweigert sogar eine Aktualisierung des bereits im Entwurf von 1905 verwendeten geometrischen Dekorationsmotivs.

Für Wagner liegt darin keine Preisgabe seines Modernitätsstrebens, wohl aber eine Rückbesinnung auf die Logik des eigenen Werks. Der Architekt modernisiert seinen älteren Entwurf, indem er die in ihm angelegten Entwicklungskeime – serielle Durchfensterung und Symmetrieverzicht – weiter zuspitzt. Im Beharren auf der Individualität des Einzelfensters und im Festhalten an den Regeln symmetrischer Komposition offenbart aber gerade die Gartenfassade des Hauses Steiner ein konservatives Moment. Adolf Loos' Ornamentlosigkeit steht im Kontext einer Wiederbelebung klassizistischer Entwurfsprinzipien, die um 1910 ihren Höhepunkt erreichte. Von eben diesen Prinzipien, obschon sie für ihn zeit seines Lebens

44 Über die Bedeutung der Oberfläche für Wagners »metaphorischen Funktionalismus«: Haiko 1984, S. 41 u. 46. – Im Festhalten am Konzept der Bekleidung erweist sich Wagners Verwurzelung in der Tradition Sempers. Vgl. Anm. 14.

maßgebend waren, wendet Wagner sich mit dem Bau seiner zweiten Villa wenigstens parziell ab. Er verhält sich antizyklisch, indem er darauf verzichtet, der vorherrschenden konservativen Strömung zu folgen. Sicherlich bedeutet Adolf Loos' Ornamentverzicht einen Entwicklungsschritt, der über das Werk Otto Wagners hinausreicht. Insgesamt überholen die Wohnhäuser des jüngeren Architekten dennoch nicht die Modernität der zweiten Villa Wagner.

Von der ›freien Renaissance‹ zur Moderne

Zwischen den beiden Villenbauten Otto Wagners ereignet sich in der Architektur eine epochale Wende. Indem Wagner seine zweite Villa neben der ersten errichtet, macht er diese Wende zum Inhalt des Neubaus. Auch in isolierter Betrachtung wäre die zweite Villa ein wichtiger Beitrag zur Wohnhausarchitektur der frühen Moderne. Doch durch die Nachbarschaft zur ersten Villa erhält der Bau eine programmatische Qualität, die über die architektonische Einzelleistung hinausweist. Im Entwurf von 1905 inszenierte Wagner die Begegnung der beiden Villen als axiale Konfrontation. Er unterstrich so die Aufforderung zum Vergleich, ließ jedoch den Neubau als modernisiertes Echo seines älteren Gegenübers erscheinen. Im ausgeführten Bau verzichtet er auf den Achsenbezug. Dadurch schwächt er die Konfrontation, verstärkt aber die Gegensätzlichkeit der beiden Entwürfe. Statt spiegelbildlich die Anordnung der ersten Villa auf dem Grundstück zu wiederholen, erprobt er auf verkleinertem Terrain eine neue Disposition des nun dicht an die Straße herangeschobenen Baukörpers und unterscheidet ihn damit auch als Typus von der älteren Villa. In Abkehr von der Fiktion einer herrschaftlichen Architektur in freier Landschaft realisiert er ein Vorstadthaus, das sich nicht nur in der architektonischen Gestaltung, sondern auch im Geländeverbrauch dem Ökonomieprinzip unterwirft.[45]

Die unmittelbare räumliche Nähe der beiden Häuser lässt einen architektonischen Dialog entstehen, in dem zwei neue Themen zur Sprache kommen – die Dimension Zeit und das Element des Widerspruchs. Durch die Nachbarschaft der Villen gewinnt die Zeitspanne, die zwischen ihnen liegt, materielle Gestalt. Im Abstand vom älteren Nachbarhaus konkretisiert sich die Neuheit der zweiten Villa. Die erste Villa wird zur Repräsentantin der Vergangenheit, neben der sich der Nachfolgebau als Vertreter der Jetztzeit ausweisen kann. Nicht als Weiterentwicklung, wie es noch die Anordnung im Entwurf von 1905 implizierte, sondern in kalkulierter Gegensätzlichkeit tritt die zweite an die Seite der ersten Villa. Der neue führt mit dem älteren Bau ein Streitgespräch. Wagner formuliert mit der zweiten Villa seinen Widerspruch gegen die architektonischen Konventionen, denen die erste Villa ihr Erscheinungsbild verdankte. Der Verpflichtung auf historisches Stilkleid, auf Symmetrie und auf gesellschaftliche Repräsentation erteilt er eine entschiedene Absage.

Mit dem Verkauf der ersten Villa an den Varieté-König Ben Tiber hatte Wagner den architektonischen Widerspruch vorbereitet. Die Entscheidung, den Bau ausgerechnet dem größten Unternehmer im Wiener Animierbetrieb zu überlassen, erscheint bereits als Bestandteil seiner Distanzierungsstrategie. Heutiger Eigentümer der ersten Villa Wagner ist der Maler Ernst Fuchs, der den Bau nach seinen eigenen Vorstellungen als Gesamtkunstwerk erneuert hat. Fuchs sieht sich in einer Kontinuität mit der Geschichte des Ortes: »Wer, wenn nicht ich, hätte dieses Haus wiederbeleben können?«[46] Durch eine verfremdende Farbgestaltung und Ausstattung mit selbst entworfenen Stoffen, Möbeln und Kunstgegenständen verlängert er die historistische Tradition des Hauses in die Gegenwart hinein. In der vom Baukünstler Wagner übernommenen Hülle inszeniert Fuchs sein eigenes ›magisches‹ Künstlertum. Neben der Villa

45 Im Erläuterungstext (Anm. 38) betont Wagner, seine Villa stelle eine besonders kostengünstige Lösung der an sich sehr teuren Bauaufgabe Einzelwohnhaus dar. An anderer Stelle weist er darauf hin, dass das Einzelwohnhaus keine allgemeingültige Antwort auf die Wohnfrage gebe, da es mit dem »Zwang zur Lebensökonomie« in Konflikt stehe. Wagner, Otto 1911, S. 646.

46 *Fuchs* 1989, S. 7.

23 Erste Villa Wagner, Wien XIV, Innenansicht, Speisezimmer

hat er sich ein ›Brunnenhaus‹ gebaut. In der Villa Wagner eröffnete er 1988 das ›Ernst Fuchs Privat Museum‹.

Die enorme Entwicklungsspanne, die Otto Wagners erste und zweite Villa voneinander trennt, zeigt sich nirgends deutlicher als im Abstand zwischen den beiden Speisezimmern. In dem bis unter die Decke mit Holz vertäfelten Hauptraum der ersten Villa verwandte Wagner die Formen von Spätrenaissance und Frühbarock. Ein schwerer Leuchter beherrschte das Zentrum des Raums, Porzellanschmuck und großflächige Gemälde zierten die Wände, das Ornament der Teppiche und Möbelbespannungen antwortete dem üppigen Stuckdekor der Decke. Äußerste Sparsamkeit und Reduktion des Ornaments kennzeichnen dagegen in der zweiten Villa die Einrichtung des Speisezimmers. Hygienisches Weiß, gedämpft allein durch die dunkelfarbige Fassung der unteren Wandzone, bestimmt den Charakter des lichtdurchfluteten Raums. Sichtbar belassene Unterzüge gliedern die Decke in Entsprechung zum engen Rhythmus der Fenster. Die leichten Armlehnstühle sind industriell gefertigte Serienmöbel und entstammen der Ausstattung des kurz zuvor fertig gestellten Erweiterungsbaus der Postsparkasse.[47]

24 Zweite Villa Wagner, Wien XIV, Innenansicht, Speisezimmer

In der inszenierten Begegnung der beiden Häuser liegt sowohl ein zukunftsgerichtetes als auch ein resümierendes Moment. Wagner lässt, indem er eine polemische Konfrontation zwischen Alt und Neu herbeiführt, das Bemühen um Modernität als entwurfsbestimmendes Merkmal der zweiten Villa erkennbar werden. Vehement stößt er sich mit dem Neubau von der Vergangenheit ab und beansprucht wegweisende Autorität für Gegenwart und Zukunft. Dass die ältere Villa auch Wagners eigene Vergangenheit verkörpert, verleiht der Abstoßungsgeste zusätzliche Kraft. Gleichzeitig hält der Architekt Rückschau auf den Weg, den er in den vergangenen zweieinhalb Jahrzehnten zurückgelegt hat. Mehr als Bilanz und Endpunkt denn als Durchgangsstadium einer weiter fortschreitenden Entwicklung errichtet er seine zweite Villa. Das sieben Jahre zuvor ausgearbeitete Villenprojekt, das er ihrem Entwurf zugrunde legt, erachtet er offenbar in wesentlichen Teilen noch für gültig. Die seriellen Gestaltungsmittel, die Wagner verwendet, reflektieren Elemente seines Hauptwerks, der Wiener Postsparkasse, nähern aber den Villenbau zugleich seinen städtischen Mietwohnungsbauten an.[48] So wird Wagners letzter Bau auch zum Fazit, in dem der Architekt Erreichtes zusammenfasst.

47 Asenbaum/Zettl 1984, S. 275 u. 277.

48 Als »Sieg des Büros über die Wohnung« charakterisiert diesen Vorgang: Schorske 1994, S. 89.

25 Otto Wagner, Mietshaus, Stadiongasse 6–8, Wien I, 1882–83, Ansicht

Bereits in ›Moderne Architektur‹ stellte Wagner 1896 fest, »daß zwischen der Moderne und der Renaissance heute schon eine größere Kluft liegt, als zwischen der Renaissance und der Antike«.[49] In Wirklichkeit hatte er damals eben erst begonnen, sich vom Stilvorbild der ›freien Renaissance‹ zu lösen. Das Erstrebte selbstbewusst vorwegnehmend, gab er die ersten Versuche als Ergebnisse aus. Bald darauf, 1898, im Vorwort zur zweiten Auflage der Schrift, verkündete er emphatisch den Sieg des Neustils.[50] Aus diesem etwas verfrüht behaupteten Abstand zwischen Moderne und Renaissance wird 1912–13 im Bau der zweiten Villa eine architektonische Realität. Mit größter Deutlichkeit lässt Wagner die Distanz zwischen der ›Moderne‹ des Neubaus und der ›Renaissance‹ der ersten Villa zur Anschauung kommen. Die nunmehr vollzogene Wende zum Neustil tritt hier tatsächlich als ›Kluft‹ in Erscheinung.

Wohnsitze in der Stadt

Durch das inszenierte Nebeneinander fordert Wagner zu einer herausgehobenen Betrachtung seiner Villen auf. Während er in ihnen den Durchbruch zum Neustil als heroische Pionierleistung präsentiert, betont er in der Abfolge seiner städtischen Wohnsitze den Aspekt des stetig fortschreitenden Wandels. Sowohl die vier Wohnungen als auch das Stadthaus am Rennweg entstanden im Kontext von Mietshausbauten, die Wagner nicht nur selbst entworfen, sondern zwecks anschließenden Verkaufs auch auf eigene Kosten ausgeführt hatte. Der Architekt beteiligte sich damit aktiv am Ausbau Wiens zur modernen Großstadt, nebenbei aber auch am von ihm heftig bekämpften Unwesen der Spekulation.[51] Durch die eigene Wohnung verband er jeweils sein persönliches Prestige mit der zum Verkauf angebotenen Architektur.

Seinen ersten Wohnsitz in einem von ihm gebauten und finanzierten Etagenwohnhaus bezog Wagner 1882 in der Rathausstraße 3.[52] Bald darauf wechselte er in die daneben liegende Stadiongasse 6–8, wo er von 1884 bis 1891 wohnte.[53] Die benachbarten Mietshäuser ähneln als fünfgeschossige Gebäude im Renaissancestil mit hierarchisch abgestufter Stockwerksordnung den für die Wiener Ringstraße typischen großbürgerlichen Zinspalais. In der Stadiongasse rahmen rustizierte Pilasterstreifen das Portal, eine beidseitige toskanische Säulenfolge trägt den Würdeanspruch der Fassade ins Vestibül hinein. Lage und Ausstattung der beiden ersten Wohnungen Wagners sind nicht überliefert.

Nicht eine Wohnung im selbst entworfenen Mietshaus, sondern ein eigenes Stadthaus zwischen zwei getrennt aufgeführten Mietwohnungsbauten bezog Wagner 1891 am Rennweg 3.[54] In den flankierenden Fassaden der Mietshäuser verzichtet der Architekt, wie bereits im ›Hosenträgerhaus‹ an der Universitätsstraße,[55] auf die herkömmliche Geschossabstufung und gelangt zu in Höhe und Gestaltung weitgehend gleichberechtigten Stockwerken. Sehr früh zieht er so die Konsequenzen aus der technischen Innovation des Fahrstuhls und der damit verbundenen Aufwertung der oberen Geschosse.[56] Aus den in horizontaler Schichtung artikulierten Mietshausfassaden hebt sich das Architektenhaus als vertikale Einheit heraus. Betont Wagner bei den Mietsgebäuden die Gleichwertigkeit der Stockwerke, so gibt er seinem Wohnhaus vier differenziert gestaltete, nach Nutzungsarten unterschiedene Einzelgeschosse. Im rustizierten Erdgeschoss liegen das Atelier und ein Herrenzimmer als Empfangsraum des Architekten. Der darüber befindliche Repräsentationsbereich mit Salon, Speisezimmer und Boudoir ist durch Balkons und Pilastervorlagen als Beletage charakterisiert. Hinter der planen, durch pflanzliches und figürliches Ornament belebten Fläche des oberen Fassadenabschnitts verbergen sich die Privaträume. Ein kräftiges Gesims bezeichnet die Grenze zwischen den beiden Zonen.

49 Wagner, Otto 1896, S. 272.

50 Ebd., S. 264.

51 Kritik an der kunstschädlichen Wirkung der Spekulation: Wagner, Otto 1896, S. 277. – Ders. 1911, S. 644.

52 Die Wohnung in der Rathausstraße erwähnt: Asenbaum 1983, S. 115.

53 Wagner, Otto 1987, Bd. 1, Nr. 43–45. – Asenbaum/Zettl 1984, S. 120–121. – Graf 1985, S. 53–55.

54 Wagner, Otto 1987, Bd. 1, Nr. 49–52, u. Bd. 2, Nr. 5–7. – Asenbaum/Zettl 1984, S. 138–147. – Graf 1985, S. 69–70 u. 74–75. – Turkof 1986.

55 Wagner, Otto 1987, Bd. 1, Nr. 46–48. – Graf 1985, S. 69 u. 72–73.

56 »Nachdem der Miethwert der einzelnen Geschosse überdies durch Anbringung von Personenaufzügen ziemlich ausgeglichen wurde, musste als natürliche Folge daraus hervorgehen, dass die äussere künstlerische Durchbildung an ein Auszeichnen der Geschosse nicht mehr denken konnte […].« Wagner, Otto 1896, S. 281.

26 Otto Wagner, Wohnhaus des Architekten, Rennweg 3, Wien III, 1889–91, Ansicht mit flankierenden Mietshäusern

Medaillons mit Künstlerporträts schmücken die Fassadenzone unter dem Dachgesims. Bezeichnenderweise sind es nicht Architekten, denen Wagner hier seine Reverenz erweist, sondern die universal orientierten Renaissancekünstler Michelangelo, Dürer und Raffael. Wagner schafft sich keinen berufsspezifischen Stammbaum, sondern beschwört die großen Namen der Kunstgeschichte als Garanten eines gattungsübergreifenden Künstlertums. Lediglich durch Richtscheit, Dreieck und Zirkel, die er als Insignien seiner Profession über den äußeren Fenstern des zweiten Stockwerks anbringt, gibt sich der Architekt zu erkennen. Aus dem flach reliefierten Fassadenschmuck treten zwei plastische Figurengruppen hervor. Für die beiden von Amoretten umtanzten weiblichen Hermenbüsten wurde eine Deutung als irdische und himmlische Liebe vorgeschlagen.[57] Mit der Anspielung auf sein häusliches Glück ergänzt der Architekt die repräsentative Symbolik seiner Künstlerhausfassade. In vergleichbarer Weise hatte er bereits auf der Fassade der ersten Villa eine persönliche Maxime neben seinen architektonischen Leitspruch gestellt.[58]

Mit einer schmiedeeisernen Krone über dem Eingang seines Hauses bekundet Wagner seine Ambition, als Hofkünstler wahrgenommen zu werden.[59] Der Architekt errichtet sein städtisches Domizil gegenüber den Barockpalästen des Hochadels, im Schwarzenbergviertel, das auch zur Ringstraßenzeit bevorzugtes Wohngebiet der Wiener Aristokratie war.[60] Den herrschaftlichen Anspruch seines Stadtpalais hebt er durch den bürgerlichen Charakter der rahmenden Mietshausfassaden noch hervor. Wagner, der schon 1893 feststellte, dass »die Wohnhausbauweise immer mehr und mehr zum Schema herabsinken muß, da die Existenzbedingungen der Menschen in Großstädten täglich ähnlicher werden«,[61] und der sich in seinen Mietwohnungsgebäuden dem geforderten Schematismus zielstrebig annäherte, macht im

57 Eine ikonographische Deutung versucht: Turkof 1986, S. 21–23.

58 Vgl. o. S. 22.

59 Über Wagners Bemühungen um Aufträge des Herrscherhauses: Kassal-Mikula 1993.

60 In der Tat konnte der Architekt sein Haus 1895 an eine Gräfin Hoyos verkaufen.

61 Wagner, Otto 1893, S. 98.

27 Otto Wagner, Mietshaus, Köstlergasse 3, Wien VI, 1898–99, Eingabeplan, Fassadenansicht

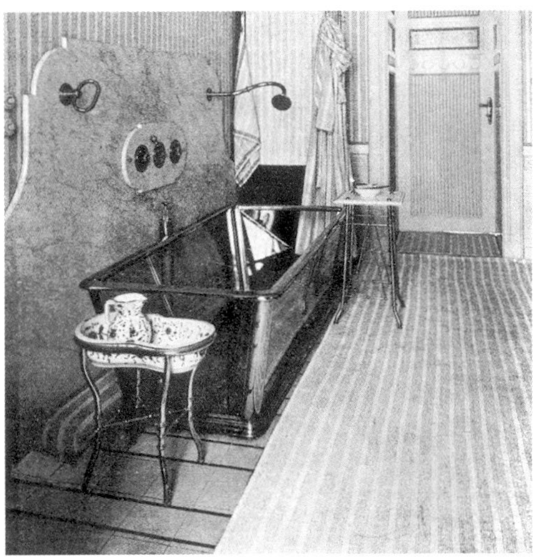

28 Otto Wagner, Wohnung des Architekten im Mietshaus Köstlergasse 3, Wien VI, eingerichtet 1899, Innenansicht, Badezimmer

eigenen Stadthaus keine Zugeständnisse an die diagnostizierte Tendenz zur Uniformität. Vielmehr nutzt er die Gleichförmigkeit der flankierenden Fassaden, um mit dem Bau des eigenen Domizils desto wirkungsvoller aus dem Schema auszubrechen. Mit der Fassade des Hauses am Rennweg beansprucht Wagner eine soziale Sonderrolle, wie er später im Atelierraum der ersten Villa eine geistige Sonderrolle einfordern wird.

Seine nächste zusammenhängende Mietshausgruppe realisierte Wagner 1898–99 an der Linken Wienzeile 40 und in der Köstlergasse 1 und 3.[62] Noch konsequenter als am Rennweg eliminiert er hier die äußere Hierarchie der Wohnungen. Statt der herkömmlichen Individualisierung des Hauptgeschosses gibt er durch ein geschossübergreifendes secessionistisches Ornament den Fassaden in ihrer jeweiligen Gesamtheit ein individualisiertes Erscheinungsbild. Mit der Köstlergasse 3 wählt Wagner das bescheidenste der drei Mietshäuser für seine als ›Absteigquartier‹ publizierte Junggesellenwohnung, das erste post-historistische Domizil des Architekten.[63] Von der Mehrfarbigkeit der Fassaden an der Wienzeile unterscheidet sich das Haus in der Köstlergasse durch eine monochrome Fassadengestaltung, die auf modernistische Wirkungen verzichtet. Die am Rennweg vermiedene Einordnung seines Wohnsitzes in das »Zellen-Konglomerat«[64] eines Mietshausbaus nimmt der Architekt hier in Kauf. Für den Verlust an äußerlich sichtbarer Selbstdarstellung entschädigt ihn eine individualisierende Ausgestaltung des Inneren der Dreizimmerwohnung. Noch bevor das Haus bezugsfertig war, zeigte Wagner Bad und Schlafzimmer seiner Wohnungseinrichtung auf der Wiener Jubiläumsausstellung 1898. Überdies publizierte er 1900 die gesamte Ausstattung in der Zeitschrift ›Ver Sacrum‹.[65] Indem er seine Interieurs auf indirektem Wege einem bürgerlichen Publikum bekannt macht, ersetzt er die fehlende Öffentlichkeit.

Badezimmer mit gläserner Badewanne und Schlafraum mit Messingbett veranschaulichen Wagners programmatische Wende im intimsten Lebensbereich des Künstlers. Die Dekoration der Räume beschränkt sich auf lineares Ornament und die Pflanzenmotivik der Stoffbespannungen. Wie ein Jahr später im Atelier der ersten Villa, so macht sich Wagner auch hier aktuelle Dekorationsmotive der Wiener Secession zu eigen.[66] Seinen Anspruch auf Modernität dokumentiert der Architekt somit in doppelter Weise. Einerseits erhebt er, indem er industrielle Materialien wirkungsvoll ins Bild setzt, den technisch-hygienischen Fortschritt zum Thema seines Wohnens. Dies gelingt ihm in besonders prägnanter Form durch das Requisit der gläsernen Badewanne. Andererseits bekundet er durch die Aufnahme neuester dekorativer Modeströmungen sein unbedingtes Streben nach gestalterischer Aktualität.

»Niemand anderer könnte darin wohnen, niemand anderer könnte es so voll und ganz auswohnen, erwohnen wie der Besitzer selber«,[67] kommentierte Adolf Loos das Interieur Otto Wagners auf der Jubiläumsausstellung. Er charakterisierte damit treffend die Modell-Funktion, die Wagner seiner Wohnung zuweist, und die damit verbundene, neuartige Rolle des Architekten als ›Vor-Wohner‹: Exemplarisch führt Wagner vor, wie man ein modernes Mietshaus zu bewohnen hat. Der Künstler präsentiert sich selbst als vorbildlichen Bewohner, als Prototyp des zeitgenössischen Großstadtmenschen. Vermittelt durch Ausstellung und Publikation, macht Wagner seinen Privatbereich zum öffentlichen Bestandteil seines Œuvres. Seine für den bürgerlichen Jedermann entworfene Architektur bewohnt er selbst. Der Architekt versucht, Lebens- und Entwurfspraxis als Einheit glaubhaft zu machen und so den programmatischen Anspruch eines zeitgemäßen Entwerfens zu untermauern.

Nach dem Auszug aus der ersten Villa richtete Wagner 1912 in der Döblergasse 4 eine weitere Wohnung für sich ein.[68] Mit ihr kommt die Reihe seiner Stadtwohnsitze zum Abschluss. In den beiden Mietshausbauten der Neustiftgasse 40 und Döblergasse 4 verlässt der Architekt die an der Wienzeile geübte Praxis, durch eine ornamentale Charakterisierung der Gesamt-

62 Graf 1985, S. 322–326.

63 *Absteigquartier* 1900. – Asenbaum/Zettl 1984, S. 162–181.

64 Mit diesem Ausdruck kennzeichnete Wagner in der 1902 erschienenen 3. Auflage der ›Modernen Architektur‹ den anonymen Charakter des Wohnens im großstädtischen Mietshaus. Wagner 1896, S. 281.

65 *Absteigquartier* 1900.

66 Wagner wurde 1899 Mitglied der Secession.

67 Loos 1898a, S. 79.

68 Asenbaum/Zettl 1984, S. 252–273. – Graf 1985, S. 647.

fassade jedem Haus ein eigenes Gesicht zu geben, und gelangt zu weitgehendem Ornamentverzicht. Im Fall der Neustiftgasse 40 bringt er seine ornamentale Enthaltsamkeit durch die fensterlose Eckausbildung mit dem weithin sichtbar angebrachten Adressen-Schriftzug besonders wirksam zur Geltung. Anders als Adolf Loos bei der Außengestaltung des Hauses am Michaelerplatz unterteilt Wagner seine Fassaden mit einer Putznutung in gleichförmige Felder. So erzeugt er – wie später auch in seiner zweiten Villa – die Illusion einer Plattenverkleidung, die den seriellen Charakter des Gebäudes verstärkt. Für die eigene Wohnung wählt Wagner wiederum das in der Seitenstraße gelegene, in zurückhaltenderer Modernität gestaltete Nachbarhaus Döblergasse 4. Die beiden unteren Geschosse des Etagenwohnhauses sind durch ein horizontales Relief als Sockel charakterisiert. Ein dekoratives Band ziert das erste Obergeschoss, wo sich die Wohnung des Architekten befand. Wie schon am Rennweg, so setzt Wagner auch hier noch für seine eigene Person das Prinzip der Fassaden-Anonymität außer Kraft.

Aufschlussreich für die Bewertung der wagnerschen Interieurs in der Döblergasse ist der Vergleich mit der gleichzeitig entstandenen zweiten Villa. In der Außengestaltung der Mietshäuser erreicht Wagner einen Grad dekorativer Ausdünnung, der die Villa noch übertrifft. Dagegen hält er bei der Ausstattung seiner Wohnung an den Konventionen bürgerlichen Repräsentierens fest, von denen er sich in der Villa löst. Zwar verwendet er einen in hohem Maße versachlichten Einrichtungsstil, in dem historisierende wie secessionistische Formen nur noch als Reminiszenzen auftreten. Doch den Serienmöbeln im Speisezimmer der Villa stehen in der Döblergasse kostbare Sonderanfertigungen gegenüber, der dort nur farblich gegliederten Wand eine aufwendige Holzverkleidung. Die Innenräume der Döblergasse widersetzen sich der in der Fassade angekündigten Serialität nicht mehr durch individualisierende Einzelformen, wohl aber durch die Exklusivität des künstlerischen Entwurfs, der verwendeten Materialien und der handwerklichen Ausführung. Die Interieurs entsprechen der Außenansicht in ihrer ernüchterten Gestalt, nicht jedoch durch den Verzicht auf einen repräsentativen Habitus. Der Architekt besteht zudem auf einer hierarchischen Differenzierung der Einzelräume. Zu diesem Zweck erlaubt er sich für das Damenzimmer auch den Rückgriff auf die Formen des um 1912 wieder aktuellen Biedermeier.[69] Befreit Wagner in seiner zweiten Villa die moderne Architektur weitgehend von repräsentativen Ansprüchen, so sucht er in seiner letzten Stadtwohnung nach Wegen zu einer statusbewussten Wohnform jenseits des historischen Stilvorbilds. Das Bemühen um Modernität steht hier im Dienst eines traditionellen Wohn-Bewusstseins.

29 Otto Wagner, Mietshaus, Neustiftgasse 40, Wien VII, 1909–10, Entwurf, Ansicht der Straßenecke

Neustil versus modische Innovation

Um der modernen Architektur den Weg zu weisen, bediente sich Otto Wagner zweier Denkmodelle. Auf der einen Seite entwickelte er die Vision einer neuen Stileinheit, die den historistischen Stilpluralismus ablösen sollte. Diesen Zukunftsstil versprach er als Erfüllung und Endpunkt einer zielgerichteten Suche. Im Bau der zweiten Villa präsentierte er den neuen Stil als erreicht, den Bruch mit der Vergangenheit als vollzogen.

Auf der anderen Seite vertrat Wagner das Konzept eines »innigen [...] Zusammenhanges von Geschmack, Mode und Stil«,[70] also einer Architektur, die sich fügsam den Veränderungen der Mode anzupassen hat und somit kontinuierlichem Wandel unterworfen ist. In der Logik dieses Modells besitzt die Entwicklung der Architektur keinen Zielpunkt, jeder ›Neustil‹ nur eine vorübergehende Aktualität. Umgekehrt bleibt stets eine Verbindung mit der Vergangenheit gewahrt. Neue Formen entstehen nicht im Bruch mit der Tradition, sondern im Fortbilden des Überlieferten.[71]

69 Haiko 1984, S. 52 f.

70 Wagner, Otto 1896, S. 271.

71 Ebd., S. 272.

30 Otto Wagner, Mietshaus, Döblergasse 4, Wien VII, 1911–12, Ansicht

31 Otto Wagner, Wohnung des Architekten im Mietshaus Döblergasse 4, Wien VII, eingerichtet 1912, Innenansicht, Speisezimmer

Es handelt sich hierbei um zwei im Grundansatz miteinander konkurrierende Fortschrittskonzepte.[72] Beansprucht die Architektur der Moderne einerseits eine zumindest vorläufige Endgültigkeit als ›Stil‹, so konkretisiert sie sich andererseits nur im Streben nach permanenter Innovation. Diesem Zwang zur modischen Innovation folgt Wagner in seiner Wohnkultur. Im häufigen Wechsel insbesondere der Stadtwohnungen realisiert er das Konzept einer unablässigen Erneuerung. Ob im secessionistischen Ornament der Köstlergasse oder im ›Neo-Biedermeier‹ des Damenzimmers der Döblergasse, stets reflektieren seine Interieurs den aktuellen Stand der kunstgewerblichen Entwicklung. In seiner zweiten Villa resümiert Wagner den Durchbruch zur Moderne; in seinen Stadtwohnsitzen bekräftigt er den Imperativ des Zeitgemäßen.

72 Vgl. dazu auch: Oechslin 1994, S. 25 f. u. 30 f.

Theodor Fischer (1862–1938) studierte 1880–85 an der TH München bei Friedrich von Thiersch Architektur und arbeitete anschließend in den Büros von Paul Wallot in Berlin und Gabriel von Seidl in München. Als Leiter des Münchner Stadterweiterungsbüros (1893–1901) folgte er Camillo Sittes Lehre eines künstlerisch motivierten Städtebaus und bestimmte auf lange Sicht die Entwicklungslinien der Stadt. Durch seine Wirksamkeit an den Technischen Hochschulen in Stuttgart (1901–08) und München (1908–28) wurde Fischer zum einflussreichsten deutschen Architekturlehrer seiner Zeit. Unter seinen Schülern befanden sich Erich Mendelsohn, Ernst May, Lois Welzenbacher, Dominikus Böhm und Paul Bonatz. In den Stuttgarter Jahren plante Fischer seine bedeutendsten Bauten, darunter die Universität Jena (1903–08), die Pfullinger Hallen (1904–07), die Arbeiterkolonie Gmindersdorf (1903–15) und die Garnisonkirche in Ulm (1906–10). An die fortschrittsbewusste Haltung der Vorkriegszeit konnte er nach 1918 nur noch in wenigen Projekten anknüpfen, so in der Siedlung Alte Heide (1918–30) oder im Ledigenheim an der Bergmannstraße (1925–27), beide in München.

32 Theodor Fischer mit seinem Bürochef Oskar Pixis im Garten des ›Laimer Schlößl‹ am 70. Geburtstag des Architekten, 1932

Die Aktualität der Tradition: **Theodor Fischer**

Unter den Positionen architektonischer Reform am Beginn des 20. Jahrhunderts bezeichnet die moderate Fortschrittlichkeit Theodor Fischers[1] den Gegenpol zur proklamierten Modernität Otto Wagners. Suchte Wagner die historistische Stilvielfalt durch die Utopie eines Neustils zu ersetzen, so strebte Fischer nach einer Versachlichung der Architektur jenseits der Stilfrage. Den Weg der architektonischen Erneuerung verfolgte er ohne deklamatorische Gesten. Die eigenen Häuser Theodor Fischers sind, anders als etwa Otto Wagners zweite Villa, keine Vorführobjekte des Neuen.

Wohnhausbauten eines Generalisten

Fischers Bemühen um Versachlichung äußerte sich einerseits in einer reduzierten Formensprache, andererseits in der engen Bindung seiner Entwürfe an die Bauaufgabe, an den Ort und an proportionale Gesetzmäßigkeiten.[2] Seine Suche nach Bindungen übte er jedoch im Rahmen einer undogmatischen Entwurfsstrategie, in der sich Disziplin und Freiheit, Typus und Individualisierung, ornamentale Zurückhaltung und gestalterischer Reichtum die Waage hielten. Aufgrund der inneren Folgerichtigkeit seiner Arbeit blieb Fischer vom Wechsel der stilistischen Trends zwischen 1895 und 1914 weitgehend unberührt.

Das Arbeitsspektrum des Generalisten Fischer umfasste nahezu sämtliche Bauaufgaben und reichte von Kirchen und Kommunalbauten – Schulen, städtischen Versammlungshäusern, Museen – über Einzelwohnhäuser und Arbeiterkolonien bis hin zu Bauten des Verkehrs. Quantitativ und qualitativ beherrschte die Tätigkeit als Städtebauer das umfangreiche Werk des Architekten. Nicht nur in seinen urbanistischen Planungen, sondern in seiner gesamten Arbeit leitete ihn der Blick auf städtebauliche Zusammenhänge und auf den Kontext, für den er entwarf. Er konzipierte seine Projekte nicht als exemplarische Einzellösungen, sondern als Teile eines Ganzen, als Antworten auf die jeweils vorgefundene Situation.

Zu allen Bauaufgaben, die er im Laufe seines Berufslebens übernahm, hinterließ Fischer theoretische Äußerungen oder Erläuterungstexte. Wenn er allein über seine bürgerlichen Wohnhäuser Schweigen bewahrte,[3] so spricht das für die Selbstverständlichkeit, mit der er gerade dieses Entwurfsgebiet behandelte. Während seine Schulbauten, seine Kirchen und auch seine Siedlungsplanungen weithin Beachtung fanden, entstanden die privaten Einzelhäuser als Nebenprodukte seiner entwerferischen Tätigkeit. Zwar verwandte er auf jedes Haus ein hohes Maß an gestalterischer Sorgfalt, verzichtete aber auf spektakuläre Formen und

1 Monographien: Karlinger 1932. – Pfister 1968. – Kerkhoff 1987. – Den umfassendsten Überblick und eine kritische Deutung bietet: Nerdinger 1988 (mit ausführlichem Werkkatalog und vollständigem Schriftenverzeichnis).

2 Der Architekt gibt an verschiedenen Stellen über seine Entwurfsprinzipien Auskunft. Vgl. die knappe Zusammenfassung in dem Entwurfsbericht: Fischer, Theodor 1915. Zitiert in: Nerdinger 1988, S. 96.

3 Fischers einziger Text über Wohnfragen behandelt das Wohnen in Mietwohnungsbauten: Fischer, Theodor 1927.

beließ so dem Wohnzweck seine Alltäglichkeit. Gerade dieser selbstverständliche Umgang mit der Bauaufgabe macht Fischers Wohnhäuser zu besonders typischen Vertretern seiner Auffassung vom Bauen.

Trotz ihrer betonten Alltäglichkeit und obwohl eine programmatische Untermauerung fehlt, besaßen die Häuser für Fischer keinen untergeordneten Stellenwert. Dies bezeugt eine ausschließlich den Wohnhausbauten gewidmete, anlässlich seines 50. Geburtstages 1912 erschienene Publikation, der ein Einleitungstext von Gustav Keyssner beigegeben ist.[4] Das Buch enthält 14 der 23 Hausbauten, die Fischer vor 1914 realisierte – nicht jedoch seine eigenen Häuser in München-Laim und in Schlederloh. Die veröffentlichten Entwürfe zeigen, dass der Architekt im Allgemeinen von einfachen Baukörpern ausgeht, die er durch wechselnde Dachformen, Anbauten und Anordnung auf dem Grundstück variiert. Oft gelangt er zu L-förmigen Grundrisslösungen. Einzelne ganz oder annähernd symmetrisch gestaltete Fassaden stellt er in kalkulierten Kontrast zu einer gebrochenen Gesamtfigur. Vorbereitet durch die meist seitliche Anordnung des Eingangs, folgt er im Inneren mit einer flexiblen Raumdisposition den individuellen Bedürfnissen des Bauherrn.

Die 1912 publizierten, über ganz Deutschland verteilten Häuser demonstrieren die Konsequenz, mit der Fischer seine Entwürfe vor allem durch die Wahl der Materialien, teilweise auch in der Gesamtform, an die regionaltypische Bauweise annähert. Anstelle der historischen Stilform variiert nun eine landschaftsbezogene Charakterisierung die Gestalt der Gebäude.[5] Jedoch setzt der Architekt auch jene Häuser, die er für denselben Ort entwirft, zielstrebig gegeneinander ab. Sein Bemühen um Individualisierung reicht weiter, als es der Landschaftsbezug erfordern würde.

33 Theodor Fischer, ›Laimer Schlößl‹, Wohnhaus des Architekten, München-Laim, Umbau 1908, Bauaufnahme von Oskar Pixis, um 1939, Fassadenansichten, Architekturmuseum der TU München

Das ›Laimer Schlößl‹

Nach siebenjähriger Lehrtätigkeit in Stuttgart kehrte Theodor Fischer 1908 zur Übernahme einer Professur für Baukunst nach München zurück, wo er bereits seine Studienjahre verbracht und von 1893 bis 1901 das Stadterweiterungsbüro geleitet hatte. Der sechsundvierzigjährige Architekt befand sich auf dem Höhepunkt seiner Laufbahn. Drei seiner größten Einzelprojekte – das Cornelianum in Worms, die Ulmer Garnisonkirche und das Gustav-Siegle-Haus in Stuttgart – waren damals in Bau. Bei der Suche nach einem Münchner Domizil stieß er auf das ›Laimer Schlößl‹, einen Adelssitz mit mittelalterlicher Vergangenheit. In der von Fischer vorgefundenen Gestalt stammte der Bau aus den Jahren um 1720. Zu den Vorbesitzern gehörte, so wurde erzählt, der bayerische Kurfürst Karl Theodor.[6] Nun befand sich das Gelände im Eigentum der Terraingesellschaft Neu-Westend, von der Fischer das Schlossgebäude erwerben und ein benachbartes, ebenfalls zum Schlossgut gehöriges Haus mit rückwärtiger Remise anmieten konnte. Das ›Schlößl‹ baute er bis zum Jahresende zu seinem eigenen Wohnhaus um, im Remisenflügel des Nachbargebäudes brachte er sein Büro unter, während sich in dessen vorderem Teil sein Bürochef Oskar Pixis eine Wohnung einrichtete.[7] »Ein eigenes Haus für sich zu bauen, hätte ihn kaum gefreut, aber diesem alt-ehrwürdig Gegebenen nun die eigene Note aufzudrücken, erfüllte ihn mit heiterer Tatkraft«, schreibt Therese Fischer in ihren Erinnerungen.[8] Theodor Fischer errichtete sein Haus nicht neu, sondern er ›fand‹ es als einen bereits bestehenden Bau. »Mein Mann sah auf den ersten Blick in dem sehr einfachen Haus die guten Verhältnisse, die prächtigen, dicken Mauern, das behäbig breite Dach.« Das zweigeschossige Gebäude unter steilem Walmdach erhebt sich, um wenige Meter vom Straßenrand zurückgesetzt, auf der Grundfläche eines lang gestreckten Rechtecks. Der Eingang liegt auf der rechten Schmalseite, gerade Korridore durchqueren in

4 *Fischer* 1912.

5 Gustav Keyssner erwähnt die beiden frühesten in dem Buch enthaltenen Häuser ausdrücklich als die letzten durch »historische Stilreminiszenzen« festgelegten Wohnhausentwürfe Fischers. In der späteren Entwicklung gibt es nur wenige Ausnahmen von der Regel stilistischer Enthaltsamkeit. Ein solcher Fall ist das Haus Harries in Kiel, wo Fischer über die Verwendung des ortsüblichen Backsteins hinaus deutlichere Anklänge an den norddeutschen Klassizismus zulässt. *Fischer* 1912, S. VII.

6 Auf den vormaligen Eigentümer Karl Theodor verweist: Fischer, Therese 1941/42, S. 117. – Das Datum 1720 nennt: Erdmannsdorfer 1954. – Hinweise auf die volkstümlich überlieferte Geschichte des Hauses, wie sie dem Käufer Theodor Fischer weitererzählt worden sein könnte, finden sich in: *Laimer Schlößchen* 1956. – Die umfassendste Zusammenstellung der historisch gesicherten – Fischer allerdings gewiss nicht bekannten – Informationen über den gefreiten Edelsitz Laim gibt: Fried 1958, S. 131. Dort wird als Vorbesitzer anstelle Karl Theodors Kurfürst Max Emanuel genannt.

7 Nerdinger 1988, Kat.-Nr. 146, S. 247. – Planzeichnungen für den Umbau des ›Schlößl‹ befinden sich im Architekturmuseum der TU München, 17/001–030, und im Nachlass Fischer. – Die Bauakten des Hauses Fischer (Agnes-Bernauer-Str. 112) sowie des Nachbargebäudes (Agnes-Bernauer-Str. 106) bewahrt die Lokalbaukommission im Referat für Stadtplanung und Bauordnung, München. Die Akten reichen bis 1901 bzw. bis 1886 zurück.

8 Fischer, Therese 1941/42, S. 118. Therese Fischers Erinnerungen, aufbewahrt im Architekturmuseum der TU München, bilden das einzige schriftliche Zeugnis zur Bau- und Nutzungsgeschichte des Hauses Fischer.

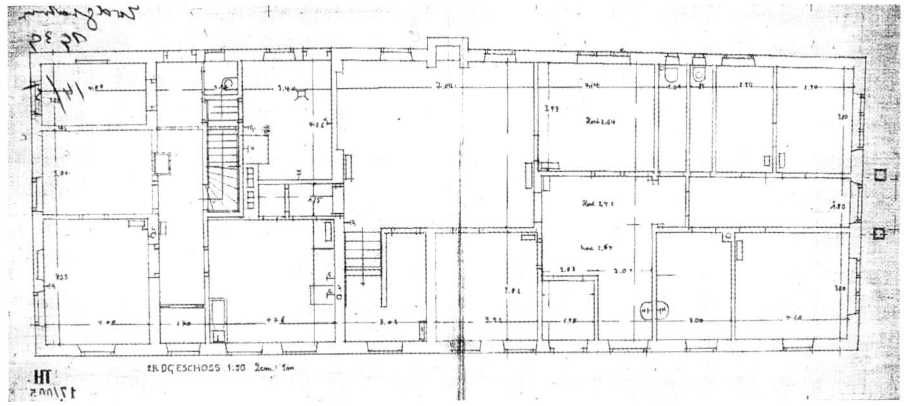

34 ›Laimer Schlößl‹, München-Laim, Grundriss Erdgeschoss, Architekturmuseum der TU München

35 ›Laimer Schlößl‹, München-Laim, Ansicht von Südosten, Straßenseite

Längsrichtung beide Geschosse. Sowohl das einfache Äußere des Hauses als auch die Klarheit der internen Erschließung kamen dem Architekten so sehr entgegen, dass er nur noch wenige Veränderungen für nötig hielt. Einzige Hinzufügung am Außenbau sind die übergiebelten Zwerchhäuser, durch die Fischer das Dachgeschoss benutzbar machte und die große Dachfläche rhythmisierte. Die kleine Maßnahme unterstreicht die Regelmäßigkeit des Baukörpers und wertet das schwere Dach zur architektonisch wirksamen Bekrönung des ›Schlößchens‹ auf. Neu angebrachte Fensterläden beleben die ungegliederten Rauputzflächen der Außenwände.[9]

Im Inneren seines Schlösschens betätigte sich Fischer als ›Bastler‹.[10] Er versetzte Wände, schuf Durchgänge und organisierte neue Wege. Als wichtigsten Eingriff öffnete er im Zentrum des Hauses, wo sich die Treppe bereits befand, eine zweigeschossige Halle. Dabei verwandelte er den oberen Korridor in eine Galerie und verband durch Binnenfenster die angrenzenden Zimmer mit dem Hauptraum. So stellte er diagonale Sichtbeziehungen her und machte die innere Organisation des Hauses transparent. Durch zwei verglaste Türen setzte er den hohen Raum in Beziehung zum Garten. Zwischen den Türen platzierte er einen Kamin als häusliche Feuerstelle. Mit dem zentralen Platz der Halle gab der Architekt, ohne die lineare Struktur des Grundrisses anzutasten, dem Haus einen Mittelpunkt, den es zuvor nicht besaß.[11]

Die Interieurs des Hauses Fischer überraschen durch die nahezu völlige Abwesenheit von ›Raumkunst‹.[12] Die Fußböden sind mit betont einfachen Holzbohlen ausgelegt, die Wände

9 Rückschlüsse auf die Umbaumaßnahmen erlauben in der Bauakte (Anm. 7) enthaltene, 1901 für die Terraingesellschaft Neu-Westend angefertigte Pläne des Vorzustands. Die Eingangsädikula mit Balkon war keine Hinzufügung Fischers. Den Zustand des Hauses vor dem Umbau beschreibt Therese Fischer als »gänzlich verwahrlost«. Fischer, Therese 1941/42, S. 117.

10 In diesem Sinn verwenden den Begriff des ›bricoleur‹: Rowe/Koetter 1984, S. 148 f., in Anlehnung an: Lévi-Strauss 1962, S. 26–33.

11 Therese Fischer ließ 1939, nach dem Tod ihres Mannes, das Haus im Inneren umbauen. Weitere Veränderungen erfolgten in der Nachkriegszeit.

12 Die Beurteilung der Interieurs ermöglichen vier zeitgenössische Innenaufnahmen im Besitz von Christian Pixis, München.

36 ›Laimer Schlößl‹,
München-Laim,
Innenansicht,
Halle nach Osten

37 ›Laimer Schlößl‹, München-Laim, Innenansicht, Blick von der Galerie in das Frühstückszimmer

weiß getüncht. Selbst sparsamste Zierformen wie die stuckierten Deckenspiegel, die in anderen Häusern Fischers die Haupträume auszeichnen, fehlen in seinem Privathaus. Für das Geländer von Treppe und Galerie verwendet der Architekt eine schlanke, konventionelle Balusterform. Bei der Wahl der Möbel verzichtet er weitgehend auf stilistische Harmonisierung. So vereint die Halle einen Korbsessel, eine Sitzgarnitur im Rokokostil und bastbespannte, ländlich charakterisierte Stühle, die um einen biedermeierlichen Esstisch gruppiert sind. Noch deutlicher wird im Frühstückszimmer das Möbel zum Einzelstück in einer neutralen Umgebung. Fischer nimmt Abstand vom stilistisch einheitlichen Raumganzen, ein biedermeierlicher Gesamthabitus verdichtet sich nicht zur konkreten stilistischen Referenz. Die Gleichgültigkeit gegenüber dem Ordnungsfaktor ›Stil‹ beinhaltet allerdings auch den Verzicht auf stilistisch artikulierte Modernität, wie sie für die Wohnungen Otto Wagners kennzeichnend war.[13]

Unter den Hausbauten Theodor Fischers stellt das ›Laimer Schlößl‹ den einzigen ›affirmierenden‹ Umbau dar. Der Umbau des Hauses Emil Gminder in Reutlingen, mit dem Fischer 1906 beauftragt worden war, kam in ästhetischer Hinsicht einem Neubau gleich. Ein zweigeschossiges Fachwerkhaus im ›Schweizerstil‹ hatte Fischer in einen viergeschossigen Putzbau verwandelt, der keine Erinnerung an seinen Vorgänger mehr zuließ. Bei der Publikation seiner ›Wohnhausbauten‹ konfrontierte er in polemischer Absicht das Endergebnis mit dem Vorzustand.[14] Fern von aller Polemik, bestätigt Fischer im Fall seines Laimer Haus-Umbaus den Charakter des ursprünglichen Gebäudes. Er belässt ihm die äußere Einfachheit und macht sie zum Maßstab auch der inneren Ausstattung. Das ›Laimer Schlößl‹ ist derjenige Wohnhausbau Fischers, bei dem ihm am wenigsten an einer individualisierenden Gestaltung lag. Während etwa bei den Häusern Harries, Siebeck oder Wirsing der breit gelagerte Baukörper mit Walmdach nur als Ausgangsform für eine zum L-Grundriss erweiterte Gesamtgestalt diente,[15] bleibt im Haus Fischer die Reinheit der rechteckigen Grundform erhalten. Gaben Erker, Loggien und wechselnde Materialien den Fassaden der anderen Häuser bei aller Strenge ihr jeweils eigenes Gesicht, so lassen die homogenen Putzwände des Hauses in Laim eine solche Individualität kaum erkennen. Auch durch die Entschiedenheit, mit der er eine raumkünstlerische Ordnung des Inneren verweigert, hebt Fischer das eigene Haus von seinen anderen Wohnhausbauten ab. Zwar findet sich beispielsweise im Musikzimmer des Hauses Epple (1911–13) eine ähnlich heterogene Kombination von Einzelmöbeln, doch gewährleisten dort farbig bemalte Wände den Zusammenhalt der Ausstattung.[16]

Biedermeierliche Modelle: Paul Bonatz, Paul Schmitthenner

Theodor Fischers Laimer Hausbau fällt in das Erscheinungsjahr der beiden von Paul Mebes herausgegebenen Bände ›Um 1800‹, die ein bereits vorhandenes Interesse an der Architektur des frühen 19. Jahrhunderts aufgriffen und es nachhaltig verstärkten.[17] Bereits vor der Jahrhundertwende hatte der Rückblick auf Biedermeier und ›Empire‹ die Suche nach einem zeitgemäßen Ausdruck im Bauen begleitet, nun jedoch gewannen ›Architektur und Handwerk im letzten Jahrhundert ihrer traditionellen Entwicklung‹ nahezu stilbildende Autorität. Wichtiger als das klassizistische Formenvokabular waren bei der Rezeption bestimmte Grundtypen der Alltagsarchitektur, die – wie Goethes ›Gartenhaus‹ in Weimar oder, als sein süddeutsches Äquivalent, der Pfarrhof in Weißensee bei Füssen[18] – jetzt für zeitlos gültig erachtet wurden und gerade im Hausbau zunehmend Verwendung fanden. In diese Wiederbelebung biedermeierlicher Baukultur, die auch das vorklassizistische 18. Jahrhundert mit einbezog, fügt sich das von Fischer zum eigenen Wohnsitz bestimmte ›Schlößchen‹ präzise ein. Allerdings bildet die einfache Rechteckform des Gebäudes im Werk Fischers, der in seinen neu geplanten Haus-

13 Näher steht Fischers Einrichtungspraxis der Position von Adolf Loos, der verlangte, anstelle eines ›Raumkünstlers‹ solle der Bewohner selbst seine Interieurs nach persönlichen Bedürfnissen aus alten und neuen Stücken zusammenstellen. Vgl. etwa dessen Artikel ›Das Heim‹ und ›Wohnung‹ in: Loos 1903, S. 42 u. 50 f.

14 *Fischer* 1912, S. 22–27. – Nerdinger 1988, Kat.-Nr. 118, S. 231.

15 *Fischer* 1912, S. 28–32, 54–64 u. 44–47. – Nerdinger 1988, Kat.-Nr. 114, S. 226; Kat.-Nr. 131, S. 235; Kat.-Nr. 150, S. 248.

16 *Fischer* 1912, S. 77–81. – Nerdinger 1988, Kat.-Nr. 183, S. 264.

17 Mebes 1908. – Biedermeierliche Vorbilder propagierte ebenfalls: Schultze-Naumburg 1901.

18 Auf die besondere Bedeutung dieser beiden nicht in Mebes' Sammlung enthaltenen Bauten für Praxis und Lehre verweist: Frank, Hartmut 1990, S. 18 ff.

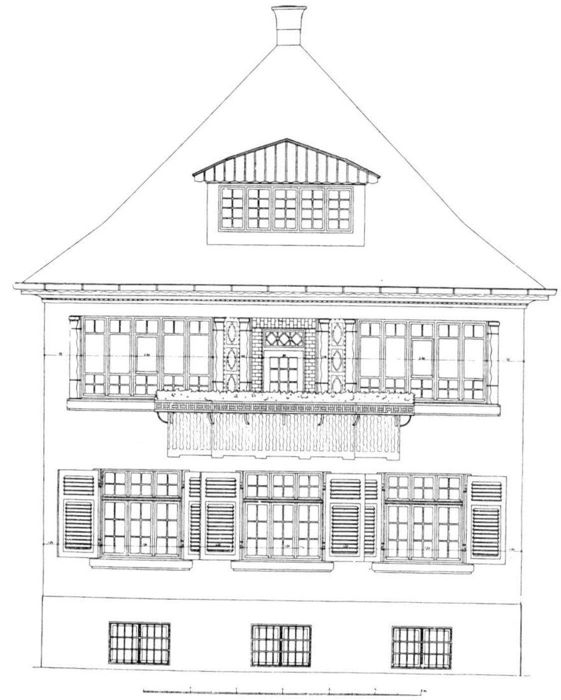

38 Paul Bonatz, Wohnhaus des Architekten, Ehrenhalde 9, Stuttgart, 1906–07, Fassadenansicht, Gartenseite

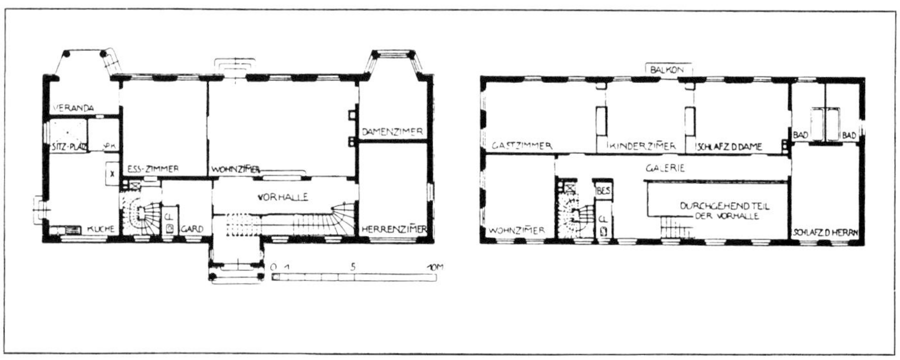

39 Paul Bonatz, Wohnhaus des Architekten, Gellertstraße 8, Stuttgart, 1911–12, Ansicht, Gartenseite

40 Haus Bonatz, Gellertstraße 8, Stuttgart, Grundrisse

bauten komplexere Grundrisse bevorzugte, eine Ausnahme. Dagegen nehmen die frühen Wohnhäuser von Paul Bonatz und Paul Schmitthenner, die ebenfalls die Einfachheit der biedermeierlichen Grundtypen reflektieren, eine repräsentativere Stellung innerhalb der aktuellen Arbeit ihrer Architekten ein.

Paul Bonatz, Fischers Schüler, dann Assistent und Nachfolger an der Stuttgarter Hochschule, errichtete 1906–07 sein erstes Eigenhaus als frühe Verwirklichung einer dem Würfel angenäherten, mit steilem Dach bekrönten Hausform.[19] Der zweistöckige Bau erhebt sich auf der Grundfläche eines kurzen Rechtecks, das seine Schmalseite der Straße zuwendet, so dass das abgeschleppte Walmdach in der symmetrischen Hauptansicht als Zeltdach in Erscheinung tritt. Ein breiter Dachüberstand, die Größe der Fenster und die freie Verteilung der Öffnungen auf drei der Fassaden mildern jedoch die kubische Geschlossenheit des Baukörpers.

Beim Bau seines zweiten Hauses 1910–11 entschied sich Bonatz für einen in der Breite gestreckten Rechteckgrundriss.[20] Es ist denkbar, dass für den Wechsel zur Breitenlagerung – die von nun an zum Charakteristikum zahlreicher Wohnhausentwürfe des Architekten wurde – das Vorbild des Hauses Fischer ausschlaggebend war.[21] Nach außen präsentiert sich das zweite Haus Bonatz als konventionalisierte Replik der von Fischer im ›Laimer Schlößl‹ verwirklichten Hausform. Auch im Innern gelangt Bonatz mit einer zweigeschossigen, zum

19 Zeitgenössische Veröffentlichung: Der Baumeister, Jg. 6, 1908, S. 64 u. Tf. 42–43. – Über das Haus Bonatz (I): Roser 1987, Kat.-Nr. 2. – Ders. 1992, S. 31.

20 Zeitgenössische Veröffentlichungen: Moderne Bauformen, Jg. 12, 1913, S. 585–588, 600–603 u. Tf. 99–100. – Die Kunst, Jg. 24, Bd. 44, 1921, S. 129–133. – Über das Haus Bonatz (II): Roser 1987, Kat.-Nr. 4. – Ders. 1992, S. 33–35.

21 Vgl. dagegen: Roser 1992, S. 12 f. Der Autor vermutet einen durch Bonatz' Partner Friedrich Eugen Scholer vermittelten angelsächsischen Einfluss als Ursache für die Bevorzugung des breit gelagerten Typus.

41 Paul Schmitthenner, Wohnhaus des Architekten, Breslau-Carlowitz, 1912, Ansicht, Gartenseite

42 Haus Schmitthenner, Breslau-Carlowitz, Innenansicht, Flur

Wohnzimmer hin geöffneten Vorhalle und einer Galerie im Obergeschoss zu verwandten Lösungen. Jedoch deutet der Stuttgarter Architekt die dem ›Laimer Schlößl‹ belassene Bescheidenheit ins Repräsentative um. Im Haus Bonatz weicht der bei Fischer ungleichmäßige Rhythmus der Fenster strengem Regelmaß. Der in die Mitte der Straßenfassade gelegte Eingang unter ionischer Ädikula und eine in Material und Dekor aufwendige, Einzelkunstwerke einbeziehende Innenausstattung verraten das Statusbewusstsein des erfolgreichen jungen Architekten.

Paul Schmitthenner, nicht Schüler Fischers, jedoch dessen Haltung nahe stehend, baute sich sein erstes Haus im Rahmen der 1911–13 von ihm geplanten Gartenstadt Carlowitz bei Breslau als zurückgesetzten Einzelbau zwischen zwei an den Straßenrand vorgezogenen Nachbarhäusern.[22] Ausgehend von der gleichen Hausform und Anordnung wie Bonatz in seinem ersten Haus gelangt er zu einem Entwurf, der dem biedermeierlichen Modell noch näher kommt. Ein knapper Dachüberstand, ein mittiger Eingang und gleichartige Fensterformen verstärken in Carlowitz die Strenge des Erscheinungsbilds. Das Haus entspricht – bei unterschiedlicher Gesamtform – dem ›Laimer Schlößl‹ im weitgehenden Verzicht auf Individualisierung und Repräsentation. Wie im Inneren des Hauses Fischer sind bei Schmitthenner die meisten Wände weiß getüncht, die Fußböden mit Holzdielen ausgelegt, die Möbel als Einzelstücke behandelt. Der Nüchternheit seiner Innenräume setzt Schmitthenner wenige als künstlerische Preziosen gestaltete Details entgegen, etwa die eigenwillige Form eines Deckenleuchters oder einen ornamental aufgelösten Treppenpfosten. Das Einfache verliert so jene Selbstverständlichkeit, die die Interieurs des Hauses Fischer auszeichnet.

Baumeisterliche Ethik und geistige Aristokratie

Indem Theodor Fischer sich ein bereits vorhandenes Gebäude aneignete, vermied er es bewusst, durch einen Neubau seine Prinzipien modellhaft zur Anschauung zu bringen. Seine programmatische Qualität hat der Umbau des Laimer Schlösschens gerade als Verzicht auf eine exemplarische Lösung. Fischer verweigert aber nicht nur eine modellhafte Wohnform, sondern auch eine individualisierende oder repräsentative Ausgestaltung seines Hauses – beidem stand die von ihm nachdrücklich akzeptierte Einfachheit des vorgefundenen Baus im Wege. Stattdessen macht er sein Haus zum Spiegel einer baumeisterlichen Ethik. Der Architekt errichtet zwar kein Lehrbeispiel zeitgemäßen Wohnhausbaus, gelangt aber dennoch zu einer Artikulation dessen, was er für wichtig hält am Bauen; zwar versagt er sich die Gesten konventioneller Repräsentation, nicht aber eine pointierte Selbstinszenierung.

Der Umbau des Schlösschens bedeutet die materielle Inbesitznahme einer architektonischen Tradition, die ›um 1800‹ ihren vorindustriellen Fluchtpunkt hat, jedoch nicht an Stilformen gebunden ist, sondern an baumeisterliche Solidität und Sachlichkeit. Dieser Tradition eines selbstverständlichen Bauens, das einfachen ästhetischen Grundsätzen folgt, fügt sich Fischer mit dem Bau seines Wohnhauses ein. Ohne Zwang realisiert er seine Wohnvorstellungen in der historischen Hausform. Dabei geht es ihm nicht darum, das schmucklose Gebäude künstlerisch aufzuwerten oder einem einheitlichen Stilkonzept anzupassen. Vielmehr weicht er außen wie innen einer präzisen stilistischen Festlegung aus. Es ist die Haltung einer traditionsgebundenen, von Zeitstilen unabhängigen Sachlichkeit, die Fischer mit dem Umbau dokumentiert.

Neben dem Verweis auf eine architektonische Tradition knüpft Theodor Fischer, indem er im ›Laimer Schlößl‹ Wohnsitz nimmt, an die aristokratische Vergangenheit des Hauses an. Obwohl der Bau kaum schlosshafte Züge aufweist, trägt er den Namen eines Schlosses. Der

22 Zeitgenössische Veröffentlichungen: Die Kunst, Bd. 36, 1917, S. 41–47. – Moderne Bauformen, Jg. 21, 1922, S. 15–19.

Bürgerliche Theodor Fischer, der in seinen Hausbauten eine bürgerliche Wohnform ohne Anklänge an aristokratische Konventionen zu verwirklichen sucht und im eigenen Wohnen keine Art von augenfälligem Luxus zulässt, reiht sich ein in eine adelige Besitzertradition, fühlt sich als ›Herr von Laim‹.[23] Die mit dem ›Schlößl‹ übernommene fürstliche Aura entsprach durchaus der auratischen Distanz, die er als Lehrer und Architekt um sich zu schaffen wusste. Der als ›großer Schweiger‹ beschriebene, zum ›Zeus von Laim‹ stilisierte Fischer ließ sich von seinen Schülern mit ›Meister‹ anreden.[24] Der Hausherr Fischer bat die im Nebengebäude tätige Belegschaft seines Büros zum Essen an seine eigene Tafel.[25] Aus dem adeligen Gutshof war die Hofhaltung eines Architekten geworden, der seiner Haus- und Arbeitsgemeinschaft als fürstlicher Patriarch vorstand. Mit der aristokratischen Analogie, die Fischer in die Inszenierung seines Wohnens einfließen ließ, brachte er weniger einen gesellschaftlichen als einen geistigen Anspruch zum Ausdruck. Baumeisterliche Zurückhaltung und kulturelles Elitebewusstsein kennzeichnen den Hausherrn des Laimer Schlösschens.

43 Theodor Fischer, Sommerhaus des Architekten, Schlederloh, 1911, Ansicht, Hangseite

Der Ort Laim

Nicht in einem der bevorzugten Münchner Villenvororte ließ sich Theodor Fischer nieder, etwa in Pasing oder Solln, sondern in dem erst 1900 eingemeindeten Laim, das sich seinen Dorfcharakter bis dahin bewahrt hatte. Unverbaut eröffnete sich der Blick vom ›Laimer Schlößl‹ zu den Alpen.[26] Doch die Urbanisierung war vorbereitet, die Agnes-Bernauer-Straße seit 1908 an das Münchner Straßenbahnnetz angeschlossen.[27] Während seiner Zeit im Stadterweiterungsbüro hatte Fischer maßgeblichen Anteil an den Planungen gehabt.[28] Nach der städtebaulichen Grundlagenarbeit beteiligte er sich nun in seinem eigenen Wohnbereich auch an der architektonischen Umsetzung und half mit, das grobe Planungsnetz mit Einzelprojekten zu füllen. Ein Großteil des künftigen Stadtviertels befand sich im Besitz der Terraingesellschaft Neu-Westend, die Fischer auch sein Wohnhaus verkauft hatte.[29] Von ihr übernahm der Architekt in den folgenden Jahren drei Aufträge für Wohnbebauungen in unterschiedlichem Maßstab. An der Hauptstraße des Viertels baute er ein fünfgeschossiges Doppelmietshaus, in einer Seitenstraße eine zwei- bis dreigeschossige Mietwohnungsanlage und auf einem größeren Gelände die Reihenhaussiedlung Neu-Westend.[30] In seiner unmittelbaren Nachbarschaft baute er außerdem für private Auftraggeber zwei Einzelhäuser.[31] Beide Male bemühte er sich um individuelle, von seinem eigenen Haus klar unterscheidbare Entwurfslösungen. Dem Haus Schätz gab er durch zwei Eckerker, dem Atelierhaus Epple durch eine differenzierte Gesamtgliederung und durch sein unverputztes Ziegelmauerwerk eine charakteristische Gestalt. Kennzeichnend für das werdende Stadtviertel sind die maßstäbliche und die soziale Durchmischung. Fischer folgt mit seinen Projekten dem von ihm selbst entwickelten Staffelbausystem, das sich in einer gemischten Bebauungsweise und Bewohnerstruktur auswirkt.[32] Im Kontext des Viertels sichert er sich mit dem ›Laimer Schlößl‹ zwar eine privilegierte Position, bleibt aber in der Nachbarschaft einer von ihm für den unteren Mittelstand entworfenen Reihenhaussiedlung. Bis in die dreißiger Jahre hinein entwickelte Fischer immer wieder Konzepte für Wohnbebauungen in Laim, zuletzt einen Bebauungsplan, der vom eigenen Grundstück ausging.[33] Ein Gefühl der Verantwortung für die architektonischen Belange seines Stadtviertels bekundete er auch im Umbau eines benachbarten Ökonomiegebäudes zur Interimskirche für die eigene Gemeinde.[34]

Von der rustikalen Scheinwelt einer Landhauskolonie unterscheidet sich Fischers Wohnort Laim einerseits durch die dort zunächst noch vorgefundene Authentizität des Ländlichen, andererseits durch seine Lage mitten im Stadterweiterungsgebiet. Die Wahl des Domizils bedeutet

23 Grußnote an seine Frau als »Herrin von Laim«. Fischer, Therese 1941/42, S. 118.

24 Nerdinger 1988, S. 86.

25 Fischer, Therese 1041/42, S. 138.

26 Ebd., S. 129 ff.

27 Vgl. hierzu: Megele 1951, S. 114 und Kartenanhang.

28 Nerdinger 1988, Kat.-Nr. 26, S. 133–174, Stichwort ›Laim‹ S. 137 f.

29 Die 1900 gegründete Terraingesellschaft Neu-Westend war die größte der 21 in München zwischen 1897 und 1906 entstandenen Baugesellschaften. Sie hatte auch den Agnes-Bernauer-Platz und die Agnes-Bernauer-Straße anlegen lassen. Vgl. hierzu: Burmeister 1990, S. 26 ff.

30 Nerdinger 1988, Kat.-Nr. 164, S. 251; Kat.-Nr. 165, S. 251 f.; Kat.-Nr. 173, S. 260. – Außerdem realisierte Fischer in Laim eine Wohnbebauung für die Terraingesellschaft München-West: Ebd., Kat.-Nr. 160, S. 250.

31 Ebd., Kat.-Nr. 182 u. 183.

32 Zum Münchner Staffelbauplan: Ebd., S. 31 ff.

33 Ebd., Kat.-Nr. 325. Vorangegangene weitere Projekte: Kat.-Nr. 244, 291 u. 292.

34 Ebd., Kat.-Nr. 199. Kirchliche Projekte außerdem: Kat.-Nr. 246 u. 301.

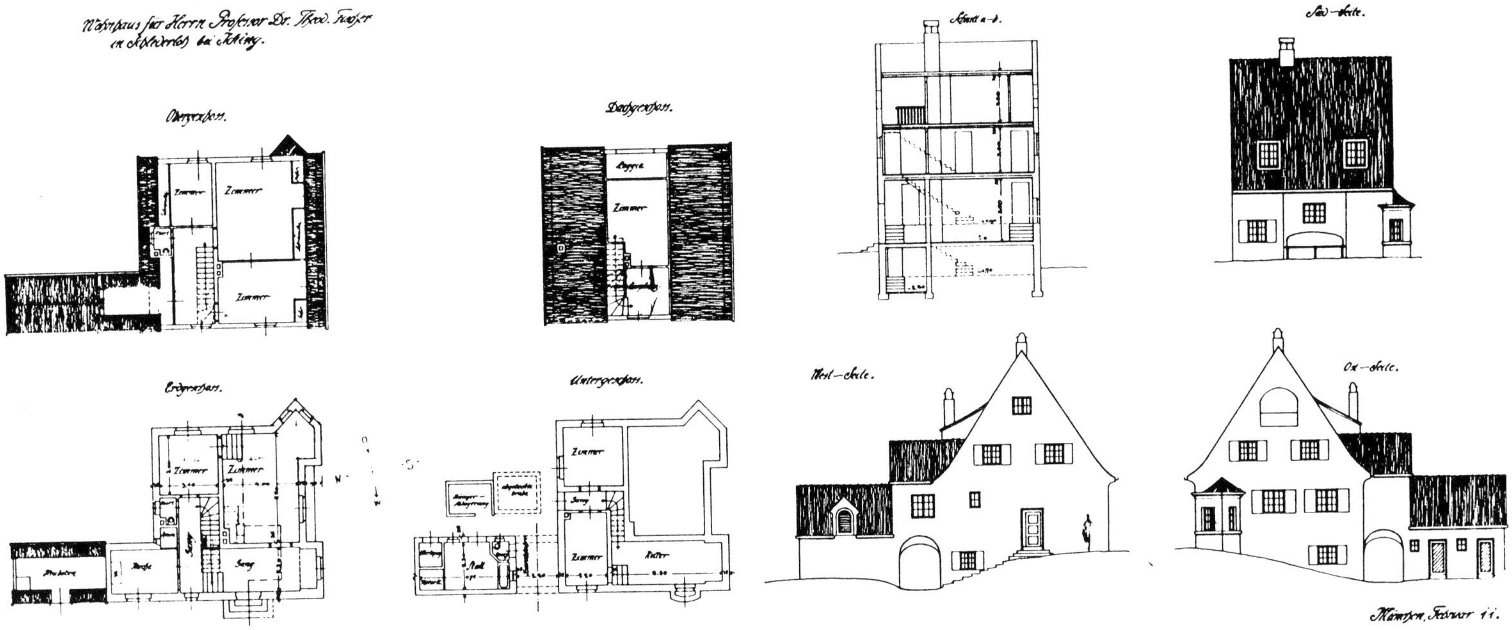

44 Sommerhaus Fischer, Schlederloh, Entwurf, Grundrisse, Schnitt und Ansichten, Architekturmuseum der TU München

45 Sommerhaus Fischer, Schlederloh, Ansicht, Eingangsseite

keine Flucht vor der Realität der Großstadt, Fischer tritt lediglich in eine pragmatische Distanz zum städtischen Zentrum. Statt von der Mitte aus leistet er von der beplanten Peripherie her seinen Beitrag zum Ausbau der Stadt. Er befindet sich damit in direktem Kontakt zum Entwurfsgebiet und betreibt dessen Verstädterung aus der Perspektive des ländlichen Vorzustands.

Schlederloh

Bereits seit 1901 besaß Theodor Fischer in Schlederloh bei Wolfratshausen ein Waldgrundstück über dem Westufer der Isar.[35] Hier, etwa 25 Kilometer südlich von München, baute er sich 1911 als Ergänzung zum Wohnen in der Stadt ein Sommerhaus.[36] Das Gebäude hat einen annähernd quadratischen Grundriss, dem links vom Eingang L-förmig ein schmaler Wirtschaftsflügel angegliedert ist.[37] Haupthaus und Nebentrakt besitzen steile, bündig mit den Giebeln abschließende Satteldächer. Abweichend von den in südöstlicher Richtung orientierten Nachbarhäusern blickt der Bau nach Osten, folgt also nicht der Sichtachse, die durch den bei Wolfratshausen abknickenden oberen Isarlauf vorgegeben ist. Mit dem kleinen Wohnzimmererker an der Südostecke macht Fischer dennoch ein Zugeständnis an die bevorzugte Blickrichtung. Hinter dem Haus fällt das Terrain zum Fluss hin ab. In Anpassung an das Geländerelief entwickelt Fischer das Innere des Gebäudes auf zwei gegeneinander versetzten Niveaus. Nur der tiefer gelegene Nordteil des Hauses ist unterkellert, so dass die darüber befindlichen Räume gegenüber dem Grundniveau des Erdeschosses angehoben sind. Jeweils fünf Stufen führen auf der Eingangsseite vom Korridor zur Küche, auf der Flussseite vom Wohnraum zu einem Lesezimmer empor. Fischer gelangt so zu einem terrainbedingten ›Raumplan‹,[38] der durch die Anordnung der Fenster auch am Außenbau in Erscheinung tritt. Erkennbar schmiegt sich das einfache Haus der natürlichen Bewegung des Geländes an.

Das regionale Vorbild

In der steilen Dachform mit knappem Überstand, den weiß verputzten Mauerflächen und den kleinen Fenstern greift der Architekt Merkmale eines Haustyps auf, der für das nördliche

35 Fischer, Therese 1941/42, S. 47.

36 Nerdinger 1988, Kat.-Nr. 177, S. 263. – Planzeichnungen für das Sommerhaus befinden sich im Architekturmuseum der TU München, 26/001–055. Dort auch die von Therese Fischer verfasste ›Chronik von Schlederloh‹ (1910/11), die jedoch für die vorliegende Arbeit nicht herangezogen werden konnte. – Die Bauakten bewahrt das Staatsarchiv München, Bpl. Wolfratshausen, Gde. Dorfen, 1909/257, 1911/88 u. 1913/120. – Vgl. auch: Scharff/Sontheimer 1988. – Theodor Fischers Sommerhaus in Schlederloh wurde – nach verspäteter Unterschutzstellung – Anfang 1990 gegen öffentliche Proteste abgerissen.

37 1913 ließ Fischer den bis dahin abgestuften Wirtschaftstrakt auf einheitliche Traufhöhe aufstocken.

38 Diesen Begriff prägte Heinrich Kulka zur Charakterisierung des Bestrebens von Adolf Loos, verschieden hohe Räume und damit auch unterschiedliche Geschossniveaus in einem Bau zu verbinden. Vgl. hierzu: Worbs 1983, S. 64–77.

46 Theodor Fischer, Villa Eduard Riemerschmid, Starnberg, 1901, Ansicht, Gartenseite

Oberbayern kennzeichnend ist.[39] Sich an volkstümlichem Bauen zu orientieren, erschien vielen Architekten der Jahrhundertwende als ein Ausweg aus der unverbindlichen Stilvielfalt des Historismus.[40] Die stilübergreifende Tradition ländlichen Handwerks wurde – wie gleichzeitig das vor-historistische Biedermeier – zum Paradigma bei der Suche nach Formen, die eine obsolete Stilarchitektur ersetzen konnten. In Deutschland paarte sich die Wiederbelebung der Volkskultur mit einem Bedürfnis nach nationalem Ausdruck in der Architektur, das durch ›Deutsche Renaissance‹ und Neubarock, die bislang vorherrschenden Neo-Stile, nicht länger befriedigt werden konnte. Gegen den zunächst generalisierenden Umgang mit ländlichen Motiven im Villenbau erhob sich dann die Forderung nach regionaler Differenzierung.[41] So verlangte Alfred Lichtwark vom deutschen Landhaus, »plattdeutsch, fränkisch, schwäbisch oder thüringisch zu reden«.[42]

Für Theodor Fischer ist das Aufgreifen regionaler Bautraditionen nicht Selbstzweck, sondern Teil einer Strategie, die nach örtlicher Anbindung alles Gebauten strebt. In den Horizont dieser Perspektive treten sowohl die topographischen und städtebaulichen Bedingungen als auch das in der Baugeschichte des jeweiligen Ortes verkörperte ›kulturelle Gedächtnis‹.[43] Dessen Spuren sucht Fischer, wie seine Skizzenbücher belegen, weniger im monumentalen Erbe als in der überkommenen Alltagsarchitektur, sowohl in den Städten als auch auf dem Land.[44] Der von Lichtwark erhofften Mundartlichkeit des Bauens näherte er sich bereits in seinen Münchner Schulbauten.[45] Am deutlichsten veranschaulichen die über ganz Deutschland verteilten Wohnbauten die Konsequenz seines Regionalismus. Genuin ländliche Merkmale verwendete Fischer bei seinen Einzelhäusern jedoch nur dann, wenn sie für ländliche Gegenden bestimmt waren.

In einem solchen ländlichen Kontext war 1901 mit der Starnberger Villa für Eduard Riemerschmid der erste in seiner regionalen Eigenart deutlich charakterisierte Hausbau entstanden.[46] Die Villa in Starnberg steht unter Fischers Hausbauten dem Sommerhaus in Schlederloh am nächsten. Auch in Starnberg hatte Fischer einen L-förmigen Plan zugrunde gelegt, diesen jedoch vom Hof her erschlossen. Den oberbayerischen Vorbildtypus hatte er durch ein auf-

39 Über die regionaltypische Hausform informieren: Erdmannsdorfer 1950. – Gebhard, Torsten 1979. – Ders. 1982. – Reiches Bildmaterial bieten die drei von Helmut Gebhard bearbeiteten Themenhefte: Schönere Heimat, Sonderhefte 3 (1984), 5 (1986) u. 7 (1989).

40 Zur Arbeit Fischers im Kontext der Volkskunst-Rezeption um 1900: Nerdinger 1988, S. 47 ff.

41 Deneke 1977, S. 98. Der Autor nennt Alfred Lichtwark und vor ihm Julius Langbehn als Wegbereiter einer regionalen »Parzellierung« der Volkskunst-Rezeption in den neunziger Jahren des 19. Jahrhunderts.

42 Lichtwark 1899, S. 8.

43 Grundlegend zum Begriff des ›kulturellen Gedächtnisses‹: Assmann 1992. – Zur Anwendung auf die Praxis Theodor Fischers: Nerdinger 1988, S. 69.

44 Skizzenbücher aus dem Jahr 1881 enthalten beispielsweise Bauaufnahmen aus Rothenburg und Iphofen. Kerkhoff 1987, S. 20 ff.

45 Nerdinger 1988, Kat.-Nr. 37, S. 179 ff.; Kat.-Nr. 45, S. 185 ff.; Kat.-Nr. 51, S. 188; Kat.-Nr. 60, S. 193; Kat.-Nr. 67, S. 196.

46 *Fischer* 1912, S. 10–15. – Nerdinger 1988, Kat.-Nr. 64, S. 194.

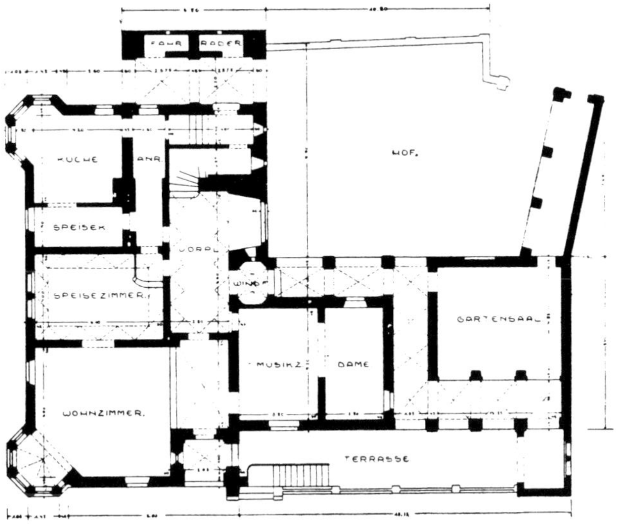

47 Villa Eduard Riemerschmid, Starnberg, Grundriss Erdgeschoss

wendiges Raumprogramm und durch Attribute der malerischen Villenarchitektur – Erker, Loggien, Türme – in einen Bau von burgartigem Charakter überführt. Das Haus in Schlederloh lässt sich lesen als äußerste Verknappung der zehn Jahre älteren Villa, als deren Rückführung auf das regionale Modell.

Jedoch auch in Schlederloh handhabt Fischer das gewählte regionaltypische Vorbild nicht mit archäologischer Präzision.[47] Die am unteren Ende leicht abgeschleppte Dachfläche entspricht ebenso wenig den traditionellen Baugepflogenheiten wie die aus der Mauerflucht zurückgenommenen Fenster. Der Erker folgt eher bürgerlichen Vorstellungen von Behaglichkeit als ländlicher Konvention. Während im regionalen Vorbildtypus Wohn- und Wirtschaftsbereich unter einem Dach zusammengefasst waren, zieht Fischer die Nebenräume aus dem Haupthaus heraus. Auch die versetzten Ebenen im Inneren bedeuten eine Innovation des ländlichen Modells. Trotz solcher Freiheiten erreicht der Architekt aber eine Gesamtgestalt, welche die Kontinuität mit der regionalen Hausform wahrt. Er benutzt nicht ländliche Elemente als dekorative Versatzstücke, sondern verwirklicht aus der ländlichen Tradition heraus seine Vorstellung vom Wohnen auf dem Land.

Die Annäherung an den für das nördliche Oberbayern kennzeichnenden Typus des Steildachhauses ergibt sich am Bauplatz Schlederloh nicht zwingend aus der regionalistischen Logik. Fischer errichtet seinen Sommersitz an einer Stelle, wo seine Wahl auch auf eine andere Dachform hätte fallen können. Nördlich von Wolfratshausen, genau in der Gegend von Schlederloh, endet die Vorherrschaft des Steildachs. Hier beginnt das Verbreitungsgebiet des flach geneigten, weit ausladenden Legschindeldaches, das in der bäuerlichen Architektur des bayerischen Oberlandes üblich ist.[48] Das steile Satteldach kommt in diesem Bereich nur bei nichtbäuerlichen ›Herrenbauten‹ vor, zu denen auch die seit Ende des 18. Jahrhunderts entstandenen bürgerlichen Landsitze gehörten.[49] Für einen Bauherrn, der den ländlichen Charakter seines Anwesens betonen wollte, lag es nahe, das vorspringende Flachdach zu verwenden. Fischer jedoch entschied sich gegen die Dachform des Oberlands und die damit verbundenen bäuerlichen Konnotationen. Mit seiner Wahl distanzierte er sich von der folkloristischen Verwendung rustikaler Motive im bürgerlichen Landhausbau. Ein weiterer Grund für seine Bevorzugung des Steildachs ohne Überstand dürfte darin gelegen haben, dass dessen klarer Kontur seinem Streben nach einfacher Baukörpergliederung entgegenkam.

Gabriel von Seidl: ein ländliches Capriccio

Weder in der allgemeinen Architekturentwicklung noch im Kontext des eigenen Werks bedeutet der Regionalismus in Theodor Fischers Sommerhaus ein Novum.[50] Gegen die eigenen Häuser anderer Münchner Architekten setzt sich das Haus in Schlederloh jedoch durch seinen spezifischen Umgang mit dem regionalistischen Paradigma ab.

Auf einem Abhang am Südrand von Bad Tölz baute sich um 1900 Gabriel von Seidl ein Landhaus.[51] Seidl hatte im ausgehenden 19. Jahrhundert, indem er seinem historistischen Repertoire eine deutliche regionale Orientierung gab, den Regionalismus Theodor Fischers mit vorbereitet. In seinen späteren Jahren engagierte er sich stark für den bayerischen Heimatschutz und gründete 1905 den Isartalverein, der im Flussrandgebiet der Bodenspekulation entgegenwirken sollte. In seinem Haus in Tölz greift Seidl landschaftsspezifische Merkmale auf, ohne sie zu einer ortstypischen Hausform zu verbinden. Durch einen breiten Sockel hebt er das Haus als ›Villa‹ aus seiner Umgebung heraus. Zwischen zwei asymmetrische Risalite spannt er einen Fassadenbalkon ein. Um die gegenüber den örtlichen Gepflogenheiten stärkere Dachneigung zu kompensieren, die er für eine feuersichere Deckung benötigt, gibt er dem

47 Für Informationen über die örtlichen Baugepflogenheiten danke ich Helmut Gebhard. – Vgl. auch: Erdmannsdorffer 1950, S. 27 ff.

48 Eine Karte zur Verbreitung des Legschindeldaches: Ebd., S. 25.

49 Ebd., S. 19 f. u. 31.

50 Bereits 1898 errichtete beispielsweise Fischers späterer Professorenkollege an der TH München, Paul Pfann, in Nürnberg-Großreuth ein Wohnhaus in regionaltypischen Formen, das durch seine Einfachheit und geringe Größe dem Sommerhaus Fischer nahe kommt. Haenel/Tscharmann 1907–10, Bd. 2, S. 52–53.

51 Über Seidl: Bössl 1966. – Zeitgenössische Veröffentlichung des Landhauses Seidl in Bad Tölz: Süddeutsche Bauzeitung, Jg. 12, 1902, S. 109–112. – Abbildungen der Innenausstattung finden sich in: *Münchner bürgerliche Baukunst* 1904, Tf. 15–17.

48 Gabriel von Seidl, Landhaus des Architekten, Bad Tölz, um 1900, Ansicht

Haus ein Zwillingsdach. Die Giebel verschalt er mit Holz und schmückt sie mit zwei Fenstern, deren Rahmen ein Palladio-Motiv andeuten. Das Ergebnis ist ein eklektisches Capriccio, das in gewollt ungeschliffener Manier rustikale Elemente und Vokabeln aus der Architekturgeschichte aneinanderfügt.

Seidl reagiert in Tölz auf die Eigenart des Ortes, behauptet jedoch gegen den Ort die baukünstlerische Individualität seines Hausbaus. Anders Theodor Fischer, der in Schlederloh konsequent auf individuelle Charakterisierung verzichtet. Stärker als Seidl berücksichtigt er in seinem Entwurf die überlieferte Hausform. Sowohl durch die Wahl des in einem Wald versteckten Bauplatzes als auch durch die äußere und innere Disposition bettet er sein Sommerhaus in die umgebende Landschaft ein.

49 Richard Riemerschmid, Wohnhaus des Architekten, München-Pasing, 1898, Ansicht, Gartenseite

50 Haus Richard Riemerschmid, München-Pasing, Innenansicht, Wohnzimmer nach dem Umbau von 1907

Richard Riemerschmid: ein rustikales Gesamtkunstwerk

Bauten Seidl wie Fischer tatsächlich auf dem Land, so errichtete sich Richard Riemerschmid ein Haus mit ländlichen Formanklängen in einer vorstädtischen Villenkolonie.[52] Der eng mit Fischer befreundete Riemerschmid hatte sich erst um 1895 von der Malerei dem Kunstgewerbe zugewandt. Seine erste architektonische Arbeit war das Wohnhaus, das er 1898 in Pasing bei München für sich selbst entwarf. Der zentrale Baukörper erhebt sich auf quadratischer Grundfläche und trägt ein Zeltdach mit leicht gebrochenem Umriss. Die regelmäßige Form des Daches durchstoßen auf der Südseite ein aus der Mauerfläche bündig aufsteigender Dachaufbau, auf der Ostseite ein hoher, energisch vorspringender Risalit, in dem sich

52 Einen umfassenden Überblick über die Arbeit Riemerschmids bietet: *Riemerschmid* 1982. – Darin zum Haus Riemerschmid: Kat.-Nr. 163, 164, 165 u. 516. – Planzeichnungen vom Umbau 1907 befinden sich im Architekturmuseum der TU München. – Zeitgenössische Veröffentlichungen: *Landhaus* 1904, S. 3 (Abbildung des Äußeren vor dem Umbau). – Deutsche Kunst und Dekoration, Bd. 22, 1908, S. 194–209. – Dekorative Kunst, Bd. 17, 1909, S. 307–313 (Wohnzimmer nach dem Umbau).

Riemerschmids Maleratelier befand. Allein im Fachwerk des Ateliergiebels klingt ein explizit ländliches Motiv an. Ein mächtiger Strebepfeiler an der Südwestecke des Hauses und eine gekurvte Terrassenmauer vor der Ostwand betonen die Bodenhaftung des schmucklos verputzten Solitärs.

1907 erweiterte Riemerschmid sein Anwesen um einen hufeisenförmig angefügten Wirtschafts- und Bürotrakt zu einer hofartigen Anlage mit malerischem, zum Gipfel des Haupthauses ansteigendem Kontur. Im Zuge des Umbaus tilgte er die Jugendstil-Reminiszenzen (geschwungene Linien in Terrassenmauer und Fenstern), verstärkte aber durch eine rückwärtige Holzschindelverkleidung und durch in Holz ausgeführte, verglaste Loggien das rustikale Gepräge von Wohnhaus und Nebengebäuden. Der Architekt gestaltet sein Haus als urwüchsigen Bauorganismus und unterstreicht im Rekurs auf ländliche Gestaltungsmittel dessen stadtfremden Charakter. Durch einen Fachwerkgiebel erklärt er den Bau zum ›Landhaus‹, ohne ihn einem konkreten regionalen Kontext zuzuordnen. Er verwendet ländliche Elemente nicht im ›mundartlichen‹ Sinn, sondern als unspezifische Assoziationsträger.

Im Inneren seines Hauses verwirklichte Riemerschmid 1898 äußerst sparsame Interieurs,[53] die in ihrer Einfachheit die späteren Räume Theodor Fischers im ›Laimer Schlößl‹ vorwegnahmen. Für die Einrichtung des Wohnzimmers griff er auf das Mobiliar zurück, das er 1895 in gotisierenden Formen für seine Wohnung in der Hildegardstraße entworfen hatte. An ihrem neuen Aufstellungsort, einem nackten Raum mit groben Holzdielen und schwerer Balkendecke, kamen die Möbel als Einzelstücke zur Wirkung. Der Umbau von 1907 gab Riemerschmid die Gelegenheit, auch die Gestaltung des Wohnzimmers zu aktualisieren. Nun verkleidet er die Wände mit mannshohen Paneelen aus ungefärbtem Holz und entwirft eine darauf abgestimmte, einheitliche Möblierung. Durch Details wie eine skulptural geformte Esstischleuchte rundet er die gesucht künstlerische Ausstattung des Raumes ab. Riemerschmid kombiniert bäuerlich inspirierte Elemente zum rustikalen Gesamtkunstwerk. Trotz der ornamentalen Zurückhaltung, des Verzichts auf historische Stilimitation und der rohen Materialität des Holzes schafft er ein Raumbild von hoher Künstlichkeit.

Die spärlichen Informationen über Theodor Fischers Interieurs in Schlederloh erschweren einen direkten Vergleich mit der Raumgestaltung im Haus Riemerschmid. Wie für das ›Laimer Schlößl‹ hat Fischer für sein Sommerhaus verschiedene Möbel eigens entworfen.[54] Ebenso wenig wie in Laim dürfte er sie jedoch in Schlederloh in eine künstlerisch homogene Gesamteinrichtung eingebracht haben. Anzunehmen ist vielmehr, dass Fischer die äußere Schlichtheit des Sommerhauses innen fortsetzte und die Wände wie im Stadthaus in nackter Tünchung beließ. Gerade in der Gegenüberstellung mit Riemerschmid, der sich ebenfalls am Ideal ländlicher Einfachheit orientierte, wird die vorgeschobene Position der von Fischer vertretenen Sachlichkeit erkennbar. Blieb Riemerschmid auch nach der Überwindung des Jugendstils ›Raumkünstler‹, so gab Fischer in seinem Wohnen jede künstlerische Prätention auf.

51 German Bestelmeyer, Wohnhaus des Architekten, München-Schwabing, 1925, Ansicht, Straßenseite

German Bestelmeyer: der Typus als Dogma

Während Riemerschmid auf den Bereich des Ländlichen lediglich verwies, ohne sich an einer landschaftsspezifischen Hausform zu orientieren, basiert der Hausentwurf, den German Bestelmeyer 1925–26 in München-Schwabing für sich realisierte, auf einem regionalen Modell.[55] Bestelmeyer greift wie Theodor Fischer auf das altbayerische Steildach zurück, lehnt sich jedoch dabei enger als dieser an einen konkreten Haustyp an, der in Dörfern und

53 Einzige publizierte Abbildung: *Riemerschmid* 1982, Kat.-Nr. 60, S. 112.

54 Für ein Eckbuffet, ein Bücherschränkchen und eine Kredenz haben sich die Pläne erhalten.

55 Über Bestelmeyer: Thiersch 1961. – Darin zum Haus Bestelmeyer: S. 21 (Grundriss). – Pläne des Hauses befinden sich im Architekturmuseum der TU München.

56 Derselbe Haustyp findet sich auch in Schwaben, der Oberpfalz und bis nach Mittelfranken hinein. Vgl. die Abbildungen in: Schönere Heimat, Sonderheft 3 (1984), S. 32 f. u. 42 f.; Sonderheft 5 (1986), S. 26; Sonderheft 7 (1989), S. 9, 12 f., 25, 37, 39 u. 60.

52 Heinrich Tessenow, Wohnhaus des Architekten, Dresden-Hellerau, 1911, Ansicht, Straßenseite

kleinen Städten des nördlichen Oberbayern vorkommt.[56] Er übernimmt den streng rechteckigen Grundriss des gewählten Vorbilds und gliedert seinen Hausbau durch helle Putzbänder, wie sie in der Region häufig anzutreffen sind. Indem er den Vorbildtypus in seiner größten auf dem Land vorkommenden, zweistöckigen Variante verwendet, passt er ihn bürgerlichem Raumbedarf und Repräsentationsanspruch an. Er rückt das Haus mit der Giebelseite dicht an den Straßenrand, flankiert es durch eine Wageneinfahrt und hält sich so auch in der Zuordnung zum öffentlichen Raum an die typisch dörfliche Situation. Einzige Abweichungen vom Modell sind der Baldachin vor dem Eingang als Zugeständnis an den städtischen Bauplatz und ein dreistöckiger Anbau auf der dem Garten zugewandten Längsseite des Hauses. Durch ihre Kupferdächer setzt Bestelmeyer die Zutaten gegen den Restbau ab.

Theodor Fischer legte ein ländliches Modell dem Bau seines Hauses auf dem Land zugrunde. Zwar wandelte er es gemäß eigenen Wohnvorstellungen ab, erzielte aber gerade durch den pragmatischen Umgang mit dem Vorbild eine plausible regionalistische Gesamtform. Bestelmeyer dagegen überträgt ein zum Typus stilisiertes ländliches Haus in ein zentrumsnahes bürgerliches Wohnviertel Münchens. Ging der Entwurf Fischers von den Bedingungen des Ortes aus, so steht bei Bestelmeyer die Entscheidung für den Typus im Vordergrund. Handhabte Fischer den Regionalismus als Strategie flexibler Anpassung, so kündigt sich im Haus Bestelmeyer eine dogmatische Verwendung regionaler Modelle an.

Beinahe ein Kleinhaus

Wie entschieden Fischer in Schlederloh auf repräsentative oder individualisierende Ausgestaltung verzichtet, zeigt der Vergleich mit den eigenen Häusern Seidls und Riemerschmids ebenso wie die Gegenüberstellung mit der zehn Jahre zuvor von ihm selbst entworfenen Villa in Starnberg. Im eigenen Sommerhaus verwirklicht der Architekt sein in Umfang und Habitus bescheidenstes Einzelhausprojekt. Allein durch seine individuell der Landschaft zugeordnete Lage auf einem großen Waldgrundstück ist der Bau als Landhaus charakterisiert. Für sich betrachtet, steht er jedoch einem Kleinhaus näher. Parallelen zur Einfachheit und formalen Charakterisierung des Sommerhauses finden sich eher in Siedlungsbauten Theodor Fischers als in seinen Einzelhausentwürfen. Dachform, Fenster mit Klappläden und sogar der Erker kehren in der gleichzeitig entstandenen Siedlung Neu-Westend wieder.[57] Der Verweis auf ländliche Vorbilder, den der Architekt im städtischen Kontext ansonsten vermied, war im Arbeiterwohnbau durchaus erwünscht.[58]

Theodor Fischer begibt sich mit dem Bau seines Sommerhauses in die Nähe der Arbeit Heinrich Tessenows, der seit etwa 1905 nach ähnlich einfachen Wohnhauslösungen strebte und sie um 1910 erstmals realisieren konnte.[59] Tessenows Bemühen um typische Lösungen im Einzelhausbau steht im Dienst der Vervielfältigung. In gleichförmiger Abfolge fügen sich seine Häuser zu Gruppen, Reihen und Zeilen. Auch jene Häuser, die Tessenow selbst bewohnte, stehen in Gruppen gleichartiger Bauten.[60] Im Werk Theodor Fischers bezeichnet das Sommerhaus die bis 1914 weitestgehende Annäherung an eine typische Entwurfslösung. Der Bau weist, ohne seine Individualität ganz preiszugeben, Züge eines vorbildlichen Kleinhauses auf. In seinen Siedlungsprojekten arbeitete Fischer jedoch vor 1914 ausschließlich mit Mehrfamilienhäusern und Zeilen. Deutlicher als Tessenow erhielt er bis dahin die Grenze zwischen Einzelhaus und Siedlungsbau aufrecht. Erst 1919 fand der in Schlederloh formulierte Haustyp Eingang in das Projekt einer Kleinhaussiedlung für Laim.[61]

57 Vgl. hierzu: Scharff/Sontheimer 1988, S. 44. – Auch im Gaststättenbau der Arbeiterkolonie Gmindersdorf verwendet Fischer die genannten Gestaltungsmerkmale: Nerdinger 1988, Kat.-Nr. 91, S. 211 ff.

58 Zum Aspekt der durch ländliche Elemente vermittelten ›ständischen‹ Abgrenzung: Ebd., S. 114 ff.

59 Über Tessenow: De Michelis 1991. Dem Haus Fischer in Schlederloh verwandte Lösungen: Kat.-Nr. 1910/1, 1910/9 (Häusergruppe) u. 1911/2.

60 Ebd., Kat.-Nr. 1910/7 u. 1911/9.

61 Nerdinger 1988, Kat.-Nr. 244, S. 289.

Zwischen Goethe und Dürer. Ikonographisches

In den beiden unterschiedlichen Häusern Theodor Fischers kommt die Dualität zweier Bezugswelten zum Vorschein, zwischen denen sich die Arbeit des Architekten entwickelte. Diese Dualität spiegelte sich auch im Bildschmuck der Innenräume. Das ›Laimer Schlößl‹ beherbergte in der zentralen Halle und im privaten Arbeitszimmer des Architekten Bildnisse Goethes, in zwei weiteren Räumen Veduten italienischer Städte. Dagegen hingen im Sommerhaus Blätter nach Dürer-Zeichnungen,[62] die vermutlich den Mappen der Zeitschrift ›Kunstwart‹ entstammten. In Laim gab sich der Hausherr als Bewunderer Goethes zu erkennen und verwies auf die durch diesen assimilierte klassisch-mediterrane Tradition; in Schlederloh erwies er mit Albrecht Dürer einem jener Künstler seine Reverenz, in denen das deutsche Bildungsbürgertum der Jahrhundertwende das Ideal einer die gesamte Volksgemeinschaft umspannenden nationalen Kunst verkörpert sehen wollte.
In zahlreichen Äußerungen betonte Fischer seine Distanz zum klassischen Vorbild. Den Klassizismus bezeichnete er als fremden Kultureinfluss, als die nach der Renaissance »zweite Welle der antikischen Kunstmode«, die »seit 100 Jahren an dem Felsen der Volkskunst [leckt]«.[63] Dennoch verzichtete er zu keinem Zeitpunkt ganz auf die Mittel klassisch-regelhaften Komponierens und bezog auch den Klassizismus in den Horizont seines ›kulturellen Gedächtnisses‹ mit ein. Als Brücke zur klassizistischen Architekturepoche diente ihm seine Auseinandersetzung mit dem »Klassiker« Goethe, durch dessen »praktischen Realismus« er die Lehre der mittelmeerischen Antike deutschem Empfinden anverwandelt sah.[64] Wie sein Wahlverwandter Goethe sich in einem barocken Palais am Weimarer Frauenplan einrichtete – er rügt ihn wegen des Einbaus einer übermäßig repräsentativen Treppe –,[65] so gestaltet Fischer das ›Laimer Schlößl‹ für eigene Wohnzwecke um. Er schmückt es mit »Römischen Prospekten«, wie sie bereits in Goethes Vaterhaus hingen.[66]
Der Laimer Welt Goethes steht in Schlederloh die Welt Dürers gegenüber, der zum Namenspatron des Dürerbunds auserkoren worden war, einer 1902 von Ferdinand Avenarius gegründeten kulturreformerischen Vereinigung, deren Vorstand Theodor Fischer angehörte.[67] Wie die gleichfalls von Avenarius ins Leben gerufene Zeitschrift ›Kunstwart‹ verstand sich der Dürerbund als Träger einer kulturellen Erneuerung aus dem Geist von Volkskunst und Heimatpflege. Das Ziel der Reformer war es, durch künstlerische Erziehung breiter Schichten dafür Sorge zu tragen, dass angesichts von Industrialisierung und gesellschaftlichem Wandel die Kontinuität mit der heimatlichen Kultur nicht verloren ginge. Diese Kontinuität sucht Fischer in Schlederloh, und Dürers Zeichnungen benennen den geistig-ideologischen Rahmen, in dem er sich damit bewegt.

Gesten der Bescheidenheit

Theodor Fischers Sommerhaus steht in seiner wesentlichen Eigenschaft, der durch die Anlehnung an die landesübliche Bauweise erreichten Ortsanbindung, als typischer Bau im Kontext des Werks. Vergleichbare Entwürfe des Architekten übertrifft es in der Reduktion auf die regionaltypische Grundform ebenso wie in seiner Symbiose mit der lokalen Topographie. Demgegenüber stellt das ›Laimer Schlößl‹ als Umbau, der das Vorgefundene bestätigt, einen Einzelfall in Fischers Arbeit dar. Beide Häuser fallen durch den Verzicht auf besondere künstlerische Ausgestaltung und, damit verbunden, durch eine Rücknahme der architektonischen Individualität aus der ansonsten von Fischer geübten Praxis heraus, jedem Bau ein unterscheidbares Gesicht zu geben.

62 Fischer, Therese 1941/42, S. 132.

63 Fischer, Theodor 1901. Diese und weitere gleichgerichtete Äußerungen Fischers zitiert: Nerdinger 1988, S. 68.

64 Frucht seiner Beschäftigung mit Goethe: Fischer, Theodor 1948, hier zitiert S. 36 u. 33. Näher als dem ›Klassiker‹ fühlte sich Fischer jedoch dem mittelalterbegeisterten Goethe des Straßburger Zwischenspiels. Ihn erblickte er als Entdecker eines aller klassischen Schönheit vorzuziehenden »Charakteristischen«, als Vorläufer seines eigenen Bemühens, Bauzweck und örtliche Bedingungen im Entwurf prägnant zum Ausdruck zu bringen. Ebd., S. 34.

65 Ebd., S. 27f.

66 Ebd., S. 31.

67 Zur Gründung und Namensgebung des Dürerbunds: Kratzsch 1969, S. 136f. – Vgl. auch: Nerdinger 1988, S. 47ff.

Zwar sind die doppelstöckige Halle in Laim, der ›Raumplan‹ in Schlederloh Lösungen, die Fischer jeweils nur dort anwendet. Jedoch geht es dem Architekten in seinen eigenen Domizilen nicht um ein Vorführen neuer Entwurfsideen, sondern um den Ausdruck einer spezifischen Bescheidenheit, die sich einmal im bewussten Verzicht auf einen Neubau artikuliert, das andere Mal im kleinsten Einzelhaus, das er überhaupt gebaut hat. Fischer realisiert die einfachsten Varianten für sich selbst, das größte Maß an architektonischer Selbstverständlichkeit verwirklicht er in den eigenen Häusern. Indem er sich jeden Anflug entwerferischer Eitelkeit versagt, macht er sein Wohnen zum Prüfstein baumeisterlicher Integrität.

Fritz Höger (1877–1947) besuchte nach einer Zimmermannslehre ab 1897 in Hamburg die Baugewerbeschule, arbeitete seit 1901 im Büro Lundt & Kallmorgen und machte sich 1907 selbständig. In der Folgezeit beteiligte er sich mit zahlreichen Projekten am großstädtischen Ausbau der Hamburger City. In den zwanziger Jahren wurde er zum Hauptexponenten des norddeutschen Backstein-Expressionismus. Zu den wichtigsten Bauten des Architekten zählen das Chilehaus in Hamburg (1922–23), das Anzeiger-Hochhaus in Hannover (1927–28) und die Evangelische Kirche in Berlin-Wilmersdorf (1930–33). Höger, der sich von den Nationalsozialisten als ›Führer‹ der ›Wirtschaftlichen Vereinigung Deutscher Architekten‹ bestätigen ließ, übernahm 1933–36 eine Professur an der ›Nordischen Kunsthochschule‹ in Bremen. Aufgrund seiner Ablehnung des vom Regime favorisierten Neoklassizismus erhielt er jedoch keine staatlichen Großaufträge.

53 Fritz Höger in seinem Garten in Bekenreihe

Retrospektive Erneuerung: **Fritz Höger**

Von den vier Häusern, die der Hamburger Architekt Fritz Höger[1] für sich gebaut hat, entstanden zwei, und zwar diejenigen, die in seiner Wohngeschichte und in seiner architektonischen Arbeit die größere Rolle spielen, als Umbauten. Wie im letzten Kapitel anhand von Theodor Fischers Hausbau für Emil Gminder und seines eigenen ›Laimer Schlößl‹ beschrieben,[2] kann der Entscheidung zum Umbau eines Hauses einerseits eine polemische, andererseits eine affirmierende Absicht zugrunde liegen. Beim ›polemischen Umbau‹ steht die Tilgung des Gewesenen durch die neue Gestalt des Hauses im Vordergrund. Högers 1912–13 durchgeführter Haus-Umbau in der Magdalenenstraße 70 in Hamburg-Rotherbaum lässt sich interpretieren als eine gebaute Polemik gegen den Vorzustand. Beim ›affirmierenden Umbau‹ geht es um Bestätigung und Aneignung des Vorgefundenen, um ein Bekenntnis zur Tradition, zu Vorbildern oder bevorzugten Typen. Auf diesen Bedeutungshorizont bezieht sich Höger 1932 mit dem Umbau des elterlichen Hauses in Bekenreihe bei Elmshorn. Über andere Fälle eines affirmierenden Umbaus – wie etwa Theodor Fischers ›Laimer Schlößl‹ – greift Höger in Bekenreihe durch die enge Verflechtung des Baus mit seiner persönlichen Geschichte und das infolgedessen besonders hohe Maß an Identifikation deutlich hinaus.[3]

Kontext Heimatschutz

Den Kontext für beide Haus-Umbauten Fritz Högers bildet die norddeutsche Heimatschutzbewegung.[4] Der Gedanke des Heimatschutzes, Antwort auf die sich abzeichnenden kulturellen Folgen der Industrialisierung, war ein wesentliches Anliegen der lebensreformerischen Strömungen der Jahrhundertwende.[5] Ein zentrales Podium besaß die Heimatschutzbewegung im 1904 gegründeten Deutschen Bund für Heimatschutz, dessen Vorsatz es war, der Zerstörung von Natur und gebauter Umwelt, dem Verlust volkstümlicher Traditionen und der Nivellierung regionaler Besonderheiten in all ihren Erscheinungsformen entgegenzutreten. In der heterogenen Bewegung hielten sich anfangs fortschrittliche und konservative Positionen die Waage. In den zwanziger Jahren gewannen jedoch reaktionäre und nationalistische Stimmen die Oberhand.

Das Bemühen, lokale und volkstümliche Traditionen wiederzugewinnen, hatte einen seiner Ausgangs- und Schwerpunkte in Norddeutschland mit dem Zentrum Hamburg.[6] Hier wirkten mit dem Maler Oskar Schwindrazheim und den Museumsdirektoren Justus Brinckmann und Alfred Lichtwark drei in ganz Deutschland einflussreiche Vorkämpfer regionaler Werte.

1 Monographien: *Höger* 1923. – Westphal 1938. – Banse 1951. – Kamphausen 1972 (die Biographie, die hagiographische Züge trägt, eignet sich als Quelle zum Selbstverständnis des Architekten). – Berkenhagen 1977. – Bucciarelli 1992 (mit vollständigem Werkverzeichnis). – Als klarsichtige Darstellung der ideologischen Grundlagen von Högers Architektur ist nach wie vor unübertroffen: Nicolaisen 1985.

2 Vgl. o. S. 45.

3 Den Vergleichsrahmen erweitern etwa Jože Plečniks Haus in Ljubljana (1923–30), das Haus Heinrich Tessenows in Neubrandenburg (1928–29) und dessen Häuslerei in Siemitz bei Güstrow (1943) – allesamt Haus-Umbauten, die das Vorhandene bestätigen.

4 Vgl. hierzu: Otto, Christian F. 1983. – Frank, Hartmut 1992, darin besonders S. 115 ff.

5 Den weiteren Zusammenhang der Reformbewegung um 1900 und ihr literarisches Umfeld beleuchtet: Dal Co 1982. – Ders. 1990.

6 Zum Heimatschutz in Hamburg: Nicolaisen 1985, S. 49–75. – Hipp 1989, S. 72 f.

Schwindrazheim war die zentrale Figur einer Gruppe von Künstlern und Kunstgewerblern, die 1889 den ›Hamburger Verein Volkskunst‹ gründeten. Die von ihm herausgegebenen ›Beiträge zu einer Volkskunst‹, in denen die Gruppe ihre Ergebnisse vorstellte, hatten maßgeblichen Anteil an der Durchsetzung dieses Begriffs. In seinem Buch ›Deutsche Bauernkunst‹ legte Schwindrazheim einen Hauptakzent auf Architektur und Ausstattung des Bauernhauses.[7]
Schon vor Schwindrazheim widmete sich Justus Brinckmann, 1877 Gründer und erster Leiter des Hamburger Museums für Kunst und Gewerbe, der Erforschung bäuerlicher Kultur speziell in den zu Hamburg gehörenden Vierlanden.[8] Zum Konzept des in einem Haus mit den städtischen Gewerbeschulen verbundenen Museums gehörte es, die Sammlungsbestände für die aktuelle kunsthandwerkliche Praxis fruchtbar zu machen. An ein Weiterwirken der ländlichen Tradition war somit von Anfang an gedacht, wenn auch Brinckmann die Möglichkeiten einer formalen Wiederbelebung skeptisch beurteilte.
Stärker als Brinckmann bezog Alfred Lichtwark, seit 1886 Direktor der Hamburger Kunsthalle, Themen der Architektur in seine umfangreiche kunsterzieherische Publizistik mit ein.[9] Sein Engagement galt einerseits einer »realistischen Baugesinnung«, die von den »Grundlagen des Bedürfnisses« auszugehen hatte, andererseits der verstärkten Orientierung an »heimatlicher Baukunst«.[10] Während er den ersten Grundsatz im Berliner Warenhaus oder im Hamburger Kontorhaus bereits zum Durchbruch gekommen sah,[11] bemühte er sich um die Verwirklichung des zweiten vor allem im Bereich des Wohnhausbaus.[12] In der bürgerlichen Wohnkultur erblickte Lichtwark den geeigneten Ansatzpunkt für seine kulturreformerischen Bestrebungen. Ausgehend von der Reform des ›Hauses‹, sollte das Bemühen um eine gestalterische Erneuerung alle Bereiche des Lebens erfassen. Bezeichnend für die differenzierte Argumentation Lichtwarks ist seine ortsabhängige Paradigmenwahl. Als Vorbild für städtisches Wohnen empfahl er das alte Hamburger Bürgerhaus, für das Wohnen auf dem Land hingegen riet er zur Orientierung am norddeutschen Fischer- oder Bauernhaus.[13] Lichtwark plädierte somit für eine deutliche Grenzziehung zwischen ländlichem und städtischem Bauen. Der Rekurs auf die heimatliche Tradition diente ihm jedoch nicht dazu, die großstädtische Entwicklung aufzuhalten. Wenn eine positive Auseinandersetzung mit der modernen Großstadt den Hauptstrom der Heimatschutzbewegung in Hamburg auszeichnete,[14] so ist dies durch Alfred Lichtwark vorbereitet.[15] Nicht nur durch die Anschaulichkeit seiner Schriften, sondern auch durch persönliche Einflussnahme wirkte Lichtwark auf das Baugeschehen in der Hansestadt ein. Für alle, die ihn darum ersuchten, stand er als Bauberater zur Verfügung.[16]
Früheste Frucht der von ihm initiierten Diskussion und erster Versuch der Annäherung an einen regionalen Baustil war das Landhaus, das sich der Vorsitzende der von Lichtwark 1893 gegründeten Gesellschaft Hamburgischer Kunstfreunde, Eduard Lorenz Lorenz-Meyer, 1895–96 von Martin Haller in Wentorf bei Reinbek bauen ließ.[17] Bei der Ausschreibung eines Wettbewerbs für den Bau ländlicher Wohnhäuser in der Umgebung Hamburgs benannte Lichtwark 1899 präzise die Merkmale, die er als konstitutiv für die heimische Bauweise empfand: sichtbares, schmuckloses Ziegelmauerwerk, das norddeutsche Breitfenster, eine einheitliche Ausbildung des Daches, großzügige Veranden statt dekorativer Erker sowie Terrassen vor der Haustür nach Art der ›Beischläge‹.[18]
Nach der Jahrhundertwende gewann die Heimatschutzbewegung in Hamburg eine breitere Basis.[19] Wie von Lichtwark angestrebt, fand die regionalistische Reform zunächst Eingang in den Wohnhausbau, bald aber auch in die öffentlichen Bauten Albert Erbes, der sich als führender Entwerfer der Hamburger Baudeputation am Bürgerhausbarock orientierte.[20] Zum wichtigsten Propagandisten des Heimatschutzgedankens in den Jahren seiner Durchsetzung wurde der seit 1905 als Journalist in der Stadt tätige Paul Bröcker. Er trat vehement dafür ein,

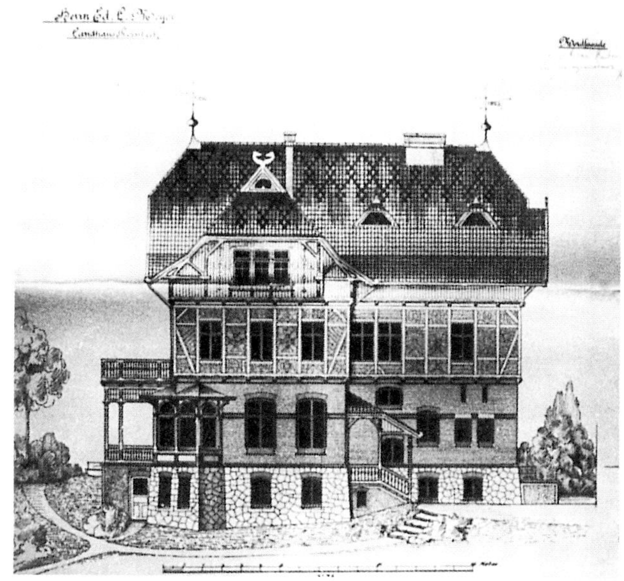

54 Martin Haller, Landhaus Lorenz-Meyer, Wentorf bei Reinbek, 1895–96, Ausführungsentwurf, Nordfassade

7 Schwindrazheim, Oskar 1903. – Über Schwindrazheim: Deneke 1977, S. 96 ff.

8 Deneke 1977, S. 95. – Hipp 1989, S. 533.

9 Wichtigste Veröffentlichung über architektonische Themen: Lichtwark 1899 (eine Zusammenstellung von seit 1891 erschienenen Aufsätzen). – Über Lichtwark: Deneke 1977, S. 98 ff. – Nicolaisen 1985, S. 32–38. – Präffcke 1986, hier besonders S. 199–219.

10 Lichtwark 1899, S. XI. u. 46.

11 Ebd., S. 44.

12 Ebd., S. X f.

13 Ebd., S. 82 u. 91 ff.

14 Hipp 1988, S. 36. – Ders. 1989, S. 74.

15 Ersichtlich etwa aus seiner Besprechung Berliner Warenhausbauten: Lichtwark 1899, S. 39 ff.

16 Vgl. hierzu: Präffcke 1986, S. 217 f.

17 Ebd., S. 214 ff. u. Abb. 6 a. – Hornbostel/Klemm 1997, S. 202.

18 Lichtwark 1899, S. 71 ff. Der in Hamburg wie in den Städten des Ostseeraums gebräuchliche ›Beischlag‹ war ein offener, leicht angehobener Vorplatz, mit dem sich das Bürgerhaus der Straße zuwandte.

19 Bereits 1901 kam es zur Gründung des ›Vereins für Vierländer Kunst und Heimatkunde‹, des ersten Heimatschutzvereins auf Hamburger Staatsgebiet. Hierzu und zum folgenden: Nicolaisen 1985, S. 49 ff., besonders Anm. 173 u. 174.

20 Über Erbe: Nicolaisen 1985, S. 53 u. 66 ff. – Hipp 1989, S. 75 f.

55 Fritz Höger, Wohnhaus des Architekten, Langenhorner Chaussee 109, Hamburg-Langenhorn, 1905, Ansicht, Straßenseite, Zustand 1998

die wieder gefundene heimische Bauweise auch im innerstädtischen Geschäftshausbau zur Anwendung zu bringen. Zu diesem Zweck verbündete er sich mit dem jungen Architekten Fritz Höger, der ab 1907 in Hamburg ein eigenes Büro führte. Gemeinsam veröffentlichten Bröcker und Höger 1910 eine Schrift über ›Die Architektur des hamburgischen Geschäftshauses‹, die grundsätzliche Überlegungen Bröckers mit konkreten Entwurfsvorschlägen Högers kombinierte.[21] Der Zeitpunkt war günstig gewählt, denn an der im Jahr zuvor durchgebrochenen Mönckebergstraße standen zahlreiche Grundstücke zur Bebauung mit Kontorhäusern an. In der Folgezeit gelang es Höger, drei der Projekte für sich zu gewinnen. Die Backsteinfassaden von Glasshaus (1911), Rappolthaus (1911–12) und Klöpperhaus (1912–13) prägten das Erscheinungsbild der neuen Straße und besiegelten den Durchbruch des Heimatschutzgedankens in der großstädtischen Architektur der Hamburger City.[22] Im zuletzt entstandenen Klöpperhaus fand Höger zu einer Form, die im Ausdruck ihrer regionalen Identität ohne das bis dahin übliche Zitat barocker Bürgerhausgiebel auskam.[23] Damit löste er die heimatliche Bauweise von der Bindung an die historische Form und setzte sich an die Spitze der architektonischen Reform in Hamburg.

Magdalenenstraße 70: ein polemischer Umbau

Nach seiner Heirat im Jahr 1905 beendete Fritz Höger die Mitarbeit im Büro Lundt & Kallmorgen und trat vorübergehend in das Baugeschäft seines Schwiegervaters ein. Im selben Jahr baute er sich als ersten selbständigen Entwurf ein Haus an der Langenhorner Chaussee 109.[24] Der kleine Bau auf Natursteinsockel, durch Fachwerkelemente als ›Landhaus‹ etikettiert, weist mit seinem Eckerker, den hohen Fenstern und der kompliziert verwinkelten Dachform etliche Merkmale auf, die auf der Verbotsliste Alfred Lichtwarks standen.[25] Einprägsamste Einzelform ist der weite Korbbogen über Vorplatz und Eingang. Höger dürfte bald gewahr worden sein, dass sein kapriziöses Erstlingswerk mit den Forderungen der Heimatschützer, denen er sich anzuschließen begann, kaum vereinbar war.[26]

Nachdem er 1911 das Haus aufgegeben hatte, ersteigerte er Ende 1912 eine Reihenvilla in der Magdalenenstraße 70 in Hamburg-Rotherbaum, einen dreistöckigen Bau mit glatter Putzfassade, vier Fensterachsen, gotisierender Gusseisenveranda und seitlich angeordnetem Eingang. Hatte sein Haus in Langenhorn den Maximen des Heimatschutzes widersprochen, so glich Höger die Neuerwerbung zielstrebig an Alfred Lichtwarks Grundsätze an.[27] Die Putzfront des Hauses verwandelte er in eine homogene Backsteinfläche, allein im zweiten Stockwerk von einem knappen Sohlgesims unterbrochen. Nur geringfügig, gleichwohl unübersehbar erhöhte er die Dachneigung des vorgefundenen Gebäudes. Die Firstlinie lag nun oberhalb, die Traufe unterhalb jener der Nachbarhäuser. Die gleichförmige Abfolge schmaler ›Palastfenster‹ überführte der Architekt in geschossweise differenzierte ›Breitfenster‹. In einer ersten Planung hatte er im zweiten Obergeschoss statt der ausgeführten vier Fenster zwei besonders breite vorgesehen. Diese Öffnungen, die den Charakter von Fensterbändern angenommen hätten, wurden ihm jedoch nicht genehmigt. Für die bündig in der Fassade liegenden Sprossenfenster verwendete Höger offenbar hier erstmals das Buckelglas, das später zum Erkennungszeichen seiner Wohnhäuser und Geschäftsbauten werden sollte. Mit dem gewölbten Glas verwies er auf die handwerkliche Tradition der Glasbläserei und schirmte zugleich die Intimität des Wohnens gegen Einblicke von außen ab. Reichere, barockisierende Schmuckformen ließ er allein an der Eingangstür zu. Er folgte darin Lichtwarks Vorstellung einer zeitlos gültigen Wohnarchitektur, die an Zierfreude und Zeitgeschmack nur bei der Gestaltung der Haustür Zugeständnisse macht.[28] Die vorgefundene, filigrane Veranda, deren Größe be-

21 Bröcker/Höger 1910.

22 Zur Bebauung der Mönckebergstraße: Hipp 1989, S. 174 ff.

23 Es war wohl der Baudirektor Fritz Schumacher, der Höger zum Verzicht auf die zunächst vorgesehenen Giebel bewegte. Soviel geht aus einem Briefentwurf Schumachers an Carl Anton Piper hervor, zitiert in: Nicolaisen 1985, S. 62.

24 Bucciarelli 1992, S. 60. – Pläne des Hauses befinden sich im Nachlass Höger, Staatsarchiv Hamburg. Durch jüngere Umbauten ist das Haus stark entstellt.

25 Lichtwark 1899, S. 73 ff.

26 Noch beim Entwurf des Hauses Beyle 1908 zog er allerdings Putz und Fachwerk dem heimatlichen Backstein vor. Bucciarelli 1992, S. 66.

27 Bucciarelli 1992, S. 75. – Die Bauakte mit Plänen des Vorzustands und des Umbaus (zwei Fassadenvarianten) bewahrt die Bauprüfabteilung des Bezirksamts Eimsbüttel, Hamburg. – Photographien finden sich in: *Höger* 1923, S. 24–27. – Das kriegsbeschädigte Haus wurde 1973 abgerissen.

28 Lichtwark 1899, S. 30. Der Gedanke ist in späteren Auflagen präzisiert.

reits Lichtwarks Forderungen entsprach,[29] übersetzte der Architekt in einen robusten, mit kräftigem Gesims abschließenden Baukörper. Davor legte er eine erhöhte, durch ein Geländer eingefasste Terrasse an, mit der er Lichtwarks Wunsch nach einer Wiederbelebung des ›Beischlags‹ entgegenkam.[30] Um den von der Baupolizei nicht gebilligten Vorplatz durchzusetzen, prozessierte Höger 1913–14 gegen den Hamburger Senat.[31] Daraus ist ersichtlich, dass er dem ›Beischlag‹ emblematische Bedeutung beimaß. Högers Umbau beschränkte sich auf Fassade und Vorgarten des Hauses. Innen nahm er nur im Erdgeschoss geringfügige räumliche Veränderungen vor,[32] darunter die Beseitigung einer ›Flügeltür‹ zwischen straßenseitigem Herrenzimmer und rückwärtigem Esszimmer. Für das Herrenzimmer ist eine Ausstattung mit Biedermeiermöbeln dokumentiert.[33]

Höger erwarb sein zweites Haus in einer Gegend, die sich nicht nur durch ein hohes Sozialprestige auszeichnete, sondern auch durch eine Grundstücksform, welche der herkömmlichen Bebauung im historischen Stadtkern nahe kommt. Die vorstädtische Urbanisierung hatte hier in den sechziger Jahren des 19. Jahrhunderts die Bauweise des städtischen Bürgerhauses fortgesetzt.[34] Indem Höger nun dem spätklassizistischen Stadthaus die Fassade eines traditionellen Bürgerhauses gab, betrieb er eine Restitution des Ausgangsmodells. Allerdings verzichtete er auf ein wichtiges Merkmal des Vorbilds, den offenbar als stilgebunden empfundenen Giebel. Wie im gleichzeitig gebauten Klöpperhaus erfolgte in der Magdalenenstraße 70 eine Distanzierung vom bislang obligaten Stilverweis. Der Architekt bekräftigte damit auch im eigenen Wohnen den Übergang in eine zweite, weitgehend stilfreie Phase der Heimatschutzarchitektur.

Mit der Fassade veränderte Höger die Identität des erworbenen Hauses. Das Resultat seines Umbaus steht in scharfem Kontrast nicht nur zum vorgefundenen Putzbau, sondern auch zur Nachbarbebauung, die diesem in Alter und Stilhaltung entsprach. Die Polemik gegen die getilgte Putzfassade findet ihre Fortsetzung im Streitgespräch mit der ›Palastfenster‹-Architektur der Nachbarschaft. Da Höger die Struktur des Gebäudes nicht angetastet hat, entwickelt sich der Disput auf der Grundlage eines gemeinsamen Haustyps. Übereinstimmungen – Breite, Geschosszahl, Zugang, Dachform – bringen die Verschiedenheiten umso deutlicher zur Geltung. Auch im Fall der Villen Otto Wagners basierte der Widerspruch gegen das Gewesene auf einer Verwandtschaft der Gesamtform.[35] Während allerdings Wagner zum Vergleich zweier Einzelbauten aufforderte, tritt das Haus Höger als Fremdling gegen eine ganze Serie untereinander ähnlicher Häuser an. Bei Wagner ging es um die Konfrontation zwischen Neu und Alt; Höger setzt den lokalen Wahrheitsanspruch der Hamburger Tradition gegen die Beliebigkeit des klassizistischen Paradigmas.

Fritz Högers Haus formuliert kein neues architektonisches Programm, sondern leistet die praktische Umsetzung eines theoretischen Standpunkts, der bereits anderthalb Jahrzehnte zuvor in den Schriften Alfred Lichtwarks erkennbar ist. Sein Bau fällt in eine Zeit, in der dieser Standpunkt längst von einem beträchtlichen Teil der Hamburger Architekten- und Bauherrenschaft geteilt wurde. Spätestens seit 1906 entstanden in Hamburg und Umgebung Land- und Stadthäuser, die dem von Lichtwark gewiesenen Weg eines an regionalen Traditionen orientierten Entwerfens folgten.[36] Auch Architektenkollegen Högers errichteten für sich Häuser in heimatlicher Bauweise, so etwa Alfred Löwengard.[37] Näher als die Domizile der Architekten steht jedoch dem Haus Höger das Stadthaus Eduard Lorenz Lorenz-Meyers, das gleichfalls als Umbau einer historistischen Reihenvilla entstand. Schon beim Bau seines Landhauses, von dem bereits die Rede war, hatte Lorenz-Meyer als Vertrauter Lichtwarks dessen Gedankengut reflektiert. Mit der Ausführung hatte er Martin Haller beauftragt, einen Architekten, der sich als Hauptvertreter der Neo-Renaissance in Hamburg nicht unbe-

56 Fritz Höger, Wohnhaus des Architekten, Magdalenenstraße 70, Hamburg-Rotherbaum, Umbau 1912–13, Eingabeplan, Fassadenansicht, Vorzustand

29 Ebd., S. 103 f.

30 Ebd., S. 101.

31 Dokumente hierzu enthält die Bauakte (Anm. 27). – Vgl. auch: Banse 1951, S. 136.

32 In der Tat hatte Lichtwark seine Kritik in erster Linie gegen die äußere Gestaltung des zeitgenössischen Wohnhauses gerichtet. Lichtwark 1899, S. 82.

33 *Höger* 1923, S. 27.

34 Hipp 1989, S. 51.

35 Vgl. o. S. 33.

36 Nicolaisen 1985, S. 38.

37 *Hamburg und seine Bauten* 1914, Bd. 1, S. 528. Löwengard verwendet noch in reduzierter Form den von Höger gemiedenen Bürgerhausgiebel.

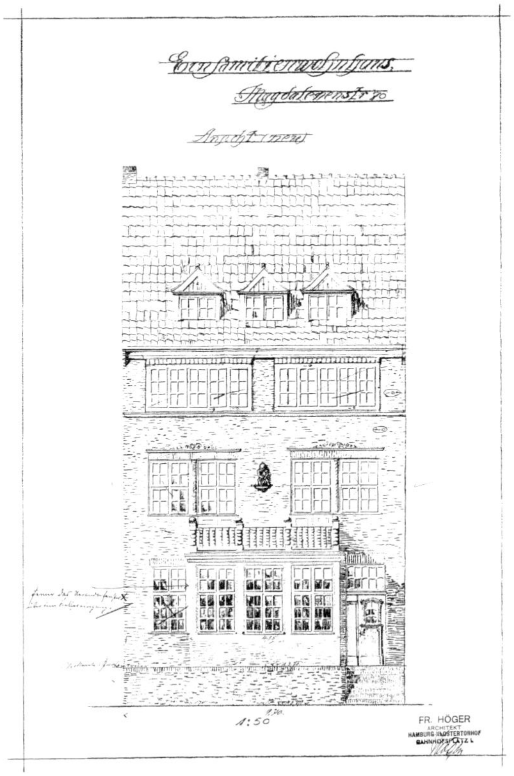

57 Haus Höger, Hamburg-Rotherbaum, Eingabeplan, Fassadenansicht, abgelehntes Projekt

59 Martin Haller, Wohnhaus Lorenz-Meyer, Tesdorpfstraße 18, Hamburg-Rotherbaum, Umbau 1912, Ansicht

58 Haus Höger, Hamburg-Rotherbaum, Ansicht

dingt für ein heimatliches Bauen empfahl. Vor die Renaissanceformen seines Stadthauses in der Tesdorpfstraße 18 ließ er sich 1912, kurz vor Högers Haus-Umbau, wiederum von Haller eine plane Backsteinfassade blenden.[38] Der Architekt verlegte dabei, um das Dach zu erhöhen, die Traufe um eine Etage nach unten. Wie das Haus Höger gewinnt der Umbau Lorenz-Meyers seine programmatische Qualität durch die Auslöschung des Vorzustands und den inszenierten Kontrast zur Nachbarschaft. Er übertrifft Högers Umbau an Einfachheit und ornamentaler Beschränkung, erreicht allerdings nicht die lexikalische Vollständigkeit, mit der Höger die Anregungen Lichtwarks aufgreift. Lorenz-Meyer hatte 1906 gemeinsam mit dem Architekten Emil Janda das mit einem Text von Alfred Lichtwark eingeleitete Büchlein

38 Zu Lorenz-Meyers Landhausbau vgl. Anm. 17. – Zum Umbau des 1872–73 entstandenen Hauses in der Tesdorpfstraße: Hipp 1989, S. 373. – Ders. 1997, S. 93 f.

›Breitfenster und Hecke‹ herausgegeben.[39] Sein eigenes Haus zeigt jedoch nur eines der darin propagierten Breitfenster, alle anderen Öffnungen sind im ursprünglichen Hochformat belassen. Gegenüber dem Umbau Lorenz-Meyers erscheint das Haus Höger als die konsequentere Umsetzung des durch Lichtwark kodifizierten regionalen Vorbilds. Der Bau kann zwar keine Vorreiterrolle für die neue Bewegung beanspruchen, aber er artikuliert in besonders nachdrücklicher Weise Högers Bekenntnis zur Heimatschutzarchitektur.

Fritz Schumacher: Distanz statt Polemik

Ebenso wenig wie Höger gehörte Fritz Schumacher zu den Initiatoren des Heimatschutzes in Hamburg; mehr noch als dieser trug er dann jedoch bei zur endgültigen Durchsetzung einer regionalistischen Konvention, getragen vom heimatlichen Baustoff Backstein.[40] Seit seinem Amtsantritt als Hamburger Baudirektor im Jahr 1909 entwarf er nahezu ausschließlich in jenem Material, in dem er den angemessenen Ausdruck für den Charakter der Stadt erblickte. Nur wenige Male setzte er in den Jahren vor dem ersten Weltkrieg die selbst verordnete Regel außer Kraft, so 1911–13 beim Bau von Mönckebergbrunnen und Zentralbücherei in der Hamburger Innenstadt und 1913–14 beim Erwerb und Umbau des spätklassizistischen Hauses An der Alster 39 zum eigenen Wohnsitz. In beiden Projekten verwendete er einen dorischen Säulenportikus aus Werkstein.[41]

60 Fritz Schumacher, Wohnhaus des Architekten, An der Alster 39, Hamburg-St. Georg, Umbau 1914, Ansicht

Die strenge, dreistöckige Putzfassade des von Schumacher in der Vorstadt St. Georg bezogenen Stadthauses[42] ist der um eine Fensterachse breiteren ursprünglichen Front des Hauses Höger sehr ähnlich. Als einzige äußere Hinzufügung stellte Schumacher vor das Erdgeschoss vier dorische Säulen, die einen Balkon tragen. Im Inneren modifizierte er die Raumaufteilung und drehte den Lauf der Treppe um 180°. Anders als Höger bewahrte er insgesamt den Charakter des Hauses, dessen Schlichtheit ihm zusagte, das er aber vor allem wegen des »Stückes Hamburg, auf dem es stand«,[43] gekauft hatte. Damit meinte er den privilegierten Blick über die Außenalster, die mit ihren begrünten Ufern mitten in der Stadt einen weiten Naturraum öffnet. Von seinem Arbeitstisch im ersten Stock aus erlebte er hier eine Versöhnung von Natur und Großstadt, wie er sie in seiner städtebaulichen Arbeit zu verwirklichen suchte.[44] Mit dem Bedürfnis, Haus und Natur in Verbindung treten zu lassen, begründete er denn auch den säulengestützten Vorbau des Balkons. Dass die Säulenstellung auch als »Visitenkarte des neuen Bewohners« verstehbar ist, will er erst kurz vor seinem Auszug aus dem Mund anderer vernommen haben.[45]

Schumachers Understatement – es freue ihn, wenn niemand bemerke, dass die Säulen eine Zutat sind – darf nicht darüber hinwegtäuschen, dass die bauhistorische ›Vokabel‹ des dorischen Portikus als Bedeutungsträger fungiert. Die isolierte Verwendung der Säulen als einzige Zutat zu dem bestehenden Bau verstärkt noch die Signalwirkung, die von ihnen ausgeht. Mit dem Hauskauf ordnet sich der neue Baudirektor in eine Folge hanseatischer Bürgerhäuser ein, deren liberaler Spätklassizismus gestalterische Variationen zuließ, jedoch das Moment der Geschlossenheit betonte. Aus der einheitlichen Flucht der Fassaden tritt Schumacher mit dem von frei stehenden Säulen getragenen Vorbau heraus. Diskret, jedoch unmissverständlich macht der oberste Architekt der Stadt auf seine Sonderrolle aufmerksam. Zugleich verweist er mit dem Zitat der Säule auf seinen Beruf und bindet ihn zurück an eine klassische Tradition. Auch an seinem Neubau des Johanneums (1909–12), der ältesten höheren Schule Hamburgs, stellte Schumacher eine dorische Säulenfolge in den Bedeutungszusammenhang klassischer Bildung. Dort fügte er die Säulen in eine Backsteinarkade am Hofeingang ein. Dagegen stand der Säulengiebel des genannten Hauses am Mönckebergbrunnen zunächst in

39 Lorenz-Meyer/Janda 1906.

40 Über Schumacher: Hipp 1992. – Frank, Hartmut 1994.

41 Ein weiteres Mal verzichtete Schumacher auf den Backstein bei der Erweiterung des Stadthauses (1909–12), wo er sich an die Muschelkalkverkleidung des Altbaus anpasste. Hipp 1989, S. 168.

42 Zum Haus Schumacher: Schumacher 1943. – Hoffmann, Paul Theodor 1946, S. 165. – Fischer, Manfred F. 1977, S. 15–16. – Hipp 1989, S. 260 f. – Frank, Hartmut 1994, Kat.-Nr. 172, S. 246.

43 Schumacher 1943, S. 153.

44 Hipp 1992, S. 162 f.

45 Schumacher 1943, S. 154.

61 Titelblatt von ›Fritz Höger. Bauwerke und Entwürfe‹, 1923

62 Fritz Höger, Klostertorhof, Hamburg, 1910–11, Fassadenansicht

einem kommemorativen Kontext. Mit der Nutzung als Zentralbücherei wurde jedoch auch dieser Bau zu einem Ort der Bildung.[46]

Klassische Konnotationen bestimmen auch das Innere des Hauses Schumacher. Kopien nach antiken Statuen – darunter die Athene des Phidias – lassen hier den im Säulenvorbau angestimmten Grundton weiterklingen. Schumacher respektiert nicht nur den vorgefundenen Putzbau, er bekennt sich auch offen zu der in ihm verkörperten klassizistischen Tradition. Nutzte Höger seinen Haus-Umbau zu einem Plädoyer gegen die ortsfremde Putzarchitektur der Umgebung, so bekundet Schumacher umgekehrt mit dem Erwerb eines weiß verputzten Hauses eine professionelle Distanz zu dem von ihm selbst sonst ausnahmslos verwendeten Material Backstein. Ebenso distanziert er sich vom Paradigma des barocken Bürgerhauses, dessen Formen er zwar in einigen seiner städtischen Bauten aufgriff,[47] das er aber nicht als fraglos gültiges Vorbild anerkannte. An den von Bröcker und Höger 1910 publizierten Entwurfsvorschlägen für die Mönckebergstraße hatte der Baudirektor die Verwendung des mittelstädtischen Giebelmotivs für großstädtische Bauaufgaben kritisiert. Nach seiner Auffassung war eine ortsbezogene Formensprache nicht in Anlehnung an historische Modelle zu erreichen, sondern musste frei aus den Materialeigenschaften entwickelt werden.[48] Mit der Abgrenzung gegen den »sentimentalen Bodenständigkeitsgrund« des Backsteinbaus wehrte er sich gegen eine ideologische Überbetonung des heimatlichen Materialcharakters.[49] Indem er neben den ästhetischen die technisch-praktischen Gründe hervorhob, die für den Baustoff sprachen, bemühte er sich um eine Versachlichung der Materialdebatte. Die Entscheidung für den Backstein ist bei Schumacher eine Frage nicht des persönlichen Bekenntnisses, sondern baumeisterlicher Konvenienz. In seinem Wohnen demonstriert er einen pragmatischen Abstand zum Baustoff. Anstatt mit seinem Haus-Umbau in der aktuellen Diskussion Stellung zu beziehen, beruft er sich auf die in der klassischen Ordnung verkörperten Ewigkeitswerte der Architektur.

Bekenreihe: eine autobiographische Rekonstruktion

Auf dem Titelblatt der Werkpublikation ›Bauwerke und Entwürfe‹, in der Höger 1923 seine Vorkriegsarbeiten resümierte,[50] zeigt eine graphische Darstellung das 1910 fertig gestellte Kontorhaus ›Klostertorhof‹ vor der hoch aufragenden Silhouette eines norddeutschen Bauernhauses. Emblemartig ist hier die bereits 1910 von Paul Bröcker und Höger vertretene Überzeugung zusammengefasst, derzufolge die Eisenkonstruktion des modernen Kontorhauses über die steinerne Pfeilerarchitektur des mittelalterlichen Bürgerhauses auf den Ständerbau des niedersächsischen Fachhallenhauses zurückzuführen sei.[51] In erneuter Anlehnung an die Thesen Bröckers – der Publizist und der Architekt hatten sich zwischenzeitlich überworfen – beschwört Höger das Bauernhaus Norddeutschlands als Leitbild für das Bauen in der Großstadt. Stellvertretend für Högers Kontorhausbauten erscheint in der Darstellung mit dem Klostertorhof jener Bau, der dem von Bröcker favorisierten Modell des gotischen Kaufmannshauses am nächsten stand.[52] Hatte sich Höger bei den Bauten der Mönckebergstraße von den Formen des barocken Bürgerhauses inspirieren lassen, so wurde in den zwanziger Jahren von neuem die Gotik zur bevorzugten historischen Referenz, allerdings nicht als stilistisches Reservoir, sondern als ideeller Fluchtpunkt seiner Arbeit.[53] Zu dem Zeitpunkt, als die Werkpublikation erschien, befand sich bereits das Chilehaus in Bau, Högers Hauptwerk, mit dem er seine vor 1914 begründete Position als der beim Ausbau der Hamburger Innenstadt tonangebende Privatarchitekt festigen konnte. Ganz selbstbewusstes Monument, ragt der Bau aus der einheitlichen Klinkerbebauung des Kontorhausviertels heraus. Das bereits im Klostertorhof manifeste Vertikalstreben kommt hier ohne steile Dächer aus.

46 Hipp 1989, S. 408 (Johanneum) u. 177 (Mönckebergbrunnen).

47 So im Bau der Handwerkskammer (1912–15), wo er Bürgerhausgiebel mit Kontorhaus-Motiven verbindet, die dem högerschen Klöpperhaus verwandt sind. Hipp 1989, S. 213. – Ders. 1992, S. 159.

48 Schumacher 1935, S. 305. – Hierzu und zum folgenden: Nicolaisen 1985, S. 71 ff.

49 Schumacher 1920, S. 48. – Nicolaisen 1985, S. 74.

50 *Höger* 1923. – Auf den programmatischen Charakter der Titelgraphik weisen hin: Kamphausen 1972, S. 17. – Nicolaisen 1985, S. 61.

51 Nicolaisen 1985, S. 53 u. 57. – Vgl. etwa: Bröcker/Höger 1910, S. 44.

52 In dem Gebäude befand sich 1910–43 das Büro des Architekten.

53 Nicolaisen 1985, S. 57 f. u. 78.

63 Fritz Höger, Geburtshaus des Architekten, Bekenreihe, Umbau 1932, Ansicht

Auf einem 1923 erworbenen Grundstück in Hamburg-Wohldorf hatte Höger 1924–25 als kleines Sommerhaus für sich selbst einen einstöckigen, grasüberwachsenen Unterstand gebaut, wo er sich gärtnerisch betätigte.[54] Nach dem Tod seiner Mutter (1929) übernahm er 1931 das elterliche Haus in Bekenreihe bei Elmshorn, das nun Wohldorf als bevorzugten Ort für Landaufenthalte ablöste.[55] Die auf der Titelgraphik von 1923 noch anonyme Gestalt des Bauernhauses wird somit spätestens 1932 für Höger zum konkreten Ort. Das Haus, in dem er geboren und aufgewachsen war, hatte seit seinem Fortgang zahlreiche Veränderungen erfahren. Gleich nach der Übernahme plante der Architekt die 1932 ausgeführte Wiederherstellung des Vorzustands.[56]

Als Grundlage des Umbaus zeichnete Höger eine präzise Rekonstruktion des Gebäudes zur Zeit seiner Kindheit. Von der historischen Gestalt des Hauses erlaubte er sich nur wenige Abweichungen. Außen kehrte er nicht wieder zum sichtbaren Fachwerk zurück, sondern gab dem Bau eine einheitliche Klinkerverkleidung. Kennzeichnet andernorts eine offene Holzkonstruktion den niederdeutschen Haustyp, so ist für die Häuser der Elbmarsch die geschlossene Backsteinhaut typisch.[57] Der Architekt näherte also den Bau der lokalen Tradition an. Die Backsteinverblendung ließ ihm zudem größere Freiheit bei der Disposition der Fenster. Innen verwandelte Höger die frühere Zimmermannswerkstatt seines Vaters in eine Einliegerwohnung. In eine Ecke der Diele stellte er einen gemauerten Kamin als zentralen Ort zelebrierter

54 Bucciarelli 1992, S. 107.

55 Banse 1951, S. 181 f. – Kamphausen 1972, S. 37.

56 Bucciarelli 1992, S. 165. – Pläne des Umbaus sowie schriftliche Anweisungen an die ausführenden Handwerker befinden sich in der Kunstbibliothek Berlin und im Nachlass Höger, Staatsarchiv Hamburg. Hier auch zeitgenössische Innenaufnahmen. – Über Högers Haus in Bekenreihe: Bröcker 1940. – Banse 1951, S. 185 u. 254 ff. – Kamphausen 1972, S. 53 f. – Berkenhagen 1977, S. 44–48.

57 Kamphausen 1972, S. 63.

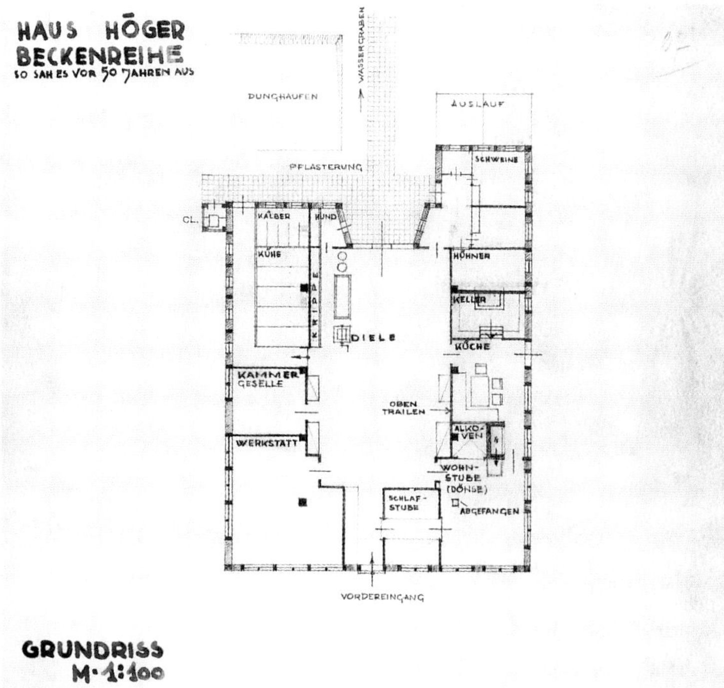

64 Haus Höger, Bekenreihe, Rekonstruktion des ursprünglichen Zustands, Grundriss, Kunstbibliothek Berlin

65 Fritz Höger im Spitzboden seines Hauses in Bekenreihe (Originalphoto)

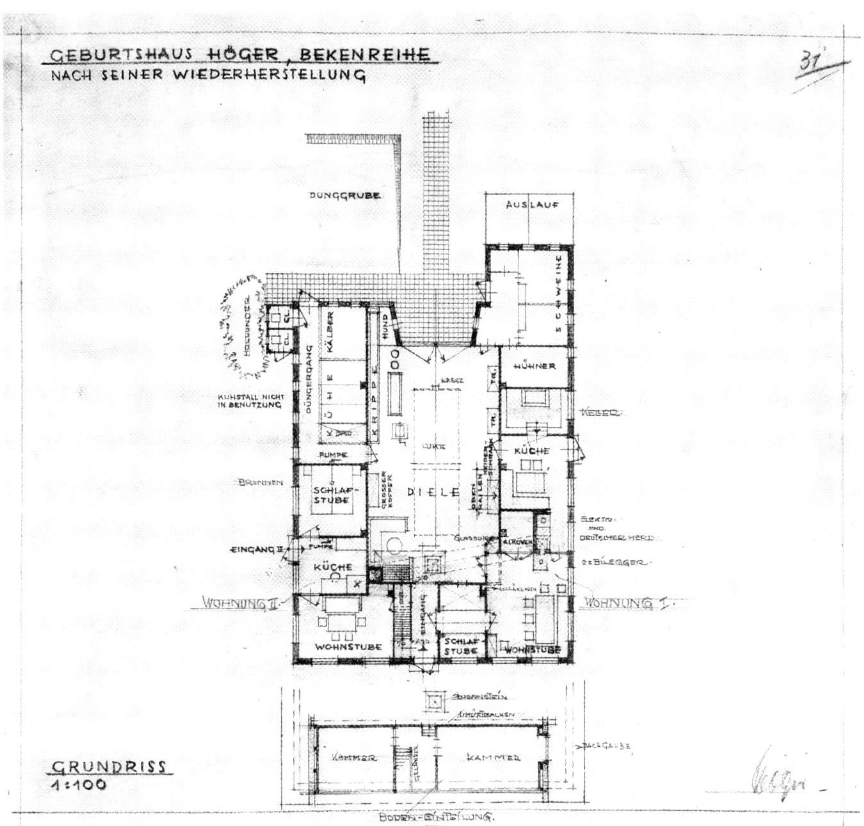

66 Haus Höger, Bekenreihe, ausgeführter Entwurf, Grundriss, Kunstbibliothek Berlin

67 Haus Höger, Bekenreihe, Innenansicht, ›Döns‹

Behaglichkeit.[58] Zu freierem Umgang mit der historischen Hausform fand er vor allem über den Wohnräumen auf der südlichen Giebelseite. Auf zwei Ebenen baute er dort das Dachgeschoss aus. Durch im Giebel angebrachte Fenster mit Klappläden und eine seitliche Fledermausgaupe belichtete er die zusätzlichen Räume. Es entstanden ein Schlaf- und ein Arbeitszimmer sowie, unmittelbar unter dem Dachfirst, das »Allerheiligste« des Architekten.[59] Hier, im Spitzboden seines Geburtshauses, schuf Höger sich einen embryonalen Rückzugsort, wo er auf engstem Raum mit Hilfe eingebauter Regale und Ablagebretter eine Vielzahl persönlicher Gegenstände um sich versammelte. Der Zugang zu der ganz in Holz ausgekleideten, indirekt erleuchteten Kammer erfolgte durch eine Luke unter dem Schreibtisch.

Wie Höger den Grundriss des alten Hauses an einzelnen Stellen abwandelte, so bereicherte er auch bei der Innenraumgestaltung die ländliche Tradition um eigene Einfälle. Seine besondere entwerferische Fürsorge galt der Ausstattung der ›Döns‹, des ursprünglich einzigen heizbaren Raums im Bauernhaus.[60] Die traditionsgemäß auf die Ofenseite beschränkte Kachelverkleidung dehnte er auf alle vier Wände aus. In einer der Kachelflächen versenkte er eine Uhr mit verglastem Pendelkasten. In der Eckwand zur Diele installierte er eine dreiseitig verglaste, von beiden Räumen aus einsehbare Vitrine, welche das häusliche Porzellan aufnahm. Diese eigenwillige Kombination aus Geschirrschrank und Binnenfenster führt vor, wie Höger traditionelle Elemente aufnimmt und variiert. Seine kleinen gestalterischen Erfindungen fügen sich jedoch stets plausibel in den ländlichen Rahmen ein. Einzelne Holzprofile, Tisch und Lampen entwarf der Architekt neu mit expressionistischen Formanklängen.[61] Bei der farbigen Fassung der Holzteile folgte er einem traditionellen, auf Rot und Blau basierenden Farbkanon.[62] Allerdings bezog er entgegen bäuerlichen Gepflogenheiten auch die bewegliche Ausstattung in sein Farbkonzept mit ein und verfremdete so die regionale Konvention zum künstlerischen Interieur. In der Diele streifte er mit einem als Deckenleuchter genutzten Wagenrad die Grenzen ländlicher Folklore. Für die Fenster verwendete er dasselbe Buckelglas wie bei anderen Bauten. Die Rundfenster, die er im Inneren, auf Türen und in der Giebelspitze anbrachte, erinnern an Schiffsbullaugen und lassen eine maritime Note in die Gestaltung des Hauses einfließen.

Das Bauernhaus als Leitbild

Alfred Lichtwark hatte neben dem Schiffer- und Fischerhaus das Bauernhaus als Modell für den Landhausbau empfohlen.[63] Hierbei hatte er den Typus als ganzen im Blick, der nicht nur ein Reservoir von Einzelformen abgab, sondern mit seiner großen Diele auch für moderne Grundrisse Anregungen geben konnte. Die ersten am regionalen Vorbild orientierten Versuche im Landhausbau beschränkten sich jedoch darauf, die herkömmliche Villa mit angehobenem Erdgeschoss durch unspezifische Versatzstücke ländlich einzukleiden.[64] Zu einer tiefer gehenden Auseinandersetzung mit dem Typus ›Bauernhaus‹ kam es ab etwa 1906. Wilhelm Fränkel entwickelte sein Landhaus für Dr. Emden aus dem eingeschossigen, breit gelagerten Baukörper des niederdeutschen Hauses, für die Außenhaut wählte er die in der holsteinischen Marsch übliche homogene Klinkerverkleidung.[65]

Dagegen entschied sich der Architekt Otto Ameis beim Bau seines eigenen Wohnhauses in Hamburg-Wohldorf (1907) für das sichtbare, weiß gestrichene Fachwerk der Vierlande mit einer in wechselndem Schmuckverband gefügten Ziegelausfachung.[66] Am Außenbau übernahm Ameis die traditionelle Gesamtform des Bauernhauses, die er nur durch einen Vorbau und ein Dachhaus auf den beiden Längsseiten abwandelte. Insbesondere mit der Ausgestaltung der Giebelseiten präsentierte sich der Hausherr als Parteigänger der Heimatschutzbewegung. Er demonstrierte hier die Beherrschung der ländlichen Holzdetails und zitierte in der

68 Otto Ameis, Wohnhaus des Architekten, Hamburg-Wohldorf, 1907, Ansicht

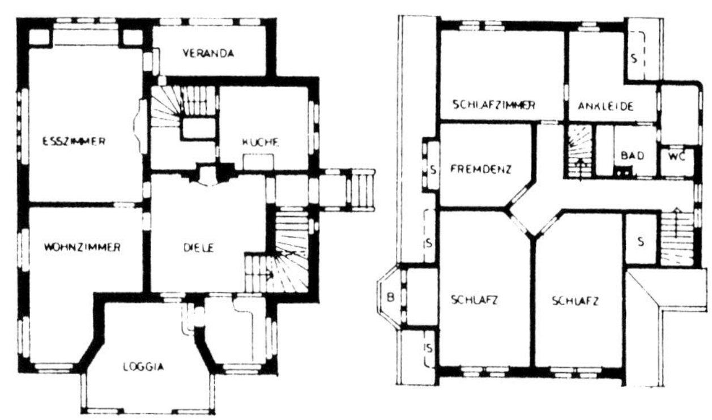

69 Haus Ameis, Hamburg-Wohldorf, Grundrisse

58 Pfeife rauchend ließ sich der Architekt bei der ›Klönstunde‹ mit seinen Freunden vor dem brennenden Kamin photographieren. Bröcker 1940, S. 317.

59 Banse 1951, S. 256. – Kamphausen 1972, S. 54.

60 Zur historischen Gestalt norddeutscher Bauernstuben: Schwindrazheim, Hildamarie o. J. – Sievers 1963. – Für weiterführende Hinweise danke ich Torkild Hinrichsen, Altonaer Museum, Hamburg.

61 Pläne hierzu in der Kunstbibliothek Berlin.

62 Vgl. die Anweisungen Högers zur inneren Farbgebung seines Hauses in der Kunstbibliothek Berlin, teilweise abgedruckt in: Berkenhagen 1977, S. 44 ff.

63 Lichtwark 1899, S. 93 f.

64 Vgl. etwa das Haus Hulbe von Rambatz & Jolasse (1896–97), abgebildet in: *Hamburg und seine Bauten* 1914, Bd. 1, S. 538.

65 Ebd., S. 540.

66 Marg/Fleher 1983, S. 10. – Hipp 1989, S. 481.

70 Fritz Höger, Kriegerheimstättensiedlung, Hamburg-Sasel, 1920–21, Ansicht

ebenerdigen Gartenloggia die ›Grootdör‹ des regionalen Haustyps. Es blieb allerdings beim Zitat, denn das Innere des Hauses folgte nicht dem bäuerlichen Modell. Ameis verwirklichte das vorgeprägte Raumprogramm des zweigeschossigen Landhauses in einer am Bauernhaus orientierten Außengestalt. Diese Kompromissform zwischen bürgerlichem Wohnen und adaptiertem ländlichen Vorbild kennzeichnet die vorstädtischen Wohnhäuser der Heimatschutzbewegung.[67]

Fritz Höger griff in seinen wenigen bis 1914 entstandenen bürgerlichen Wohnhäusern nicht auf den niederdeutschen Prototyp zurück. Dagegen klangen Motive der ländlichen Hausform in einigen Häusern einer Siedlung an, die er 1910–11 für Arbeiter und Angestellte in Hamburg-Fuhlsbüttel entwarf.[68] Ein kurzer, rechteckiger Grundriss, ein steiles Satteldach und die Holzverschalung des Giebels sind die prägenden Merkmale eines Kleinhaustyps, der sich als Derivat des Bauernhauses zu erkennen gibt. Nicht, wie von Lichtwark angeregt, in den modernen Landhausbau, sondern in den Bau vorstädtischer Siedlungshäuser ließ Höger ländliche Elemente einfließen. Er folgte darin dem Vorschlag Paul Schultze-Naumburgs, die bäuerliche Bautradition für die Entwicklung des Arbeiterhauses nutzbar zu machen, also den ländlichen Modus in einen proletarischen zu überführen.[69] Im Entwurf der Kriegerheimstättensiedlung Sasel (1920–21) wurde die Hausform, die in Fuhlsbüttel eine unter mehreren war, zur allein gültigen.[70] Rundfenster unterm First und in der Eingangstür, der Ausbau des Daches und der Gedanke der Kleintierhaltung im Haus – typisch für die Nachkriegszeit – verstärken hier noch die Verwandtschaft zu Bekenreihe. Hauptkriterium der Übertragung einer ländlichen Wohnform auf das Kleinhaus war die auch dem Arbeiter zugedachte enge Bindung an die Scholle. Tiere und Garten gewährleisteten in Sasel diese Bindung und untermauerten die formale Nähe zum Bauernhaus. Auf den für Sasel formulierten Haustyp griff Höger in späteren Siedlungsprojekten zurück.[71]

Der Architekt beschränkte jedoch die Orientierung an der ländlichen Hausform nicht auf das Arbeiterwohnhaus. Entgegen der von Schultze-Naumburg intendierten ständischen Abgrenzung zwischen bürgerlichem und proletarischem Wohnen entwickelte er seit Beginn der zwanziger Jahre auch zahlreiche seiner bürgerlichen Einzelhausentwürfe aus einer dem Saseler Kleinhaustyp verwandten Reduktionsform des Bauernhauses.[72] In ihr sind der Raumumfang des Landhauses und die Gestalt des Bauernhauses gleichermaßen verkürzt. Höger wieder-

67 Weitere Beispiele: Hamburg und seine Bauten 1914, Bd. 1, S. 552 f.

68 Bucciarelli 1992, S. 67. – Außerhalb des Wohnhausbaus kamen Formen des Bauernhauses beim Bau einer Scheune in Hoisdorf (1913–14) zur Anwendung: Ebd., S. 81. – Moderne Bauformen, Dezember 1914, S. 533.

69 Schultze-Naumburg 1906.

70 Bucciarelli 1992, S. 92. – Vgl. auch: Reuther 1982.

71 Spätere Siedlungsprojekte Högers: Entwurf für Erwerbslosen-Siedlerhäuser ›Am Waldrand‹ (1931). Bucciarelli 1992, S. 165. – Entwürfe für Stadtrand-Siedlungshäuser (1933). Ebd., S. 166. – Projekt für eine Siedlung mit 1000 Wohnungen in Wilhelmshaven (1935). Ebd., S. 176. – Wohnsiedlung in Meppen/Ems (1937–38). Ebd., S. 184.

72 Die frühesten solcher Entwürfe, das Haus Römer und das Haus Jebens (beide 1923), sind abgebildet in: Westphal 1938, S. 71. – Bucciarelli 1992, S. 104.

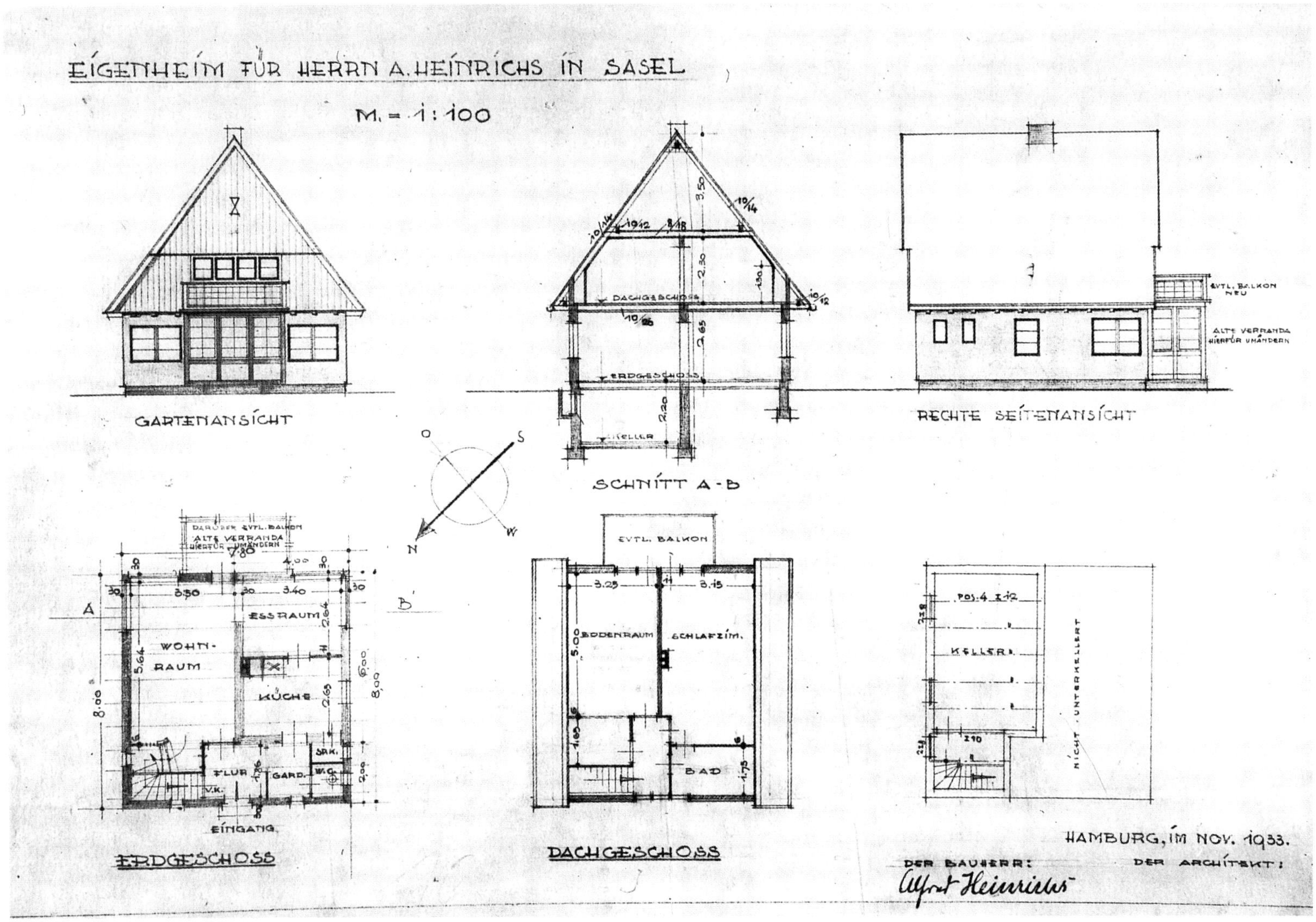

71 Fritz Höger, Haus Heinrichs, Hamburg-Sasel, 1933–34, Eingabeplan, Ansichten, Schnitt und Grundrisse, Kunstbibliothek Berlin

holt den Versuch der Heimatschutz-Architekten, die beiden Gattungen miteinander zu verbinden, auf kleinerer Stufe. Hatte er anfangs noch alternierend auf biedermeierliche Hausformen mit Walmdach zurückgegriffen,[73] so wurde in den dreißiger Jahren der ländlich inspirierte Typ zur nahezu allgemeingültigen Lösung. Das 1933–34 ausgeführte Haus Heinrichs in Hamburg-Sasel ist eines von zahlreichen Beispielen.[74] Die Ähnlichkeit der Entwürfe untereinander lässt sie als norddeutsche Variante des von Paul Schmitthenner zum Typus verfestigten ›Deutschen Wohnhauses‹ erscheinen.[75] Högers Rückkehr nach Bekenreihe fällt in eine Zeit, in der größere Aufträge ausbleiben und der Wohnhausbau seine Arbeit zunehmend beherrscht. Während er für sich selbst die Urform norddeutschen Wohnens wiederbelebt, befriedigt er die Wünsche seiner Kunden mit einer vorstädtischen Abbreviatur des bäuerlichen Wohnhauses. Sein Elternhaus dient ihm dabei nicht als wörtlich zu wiederholendes Modell, wohl aber als Leitbild.

Nicht nur im städtischen Hausbau spielte das Leitbild Bekenreihe für Höger eine Rolle. In einem einzelnen Fall, für Dr. Rogge 1937 in Bederkesa, erprobte er es als Grundlage für einen genuinen Landhausentwurf größeren Stils.[76] Häufiger wurde der Architekt zum Wiederaufbau abgebrannter Höfe herangezogen, auch zum Neuentwurf von Bauernhäusern. Diese

73 So beim Haus Boesche in Hamburg-Wohldorf (1925–26) und bei der Villa Ollf in Hamburg-Eppendorf (1926). Bucciarelli 1992, S. 112 u. 113.

74 Bucciarelli 1992, S. 169.

75 Schmitthenner 1932. – Vgl. hierzu auch: Voigt 1992.

76 Bucciarelli 1992, S. 183. – Das nie publizierte Haus ist erwähnt als Lieblingsbau Högers in: Kamphausen 1972, S. 63.

Beschäftigung erreichte ihren Höhepunkt in den Kriegsjahren und endete mit dem Idealprojekt für einen großen Bauernhof von 1943.[77] Zur obsessiven Steigerung des ländlichen Haustyps kam es in zwei Entwürfen, mit denen Höger sich um die Gunst des nationalsozialistischen Regimes bewarb.[78] Aufgeblasen zur monumentalen Versammlungshalle, erlebte dort das Thema des Bauernhauses seine endgültige Trivialisierung.

Suche nach Dauer

Mit dem Umbau seines Elternhauses in Bekenreihe betreibt Fritz Höger die Rekonstruktion eines mit religiöser Inbrunst verehrten Ideals.[79] Der Vorzustand, bei dem er anknüpft, ist ihm nur noch als Erinnerungsbild geläufig. Die Entwicklung der dazwischenliegenden vierzig Jahre, die er als Zerstörung des Ideals empfindet, macht er rückgängig. Högers Umgang mit der historischen Hausform unterscheidet sich deutlich von der Art, wie sich die Heimatschutz-Architekten um 1910 dem ländlichen Modell näherten. Otto Ameis hatte sich mit dem formalen Anklang in Gesamtform und Detail begnügt, sich aber dort über das Vorbild hinweggesetzt, wo es mit aktuellen Wohnvorstellungen kollidierte. Für Höger hingegen ist die traditionelle Hausform weitgehend unantastbar. Mit ihrer Wiederherstellung musealisiert er nicht nur die historische Gestalt des Bauernhauses, sondern auch die Lebensweise seiner Bewohner. Auf dem Plan von 1932 sind Räume für Tierhaltung ausgewiesen, in der ›Deel‹ ist eine Futterkrippe eingetragen. Altes Hausgerät, so die zum Glätten der Wäsche verwendeten Mangelhölzer, lässt er neu anfertigen.[80] Zielstrebig umgibt er sich mit Reminiszenzen an das frühere Leben im Haus. Kleine Vervollkommnungen des Gewesenen gestattet er sich nur innerhalb des von der handwerklichen Tradition vorgegebenen Rahmens, so den erwähnten Ausbau des Spitzbodens oder die Eck-Vitrine zwischen Döns und Diele, die an die Eckfenster vieler seiner Wohnbauten erinnert.

Högers Umbau gehört einer zweiten Phase ländlicher Wiederbelebung an, die in ihrem Bemühen um Authentizität über die Heimatschutz-Phase vor 1914 hinausging. Seine Räume in Bekenreihe sind musealen Interieurs vergleichbar, wie sie in öffentlichen Sammlungen Spuren des ländlichen Lebens konservieren sollten.[81] Die akribische Genauigkeit der Rekonstruktion lässt allerdings pseudo-rustikale Abwandlungen und Übertreibungen, die Höger sich an einigen Stellen dennoch gestattet, um so deutlicher hervortreten. Das Ergebnis der Wiederherstellung nähert sich einem bäuerlichen Gesamtkunstwerk, das gerade durch seine Perfektion die angestrebte Echtheit letztendlich revidiert.

Durch seine Sammeltätigkeit verstärkt Höger den musealen Charakter des Hauses und gibt ihm eine persönliche Ausdeutung.[82] Ein rustikaler Atelierstil kennzeichnet das Interieur der Diele als Ort der Schaustellung. Den Ausgangspunkt der Kollektion bildet das, »was unsere Altvorderen alltäglich umgab«,[83] wie das traditionsgemäß als Zeichen häuslichen Wohlstands vorgeführte Porzellan in der Vitrine. Die heimatlichen Gegenstände konfrontiert Höger mit seinen Exotika, Nahes mit Fernem: Kriegsgeräte aus Fernost und Kleidungsstücke von Naturvölkern tragen eine expressionistische Komponente in die Kollektion und vertreten Högers Sympathie für die Ursprünglichkeit vorzivilisatorischer Kulturen, deren Ausdruckskraft er gegenüber abendländischen Stilen den Vorzug gibt. Aus den Orientteppichen will er in textiler Analogie Inspirationen für die »Klinker-Stickereien« seiner Fassadenoberflächen gezogen haben.[84] Meer, norddeutsche Landschaft, gotische Kirchtürme sind die Themen der in der Diele gezeigten Bilder; eine Holzplastik von Otto Flath stellt die ›Lebensalter‹ (1932) dar.[85] An Högers architektonische Arbeit erinnert einzig ein Modell der Klinker-Skulptur des ›Rüstringer Löwen‹.[86]

77 Bucciarelli 1992, S. 187 f.

78 1937 verfasste Höger ein Projekt für die ›Nordische Halle‹ in Lübeck, 1938 für die ›Roselius-Halle‹ in Worpswede. Ebd., S. 180 u. 186.

79 »Mein Elternhaus, mein Gotteshaus! Das ist freilich mein Heiligstes!« Höger 1938, S. 102.

80 Zeichnungen dazu im Nachlass Höger, Staatsarchiv Hamburg, und in der Kunstbibliothek Berlin. Vgl. auch die Abbildung in: Bröcker 1940, S. 316.

81 Vgl. etwa die 1914 durch Otto Lehmann eingerichteten Bauernstuben des Altonaer Museums in Hamburg. Schwindrazheim, Hildamarie o. J., S. 5.

82 Zum folgenden: Höger 1938.

83 Ebd., S. 102.

84 Ebd.

85 Steffen 1961, S. 12 u. 63.

86 Zwei solcher Löwen flankieren das Hauptportal von Högers Rathausbau in Wilhelmshaven-Rüstringen (1928–29). – Bucciarelli 1992, S. 134–137.

72 Haus Höger, Bekenreihe, Innenansicht, Diele

Das Haus ist der Ort, der für Höger im Wechsel der Generationen den stetigen Gang der Geschichte verbürgt. Hier, in der Rückbindung an den heimatlichen Boden und die handwerkliche Tradition, versichert sich der Architekt der Kontinuität historischer Prozesse. Zugleich repräsentiert das Bauernhaus die vermeintlich intakte ländliche Gemeinschaft und wird damit zum Träger und Hüter konservativer gesellschaftlicher Werte. In seiner regionalen Eigenart verkörpert es den niederdeutschen Charakter, von Höger weitgehend mit dem deutschen gleichgesetzt.[87] Bauform und darin umschlossene Lebensform gewährleisten historisch-gesellschaftliche Konstanz ebenso wie nationale Identität. Die Rekonstruktion seines Elternhauses bedeutet für Höger die Sicherung einer gefährdeten Welt. Mehr als nur Museum, umschließt Bekenreihe die gesamte retrospektive Utopie seines Bewohners.

Identifikation mit dem Urtyp

Zwischen Högers Haus-Rekonstruktion in Bekenreihe und dem Umbau etwa des ›Laimer Schlößl‹ durch Theodor Fischer besteht eine wesentliche Differenz. Während Fischer ein fremdes Bauwerk erwarb und mit ihm die architektonischen Werte, die es repräsentierte, handelt es sich bei Höger um die Inbesitznahme der eigenen Vergangenheit. Es ist das ausdrücklich so deklarierte »Geburtshaus Höger«,[88] in dem sich der Architekt einrichtet. Er ver-

87 Über Högers Verständnis des ›Niederdeutschen‹: Kamphausen 1972, S. 41. – Zur ideologischen Herkunft des Begriffs vgl.: Dal Co 1990, S. 221–227.

88 Beschriftung der Pläne. Kunstbibliothek Berlin.

setzt sich mit der Heimkehr nach Bekenreihe in seine Kindheit zurück.[89] Das Haus, in dem seine eigene Geschichte begann, verkörpert für Höger zugleich den Urgrund der Baukunst. Er personalisiert den Typus Bauernhaus und die in ihm beschlossenen moralischen Werte. Die Ideologie der Heimatschutzbewegung münzt er um in einen persönlichen Mythos, den er in Bekenreihe lebt und inszeniert.

Zentraler Bestandteil seiner Selbstinszenierung ist das überdeutlich betonte Ethos der Handwerklichkeit. Zu Beginn seiner Laufbahn hatte der Bund Deutscher Architekten Höger die Mitgliedschaft verweigert, da er keine akademische Ausbildung besaß. In Abgrenzung vom etablierten Architektenstand bezeichnete er sich seither mit Emphase als ›Baumeister‹ und berief sich stolz auf das Zimmermannshandwerk, das er gelernt hatte.[90] Er trug den schwarzen, breitkrempigen Hut der Zimmerleute und stellte so den Habitus des Handwerkers zur Schau. In Bekenreihe konkretisiert sich der Rückzug vom akademischen Berufsverständnis. In seinem Geburtshaus treibt Höger einen Kult des Einfachen, Kindlichen einerseits, der exotischen Fremdheit andererseits. Durch die präzisen schriftlichen Arbeitsanweisungen, mit denen er die Ausführung des Umbaus bis ins Detail festlegt, dokumentiert er seine Verbundenheit mit dem lokalen Handwerk. Allerdings gibt er damit ungewollt auch zu erkennen, dass das Handwerk nur noch unter baumeisterlicher Anleitung zu seinen eigenen Traditionen zurückfindet. Den Zusammenhalt mit der heimatlichen Scholle stellt Höger in der Fürsorge für seinen Garten unter Beweis. Den Gartenbau, ergänzt durch Bienenzucht und Kleintierhaltung, begreift er als Teilbereich eines ›Bauens‹, das seine Kraft aus der Erde zieht. Gartenarbeit, von Höger der Schöpfertätigkeit gleichgesetzt, wird ihm zur Metapher für die demiurgische Qualität architektonischen Gestaltens.[91]

In Bekenreihe erkennt Höger seinen eigenen Werdegang als Modell. Das Bodenständigkeitsargument der Heimatschutzbewegung – eine Reform der Architektur aus lokaler Tradition und volkstümlichem Handwerk heraus – sieht er durch seine Herkunft bestätigt, ja vorweggenommen. Hieraus leitet der Architekt ein Sendungsbewusstsein ab, das ihn zum Vollstrecker der angestrebten baukünstlerischen Erneuerung bestimmt. Von anderen Vertretern des Heimatschutzes in Hamburg unterschied sich Höger durch seine übersteigerte Identifikation mit dessen Anliegen. Sowohl die propagierten Mittel – Verwendung des Backsteins, Rückgriff auf ländliche Formen im Wohnhausbau – als auch die Ideologeme, die zu deren Untermauerung kursierten – Backsteinbau als Sinnbild der Volksgemeinschaft und Garant eines ›arteigenen‹ Bauens –,[92] wurden für ihn zu persönlichen Glaubensangelegenheiten. In den zwanziger Jahren, als unter Schumachers Ägide der Backsteinbau in Hamburg weithin akzeptierte Konvention war, focht er mit »monomaner Hingabe«[93] für die Verbreitung des heimischen Baustoffs. Dabei dürfte es ihm weniger um eine weitere Durchsetzung des Backsteins gegangen sein als darum, das Material mit der eigenen Person in eine möglichst enge Verbindung zu bringen, letztlich also um die Behauptung einer Meinungsführerschaft. Zur Führungsrolle berufen glaubte er sich durch seine Herkunft aus Bekenreihe und damit aus der volkstümlichen Tradition, aus der allein die erwartete Erneuerung hervorgehen konnte. Eine Erfüllung seiner Hoffnungen und die Bestätigung seines Führungsanspruchs versprach er sich vom Nationalsozialismus.[94] Die 1933 vom Regime erhofften Aufträge blieben jedoch aus.

73 Fritz Höger mit dem Hut der Zimmerleute

Bernhard Hoetger: Künstler-Exzentrik statt Handwerks-Ethos

Das Haus, das sich der Bildhauer und Architekt Bernhard Hoetger[95] 1921–22 auf dem Weyerberg in Worpswede baute, ist Högers Domizil in Bekenreihe nah verwandt. Verbindende Eigenschaften sind die ausdrückliche Orientierung am norddeutschen Bauernhaus, die Zurschau-

89 Diesen ›regressiven‹ Aspekt des Wohnens an seiner Geburtsstätte fasste der Architekt in folgende Worte: »Hier bin ich immer wieder Kind, wohl noch stärker als in meinem schönen Beruf.« Höger 1938, S. 102.

90 Kamphausen 1972, S. 13 u. 16.

91 »Bauen ist der Schöpfertätigkeit nächste – sei es Dom, sei es Kohl!«, dies einer der von Höger gedrechselten ›Sprüche für Bekenreihe‹, maschinenschriftlich im Nachlass Höger, Staatsarchiv Hamburg. – Eine betonte gestalterische Fürsorge für den eigenen Garten zeichnet viele traditionalistische Architekten aus, so Theodor Fischer, Paul Schmitthenner und auch Fritz Schumacher.

92 Hierzu: Nicolaisen 1985, S. 48 f. u. 77 ff.

93 Ebd., S. 64.

94 Ebd., S. 82.

95 Über die architektonische Arbeit Hoetgers: Saal 1989.

74 Bernhard Hoetger, ›Brunnenhof‹, Wohnhaus des Bildhauers und Architekten, Ostendorfer Straße 23, Worpswede, 1915–16, Ansicht

stellung des Handwerklichen und die dahinter wirksame ›nordische‹ Volkstums-Ideologie. Ausgehend von dieser gemeinsamen Basis verwirklichte jedoch Hoetger eine höchst individualistische Hausform, die Högers Beharren auf einer korrekten Weitergabe des Vorbildtypus deutlich entgegensteht.

Mit dem Thema des Bauernhauses hatte sich der Bildhauer Hoetger bereits in seinem architektonischen Erstlingswerk beschäftigt, dem ›Brunnenhof‹, den er 1915–16 in Worpswede ebenfalls für sich selbst errichtete.[96] Den Ausgangspunkt des Entwurfs und materiellen Kern der Anlage bildete ein Bauernhaus, das Hoetger umbaute und T-förmig erweiterte. Allerdings degradierte er durch den breit gelagerten, von dreigeschossigen Torbauten flankierten Anbau das vorgefundene Haus zum bloßen Anhängsel.

Zu einer differenzierteren Auseinandersetzung mit dem ländlichen Modell gelangte Hoetger nach dem Verkauf des ›Brunnenhofs‹ im Bau seines zweiten Wohnhauses auf dem Weyerberg.[97] Das gewählte Vorbild verfremdete er hier durch Abwandlung der Dachform, durch einen östlichen Querbau und durch die eigenwillige Ausbildung der Details zu einer exzentrischen Hausgestalt, die dennoch ihre Herkunft vom Bauernhaus nicht verleugnet. Im Inneren übernahm er vom Vorbild das Motiv der zentralen Diele, um die er die übrigen Räume herumgruppierte. Mit dem Ausbau des Dachgeschosses setzte er sich dagegen über die ländliche Tradition hinweg. Hoetger betrachtete den norddeutschen Typus nicht als verbindliches Modell, sondern nutzte ihn als Ausgangspunkt für eine organisch entwickelte, in hohem Maße individualisierte Baugestalt.

Erheblichen Anteil an der Exzentrik der Gesamtform haben das expressionistische Backsteinornament der Außenhaut und die für alle Holzdetails verwendeten krumm gewachsenen Baumstämme. Hoetger, der die Bauarbeiten gemeinsam mit ortsansässigen Handwerkern selbst ausführte, verstand sein Haus als ein Bekenntnis zum traditionellen Handwerk in Abgrenzung von den »Zweckmäßigkeitsirrtümern«[98] der Gegenwart. Dabei schwebte ihm eine gleichberechtigte Zusammenarbeit zwischen Künstler und Handwerker vor. In Wahrheit war es jedoch der Künstler Hoetger, der den Maurern und Zimmerleuten seine »nordischen und phantastischen«[99] Einfälle aufzwang. Während die handwerkliche Tradition im Haus-Umbau

96 Ebd., S. 44 ff. u. 70–82. – Zeitgenössische Publikation des ›Brunnenhofs‹: Müller-Wulckow 1919/20.

97 Saal 1989, S. 141–161. – Zeitgenössische Publikation: Müller-Wulckow 1925.

98 Brief Bernhard Hoetgers an Ludwig Roselius, 7. Mai 1921. Zitiert nach: Saal 1989, S. 142.

99 Ebd. – Einmal ließ Hoetger eine Mauer wieder einreißen, weil ihm die Steinsetzung nicht gefiel. Ebd., S. 148.

75 Bernhard Hoetger, Wohnhaus des Bildhauers und Architekten, Hinterm Berg 12–14, Worpswede, 1921–22, Ansicht

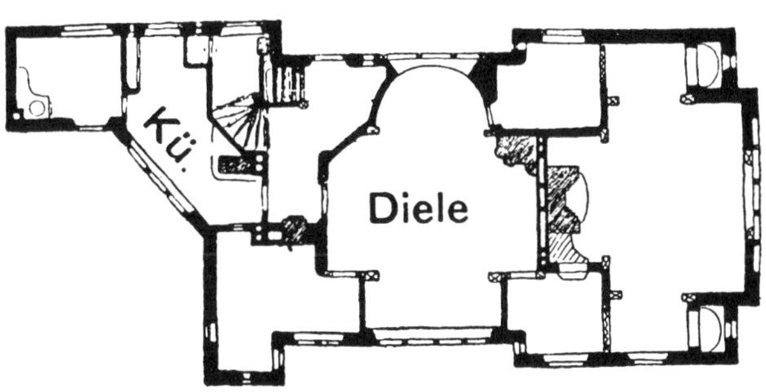

76 Haus Hoetger, Hinterm Berg 12–14, Worpswede, Grundriss

Fritz Högers einen zentralen Wert darstellte, hatte sie bei Hoetger lediglich eine vermittelnde Funktion. Die technischen Bedingungen des Ziegelmauerwerks und der Holzbearbeitung dienten ihm als Inspirationsquelle bei der Verwirklichung bizarrer Form-Einfälle. Im Baustoff Holz erblickte er zudem das geeignete Medium, um sein Bedürfnis nach »unmittelbarer Naturnähe«[100] zu befriedigen. Indem er die naturgegebene Form der zu bearbeitenden Stämme akzeptierte, band er seine Arbeit in einen organischen Wachstumsprozess ein.

Wie der ›Niederdeutsche‹ Fritz Höger, so begründete auch der ›Niedersachse‹ Hoetger mit der regionalen Verwurzelung seine nordisch-germanische Identität. Während jedoch Höger seine Zugehörigkeit zur Landschaft und ihrer Geschichte in der gewissenhaft rekonstruierten Gestalt des Bauernhauses hinreichend ausgedrückt sah, ließ Hoetger die germanische Vergangenheit im Bau seines Hauses direkt zur Sprache kommen. Mit den Runenzeichen und Sonnensymbolen, die er in die beim Bau verwendeten Eichenstämme einschnitt, und mit dem hölzernen Giebelschmuck gab er dem Haus eine ›nordische‹ Ikonographie. Im Zentrum der Diele schuf er eine frei stehende Feuerstelle als rituellen Mittelpunkt des Hauses. Der inszenierte Archaismus dieses kultischen Feuers kontrastiert aufs Schärfste mit der eher biederen Gemütlichkeit, die am högerschen Kamin gepflegt wurde.

Bernhard Hoetger handhabte den Typus Bauernhaus als freie Vorlage. Im verfremdenden, zugleich akzentuierenden Umgang mit der ländlichen Hausform brachte er sein individualistisches Künstlertum wirkungsvoll zur Geltung. Nicht von der Warte des Künstlers, sondern von jener des Handwerkers näherte sich dagegen Fritz Höger dem traditionellen Haustyp und betrieb dessen detailgetreue Restitution. Für Hoetger blieb das norddeutsche Bauernhaus nur

100 Brief Bernhard Hoetgers an Ludwig Roselius, 13. März 1921. Ebd., S. 143.

77 Haus Hoetger, Hinterm Berg 12–14, Worpswede, Innenansicht, Diele mit Feuerstelle

wenige Jahre lang der seine architektonische Arbeit bestimmende Vorbildtypus. Bereits 1928, als er seinem Wohnhaus einen Atelierbau anfügte, wechselte er über in ein dem Neuen Bauen verwandtes Idiom, dem er Art déco-Elemente beimischte. Auch dem Altbau nahm er bei dieser Gelegenheit einen Teil seiner Urwüchsigkeit, indem er die ›verwachsenen‹ Giebelfenster gegen großflächige Glasscheiben austauschte.[101] Im Unterschied zur diskontinuierlichen Vorbildwahl Hoetgers fühlte sich Höger in allen Schaffensphasen dem Leitbild Bekenreihe verpflichtet. Mit Ausdauer verehrte er es als einen Urtyp ländlichen Bauens, in dem für ihn das Prinzip zeitlicher Dauer verkörpert war.

Vision einer Synthese

Bekenreihe ist der mythische Ort, von dem aus Fritz Höger seine Arbeit definiert – beim Bau des Klostertorhofs wie des Chilehauses. Durch den rekonstruierenden Umbau seines Elternhauses nimmt er 1932 den Ort der Erinnerung erneut für sich in Besitz. Die Rückkehr an seinen Geburtsort bedeutet für ihn keine Flucht aus der Metropole, sondern eine Stärkung seines ›niederdeutschen‹ Standbeins gegenüber der Welt der Großstadt, die sein Hauptbetätigungsfeld ist. Mit der Distanz zwischen Bekenreihe und Hamburg bezeichnet Höger den Weg, den er zurückgelegt hat, zugleich die Spannweite seiner Arbeit.
Allen Bemühungen des Heimatschutzes zum Trotz sahen konservative Kulturkritiker in den zwanziger Jahren zwischen einer in der Vergangenheit verwurzelten nationalen Kultur und dem beschleunigten technisch-wirtschaftlichen Fortschritt einen tiefen Zwiespalt.[102] Um die

101 Ebd., S. 158.

102 Vgl. etwa: Steinhausen 1929, S. 672. Zitiert in: Hipp 1988, S. 40.

sich öffnende Kluft zu überbrücken, vollführt Fritz Höger gleichsam einen Spagat. Auf dem Titelblatt seiner Werkpublikation skizziert er 1923 die Vision einer Synthese zwischen technisch geprägter Realität und konservativer Utopie. Indem er die Stahlkonstruktion des modernen Kontorhauses an die Handwerklichkeit des traditionellen Bauernhauses zurückbindet, behauptet er die Einheit des Auseinanderstrebenden. Es sind seine eigene Person, seine eigene Geschichte und der Ort Bekenreihe, die ihm diese Einheit zu gewährleisten scheinen.

Amédée Ozenfant (1886-1966), Sohn eines Bauunternehmers aus St.-Quentin, kam 1905 nach Paris, wo er an der Académie de la Palette Malerei studierte. In die Architekturgeschichte ging der Maler ein, nachdem er Anfang 1918 im Haus von Auguste Perret den seit kurzem in Paris ansässigen Architekten Charles-Edouard Jeanneret kennengelernt hatte. Erstes Resultat der Begegnung war eine gemeinsame Ausstellung malerischer Arbeiten, begleitet von der Veröffentlichung des Manifests ›Après le Cubisme‹, mit dem Ozenfant und Jeanneret die Kunstrichtung des Purismus begründeten. 1920-25 gaben sie zusammen mit dem Dichter Paul Dermée die Zeitschrift ›L'Esprit Nouveau‹ heraus. Als Autor nannte sich Ozenfant u. a. ›Saugnier‹, während Jeanneret das Pseudonym ›Le Corbusier‹ annahm. 1925 kam es zum Bruch zwischen dem Maler und dem Architekten. 1928 erschien Ozenfants kunsttheoretische Schrift ›Art‹. Den Kontakt zur Architektur konnte der Maler 1930 in der Zusammenarbeit mit dem Berliner Architekten Erich Mendelsohn erneut anknüpfen. Ab 1936 führte Ozenfant eine eigene Kunstakademie in London, ab 1939 die ›Ozenfant School of Fine Arts‹ in New York. 1955 kehrte er nach Frankreich zurück.

78 Amédée Ozenfant und Charles-Edouard Jeanneret, 1923

Die Metropole der Avantgarde: **Le Corbusiers Paris**

Im Mittelpunkt des folgenden, der Kunstmetropole Paris gewidmeten Kapitels stehen die Domizile eines Künstlers und zweier Architekten. Den Leitfaden der Betrachtung bilden die Arbeit und das Wohnen Le Corbusiers.[1] Zu den Bedingungen, die in Paris den Weg der architektonischen Avantgarde bestimmten, gehört der Charakter der französischen Metropole als Künstler-Wohnstadt. In der Recherche Le Corbusiers schlug sich diese Situation in besonderer Weise nieder. Der Architekt hat sich, obwohl das Thema des Wohnens in seiner Arbeit eine große Rolle spielte, kein eigenes Haus gebaut. Stattdessen nahmen Wohnhausentwürfe für bildende Künstler einen großen Teil seiner frühen architektonischen Praxis ein. Er, der selbst seine Arbeit als die eines Künstlers begriff, gelangte nicht im eigenen Hausbau, sondern im Entwurf eines Hauses für den befreundeten Maler Amédée Ozenfant zu einer frühen architektonisch-künstlerischen Selbstaussage. Erst später, nachdem er das Prestige eines führenden Vertreters der modernen Bewegung bereits erworben hatte, realisierte er sein eigenes Domizil, nun jedoch nicht als individuelles Haus, sondern als Wohnung auf dem Dach eines großstädtischen Etagenwohngebäudes. Damit griff er eine Wohnform auf, die bereits durch einen älteren Pionier der Moderne, Auguste Perret, vorgeprägt war. Dessen Wohnsitze gehören daher ebenfalls in den hier gegebenen Zusammenhang.

Es ergibt sich somit eine dreiteilige Darstellung, die den chronologischen Ablauf durchbricht. Der erste Abschnitt beschäftigt sich mit der Maison Ozenfant. In dem Hausbau spiegelt sich das Verhältnis zwischen neuer Architektur und freien Künsten. Als Kontext des Entwurfs sind die traditionellen Künstler-Wohnformen, die Le Corbusier in Paris vorfand, in die Betrachtung mit einbezogen. Gegenstand des zweiten und dritten Abschnitts sind die Dachappartements von Auguste Perret und Le Corbusier. In den für sich selbst entworfenen Wohnungen bestimmen die beiden Architekten ihre Position in der modernen Metropole.

1 Eine vom Architekten autorisierte Werkübersicht bietet die seit 1935 in acht Bänden von Willy Boesiger herausgegebene Sammelpublikation: *Œuvre Complète*. – Von den Schriften Le Corbusiers seien genannt: Le Corbusier 1923 (eine Zusammenstellung zuvor im ›Esprit Nouveau‹ erschienener Artikel). – Ders. 1925 a. – Ders. 1925 b. – Ders. 1930. – Ders. 1935. – Ders. 1950. – Monographien (Auswahl): Moos 1968. – Petit 1970. – Jencks 1973 a. – Curtis 1986. – Lucan 1987. – *Le Corbusier* 1987 a.

Ein Maler als Pionier modernen Wohnens: **die Maison Ozenfant**

Während der beiden Umbruchphasen um 1900 und in den zwanziger Jahren, als es der Architektur gelingt, sich von der historischen Stilimitation zu lösen, ist das Verhältnis zwischen angewandter und freier Kunst gekennzeichnet durch zwei gegenläufige Trends.[2] Einerseits besinnt sich die Architektur, um die historistische Konvention abzuschütteln, auf die funktionalen und konstruktiven Grundlagen des Bauens. Im Rückgriff auf eine architekturspezifische Logik betont sie ihre Autonomie gegenüber den freien Künsten. Andererseits häufen sich die Versuche der Architekten, Maler und Bildhauer, in ihrer Arbeit die traditionellen Grenzen der Kunstgattungen aufzuheben. Angesichts des Verlusts einer Einheit der Künste, wie sie das historische Stilkleid noch versprach, bemühen sich freie und angewandte Kunst um die Gewinnung neuer Gemeinsamkeiten. Diese gattungsübergreifende Kontaktaufnahme konkretisiert sich in den Häusern von Künstlern ebenso wie im Wohnen der Architekten. Zahlreiche Maler ergriffen mit dem Entwurf des eigenen Hauses die Gelegenheit, die Grenze zur angewandten Kunstpraxis zu überschreiten. Einige wechselten im Anschluss an den Hausbau dauerhaft zur Architektur über.[3] Häufig waren Künstler Auftraggeber für die frühen Hausentwürfe fortschrittlicher Architekten.[4] Umgekehrt beeinflusste der Wohnstil von Künstlern nachhaltig die Wohnvorstellungen der architektonischen Avantgarde. Das Künstleratelier wurde zu einem wichtigen Paradigma für die Wohnarchitektur der frühen Moderne.[5] In der Kunstmetropole Paris hatte die so charakterisierte Entwicklung ihren Hauptschauplatz.

79 Frédéric Bazille, L'atelier de Bazille, 1870, Gemälde, Musée d'Orsay, Paris

Paris als Künstler-Wohnstadt

Der unbestrittene Rang der französischen Metropole als ›Hauptstadt der Künste‹ zog im ausgehenden 19. Jahrhundert Künstler aller Provenienz hierher. Wie an keinem anderen Ort bestimmte die Anwesenheit der Künstler auch das architektonische Gesicht der Stadt. Das große Atelierfenster, mit dem sich ein Haus als Wohnsitz eines Künstlers zu erkennen gab, wurde bei der Urbanisierung im Anschluss an die Planungen des Präfekten Haussmann zum stadtbildprägenden Merkmal.[6] Die Künstler verteilten sich jedoch nicht gleichmäßig über die Stadt, sondern bevorzugten bestimmte Viertel. Es kam so, Hand in Hand mit der sozialen Differenzierung der Künstler untereinander, zur Ausbildung einer künstler-spezifischen Wohntopographie. Einen frühen Schwerpunkt bildeten die Straßen zwischen der Place de Clichy und der Place Pigalle am Fuß des Montmartre. Hier waren viele der impressionistischen Maler ansässig. Bildhauer ließen sich vorwiegend im Raum Montparnasse nieder, wofür die Nähe zum verwandten Gipshandwerk den Ausschlag gab. Zahlreiche arrivierte Künstler nahmen Wohnsitz im 17. Arrondissement hinter dem Parc Monceau. Dort findet sich eine besonders hohe Zahl von ›hôtels d'artiste‹, individuellen Stadthäusern mit integriertem Atelier. Das aufwendigste Künstler-Stadtpalais ließ sich der erfolgreiche Genre- und Schlachtenmaler Jean-Louis-Ernest Meissonier am Boulevard Malesherbes errichten.[7] Nur ein geringer Teil der Pariser Künstlerschaft war jedoch in der Lage, sich ein eigenes Atelierhaus zu leisten. Die große Mehrheit lebte in mehr oder minder geräumigen Atelierwohnungen. Dabei führte der Hang der Künstler, sich zu Gruppen zusammenzuschließen, zur Ausbildung zweier spezifischer Wohnformen, des ›immeuble d'ateliers‹ und der ›cité d'artistes‹. Während im Atelier-Mietshaus mehrere hohe, oft doppelgeschossige Wohnungen mit straßenseitigen Ateliers übereinander angeordnet wurden, entstanden die ›cités‹ als zumeist informelle Gruppierun-

2 Zum Folgenden vgl.: Stabenow 1989, S. 86.

3 So Henry van de Velde (1863–1957), Richard Riemerschmid (1868–1957) und Peter Behrens (1868–1940).

4 Beispiele: Paul Hankar, Häuser für die Maler Albert Ciamberlani und René Janssens (beide 1897); Henri Sauvage, Villa für Louis Majorelle (1898–1901); Josef Hoffmann, Häuser für Kolo Moser (1900–01) und Carl Moll (1900–01 u. 1906–07); Louis Herman de Koninck, Haus für den Maler Jacques Lenglet (1926); Victor Bourgeois, Haus für den Bildhauer Oscar Jespers (1928).

5 Der österreichische Architekt Joseph Frank resümierte diesen Rezeptionsvorgang bereits 1931: »Das moderne Wohnhaus entstammt dem Bohèmeatelier im Mansardedach. [...] Der ganze Kampf für die moderne Wohnung und das moderne Haus hat im Grunde das Ziel, die Menschen von ihren gutbürgerlichen Vorurteilen zu befreien und ihnen die Möglichkeiten eines Bohèmewohnens zu geben.« Frank, Joseph 1931, S. 316.

6 Die hier getroffenen Aussagen beziehen sich in erster Linie auf die Ateliers der Maler mit ihrem besonderen Lichtbedarf. Ateliers von Bildhauern traten im Stadtbild weniger deutlich in Erscheinung, da sie in der Regel ebenerdig und oft in rückwärtigen Gebäudeteilen untergebracht waren. Über das Wohnen der Künstler in Paris informieren: Banham 1956, S. 75–83. – Chaslin 1984. – Delorme 1987. – Milner 1988. – Lacambre 1991.

7 Milner 1988, S. 174 f.

80 *›Maison pour artistes, peintres et sculpteurs‹, aus: Viollet-le-Duc, Habitations modernes, 1877*

gen von Ateliers im Inneren von Straßenblöcken oder auf schwer erschließbarem Gelände. Das untere Ende der sozialen Skala im Wohnen der Künstler besetzte die Mansarde des namen- und mittellosen Bohémien.

Grundbestandteil des Atelierhauses wie der Künstlerwohnung ist der Atelierraum, der klar umrissenen funktionalen Anforderungen genügen muss. Der Maler benötigt gleichmäßiges Nordlicht, Platz, um von seinen Bildern Abstand zu nehmen, und Lagerfläche, um sie zu verstauen. Auf diese Erfordernisse antwortete ein hoher, meist länglicher Raum mit verglaster Stirnseite und einer rückwärtigen Galerie, zu der eine schmale Stiege oder Wendeltreppe emporführte. Das Atelier verfestigte sich zu einem nach funktionalen Kriterien optimierbaren Raumtyp.

Im individuellen Atelierhaus traf der funktional bestimmte Atelierraum mit den Repräsentationsansprüchen wohlhabender Künstler zusammen, die um Teilnahme an der bürgerlichen Statuskonkurrenz bemüht waren. Das Atelier befand sich in der Regel im zweiten Obergeschoss, über den Dienst- und Wohnräumen. Sein großes Glasfenster verkörperte nach außen die Identität des ›Künstlerhauses‹, unterschied es mithin vom gewöhnlichen Bürgerhaus. Anders als dieses war das Atelierhaus zugleich Arbeitsstätte seines Bewohners. Das der Fassade integrierte Fenster signalisierte die Einheit von Wohnen und Arbeiten, die in einer Zeit sich trennender Lebensbereiche zum Privileg des Künstlers wurde. Die große Glasfläche bot die Möglichkeit, Fassadenlösungen zu verwirklichen, die von der Norm bürgerlicher Repräsentation abwichen. Vielfach blieb diese Möglichkeit ungenutzt, da das Atelierfenster als mit der Fassade der Wohngeschosse unverbundener Aufsatz behandelt wurde.[8] Dort jedoch, wo es gelang, das Fenster in eine Fassadenkomposition einzubeziehen, erwies es sich als wirkungsvolle Bekrönung.[9] In dem künstlerspezifischen Fassadenelement artikulierte sich eine gestalterische Differenz zur bürgerlichen Nachbarschaft. Die Pariser Atelierhaus-Besitzer verfolgten somit eine Doppelstrategie. Einerseits übernahmen sie die Konventionen bürgerlicher Selbstdarstellung, andererseits betonten sie die Besonderheit der künstlerischen Existenz, indem sie die eigene Arbeit zum Bestandteil ihres Repräsentierens machten.

In einer Periode des Übergangs entstanden die drei Atelierhäuser, die Louis Süe zwischen 1903 und 1906 in der Rue Cassini für die Künstler de Czernichowski, Jean Paul Laurens und Lucien Simon entwarf.[10] Das historische Formenvokabular löst sich hier aus der festen Stilbindung und tritt in den Dienst einer eklektischen Individualisierung. Durch Versatzstücke aus der Architekturgeschichte, ornamentale Details und wechselnde Materialfarben gibt Süe jedem Haus ein eigenes Gesicht und demonstriert die Elastizität des Fassadentypus. Nicht die

81 *Louis Süe, Atelierhäuser für die Künstler de Czernichowski, Laurens und Simon, Rue Cassini 3bis, 5 und 7, Paris 14e, 1903–06, Fassadenansicht*

8 Beispiele hierfür etwa: Atelierhäuser in der Rue Ampère 61 und am Boulevard Péreire 95. Lacambre 1991, S. 35 u. 37. – Atelierhaus in der Rue de Prony 21. Milner 1988, Abb. 215.

9 Beispiele für eine solche Integration des Atelierfensters: ›Maison pour artistes, peintres et sculpteurs‹, veröffentlicht in: Viollet-le-Duc 1875–77. – ›Petit hôtel pour artistes‹, Boulevard Malesherbes, Degeorge architecte, veröffentlicht in: Lacroux 1878. – Beide Häuser abgebildet in: Chaslin 1984, S. 23 f.

10 Bernard Bauchet u. a., *3bis, 5, 7, rue Cassini à Paris*, in: Architecture Mouvement Continuité, Nr. 39. – Über Süe: Day 1986a. – Dies. 1986b, besonders S. 21–29.

82 André Arfvidson, Immeuble d'ateliers, Rue Champagne-Première 31–31bis, Paris 14e, 1911–12, Ansicht

Zurschaustellung eines gesellschaftlichen Status, sondern der Hinweis auf die künstlerische Eigenständigkeit des Bewohners bildet nun das primäre architektonische Anliegen der Fassadengestaltung. Im dritten der Häuser – es gehört zu den wenigen zeitgenössischen Pariser Bauten, über die sich der junge Le Corbusier wohlmeinend äußerte[11] – entwickelte Süe die Fassadenorganisation aus einer sichtbar belassenen, mit Ziegeln ausgefachten Eisenbetonkonstruktion. Glasfenster nehmen hier einen großen Teil der Gesamtfläche ein, der vertikale Fensterstreifen über dem Eingang thematisiert den Aufstieg zum Atelier. Im Umgang mit dem neuen, seit kurzem von der Firma Perret in seinen ästhetischen Möglichkeiten erprobten Material Beton artikuliert sich, neben dem Ausdruck künstlerischer Individualität, ein Bemühen um architektonische Modernität.

Waren im Atelierhaus die funktionalen Erfordernisse der Künstlerwerkstatt in historistische Fassadenrepräsentation eingebunden, so trat in den ›immeubles d'ateliers‹ und den ›cités‹ das Moment der inszenierten Selbstdarstellung zurück. Beide Spielarten des kollektiven Wohnens drängten zur Beschränkung auf funktionale Notwendigkeiten, forderten aber gleichzeitig zum architektonischen Experiment heraus. Etagenwohnhäuser mit vermietbaren Atelierwohnungen entstanden meist als Spekulationsobjekte, zugeschnitten auf die Ansprüche

11 *Œuvre complète*, Bd. 1, S. 10. – Besset 1968, S. 23.

83 H. Cambon, ›Villa des Arts‹, Rue Hégésippe-Moreau 15–17, Paris 18e, 1890, Ansicht von Norden, Ateliers an der Rue Ganneron

einer spezifischen Klientel; ›cités‹ waren häufig Ergebnis der Findigkeit, auch der Solidarität von Künstlern, die sich mit begrenzten Mitteln gemeinschaftlich organisierte Arbeitsstätten schufen.

Das Künstler-Mietwohnhaus begünstigte durch die vertikale und horizontale Reihung gleichwertiger Atelier-Einheiten ein serielles Fassadenbild. Auf manchen der Mietshäuser verbinden sich die Atelierfenster zu einer zusammenhängenden, nur mehr von schmalen Wandstreifen unterbrochenen Glasfläche.[12] In den 1884 errichteten Ateliers der Rue Aumont-Thiéville[13] besteht die gesamte, lang gezogene Straßenfront aus den industriellen Werkstoffen Eisen und Glas. Bei den Metallelementen, die von abgebrochenen Gebäuden der 1878er Weltausstellung stammten, handelt es sich gleichsam um ›präfabriziertes‹ Material. Den utilitären Charakter früherer ›immeubles d'ateliers‹ hat der 1911–12 von André Arfvidson an der Rue Champagne-Première ausgeführte Bau[14] hinter sich gelassen. Eine geometrisierende Keramikdekoration überzieht die Fassade des Mietshauses, dem die in vier Ebenen übereinandergestuften Ateliers aufgrund ihrer gegenüber der Nachbarbebauung verdoppelten Geschosshöhe einen monumentalen Maßstab verleihen. Der erste Preis, den Arfvidsons Entwurf im Fassadenwettbewerb von 1911 erhielt, zeugt davon, dass das Atelierwohnungsgebäude fest in der städtischen Wohnbautypologie etabliert war. Bereits damals übte das Wohnen im Atelier über den Kreis der Künstler hinaus eine starke Anziehungskraft aus.[15]

Während in manchen ›immeubles d'ateliers‹ industrielle Materialien eine zweite Verwendung fanden, nutzten die ›cités‹ Gebäude aus zweiter Hand oder urbane Flächen, die für die Bau-

12 Ein Beispiel hierfür: Immeuble d'ateliers (um 1880), Boulevard Berthier 31. Lacambre 1991, S. 41.

13 Ebd., S. 43.

14 Ebd., S. 61.

15 Chaslin 1984, S. 27.

spekulation nicht in Frage kamen. So verwandelten um 1880 mittellose Künstler eine ehemalige Piano-Fabrik am Hang des Montmartre in das ›Bateau-lavoir‹,[16] dessen Ateliers sich an die steile Geländekante anlehnen. Die Ateliers der Rotunde ›La Ruche‹ besetzen ein Blockinnengrundstück unweit der Rue de Vaugirard.[17] Einen offenen Bruch mit den herrschenden städtebaulichen Konventionen vollzieht die ›Villa des Arts‹ am Friedhof von Montmartre, die 1890 in spekulativer Absicht errichtet wurde.[18] Zugunsten einer strengen Nordausrichtung durchstößt hier die gläserne Front hangabwärts gestufter Ateliers die Randbebauung der diagonal verlaufenden Rue Ganneron. Aus dem Verlangen der Künstler nach Nordlicht erwächst ein funktionalistischer Imperativ, der den Stadtverband stört und die geltenden Gesetze des Urbanismus aufhebt. Eine Architektur, die im Begriff ist, sich ein neues, rationales Fundament zu geben, verbündet sich mit dem Anspruch der Kunst auf Freiheit von der herrschenden Norm.

Im städtischen Mietshaus des 19. Jahrhunderts sanken Mietpreis und Sozialprestige einer Wohnung mit steigender Stockwerkszahl. Im Dachgeschoss befand sich neben den Kammern des Dienstpersonals die Mansardenwohnung des mittellosen Künstlers.[19] Die mit der Dachwohnung verbundene soziale Deklassierung wurde für den Künstler durch die gegenüber den unteren Geschossen bessere Belichtung ausgeglichen, sofern ein Fenster das Licht hereinließ. Das Atelierfenster wertete die einfache Mansarde zur besonderen Künstler-Wohnlage auf und setzte damit die innere Hierarchie des bürgerlichen Mietshauses außer Kraft. Sicherlich nicht zuletzt in der Absicht, die Rendite zu verbessern, richteten Bauherren in den Dachgeschossen ihrer Mietshäuser Atelierwohnungen ein. Diese Entwicklung spiegelt sich allerdings nur zögerlich in den Straßenfassaden der Mietshäuser wider. Zwar erscheinen vielfach zwischen kleinen Mansardenfenstern große, übergiebelte Atelierfenster. Es finden sich jedoch wenige Mietshäuser, bei denen, wie es in zahlreichen individuellen Atelierhäusern der Fall ist, das Atelierfenster zum bekrönenden Teil der Fassadenkomposition wurde.[20] Eine Entwicklung wie in München, wo um 1900 eine kompositorische Aufwertung des Atelierfensters zum Thema zahlreicher Mietshausfassaden wurde,[21] lässt sich in Paris nicht beobachten. Gleichwohl wird auch hier die Prestigesteigerung des Dachgeschosses durch das Künstleratelier manifest. Wenn etwa Hector Guimard in dem von ihm ab 1894 geplanten, bis 1898 ausgeführten Etagenwohnhaus ›Castel Béranger‹ mehrere Dachateliers vorsah, so bildet die Mansarde dabei längst kein verschwiegenes Anhängsel mehr. Sie trägt im Gegenteil zum Prestige der Wohnanlage bei. Dies zeigt deutlich Guimards aufwendige Publikation des Gebäudes, in der er 1898 ein solches Atelierinterieur abbildete.[22] Der angenommene Kreis von Bewohnern, mit dem ein bürgerlicher Mietshausentwurf rechnet, schließt auch Künstler mit ein. Ihre Ateliers bekrönen das bürgerliche Wohngebäude.

84 Etagenwohnhaus mit Atelierfenster in der Mansarde, Rue de Courcelles 181, Paris 17e, Ansicht

Ozenfant und Jeanneret

Nachdrücklich hat Le Corbusier immer wieder den künstlerischen Anspruch seiner Arbeit hervorgehoben und es verstanden, seine Bauten mit der Aura von Kunstwerken zu umgeben. Er begriff sich gleichermaßen als Architekt wie als Künstler.[23] Zum Ausweis und Attribut seines Künstlertums wurde ihm die malerische Arbeit. Im Malen nahm er Abstand von der Zweckgebundenheit des Bauens und bezeichnete den künstlerischen Horizont seiner Entwurfspraxis. Zwar unterlagen sowohl seine Kunstauffassung als auch die jeweils vorgenommene Zuordnung von Kunst und Architektur zeitlichem Wandel, doch das Beharren auf dem Kunst-Charakter der Architektur blieb konstant.

Entscheidend für die Aneignung der Künstlerrolle durch den jungen Architekten Charles-

16 Warnod 1975. – Chaslin 1984, S. 22 ff.

17 Warnod 1978. – Lacambre 1991, S. 57.

18 Milner 1988, S. 149 ff. – Lacambre 1991, S. 45.

19 Milner 1988, S. 110.

20 Beispiele: Rue de Grenelle 151 (Jules Lavirotte, 1898). Chemetov/Marrey 1980, S. 101. – Rue de La Bruyère 5, Rue Bremontier 3 u. 5, Boulevard St.-Michel 113 u. 115, Rue Notre-Dame des Champs 57–59 (nicht mehr bestehend). Milner 1988, Abb. 124, 220, 250 u. 265. – Außerdem: Mietshäuser in der Rue de Courcelles 181 und Avenue Trudaine 15.

21 So in der Gedonstraße 2 (Architekt Brachinger, 1898), in der Nikolaistraße 4 (Architekt Barbich, 1899) und in der Gedonstraße 4–6 (Martin Dülfer, 1904). Kreisl 1984. – Weitere Beispiele: Habel/Merten/Petzet/Quast 1974, Abb. 62 u. 291.

22 Wenn keines der Ateliers auf der Straßenfassade des Castel Béranger in Erscheinung tritt, so lässt sich das auch durch die östliche Orientierung des Gebäudes erklären. Ein prominenter Mieter des Hauses war der Maler Paul Signac. Guimards Publikation trug den Titel ›L'Art dans l'habitation moderne. Le Castel Béranger. Œuvre de Hector Guimard‹. Thiébaut 1992, S. 120–185. – Godoli 1992, S. 19–38.

23 Über Le Corbusiers Künstler-Identität: Moos 1968, S. 54 ff. u. 337 ff. – Ders. 1980. – Green 1987a.

Edouard Jeanneret wurde dessen Begegnung mit dem Maler Amédée Ozenfant.[24] Dieser war es, der Jeanneret zu den ersten malerischen Versuchen anregte,[25] der ihn bald darauf in den Kunstmarkt einführte, und der ihm den Anstoß zur Auseinandersetzung mit dem Kubismus gab. Ozenfant und Jeanneret malten gemeinsam, stellten gemeinschaftlich aus und verfassten zusammen das Manifest ›Après le cubisme‹.[26] Mit dem programmatischen Text inaugurierten sie eine eigene Kunstrichtung, den Purismus, der den Kubismus ablösen sollte. Als Plattform für die neue Bewegung gründeten sie 1920 die Zeitschrift ›L'Esprit Nouveau‹.[27] Amédée Ozenfant verfügte auf publizistischem Gebiet bereits über einige Erfahrung – 1915–17 hatte er die Zeitschrift ›L'Elan‹ herausgegeben. In der intellektuellen Spannweite seiner Interessen und der Aufgeschlossenheit für alle Phänomene des modernen Lebens war er Jeanneret ebenbürtig. So entwarf er Autokarosserien, beschäftigte sich mit Photographie und Radiotechnik und betrieb zu seinem Lebensunterhalt ein Modegeschäft. Im selben Maße, wie sich der Architekt Jeanneret der Malerei widmete, bezog der Maler Ozenfant, Sohn eines Bauunternehmers, Fragen der Architektur in sein Denken mit ein. Die frühen, gemeinsam firmierten Veröffentlichungen des ›Esprit Nouveau‹ zu Architekturthemen dürfte er maßgeblich beeinflusst haben.

Seit der Gründung des ›Esprit Nouveau‹ verwandte Jeanneret das Pseudonym ›Le Corbusier‹, zunächst als Autor und Herausgeber, ab Mitte der zwanziger Jahre als Architekt, um 1929 auch als Maler. Mit dem Künstlernamen sanktionierte er gleichsam seine Rolle als puristischer Künstler.[28] Beim Entstehen der Künstler-Identität Le Corbusiers dürfte Ozenfant vor allem durch seine vielseitige Orientierung das bestimmende Vorbild abgegeben haben. Wenn Le Corbusier 1923 das erste seiner Atelierhäuser, zugleich einen seiner drei frühesten Pariser Hausentwürfe, für Ozenfant ausführte, dann baute er nicht für einen fremden Auftraggeber, sondern für jenen Freund und Mitstreiter, der sein eigenes Künstlerbild und damit sein Selbstverständnis wesentlich mitprägte. Thema der Maison Ozenfant ist das Wohnen des puristischen Künstlers – und als solchen sah sich auch Le Corbusier. Selbstaussage des Bauherrn und des Architekten sind in dem Haus eng miteinander verflochten.

Avenue Reille 53: das Haus des puristischen Künstlers

In den Straßen westlich des Parc de Montsouris, am Südrand des 14. Arrondissements, wohnten bereits im ausgehenden 19. Jahrhundert einige Künstler.[29] Zum bevorzugten Künstlerviertel wurde die Gegend jedoch in den zwanziger Jahren, als hier innerhalb kurzer Zeit eine

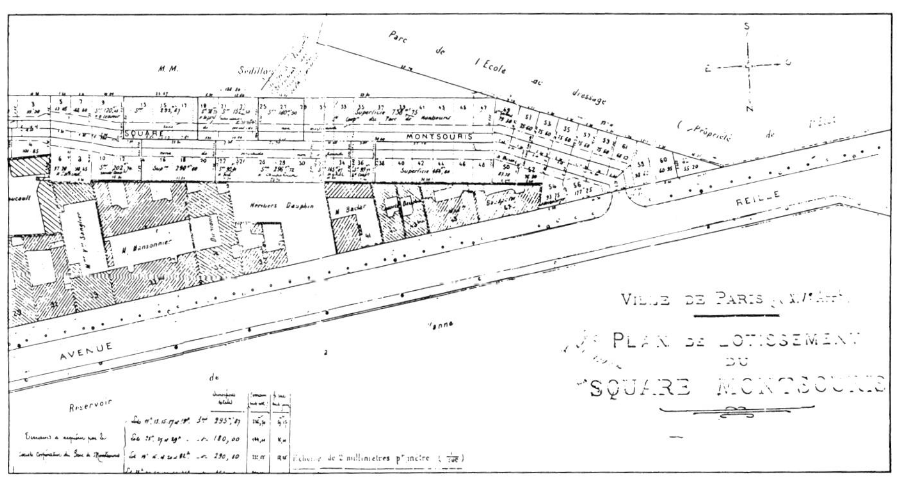

85 Square de Montsouris, Paris 14e, Parzellierungsplan

24 Zur Verflechtung der Biographien von Jeanneret und Ozenfant: Gfeller 1985, S. 237 ff.

25 Zwar hatte Jeanneret seit seiner Studienzeit nach der Natur gezeichnet und aquarelliert; eine ernsthafte Praxis als Maler beginnt jedoch erst um 1918.

26 Ozenfant/Jeanneret 1918.

27 Vgl. hierzu: Moos 1987 a.

28 Zwar bezog Jeanneret den Namen ›Le Corbusier‹ anfangs nur auf seine architektonisch-programmatische Aktivität, der er die Betätigung als ›Sonntagsmaler‹ dualistisch gegenüberstellte. Dennoch markierte er mit der Annahme des Pseudonyms eine ›Künstler-Werdung‹, die das Ganze seiner Arbeit umfasste.

29 So lebten hier Georges Seurat und der ›Douanier‹ Henri Rousseau. Banham 1956, S. 79 f.

86 Le Corbusier, Atelierhaus für Amédée Ozenfant, Avenue Reille 53, Paris 14e, 1923, Ansicht von Osten, Blick aus dem Square de Montsouris

87 Maison Ozenfant, Paris 14e, Ansicht von Osten, FLC L2(2)4-5

88 Maison Ozenfant, Paris 14e, Ansicht von Nordosten, Blick aus der Avenue Reille

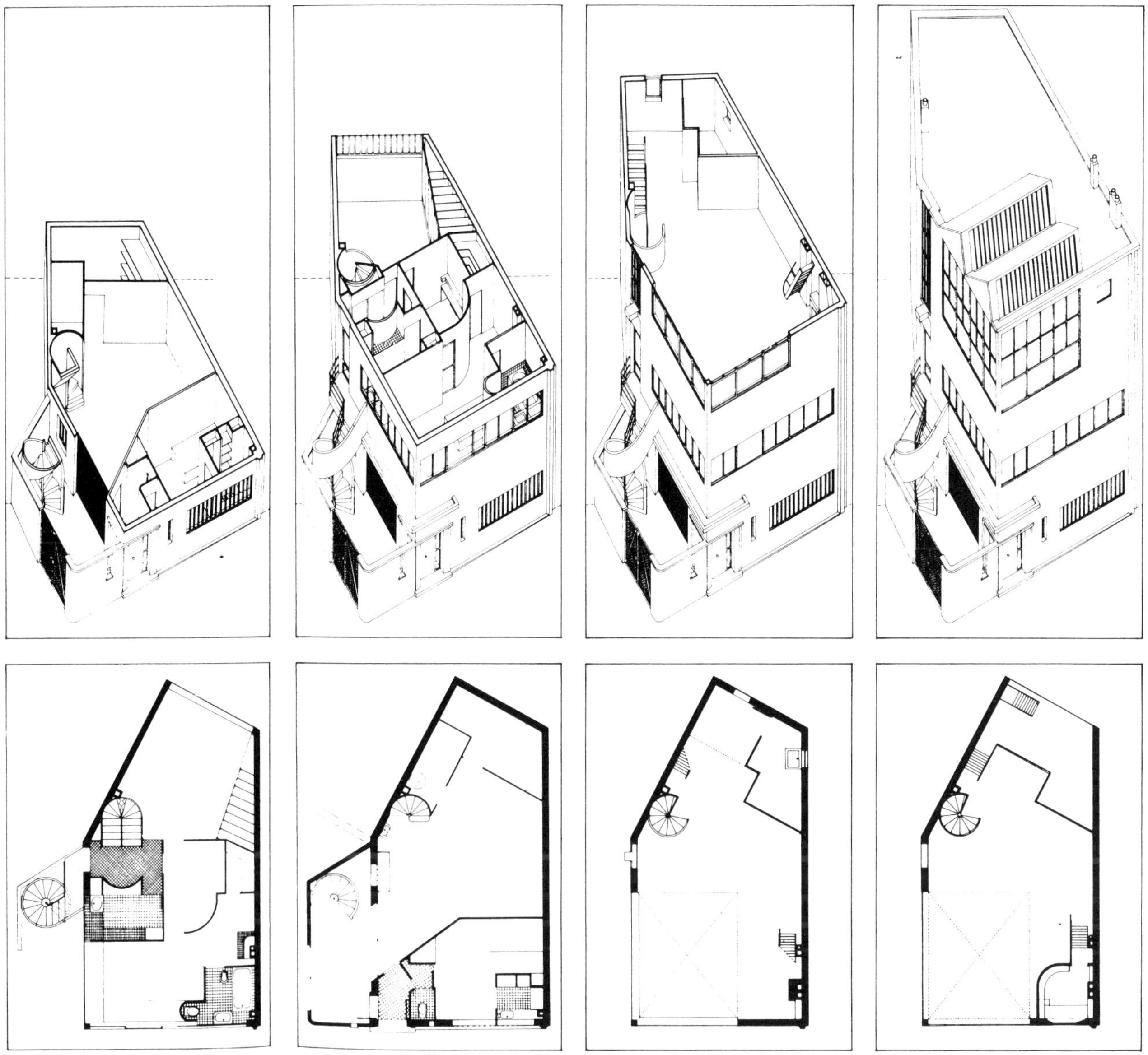

89 Maison Ozenfant, Paris 14e, Grundrisse und axonometrische Darstellungen

90 Maison Ozenfant, Ansicht von Norden, Einmündung des Square de Montsouris in die Avenue Reille

große Zahl neuer Atelierhäuser entstand.[30] Das Atelier Ozenfant liegt an der Einmündung einer schmalen Wohnstraße, des Square de Montsouris, in die Avenue Reille.[31] Durch einen Knick, den die Straße vor der Mündung vollführt, gerät das Eckgrundstück mit Ozenfants Haus in die Blickachse des Straßenverlaufs. Aus dem stumpfen Knick ergibt sich die unregelmäßige Form des Grundstücks, das in seinem vorderen Teil durch den rechten Winkel der Mündungsecke bestimmt ist, sich rückwärtig jedoch stark verjüngt. Wegen der direkt angrenzenden Nachbarbebauung kommt allerdings nach außen hin nur die regelmäßige Grundstücksecke zur Geltung.

Das durch eine Wendeltreppe erschlossene viergeschossige Gebäude beherbergt in seinem Erdgeschoss Garage und Bedienstetenwohnung, im 1. Stock die Wohnräume – Schlafzimmer, ›Galerie‹, ›Musée‹ – und darüber das doppelgeschossige Atelier mit abgeteiltem Fotolabor, Empore und Bibliothek. Die innere Disposition des Hauses fügt sich präzise in die Pariser Atelierhaus-Typologie ein. Auch in seiner äußeren Gestalt entspricht es dem traditionellen Atelierhaus, insoweit die Glasfläche des Atelierfensters den Fassadenaufbau beherrscht. Durch die typologische Verwandtschaft wird die gestalterische Differenz umso deutlicher. Die Schauseiten des Hauses sind zu planen, weiß verputzten Flächen geworden, die im scharfen Profil zweier Sheddächer ihren bekrönenden Abschluss erhalten. Le Corbusier hat in der Maison Ozenfant zu einer von der architektonischen Tradition losgelösten Architektursprache gefunden. Von den 1927 formulierten ›Fünf Punkten zu einer neuen Architektur‹ sind vier – Bandfenster, freie Fassaden- und Grundrissgestaltung, ein begehbares Dach – bereits verwirklicht.[32]

Der Architekt belässt es nicht bei der von allem Beiwerk gereinigten Gestaltung der Fassaden, sondern übersetzt ihre flächige Geometrie in die dritte Dimension. Er nutzt die Ecksituation des Bauplatzes, indem er die gliedernden Fassadenelemente um die Gebäudekante herumzieht. Durch das senkrechte Fensterband über der Eingangstür im ersten Stock markiert er die Grenze zum Nachbarhaus und erweckt die Illusion eines frei stehenden Kubus auf quadratischem Grundriss. Die kubische Artikulation des Gebäudes erreicht ihren Höhepunkt in dem übereck geführten Atelierfenster. Ein horizontales Oberlicht vervollständigt es zur räumlichen Figur. Die großen Fensterflächen verbinden sich zu drei Seiten eines dem Baukörper eingefügten gläsernen Würfels.

Die körperhafte Präsenz des Atelierhauses entfaltet sich in der Auseinandersetzung mit einer vorgefundenen städtebaulichen Situation.[33] Bewusst kontrastierend setzt Le Corbusier die nackte Geometrie seines Entwurfs gegen die kleinteilig durch Erker, Balkons und Vordächer gegliederten, von wechselnden Dachformen überfangenen Ziegelfassaden der Nachbarhäuser. Anstatt die Form der Freitreppen zu wiederholen, die zu den benachbarten Hauseingängen emporführen, stellt er vor das Haus Ozenfant eine Wendeltreppe, die der Form der inneren Erschließung präludiert. Durch die Wahl des Eckgrundstücks[34] lässt er den Bau aus der Straßenrandbebauung heraustreten und präsentiert ihn in seiner Fremdartigkeit als perspektivischen Abschluss des Straßenraums. An der Einmündung des Square de Montsouris in die breitere Avenue Reille übernimmt der Baukörper zusätzlich eine Klammerfunktion. Der Fensterwürfel des Ateliers artikuliert die Ecklage des Gebäudes in einer geometrischen Figur, deren doppelte Geschosshöhe der größeren Straßenbreite antwortet. Gemeinsam mit dem zylinderförmigen Vorbau des gegenüberliegenden Hauses rahmt der Glaswürfel die Straßenmündung und schafft eine Torsituation am Übergang in den erweiterten Raum der Verkehrsstraße. Einerseits in gezieltem Widerspruch zur Nachbarbebauung, andererseits im differenzierten Zusammenspiel mit dem urbanen Kontext steigert Le Corbusier das Atelierhaus zu städtebaulicher Wirksamkeit.

30 Etwa Auguste Perrets Häuser für Chana Orloff (1926), Georges Braque (1927) und Mela Muter (1928), das selbst entworfene Haus des blinden Malers Julien Lemordant (1926–29) und zahlreiche von André Lurcat geplante Atelierhäuser in der Seitenstraße Villa Seurat (1924–26). Delorme 1987.

31 *Œuvre complète*, Bd. 1, S. 55–57. – Pläne und Zeichnungen sind veröffentlicht in: Brooks 1982, Bd. 1, S. 429–453. – Eine frühe ausländische Veröffentlichung: Gropius 1925, S. 75. – Der Bauherr erinnert sich an den Hausbau in: *Ozenfant* 1968, S. 124–127. – Eine ausführliche und für die hier gegebene Darstellung grundlegende Analyse der Maison Ozenfant bietet: Gfeller 1985. – Außerdem über die Maison Ozenfant: Benton 1987a, S. 31–40. – Green 1987b, S. 119–120.

32 Zuerst publiziert in: Roth 1927, S. 5–7. Der fünfte, in der Maison Ozenfant noch nicht realisierte Punkt fordert, das Haus auf ›Pilotis‹ – hier »Pfosten« genannt – zu heben.

33 Eine materialreiche Dokumentation des städtebaulichen Kontexts bietet: Ranzani 1987, S. 36–43.

34 Le Corbusier scheint hier in der Tat eine bewusste Wahlentscheidung getroffen zu haben. Am anderen Ende der Straße stand ihm ein weiteres Eckgrundstück zur Verfügung. Offenbar hatte sich der Architekt zielstrebig die Eckparzellen gesichert. Vgl. hierzu: Fanelli/Gargiani 1990, S. 137 ff.

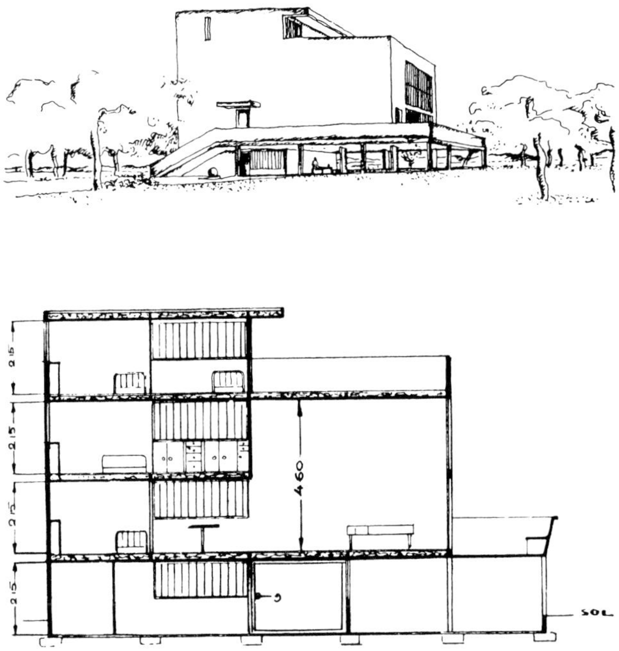

91 Le Corbusier, ›Maison Citrohan‹, 1922, perspektivische Ansicht und Schnitt, FLC 20710 und 20711

Vom Atelierhaus zum Wohntyp

Im gleichen Maße, wie die Maison Ozenfant den spezifischen Erfordernissen eines konkreten Ortes Rechnung trägt, steht sie in Verbindung mit den grundsätzlichen Überlegungen Le Corbusiers zur Wohnfrage. Seit den frühen Entwürfen für die ›Maison Dom-Ino‹[35] bildete die Suche nach industriell reproduzierbaren Wohneinheiten einen Schwerpunkt seiner Arbeit. Während das ›Dom-Ino‹-Modell nur ein Konstruktionsprinzip vorgab, entwickelte der Architekt mit der ›Maison Citrohan‹[36] eine standardisierte Hausform. Das zweistöckige Typenhaus besaß einen länglich-rechteckigen Grundriss und einen geschossübergreifenden Hauptraum hinter voll verglaster Stirnseite. Im Inneren verband eine Wendeltreppe die beiden Geschosse, außen führte parallel zur Längswand eine Freitreppe auf das begehbare Dach des Gebäudes. Den Grundentwurf von 1920 hob Le Corbusier 1922 um ein weiteres Stockwerk an, indem er den Baukörper auf Stützpfeiler stellte und im Erdgeschoss eine Garage einfügte. In allen zeichnerischen Darstellungen zeigte er die ›Maison Citrohan‹ als frei stehendes Einzelwohnhaus in parkartiger Landschaft. Aufgrund seiner tragenden, spärlich durchfensterten Längsseiten war es jedoch ebenso als Reihenhaus vorstellbar, wie auch als Teilkompartiment einer mehrgeschossigen Wohnanlage. Aus solchen doppelgeschossigen Einheiten setzte Le Corbusier das kollektive Wohnmodell des zehn- bis zwölfgeschossigen ›Immeuble-villas‹ zusammen.[37] Dieses wiederum bildete die Grundeinheit für die Wohnbebauung in dem utopischen Projekt einer ›Ville contemporaine‹,[38] das der Architekt gemeinsam mit der zweiten Version der ›Maison Citrohan‹ und dem ›Immeuble-villas‹ 1922 im Salon d'Automne zeigte. Die standardisierte Wohnform wurde so zum Baustein der städtebaulichen Utopie, das Stadtmodell präsentierte sich als standardisierte Zuordnung modularer Wohnelemente. Noch bevor er in Paris seine ersten Bauten realisieren konnte, stellte Le Corbusier ein Bezugssystem her, mit dessen Hilfe er künftige Einzelprojekte als Beiträge zu einer Gesamtutopie ausgeben konnte.

Sowohl die ›Maison Citrohan‹ als auch die Idee des ›Immeuble-villas‹ sind lesbar als Ableitungen der künstler-spezifischen Wohnformen, die sich in Paris ausgebildet hatten.[39] Das erweiterte ›Citrohan‹-Modell von 1922 gibt dem geschossübergreifenden Arbeitsraum des Atelierhauses die Funktion eines zentralen Wohnraums. Da somit ein separates Arbeitsgeschoss entfällt, reduziert sich gegenüber dem klassischen ›hôtel d'artiste‹ die Stockwerkszahl; dafür wird das nur zur Hälfte überbaute Dach als Freifläche hinzugewonnen. Wie der Atelierraum des Künstlerdomizils tritt der Wohnraum der ›Maison Citrohan‹ außen durch eine große Glasfläche in Erscheinung. Eine weitere Parallele zum Atelierhaus besteht in der dort ebenfalls gebräuchlichen Wendeltreppe.[40] Analog zur Verallgemeinerung des Atelierhauses in der ›Maison Citrohan‹ übersetzt Le Corbusier im ›Immeuble-villas‹ das Künstler-Mietwohnhaus mit doppelgeschossigen Wohneinheiten in ein allgemeingültiges Wohnmodell. Auch hier übernimmt der Atelierraum Wohnfunktionen. In die Fassade eingelassene, begrünte Terrassen ersetzen den individuellen Dachgarten. Neben der Terrasse befindet sich jeweils ein Atelierfenster, das die innere Geschosshöhe nach außen spiegelt. Der in Fenstermitte angebrachte, bei Künstlerwohnungen übliche kleine Balkon[41] präzisiert die Herkunft des Fenstermotivs.

Unter den frühen Pariser Hausbauten Le Corbusiers weist das Atelierhaus für Ozenfant die größte Nähe zum ›Citrohan‹-Modell auf. Die längliche Parzelle bot es an, den rechteckigen Typenentwurf als Reihenhaus zu realisieren. Durch die Freistellung der Grundstücksecke ergab sich die Möglichkeit, den Bau nicht nur von den Stirnseiten, sondern auch von einer der Längsseiten her zu belichten. Die um die Gebäudeecke herumgezogenen Fenster der Stirnseite verringern die äußere Ähnlichkeit mit dem ›Citrohan‹-Typ. Im Innern hebt Le

35 *Œuvre complète*, Bd. 1, S. 23–26 (1914–15).

36 *Œuvre complète*, Bd. 1, S. 31 (1920) u. 44–46 (1922). – Vgl. auch: Moos 1987a, S. 171–173. – Graphische Darstellungen der ›Maison Citrohan‹ in den verschiedenen Phasen ihrer Konzeption finden sich in: Lucan 1987, S. 96–97.

37 *Œuvre complète*, Bd. 1, S. 40–43.

38 *Œuvre complète*, Bd. 1, S. 32 u. 34–39.

39 Vgl. hierzu: Banham 1960, S. 217–219. – Neben dem Wohnatelier scheinen weitere Vorbilder in die Formulierung des ›Citrohan‹-Modells eingeflossen zu sein. Le Corbusier selbst nennt den doppelgeschossigen Raum eines von ihm regelmäßig besuchten Cafés in der Rue Babylone: *Œuvre complète*, Bd. 1, S. 31. – Das Äußere der ›Maison Citrohan‹ ist traditionellen Hausformen der Mittelmeerländer verpflichtet.

40 Vgl. etwa die spiralförmige Treppe, die im Haus des Malers Gustave Moreau vom unteren zum oberen Atelier führt (Architekt Albert Lafon, 1895). Lacambre 1991, S. 47 ff.

41 Von dieser Stelle des Malerateliers wurden ursprünglich große Bildformate herabgelassen.

92 Le Corbusier, ›Immeuble-villas‹, 1922, perspektivische Ansicht, FLC 19083

Corbusier den doppelgeschossigen Hauptraum aus dem Wohngeschoss heraus und gibt ihm seine Atelierfunktion zurück.[42] Wenn das Pariser Atelierhaus bei der Formulierung des ›Citrohan‹-Typus ein Vorbild war, so nähert Le Corbusier in der Maison Ozenfant umgekehrt das Typenhaus wieder an sein Ausgangsmodell an. Zu einer vergleichbaren Annäherung von Typenentwurf und Künstleratelier gelangte der Architekt in dem Haus, das er 1926 für den Maler René Guiette in Antwerpen baute.[43] Als frei stehendes Einzelhaus mit weitgehend geschlossenen Längswänden erreicht dieser Bau eine noch größere Übereinstimmung mit der ursprünglichen ›Citrohan‹-Idee. Dagegen löste sich Le Corbusier in seinen nach der Maison Ozenfant in Auftrag genommenen Pariser Künstlerateliers – den Häusern Lipchitz, Miestchaninoff, Ternisien, Planeix[44] – vom ›Citrohan‹-Thema. Auch in den für andere Auftraggeber ausgeführten Hausprojekten, angefangen bei den Villen Besnus (1923) und La Roche-Jeanneret (1923–25),[45] zog er individuelle Lösungen einem Rückgriff auf den Typus vor. Zwar verwandte er vielfach dessen Einzelelemente – Atelierraum, Wendeltreppe –, verband sie jedoch nicht mehr zur analogen Hausform. Nur noch einmal, in einem seiner beiden Häuser auf der Stuttgarter Werkbund-Ausstellung (1927),[46] unternahm er eine getreue Umsetzung des ›Citrohan‹-Entwurfs. Le Corbusiers typenbildende Ambitionen finden zu Beginn seiner Pariser Entwurfspraxis im Haus für den puristischen Künstler Ozenfant den deutlichsten Niederschlag.

Parallelismus der Kunstgattungen

Im Haus Ozenfant manifestiert sich die Allianz, welche Architektur und Malerei auf der Basis der puristischen Ästhetik eingehen; zugleich wird aber auch eine grundsätzliche Trennung erkennbar, die zwischen den beiden Gattungen bestehen bleibt.[47] Ozenfant und Jeanneret formulierten die Position des Purismus im Kontext einer allgemeinen ›Rückkehr zur Ordnung‹, die als Abwendung von der Experimentierfreude der Vorkriegsavantgarde die kulturelle Situation in Paris um 1920 bestimmte. Ausgangspunkt für die puristische Standortbestimmung war der Kubismus, in dessen Nachfolge sich die Künstler stellten, den sie aber gleichzeitig einer kritischen Revision unterzogen. Ihr Vorwurf an die kubistische Malerei lautete, die Zertrümmerung des Gegenstands zu weit getrieben, den natürlichen Zusammenhang zwischen Form und Farbe zerrissen und das Bild in ornamentale Spannungslosigkeit aufgelöst zu haben. Demgegenüber propagierten die Puristen einen nach geometrischen Gesetzmäßigkeiten vereinheitlichten Bildaufbau. Die Körperhaftigkeit des Gegenstands sollte wieder hergestellt werden, ohne zur überwundenen Naturabbildung zurückzukehren. Zwischen reiner Abstraktion und naturalistischer Wiedergabe der Wirklichkeit suchten die Künstler nach

42 Faktisch diente das Atelier auch dem Wohnen, da ein eigentlicher Wohnraum fehlt.

43 *Œuvre complète*, Bd. 1, S. 136–139.

44 In den ersten beiden Fällen waren die Auftraggeber Bildhauer, die erdgeschossige Ateliers benötigten. *Œuvre complète*, Bd. 1, S. 70–71, 122–123 u. 158–159.

45 *Œuvre complète*, Bd. 1, S. 48–51 u. 60–67.

46 *Œuvre complète*, Bd. 1, S. 150–154.

47 Zum Folgenden: Ball 1981. – Ducros 1987. – Vgl. auch: Stabenow 1989, S. 111 ff.

einem dritten Weg. Um einen Kompromiss bemühten sich Ozenfant und Jeanneret auch in ihrer Neubewertung der künstlerischen Tradition. Die Kultur der modernen Epoche stellten sie in eine historische Kontinuität. In ihrem Streben nach einem zeitgemäßen künstlerischen Ausdruck wollten sie sich mit den Leistungen der Vergangenheit messen.

Einziges Thema puristischer Malerei war bezeichnenderweise das Stilleben. Nicht in aktualisierten Bildinhalten suchte der Purismus den Anschluss an das moderne Leben, sondern durch die Anpassung seiner Gestaltungsprinzipien an die Normen einer mechanisierten Welt. Rationalität, Ökonomie und Präzision bestimmten die puristische Bildorganisation, Typisierung und Vereinfachung der Dingwelt betonten die Distanz zur Realität. Technik und Maschine waren zwar selbst nicht darstellungswürdig, doch eine Arbeitsweise, die sich an technischem Zeichnen orientierte und maschinelle Effizienz zum Vorbild erhob, setzte sie indirekt ins Bild. Das Paradigma der Maschine verband in der Sicht des Purismus nicht nur die Malerei mit der modernen Wirklichkeit, sondern auch die Architektur. Die Strategie des ›Esprit Nouveau‹, Architektur und Ingenieurkonstruktion zueinander in Beziehung zu setzen, gipfelte in der rhetorischen Umschreibung des Hauses als ›machine à habiter‹.

Der Gedanke der ›Wohnmaschine‹ kommt im Fall der Maison Ozenfant sowohl implizit als auch explizit zur Anwendung. Implizit übersetzt Le Corbusier das Effizienzdenken der maschinellen Produktion in ein architektonisches Ökonomieprinzip. Das Haus für den puristischen Künstler tritt durch eine rationale Entwurfsmethode in Analogie zum Vorbild Maschine. Ähnlich wie in der Malerei äußert sich die Rationalität des Entwurfs in der Geometrie elementarer Formen und in der Zugrundelegung regelhafter Proportionsverhältnisse.[48] Zudem führt die architektonische Ökonomie zum Verzicht auf Schmuckformen, auf raumgreifende Repräsentation, mithin auf alles, was über die unmittelbaren funktionalen Bedürfnisse des Bewohners hinausgeht.

Explizit inszeniert Le Corbusier das Atelierhaus als Maschine, indem er bei Ingenieurbau und Verkehrstechnik formale Anleihen macht. Dem durch Sheddächer und Glasfläche nach außen gewendeten industriellen Habitus entsprechen planvolle Analogien zur Schiffs-, Flugzeug- und Autoherstellung im Inneren des Ateliers. Empore, Metalltreppen und die relingähnliche Geländerform verweisen auf Ozeandampfer, die Bibliothekskabine zitiert Formen des Flugzeugbaus, und die Verschweißtechnik der Geländer entstammt der Automobilproduktion.[49] Das Ingenieurwesen dient hier als Formenlieferant für eine Architektur, die die Funktionalität industrieller Produkte zum neuen ästhetischen Kriterium erhebt. Durch Zitate aus der Welt der mechanischen Fertigung illustriert Le Corbusier die Maschinenmetapher und gestaltet das Haus als Vorführobjekt eines maschinengleichen Bauens. Mit der gezielten ästhetischen Ausbeutung des technischen Fortschritts greift die Architektur über die motivische Beschränkung der puristischen Malerei hinaus. Während es dort bei einer analogen Kompositionsweise bleibt, tritt hier die industrielle Wirklichkeit tatsächlich in Erscheinung.

Trotz ihrer gattungsübergreifenden Affinität verbinden sich Malerei und Architektur nicht zum puristischen Gesamtkunstwerk. Vielmehr emanzipiert sich das Bild aus der architektonischen Bindung. Als ›machine à émouvoir‹ gehört es zum beweglichen Inventar der ›machine à habiter‹.[50] Im Haus Ozenfant ist sein Aufbewahrungsort die ›Galerie‹ im Wohngeschoss, zugleich Speisezimmer und Präsentationsraum für Bilder. Letzterem Zweck dient ein fest eingebauter Bilderschrank, der sich komplementär zum unregelmäßigen Zuschnitt des Raums verjüngt und Fächer für unterschiedliche Formate bereithält. Gelagert im Bilderschrank, wird das Bild zum frei handhabbaren Bestandteil eines mechanisierten Haushalts. Nur vorübergehend hängt es auf dem neutralen Grund der hellen Putzwände, morgen schon kann es gegen ein anderes Bild ausgetauscht werden und wieder im Schrank verschwinden. Die freie Zuordnung von Gemälde und Gebautem entspricht dem Verzicht Le Corbusiers auf eine stilistisch

48 Wie in seinen malerischen Kompositionen, so arbeitet Le Corbusier auch bei der Fassadengestaltung der Maison Ozenfant mit dem geometrischen Ordnungssystem der ›tracés régulateurs‹. Im Zusammenhang mit dieser Äquivalenz sprechen Ozenfant und Jeanneret von »architekturisierter Malerei« (»peinture architecturée«). Ozenfant/Jeanneret 1921, S. 386. – Vgl. auch: Ducros 1987, S. 77 ff., besonders S. 79.

49 Gfeller 1985, S. 250.

50 Vom Bild als »machine à émouvoir« ist die Rede in: De Fayet (Amédée Ozenfant), *Peinture ancienne, peinture moderne*, in: L'Esprit Nouveau, Nr. 11/12, November 1921, S. 1318. – Ders., *La Sixtine de Michel-Ange*, in: L'Esprit Nouveau, Nr. 14, S. 1612. – Vgl. auch: Ball 1981, S. 120. – Ducros 1987, S. 73. – Zum Folgenden außerdem: Gfeller 1985, S. 247 f.

angepasste Raumausstattung. Statt des eigens entworfenen Mobiliars verwendet er handelsübliche Standardmöbel, vorzugsweise Produkte der Firma Thonet.
Gleichzeitig mit dem Rückzug aus dem Gesamtkunstwerk verzichtet die Malerei auf einen utopischen Anspruch. Das puristische Bild will, im Unterschied zur Malerei des ›Stijl‹ oder des russischen Konstruktivismus, nicht Vorausschau sein auf eine noch zu bauende Architektur. Seine Funktion ist rein wirkungsästhetisch, ganz darauf beschränkt, Empfindungen hervorzurufen.[51] Im Hinblick auf die Gestaltung einer zukünftigen Welt überlässt die puristische Malerei somit der Architektur eine Führungsrolle. Ein avantgardistisches Selbstverständnis artikuliert der Hausherr Ozenfant weniger in seiner malerischen Arbeit als in der gebauten Form seines Ateliers.

Der Künstler, Wegbereiter eines neuen Zeitalters

Die Vorstellung vom Künstler als idealem Bewohner leitete den jungen Charles-Edouard Jeanneret bereits in einigen seiner frühesten Wohnbauprojekte. So bildete die Idee einer Künstlerkolonie den Horizont für seine in La-Chaux-de-Fonds ab 1905 ausgeführten Villenbauten.[52] In einem 1910 projektierten, hierarchisch um eine zentrale Pyramide gruppierten Komplex von ›Ateliers d'artistes‹ sollten Künstler die standardisierte Bauform demonstrieren.[53] Pläne für eine anonyme ›Maison d'artiste‹ zeichnete Le Corbusier 1922, kurz vor dem Bau des Hauses Ozenfant.[54] Später, 1928–29, entwarf er erneut ein kollektives Künstler-Wohnmodell mit doppelgeschossigen Wohneinheiten.[55] Tatsächlich befanden sich zahlreiche Künstler unter den frühen Auftraggebern des Architekten.[56] Von seinen zwölf Pariser Hausbauten der zwanziger Jahre errichtete er fünf für bildende Künstler, weitere vier für Musiker, Amateurmaler und Kunstsammler. Ideell und faktisch waren sie die ›Vor-Wohner‹ Le Corbusiers, Pioniere des modernen Wohnens im Sinne seiner sich entwickelnden Wohnideologie.
Künstler gehörten zur Elite aus Industriekapitänen, Wissenschaftlern und Intellektuellen, die der Architekt als Führungsschicht einer im Entstehen begriffenen modernen Gesellschaft sah. An sie richtete er die im ›Esprit Nouveau‹ vorgetragene puristische Botschaft vom Geist des neuen Zeitalters.[57] War es zur Durchsetzung des ›neuen Geistes‹ notwendig, sich der Zustimmung der Elite zu versichern, so fiel innerhalb dieser Führungsgruppe zunächst den Künstlern die Aufgabe zu, den Impuls des Neuen zu verbreiten. Als stimulierende Kraft im Zentrum der modernen Aristokratie sollten sie geschmacksbildend wirksam werden. Das Haus des Künstlers führt ein Modell vor, das allen zugedacht ist.
Im Haus Ozenfant konkretisiert sich somit einerseits das Modell, das der Gesamtgesellschaft den Weg zum neuen Wohnen weisen will, andererseits die Rolle des Künstlers als Mitglied einer tonangebenden gesellschaftlichen Elite. Durch die großen Glasflächen, besonders aber durch die Sheddächer versieht Le Corbusier das Haus mit Konnotationen des Industriebaus und stilisiert das Maleratelier zur Fabrikationsstätte. Als ›Produzent‹ geistiger Werte stellt sich der Künstler dem Fabrikbesitzer an die Seite und demonstriert zugleich diesem den ästhetischen Wert der industriellen Form. Eine wichtige Innovation des traditionellen Künstlerhauses ist das Garagentor. Der Künstler wird zum Automobilisten, das Auto zum Attribut seiner Führungsposition.[58] Es fungiert gleichermaßen als Statussymbol wie als Erweis technologischer und künstlerischer Modernität. Bei ihrer Suche nach malerischen und architektonischen ›Standards‹ suchten die puristischen Künstler immer wieder die Analogie zum Auto als dem modernen Industrieerzeugnis schlechthin. Die propagandistische Parallelisierung von Automobilherstellung und Architektur führt folgerichtig zur Integration des Autos in die

51 Ducros 1987, S. 73 u. 79.

52 Benton 1987c, S. 45 u. 53 f.

53 *Œuvre complète*, Bd. 1, S. 22.

54 *Œuvre complète*, Bd. 1, S. 53.

55 *Œuvre complète*, Bd. 1, S. 183.

56 Über Le Corbusiers Kunden: De Cosmi/Croset 1980. – Soth 1983.

57 Vgl. hierzu: L'Esprit Nouveau, Nr. 1, Einleitung der Herausgeber, Oktober 1920. – Le Corbusier 1930, S. 95 f. – Vgl. auch: Moos 1981. – Ducros 1987, S. 70.

58 Über Ozenfant und Le Corbusier als Automobilisten: Gfeller 1985, S. 253. – Moos 1987b, S. 20 f.

93 Maison Ozenfant, Paris 14e, Innenansicht, Atelierraum, Blick von der Empore

Atelierhaus-Ikonographie. Zwar beteiligt sich der Künstler nicht mehr durch räumlichen oder ornamentalen Aufwand an der bürgerlichen Statuskonkurrenz, doch in der betont zeitgemäßen Haltung, die er zur Schau stellt, erhebt er Anspruch auf eine vorgeschobene gesellschaftliche Position.

Ihren Höhepunkt erreicht die Inszenierung der puristischen Künstler-Rolle im Atelierraum. Die drei Glasflächen der Nordostecke erleuchten das Atelier taghell und erzeugen einen Lichtsog, der den Raum diagonal ausrichtet. Die Empore im Hintergrund des Ateliers bildet eine Aussichtsplattform, von der aus sich die geometrische Lichterscheinung betrachten lässt. In der gläsernen Raumfigur erfährt die Geometrie als leitendes Ordnungsprinzip des Purismus eine emphatische Steigerung. Eine extreme Antithese zur Transparenz des Fensterwürfels formuliert Le Corbusier in der kabinenartigen Bibliothek, die links daneben unter der Decke hängt. Dämmerlicht und Tageshelle, plastisch gekrümmte Form und geometrische Abstraktion prallen hier aufeinander. Wie die rückwärtige Empore ist die Bibliothek über eine schmale Metallstiege zugänglich. Ihr Licht empfängt sie durch ein eigenes kleines Fenster in der Nordwand. Der eng umschlossene Raum verbindet die Kargheit einer Mönchszelle mit Konnotationen einer Gelehrtenstube. Die Bibliothek ist asketischer Rückzugsraum und Ort geistiger Sammlung. Im steilen Zugang scheint der beschwerliche Aufstieg zu künstlerischer Erkenntnis thematisiert. Die puristischen Ideen reifen in der Isolation der Bibliothekskabine; unten im Atelier treten sie in Kontakt mit einer maschinistischen Wirklichkeit. Von hier aus betrachtet, nimmt sich die hängende Bibliothek wie ein Flugzeugcockpit aus, und die Empore erinnert an ein Schiffsdeck. An seinem Arbeitsort versammelt der Künstler die Ikonen einer industriellen Epoche um sich. Ihrer formalen Effizienz folgt er in seiner künstlerischen Produktion.

Als Asketen, Gelehrten und Techniker zeigt das Atelier den puristischen Maler. Der Arbeitsraum, vormals Schauplatz der künstlerischen Inspiration, wird zur geistigen Fertigungsstätte des Kunst-Produzenten. Die formale Ernüchterung des Ateliers, der Verzicht auf die Darstellung der individuellen Persönlichkeit bedeuten jedoch nicht, dass der Ort künstlerischen Schaffens seine Aura verlöre. Ein geometrischer Lichtnimbus überfängt den Maler Ozenfant an seinem Arbeitstisch. Mit den Mitteln einer neuen Architektur inszeniert Le Corbusier im Atelier Ozenfant den Mythos eines neuen, profanisierten Künstlertums.

Leitbild für Künstler und Architekten: Theo van Doesburg, Ernst May, Konstantin Melnikow

Gerade die Maison Ozenfant als derjenige unter den frühen Villenbauten Le Corbusiers, der die größte Nähe zum ›Citrohan‹-Modell aufweist, scheint eine Reihe von Künstlern und Architekten beim Bau ihrer eigenen Häuser beeinflusst zu haben. Das Atelierhaus, das Theo van Doesburg 1929–30 auf einem schmalen Grundstück in Meudon bei Paris für sich errichtete, zeigt im Querschnitt zwei gegeneinander versetzte Quadrate.[59] Gegenüber einem ebenerdigen, zweistöckigen Wohnbereich ist das Atelier als aufgeständerter, geschossübergreifender Einheitsraum um ein Stockwerk angehoben. Das räumliche Konzept des Hauses ähnelt der ›Maison Citrohan‹. In der Nutzung des hohen Raums als Atelier mit Metalltreppe und Galerie nähert es sich dem Ozenfant-Haus an, dessen übereck gestellte Fensterquadrate hier in einer Fläche nebeneinander treten. Während der Bauzeit des puristischen Künstlerhauses hatte van Doesburg ein konkurrierendes Hausmodell vertreten.[60] Wenn nun gerade er sich nachträglich Le Corbusiers Position zu eigen macht, dann zeigt das besonders klar, wie sehr dessen Entwurf als wegweisende Lösung für das Wohnen des fortschrittlichen Künstlers akzeptiert wurde.

Einen Reflex auf die Maison Ozenfant gibt auch der Frankfurter Hochbaudezernent Ernst May im Bau seines Wohnhauses in der Siedlung Höhenblick (1926).[61] May übernimmt die Typologie des Atelierraums für die Gestaltung seines Wohnzimmers. Dem Modell Le Corbu-

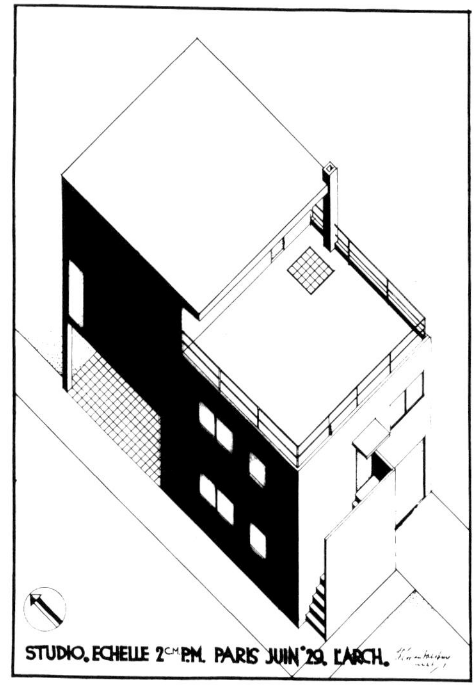

94 Theo van Doesburg, Wohn- und Atelierhaus des Malers und Architekten, Meudon, 1929–30, axonometrische Darstellung

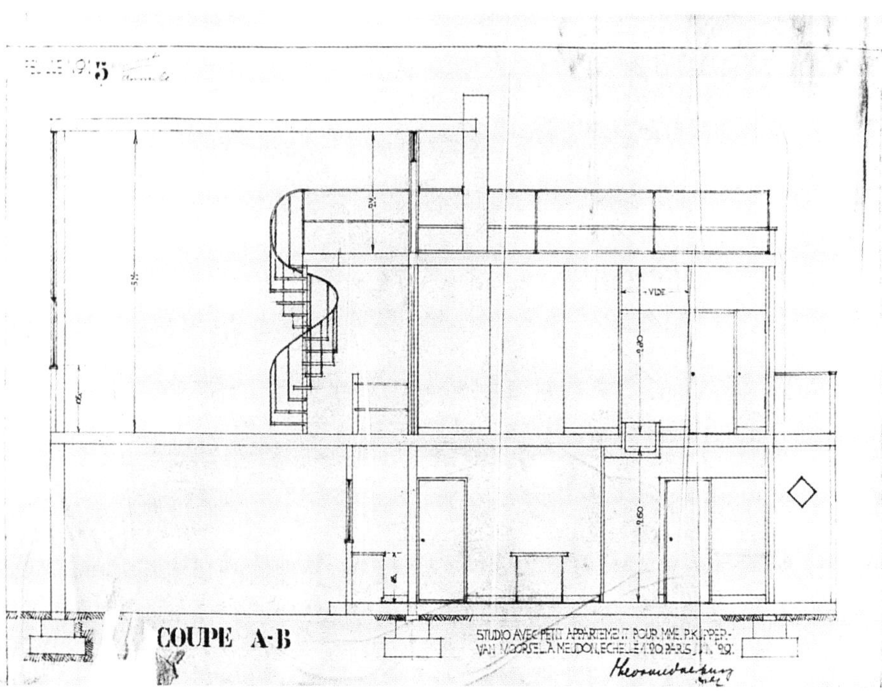

95 Haus Theo van Doesburg, Meudon, Schnitt, Rijksdienst Beeldende Kunst, Den Haag

59 Über Doesburgs Haus: Doig 1986, S. 199–211. – Straaten 1988, S. 236–251. – Vgl. auch: Stabenow 1989, S. 118 f.

60 Reichlin 1985. – Ducros 1990.

61 Das Haus May ist veröffentlicht in: Die Kunst, Bd. 56, Jg. 30, 1926/27, S. 272–277. – Buekschmitt 1963, S. 34–35. – Preisich 1983, Abb. 23–28.

96 Ernst May, Wohnhaus des Architekten, Frankfurt am Main, 1926, Ansicht

97 Haus May, Frankfurt am Main, Innenansicht, Wohnraum

siers folgt er nicht nur in der Doppelgeschossigkeit des Raums mit rückwärtiger Empore, sondern auch durch die hohe, um die Gebäudeecke herumgeführte Fensterwand. Mit Hilfe breiter Fenstersprossen, schwerer Holzmöbel und massiver Brüstungen überführt der Architekt den Arbeitsraum des avantgardistischen Künstlers in die Solidität bürgerlichen Wohnens.[62]

In freierer Weise knüpft der russische Architekt Konstantin Melnikow in seinem Moskauer Hausbau (1927) an Le Corbusiers Modelle an.[63] Er realisiert das zweiteilige Grundrissschema der ›Maison Citrohan‹ in Form zweier ineinander geschobener Zylinder. Den zweigeschossigen vorderen Zylinder überragt der hintere um ein Stockwerk. Auf der jeweils oberen Ebene beider Haushälften befinden sich doppelgeschossige Räume. Sie sind infolge des Höhenunterschieds gegeneinander versetzt. Das Wohnzimmer im vorderen Zylinder erhält sein Licht durch die voll verglaste Straßenfront, das rückwärtig gelegene Atelier über 38 auf die Umfassungsmauer verteilte Sechseckfenster. Die diffuse Beleuchtung verleiht dem Raum eine mystische Qualität;

62 Eine bildliche Konfrontation des Wohnzimmers im Haus May mit dem Atelierraum der Maison Ozenfant findet sich in: Meyer, Peter 1928, Tf. XV.

63 Zum Haus Melnikow: Starr 1978, S. 117–132. – Chan-Magomedow 1990, S. 166–191. – Wortmann 1990, S. 81–124.

98 Konstantin Melnikow, Wohn- und Atelierhaus des Architekten, Moskau, 1927, Innenansicht, Atelierraum

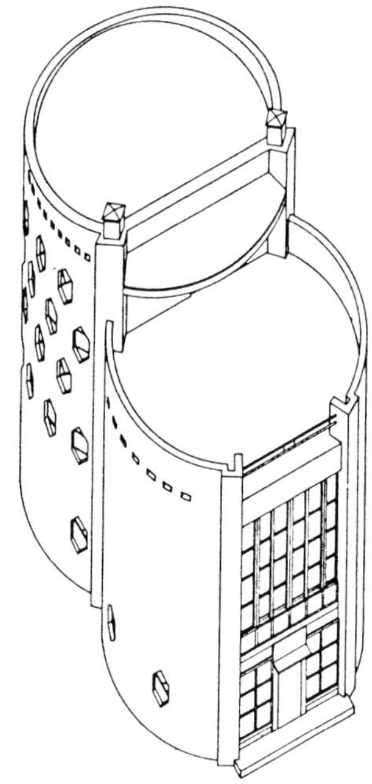

99 Haus Melnikow, Moskau, axonometrische Darstellung

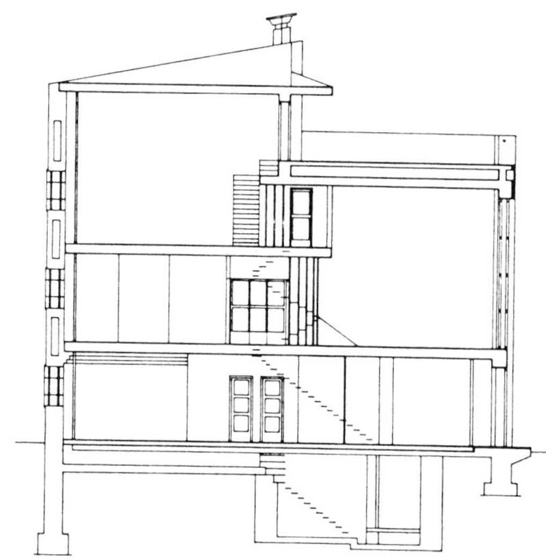

100 Haus Melnikow, Moskau, Schnitt

Empore und gangwayartige Treppe jedoch entstammen dem Repertoire des Atelier Ozenfant. Gefiltert durch eine individualistische Gesamtgestaltung, lässt Melnikows Hausbau die Auseinandersetzung mit dem puristischen Künstlerhaus erkennen. Die drei unterschiedlichen Hausbauten sind Zeugen einer geographisch weit gestreuten Rezeption des Ozenfant-Hauses. Offenbar empfanden fortschrittlich orientierte Zeitgenossen die von Le Corbusier formulierte Künstler-Wohnform als vorbildlich. Begünstigt wurde die Akzeptanz des Atelierhaus-Entwurfs sicherlich durch die Strahlkraft des ›Citrohan‹-Modells, das in ihm erstmals verwirklicht ist.

Aus der Mansarde ins Dachappartement

In der Maison Ozenfant gab Le Corbusier dem Wohnen des puristischen Künstlers eine Form, die auch als Selbstaussage des künstlerisch arbeitenden Architekten zu werten ist. Es bleibt jedoch auffällig, dass er die programmatische Wohnform nicht für sich selbst, sondern für den Mit-Puristen Ozenfant ausführte. Er selbst vermied eine Manifestation seines Wohnens und versteckte seine Künstler-Identität hinter jener des Partners. Dem Typus des Atelierhauses, der ihn zu sehr auf den künstlerischen Teilbereich seiner Existenz festgelegt hätte, zog er die Enge und Unordnung seiner Mansardenwohnung in der Rue Jacob 20 vor.[64] Die Frage nach einem Haus für sich selbst dürfte ihn gleichwohl beschäftigt haben, wie ein 1929 skizzierter Entwurf für ›ma maison‹ belegt.[65]

Erst 1931 jedoch begann er mit der Planung eines neungeschossigen Mietshauses an der Porte Molitor im 16. Arrondissement, in dessen obersten beiden Stockwerken er 1934 seine

64 Seit 1917 bewohnte Le Corbusier hier, in der Mansarde eines Gebäudes aus dem 17. Jahrhundert, ein ehemaliges Mädchenzimmer sowie eine Küche. Hinweise in: Moos 1968, S. 54 f. – Petit 1970 S. 48, 57, 75 u. 77. – Jencks 1973a, S. 49. – Doisneau/Petit 1988, S. 94.

65 Le Corbusier publizierte den Entwurf später mit dem Hinweis, es handele sich um eine unbewusste Vorwegnahme seiner Wohnung an der Porte Molitor: *Œuvre complète*, Bd. 3, S. 131. – Eine zu dem Entwurf gehörende Skizze (FLC 33413) mit dem Eiffelturm am Horizont entspricht der später verwirklichten Situation; allerdings blickt hier der Atelierbereich stadtauswärts. Jenger 1990, S. 38.

eigene Wohnung einrichtete. Sie entstand am Ende der langen Reihe von Wohnbauten, die er in Paris seit den frühen zwanziger Jahren errichtet hatte. Nicht in der Durchbruchsphase des ›neuen Geistes‹ schuf er sich sein eigenes Domizil, sondern zu einem Zeitpunkt, als er mit den Villen Stein-de Monzie und Savoye bereits klassische Lösungen einer modernen Architektur verwirklicht hatte. Anstatt der Serie seiner Häuser und Villen einen weiteren Bau dieser Gattung hinzuzufügen, bezog der Architekt eine Stadtwohnung. Damit hob er sich einerseits deutlich von seinen Kunden ab, andererseits wählte er jene Wohnform, die auch für wohlhabende Bürger der französischen Hauptstadt die typischste war. Das innerstädtische Wohnen im eigenen Haus, bis zum Ende des 18. Jahrhunderts ein Vorrecht des Adels, blieb auch im Paris des 20. Jahrhunderts eine Ausnahme. Auf einen solchen Sonderstatus verzichtete Le Corbusier, im Unterschied zu den Künstlern, die zu seinen Kunden zählten. Innerhalb des Verbands von Miets- und Eigentumswohnungen, in den sich der Architekt einfügte, beanspruchte er allerdings einen privilegierten Platz. Seine zweigeschossige Wohnung besetzt die Spitze des Hauses und mit ihr den begehbaren Dachgarten.

Auguste Perret (1874–1954) besuchte ab 1891 die Architekturklasse Julien Guadets an der Pariser Ecole des Beaux-Arts, die er 1901 ohne Diplom verließ. Bereits 1894 arbeitete er im Bauunternehmen seines Vaters, für das er ab 1896 Projekte ausführte. Nach der Jahrhundertwende wurde er zum Pionier im Umgang mit dem neuen Baustoff Eisenbeton, mit dessen ästhetischen Möglichkeiten er sich im Etagenwohnhaus der Rue Franklin 25bis (1903–04), in der Garage der Rue Ponthieu (1906–07) und im Théatre des Champs-Elysées (1911–13) auseinander setzte. In den zwanziger Jahren führte er die Suche nach einer Betonarchitektur fort, wobei er sich um eine Mittlerstellung zwischen klassischer Tradition und der nun durch Jüngere vertretenen Avantgarde bemühte. Prominentestes Werk innerhalb der umfangreichen Bautätigkeit jener Jahre war die Kirche Notre-Dame in Le Raincy bei Paris (1922–23). Perret leitete 1945–54 den Wiederaufbau von Le Havre.

101 Auguste Perret auf dem Dach seiner Wohnung in der Rue Franklin 25bis, Paris 16e

Die Eroberung der Dachzone: **Auguste Perret**

Bei der Inbesitznahme der Dachzone für die Architektenwohnung war ein älterer Pionier der Moderne Le Corbusier vorangegangen. Bereits drei Jahrzehnte zuvor hatte sich Auguste Perret[66] im obersten, neunten Stockwerk eines von der Firma Perret 1903–04 in der Rue Franklin 25 bis im 16. Arrondissement ausgeführten Etagenwohnhauses installiert. Während der Architekt seinen Hauptwohnsitz in der Rue Raynouard 51 behielt, wo er mit seiner Familie in einem Stadthaus des 18. Jahrhunderts lebte, schuf er sich auf dem Dach des Neubaus eine Junggesellenwohnung mit zwei Zimmern. Das Wohnen der Architekten über den Dächern der Städte hat seinen Ursprung in der Rue Franklin 25 bis. Als epochale Manifestation des architektonischen Neubeginns hat Perrets Studio eine den Wiener Wohnungen Otto Wagners vergleichbare Bedeutung. Perret wiederholte das Unternehmen der Rue Franklin 1928–30 mit dem Bau eines Mietshauses in der Rue Raynouard 51–55, wo er mit seiner Familie die siebte Etage bezog. Die Wohnungen Auguste Perrets bezeichnen den Horizont, vor dem Le Corbusier seine Dachwohnung plant. Als deren Vorgeschichte gebührt ihnen eine gesonderte Betrachtung.

Rue Franklin 25bis: das Pathos der Innovation

Wenn das Etagenwohnhaus in der Rue Franklin 25bis schon früh als Markstein der modernen Architekturentwicklung galt, so deshalb, weil hier erstmals versucht wurde, die Bedingungen des Materials Eisenbeton in einen eigenen strukturellen Ausdruck zu überführen.[67] Die Brüder Perret gaben ihrem Gebäude eine Gestalt, welche die Möglichkeiten der neuen Technologie wirksam zur Anschauung bringt. Zwar tritt der rohe Beton auf der Außenhaut des Hauses nicht direkt in Erscheinung, die Keramikverkleidung von Alexandre Bigot vermittelt jedoch ein getreues Abbild des dahinterliegenden Gerüsts. Dabei ist streng zwischen tragendem Skelett und Ausfachung unterschieden. Glatte, an den Kanten profilierte Platten bedecken die Glieder der Betonkonstruktion, florales Ornament die umschlossenen Wandfelder. Das Zurückweichen des mittleren Fassadenabschnitts offenbart den dreidimensionalen Charakter des konstruktiven Gerüsts. Die Größe der Fenster, von denen einige die Wandsegmente ganz ausfüllen, erhöht die strukturelle Transparenz der Fassade.
Der innovative Schritt, den Perret unternahm, beruht nicht allein auf der konstruktiven Artikulation der Fassade, sondern zugleich auf einer Reform der städtischen Mietshaustypologie.[68] Der rückwärtige Hof des traditionellen Pariser Etagenwohnhauses ist in der Rue Franklin 25bis auf die Straßenseite verlagert und in die Hauptansicht des Gebäudes integriert. Als Ausdruck dieser Umkehrung lässt sich das struktive Raster der Fassadengliederung lesen, das an die Metallfachwerkkonstruktionen erinnert, die häufig für die Hofansichten der Mietshäuser verwendet wurden. Um das freigelassene Zentrum der Fassade gruppieren sich U-förmig die Wohnräume. Es entstehen Appartements, die im Grundriss Villen ähneln und sich wie diese von ihrer urbanen Nachbarschaft isolieren.[69] Le Corbusiers Idee des Mietshauses als einer vertikalen Reihung selbständiger ›Villen‹ klingt in Perrets Wohnbau bereits an. Einen Beitrag zur typologischen Reform des Etagenwohnhauses bildet auch das durch die Betonkonstruktion ermöglichte begehbare Flachdach, das in der Rue Franklin 25bis erstmals an die Stelle des in Paris üblichen Mansarddachs tritt. Gleichzeitig mit Henri Sauvage[70] und François Hennebique[71] erprobte Perret die Verwendung des flachen Daches im Wohnbau.[72] Schon

66 Monographien: Jamot 1927. – Mayer 1928. – Rogers 1955. – Champigneulle 1959. – Collins 1959. – Abram 1985. – Fanelli/Gargiani 1991. – Gargiani 1993.

67 Die Pläne des Hauses bewahrt das Institut Français d'Architecture, Paris. – Zeitgenössische Veröffentlichungen: Uhry 1904. – Mallet-Stevens/Roederer 1908. – Über die Rue Franklin 25bis: *Perret* 1986. – Bressani 1990. – Fanelli/Gargiani 1991, S. 9–12. – Gargiani 1993, S. 9 f., 74 f. u. 184–186.

68 Vgl. hierzu: Bresler 1986, S. 48 ff.

69 Eine Herleitung aus der Villentypologie, speziell von Viollet-le-Ducs Projekt einer Stadtresidenz (1872), unternimmt: Bressani 1986b, S. 70. – Ders. 1990, S. 95 f.

70 Loyer/Guéné 1987, S. 8 ff.

71 Der Konstrukteur François Hennebique baute sich 1904 ein Haus in Bourg-la-Reine, das ein begehbares Flachdach besaß. Eleb/Debarre 1995, S. 278–282.

72 Über die Einführung des Flachdachs: Cohen 1994. – Eleb 1994 b.

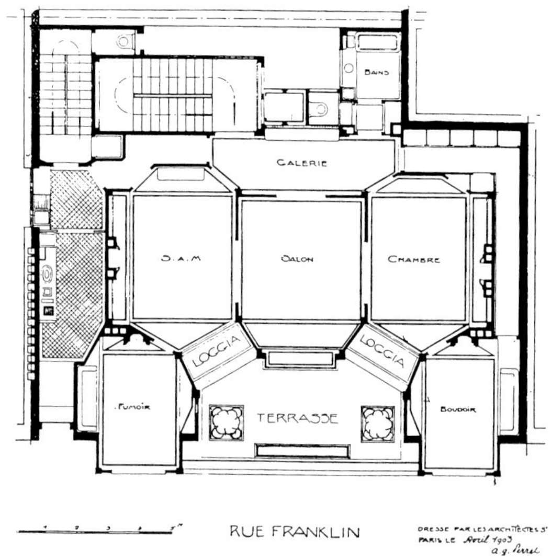

102 Auguste Perret, Etagenwohnhaus, Rue Franklin 25bis, Paris 16e, 1903–04, Grundriss Normalgeschoss

103 Etagenwohnhaus, Rue Franklin 25bis, Paris 16e, Ansicht, Straßenseite

104 Auguste Perret, Projekt für fünfziggeschossige Wohntürme entlang einer Ausfallstraße, 1922, perspektivische Ansicht, Zeichnung von Jacques Lambert

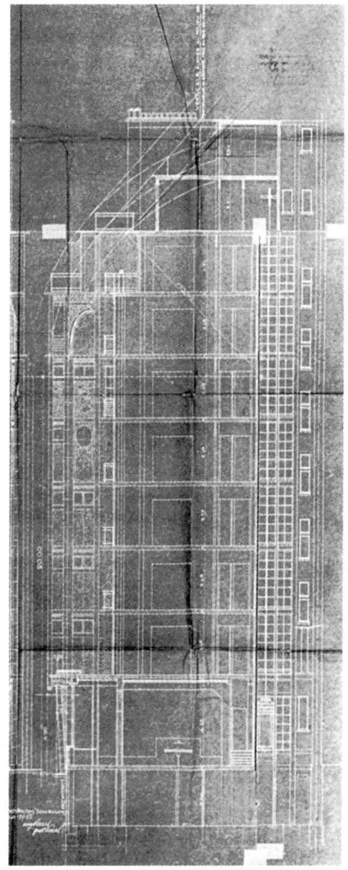

105 Etagenwohnhaus, Rue Franklin 25bis, Paris 16e, Eingabeplan, Schnitt

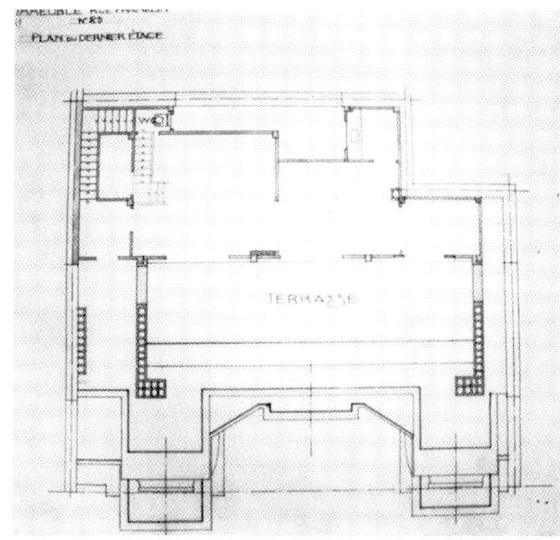

106 Auguste Perret, Wohnung des Architekten im neunten Stockwerk des Etagenwohnhauses Rue Franklin 25bis, Paris 16e, Grundriss

1905 äußerte der Architekt den in der Folgezeit präzisierten Gedanken, die Stadt Paris mit einer Kette von zwanzig- oder sogar fünfziggeschossigen Wohntürmen zu umgeben.[73] Die akzentuierte Vertikalität der Rue Franklin 25bis weist auf dieses Wohnmodell voraus. Faktisch ist Perrets Turm noch in die lineare Bebauung des Straßenrands eingebunden; ideell löst er sich aber bereits von ihr.

Im Bemühen, die knapp bemessene Grundstücksfläche optimal auszunutzen, entwickelte Perret sein Wohnmodell in enger Symbiose mit den Vorgaben der 1902 erlassenen neuen Pariser Bauordnung.[74] Die ansonsten vorgeschriebene Anlage eines Hofs konnte er vermeiden, indem er alle Wohnräume einschließlich der Küche zur Straße ausrichtete. Dadurch vermehrte sich die überbaubare Fläche um ein Drittel. Mit den Auskragungen der Fassade nutzte Perret das von der Bauordnung zugestandene Volumen voll aus. Bei der Rückstufung der Fassade oberhalb des fünften Stockwerks folgte er präzise den geltenden Reglements. Die Betonkonstruktion ermöglichte es, innerhalb der gesetzlich begrenzten Bauhöhe ein Stockwerk mehr unterzubringen als in traditioneller Bauweise. Allein mit dem obersten Stockwerk überschritt der Architekt geringfügig die im Dachbereich zurückweichende Baulinie. Nicht ohne List setzte er das Geschoss für die eigene Wohnung dennoch gegen den Widerstand der Bauaufsicht durch.[75] Erklärtes Ziel der auf dem Höhepunkt des Art Nouveau formulierten Bauordnung war es, das Straßenbild durch Erker, Loggien und Kuppeln malerisch aufzulockern. Perret jedoch nutzte die neuen Regeln für den Ausdruck konstruktiver

73 Von Perrets Wohnturm-Vision berichten u. a. folgende Artikel: De L. 1905. – Pays 1921. – Labadié 1922. – Ders. 1925. – Über die städtebaulichen Vorstellungen Perrets und ihre Herkunft von Ideen François Coignets und Eugène Hénards: Fanelli/Gargiani 1991, S. 73–80. – Gargiani 1993, S. 218–235.

74 Bressani 1986a, S. 22 ff. – Bresler 1986, S. 50 ff. – Laisney 1994.

75 Hierüber berichtet: Dormoy 1963, S. 88.

107 Wohnung Auguste Perret, Rue Franklin 25bis, Paris 16e, Ansicht, Terrasse

Rationalität. Das pittoreske Leitbild übersetzte er in ein sparsam dekoriertes strukturelles Gitterwerk.

Der Bau des Hauses in der Rue Franklin besiegelte den Generationenwechsel in der Firma ›Perret Fils‹ vom Vater Claude-Marie zu den Söhnen Auguste und Gustave.[76] Das Gebäude, das die Spezialisierung des Unternehmens auf Eisenbetonkonstruktionen einleitete, nahm im Erdgeschoss den neuen Firmensitz auf. Im zurückgesetzten siebten Stockwerk des Hauses bezogen die Eltern Perret ihr Altersdomizil, und in der neunten Etage richtete Auguste, nunmehr zum Kopf der Firma aufgerückt, für sich ein Studio ein. Mit der werbewirksamen Maßnahme, ihren Firmensitz in dem neuen Mietshaus unterzubringen, verfuhren die Brüder Perret wie wenige Jahre zuvor der junge Hector Guimard. Dieser hatte 1897 den von ihm selbst entworfenen Etagenwohnbau ›Castel Béranger‹ als Standort seines Büros gewählt und damit das Gründungsbauwerk des Pariser Art Nouveau, von ihm als ›Style Guimard‹ ausgegeben, zu seiner Geschäftsadresse gemacht.[77] In ähnlicher Weise wurde nun für ›Perret Fils‹ die Fassade der Rue Franklin 25bis zum erweiterten Firmenschild. Wie das Gebäude Guimards nahm ihr Hausbau eine neue Architektursprache in Aussicht und deklarierte sie als Firmenstil. Da das Mietshaus der Rue Franklin sich im Gegensatz zum ›Castel Béranger‹ im Eigentum seiner Architekten befand und von diesen auch bewohnt wurde, vermag die Identifikation von Bau und Erbauer hier noch stärker zu überzeugen.

Indem Auguste Perret sich die Dachwohnung des in eigener Regie ausgeführten Wohnbaus aneignete, sanktionierte er die durch den mechanischen Aufzug ermöglichte Umkehrung der Stockwerkshierarchie[78]. Die Einführung des Fahrstuhls hatte seit den achtziger Jahren die oberen Etagen der Mietshäuser begehrter werden lassen. Zu den natürlichen Qualitäten der Höhenlage – bessere Belichtung, Weite des Ausblicks und Abgeschiedenheit vom Verkehrslärm – trat nun der Vorzug, bequem erreichbar zu sein. Innerhalb des Hauses stellte sich damit die soziale Pyramide gewissermaßen auf die Füße. Hatten bislang die unteren Wohnungen das höchste Sozialprestige genossen, wurde jetzt die Gebäudespitze zur gesellschaftlich bevorzugten Wohnlage. In der Rue Franklin 25bis fehlt noch ein Schritt zur Vollendung der neuen Hierarchie. Zwischen dem siebten und dem neunten Stockwerk befinden sich die Kammern des Dienstpersonals. Diese Erinnerung an die herkömmliche Nutzung der ›Man-

76 Das 1883 gegründete Bauunternehmen von Claude-Marie Perret firmierte seit 1896 als ›Perret Fils‹, Anzeichen für eine zunehmend aktivere Rolle der Brüder, besonders des älteren Auguste, im väterlichen Betrieb. Vgl. hierzu: Abram 1986, S. 13.

77 Von der Postkartenserie ›Le style Guimard‹ zeigt Nr. 10 den Architekten an seinem Zeichentisch im Castel Béranger. Thiébaut 1992, S. 158 f. – Godoli 1992, S. 168.

78 Vgl. zum folgenden: Loyer 1987, S. 408.– Eleb 1994 a, S. 81–88. – Eleb/Debarre 1995, S. 308 u. 404–407.

108 Wohnung Auguste Perret, Rue Franklin 25bis, Paris 16e, Ansicht, Terrasse nach Hinzufügung der Pergola

sarde‹ ist ein Relikt der traditionellen Stockwerksdisposition. Bald wird deren Aufhebung dazu führen, die Mädchenzimmer in das Souterrain oder den Entresol zu verlegen.

Auf die soziale Umkehrung im Inneren des Hauses reagierte die Architektur der Jahrhundertwende mit einer Verlagerung des Fassadenschmucks. Begünstigt durch die neue Bauordnung von 1902, zierten nun Kuppeln und Säulen die Mietshausdächer.[79] Statt einer solchen dekorativen Bekrönung gab Auguste Perret dem Dach seines Mietshauses den nützlichen Schmuck der Terrassen und verstärkte damit noch die natürlichen Vorzüge der Höhenlage. Während Henri Sauvage das Dach seines gleichfalls 1903 errichteten H. B. M.-Mietwohnungsgebäudes in der Rue de Trétaigne 7 für alle Bewohner zugänglich machte,[80] erklärte Perret den Dachgarten der Rue Franklin 25bis zum exklusiven Vorrecht der Architektenwohnung. Allein er selbst kam in den Genuss der Terrassen, die den fehlenden Garten des Hauses ersetzen.

Auguste Perrets Dachgarten erstreckt sich über drei Niveaus. Seine Basis hat er in der Terrasse des achten Stockwerks, die von den dort befindlichen Zimmern der Hausangestellten nicht betretbar ist. Das Herzstück des Gartens bildet der von breiten Flankenmauern abgeschirmte, großzügige Austritt vor der Wohnung des Architekten. Eine schmale Leiter führt auf das bekieste Dach des Hauses, das ein waagerecht unterteiltes Schiffsgeländer besitzt, abweichend von den Drahtgittern der übrigen Brüstungen. Perret gab seiner Terrasse durch Blumen, Sträucher und kleine Bäume auf allen Ebenen das Gepräge eines wirklichen Gartens.[81] In dem begrünten Dach setzt sich die florale Ausdeutung fort, die das ganze Gebäude durch den Kachelschmuck erhält. Die organische Metaphorik der Fassadenverkleidung erfährt hier eine letzte, naturalistische Steigerung.[82]

Die einzigartige Aussicht auf die Stadt ist zentrales Thema der gesamten Hauskonzeption. Der Blick auf Paris dürfte nicht nur den Ausschlag für die Wahl des Bauplatzes gegeben, sondern auch die Disposition der Etagengrundrisse beeinflusst haben. Die Wohnräume fügen sich zu einem Halbrund und richten sich gleich den Logen eines Theaters auf das urbane Schauspiel aus. In Perrets Studio erreicht die Inszenierung der Aussicht ihren Höhepunkt.[83] Zu Füßen des Architekten dehnt sich bis zum Horizont das Panorama der Metropole. Unter freiem Himmel sieht er sich allein mit seinem Gegenüber, der Großstadt. Es ist ein zugleich

79 Loyer 1987, S. 402 u. 407 ff.

80 Es handelte sich um einen von der Société Française des habitations à bon marché (H. B. M.) geförderten Wohnbau für Arbeiter. Loyer/Guéné 1987, S. 8 ff.u. 14 ff. – Vgl. auch: Taylor 1978.

81 Auch die 1922 veröffentlichten, von Jacques Lambert nach Perrets Anweisungen gezeichneten Wolkenkratzer sind von Bäumen bekrönt. Labadié 1922. – Zur Frage der Verbreitung von Dachgärten im Paris der Jahrhundertwende: Fanelli/Gargiani 1991, S. 12, Anm. 43.

82 Über die organische Metaphorik des Mietshausbaus: Bressani 1986b. – Ders. 1990, S. 102 ff.

83 Das Thema der Aussicht behandelt: Bressani 1990.

herrschaftlicher und ehrfürchtiger Blick, den Perret auf das Stadtpanorama richtet. Er schaut herab auf den Ort, an dem seine Bauten entstehen und auf den sich seine Planungen beziehen. Der Blick des Architekten unterwirft die Stadt gleichsam der Verfügungsgewalt seiner demiurgischen Imagination. Doch die Metropole ist nicht nur der beplante Ort, sondern als Verkörperung kontinuierlichen architektonischen Wandels zugleich ein Gegenstand der Kontemplation. Die Betrachtung der Stadt Paris schließt ein Moment andächtiger Verehrung mit ein. Im Brennpunkt des »märchenhaften Panoramas«[84] steht eine Ikone architektonischen Fortschritts, der Eiffelturm, mit dessen erster Plattform sich Perrets Dachterrasse auf gleicher Höhe befindet.[85]

Innerhalb seines Appartements verschaffte Perret dem Stadtpanorama eine erhöhte Präsenz, indem er die Rückwand mit Spiegeln verkleidete. Später ließ er ein Fenster nach Westen durchbrechen, das die Aussicht in Richtung St.-Cloud und auf den Bois de Boulogne öffnete.[86] Er stellte damit der urbanisierten Landschaft von Paris den Blick in die freie Natur gegenüber. Um die Jahrhundertwende besaß der Stadtteil Passy, wo das Etagenwohnhaus der Perrets steht, noch den Charakter eines Vororts. Hier, also in Distanz zum städtischen Zentrum, jedoch in vorgeschobener Position hinsichtlich der künftigen Urbanisierung des Umlands, bezog der Architekt seinen Standort. An der Peripherie, von der aus die Wachstumsachsen der Metropole in die Landschaft ausstrahlen, formulierte er sein Konzept einer vielgeschossigen Wohnbebauung.

Den privilegierten Ort über den Dächern von Paris machte Perret zum Podium für die Präsentation seiner Architektur. Einen großen Teil seiner gesellschaftlichen und beruflichen Pflichten nahm er in der neunten Etage der Rue Franklin 25bis wahr. Hier empfing er Journalisten, Photographen und sicherlich auch Kunden, ließ Konferenzen abhalten, gab Interviews und erläuterte seine Ansichten über das Bauen.[87] Durch eine später hinzugefügte Pergola in schwerem Sichtbeton konfrontierte er die Gäste auf seiner Terrasse mit dem von ihm favorisierten Material.[88] »Je fais du béton armé«, ist der überlieferte Ausspruch, mit dem Perret seine Arbeit charakterisierte und seine Identifikation mit dem neuen Baustoff unterstrich.[89] Den genuinen Ausdruck der neuen Betonarchitektur verkörperte für ihn die auf dem Dach der Rue Franklin 25bis zur Schau gestellte Wohnform.

Was die typologischen Neuerungen anbelangt, die der Konzeption seines Appartements zugrunde liegen – die Aufwertung der Dachlage, das begehbare Flachdach –, so ist Auguste Perret nicht unbedingt der einzige oder der erste, der sie anwendet. Indem er jedoch die neuen Lösungen in seinem eigenen Domizil verwirklicht, übersetzt er aktuelle Entwicklungen in eine persönliche Aussage zum Wohnen in der modernen Großstadt. Durch seine Wohnung verbindet der Architekt das neue Material und ein innovatives Wohnmodell mit der eigenen Person. Er selbst ist Hauptakteur in einer pathetischen Inszenierung des architektonischen Aufbruchs.

Häuser von Zeitgenossen: Hector Guimard, Paul Guadet

Obgleich er sich nur eine Etagenwohnung einrichtete, gelang Auguste Perret mit dem eigenen Domizil eine umfassendere architektonische Aussage als zeitgenössischen Pariser Berufskollegen, die sich individuelle Stadthäuser bauten. Im Unterschied zu Perret ging es für Hector Guimard bei seinem Hausbau nicht um die Demonstration einer neuen Wohnform. Der Protagonist des Pariser Jugendstil strebte stattdessen nach Darstellung seiner künstlerischen Individualität. Das 1909–12 errichtete Eckhaus an der Avenue Mozart 122 enthält im Erdgeschoss das Büro des Architekten, im dritten Stockwerk ein Maleratelier für seine Frau.[90]

84 Von einem »panorama féerique« spricht: De L. 1905.

85 Von dem Maler Josef Sima ließ sich der Architekt vor dem Hintergrund des Eiffelturms im Fensterausblick von der Rue Franklin 25 bis porträtieren. Das Gemälde ist abgebildet in: Život, 1922, S. 44. – *Perret* 1986, S. 7.

86 Bressani 1986a, S. 22.

87 Zeugnis hiervon geben zahlreiche Interviews und Artikel, darunter: De L. 1905. – Pays 1921. – Zahar 1928.

88 Eine Datierung der Pergola vor 1910 erwägt: Bressani 1986a, S. 29, Anm. 12.

89 Le Corbusier 1932, S. 8.

90 Thiébaut 1992, S. 386–413.

109 Paul Guadet, Wohnhaus des Architekten, Boulevard Murat 95, Paris 16e, 1912, Ansicht

110 Hector Guimard, Wohnhaus des Architekten, Avenue Mozart 122, Paris 16e, 1909–12, Ansicht von Nordosten

Guimard verschmilzt die beiden Fassaden zu einer plastisch bewegten Masse und versetzt Gesimse, Fensterrahmen und Wandflächen in florale Schwingung. Ein großes, in die Dachzone hineinragendes Fenster vertritt das Atelier von Madame Guimard und deklariert den gesamten Bau als Künstlerhaus. Im geschwungenen Rahmen des Portals gibt sich Guimard als Entwerfer der Pariser Metroeingänge zu erkennen. Die Fassade in ihrer Gesamtheit wird zum Emblem seiner Architektur, welche verbindliche historische Formen durch die Freiheit ornamentaler Imagination ersetzt. Allerdings kennzeichnet der plastisch-dekorative Individualismus, den Guimard in seinem eigenen Haus zelebriert, auch die Mehrzahl seiner übrigen Wohnbauten. Seit dem Bau des ›Castel Béranger‹ verwendete er das exzentrische Formenrepertoire, mit dem er sich als ›architecte d'art‹ auswies. Als er das Haus an der Avenue Mozart entwarf, war der von ihm mitgeprägte Pariser Jugendstil durch den beschleunigten Wechsel entwerferischer Moden bereits überholt. Speziell die von Auguste Perret und Henri Sauvage vorangetriebene Ernüchterung des architektonischen Ausdrucks ließ den ornamentalen Überschwang Guimards obsolet erscheinen. Dessen Hausbau unterstrich sein Beharren auf dem persönlichen Stil.

Im gleichen Jahr wie Guimard stellte Paul Guadet sein Wohnhaus fertig, das er durch die Firma Perret ausführen ließ.[91] Der strukturelle Ausdruck des Materials Stahlbeton, Anliegen Perrets beim Entwurf des Mietshauses in der Rue Franklin 25bis, wird hier zum Thema eines

91 Chemetov/Marrey 1980, S. 156.

städtischen Einfamilienhauses. Der enge Abstand der Betonträger bestimmt den seriellen Rhythmus der dreigeschossigen Fassade, die zwischen zwei hohen Etagenwohnhäusern geringfügig vom Straßenrand zurückweicht. Die Felder zwischen den schlanken Pfeilern sind bis auf niedrige, ziegelverkleidete Brüstungen vollständig verglast, so dass ein transparentes Fachwerk entsteht. Zwei mittig angebrachte Balkons betonen die Fassadensymmetrie, eine begehbare Terrasse bekrönt das Gebäude. Guadet hat in seinem Stadthaus eine Formulierung für die Möglichkeiten des neuen Baustoffs gefunden, die jene Perrets in der Rue Franklin an Prägnanz noch übertrifft.

Gegenüber der komplexeren Bauaufgabe des Etagenwohnhauses begünstigte der einfache Hausentwurf die einprägsame Manifestation einer architektonischen Idee. Perret jedoch gelangte, indem er statt eines Einzelhauses eine Dachwohnung bezog, zu einer breiteren Entfaltung seines Standpunkts. Er begnügte sich nicht mit einer Artikulation technischer Möglichkeiten, sondern zeigte Wege zu einer wohntypologischen und städtebaulichen Erneuerung. Gegenüber den jüngeren Häusern Guimards und Guadets zeichnet sich das Haus in der Rue Franklin 25bis zudem durch seine vorgeschobene entwicklungsgeschichtliche Position aus. Es antizipiert die spätere Standortbestimmung Guadets und stellt die Aktualität des Hauses Guimard von vornherein in Frage.

Rue Raynouard 51–55: die Beharrlichkeit einer Recherche

Fast drei Jahrzehnte nach dem Mietshaus in der Rue Franklin, 1928–30, errichtete Auguste Perret auf dem Grundstück des historischen Gebäudes in der Rue Raynouard 51, das er bis dahin mit seiner Familie bewohnt hatte, erneut ein Etagenwohnhaus.[92] Auch diesmal schuf er im unteren Bereich des Gebäudes Raum für die Büros seiner Firma, während er eines der Wohngeschosse für seine Familie und sich reservierte. Allerdings war es nicht das Studio im obersten Stockwerk, das der Architekt bezog, sondern die darunter liegende Wohnung,[93] deren Position dem Appartement seiner Eltern in der Rue Franklin entsprach. Wiederum bekundete Perret seinen architektonischen Standpunkt mit einem Mietshausbau, in dem er selbst Wohnsitz nahm. Offensichtlich war es dabei sein Anliegen, an den Bekenntnisgestus wieder anzuknüpfen, den er in der Rue Franklin vorgetragen hatte.

Die Rue Raynouard bildet die südwestliche Verlängerung der Rue Franklin, der Neubau ist einen knappen Kilometer von dem älteren Mietshaus entfernt. Das lang gestreckte, sich parallel zur Straße verjüngende Grundstück liegt auf der dem Lauf der Seine zugewandten Straßenseite. Das Terrain fällt zum Fluss hin so stark ab, dass der Niveauunterschied zwischen Vorder- und Rückseite des Gebäudes einer Höhe von drei Geschossen entspricht. Perret konzipierte das heute frei stehende Etagenwohnhaus als Teil einer geschlossenen Bebauung. An ein nicht mehr bestehendes südliches Nachbarhaus schloss er mit einem dreigeschossigen Baukörper an, der den Eingangsbereich der im Souterrain befindlichen Büros aufnahm. Durch ein eingeschossiges Zwischenstück grenzte er ihn von dem neun Geschosse hohen Hauptbau ab. Mit dieser in die Straßenrandbebauung hineinkomponierten ›Lücke‹ gelang es ihm, die Wohngeschosse auf drei Seiten frei zu stellen. So kommt das Mietshaus dem Bild eines Turms, das Perret bereits in der Rue Franklin angestrebt hatte, noch erheblich näher. Die Hauptfassade des Gebäudes wendet sich nach Südwesten, der ›Lücke‹ zu. Der Eiffelturm liegt somit im Rücken des stadtauswärts orientierten Hauses.[94]

Jede der großzügigen Etagenwohnungen blickt in drei Himmelsrichtungen. Im Appartement der Familie Perret im siebten Stockwerk sind die Blickrichtungen nicht auf getrennte Zimmer verteilt, sondern konzentrieren sich in einem zentralen Raum, der nahezu die Hälfte der

92 Die Pläne des Hauses bewahrt das Institut Français d'Architecture, Paris. – Zeitgenössische Veröffentlichungen: Architecture d'Aujourd'hui, Jg. 3, H. 7, Oktober 1932, S. 102–115. – Imbert 1933. – De Thubert 1934. – Über die Rue Raynouard 51–55: Fanelli/Gargiani 1991, S. 110–113. – Gargiani 1993, S. 101 f.

93 Abweichend hiervon: Lemoine/Rivoirard 1987, S. 211. Die Autoren geben die beiden obersten Etagen als Domizil des Architekten an. Es existiert jedoch keine interne Verbindung zwischen den Wohnungen des siebten und achten Stockwerks. Für eine separate Nutzung der achten Etage durch Perret finden sich keine Anhaltspunkte.

94 Die städtebaulichen Rahmenbedingungen des Entwurfs bedürfen weiterer Klärung. Das südlich angrenzende Gebäude war vermutlich bereits zum Zeitpunkt des Neubaus für den Abriss bestimmt. Die nördliche Anschlussbebauung, mit der Perrets Entwurf rechnet, hätte eine Preisgabe des benachbarten, zum Musée Balzac gehörenden Gartens erfordert und dürfte auch zum damaligen Zeitpunkt wenig wahrscheinlich gewesen sein.

111 Auguste Perret, Etagenwohnhaus, Rue Raynouard 51–55, Paris 16e, 1928–30, Ansicht von Südwesten

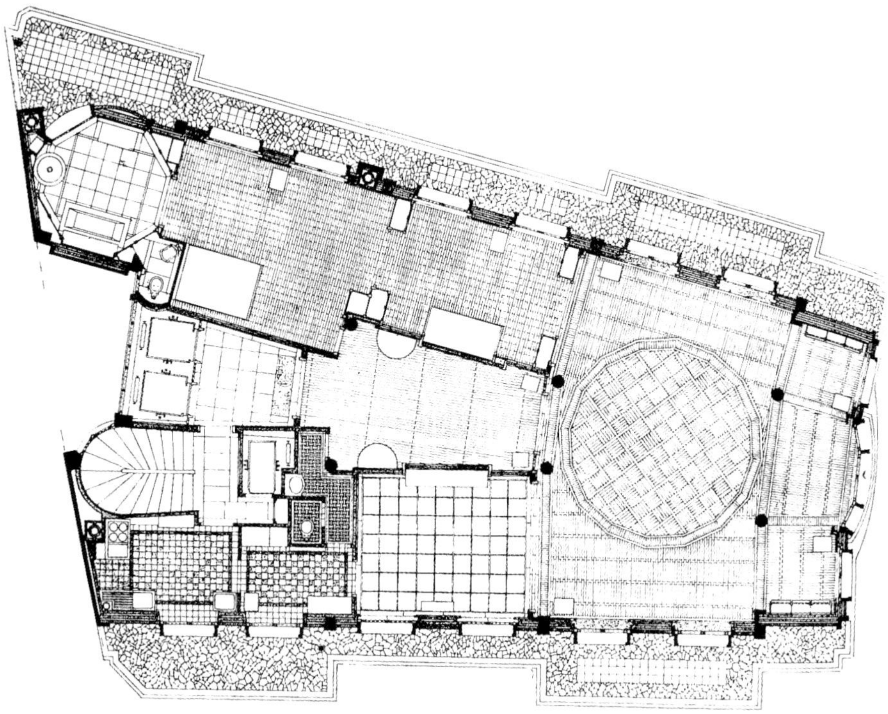

112 Auguste Perret, Wohnung des Architekten im siebten Stockwerk des Etagenwohnhauses Rue Raynouard 51–55, Paris 16e, Grundriss

113 Wohnung Auguste Perret, Rue Raynouard 51–55, Ansicht, Blick von der Terrasse nach Nordosten

Gesamtfläche einnimmt. Am gegenüberliegenden Ende der Wohnung befindet sich ein achteckiges, überkuppeltes Badezimmer. Als der Architekt das Mietshaus veröffentlichte, ließ er seine Wohnung im Grundriss wiedergeben. Zwei Abbildungen widmete er dem Blick auf das Stadtpanorama, wobei er den nur von seinem eigenen Balkon – und aus seinem Badezimmer – zu erspähenden Eiffelturm nicht vergaß.[95]

Beim Entwurf der Fassaden leitete, wie schon in der Rue Franklin, das Bemühen um strukturellen Ausdruck den Architekten. Perret setzte das Material Beton jetzt unverkleidet ein und verwendete auch für die Ausfachungen Betonplatten. Dadurch gab er dem Gebäude eine homogene, allein durch das konstruktive Relief gegliederte Außenhaut. Er betonte so, im Unterschied zum transparenten Charakter des Hauses in der Rue Franklin, die Geschlossenheit des Baukörpers. Die hohen, schmalen Fenster durchbrechen mit ihrer vorspringenden Rahmung die Fassadenfelder und akzentuieren die Vertikalität des Wohnturms.

Rückblickend brachte es Auguste Perret in Verlegenheit, das Betonskelett seines Hauses in der Rue Franklin mit ornamentierten Keramikplatten verkleidet zu haben.[96] Was das Kriterium struktureller Wahrheit betrifft, versucht er in dem neuen Entwurf eine Vervollkommnung des älteren Wohngebäudes.[97] Auch für das städtebauliche Leitbild des Wohnturms findet er in der Rue Raynouard eine präzisere Formulierung. Dagegen verzichtet er auf eine Neuausgabe des Architektendomizils auf dem Dach. Seine Wohnung liegt nun im letzten Vollgeschoss, knapp unterhalb der Gebäudespitze. Grundsätzlich bestätigt jedoch der Architekt mit seinem neuen Etagenwohnbau den dreißig Jahre früher eingeschlagenen Weg und bemüht sich, ihn in die Zukunft fortzuschreiben. Der innovatorische Impuls von 1903 verfestigt sich dabei zum kohärenten ›Stil‹. In der Rue Franklin 25bis hatte Perret den Bruch mit überkommenen architektonischen und städtebaulichen Modellen vollzogen und einen Ausblick auf zukünftige Konzepte gegeben. In der Rue Raynouard betreibt er eine Konsolidierung seiner Architektursprache mit Hilfe klassischer Kompositionsprinzipien. Über die gezielte Rückbindung an das ältere Projekt stellt Perret Kontinuität her. Der Architekt betont nicht den Abstand, sondern gerade die Nähe zu seiner Frühzeit, er unterstreicht die Konstanz seiner Bestrebungen und die Beharrlichkeit seiner architektonischen Recherche.

95 Architecture d'Aujourd'hui, Jg. 3, H. 7, Oktober 1932, S. 112 (Grundriss des siebten Stockwerks, gekennzeichnet als »Appartement d'A. Perret«) u. 108–109 (Ausblicke).

96 Soviel scheint hervorzugehen aus: Perret 1935, S. 46. – Vgl. auch: Abram 1986, S. 8, Anm. 4. – Gargiani 1993, S. 184.

97 Über Inkonsequenzen des strukturellen Ausdrucks in der Rue Raynouard 51–55: Gargiani 1993, S. 101 f.

114 Le Corbusier im Atelier seiner Wohnung in der Rue Nungesser-et-Coli 24, Paris 16e, Foto Robert Doisneau, 1944

Le Corbusier, geboren 1887 als Charles-Edouard Jeanneret in La Chaux-de-Fonds (Schweiz), gestorben 1965 in Cap-Martin (Frankreich), erhielt seine Grundausbildung auf der Kunstgewerbeschule seiner Vaterstadt. Als Architekt arbeitete er in den Büros von Auguste Perret in Paris (1908–09) und Peter Behrens in Berlin (1910–11). Seine ersten Villenbauten entstanden zwischen 1907 und 1916 in La Chaux-de-Fonds. 1917 ließ er sich in Paris nieder, wo er 1922 in Partnerschaft mit seinem Cousin Pierre Jeanneret ein eigenes Büro eröffnete. Gemeinsam mit dem Maler Amédée Ozenfant begründete er die Kunstrichtung des Purismus und gab 1920–25 die Zeitschrift ›L'Esprit Nouveau‹ heraus. Vor allem durch seine umfangreiche publizistische Tätigkeit konnte er sich bald als ein Hauptvertreter der architektonischen Moderne profilieren. Nachdem er in den zwanziger Jahren überwiegend Einzelhäuser gebaut hatte, begann um 1930 die Phase der Großaufträge (›Grands travaux‹), unter ihnen der Pavillon Suisse (1930–32) und die Cité de Refuge (1932–33). Einen weiteren Höhepunkt erlebte seine Arbeit nach 1945 mit Bauten wie der Unité d'habitation in Marseille (1947–52) und der Wallfahrtskirche in Ronchamp (1950–54). Seine lebenslange Beschäftigung mit Problemen des Städtebaus mündete ab 1951 in die Planungen und Bauten für Chandigarh, die Hauptstadt des indischen Pandschab.

In der Rolle des Künstlers: **Le Corbusier**

Auguste Perret strebte nach Modernität im wahrhaftigen Umgang mit dem Eisenbeton als dem Material der Epoche, nach Zeitlosigkeit im Beharren auf der Symmetrie und Tektonik klassischer Komposition. Durch sein Bemühen um eine strukturelle Klassizität isolierte er sich von der architektonischen Avantgarde der zwanziger Jahre.[98] Als er in der Rue Raynouard zum zweiten Mal ein Etagenwohnhaus für sich selbst errichtete, war sein Begriff architektonischer Modernität längst durch jüngere Konzepte überholt.

Kurz nachdem Perret seinen Mietshausbau vollendet hatte, nahm Le Corbusier an der Porte Molitor im 16. Arrondissement ein ähnliches Vorhaben in Angriff. Er begann 1931 mit den Entwürfen für ein neungeschossiges Etagenwohnhaus in der Rue Nungesser-et-Coli 24, dessen zwei obere Stockwerke seine Wohnung aufnehmen sollten.[99] Derjenige Pariser Architekt, der den Imperativ der Modernität am energischsten vertrat, griff bei der Planung seines eigenen Domizils auf Perrets Studio in der Rue Franklin 25bis als den Prototyp des Wohnens über den Dächern der Stadt zurück. Er bediente sich damit eines vorformulierten, bereits mehrfach verwendeten Modells. So hatte nur wenige Jahre nach Perret der Architekt Léon Chesnay die beiden obersten Geschosse eines von ihm 1907–08 ausgeführten Etagenwohnhauses in der Rue de Courcelles 85 bezogen.[100] Henri Sauvage hatte sich eine Wohnung im obersten Geschoss seines 1912–14 errichteten Stufenmietshauses an der Rue Vavin 26 reserviert und im inneren Hohlraum des Gebäudes unter den nach oben zurückgestuften Wohnungen für sein Büro Platz gefunden.[101] Als Le Corbusier in der Rue Nungesser-et-Coli einzog, war das Dachappartement dabei, zum Inbegriff eines extravaganten und modernen Wohnens zu werden. Bezeichnend hierfür war die Dachterrasse, die er selbst kurz zuvor für Charles de Beistégui entworfen hatte.[102]

Rue Nungesser-et-Coli 24: ein ›plan libre‹ für den Architekten

Le Corbusier baute das Mietshaus nicht auf eigene Rechnung wie der Firmeninhaber Perret, sondern im Auftrag einer Immobiliengesellschaft, der Societé Immobilière Paris Parc des Princes, bei der er sich eingekauft hatte.[103] Die Gesellschaft ließ einen Werbeprospekt drucken und bemühte sich darum, bereits vor dem Ende der Bauarbeiten Wohnungen zu verkaufen. Von ihr erwarb der Architekt das Recht, über dem sechsten Stockwerk auf seine Kosten zwei weitere Geschosse für sich selbst zu errichten.[104] Anders als Perret machte Le Corbusier das Haus nicht zu seinem Bürostandort, sondern nahm hier lediglich Wohnsitz.

Die Rue Nungesser-et-Coli liegt am äußersten südwestlichen Rand von Paris, an der Grenze zur Nachbargemeinde Boulogne. Da die Straße nur auf ihrer Westseite bebaut ist, genießt Le Corbusiers Etagenwohnhaus freie Aussicht in Richtung Osten. Jenseits eines breiten Grünstreifens, der den Verlauf des ehemaligen Verteidigungsgürtels bezeichnet, beginnt dort das eigentliche Stadtgebiet. Rückwärtig blickt das Mietshaus auf die schmale Rue de la Tourelle, die bereits zu Boulogne gehört. Die Wohngeschosse enthalten jeweils zwei oder drei Appartements, von denen sich eines nach Paris orientiert, die übrigen nach Boulogne. Ein schmaler Steg zwischen zwei Lichthöfen im Zentrum des Grundstücks verbindet die beiden Haushälften. Die Dienstbotenzimmer sind im Erdgeschoss und – neben vier Garagenstellplätzen – im Keller untergebracht.

98 Perrets Isolation konstatiert: Le Corbusier 1932, S. 9.

99 *Œuvre complète*, Bd. 2, S. 144–153. – Spätere Veränderungen publiziert als: *Petit reportage sur l'appartement de Le Corbusier*, in: *Œuvre complète*, Bd. 5, S. 57–61. – Pläne und Zeichnungen veröffentlicht in: Brooks 1982, Bd. 11, S. 3–308. – Zeitgenössische Veröffentlichungen: Sabatou 1934, S. 41–46 (Etagenwohnhaus) u. 47–52 (Wohnung). – Shand 1935. – Über Le Corbusiers Wohnung: Green 1987c. – Benton 1987c, S. 68–70. – Petit/Doisneau 1988, S. 47–63. – Sbriglio 1996.

100 Eleb/Debarre 1995, S. 404 f.

101 *Adresses de Henri Sauvage*, in: *Sauvage* 1976, S. 211. – Über das Etagenwohnhaus: Loyer/Guéné 1987, S. 48–73.

102 Vgl. u. S. 117 f.

103 Über die Umstände der Planung und Ausführung: Green 1987c, S. 127. – Sbriglio 1996, S. 70–75 u. 94–99.

104 Die Berechtigung kostete ihn 110 000 Francs, nachdem er bereits 207 Aktien der Gesellschaft zu je 100 Francs erworben hatte. Die genauen Bedingungen bestätigt Le Corbusier in einem Brief an die Societé Immobilière Paris Parc des Princes vom 22. August 1931, Fondation Le Corbusier, Paris, H 2-6-19.

116 *Le Corbusier, Etagenwohnhaus, Rue Nungesser-et-Coli 24, Paris 16e, 1931–34, Ansicht, Ostfassade*

115 *Werbeprospekt der Societé Immobiliére Paris Parc des Princes für das Etagenwohnhaus in der Rue Nungesser-et-Coli 24, Paris 16e, FLC H2–6*

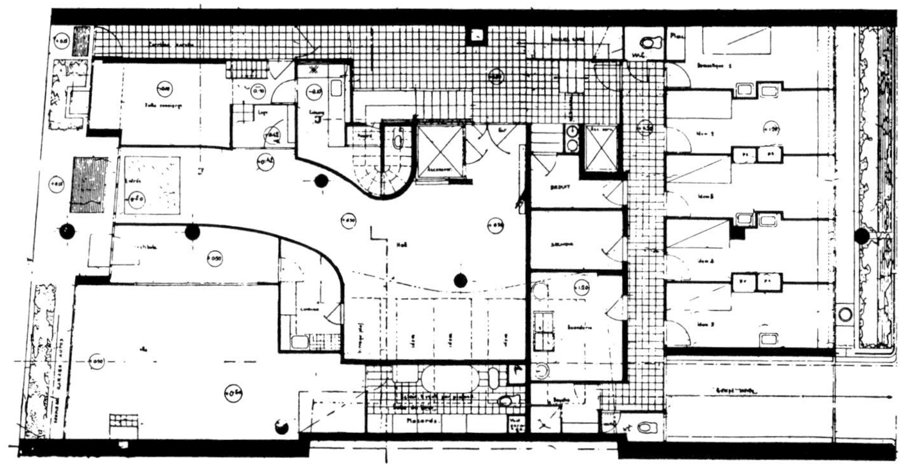

117 Etagenwohnhaus, Rue Nungesser-et-Coli 24, Paris 16e, Grundriss Erdgeschoss, FLC 13375

Den Straßenfronten des Hauses gibt Le Corbusier eine transparente Haut aus Stahl und Glas. Er gestaltet jedoch die Glashaut nicht, wie etwa bei der gleichzeitig ausgeführten Cité de Refuge, als homogene Fläche, sondern gliedert sie durch Balkongeländer und Brüstungsstreifen aus Glasbausteinen als rhythmische Abfolge horizontaler Schichten. So macht er die Geschosseinteilung ablesbar und setzt das Gebäude in maßstäbliche Beziehung zu den Nachbarhäusern. Einen breiten Abschnitt des dritten und vierten Stockwerks lässt er zusammen mit dem Balkon des fünften Stockwerks aus der Fassadenflucht hervortreten. Durch die Auskragung betont er den Zusammenhalt der Fassade als in ihrer Tiefe gestaffelter, geschossübergreifender Einheit. Die Wiederholung des Vorsprungs auf der nahezu identisch gestalteten Rückseite des Hauses erweckt den Eindruck eines durch den Gebäudekern hindurchgesteckten Riegels. Das Erdgeschoss mit dem nach links verschobenen Eingang entzieht sich der symmetrischen Disziplin der Fassade. In der asymmetrischen Anordnung des Eingangs und den gekurvten Wänden des Vestibüls scheint die flexible Grundrissorganisation der Wohnungen vorweggenommen. Ein ausschließlich den Wünschen des jeweiligen Käufers verpflichteter ›plan libre‹ gehörte zu den im Werbeprospekt angepriesenen Vorzügen des Wohnhauses.

Die Wohnung des Architekten behauptet über dem Mietshaus, dessen Grundfläche und Installationen sie übernimmt, eine begrenzte Autonomie. Da der Bewohnerfahrstuhl nur bis zum sechsten Stockwerk reicht, ist Le Corbusiers Appartement ausschließlich über die Treppe zu erreichen. Das Dienstmädchenzimmer ist aus den Gemeinschaftsunterkünften im Erdgeschoss herausgelöst und in die Wohnung integriert. Von den zum Verkauf angebotenen Wohnungen unterscheidet sich das Appartement des Architekten besonders dadurch, dass es sich über beide Hälften des Etagenwohnhauses erstreckt. Damit wird es trotz der im Dachbereich zurückgestuften Bebauung zur größten Wohnung des Hauses. Durch Ausnutzung des ›gabarit‹, der nach oben spitz zulaufenden Bebauungsgrenze, kann Le Corbusier beide Teile der Wohnung mit flachen Tonnengewölben abschließen und so die Räume spürbar erhöhen. Ein weiteres Privileg der Architektenwohnung besteht in ihrer Zweigeschossigkeit. Das über eine interne Wendeltreppe erreichbare achte Stockwerk fügt der Wohnung zwar an umbautem Raum lediglich ein kleines Gästezimmer hinzu, es erweitert sie jedoch um den von einem Baldachin überfangenen Dachgarten mit nach Osten und Westen offener Aussicht. Der Etagenwohnbau dient Le Corbusiers Wohnung als Plattform, auf der sie sich zu bevorzugter Höhe emporhebt.

Der Architekt nutzt die beiden Flügel des Gebäudes für eine funktionale Zweiteilung seines Domizils. Zwischen den beiden Wohnungshälften vermittelt ein durch Schwingwände abtrenn-

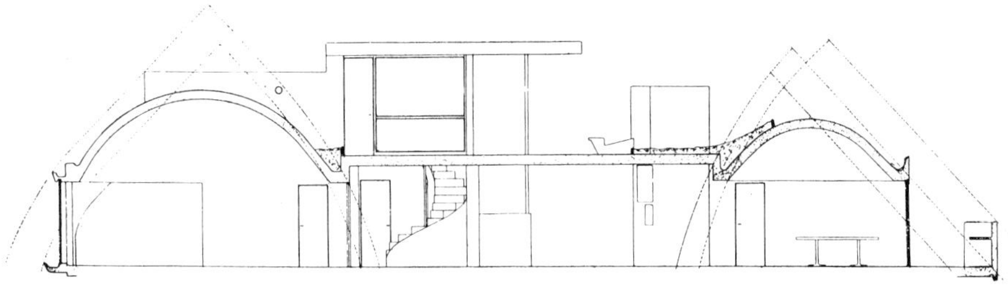

118 Le Corbusier, Wohnung des Architekten im siebten und achten Stockwerk des Etagenwohnhauses Rue Nungesser-et-Coli 24, Paris 16e, Schnitt, Blick nach Süden, FLC 13398

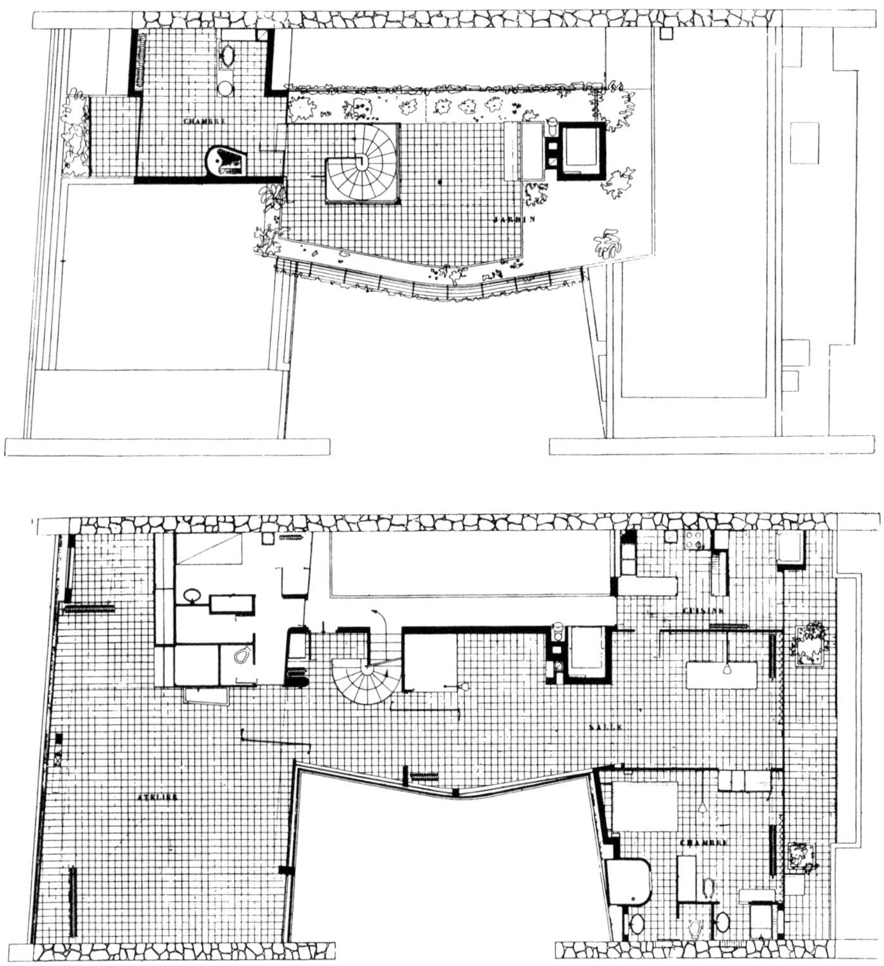

119 Wohnung Le Corbusier, Rue Nungesser-et-Coli 24, Paris 16e, Grundrisse siebtes und achtes Stockwerk, FLC 13496 und 13463

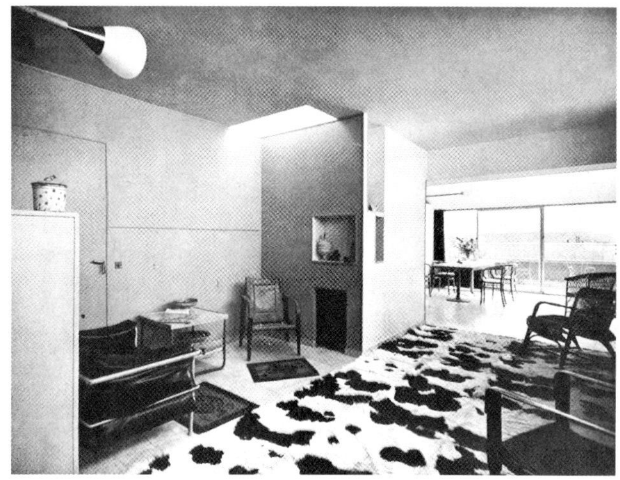

120 Wohnung Le Corbusier, Rue Nungesser-et-Coli 24, Paris 16e, Innenansicht, Wohnbereich mit Sitzecke, Kamin und Esszimmer, FLC L1(7)1-272

bares Vestibül. Von hier öffnet sich nach Osten der großzügige Atelierraum, nach Westen der kleinteilig organisierte Wohnbereich. Das Atelier nimmt zwei Drittel der Hausbreite ein. Südlich sind ihm ein verjüngter Anraum und ein kleines Studierzimmer zugeordnet. Die gläserne Ostwand des Raums gliedert sich in vier Kompartimente, von denen drei matt verglast sind, während sich im vierten ein Schiebefenster mit durchsichtigem Glas befindet.[105] Der Wohnbereich beginnt mit der um einen Kamin gruppierten Sitzecke im Zentrum des Hauses

105 Eine zeitgenössische Aufnahme zeigt, dass allein im südlichen Abschnitt der Glaswand ein textiler Vorhang angebracht war, da nur hier direktes Licht einfallen konnte. Sabatou 1934, S. 51 – Vgl. u. Abb. 126.

121 Wohnung Le Corbusier, Rue Nungesser-et-Coli 24, Paris 16e, Innenansicht, Schlafzimmer, FLC L1 (7) 1–397

und setzt sich mit einem Esszimmer zur transparent verglasten Westwand hin fort. Dort schließen sich südlich die Küche, nördlich ein kleines Schlafzimmer mit getrennten Bädern für den Architekten und seine Frau an.

Le Corbusiers Architektenwohnung beschränkt sich auf wenige notwendige Räume. Von den Konventionen bürgerlichen Wohnens hat sich sein privater ›plan libre‹ befreit – dies zeigt sich im Vergleich mit der axialen Reihung der Räume bei Perret in der Rue Raynouard. Statt eines repräsentativen Interieurs gestaltet Le Corbusier auf begrenzter Fläche eine reiche Abfolge unterschiedlich charakterisierter Räume und eröffnet eine Vielzahl überraschender Durchblicke. So verleiht er seinem Domizil den Charakter einer mikro-urbanistischen Wohnlandschaft.

Obwohl der Architekt die Publikation seines Etagenwohnhauses zum Anlas für eine heftige Polemik gegen die geltenden Bauvorschriften nimmt,[106] entwickelt er die räumliche Kom-

106 Ebd., S. 47 ff. Der Verfasser verwendet offensichtlich von Le Corbusier vorformulierte Textpassagen.

plexität seines Appartements gerade im Zusammenspiel mit jenen Vorschriften. Dabei lässt er sich leiten von den durch Hausinstallationen und ›gabarit‹ vorgegebenen Bedingungen der Dachsituation. Die beiden Fahrstuhlschächte akzeptiert er als ›natürliche‹ Raumbegrenzung. Den Platz zwischen ihnen deutet er durch einen Kamin als bergendes Zentrum der Wohnung. Aus der Not des ›gabarit‹ macht er durch die gewölbten Decken eine Tugend. Zudem nutzt er den Vorzug der Dachlage für die innere Lichtregie, indem er an verschiedenen Stellen der Wohnung verglaste Luken als vertikale Lichtquellen anbringt. Beim Entwurf des Schlafzimmers geht Le Corbusier in seinem Bemühen um vielfältige Raumbildungen noch über das vom ›gabarit‹ auferlegte Maß an Komplexität hinaus. Mit dem einen Meter hoch aufgeständerten Bett,[107] dem quer zur Wand gestellten Schrank, der plastisch gerundeten Duschkabine und den organischen Formen der ausgestanzten Türöffnungen verfremdet er das Zimmer zum räumlich-skulpturalen Ereignis. Spiegel erweitern illusionistisch den fragmentierten Raum, den der Architekt als »la place du village« beschreibt.[108]

122 Le Corbusier, Immeuble Clarté, Genf, 1930–32, Ansicht, FLC L3(12)4-9

›Grands travaux‹

Hatte Le Corbusier während der zwanziger Jahre überwiegend Einzelhäuser gebaut, so gelang es ihm am Ende des Jahrzehnts, auch größere Projekte an sich zu ziehen. Die kurze Phase der ›grands travaux‹ erreichte ihren Höhepunkt in den Jahren um 1932, als gleichzeitig in Genf die Maison Clarté (1930–32), in Paris der Pavillon Suisse (1930–32), die Cité de Refuge (1932–33) und das Etagenwohnhaus an der Porte Molitor entstanden.[109] Mit diesen Gebäuden ließ der Architekt die weiß verputzten Prismen der puristischen Periode hinter sich. Stattdessen konstruierte er gläserne Fassaden, gehalten und rhythmisch gegliedert durch schlanke Profile aus Stahl. Nach der kubischen Abstraktion seiner früheren Villenbauten gelangte er damit zu einem betont technischen, auf die sichtbare Verwendung moderner Materialien gestützten Ausdruck.

War im Fall des Pavillon Suisse und der Cité de Refuge die Wohnfunktion in komplexere Bauaufgaben eingebettet, so handelte es sich bei der Maison Clarté und dem Gebäude an der Porte Molitor um reine Etagenwohnbauten, die es Le Corbusier erlaubten, seine Vorstellungen vom Wohnen in der modernen Großstadt zu exemplifizieren. Die beiden Entwürfe unterscheiden sich voneinander sowohl in typologischer Hinsicht als auch in ihrem Verhältnis zum jeweiligen Kontext. In dem Genfer Projekt verwirklichte Le Corbusier erstmals das 1922 entwickelte Konzept des aus doppelgeschossigen Wohneinheiten zusammengesetzten ›Immeuble-villas‹.[110] Dagegen entschied er sich in Paris für eingeschossige Appartements, verzichtete also auf eine Umsetzung des vorformulierten Wohnmodells. Der innovative Akzent liegt hier auf den modifizierbaren Grundrissen, die jeder Wohnung die Individualität eines Einzelwohnhauses versprachen. Während das frei stehende, scheibenförmige Gebäude in Genf in einer vorgeprägten Umgebung seine Eigengesetzlichkeit behauptet, fügt sich das Haus an der Porte Molitor in eine Straßenrandbebauung ein und respektiert gezwungenermaßen die gesetzlich vorgeschriebene Baulinie. Es unterwirft sich somit den Konventionen des Pariser Etagenwohnbaus. Zwar tritt es durch seine gläserne Front in Kontrast zu den benachbarten Steinfassaden, der Architekt ist jedoch bemüht, diesen Kontrast zu mäßigen. Durch die Brüstungsstreifen aus Glasbaustein dämpft er die Transparenz der Fensterfronten und unterstreicht den maßstäblichen Bezug zur Nachbarschaft. Anstatt die technoide Fremdartigkeit seines Neubaus zu forcieren, sucht er die Koexistenz mit der angrenzenden Bebauung.

107 »Pilotis!«, kommentiert augenzwinkernd ein zeitgenössischer Besucher: Posener 1990, S. 220.

108 Sabatou 1934, S. 49. Die urbanistische Analogie ist hiermit offen ausgesprochen.

109 *Œuvre complète*, Bd. 2, S. 66–71, 74–89 u. 97–109.

110 Sumi 1989.

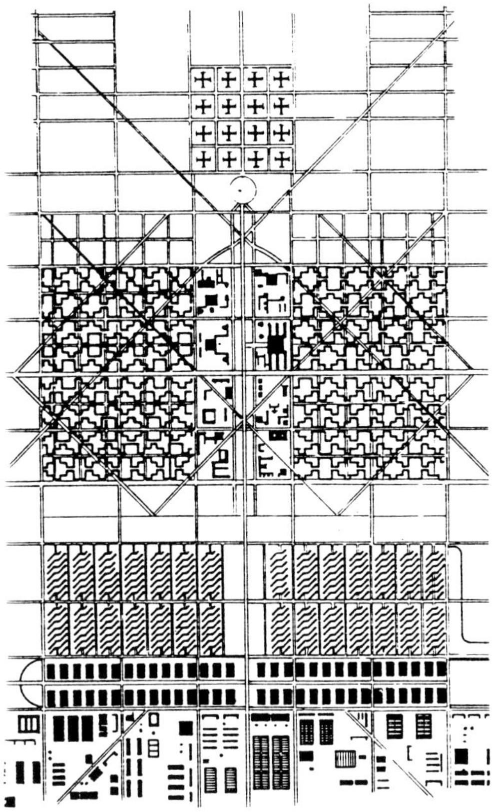

123 Le Corbusier, ›Ville Radieuse‹, 1930, Idealstadtplan, FLC 24909

›Ville Radieuse‹

Le Corbusier übersetzt sein Ungenügen an der Stadtstruktur nicht in eine gebaute Polemik gegen den urbanen Kontext. Dennoch bezieht er den Mietshausbau auf sein Konzept einer urbanistischen Reform. Gleich zu Beginn des Textes, mit dem er die Veröffentlichung des Hauses begleitet, deklariert er den Bau als Vorboten der ›Ville Radieuse‹.[111] Der Name der ›Strahlenden Stadt‹ steht für einen 1929–30 präzise ausgearbeiteten Idealstadtplan, wird aber darüber hinaus zur allgemeinen Metapher für die städtebaulichen Grundprinzipien Le Corbusiers.[112] Als Nachfolgemodell der ›Ville Contemporaine‹ von 1922 übernimmt die ›Ville Radieuse‹ deren wichtigste Bebauungstypen, den kreuzförmigen Wolkenkratzer und die mäandrierenden Wohnblöcke der ›redents‹. Die hierarchische Gliederung ihrer Vorgängerin ersetzt sie durch ein System paralleler Bänder, aufgereiht entlang einer zentralen Querachse. Da in der ›Ville Radieuse‹ alle Gebäude auf Pilotis stehen, sind Bebauungsstruktur und Straßenführung grundsätzlich voneinander geschieden. Das größere Maß an Flexibilität, das die ›Ville Radieuse‹ gegenüber der ›Ville Contemporaine‹ auszeichnet, zeigt sich in der Anwendung auf lokale Situationen. Die Pläne für Rio de Janeiro (1929) und Algier (1931–34)[113] wie auch für den ›ilôt insalubre‹ in Paris (1936) entwickelte Le Corbusier unabhängig von der geometrischen Konfiguration des ursprünglichen Stadtgrundrisses. Dieser diente als idealer Fluchtpunkt der Planungspraxis, nicht jedoch als verpflichtendes Ordnungsschema. Spricht Le Corbusier von der ›Ville Radieuse‹, so meint er die »essentiellen Freuden« des Sonnenlichts, des offenen Raums und einer großflächigen Begrünung als generelle Anliegen seiner städtebaulichen Lehre.[114]

Jene Eigenschaften der ›Strahlenden Stadt‹ sind zugleich die natürlichen Vorzüge des von Le Corbusier beplanten Grundstücks an der Porte Molitor. Die Standortqualitäten des Mietshauses – ostwestliche Orientierung, ein 200 Meter tiefes, unbebautes Geländes im Osten, die Nähe zur Grünfläche des Bois de Boulogne – nehmen die Segnungen der städtebaulichen Zukunft vorweg. Darüber hinaus lässt die weite Freifläche vor der Ostfassade das Gebäude als Teil eines lang gestreckten ›redent‹ vorstellbar werden. Ohne dass das Bebauungsmodell der ›Ville Radieuse‹ vollständig umgesetzt wäre – hierzu fehlen etwa die Pilotis –, ist das städtebauliche Gesamtkonzept beim Entwurf des Hauses mitgedacht. Le Corbusier schafft damit eine ideelle Verbindung zwischen konkretem Fall und globaler Vision, zwischen Einzelprojekt und städtebaulicher Utopie. Die Stadt der Zukunft scheint auf als imaginierte Erweiterung des Architektendomizils.

Dachterrasse und Stadtpanorama: das Appartement de Beistégui

Als einer der ›Fünf Punkte‹[115] gehörte das begehbare Flachdach 1927 zu den grundlegenden Forderungen Le Corbusiers an eine neue Architektur. Schon 1920 war es Bestandteil seines universalen Hausmodells, der ›Maison Citrohan‹. Bereits damals gestaltete Le Corbusier das Dach nicht als bloßen Abschluss, sondern als zum Himmel offene Fortsetzung des umbauten Raums mit kleinen Aufbauten und rahmenden Pergolen. In den Musterhäusern auf der Weißenhofsiedlung und in einigen seiner Villenbauten konnte er dieses Konzept verwirklichen. Die Gelegenheit, das Thema der Dachterrasse in Verbindung mit einem städtischen Mietshaus zu behandeln, fand er hingegen vor der Planung seines eigenen Domizils nur einmal, und zwar im Appartement für Charles de Beistégui, das er 1930–31 auf dem Dach eines im 19. Jahrhundert gebauten Etagenwohnhauses an der Avenue des Champs-Elysées errichtete.[116] Der in drei Ebenen organisierte Dachaufbau diente dem wohlhabenden Bauherrn nicht als ständiger Wohnsitz, sondern als Kulisse für Empfänge und extravagante Festveranstal-

111 Sabatou 1934, S. 41.

112 Diese sind dargelegt in: Le Corbusier 1935. Die 17 Tafeln, die auf dem Kongress der CIAM in Brüssel 1930 die Konfiguration der Idealstadt vorführten, sind wiedergegeben auf S. 156 ff. – Vgl. auch: Hilpert 1978, S. 154 ff.

113 Le Corbusier 1935, S. 223 ff. (Rio) u. 226 f. (Algier).

114 Ebd., S. 86.

115 Vgl. Anm. 32.

116 *Œuvre complète*, Bd. 2, S. 53–57.

tungen. Le Corbusier befriedigte das Sensationsbedürfnis seines Auftraggebers, indem er die Strenge der puristischen Formensprache durch eine Serie inszenatorischer Einfälle – elektrisch versenkbare Wände, eine hängende Wendeltreppe, Kristallüster, einen Kamin im Louis XV.-Stil – ins Spielerische umdeutete. Durch diese auf Verblüffung zielende Strategie gab er dem Appartement den Charakter einer surrealistischen Wunderkammer. Vor der einheitlichen Folie des puristischen Entwurfs hoben sich die ›Stil‹-Elemente, die er einführte, als Fremdkörper ab. Das freie Kombinieren heterogener Bestandteile, das er später in seiner eigenen Wohnung mit größerer Selbstverständlichkeit übt, besaß hier noch die provozierende Qualität einer gestalterischen Regelverletzung.

Der Louis XV.-Kamin befindet sich auf der höchsten, nur über eine Freitreppe zugänglichen Ebene des Appartements, in einem vierseitig umschlossenen Raum unter freiem Himmel. Hohe Brüstungsmauern verstellen an diesem für einen weiten Rundblick prädestinierten Ort die Sicht auf das städtische Panorama, ebenso wie die Hecken auf den tiefer gelegenen Ebenen der Terrasse.[117] Nur vereinzelte Monumente, so der Eiffelturm und der Arc de Triomphe, treten aufgrund ihrer Höhe in den Horizont der Dachwohnung. Zudem reguliert ein Periskop den visuellen Abstand zur urbanen Umgebung. Selektive Wahrnehmung und inszenierte Distanz kennzeichnen das Verhältnis der Wohnung zur Stadt. Anstatt die Höhenlage im Zentrum von Paris zum Thema seines Entwurfs zu machen, schafft der Architekt einen solitären Rückzugsort. Er isoliert das Privileg der Höhe von der Realität der Stadt. Zu dem Gebäude, auf dem er das Penthouse aufbaut, stellt er keine Beziehung her, es dient ihm als bloßer Unterbau.[118]

Im Appartement de Beistégui formuliert Le Corbusier die extreme Antithese zur Dachterrasse Auguste Perrets in der Rue Franklin 25bis, deren wesentlicher Zweck die panoramatische Darbietung der Metropole gewesen war. Dagegen führt der jüngere Architekt in seiner eigenen Wohnung eine dialektische Auseinandersetzung mit den beiden Extremen der Abschottung und Offenheit. Eine visuelle Distanz zum städtischen Zentrum ergibt sich hier aufgrund der peripheren Lage des Gebäudes und durch das unbebaute Vorfeld. Im Atelierraum öffnet sich durch die Verwendung von opakem Glas nicht die gesamte Hausbreite, sondern nur ein schmaler Fensterauschnitt dem Blick auf die Stadt. Le Corbusiers Dachgarten besetzt die Mitte des Hauses zwischen den beiden Lichthöfen und ist durch einen Erdstreifen umgürtet, dessen ›natürlicher‹ Bewuchs die Aussicht begrenzt. Allerdings verfügt die Kabine des Gästezimmers über einen stadtseitigen Balkon, von dem aus sich das urbane Panorama erschließt. Die Terrasse des Architekten verbindet also Möglichkeiten des Fernblicks mit einer relativen Abgeschlossenheit, ist zugleich Aussichtsplattform und Ort exklusiver Entrückung.[119]

Während die zu Beginn der dreißiger Jahre verwirklichten Etagenwohnbauten zumindest partiell Le Corbusiers utopische Konzepte widerspiegeln, entzieht sich die Dachwohnung für Charles de Beistégui jedem Anspruch auf programmatische Verbindlichkeit. Der Rückzug von der Utopie bildet geradezu die Voraussetzung für das verselbständigte architektonische Spiel in dem Penthouse. Demgegenüber hat Le Corbusiers eigenes Appartement, ohne Elemente des gestalterischen Spiels zu unterbinden, Anteil an der globalen Vision einer zukünftigen Stadt, auf die sich das Wohngebäude an der Rue Nungesser-et-Coli bezieht. In der individuellen Ausgestaltung der Dachwohnung setzt sich die programmatische Flexibilität der Etagengrundrisse fort. Das Domizil des Architekten präsentiert sich als poetische Bekrönung eines universalen Modells.

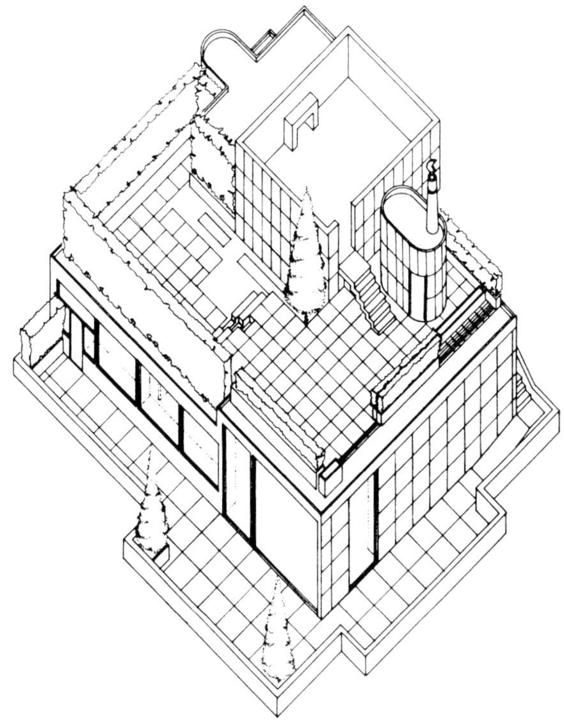

124 Le Corbusier, Appartement de Beistégui, Paris 8e, 1930–31, axonometrische Darstellung

125 Appartement de Beistégui, Ausblick, Skizze Le Corbusiers von 1948, FLC 33406

117 Zum Thema der Aussicht vom Appartement de Beistégui: Tafuri 1987. – Damisch 1987, S. 256. – Reichlin 1987, S. 55 f. u. 60 f.

118 Vgl. hierzu auch den Exkurs über ›Trabantenstadt und Penthaus‹ in: Bentmann/Müller 1970, S. 138–147, besonders S. 143ff. Die Autoren charakterisieren das Penthouse als modernen Nachfolgetypus der ›Villa als Herrschaftsarchitektur‹. Für das von ihnen recht summarisch beschriebene Phänomen fände sich im Appartement de Beistégui ein prominentes Beispiel.

119 Eine den Bau vorbereitende Skizze reflektiert Le Corbusiers Auseinandersetzung mit den Möglichkeiten des Ausblicks (FLC 13836). Abgedruckt in: Brooks 1982, Bd. 11, S. 258.

Steinwand und Tonnendach

Mit dem betont technischen Charakter der Fassaden in seinen Etagenwohnbauten gibt Le Corbusier ein doppeldeutiges Signal. Einerseits verstärkt er damit das ›maschinelle‹ Erscheinungsbild der Wohngebäude, andererseits verwandelt er sie in transparente Behälter, macht sie durchlässig für die Reize der Außenwelt. Der Architekt öffnet die ›Wohnmaschine‹ gegenüber ihrer natürlichen Umgebung. Diese Öffnung entspricht einer gewandelten Zuordnung von Natur und gebauter Form in seinem Denken. Seit den späten zwanziger Jahren wandte sich Le Corbusier von der bis dahin bestimmenden Vorstellung ab, die künstlerische Ratio habe die Natur durch die Mittel der Geometrie und Technik ihrer Herrschaft zu unterwerfen. Stattdessen strebte er nach einer produktiven Wechselwirkung zwischen geometrisch-mechanischen und natürlich-organischen Ordnungsprinzipien.[120] Zuerst scheint sich der Wandel in Le Corbusiers malerischer Arbeit angekündigt zu haben. Dort drangen schon um 1926 Formen der Natur und menschliche Figuren in die puristische Stillebenwelt ein.[121] Einen weiteren Schritt bedeutete die Aufnahme natürlicher Materialien in sein architektonisches Repertoire. Sie begann paradoxerweise gleichzeitig mit der Hinwendung zu dem industriellen Baustoff Stahl im Projekt für die Maison Loucheur. Als Antwort auf das Wohnungsbaugesetz des Ministers Louis Loucheur entwarf Le Corbusier 1928–29 ein Standard-Doppelwohnhaus für die Serienherstellung.[122] Die beiden Hälften des ganz in Stahl konstruierten, aufgeständerten Hauses trennte er durch eine massive Steinmauer. Ausgehend vom Loucheur-Modell gelangte der Architekt zu einer innigeren Verbindung von Stahl und Naturstein im Bau des Sommerhauses für Hélène de Mandrot bei Toulon 1929–32. Als isoliertes Element verwendete er eine Steinmauer im Pavillon Suisse für die Rückwand des Gemeinschaftsraums. In seiner eigenen Wohnung schließlich ist die Natursteinwand des Ateliers ein ›Fundstück‹, das er nur sichtbar zu belassen brauchte. Indem er darauf verzichtete, die nördliche Brandmauer zu verputzen, gewann er hier den nackten Stein als raumbestimmendes Element.[123]

Ebenso deutlich wie in der Atelierwand äußert sich Le Corbusiers Abkehr von den prismatischen Formen puristischer Villenbauten in der Tonnenwölbung der Decken, die in seiner Wohnung erstmals zur Anwendung kommt. Der Architekt greift damit eine Form der Bedachung auf, die im traditionellen Hausbau der Mittelmeerländer verbreitet ist. In unausgeführten Entwürfen hatte er sie bereits mehrfach verwendet, so 1919 für die Maison Monol[124] und 1922 für eine Maison d'artiste. In seiner Skizze für ›Ma maison‹, welche die Trennung zwischen Arbeits- und Wohnbereich in der Rue Nungesser-et-Coli vorwegnahm, hatte er den Ateliertrakt mit steigenden Tonnen überwölbt und durch deren offene Stirn von oben her belichtet. Ein Jahr nach Vollendung der eigenen Wohnung verband der Architekt in der Petite Maison de Weekend in Celle St.-Cloud flache Wölbung und sichtbares Mauerwerk zu einem archaisierenden Idiom, das gleichwohl auf moderne Materialien (Glasbaustein) nicht verzichtet.

Im Atelierraum konzentriert Le Corbusier die Ausdrucksmittel seiner gewandelten Architektursprache. Die unverputzte Nordwand macht er zum bestimmenden Element der Rauminszenierung. Die gewölbte Decke unterbricht er, kurz bevor sie auf die Brandmauer trifft. So schafft er eine Zäsur, durch die er die monumentale Wirkung der Steinwand verstärkt. Seitlich lässt er die Mauer mit der gläsernen Außenhaut des Raums zusammenstoßen. Er konfrontiert hier die schwere Materialität des natürlichen Baustoffs mit der Leichtigkeit der industriellen Konstruktion, die raue Oberfläche des Steins mit der glatten Perfektion der Glaswand. Frei vor die Fensterfront stellt er einen doppelten Betonpfeiler in kippender V-Form. Mit dem asymmetrischen Bauglied exponiert er die Funktion des Tragens. Der Architekt evoziert im

120 Die hier skizzierte Entwicklung behandelt etwa: Frampton 1987.

121 Green 1987a, S. 115ff.

122 *Œuvre complète*, Bd. 1, S. 198–200. – Benton 1987b.

123 Für Brandmauern wurde in Paris traditionell der ortsübliche ›Mühlenstein‹ verwendet. Das Etagenwohnhaus Rue Nungesser-et-Coli 24 teilt sich seine Brandmauern mit den beiden Nachbargebäuden. Sowohl die von Léon Schneider geplante Nr. 26 als auch die von Michel Roux-Spitz entworfene Nr. 22 sind 1931 datiert. Die Mauern gehören also gewissermaßen zu den Gegebenheiten, die der Architekt ›vorfand‹. Zur Datierung der Nr. 22: Lemoine/Rivoirard, S. 30 u. 232.

124 *Œuvre complète*, Bd. 1, S. 30. – Eine noch frühere Verwendung der flachen Betontonne findet sich 1916 im Projekt einer ›Villa au bord de la mer‹. Ebd., S. 30.

126 Wohnung Le Corbusier, Rue Nungesser-et-Coli 24, Paris 16e, Innenansicht, Atelier, Blick nach Norden

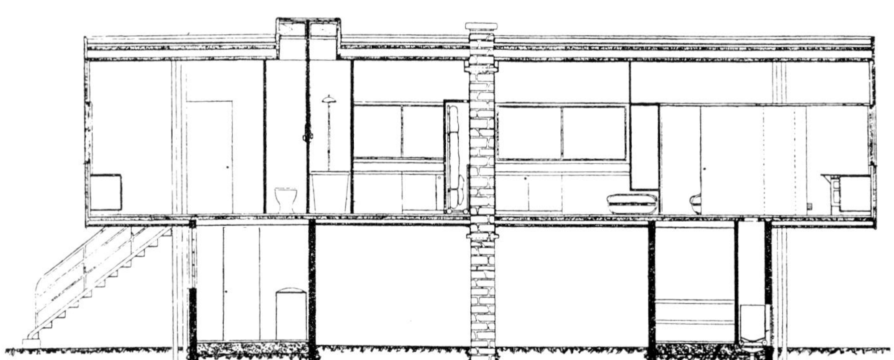

127 Le Corbusier, ›Maison Loucheur‹, 1928–29, Schnitt, FLC 18309

128 Le Corbusier, ›Ma maison‹, 1929, Skizze, FLC 33413

Inneren seines Ateliers die elementare Sprache einer volkstümlichen Bautradition. Neben dem von neuen Techniken und Baustoffen bestimmten Ausdruck des industriellen Zeitalters deutet er damit einen zweiten Horizont an, vor dem er arbeitet. Noch präziser bestimmt er diesen ideellen Rahmen seiner Arbeit durch die Ausstattung der Dachwohnung mit Sammelstücken und Gebrauchsgegenständen.

Fundstücke

Muscheln und Fossilien, Wurzeln und ungewöhnlich geformte Steine gehören zu den Dingen, mit denen sich der Architekt umgibt.[125] Sie rufen ihm den Reichtum natürlicher Formen ins Gedächtnis, die Poesie des Unregelmäßigen, die sich dem Gesetz der Geometrie entzieht. Damit stehen sie für eine nicht-rationale Kategorie der Schönheit, die er für seine Arbeit fruchtbar machen möchte. Zugleich erinnern die Muscheln und Steine Le Corbusier an ihre jeweiligen Fundorte. Sie fügen sich zu einem imaginären Itinerar, das die Reisen des Architekten in den Süden, nach Arcachon, Cap-Martin, Katalonien und Algier festhält. Der erneuten Aufmerksamkeit, die Le Corbusier Phänomenen der Natur entgegenbringt, entspricht seine wiederentdeckte Begeisterung für die Länder des Mittelmeers. Von ihnen verspricht er sich eine ästhetische Vervollkommnung der nordeuropäisch geprägten Maschinenzivilisation.[126]
Ab etwa 1929 drangen die natürlichen Fundobjekte, die Le Corbusier im Atelier aufbewahrt, als ›objets à réaction poétique‹ in seine Gemälde ein, wo sie mit den puristischen ›objets-types‹ in Wettbewerb traten. Die Erzeugnisse seiner aktuellen malerischen Produktion stellt der Hausherr vorwiegend im Arbeitsraum aus. Wenige ausgewählte Arbeiten zeigt er neben Bildern seines Freundes Fernand Léger im Wohnbereich. Dabei bemüht er sich, den Charakter der Gemälde auf den jeweiligen Ort abzustimmen. Für die Hängung im Esszimmer, dem am strengsten gestalteten Raum der Wohnung, wählt er ein geometrisch bestimmtes Werk Légers[127] sowie ein eigenes aus der puristischen Phase.[128] Neben die Wendeltreppe im Vestibül hängt er ein eigenes, jüngeres Bild, dessen organisch-anthropomorphe Stilisierung den Kurven dieses Bauteils antwortet.[129] Weitere Künstler, deren Werke Le Corbusier in sein

129 Wohnung Le Corbusier, Rue Nungesser-et-Coli 24, Paris 16e, Innenansicht, Esszimmer, FLC L1(7)1–384

125 Die Ausstattung und das Leben in der Wohnung beschreiben: Doisneau/Petit 1988, S. 47–63. – Die Fondation Le Corbusier, Paris, bewahrt eine umfangreiche Korrespondenz zur Zusammenstellung der Ausstattungsstücke. Einige Briefe zitiert: Sbriglio 1996, S. 46–50.

126 Vgl. hierzu: Le Corbusier 1933, S. 75–77. Zitiert in: Benton 1987c, S. 70.

127 ›Composition avec profil‹, 1926. Das Gemälde ist abgebildet in: *Léger* 1980, S. 285, Kat.-Nr. 47. – Vgl. auch: Green 1976, S. 313.

128 ›Nature morte aux nombreuses objets‹, 1923. Abgebildet in: Green 1976, S. 265.

129 ›Le Siphon et le gant‹, 1928. Abgebildet in: Lucan 1987, S. 329.

Domizil aufnehmen wird, sind Pablo Picasso und Jacques Lipchitz.[130] Mit Léger und Picasso erweist er jenen Malern seine Reverenz, von deren Vorbild er sich bei seiner malerischen Arbeit am stärksten anregen lässt. Über die in seiner Wohnung versammelten Bilder erklärt sich der Maler Le Corbusier zum Mitglied einer Gruppe gleichgesinnter Künstler und beschreibt den Kontext einer bereits etablierten Avantgarde, in den er sich einordnet.

Wie Picasso, den er besonders schätzte, ließ sich Le Corbusier auf einen Flirt mit dem Surrealismus ein, der jedoch nie zur festen Liaison wurde.[131] Obgleich er sich über die von André Breton angeführte Bewegung abschätzig äußerte, finden künstlerische Methoden der Surrealisten ihren Niederschlag sowohl in seiner malerischen als auch in seiner architektonischen Arbeit. Das Arrangieren von Fundstücken, die Konfrontation des Gegensätzlichen, die ironische Formanalogie sind surrealistische Strategien, die der Architekt gerade bei der Ausgestaltung seines Appartements zielstrebig anwendet. Beispielhaft hierfür ist sein Vorgehen im Schlafzimmer, wo das Bidet direkt neben einem Gemälde von Léger[132] zu stehen kommt, über dem eine plastisch gerundete Vase ihrerseits die bauchige Form des Fußwaschbeckens wiederholt.[133] Die dienende Installation entfaltet in der Nachbarschaft eines Kunstwerks skulpturale Präsenz, darin bestätigt durch die analoge Form des Tongefäßes. Le Corbusier inszeniert die unerwartete Begegnung jedoch so beiläufig, dass sie die zweckmäßige Gesamterscheinung des Interieurs nicht revidiert. In der übrigen Wohnung platziert der Hausherr seine gesammelten Stücke – Vasen, Statuetten, Masken – in eigens dafür vorgesehenen, kastenförmig in die Wand eingelassenen Nischen, so dass nirgends Regale oder Vitrinen die Wandflächen unterbrechen. Die Vasen figurieren nicht mehr als ›objets-type‹ wie im puristischen Bild, sondern erscheinen mit ihren gerundeten Umrisslinien als Vertreter einer plastischen Körperhaftigkeit.[134]

Im Sinne seines Bestrebens, jeden Raum unterschiedlich zu charakterisieren, vermeidet Le Corbusier ein einheitliches Mobiliar. Er verwendet biedermeierliche Lehnstühle, Korbsessel, Esstischstühle der Firma Thonet und filigrane Eisenstühle auf den Terrassen (Modell Champs-Elysées, 1867), jedoch nur ein einziges Exemplar des 1928 von ihm selbst gemeinsam mit Charlotte Perriand entworfenen Stahlrohrsessels ›Fauteuil grand confort‹. Zu dessen Füßen breitet er als besonders rustikales Ausstattungsstück ein Kuhfell aus. Nicht um eine komplette Standardmöblierung geht es dem Architekten, sondern um das Kombinieren von Einzelmöbeln zu einem individuellen Interieur.

Ohne die Grundprinzipien seiner Raumausstattung, wie er sie 1925 im Pavillon de l'Esprit Nouveau auf der Exposition des Arts Décoratifs demonstriert hatte, im Kern aufzugeben, gelangt Le Corbusier im eigenen Appartement zu einer neuen Einrichtungspraxis.[135] Zahlreiche Gegenstände aus der Rue Nungesser-et-Coli (Vasen, Berberteppiche, Thonet-Stühle) gehörten bereits zum Inventar des Ausstellungspavillons. Vor allem die Methode, Standardelemente durch Kunstwerke, volkstümliche Handwerkserzeugnisse und autobiographische Einzelstücke anzureichern, ist dort vorgeprägt. In seiner Wohnung intensiviert Le Corbusier jedoch das Zusammenspiel von Architektur, Ausstattung und persönlicher Ikonographie. Leitendes Ziel seiner Regie sind räumliche Vielfalt und Abwechslungsreichtum. Fundstücke aus der Natur erweitern als wesentliche neue Komponente sein Gestaltungsrepertoire.

Ein archaisches Idol

Gemeinsam mit dem Kunsthändler Louis Carré veranstaltete Le Corbusier 1935 in seinem Atelier die Ausstellung ›Les Arts dits Primitifs dans la Maison d'Aujourd'hui‹.[136] Diese Präsentation sogenannter primitiver Kunstwerke gab dem Architekten die Möglichkeit einer

130 Bei dem Werk von Lipchitz handelt es sich um einen ›Matrosen mit Gitarre‹ von 1917–18. Eine Bronzeversion der Skulptur ist abgebildet in: Hammacher 1960, Tf. 26. – Le Corbusier änderte verschiedentlich Hängung von Gemälden und Aufstellung von Objekten. Quellen hierfür sind spätere Zeitschriftenpublikationen: House and Garden, November 1951, S. 37–39. – Du, Nr. 244, Juni 1961, S. 17–31.

131 Vgl. hierzu: Moos 1968, S. 391–394.

132 ›Nature morte‹, 1928. Das Werk befindet sich im Besitz der Fondation Le Corbusier, Paris, und ist abgebildet in: Lassalle 1989, S. 98.

133 Vgl. auch: Rüegg 1985. Der Autor identifiziert die Vase, die vorher bereits zur Ausstattung der Wohnung Le Corbusiers in der Rue Jacob 20 gehörte, als spanischen ›botijo pato‹.

134 Le Corbusier hegte seit seiner Orientreise (1911) eine Vorliebe für Vasen. Ihre Verwendung und Bedeutung wandelten sich jedoch. Vgl. auch: Bucher 1987 – Gubler 1987.

135 Vgl. hierzu: Rüegg 1987.

136 Architecture d'Aujourd'hui, Jg. 6, H. 7, Juli 1935, S. 83–86. – *Œuvre complète*, Bd. 3, S. 156–157. – Le Corbusier 1987b, S. 132–134.

130 *Wohnung Le Corbusier, Rue Nungesser-et-Coli 24, Paris 16e, Innenansicht, Atelierraum während der Ausstellung ›Les Arts dits Primitifs‹, 1935*

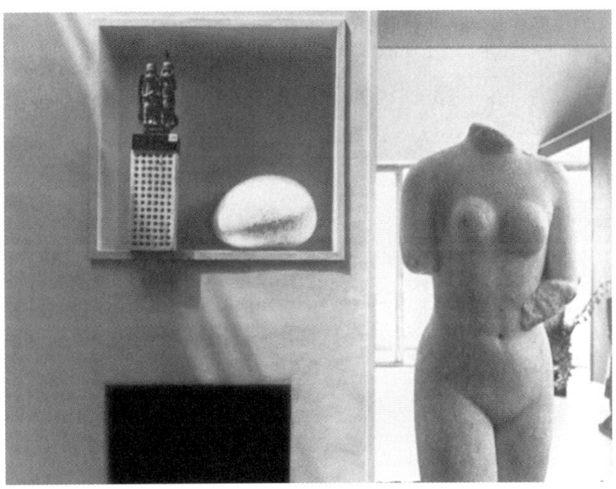

131 *Wohnung Le Corbusier, Rue Nungesser-et-Coli 24, Paris 16e, Innenansicht, Wohnbereich während der Ausstellung ›Les Arts dits Primitifs‹, 1935, FLC L1(7)1–187*

ausdeutenden Inszenierung, die über die Ikonographie des Alltagsinterieurs hinausging. Le Corbusier zeigt drei Kategorien einer ›primitiven‹ Kunst. Der landläufigen Verwendung des Begriffs entspricht nur die Gruppe der afrikanischen Bildwerke. Durch die im Gipsabguss ausgestellte Skulptur des ›Kalbträgers‹ bezieht der Architekt die griechisch-archaische Antike in den Kontext des ›Primitiven‹ mit ein. Er hat die Kopie in kräftigen Farben bemalt, wobei er sich an archäologischen Erkenntnissen zu orientieren bemühte.[137] Gemeinsam mit den Werken der Vergangenheit führt Le Corbusier Leistungen einer zeitgenössischen primitiven Kunst vor, vertreten durch sein eigenes Gemälde ›La pêcheuse d'Arcachon‹,[138] den Bildteppich ›Composition à trois figures‹ von Léger[139] und eine Plastik von Henri Laurens.[140] Die größeren Exponate ordnet er so an, dass die Nordwand seines Ateliers ihnen als visueller Hintergrund dient. Eine in Richtung auf die Fensterwand zu betrachtende Statuette hebt er durch einen hohen Sockel aus dem Gegenlicht heraus. Im Wohnbereich platziert er neben dem Kamin, also im Blick auf das Esszimmer als den am wenigsten ›archaischen‹ Raum des Appartements, einen klassischen Frauentorso. In die Vitrine links davon legt er einen regelmäßig geformten Stein, der auf gleicher Höhe mit den Brüsten des Torsos deren Rundungen wiederholt.[141] Zweimal verkörpert hier eine plastisch gerundete Form die beseelte Schönheit der Natur.

Ein Großteil der Ausstellungsstücke befand sich bereits im Besitz Le Corbusiers, der sie für diesen Anlass lediglich neu arrangierte.[142] Die zeitgenössischen ›Primitiven‹ entstammten derselben Gruppe wahlverwandter Künstler, deren Werke er auch im Alltag um sich versammelte. Der wesentliche neue Akzent bestand in der Präsenz des ›Kalbträgers‹, dem Le Corbusier durch seine Bemalung die Aura eines Kultbilds verlieh. In ihm bündelte er den ›primitiven‹ Impuls der Ausstellung und gab ihm zugleich eine neue Deutung. Während der programmatische Rückgriff auf die Plastik überseeischer Naturvölker zum Allgemeingut der Avantgarden zwischen Kubismus und Surrealismus gehörte, erweitert Le Corbusier mit dem ›Kalbträger‹ den Rahmen dessen, was konventionell dem ›Primitiven‹ zugerechnet wurde. In der präklassischen Referenz der archaischen Plastik deutet er eine Gegenposition zu aktuellen

137 Ebd., S. 133, Kat.-Nr. 277.

138 Reverenz an den Ort Le Piquet bei Arcachon, wo der Architekt während der Jahre 1928–32 seinen Sommerurlaub verbrachte. Vgl. hierzu: Green 1987a, S. 116.

139 Ein Karton für die 1932 angefertigte, heute verschollene Tapisserie befindet sich im Musée de l'Art Moderne de la Ville de Paris. *Le Corbusier* 1987b, S. 133, Kat.-Nr. 275.

140 ›La Négresse‹, 1934. Abgebildet in: Hofmann 1970, S. 152–153. – *Laurens* 1992, S. 168.

141 Die beiden Exponate weist er aus als »galet de granit de Bretagne« und »marbre de l'époque alexandrine«. *Œuvre complète*, Bd. 3, S. 157. – Architecture d'Aujourd'hui, Jg. 6, H. 7, Juli 1935, S. 84.

142 *Le Corbusier* 1987b. Im Besitz des Architekten befanden sich ein antikes Kopffragment (S. 134, Kat.-Nr. 280), eine afrikanische Maske und eine afrikanische Statuette (S. 133, Kat.-Nr. 278 u. 279).

Tendenzen einer neoklassizistischen Stilbildung an. Zugleich evoziert er mit der Skulptur den Kulturraum des Mittelmeers, aus dessen geistigem Mittelpunkt sie stammt.[143] Die archaischen Konnotationen der Statue übertragen sich auf die nackte Mauer, vor der sie steht. Steinwand und Bildwerk steigern sich gegenseitig in ihrer urtümlichen Ausdruckskraft.
Die griechische Archaik scheint das Modell zu sein für Le Corbusiers Versuch, das Wesen des ›Primitiven‹ zu bestimmen. In einem kurzen Begleittext zur Ausstellung charakterisiert er die »sogenannte primitive Kunst« als Ausdruck archaischer Geschichtsepochen, in denen neue Zivilisationen entstehen.[144] Eine solche Zeit, in der alles neu beginnt, sei auch die Gegenwart, die zwar nach einem anderen Ausdruck verlange als frühere Epochen des Umbruchs, jedoch von der gleichen Energie bewegt sei. Durch eine Verwandtschaft des Impulses, nicht durch Ähnlichkeiten des Stils sei die Jetztzeit ihren ›primitiven‹ Vorläufern verbunden. Nicht um stilistische Einheitlichkeit, sondern um eine Vergegenwärtigung gleichgerichteter Bestrebungen aus früheren Epochen gehe es ihm daher bei der Ausstattung seines modernen Interieurs. Le Corbusiers Räume sollen Spiegel einer Zeit sein, die sich, selbst im Aufbruch zu neuer Ursprünglichkeit begriffen, ihrer Wurzeln in einer archaischen Vergangenheit bewusst wird. In programmatischer Zuspitzung des alltäglichen Interieurs legt die Ausstellung diese Wurzeln offen.

Maleratelier eines Architekten

In der Rue Nungesser-et-Coli 24 baut der Architekt für den Künstler Le Corbusier. Den prominentesten Raum seiner Wohnung reserviert sich der Hausherr als Atelier, in dem er die Mehrzahl seiner Vormittage malend verbracht haben will. Le Corbusier knüpft damit einerseits an seine eigene langjährige Mansardenwohnung in der Rue Jacob an, deren Unordnung er bald in sein neues Domizil übertragen wird. Andererseits aktualisiert er für sich selbst den Pariser Topos des Künstlerateliers unter dem Dach. Mit seinem persönlichen Arbeitsraum erinnert er daran, dass es die Künstler waren, die zuerst die oberen Etagen der Mietshäuser als attraktive Wohnlage für sich entdeckten. Zu einer Zeit, in der das Atelier nicht nur die bürgerlichen Wohnvorstellungen beherrscht, sondern Ateliers sogar in den Dächern von Sozialwohnungsbauten installiert werden,[145] nimmt der Architekt die Rolle des Künstlers als Wohnpioniers an.
Die Analogie zum traditionellen Dachatelier liegt in der Position, nicht in der inneren – etwa zweigeschossigen – Organisation oder äußeren Orientierung des Raums. Der Architekt malt mit östlichem Licht; das den Raum erleuchtende Fensterband ist von außen nicht als Atelierfenster identifizierbar. Diesem äußeren Inkognito entspricht die Zurückgezogenheit des Künstlers Le Corbusier, der seine Malerei als rein private Angelegenheit deklarierte. Sein Arbeitsraum hatte keine gesellschaftlichen Funktionen zu erfüllen, diente nicht wie viele Ateliers der Jahrhundertwende als Präsentationsort für Bilder mit festen Empfangszeiten.
Bei der Arbeit an der Staffelei blickt Le Corbusier stets auf die nördliche Brandmauer; die nackte Steinwand bildet den alltäglichen Hintergrund für seine Bilder. Im Gespräch mit Bekannten bezeichnet er die Mauer als »mon ami de tous les jours« und betont immer wieder ihre ornamentalen und taktilen Qualitäten.[146] Die unregelmäßig verfugte Wand ist ihm Inspirationsquell und Projektionsfläche. Sie konfrontiert ihn mit der Ursprünglichkeit des natürlichen Materials und dient ihm als immer gegenwärtiges ›objet à réaction poétique‹. Während der zweiten Hälfte der zwanziger Jahre war Le Corbusier in seiner Malerei von der Konstruktion idealer Welten auf der Basis eines eng begrenzten gegenständlichen Repertoires zu einer als Selbstoffenbarung verstandenen Ausdrucksweise übergegangen, die weiteste Bereiche der natürlichen Wirklichkeit einbezog.[147] Die Präsenz der Mauer im Atelier bildet den sinnfällig-

143 Das Original ist ein Werk des 6. Jahrhunderts v. Chr. und wurde auf der Athener Akropolis gefunden. Heute befindet es sich im Akropolis-Museum.

144 Der Text ist abgedruckt in: *Le Corbusier* 1987b, S. 132.

145 Chaslin 1984, S. 25.

146 Doisneau/Petit 1988, S. 51.

147 Green 1987a, S. 116.

132 Sophie Taeuber, Haus Taeuber-Arp, Meudon, 1928–29, Ansicht, Gartenseite

sten Ausdruck für den Wandel, der sich in den vorangegangenen Jahren in der Kunst Le Corbusiers vollzogen hat.

Eine Anregung, in seinem Atelier nacktes Mauerwerk zu verwenden, könnte Le Corbusier von zwei Pariser Künstlerhäusern empfangen haben. Das von Adolf Loos 1925–26 errichtete Haus für Tristan Tzara am Montmartre[148] und das von Sophie Taeuber 1928–29 für sich selbst und ihren Mann Hans Arp gebaute Haus in Meudon-Val Fleury[149] waren im Paris der zwanziger Jahre die ersten dezidiert modernen Bauten, die auf eine glatte Putzhaut verzichten. Gleichzeitig etwa mit den weißen Kuben der von Le Corbusier entworfenen Villen Cook (1925–26) und Savoye (1928–30) kam es hier zur Aufnahme des sichtbaren Natursteins in eine fortschrittliche Architektursprache. In beiden Fällen lässt sich die Entscheidung für Steinfassaden auf die Verwendung des Materials in der unmittelbaren Nachbarschaft zurückführen. Dennoch ist es bezeichnend, dass es Künstler waren, die sich beim Bau ihrer Häuser vom avantgardistischen Konsens der homogenen Putzoberfläche abwandten.

Eine strikte Trennung zwischen Privatleben und professioneller Aktivität, zugleich zwischen malerischer und architektonischer Arbeit, gehörte zur Selbstinszenierung Le Corbusiers. Mit dem Einzug in der Rue Nungesser-et-Coli bekräftigte er diese Zweiteilung. Zum Ort seiner privaten Existenz als »Sonntagsmaler«,[150] für die er die Vormittagsstunden reservierte, wurde nun das seiner Wohnung angegliederte Atelier. Dem Beruf des Architekten und Planers widmete er sich dagegen weiterhin in seinem Büro in der Rue de Sèvres 35, wo er den Nachmittag verbrachte.[151] Mit der strengen Abgrenzung der beiden Sphären suggerierte er eine Spaltung seiner künstlerischen Identität. Diese Gespaltenheit war wichtiger Bestandteil des stilisierten Bildes, das der Künstler-Architekt von sich vermittelte, das jedoch die Wirklichkeit nur ungenau wiedergab. Weder besaß die malerische Betätigung Le Corbusiers den vorgeblichen, rein privaten Charakter, noch blieb das Atelier des Künstlers allein der freien Malerei vorbehalten. Erstens waren die Gemälde, die er hier schuf, für den Verkauf bestimmt.[152] Zweitens hatten die Ergebnisse der malerischen Recherche, wie er selbst nicht müde wurde zu betonen, große Bedeutung für seine architektonische Arbeit. Drittens schließlich entstanden im Arbeitsraum der Rue Nungesser-et-Coli neben Zeichnungen und Bildern auch Artikel, Aufsätze und Bücher; neben der ›Collection particulière‹ aus Naturobjekten befand sich hier das Reservoir an Katalogen, aus denen er seine Illustrationen bestritt, sowie seine Bibliothek.[153] Das Atelier bildete also den Rahmen nicht nur für die Arbeit des Malers, sondern auch für jene des Schriftstellers und Theoretikers, mithin für alle Bereiche, die nicht direkt in den Planungsprozess involviert waren.

Indem Le Corbusier in seinem Atelier die Elemente seines Bauens vergegenwärtigt – Mauer, Wölbung, Stütze, gläserne Haut –, charakterisiert er den Raum als das Maleratelier eines Architekten. In die undurchsichtige Glaswand fügt er ein Fenster ein, das den Raum dem Fernblick öffnet. Von seinem Atelier aus überschaut der Architekt sein Wirkungsfeld, die Metropole, die er in eine ›Ville Radieuse‹ verwandeln möchte.

Auguste Perret, Vorbild und Kontrahent

An einer 1932 erschienenen, der Arbeit Auguste Perrets gewidmeten Ausgabe von ›Architecture d'Aujourd'hui‹ beteiligte sich Le Corbusier mit einem Artikel, in dem er seiner Achtung vor dem Frühwerk des älteren Architekten Ausdruck verlieh, ohne seine kritische Haltung gegenüber dessen jüngeren Bauten zu verhehlen.[154] Dem frühen Perret schreibt er das Verdienst zu, die widerstreitenden Positionen des Ingenieurs und des Architekten zum zeitgemäßen Berufsbild des ›Konstrukteurs‹ verbunden zu haben. Dem Perret der Gegenwart hält

148 Tzara gehörte als Dichter und Literat zu den führenden Vertretern der Pariser Dada-Bewegung. Später schloss er sich vorübergehend den Surrealisten an. Zum Haus Tzara: Rukschcio/Schachel 1982, S. 309 f. u. 590–593.

149 Sophie Taeuber verwendete den Naturstein alternierend mit Sichtbeton. Zum Haus Taeuber-Arp: Arp 1983, S. 65 f. – *Taeuber-Arp* 1988, S. 48 u. 166. – *Taeuber* 1989a, S. 86. – *Taeuber* 1989b, S. 50–52. – De Bardzki-Granon 1989, S. 116 ff.

150 Als »peintre du dimanche« bezeichnet Le Corbusier sich in einem Brief an Jozef Červ vom 18. Januar 1926. Zitiert nach: Sekler 1989, S. 44 f.

151 Zur Arbeit in der Rue de Sèvres: Michels 1989.

152 Green 1987a, S. 111 f.

153 Doisneau/Petit 1988, S. 51.

154 Le Corbusier 1932.

er dagegen vor, sich zwar als Konstrukteur, nicht aber als Architekt der modernen Epoche würdig zu erweisen. Vorsichtig deutet Le Corbusier die Situation des Wettbewerbs an, die sein Verhältnis zu Perret kennzeichnet, und erwähnt einige Projekte, die er in Konkurrenz zu diesem bearbeitet hat, so die Entwürfe für den Genfer Palast der Nationen (1927) und den Sowjetpalast in Moskau (1931). Als Auftakt zu dieser nur halb eingestandenen Konkurrenz nennt er zwei Häuser, die 1923 an den entgegengesetzten Enden »einer kleinen Straße in Montsouris« entstanden waren. Tatsächlich hatte im Square de Montsouris, während Le Corbusier die Maison Ozenfant baute, Auguste Perret ein Haus für den Kunstsammler Pierre Gaut ausgeführt. Gaut hatte zunächst Pläne von Le Corbusier anfertigen lassen, sich dann aber entschieden, Perret mit dem Bau seines Hauses zu beauftragen.[155] Der damit heraufbeschworene Zwist zwischen den beiden Architekten setzte sich unmittelbar fort im ›Fensterstreit‹ der Jahre 1923–24, in dem Le Corbusier die Sache des ›Langfensters‹ vertrat, Perret hingegen sich zum Anwalt des ›französischen Fensters‹ machte.[156] In der jeweils befürworteten Fensterform konkretisierten sich antagonistische Konzepte einer architektonischen Moderne. Le Corbusier löste alle Verbindungen zu den Stilen der Vergangenheit; Perret strebte nach formaler Kontinuität mit der Tradition.

Wenn Perret und Le Corbusier um 1930 in kurzem zeitlichen Abstand Mietshäuser mit eigenen Wohnungen bauen, dann tun sie dies im Kontext des 1923 eröffneten Wettstreits. Ein Grund für Perrets Neubau dürfte die Erkenntnis gewesen sein, dass das alte Domizil seiner Position in der aktuellen Debatte nicht mehr entsprach. Der Architekt wollte sich nicht länger mit seiner in dem Mietshausbau von 1903 verewigten Rolle eines Vorläufers der Moderne begnügen, sondern in einer gewandelten Situation erneut seinen Standpunkt markieren. Le Corbusier dagegen macht das Haus in der Rue Franklin 25bis zum Leitbild bei der Konzeption seines eigenen Domizils. Er nimmt Maß an dem älteren Bau Perrets, um sich desto entschiedener von dessen gegenwärtigem Wohnhaus abzugrenzen. Damit gibt er sich aus als Vollender des von Perret begonnenen, jedoch im Stich gelassenen Projekts einer »modernen Architektur«.[157]

Nicht nur im Topos des Wohnens auf dem Dach, sondern in vielen Einzelheiten verlängert Le Corbusiers Hausbau den avantgardistischen Impuls der Rue Franklin. Den Glasbaustein, den Perret auf der Gebäuderückseite eingesetzt hatte, verwendet Le Corbusier für die Fassadengestaltung. Für die Balkonbrüstungen wählt er industriell gefertigte Lochbleche als aktualisierte Version der Standardgitter bei Perret. Auf seinem Dachgarten sucht er Perret an Natürlichkeit noch zu übertreffen. Er lässt dort jene Pflanzen wachsen, deren Samen der Wind herbeiträgt.[158] Die in gläserne Streifen aufgelöste Fassade seines Mietshauses ist lesbar als Apologie der ›fenêtre en longeur‹. Wie Perret, der in der Rue Raynouard nachdrücklich auf dem Hochformat des Fensters beharrt, identifiziert sich Le Corbusier mit der bevorzugten Fensterform. Im Inneren perfektioniert er die Idee des ›plan libre‹, die Sigfried Giedion bereits in der Rue Franklin vorweggenommen sah.[159] Durch die programmatische Flexibilität der Grundrisse distanziert er sich deutlich von Perrets aktueller Wohnpraxis in der Rue Raynouard. Während dort die Konventionen bürgerlichen Wohnens bewusst tradiert werden, ist die Befreiung von der konventionellen Wohnform das Anliegen Le Corbusiers in der Rue Nungesser-et-Coli.

Der Abkehr vom durch gesellschaftliche Konventionen bestimmten Wohnen entspricht es, wenn Le Corbusier aus seiner eigenen Wohnsphäre alle öffentlichen Funktionen ausgliedert. Er nutzt sein Appartement ausschließlich als privaten Rückzugsort und empfängt nur enge Freunde als Gäste.[160] In privater Abgeschiedenheit vollzieht sich auch der künstlerische Teil seiner Arbeit. Dagegen befindet sich der offizielle Ort seiner Berufsausübung nicht, wie bei

155 Fanelli/Gargiani 1990, S. 137–145.

156 Reichlin 1984.

157 Die Rue Franklin 25bis vertrat für Le Corbusier eine »architecture moderne«. Le Corbusier 1932, S. 7.

158 *Œuvre complète*, Bd. 5, S. 57.

159 Giedion 1965, S. 225.

160 Doisneau/Petit 1988, S. 57.

Perret, im gleichen Haus, sondern weit entfernt, »à l'autre bout de Paris«.[161] Warb jener auf der Terrasse der Rue Franklin persönlich für seine Architektur, so verfolgt Le Corbusier dasselbe Ziel, indem er sein privates Interieur veröffentlicht. Den tatsächlichen Publikumsverkehr ersetzt er durch die ausführliche Publikation.

Auch Perret bereicherte die Publikation seiner Etagenwohnbauten durch Photographien der eigenen Wohnung, doch beschränkte er sich dabei auf Außenaufnahmen, die vor allem den Blick auf die Stadt ins Bild setzen sollten. Umgekehrt findet sich unter den publizierten Photographien von Le Corbusiers Appartement keine, in der dem Fernblick eine vergleichbare Bedeutung zukommt. Dem einen geht es um das Privileg der Position, dem anderen um den räumlichen Reichtum seines Interieurs, für den allerdings die Dachlage eine Voraussetzung bildet.

Perrets Wohnhäuser profitieren von ihrer Lage auf den Hügeln von Passy, die den Architekten das Schauspiel der Stadt Paris aus nächster Nähe miterleben lässt. Dem Blick aus der Wohnung Le Corbusiers bietet sich nicht das monumentale Zentrum der Metropole dar, sondern das alltäglichere Gesicht der Peripherie. Der Eiffelturm bleibt Orientierungsmarke, ist jedoch in weite Ferne gerückt. Paris, kaum noch als spezifischer Ort wahrnehmbar, geht über in eine anonyme Großstadt, die in der Imagination des Architekten mit der ›Ville Radieuse‹ verschmilzt.

Auch in der Art, wie die städtebauliche Utopie im Projekt zur Sprache kommt, unterscheidet sich die Rue Nungesser-et-Coli 24 von der Rue Franklin 25bis. Bei Perret handelte es sich um eine tastende Vorwegnahme der erst später präzisierten Idee, die Stadt mit isolierten Wohntürmen zu umgeben. Sein Wohnhaus bildete die erste Manifestation einer neuen Vorstellung von der modernen Großstadt, die jedoch nie zum kohärenten Gesamtkonzept weiterentwickelt wurde. Bei Le Corbusier existiert die Stadtvision als ein vom Projekt unabhängiges Gedankengebäude, das bereits vollständig ausformuliert ist. In seinem Wohnhausbau bezieht er sich auf den utopischen Horizont der ›Ville Radieuse‹, ohne allerdings das Modell systematisch umzusetzen.

Sicherlich hat der Blick von Perrets Balkon Le Corbusier stark beeindruckt; hiervon zeugt eine Skizze, die er dort anfertigte.[162] Hinsichtlich der Möglichkeiten des Ausblicks überbietet er das Appartement in der Rue Franklin durch die doppelte Orientierung seiner Dachwohnung. Gegenüber der Sicht auf den Eiffelturm privilegiert er den stadtauswärts gerichteten Blick. Den der Stadt zugewandten Atelierraum verwandelt er durch den Einsatz opaken Glases in ein introvertiertes Interieur. Lediglich durch ein einzelnes Fenster gestattet er sich hier den freien Ausblick. Le Corbusier kombiniert Merkmale der Abgeschlossenheit mit kontrollierten Angeboten der Fernsicht. Komplementär zur Weite des Blicks charakterisiert er sein Domizil als bergendes Refugium.

Auch Le Corbusiers Dachterrasse ist kein Belvedere, sondern ein umgrünter Gartenplatz in privilegierter Höhe. Die Aussicht vom Dach der Rue Nungesser-et-Coli 24 liefert die Stadt nicht im gleichen Maße dem demiurgischen Zugriff des Architekten aus wie jene von der Rue Franklin. Angesichts des Standortvorteils, den Perret aufgrund seiner Nähe zum Zentrum besaß, verzichtete Le Corbusier auf einen Versuch, dessen Herrschaftsgestus in den Schatten zu stellen. Ohnehin hatte er eine Perspektive entdeckt, die zur Stimulierung demiurgischer Phantasien geeigneter war als die Ausschau von seiner Pariser Dachterrasse. Vom Flugzeug aus skizzierte er seit 1929 städtebauliche Visionen, beredtere Zeugnisse seines architektonischen Willens zur Macht.[163]

In einer Phase, die vom Erstarken neoklassizistischer Strömungen gekennzeichnet ist, bezieht Le Corbusier mit seinem Appartement einen vorgeschobenen Standpunkt innovativen

161 Architecture d'Aujourd'hui, Sonderheft, Jg. 19, April 1948, S. 39. Zitiert nach: Sekler 1989, S. 57, Anm. 5.

162 Fanelli/Gargiani 1990, Abb. 39. Die Skizze stammt aus dem Carnet 1916–22. Analog zu seinem späteren Vorgehen im Appartement de Beistégui, beschränkt Le Corbusier in dem Blatt die Evokation der Stadt Paris auf die Darstellung weniger Monumente. Deutlich auszumachen sind nur die Kirche Sacré-Cœur und die Place de la Concorde.

163 Zum Blick aus dem Flugzeug: Giordani 1987, S. 20f. u. 27 ff. – Damisch 1987, S. 253 ff.

Bauens. Er unternimmt jedoch keinen typologischen Neubeginn, sondern knüpft an die durch Perret begründete Tradition eines modernen Wohnens an. Anstatt die Gültigkeit des perretschen Modells in Frage zu stellen, bemüht er sich um eine Differenzierung und Aktualisierung der dort angedeuteten Möglichkeiten des Wohnens auf dem Dach.

Pierre Patout: die Kommandobrücke des Baumeisters

Das Streben der Architekten nach prominenten Wohnlagen in dem von Etagenwohnbauten bestimmten Paris beschränkt sich nicht auf die großen Innovatoren Perret und Le Corbusier. Auch war die Dachwohnung nicht die einzige der Positionen, mit denen sich Architekten eine Vorrangstellung sichern konnten. Einen ebenso prestigeträchtigen Standort für das eigene Domizil fand Pierre Patout im ›Bug‹ seines schiffsförmigen Gebäudes am Boulevard Victor.[164] Patout, ein Entwerfer, der puristische Formanleihen mit einer akademisch geprägten Kompositionsweise verband, baute 1929–34 auf einem lang gestreckten, äußerst schmalen Grundstück ein neungeschossiges Etagenwohnhaus mit 70 Wohnungen auf eigene Rechnung.[165] In der herabgezonten Spitze des Gebäudes richtete er auf drei Ebenen (Entresol, erstem und zweitem Stockwerk) seine Wohnung ein, die einen eigenen Eingang sowie integrierte Bedienstetenzimmer besaß. Über dem Hauptportal des Gebäudes ordnete er das Fenster seines Esszimmers an, bekrönt von der reliefierten Darstellung eines mittelalterlichen Baumeisters mit der Aufschrift: »Architektur, Schlußstein im Gewölbe der Künste«.[166] In dem Relief gibt der Hausherr eine baumeisterliche Berufsauffassung zu erkennen und behauptet die künstlerische Führungsrolle des Architekten.

Der Verweis auf die Baukunst des Mittelalters kontrastiert eigentümlich mit der maritimen Analogie des Gesamtbaus. Als Architekt, der an der Innenausstattung mehrerer französischer Transatlantikdampfer beteiligt war, gestaltet Patout sein Mietshaus als versteinerten Luxusliner, als gebautes Emblem des von ihm mitgetragenen ›style paquebot‹. Damit banalisiert er die Schiffsmetapher, die bereits in der Rue Franklin eine Rolle spielte, und die in der Rue Nungesser-et-Coli wiederkehrt. Während sich Perret und Le Corbusier mit einer knappen Anspielung auf den Schiffsbau begnügen, übersetzt Patout das Schiff als Ganzes in ein architektonisches Bild. In der Logik dieses Bildes besetzt seine Wohnung die Kommandobrücke, er selbst wird zum Kapitän – fehlt ihm auch als solchem der freie Blick zum Horizont, der bei Le Corbusier wichtigstes Kriterium der Dampfer-Analogie ist.[167]

Im Gegensatz zum stillen Privileg der Höhenlage bei Perret oder Le Corbusier definiert Patout sehr deutlich den hierarchischen Abstand zu den übrigen Bewohnern seines Mietshauses. Mit 150 Quadratmetern ist sein Appartement etwa viermal so groß wie die auf Minimalbedarf berechnete Durchschnittswohnung. Einzig das ›appartement principal‹ verfügt über ein bür-

133 Pierre Patout, Etagenwohnhaus, Boulevard Victor 3, Paris 15e, 1929–34, Relief über dem Eingang

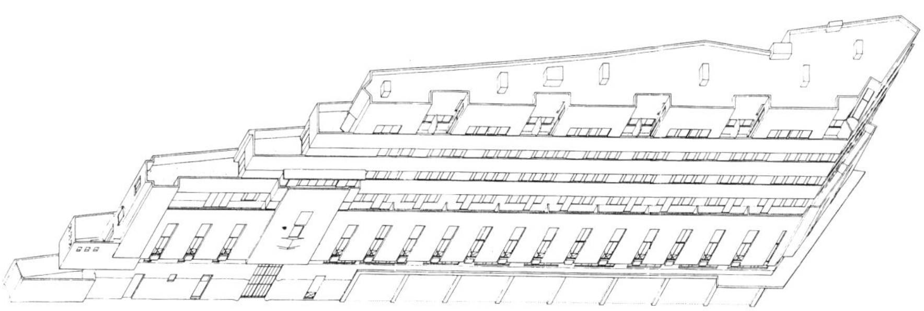

134 Etagenwohnhaus, Boulevard Victor 3, Paris 15e, axonometrische Darstellung

164 Panerai 1974, S. 53–60. – Lemoine/Rivoirard 1987, S. 208–209.

165 Er bediente sich dazu der 1929 von ihm gegründeten ›Societé Immobilière du Boulevard Victor‹.

166 »L'Architecture clef de voûte des arts«.

167 Vgl. auch: Giordani 1987, S. 19 u. 22.

135 Hans Scharoun, Etagenwohnhaus mit Wohnung des Architekten im siebten und achten Stockwerk, Heilmannring 66a, Berlin-Charlottenburg Nord, 1956–61, Ansicht

gerliches Raumprogramm mit großem Salon. Der Architekt nutzt die Masse der Wohnungen, um seine persönliche Sonderstellung herauszustreichen. Er will in seinem Wohnen kein Modell für alle geben, sondern einem Vorrecht Ausdruck verleihen.

Die Dachwohnung wird zum Topos

Die Inbesitznahme des Dachbereichs durch die Architektenwohnung scheint dem Ursprung nach ein Pariser Phänomen zu sein. So zeigt sich etwa in Wien keine der französischen Metropole vergleichbare Entwicklung. Zwar installierte Otto Wagner bereits 1894–95 auf dem Dach des Ankerhauses am Graben den weithin sichtbaren gläsernen Aufbau eines Photoateliers,[168] seine eigenen Wohnungen richtete der Architekt jedoch stets im ersten Stockwerk ein. Die Hierarchie des Mietshauses wird durch den Wegfall eines abgestuften Fassadenschmucks nach außen hin aufgehoben, jedoch nicht von innen her umgekehrt.
Erst als in Europa eine rationalistisch bestimmte Moderne die Alleinherrschaft antrat, setzte sich das Wohnen auf dem Dach auch außerhalb von Paris durch.[169] Die Dachlage ist nun nicht mehr das Vorrecht weniger Architekten, sondern eine generell bevorzugte Position. Weiterhin jedoch sind es Architekten, die in besonders prägnanter Form die Aneignung der Gebäudespitze durch die eigene Wohnung vollziehen. Meist spielen Ortswahl und Ausblick dabei eine wichtige Rolle; zur Anlage offener Terrassen kommt es allerdings vorwiegend in den südlichen Breitengraden. Stellvertretend für die europäische Ausstrahlung der Wohnform in jüngerer Zeit seien hier einige Architekten-Dachwohnungen vorgestellt.
Den Auftakt zur Verbreitung des Dachappartements außerhalb der französischen Metropole gab der Architekt Berthold Lubetkin, der 1933 von Paris nach London kam. Er installierte seine Wohnung auf dem Dach des 1936–38 gemeinsam mit der Gruppe Tecton ausgeführten Gebäudes ›Highpoint Two‹ in London-Highgate, eines frei stehenden, scheibenförmigen Etagenwohnbaus mit überwiegend doppelgeschossigen Komfortwohnungen.[170] Erkennbar inspiriert sich Lubetkin an der durch Le Corbusier geprägten Typologie. Wie dieser konzipiert er seine Wohnung in relativer Unabhängigkeit von ihrem siebengeschossigen Unterbau und öffnet sie beidseitig in breiten Fensterfronten. Wie der französische Architekt nutzt er die Dachlage für eine gewölbte Deckenkonstruktion.
In Berlin bezog 1960 Hans Scharoun eine Wohnung im siebten und achten Stock eines Gebäudes der Siedlung Charlottenburg-Nord, Heilmannring 66a. Er nahm also Residenz in einem von ihm geplanten Sozialwohnungs-Komplex.[171] Innerhalb eines lang gestreckten Gebäudeflügels mit zur Mitte hin ansteigender Stockwerkzahl besetzt die Architektenwohnung den höchsten Punkt. Von den wenigen anderen Wohnungen in vergleichbarer Position unterscheidet sie sich durch ihre Zweigeschossigkeit und ihren ›maßgeschneiderten‹ Grundriss. Aus der Masse der öffentlich bezuschussten Wohneinheiten hebt sie sich somit deutlich heraus. Entgegen dem ersten Anschein definiert sich auch hier ein Architekt in seinem Wohnen als ›Privilegierter‹.
Als 1983 Rob Krier im Wiener I. Bezirk den Dachstuhl eines Etagenwohnhauses aus dem 19. Jahrhundert für sich ausbaute, war das Wohnen im Dachbereich längst zum Topos geworden.[172] Das Bedürfnis des Architekten nach regelmäßigen Raumbildungen kollidiert hier mit den Invariablen der Dachsituation, und es kommt zu vielfältigen räumlichen Überschneidungen. Zur vollen Ausnutzung des Raumvolumens versieht Krier seine Wohnung mit gewölbten Decken. Als Belvedere und Arbeitsstätte errichtet er über dem Dach einen hölzernen Tempietto, dessen Säulen den Blick auf den Stephansdom rahmen.
Der Berliner Architekt Hinrich Baller richtete 1991 seine Wohnung mit Atelier als Dach-

168 Graf 1985, S. 250–256.

169 Auf den amerikanischen Vergleichshorizont mit der Entwicklung des ›Penthouse‹ als dortiger Variante des Dachappartements sei an dieser Stelle lediglich hingewiesen.

170 Coe/Reading 1981, S. 152–156 (›Highpoint Two‹) u. 157–158 (Wohnung Lubetkin). – Lubetkin 1983, S. 163–169 (›Highpoint Two‹) u. 170–171 (Wohnung Lubetkin).

171 Die Pläne der Wohnung, aus denen das Folgende hervorgeht, bewahrt das Archiv der Gemeinnützigen Siedlungs- und Wohnungsbaugesellschaft Berlin mbH. – Innenaufnahmen befinden sich im Archiv der Akademie der Künste Berlin. – Bereits 1932–60 bewohnte Scharoun die oberste Etage des von ihm entworfenen Hauses Jungfernheideweg 4 in der Siedlung Siemensstadt. 1957–72 besaß er außerdem als Zweitwohnsitz eine Atelierwohnung auf dem Dach des Wohnhochhauses ›Romeo‹ in Stuttgart-Zuffenhausen-Rot, Schozacher Straße 40. – Zur Wohngeschichte Scharouns vgl.: Juckel 1987, S. 541. – Geist/Kürvers/Rausch 1993, S. 58 f., 112 f., 118 u. 148.

172 Baumeister, Jg. 83, H. 5, Mai 1986, S. 33–37. – Schwarz 1989, S. 204–206.

ausbau eines Mietshauses der Jahrhundertwende in Charlottenburg ein.[173] Dem bisherigen Dachgeschoss setzte er dabei ein zusätzliches Stockwerk auf. In der expressiven Krümmung des neuen Daches, das als parasitäre Form aus dem späthistoristischen Wohnbau herauswächst, präsentiert er sich weithin sichtbar als ›architecte d'art‹.

Epilog: der Architekt in der Hütte

Das Haus des puristischen Künstlers als exemplarisches Wohnmodell errichtete Le Corbusier nicht für sich, sondern für seinen Wegbegleiter Ozenfant. Bei der Planung seines eigenen Domizils zog er die metropolitane Wohnform des Appartements dem individuellen Architektenhaus vor. Ein Haus für sich selbst, das allerdings nur aus einem Raum bestand, entwarf er 1951–52 nicht in Paris, sondern am Mittelmeer: seinen ›Cabanon‹ in Cap-Martin, Roquebrune bei Menton.[174] Den biographischen Hintergrund für den Bau des Häuschens bildet Le Corbusiers Freundschaft zu Jean Badovici, der in Cap-Martin ansässig war, und zu Thomas Rebutato, Eigner des Ausflugslokals ›L'Etoile de Mer‹, an das sich der ›Cabanon‹ anlehnt. Der Architekt griff mit dem ›Cabanon‹ die volkstümliche Weise der südfranzösischen Sommerfrischler auf, sich durch kleine Hütten in Ufernähe die Küste als Urlaubsort anzueignen. Die populäre Form der Zweitresidenz nutzte er für ein architektonisches Experiment, das auf eine allgemeingültige Wohnform zielte. Sein Anliegen war es, für den minimalen Bedarf – zwei Betten, Schrank, Schreibtisch, Waschbecken und WC – eine räumlich und funktional vollendete Lösung zu entwickeln. Der durch Charles Barberis in Ajaccio komplett vorgefer-

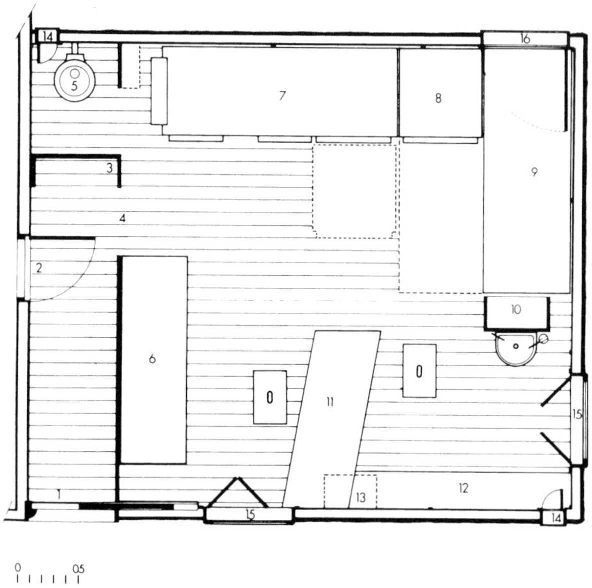

136 Le Corbusier, ›Cabanon‹, Ferienhaus des Architekten, Cap-Martin, 1951–52, Grundriss

137 ›Cabanon‹, Cap-Martin, Ansicht, Foto Hughes Bigo

173 Deutsche Bauzeitung, Jg. 125, 1991, H. 8, S. 28–30.

174 *Œuvre complète*, Bd. 5, S. 78–79. – Chiambretto 1987, S. 33–59.

138 Eileen Gray, ›E 1027‹, Wohnhaus der Architektin, Cap-Martin, 1927–29, Ansicht

tigte ›Cabanon‹ war als Basiszelle für den kurz zuvor projektierten Ferienwohnkomplex ›Roq et Rob‹ vorgesehen. Prinzipiell eignete er sich als Prototyp für eine unbegrenzte serielle Vervielfältigung. Die maßstäblichen Verhältnisse basierten auf dem in den Jahren vor 1945 von Le Corbusier ausgearbeiteten ›Modulor‹, einem Proportionssystem mit universalem Anspruch. Den aus einer spezifischen persönlichen Situation heraus entstandenen Entwurf extrapolierte der Architekt somit zum globalen Modell. In seiner programmatischen Zielsetzung geht der ›Cabanon‹ über die Pariser Stadtwohnung hinaus. Offenbar ermutigte der dem Alltag entzogene Kontext den Architekten zu einer grundsätzlicheren Aussage im eigenen Wohnen.

Als »unabhängig vom hier gestellten Problem«[175] – der Schaffung eines Standardmodells für das Wohnen am Meer – deklarierte Le Corbusier das Äußere seines Häuschens. Erst auf der Baustelle, bei der Installation der präfabrizierten Wohneinheit, entschied er sich für die Verkleidung mit horizontalen, grob bearbeiteten Holzlatten, deren gerundetes Profil dem ›Cabanon‹ das Erscheinungsbild einer Blockhütte verlieh. Der Architekt verbarg das ausgeklügelte Innere hinter einem rustikalen Gewand und erweckte den Anschein einer improvisierten Behausung, die er vorgeblich während einer Dreiviertelstunde entworfen hatte.[176] Nur durch publizierte Innenaufnahmen, jedoch nicht in der Selbstdarstellung vor Ort gibt Le Corbusier den Modellcharakter seines Urlaubsdomizils zu erkennen. Stattdessen präsentiert er sich in ostentativer Bescheidenheit als ›Architekt in der Hütte‹.

Die Stelle, an der Le Corbusier seine Hütte errichtet, ist bereits besetzt durch einen Vertreter der Pariser architektonischen Hochkultur. Unterhalb des ›Cabanon‹ befindet sich das Sommerhaus ›E 1027‹, das Eileen Gray 1927–29 für Jean Badovici gebaut und gemeinsam mit diesem bewohnt hatte.[177] Die Autodidaktin hatte sich in ihrem ersten Entwurf an der fortschrittlichen Architektursprache von Purismus und ›De Stijl‹ orientiert, sich jedoch zugleich darum bemüht, das von Le Corbusier propagierte funktionalistische Modell zu einer subjektiv geprägten Wohnkultur zu verfeinern.[178] Ihr Streben galt somit einer Individualisierung und Verlebendigung des puristischen Exempels. Die Nähe zu ›E 1027‹ konfrontiert also Le Corbusier einerseits mit dem puristischen Idiom seiner eigenen Vergangenheit, andererseits mit einer subtilen Kritik an seinem Konzept der Wohnmaschine.

Es erscheint als späte Antwort auf Grays Kritik, wenn der Architekt sein neues Standardmodell für das Wohnen am Meer unmittelbar neben ihrem Sommerhaus präsentiert. In ähnlicher Weise, wie er sich im Entwurf seines Pariser Dachappartements an dem älteren Modell Auguste Perrets gemessen hatte, tritt er nun in Wettbewerb mit dem Nachbarbau. Auf verschiedenen Ebenen formuliert er eine antagonistische Position zu dessen Architektur. Der komplexen Gliederung von ›E 1027‹ setzt er die einfache Quaderform seines ›Cabanon‹ entgegen, auf puristische Glätte reagiert er mit provokanter Derbheit. Gegenüber dem Bekenntnis zur individuellen Lösung bekräftigt er den Anspruch auf Allgemeingültigkeit. Zugleich widerspricht er mit dem Bescheidenheitsgestus seines ›Cabanon‹ der Eleganz und Großzügigkeit von ›E 1027‹. Eileen Gray war es darum gegangen – um ein Wort Bruno Reichlins aufzugreifen –, das Fass des Diogenes wohnlich zu machen und die funktionalistische Askese zu überwinden.[179] Le Corbusier betreibt, indem er sein Urlaubsdomizil an das Fass des Philosophen annähert, eine Restitution des asketischen Paradigmas.

175 *Œuvre complète*, Bd. 5, S. 78. – Chiambretto 1987, S. 58.

176 Le Corbusier 1955, S. 252. – Vgl. auch: Chiambretto 1987, S. 33.

177 Über ›E 1027‹: Adam 1987, S. 191–238. – Architecture Mouvement Continuité, Nr. 37, 1975. – Archithese, Jg. 21, 1991, H. 4, S. 42–45.

178 Vgl. hierzu: Reichlin 1991.

179 Ebd., hier besonders S. 74.

139 Ise und Walter Gropius im Wohnzimmer des Direktorenwohnhauses am Bauhaus Dessau, Foto Lucia Moholy, 1927

Walter Gropius (1883–1969) studierte 1903 an der TH München, 1905–07 an der TH Berlin-Charlottenburg Architektur. 1908–10 arbeitete er bei Peter Behrens in Berlin. In seinem 1910 gegründeten eigenen Büro war Adolf Meyer der wichtigste Mitarbeiter. Als ihr epochemachendes Frühwerk errichteten die beiden Architekten 1910–11 das Fabrikgebäude der Faguswerke in Alfeld an der Leine, einen Stahlskelettbau mit in Glas aufgelösten Außenflächen. Für die Kölner Werkbundausstellung bauten sie 1914 Büro- und Werksgebäude einer Musterfabrik. Nach dem Ende des Ersten Weltkriegs trat Gropius dem ›Arbeitsrat für Kunst‹ bei und übernahm im März 1919 dessen Leitung. Im April wurde er zum Direktor des ›Staatlichen Bauhauses in Weimar‹ berufen, dessen Programm und Arbeit er weitgehend prägte. 1925 zog das Bauhaus von Weimar nach Dessau um. Damals endete die Zusammenarbeit zwischen Gropius und Meyer. In Dessau konnte Gropius mit dem neuen Bauhausgebäude (1925–26) sein Hauptwerk verwirklichen. 1928 verließ Gropius das Bauhaus. Seine Nachfolger in der Leitung der Schule waren Hannes Meyer (1928–30) und Ludwig Mies van der Rohe (1930–33). Gropius emigrierte 1934 nach London, wo er mit dem jungen Architekten Maxwell Fry zusammenarbeitete. 1937 übernahm er eine Professur an der Harvard University in Cambridge (Massachusetts). In Amerika ging er 1938–41 eine Partnerschaft mit dem früheren Bauhausschüler Marcel Breuer ein. 1946 gründete er die Gruppe ›The Architects' Collaborative‹, in der er bis zu seinem Tod mitarbeitete.

Der Avantgardismus des Kollektivs: **Walter Gropius** und die Dessauer Meisterhäuser

Mit dem Direktorenwohnhaus am Bauhaus Dessau errichtete Walter Gropius[1] 1925–26 sein erstes selbst entworfenes Domizil.[2] Im Auftrag der Stadt baute hier der Architekt seine eigene Dienstwohnung. Nicht als privater Eigentümer nahm er in dem Haus Wohnsitz, sondern in seiner Funktion als Leiter der ›Städtischen Hochschule für Gestaltung‹. Seine Individualität als Hausherr verbarg er hinter dem anonymen Charakter des öffentlichen Amtes. Gleichwohl betrachtete er den Bau als sein Eigenhaus. In der Veröffentlichung, die er den Bauhausbauten widmete, erscheint es als »Einzelhaus Gropius«.[3] Als solches wurde es von der zeitgenössischen Kritik auch wahrgenommen.[4] Gegenstand der hier unternommenen Betrachtung sind das Wohnen des Architekten wie auch des Bauhausdirektors.
Der individuelle Charakter des Einzelhauses wird weiter eingeschränkt durch den Verband von ›Meisterhäusern‹, in dem es steht. Das Direktorenwohnhaus ist Teil der kleinen Siedlung, die den am Bauhaus lehrenden Künstlern Wohnraum bot. Sie umfasst neben dem Einfamilienhaus sechs zu Paaren gruppierte Atelierhäuser. Als prägnante architektonische Lösung des gemeinsamen Wohnens von Künstlern tritt die Dessauer Häusergruppe in eine Reihe mit der Künstlerkolonie auf der Mathildenhöhe in Darmstadt und der Künstler-Siedlung ›Am Stirnband‹ in Hagen. Gropius nutzte den Bau der Meisterhäuser zur spektakulären Darstellung einer progressiven Architektur. Die avantgardistische Demonstration blieb dabei nicht die Aussage eines Einzelnen. Durch die kollektive Wohnform wurde sie zur gemeinschaftlichen Äußerung einer Gruppe. Der Blick der folgenden Untersuchung konzentriert sich auf das Haus Gropius, bezieht aber auch die Häuser der Bauhausmeister mit ein.

Der Ort in der Geschichte des Bauhauses

Nach außen hin verkörpern der Dessauer Schulbau und mit ihm die Meisterhäuser einen Neubeginn. In der inneren Entwicklung des Bauhauses entsprechen sie einer Phase vorübergehender Konsolidierung. Walter Gropius stand 1919 als treibende Kraft hinter der Gründung des Instituts und wurde zu seinem ersten Direktor. Gründungsort war das Weimar der revolutionären Nachkriegszeit.[5] Als modernste Reformschule der Epoche entstand das Bauhaus aus der Vereinigung der Sächsischen Hochschule für bildende Kunst mit der bis 1914 von Henry van de Velde geleiteten Kunstgewerbeschule. In den Gebäuden der beiden Vorgängerinstitute installierte sich die neue Schule. Unter der Leitung des Architekten Gropius kam es zu einer Zusammenführung der freien und angewandten Künste.

1 Schriften (Auswahl): Gropius 1911. – Ders. 1923. – Ders. 1930. – Ders. 1935. – Ders. 1955. – Über Gropius' schriftstellerische Technik vgl.: Huse 1985, S. 52 f. – Monographien: Isaacs 1983. – Wilhelm 1983. – Nerdinger 1985 b. – Probst/Schädlich 1985. – Eine wichtige Ergänzung zur Gropius-Forschung bietet: Jaeggi 1994.

2 Ein weiteres Haus wird Gropius 1938 in Cambridge (Massachusetts) für sich selbst bauen. Nerdinger 1985 b, Kat.-Nr. 57, S. 194–195 u. WV 103, S. 269. – Kraft 1997, S. 39–63 u. 68–70.

3 Gropius 1930, S. 89 ff. – Vgl. auch: Isaacs 1983, Bd. 2, S. 859 f.

4 Vgl. etwa: Bauwelt, Jg. 17, 1926, H. 48, S. 8. – Die Bauzeitung, Jg. 24, H. 12, März 1927, S. 89.

5 Der im Folgenden gegebene Abriss der frühen Bauhausjahre orientiert sich im Wesentlichen an: Droste 1991. – Die umfangreichste Materialsammlung zum Thema bietet: Wingler 1962.

140 Walter Gropius, Bauhausgebäude, Dessau, 1925–26, Ansicht von Nordwesten, Werkstättentrakt und Brückenbau, Foto Lucia Moholy

141 Bauhausgebäude, Dessau, Luftbild

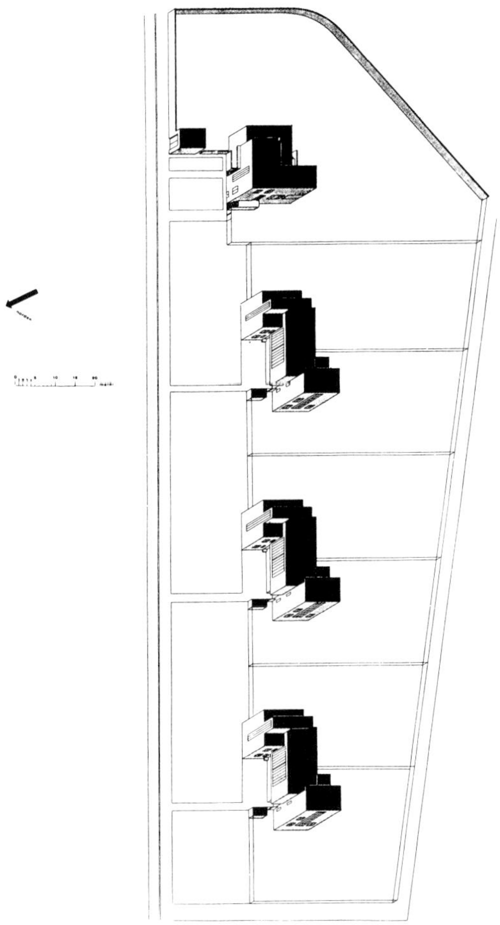

142 Walter Gropius, Direktorenwohnhaus und Meisterhäuser am Bauhaus Dessau, 1925–26, axonometrische Darstellung der Gesamtanlage

In der Entstehungsgeschichte der Schule deutet sich bereits der zentrale Impuls des Bauhausprogramms an: das Streben nach einer Einheit der Kunstgattungen unter dem Dach der Architektur. Sinnbild dieses Strebens und »Endziel aller bildnerischen Tätigkeit ist der Bau«.[6] Das ›Bauen‹ wurde geradezu zum Synonym der angestrebten gesamtkünstlerischen Erneuerung. Mit der Abschottung der Einzelkünste sollte auch die Trennung zwischen Künstlern und »ganzem Volk« aufgehoben sein.[7] Die Kunst hatte sich jedermann verständlich zu machen, um aufzugehen in der »geistigen Einheit ihrer Zeit«.[8] Als Basis für die angestrebte Synthese rückte das Handwerk in den Mittelpunkt der künstlerischen Ausbildung. Ein Handwerker und ein Künstler standen jeweils gemeinsam den Werkstätten der Schule vor. Für die Lehre am Bauhaus gewann Gropius die Maler Lyonel Feininger und Johannes Itten, bald darauf Georg Muche, Paul Klee und Wassily Kandinsky.

Mit der anfangs einseitigen Betonung handwerklicher Arbeit und der vor allem im ›Vorkurs‹ Johannes Ittens betriebenen Suche nach subjektivem Ausdruck befand sich die Lehre am Bauhaus im Einklang mit der expressionistischen Zeitströmung. Zu den Kritikern des am Bauhaus gepflegten Individualismus gehörte der holländische Künstler Theo van Doesburg. Er hielt 1922 in Weimar einen Kurs über die ›universalen‹ Gestaltungsprinzipien der von ihm mitbegründeten Bewegung ›De Stijl‹ ab. Wenig später leitete Gropius am Bauhaus einen Orientierungswechsel ein. Unter der Devise ›Kunst und Technik – eine neue Einheit‹[9] machte er die Bedingungen industrieller Produktion zur Richtschnur für die Arbeit an der Schule. Dem Handwerk wies er dabei eine neue Rolle zu. Es sollte nun der pädagogischen Vorbereitung auf eine maschinengerechte Formgebung dienen. Das visionäre Ziel einer Einheit von Kunst und Volk konkretisierte sich zur aktiven Anteilnahme des Künstlers an der modernen Lebenswirklichkeit. Gropius untermauerte die künstlerische Neuorientierung durch die Berufung neuer Lehrer. Durch den konstruktivistischen Künstler László Moholy-Nagy ersetzte er Johannes Itten als Leiter des Vorkurses. Mit einer großen Ausstellung trat die Schule 1923 an die Öffentlichkeit und präsentierte erste Ergebnisse der neuen gestalterischen Richtung.

Als staatliche Institution war das Weimarer Bauhaus direkt von der thüringischen Landesregierung abhängig. Anfang 1924 erhielten die rechtskonservativen Parteien, die seit längerem eine Schließung der Schule verlangten, bei den Landtagswahlen die Mehrheit. Durch eine drastische Reduzierung der Fördermittel entzog die neue Administration dem Bauhaus seine Arbeitsgrundlage. Um einer schrittweisen Erdrosselung zu entgehen, beschlossen die Bauhausmeister am Ende des Jahres die Selbstauflösung ihres Instituts. Angebote zur Fortführung der Schule kamen aus mehreren Städten. In Dessau eröffnete sich die Möglichkeit eines Schulneubaus. Nach schneller Einigung konnte schon im Frühjahr 1925 in der Stadt der Lehrbetrieb aufgenommen werden. Im Herbst begannen die Bauarbeiten an dem Schulgebäude, das am Ende des folgenden Jahres eröffnet wurde. Zu dem Schulbauprogramm gehörten auch die Wohnungen der Bauhausmeister, die bereits im August 1926 bezugsfertig waren.

Einzelhaus und Doppelhäuser

Für den Bau der Meisterhäuser[10] hatte Gropius gemeinsam mit dem Dessauer Bürgermeister Hesse ein kiefernbestandenes Grundstück im Nordwesten der Stadt ausgewählt, in fußläufiger Entfernung vom Bauplatz des Schulgebäudes. Der Architekt bildete aus dem Einzelhaus und den drei Doppelhäusern eine straßenparallele Reihe. Die vier Baukörper zog er etwa 20 Meter vom vorderen Grundstücksrand zurück. Das Direktorenwohnhaus liegt dem Bauhausgebäude am nächsten. Ein zur Straße hin vorgeschobenes Garagenhäuschen markiert den Beginn der

6 *Programm* 1919.

7 Gropius 1919 a.

8 Ebd.

9 Dies der Titel eines anlässlich der Bauhaus-Ausstellung 1923 gehaltenen Vortrags. Die Ausstellung dauerte vom 15. August bis 30. September. Kröll 1974, S. 67. – Wilhelm 1983, S. 89, Anm. 702.

10 Die Dessauer Meisterhäuser sind ausführlich dokumentiert in: Gropius 1930, S. 84–151. – Veröffentlichungen in Fachzeitschriften: Bauwelt, Jg. 17, 1926, H. 48, S. 7–8 u. 1174. – Die Bauzeitung, Jg. 24, H. 12, März 1927, S. 89–92. – Besprechungen in Zeitungen bzw. Zeitschriften: Osborn 1926. – Halle 1929.– Über die Meisterhäuser: Wingler 1962, S. 370–375. – Kutschke 1981, S. 31–38. – Isaacs 1983, S. 360–362. – Nerdinger 1985b, Kat.-Nr. 16, S. 76–81 u. WV 40, S. 238. – Probst/Schädlich 1985, Kat.-Nr. 67, S. 182–186. – Droste 1991, S. 126–131. – Jaeggi 1994, S. 176–180. – Kirsch 1996, S. 140–148. – Kraft 1997, S. 18–38 u. 64–68. – Engelmann/Schädlich 1998, S. 31–40.

143 Direktorenwohnhaus am Bauhaus Dessau, Ansicht, Straßenseite, Foto Otto Wedekind

kleinen Siedlung. Hinter der Garage begleitet eine Mauer den Weg zum Eingang des Einzelhauses. Der Bau besitzt im Erdgeschoss einen rechteckigen, im ersten Stockwerk einen L-förmigen Plan. Die beiden Ebenen sind so gegeneinander versetzt, dass eine kubisch artikulierte Gesamtgestalt entsteht. Zur Straße und zu den benachbarten Meisterhäusern hin ist die Stereometrie des Baukörpers jeweils in einer einheitlichen Wandfläche gebunden, auf den übrigen Seiten dagegen in gestaffelte Volumen zergliedert. Zu reichster Entfaltung kommt der kubische Charakter des Entwurfs nach Süden, wo das Obergeschoss drei Meter weit über die Flucht des Erdgeschosses hinausragt. Fenster in unterschiedlicher Form und Größe verteilen sich frei über die glatt verputzten Wandflächen.

Da der Bau im Souterrain eine Hausmeisterwohnung beherbergt, ist der Eingang um einige Stufen angehoben. Im Inneren verläuft quer zur Eingangsachse ein Flur. Er führt links zu zwei Schlafzimmern, geradeaus in den Wohnraum. Dieser ist durch eine vielfältige Ausstattung als multifunktionaler Gemeinschaftsraum charakterisiert. Ein doppelter Schreibtisch mit dem Hausarchiv, eine Tee-Ecke, Nähschrank, Bibliothek und ausziehbares Doppelsofa ermöglichen eine wechselnde Nutzung als Arbeits-, Studien- und Gästezimmer. Nur durch einen Vorhang abgetrennt, setzt sich der Raum nach rechts als Esszimmer fort. Glastüren öffnen

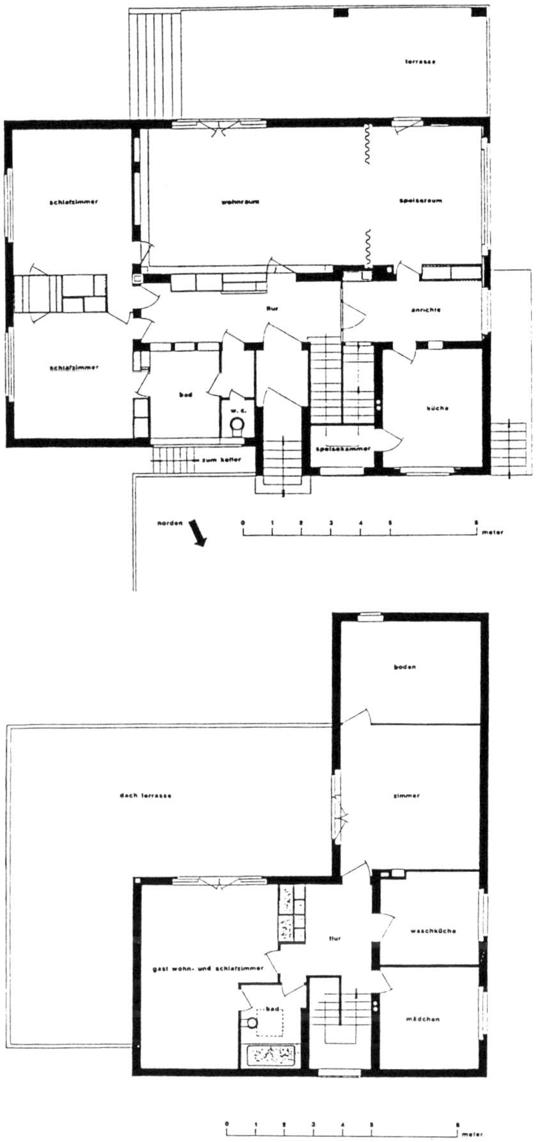

144 Direktorenwohnhaus am Bauhaus Dessau, Grundrisse Erdgeschoss und Obergeschoss

145 Direktorenwohnhaus am Bauhaus Dessau, Ansicht, Gartenseite, Foto Lucia Moholy

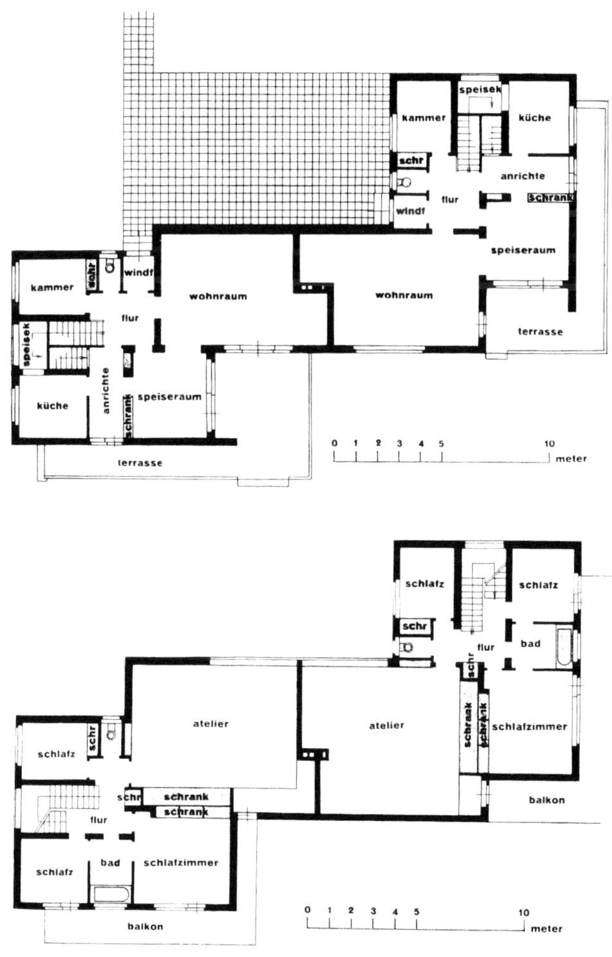

146 Meisterhäuser am Bauhaus Dessau, Grundrisse eines Doppelhauses, Erdgeschoss und Obergeschoss

147 Meisterhäuser am Bauhaus Dessau, Ansicht eines Doppelhauses, Straßenseite, Foto Lucia Moholy

sich von beiden Räumen auf die balkonartig erhöhte Südterrasse, die von dem Vorsprung des oberen Geschosses überfangen wird. Das erste Stockwerk erweitert den Wohnbereich des Hauses und nimmt zudem die Diensträume auf: ein Mädchenzimmer, die Waschküche und einen als ›Boden‹ ausgewiesenen Abstellraum. Eine Dachterrasse, die knapp die Hälfte der Geschossfläche ausfüllt, blickt nach Süden und Osten.

Während das Direktorenhaus seine charakteristische Form durch die versetzte Anordnung von Erd- und Obergeschoss erhält, sind die Doppelhäuser durch eine Zweiteilung in Wohn- und Ateliertrakt gekennzeichnet. Der zentrale Baukörper mit den Ateliers bildet eine Klammer zwischen den beiden Wohneinheiten, von denen jeweils die östliche zur Straße, die westliche zum Garten hin abgewinkelt ist. Dabei zeigt die eine Wohnung im Grundriss das um 90 Grad gedrehte Spiegelbild der anderen. Der Ateliertrakt enthält im unteren Bereich die nach Süden geöffneten Wohnräume, oben die nach Norden orientierten Ateliers. In den Wohnflügeln befinden sich unten ein Speisezimmer und die Diensträume, oben die Schlafzimmer mit einem

148 Meisterhäuser am Bauhaus Dessau, Ansicht eines Doppelhauses, Flanke, Blick von Osten, Foto Lucia Moholy

großen, eckumgreifenden Balkon. Darüber besitzen beide Wohnungen einen kleinen Dachgarten, das jeweils östliche Haus hat zudem noch zwei weitere Zimmer. Auf der Straßenseite prägen vor allem die Atelierfenster im erhöhten Mitteltrakt das Erscheinungsbild der Doppelhäuser. Auf der Gartenseite überspielt die Horizontalität von Terrassenmauern und Balkongeländern die kubische Geschlossenheit der Baukörper. Durch die doppelt geknickte Form der Häuser entsteht statt gleichförmiger Reihung eine rhythmisch gegliederte Abfolge.
Die Bauhauswerkstätten besorgten die Grundausstattung und Farbgestaltung der Meisterhäuser. Gropius und einige Meister bezogen ihr gesamtes Mobiliar aus der seit kurzem von Marcel Breuer geleiteten Tischlerei des Bauhauses.[11] Die neuesten Modelle der Stahlrohrmöbel, die Breuer von 1925 an entwickelte, fanden in den Häusern Aufstellung. Zum technisch-funktionalen Gepräge der Interieurs trugen sie entscheidend bei. Eine Spezialanfertigung Breuers war der große Doppelschreibtisch im Wohnzimmer des Direktorenhauses. Mit der farblichen Ausgestaltung seines Hauses betraute Gropius ebenfalls Breuer und nicht Hinnerk Scheper, den Leiter der Abteilung Wandmalerei.

Ergebnis einer Stil-Suche

Die Verwendung des Stilbegriffs in den Schriften Walter Gropius' unterliegt zeitlichem Wandel. Der junge Industriearchitekt, dessen Faguswerke sich in Bau befinden, beschreibt 1911 als sein Anliegen die Suche nach dem »monumentalen Stil«. Die neue Aufgabenstellung des Industriebaus scheint ihm die Möglichkeit zu bieten, jene Formen zu finden, in denen das Wesen der eigenen Zeit unverfälscht zum Ausdruck kommt. Die erstrebte »Stileinheit« bedeutet für ihn den Gegenpol zur bindungslosen Stilvielfalt des vergangenen 19. Jahrhunderts.[12]
Zwei Jahrzehnte später gebraucht Gropius den Stilbegriff unter deutlich verschobenem Vorzeichen. In seiner 1930 erschienenen Publikation der Bauhausbauten bestreitet er nachdrücklich die Existenz eines »Bauhausstils«: »Das Ziel des Bauhauses ist eben kein ›Stil‹, kein System, Dogma oder Kanon, kein Rezept und keine Mode«.[13] ›Stil‹ meint nun genau das, was

11 Zu Breuers Ausstattung der Meisterhäuser vgl.: Wilk 1981, S. 45–52. – Droste/Ludewig 1992, S. 18–19, 69 u. 72–73.

12 Gropius 1911, S. 116 u. 119. – Vgl. auch: Nerdinger 1985c, S. 48 f.

13 Gropius 1930, S. 11.

es zuvor hatte ersetzen sollen, das beliebige Stilkleid des Historismus. In der einheitlichen Erscheinungsform der Bauhausprodukte möchte Gropius dagegen gerade nicht einen Gruppenstil erkennen, sondern »das Fluidum des Lebens selbst«.[14]

Trotz der damit im nachhinein für das Bauhaus in Anspruch genommenen Überwindung des Stilkonzepts steht Gropius mit dem im Bauhausprogramm von 1919 formulierten Ziel einer künstlerischen Einheit der Position von 1911 noch näher als jener von 1930. Zwar spricht er in dem Programm nicht mehr vom ›Stil‹, knüpft jedoch im Streben nach dem Einheitskunstwerk an die vor dem Krieg betriebene Stil-Suche an. Allerdings vertritt er nun die Ansicht, die erhoffte Einheit lasse sich nicht durch künstlerische Arbeit herbeizwingen, sondern müsse sich von selbst einstellen als Erzeugnis eines »neuen gemeinsamen Weltgedankens, der aus dem Umsturz dieser Jahre geboren wird«.[15]

Gleichwohl begnügt sich Gropius nicht damit, die neue geistige Einheit passiv zu erwarten. In den Wohnhäusern, die er während der ersten Nachkriegsjahre zusammen mit Adolf Meyer entwarf, spürt er dem Zeitstil mit Beharrlichkeit nach. Die uneinheitliche Folge der Hausprojekte zwischen 1920 und 1924 lässt sich deuten als durchaus zielstrebiges Bemühen um eine gültige Stilform.[16] Das Haus Sommerfeld in Berlin-Steglitz (1920–21), an dessen Ausgestaltung zahlreiche Bauhausschüler beteiligt waren, folgt als symmetrischer Bau auf Rechteckgrundriss mit Walmdach noch der Konvention des Neoklassizismus, wie Gropius sie im Büro Behrens kennen gelernt hatte.[17] Zudem fließen Merkmale von Frank Lloyd Wrights Prairie Houses mit ein, so der breite Dachüberstand und das stark akzentuierte Portal.[18] Jedoch entfernen die betont handwerkliche Ausführung in Holz und das expressionistische Detail den Hausbau von beiden Modellen. Auch dem Haus Otte in Berlin-Zehlendorf (1921–22) liegt noch die traditionelle Hausform zugrunde.[19] Ein diagonaler Vorbau lockert aber hier die Symmetrie des Entwurfs. Glatt verputzte, gesimslose Oberflächen und ein gestraffter Dachüberstand geben dem Baukörper prismatische Schärfe. Die monumentale Schaufront enthält Fenster nur in der tief ausgesparten Mittelachse, die sich bis in die Dachzone hinein fortsetzt.

Im Projekt eines Hauses für Dr. Rauth (1923) löst sich Gropius endgültig von dem konventionellen Typus und seiner symmetrischen Disziplin.[20] Dabei orientiert er sich an der jungen niederländischen Architektur, daneben weiterhin an Modellen Frank Lloyd Wrights. Den großzügigen Landhausbau entwickelt er als Reihung verschieden hoher, flach gedeckter Baukörper auf einem mäandrierenden Grundriss. Indem er zwei Höfe in die Anlage einbezieht, macht er den Umraum zum Bestandteil des architektonischen Konzepts. Die Übergänge zwischen den Einzelvolumen gestaltet er als wechselseitige Durchdringung. Einige Merkmale der Dessauer Meistersiedlung, so das System abgeknickter Achsen und die räumliche Artikulation durch eckumgreifende Vorsprünge, sind in dem Entwurf vorweggenommen.

Mit dem Bau des Hauses Auerbach in Jena (1924) kehrt der Architekt zu einer geschlossenen Gesamtform zurück, die jedoch keine klassischen Reminiszenzen mehr aufweist.[21] Gropius gliedert das auf einem Hanggrundstück gelegene Haus in zwei schmale, entlang der Querachse gegeneinander verschobene Kuben. Der höhere, straßenseitige Teil nimmt die Dienstflächen auf, der niedrigere, hangseitige Abschnitt die Wohn- und Schlafräume. Eine Dachterrasse mit Schiffsgeländer bekrönt das Haus. Der Bau verrät entwerferische Unsicherheit in der konventionellen Hochform der zu Gruppen verbundenen Fenster, wie auch in der schwerfälligen Ausbildung der Dachgesimse.

Gemeinsam ist den hier in Betracht gezogenen Wohnhausprojekten die Konzentration des Entwurfs auf Fragen der äußeren Form. Gropius' Interesse zielt nicht auf die Schaffung eines neuen Haustyps oder auf eine neuartige räumliche Organisation des Inneren. Gegenstand seines entwerferischen Bemühens ist die zeitgemäße Gestalt des Hauses, mithin eine dem

149 Walter Gropius, Haus Sommerfeld, Berlin-Steglitz, 1920–21, Ansicht, Eingangsseite

14 Ebd.

15 Gropius 1920, S. 10. Zitiert nach: Nerdinger 1985c, S. 50.

16 Vgl. hierzu besonders: Huse 1985, S. 53 f. – Jaeggi 1994, S. 138–140. – Mit Gropius' Hausbauten der frühen zwanziger Jahre beschäftigt sich außerdem: Klotz 1971.

17 Nerdinger 1985b, Kat.-Nr. 4, S. 44–45 u. WV 19, S. 224. – Jaeggi 1994, S. 140–144 u. Obj. Nr. 39, S. 291–294.

18 Ein Vorbild war das Winslow House in Oak Park (1893), das auf Tafel I der 1910 bei Wasmuth publizierten ›Ausgeführten Bauten und Entwürfe von Frank Lloyd Wright‹ abgebildet ist. Klotz 1971, S. 181. – Zurückhaltender bewertet den Einfluss Wrights: Jaeggi 1994, S. 143 f.

19 Nerdinger 1985 b, Kat.-Nr. 7, S. 52–53 u. WV 23, S. 226. – Jaeggi 1994, S. 145–147 u. Obj. Nr. 48, S. 308–310.

20 Nerdinger 1985 b, WV 27, S. 230. – Jaeggi 1994, S. 154–156 u. Obj. Nr. 59, S. 325–326.

21 Nerdinger 1985 b, WV 33, S. 234–235. – Jaeggi 1994, S. 166–168 u. Obj. Nr. 60, S. 326–327.

150 Walter Gropius, Haus Auerbach, Jena, 1924, Ansicht, Gartenseite, Reproduktion nach retuschiertem Originalphoto

modernen Wohnbau adäquate Stilform. In den Horizont seiner Recherche schließt Gropius alle ihm bekannten aktuellen Architekturbestrebungen mit ein – neben Entwurfsgedanken Behrens' und Wrights reflektieren seine Projekte Einflüsse der niederländischen Architektur, aber auch Erich Mendelsohns.

Angesichts der Uneinheitlichkeit der frühen Hausprojekte überrascht die formale Sicherheit der Dessauer Meisterhäuser, deren Modernität sich gerade von dem in zahlreichen Einzelheiten unentschiedenen Jenaer Entwurf deutlich abhebt. In Dessau bezieht der Architekt die Experimente der malerischen Avantgarden in seine Form-Suche mit ein und erweitert den Rahmen seiner Auseinandersetzung mit fortgeschrittenen Positionen zeitgenössischen Bauens.[22] Die hintereinander gestaffelten, rechteckigen Quader, aus denen der suprematistische Maler Kasimir Malewitsch seine ›Architektonen‹ und ›Planiten‹ aufbaut,[23] steigert Gropius zu räumlicher Durchdringung. Er orientiert sich dabei an der plastischen Kompositionsweise der Künstler des ›Stijl‹.[24] Während aber jene ihre Architekturgebilde aus Flächen zusammensetzen, gelangt Gropius zu einer Verschränkung von Kuben. Daneben greift er mit der strengen prismatischen Artikulation des Baukörpers und der individuellen Anordnung der Öffnungen in einer als neutrale Folie behandelten Wandfläche Gestaltungsmittel Le Corbusiers auf. Im Umgang mit den genannten Vorbildern bewahrt Gropius jedoch seine Eigenständigkeit. Er übernimmt nicht einfach die fremden Stilmerkmale in seinen Entwurf, sondern amalgamiert sie zu einem schlüssigen formalen System. Darin sind die komplexen Raumkompositionen des ›Stijl‹, aber auch die durch ›erzählerische‹ Elemente belebten Fassaden Le Corbusiers in einen einfacheren Sprachmodus überführt. Die Meisterhäuser präsentieren sich als von Formalismen gereinigte, de-individualisierte Version fortschrittlichen Bauens. Gropius ermittelt hier gewissermaßen einen Durchschnitt aktueller Architekturbestrebungen. Zugunsten dieser Mittelstellung gibt er einen Teil der modernistischen Radikalität, die seine Vorbilder auszeichnet, preis. So verzichtet er darauf, in Wohnräumen größere Wandpartien aufzuglasen, und verwendet nicht die von Le Corbusier als moderne Bekenntnisform eingesetzten Fensterbänder.

Rückblickend lassen sich die frühen im Büro Gropius projektierten Hausbauten lesen als Zwischenergebnisse einer Suche, die in den Dessauer Meisterhäusern ihren Zielpunkt findet. In der Überschau zeigt sich, dass die Assimilation aktueller Formanregungen mit einer gewissen Verzögerung stattfand. Mit den weltanschaulich-künstlerischen Positionen der ›Stijl‹-Gruppe kam Gropius bereits ab 1920 in Berührung.[25] Im Hausentwurf für Dr. Rauth bleibt er aber hinter der avancierten formalen Recherche der holländischen Gruppe noch weit zurück.[26] Le Corbusier war auf der 1923 am Bauhaus veranstalteten Ausstellung ›Internationale Architektur‹ dominierend vertreten.[27] Gropius' Haus Auerfeld lässt jedoch die Begegnung mit den Arbeiten des französischen Architekten allenfalls erahnen. Während sowohl ›De Stijl‹ als auch Le Corbusier um 1923/24 bereits über ausformulierte Stilsprachen verfügten, näherte sich Gropius in kleinen Schritten der gesuchten Stileinheit. Als Resultat seiner vorsichtigen Auswertung zeitgenössischer Experimente präsentiert er die Dessauer Hausbauten. Er eröffnet mit ihnen keine weitere Fraktion innerhalb der architektonischen Avantgarde, sondern stellt sich ins Zentrum der modernen Bewegung.

Gropius betreibt eine Konsolidierung der architektonischen Moderne. Dabei geht es ihm nicht darum, den Horizont des Neuen weiter hinauszuschieben. Vielmehr ist er bestrebt, unter den fortschrittlichen Architekturströmungen den Hauptstrom zu ermitteln. Indem er die aktuellen Tendenzen bündelt, stärkt er zugleich die Internationalität der neuen Architektur. Die Bauten in Dessau markieren einen der frühen Momente, in denen sich das ›Neue Bauen‹ als etwas bereits Fertiges vorstellt. Die junge Bewegung tritt hier mit dem Anspruch auf, ihre formale Identität gefunden zu haben.

22 Vgl. hierzu: Huse 1985, S. 54.

23 Zu den räumlich-abstrakten Formexperimenten Malewitschs und ihrer Ausstrahlung auf die Architektur: Andersen 1970, S. 31–32, 104–105 u. 139–144. – Chan-Magomedow 1991, S. 14 ff. In Deutschland machte vor allem El Lissitzky, der sich ab 1921 in Berlin aufhielt, die Arbeit Malewitschs bekannt.

24 Exemplarisch demonstriert in den von Theo van Doesburg und Cor van Eesteren 1923 in Paris ausgestellten Hausmodellen und in Gerrit Thomas Rietvelds Haus Schröder in Utrecht (1924).

25 Ende des Jahres begegnete er erstmals Theo van Doesburg. Zur ›Stijl‹-Rezeption am Bauhaus und bei Gropius: Wilhelm 1983, S. 91 ff. – Huse 1985, S. 45 f. – Jaeggi 1994, S. 156–166.

26 In seiner Orientierung an Frank Lloyd Wright entspricht das Projekt Entwürfen von Robert van t'Hoff und Jan Wils, die bereits etwa fünf Jahre zurückliegen.

27 Gropius 1927, S. 74–75, 83–86, 88 u. 105.

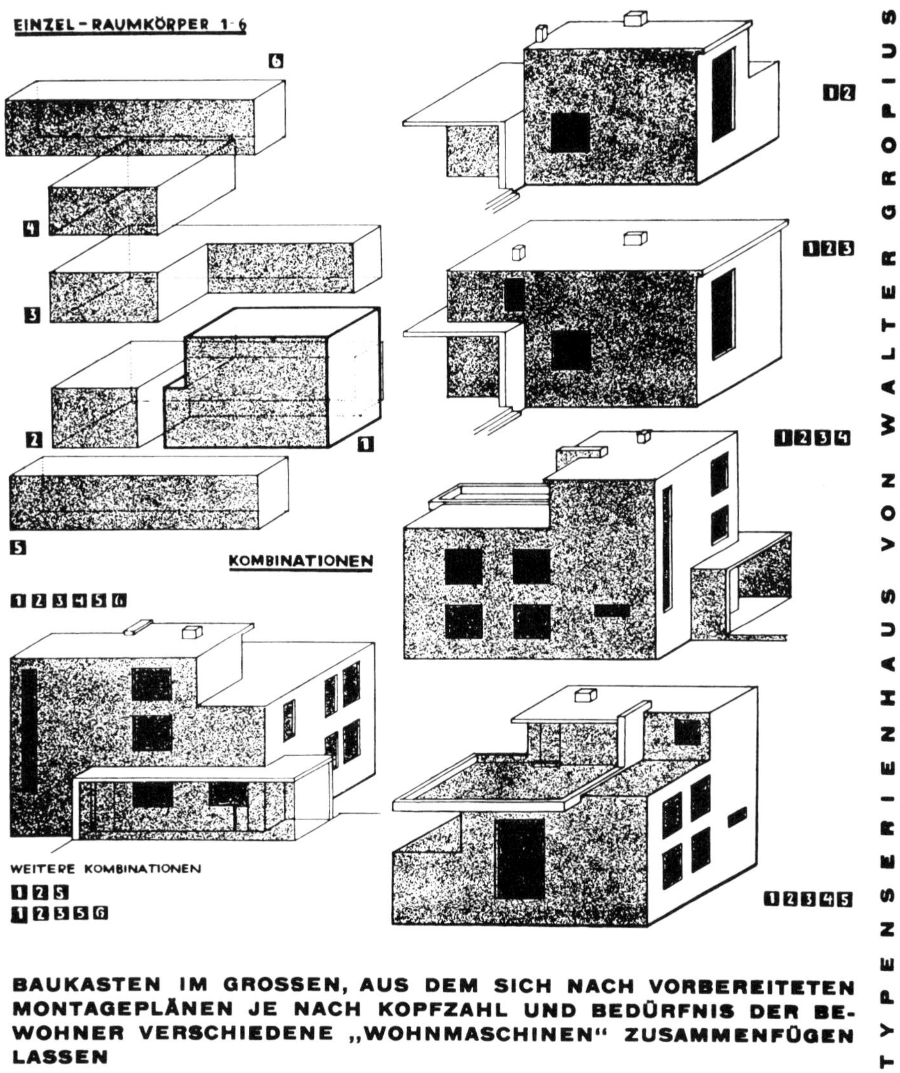

151 Walter Gropius, ›Baukasten im Großen‹, 1923

Auf dem Weg zum Systembau

Allein als Ergebnis einer Auswertung zeitgenössischer Formexperimente lässt sich die im Bau der Meisterhäuser vorgeführte Stil-Findung allerdings nicht erklären. Katalysator der in Dessau mündenden Entwicklung ist Walter Gropius' Beschäftigung mit den Möglichkeiten eines typisierten Wohnhausbaus.[28] Bereits während seiner Zeit im Büro Behrens hatte der Architekt den Gedanken einer Massenproduktion standardisierter Einzelhäuser verfolgt und sich 1910 mit einem entsprechenden Programm an den AEG-Konzern gewandt.[29] An solche Pläne knüpfte er 1922 mit einem Aufsatz über ›Wohnmaschinen‹ erneut an.[30] Er griff darin die von Le Corbusier geprägte Maschinenmetapher auf, gab ihr aber eine eigene Deutung. Im Gegensatz zu dem französischen Architekten, der sich um die konstruktive und ästhetische Bestimmung eines neuen Haustyps bemühte, ging es Gropius um die Normierung separater Raumzellen zum Zweck einer serienmäßigen Häuserproduktion.[31] Sein Konzept zielte auf eine industrielle Vervielfältigung der Einzelteile des Hauses. In dem 1922 gemeinsam mit Fréd Forbát entwickelten ›Wabenbau‹-System präzisierte der Architekt erstmals seine Ideen.[32] Wenig später verfeinerte er sein Konzept zum ›Baukasten im Großen‹.[33] Wie aus Bauklötzchen sollten

28 Vgl. hierzu: Herbert 1984, S. 32–43, besonders S. 43.

29 Gropius 1910. – Vgl. auch: Herbert 1984, S. 32–38.

30 Gropius 1922.

31 Vgl. hierzu auch: Nerdinger 1987, S. 46 f.

32 Probst/Schädlich 1985, Kat.-Nr. 14 B, S. 91 u. 93–94. – Jaeggi 1994, Obj. Nr. G 9, S. 436–437. – Modelle zum ›Wabenbau‹ wurden zuerst im Juli 1922 auf der Gropius-Ausstellung im Bauhaus gezeigt. Vgl. auch: *Bauhaus* 1923, S. 167 u. 169–170.

33 Nerdinger 1985b, WV 30, S. 232. – Jaeggi 1994, Obj. Nr. G 10, S. 437–439. – Vgl. auch: Junghanns 1994, S. 116–118.

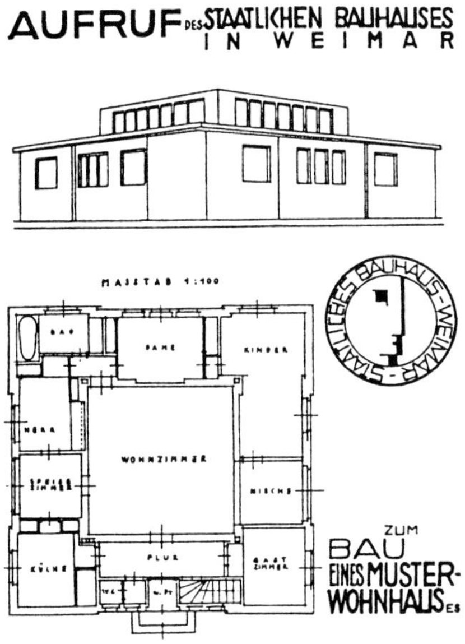

152 Georg Muche, ›Haus am Horn‹, Musterhaus auf der Bauhaus-Ausstellung, Weimar, 1923, perspektivische Ansicht und Grundriss

nach Gropius' Vorschlag ›Typenserienhäuser‹ variabel zusammengefügt werden. Während das ›Wabenbau‹-Modell noch einen symmetrischen Kernbau besaß und daher regelmäßige Kombinationen nahe legte, begünstigte der ›Baukasten‹ freiere Hausformen. In dem doppelgeschossigen Hauptraum des Grundelements weist Gropius' zweiter Bausatz trotz des grundsätzlich verschiedenen Anliegens eine Gemeinsamkeit mit Le Corbusiers ›Maison Citrohan‹ auf. Eine Kombinationsvariante, die Gropius als Modell ausführen ließ, ähnelt dem französischen Typ auch in ihrer äußeren Gestalt.[34]

Mit dem Musterhaus der Bauhaus-Ausstellung 1923 bot sich eine Gelegenheit zur Realisierung eines Typenserienhauses. Aus institutspolitischen Gründen verzichtete Gropius jedoch darauf, sein Konzept durchzusetzen,[35] und trat die Planung des Ausstellungsbaus an den Maler Georg Muche ab. Dessen Versuchshaus lehnt sich zwar an Gropius' Modell an, zwingt es aber in ein geometrisches Grundrissschema.[36] Ein quadratischer Hauptraum ist hier allseits von niedrigen Nebenräumen umschlossen. Erkennbar treten funktionale Erwägungen hinter der Form-Idee des doppelten Quadrats zurück. Um diesen Eindruck nachträglich zu korrigieren, legten Adolf Meyer, Marcel Breuer und Farkas Molnár Entwurfsvarianten zur Grundform des Versuchshauses vor, die den Aspekt der vielfältigen Kombinierbarkeit hervorhoben.[37]

Was Gropius sich 1923 in Weimar versagte, holte er 1925–26 in Dessau nach. Mit den Wohnungen für die Bauhauslehrer verwirklichte er eine Gruppe von Musterbauten, die deutlicher als das von Muche entworfene Versuchshaus die Ergebnisse seiner typologischen Recherche widerspiegeln. Ebenso wenig wie jenes setzen sich die Meisterhäuser aus präfabrizierbaren Raumzellen zusammen. Insofern sind sie von einer Einlösung des Anspruchs, reale Prototypen für einen industriellen Häuserbau zu schaffen, weit entfernt. Sie vermitteln jedoch ein Bild davon, wie Häuser aussehen könnten, die nach Gropius' Baukastenprinzip konzipiert sind. Sowohl in der zugrunde liegenden Entwurfsmethodik als auch in ihrer äußeren Form beziehen sich die Dessauer Häuser auf das Typenserienhaus von 1922. Das System einer überlagernden Schichtung von Raumkörpern tritt besonders klar auf der Gartenseite des Direktorenhauses in Erscheinung. Der dreifach versetzte Geschosssprung von der unteren Terrassenmauer über die Sonnenterrasse des Obergeschosses bis zum Dach des Gebäudes legt hier das Aufbauprinzip des Hauses frei. Die L-förmige Figur des oberen Stockwerks entstammt direkt dem Repertoire des ›Baukastens‹. Dort sind auch die von Gropius bevorzugten Fensterformen vorgeprägt: ein Breitfenster, ein seltener verwendetes schmaleres Format, ein vertikaler Fensterstreifen für die Treppenhäuser und eine schmale horizontale Bandform für das Badezimmerfenster. Selbst die weit auskragende Eingangsüberdachung findet sich in verwandter Lösung bereits bei den ›Baukasten‹-Häusern. Ein Element, das Gropius nicht aufgreift, ist hingegen der doppelgeschossige Hauptraum.[38] Dessen großflächiges Fenster taucht jedoch als Atelierfenster in den Doppelhäusern wieder auf.

Durch die Reihung der drei identischen Atelierhäuser demonstriert Gropius das dem ›Baukasten‹ zugrunde liegende serielle Ordnungsprinzip. Der Wiederkehr gleicher Teile schreibt er eine ordnende und beruhigende Wirkung zu,[39] die er als Gegenmittel gegen »die chaotische Uneinheitlichkeit« zeitgenössischen Wohnhausbaus empfiehlt.[40] Zugleich veranschaulicht der Architekt in den Doppelhäusern seine Strategie der Variation gleichartiger Elemente. Obwohl sich die beiden Haushälften weitgehend gleichen, erzielt er durch die Drehung eines der Flügel jeweils ein asymmetrisches Gesamtbild. Der Hinweis auf den Variationsreichtum, den sein Wohnhausmodell ermöglicht, bildet innerhalb der begleitenden Argumentation einen tragenden Pfeiler.[41]

Zwei parallel verlaufende Stränge seiner architektonischen Arbeit bringt Gropius in der Dessauer Meistersiedlung zur Fusion. Die Häuser sind einerseits das Resultat seiner entwer-

34 Eine historische Aufnahme des Modells ist abgebildet in: Jaeggi 1994, S. 438. – Zur ›Maison Citrohan‹ vgl. o. S. 89.

35 Über die Hintergründe dieser Entscheidung: Isaacs 1983, S. 301 f. – Kröll 1974, S. 137, Anm. 286. – Jaeggi 1994, S. 127 u. 438.

36 Probst/Schädlich 1985, Kat.-Nr. 14 D, S. 97–98. – Jaeggi 1994, Obj. Nr. 57, S. 322–325. – Vgl. auch: Wolsdorff 1980.

37 Probst/Schädlich 1985, Kat.-Nr. 14 E, S. 99. – Nerdinger 1985b, WV 36, S. 236. – Vgl. auch: Meyer, Adolf 1925, S. 22 f.

38 Immerhin dominiert auch im Direktorenhaus ein großes Wohnzimmer das Raumprogramm. Vgl. hierzu: Wünsche 1989, S. 38 ff.

39 Gropius 1926 b, S. 112.

40 Gropius 1925 b, S. 97.

41 Zum festen Repertoire seiner Artikel gehören die Dichotomie von »größtmöglicher Typisierung und größtmöglicher Variabilität der Wohngebäude« sowie die Entrüstung über »das Märchen von der Vergewaltigung des Individuums durch Typung und Normung«. Vgl. etwa: Gropius 1923, S. 91. – Ders. 1926 b, S. 112.

ferischen Bemühungen um eine neue Stileinheit, andererseits die formale Umsetzung seines Nachdenkens über eine Industrialisierung des Wohnhausbaus. Das Baukasten-Prinzip diente als Richtschnur seiner stilistischen Auslese. Gropius nahm nur solche Formanregungen auf, die den Grundsätzen der Vervielfältigung und freien Addierbarkeit nicht zuwiderliefen. Hierin liegt der Schlüssel zum Erfolg der in Dessau vorgestellten formalen Synthese.

Das Direktorenwohnhaus: Baukunst, die dem Leben dient

Der Architekt verwirklicht für sich selbst ein im Sinne der Bauhaus-Ausstattungspraxis kanonisches Wohnen. Dass er seinem Domizil exemplarische Bedeutung beimaß, belegen die immerhin 45 Seiten, die er dem Haus und seiner Einrichtung in der Publikation über die Bauhausbauten widmete. Auch einen Film hatte Gropius über sein Wohnhaus drehen lassen, aus dem er dann zahlreiche Bildsequenzen in die Buchveröffentlichung übernahm. Im Mittelpunkt der photographischen Darbietung steht die funktionale Ausstattung des Hauses. So sieht der Betrachter die Tee-Ecke mit Warmwasserzufluss, einen Ventilator mit Heizaggregat, einen begehbaren Wandschrank und ein ausklappbares Bügelbrett. Die Filmstreifen demonstrieren jeweils die praktische Handhabung der Geräte. Durch die Einfügung der bewegten Bilder stellt Gropius den Bau sinnfällig in den Dienst von Nutzungsabläufen. Er zeigt den aktiven Gebrauch als Komplement einer dienenden Architektur. Der architektonische Organismus vollendet sich gleichsam in der Erfüllung seiner Funktionen.

Mit dem Streben nach serieller Reproduktion des Hauses und seiner Bestandteile betreibt Gropius zugleich eine Normierung des Wohnens selbst, eine »Standardisierung der praktischen Lebensvorgänge«. Dem Verdacht, dass diese eine »neue Versklavung und Mechanisierung des Individuums« mit sich bringe, tritt er jedoch vehement entgegen. Vielmehr befreie sie, so versichert er, »das Leben von unnötigem Ballast, um es desto ungehemmter und reicher sich entfalten zu lassen«.[42] Der Architekt weist somit der Funktionalität der Behausung eine emanzipatorische Aufgabe zu. Durch eine optimale Organisation der Wohn-Umwelt möchte er den Menschen von materiellen Zwängen befreien. Paradoxerweise soll gerade die Regelhaftigkeit des Wohnens dem Bewohner helfen, seine Persönlichkeit zu entfalten. Gropius' idealistisches Konzept zielt insbesondere auf eine Entlastung der Hausfrau. Seine Frau Ise ist es folglich, die in Film und Buch das Funktionieren der Installationen im Haus unter Beweis stellt.[43]

Der Hausherr Gropius führt eine Baukunst vor, »die dem lebendigen Leben dient«.[44] Der künstlerische Anteil des Bauens scheint dabei in seiner Zweckdienlichkeit aufzugehen. Die Baugestalt kann nicht mehr getrennt von der Brauchbarkeit des Hauses wahrgenommen werden, denn »sie entspringt allein aus dem Wesen des Baus, aus seiner Funktion, die er erfüllen soll«.[45] Dabei stellt Gropius den Kunst-Charakter des Bauens nicht grundsätzlich in Abrede.[46] Er unterdrückt jedoch die Autonomie des künstlerischen Elements. Dieses ist ihm fassbar nur noch dort, wo es sich unmittelbar aus der Gestaltung funktionaler Zusammenhänge ergibt. Dagegen entziehen sich funktionsunabhängige ästhetische Qualitäten der Logik seiner Argumentation.

Walter Gropius entwirft sein Haus als Vorführobjekt eines neuen Wohnens. Trotz seiner zweckbetonten Argumentation verstärkt er den Demonstrationscharakter mit Hilfe ästhetischer Maßnahmen. Die Straßenfassade des Hausbaus gestaltet er als abstrakte Flächenkomposition. Durch die Reduktion auf elementare Grundformen setzt er den Bau in scharfen Kontrast zu konventionellen Mustern der Fassadengestaltung. Er thematisiert so die künstlerische Befreiung von überkommenen Formen. Es ist die formale Innovation, in der sich die

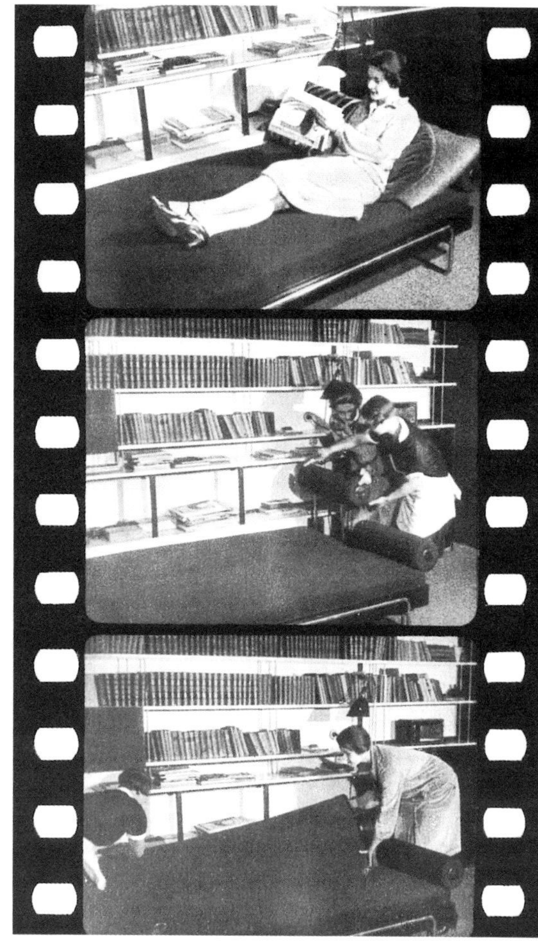

153 Ise Gropius demonstriert die Benutzung der ausziehbaren Liege im Wohnzimmer des Direktorenwohnhauses am Bauhaus Dessau, Photomontage aus einer Filmsequenz

42 Gropius 1930, S. 101.
43 Vgl. hierzu: Wünsche 1989, S. 84 f.
44 Gropius 1930, S. 7.
45 Ebd., S. 92.
46 Vgl. hierzu auch: Wilhelm 1983, S. 93.

Reform der Lebenspraxis ankündigt. Der Architekt beschränkt sich nicht darauf, einfach neue Wohnvorstellungen umzusetzen, sondern präsentiert sein Haus als ›Diskurs‹ über die Erneuerung des Wohnens.

Künstler siedeln

Von Anfang an war mit der Gründung des Bauhauses nicht nur eine experimentelle Lehrform angestrebt, sondern auch eine ideale Lebensgemeinschaft von Künstlern. Zur Vorbereitung auf die Einheit der Kunstzweige empfahl Gropius einen »Zusammenschluß verwandter Künstlernaturen auf freundschaftlicher Grundlage« als »aufrichtige Gemeinschaft nicht nur im künstlerischen, sondern auch im menschlichen Sinne«. Auf dem Weg zu einer Erneuerung der Kunst hielt er die Lebenspraxis für wichtiger als die künstlerische Arbeit selbst. »Vielleicht ist der lebende Künstler dazu berufen, vielmehr ein Kunstwerk zu leben als es zu erschaffen und so durch seine neue Menschlichkeit, durch seine neue Lebensform die geistige Grundlage zu erbauen, welche die kommende Kunst notwendig braucht.«[47] Die wirksamste Möglichkeit, dem so beschriebenen Gemeinschaftsideal Ausdruck zu geben, bestand darin, sie in eine reale Gemeinsamkeit des Wohnens zu überführen.[48] In der Tat verfolgte Gropius seit 1919 das Projekt einer Bauhaussiedlung.[49] Gemeinsames Siedeln sollte der Gefahr einer »gewissen Innenzucht« entgegenwirken und das Ziel der Bauhauslehre unterstützen, die Kunst auf die praktischen Erfordernisse der Zeit auszurichten.[50]

Zwei konkrete Siedlungsplanungen entstanden bereits 1920. Autor beider Entwürfe war der Bauhaus-Schüler Walter Determann. Der eine, präziser ausgeführte Plan bezieht sich auf ein trapezförmiges Grundstück in Buchfart bei Weimar.[51] Determann orientiert hier die Siedlung, die neben Wohnhäusern auch Werkstätten und einen Gutshof umfasst, perspektivisch auf einen großen Versammlungsbau. Die Anlage vereinigt die hierarchische Symmetrie eines barocken Schlossbaus mit kristallinen Formanklängen, die in der scharfkantigen Bedachung des Gemeinschaftshauses gipfeln. Seinen zweiten Siedlungsentwurf fertigte Determann für das Gelände ›Am Horn‹ in Weimar, unweit des Goetheschen Gartenhauses, an.[52] Die quadratischen Wohneinheiten, aus denen er in Buchfart ein ehrenhofartiges Ensemble gebildet hatte, verteilt er nun in freier Gruppierung über ein geneigtes Terrain. In ihrer äußeren Gestalt erscheinen die eingeschossigen Holzhäuser als formal reduzierte Ableitungen des Hauses Sommerfeld. Das Grundstück ›Am Horn‹ konnte jedoch durch das Bauhaus zunächst nur gärtnerisch in Benutzung genommen werden.

Um dem Siedlungsvorhaben neue Impulse zu geben, wurde 1922 eine Bauhaus-Siedlungsgenossenschaft gegründet, die Gropius' Mitarbeiter Fréd Forbát mit der Wiederaufnahme der Planungen beauftragte.[53] Der von Forbát vorgelegte Entwurf enthielt 19 in lockerer Reihung gruppierte Einzelhäuser, mit denen der Architekt an die von Determann vorgeschlagene Bebauung des Hanggeländes anknüpfte. Oberhalb des Hangbereichs verband er weitere 52 Wohneinheiten zu raumumschließenden Gruppen. Von einem Platz mit Eingangsfunktionen führte er eine rechtwinklig abgeknickte Straße zwischen geraden Häuserzeilen auf ein Schulgebäude zu, das sich an der höchsten Stelle des Geländes erheben sollte. In der präzisen Artikulation der räumlichen Übergänge gab sich Forbát als Schüler des Städtebauers Theodor Fischer zu erkennen. Die vorgesehenen Einzelhäuser erreichten als einziger Teil seines Konzepts das Stadium einer detaillierten Planung. Sie stehen mit den zeitgleichen Überlegungen zum ›Wabenbau‹ in Verbindung.[54] An der Opposition des Weimarer Stadtbaurats, der die flache Dachform der Häuser als Beeinträchtigung des Ortsbilds beurteilte, scheiterte die Durchführung des Entwurfs.[55]

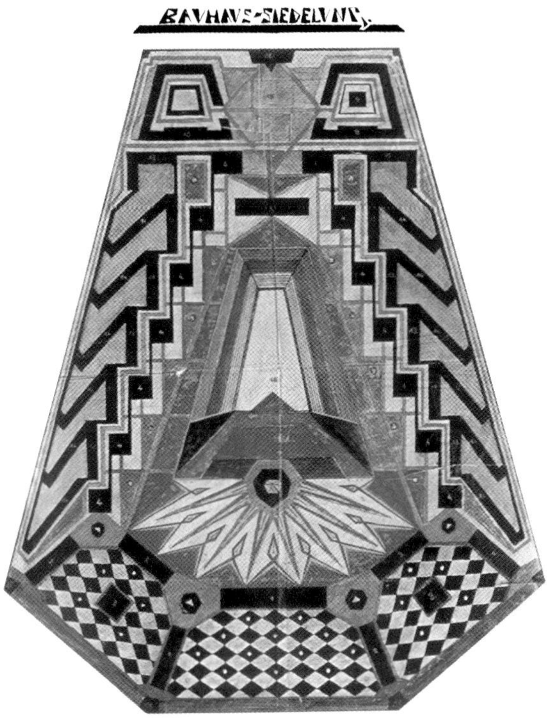

154 Walter Determann, Projekt für eine Siedlung des Bauhauses in Buchfart bei Weimar, 1920, Plan

47 Gropius 1919 b, S. 70. – Den zitierten Passagen liegt das zwischen Kriegsende und Bauhausgründung formulierte Manuskript ›Ziel der Bauloge‹ zugrunde, in dem Gropius die Idee einer logenartigen Künstlergemeinschaft skizziert. Vgl. dazu: Wünsche 1989, S. 10 ff.

48 Dem in Anm. 47 genannten Manuskript fügte Gropius in Bleistift das Zitat aus Goethes ›Wilhelm Meister‹ ein: »Bildende Künstler müssen wohnen wie Könige und Götter; wie wollen sie denn sonst für Könige und Götter bauen und verzieren? Sie müssen sich zuletzt dergestalt über das Gemeine erheben, daß die ganze Volksgemeinde in und an ihren Werken sich veredelt fühle.« Zu den Vorhaben der ›Bauloge‹ gehörte auch der Entwurf eines ›Hauses der Baurunde‹. Wünsche 1989, S. 15 f.

49 Über die Frühgeschichte der Siedlungspläne: Jaeggi 1994, Obj. Nr. 37, S. 289–290.

50 Erwähnt in einem Brief an Adolf Behne vom 2. Juni 1920. Zitiert nach: Nerdinger 1985 b, S. 58. – Vgl. auch: Scheidig 1972.

51 Hüter 1979, S. 48–49. – Winkler, Klaus-Jürgen 1991, S. 74–75. – Droste 1991, S. 43.

52 Hüter 1979, S. 51. – Winkler, Klaus-Jürgen 1991, S. 75. – Droste 1991, S. 42. – Vgl. außerdem: Jaeggi 1994, Obj. Nr. 43, S. 299–300.

53 Nerdinger 1985b, Kat.-Nr. 10, S. 58–61 u. WV 29, S. 230. – Jaeggi 1994, Obj. Nr. G 9, S. 436–437.

54 Vgl. Anm. 32.

55 Probst/Schädlich 1985, S. 91.

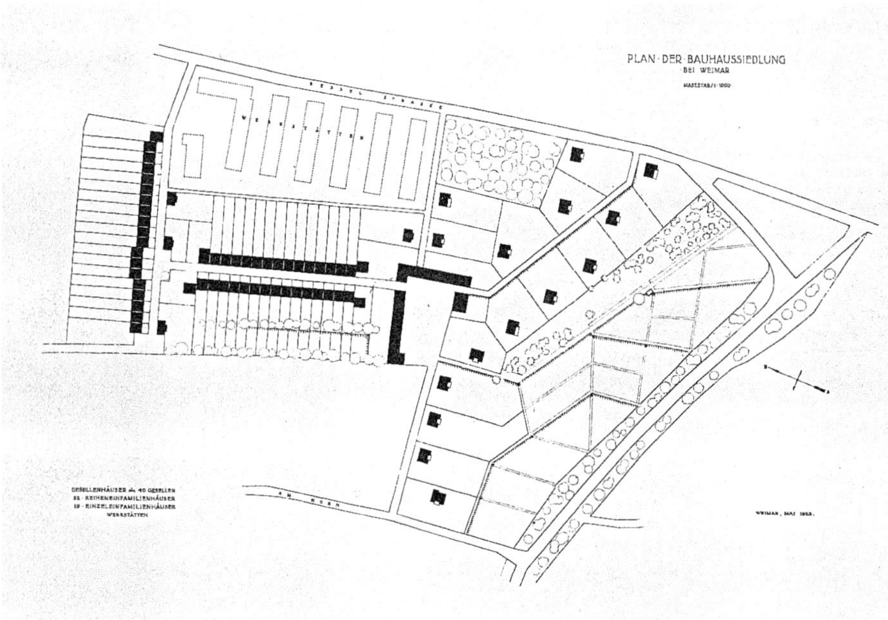

155 Fréd Forbát, Projekt für eine Siedlung des Bauhauses in Weimar, 1922, Plan

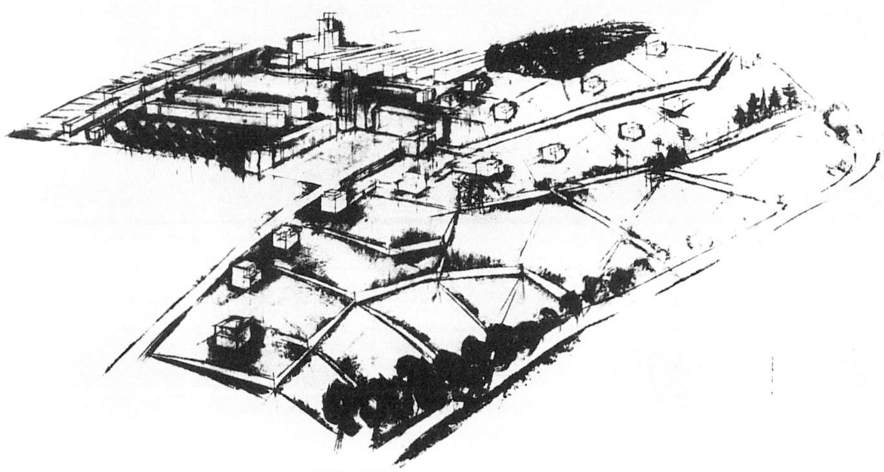

156 Fréd Forbát, Projekt für eine Siedlung des Bauhauses in Weimar, 1922, Vogelschau der Gesamtanlage

Zwischen Determanns Projekt für Buchfart und Forbáts Siedlungsplan hat sich die architektonische Selbstdarstellung der Gemeinschaft deutlich verändert. Der ältere Entwurf war ein Versuch, die utopische Formulierung vom ›großen Bau‹ in sichtbare Formen zu übersetzen. In ihrem Wohnen zeigte sich die Künstlergruppe als geschlossene, hierarchisch auf ein visionäres Ziel orientierte Einheit. Kristalline Symbolik bildete gleichsam einen ›Code‹, der den Zusammenschluss definierte. Im Vorschlag Forbáts sind axiales Ordnungsprinzip und kompakte Siedlungsform aufgegeben. An ihre Stelle tritt eine offene Anlage mit differenzierter Binnenstruktur. Für symbolische Formverweise bietet das versachlichte Bebauungskonzept keinen Raum mehr. Gleichwohl bleibt der Schulbau als Zentrum der Gemeinschaft Zielpunkt einer sorgfältig inszenierten Wegführung.
Auf dem Siedlungsgelände ›Am Horn‹ entstand im Rahmen der Bauhaus-Ausstellung 1923 Georg Muches Versuchshaus. Gropius deklarierte den Bau als erstes realisiertes Objekt der

geplanten Siedlung.[56] Im Sommer 1923, also auch während der Ausstellung, bewohnte der Bauhaus-Schüler und Gropius-Mitarbeiter Farkas Molnár den Musterbau.[57] Stellvertretend erfüllte hier – das erhoffte Siedlungsganze vorwegnehmend – ein einzelner Künstler die Aufgabe des Probewohnens. Der Grundimpuls des Siedlungsgedankens, der darin bestand, die künstlerische Arbeit mit allen Aspekten der Lebenswirklichkeit zu konfrontieren, kam in der kompletten Ausstattung des Versuchshauses durch die Bauhauswerkstätten zum Tragen. Erstmals bemühte sich das Bauhaus mit der Ausstellung um eine geschlossene formale Identität. Vom Hausbau bis zur typographischen Gestaltung der Druckerzeugnisse gab sich die Schule ein einheitliches Erscheinungsbild.

Am dichtesten näherte sich das Bauhaus dem Ziel gemeinschaftlichen Wohnens in Dessau. Hier gehörte einerseits ein fünfstöckiges Gebäude mit 28 Wohnateliers für die Studenten zum Schulbau, andererseits standen die Meisterhäuser als kleine Siedlung für die dienstältesten Lehrer bereit. Zwar kam jeweils nur ein Teil der Schüler- und Lehrerschaft in den Genuss des Gemeinschaftslebens, doch die Idee einer Einheit im Wohnen war so immerhin parziell verwirklicht. Mit der Bereitstellung des gesamten Wohnbedarfs für die Meisterhäuser lösten die Bauhauswerkstätten das im Weimarer Musterhaus gegebene Versprechen einer umfassenden Lebensgestaltung ein. Die Künstler als Gruppe übernahmen nun die Rolle vorbildlicher Bewohner und demonstrierten eine fortschrittliche Wohnpraxis.

Einen Versuch, die Meister-Siedlung zu komplettieren, stellte das von Marcel Breuer 1927 in drei Varianten entwickelte Projekt der in Stahl konzipierten Bambos-Häuser dar.[58] Der Name setzt sich aus den Initialen der Jungmeister und am Bauhaus tätigen Architekten zusammen, die in den Häusern wohnen sollten – Breuer, Albers, Meyer, Bayer, Meyer-Ottens und Schmidt. Breuers Entwurf steht in einer Reihe mit weiteren Konzepten für Klein-Metallhäuser, die er zwischen 1925 und 1927 ausarbeitete.[59] Erneut war hier den Bauhaus-Lehrern das Wohnen in einer experimentellen Hausform zugedacht.

Vorläufer: Darmstadt und Hagen

Für den Dessauer Versuch, dem Wohnen einer Gruppe von Künstlern eine feste architektonische Form zu geben, lassen sich in Deutschland zwei bedeutende Vorläufer finden. Die Künstlerkolonie auf der Darmstädter Mathildenhöhe nennt Gropius selbst als Anknüpfungspunkt für die Bestrebungen des Bauhauses.[60] Mit einem weiteren Verband von Künstler-Wohnhäusern, der Siedlung ›Am Stirnband‹ in Hagen, dürfte er ebenfalls gut vertraut gewesen sein. Er war nicht nur mit ihrem Architekten Johannes L. M. Lauweriks, sondern auch mit dem Auftraggeber Karl Ernst Osthaus persönlich bekannt.

Die Gründung der Kolonie auf der Mathildenhöhe entsprang einer kulturpolitischen Initiative des Großherzogs Ernst Ludwig, der 1898–99 sieben Künstler und Kunsthandwerker nach Darmstadt berief.[61] Als staatlich geförderter Zusammenschluss hatte die Darmstädter Kolonie mit den ländlichen Künstlerkolonien, die seit der ersten Hälfte des 19. Jahrhunderts in freier Verbindung von Künstlern in Deutschland entstanden, wenig gemein. Der Landesherr versprach sich von seiner Maßnahme eine stimulierende Wirkung für die kunsthandwerkliche Produktion in Hessen. Diesem Zweck sollte auch die Ausstellung ›Ein Dokument deutscher Kunst‹ dienen, auf der die Künstler 1901 ihre Arbeiten vorstellten. Hauptexponate waren die eigens errichteten Häuser der Künstler samt ihrer Inneneinrichtung.

Für den Bau der Künstlerhaus-Kolonie stellte der großherzogliche Mäzen ein Gelände am Südhang der Mathildenhöhe zur Verfügung, unweit des Darmstädter Schlosses. Den Entwurf des Bebauungsplans, der Häuser und der temporären Ausstellungsbauten übernahm der Wiener

56 Gropius 1923, S. 92.

57 Molnár 1925, S. 273.

58 Wingler 1962, S. 386. – Blake 1949, S. 26.

59 Droste/Ludewig 1992, S. 19 f. u. 84 f.

60 Gropius 1923, S. 84.

61 Vgl. hierzu: Huber/Wolde 1977. – Kruft 1978. – Ulmer 1990.

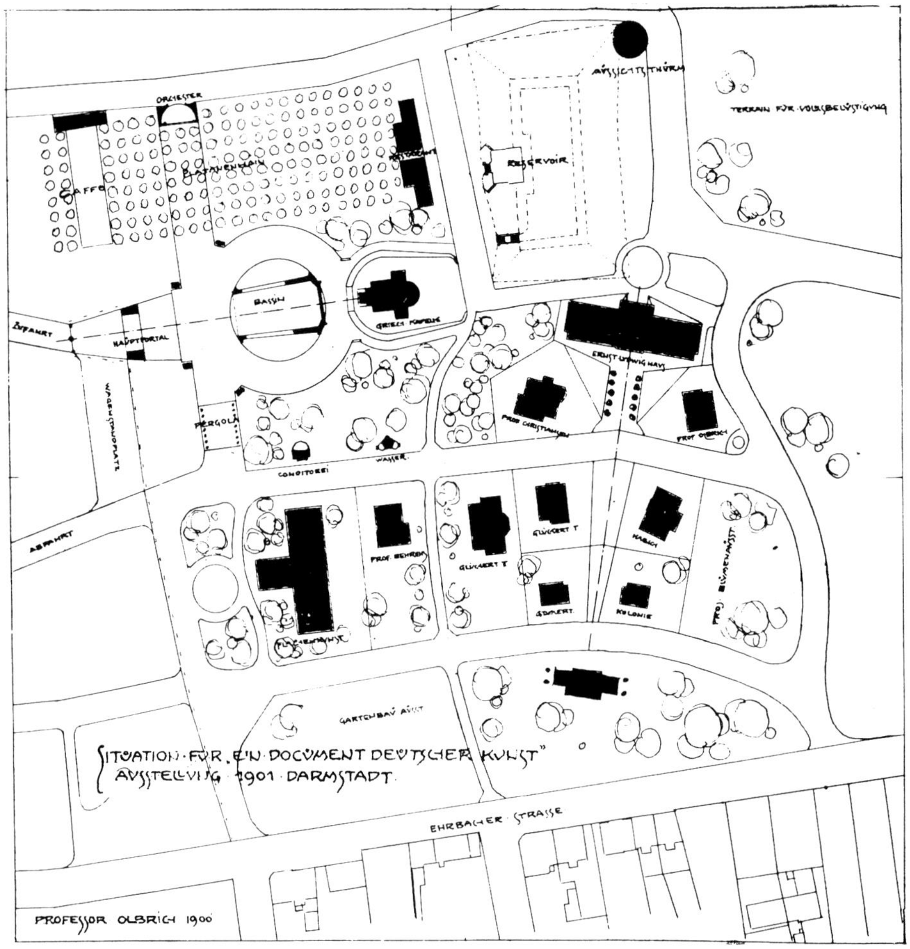

157 Joseph Maria Olbrich, Künstlerkolonie auf der Mathildenhöhe, Darmstadt, Entwurf für den Gesamtplan, 1900, Kunstbibliothek Berlin

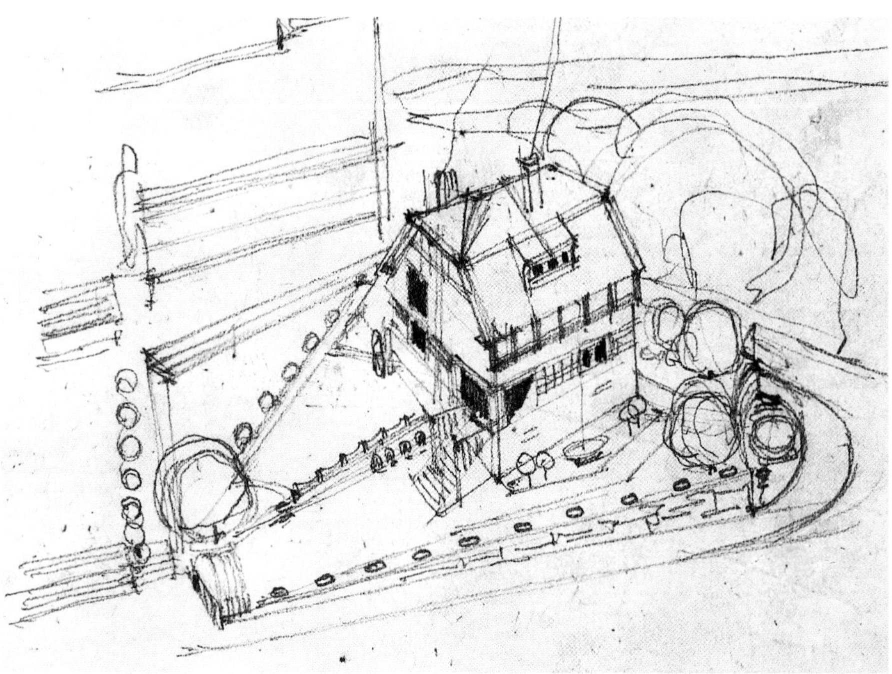

158 Joseph Maria Olbrich, Wohnhaus des Architekten, Darmstadt, 1900–01, Entwurfsskizze, Kunstbibliothek Berlin

159 Peter Behrens, Wohnhaus des Malers und Architekten, Darmstadt, 1900–01, Ansicht, Gartenseite

Joseph Maria Olbrich als einziger ausgebildeter Architekt der Künstlergruppe.[62] Er ordnete unter der Kuppe des Hügels ein breit gelagertes Ateliergebäude an, das Ernst-Ludwig-Haus. Entlang einer zu dessen Füßen verlaufenden Straße, des Alexandrawegs, verteilte er die einzelnen Häuser. Nur drei der sieben Villen, die er auf der Mathildenhöhe errichtete, waren tatsächlich für Künstler bestimmt.[63] Es bestand also keine Identität zwischen der durch den Großherzog berufenen Künstlergruppe und der kleinen Siedlung. Diese stellte gleichwohl das gebaute Bild einer Künstlerkolonie vor.

In seinen Hausentwürfen bemühte sich Olbrich um individuelle Charakterisierung. Er variierte die Gliederung der Baukörper, Dachformen und Dekorationsmotive. Sein eigenes Haus platzierte er direkt unterhalb des Ateliergebäudes. Da der Alexandraweg hier leicht nach Süden abknickt, liegt das Haus genau in der Sichtachse der Straße. Nicht durch eine herausragende architektonische Gestaltung, sondern durch eine geschickte städtebauliche Disposition des eigenen Domizils unterstrich der Architekt seine Stellung als Primus inter pares im Verband der Gruppe. Ernsthafte Konkurrenz entstand ihm dabei von Seiten des Malers und Kunstgewerblers Peter Behrens, der sich am westlichen Rand der von Olbrich geschaffenen Siedlung als einziger der Künstler sein Haus selbst entwarf.[64] Von der dominierenden Ausstellungsarchitektur Olbrichs, die durch ihr Streben nach gestalterischer Variation den Eindruck einer gewissen Unverbindlichkeit weckt, hob Behrens seinen kompakten, straff gegliederten und einheitlich ausgestatteten Hausbau deutlich ab. Gegen die homogene Flächigkeit der Putzfassaden Olbrichs setzte er eine durch kräftige Bänder und Vorsprünge artikulierte

62 Zu den Bauten Olbrichs: *Olbrich* 1967, S. 52–103. – Schreyl 1972, S. 58–114. – *Olbrich* 1983, S. 146–195.

63 Die übrigen Häuser entwarf er für den Geschäftsführer der Kolonie, Deiters, den Möbelfabrikanten Glückert und den Privatmann Keller. Ulmer 1990, S. XXI f.

64 Zum Haus Behrens: Buddensieg 1980. – Hoh-Slodczyk 1985, S. 115–121. – Eine ausführliche formale Analyse bietet: Norberg-Schulz 1980.

Plastizität. Der Bau des eigenen Hauses bedeutete für ihn den ersten Versuch im Bereich der Architektur, und der Erfolg des Entwurfs war ausschlaggebend für seine nun beginnende architektonische Laufbahn.

Die Darmstädter Kolonie und die Weimarer Schulgründung sind verbunden durch ihr gemeinsames Reformziel. Beide streben nach einer Einheit der künstlerischen Disziplinen, und beide erhoffen sich von der Annäherung an das Handwerk Impulse für eine Erneuerung der Kunst. Dabei beansprucht auch in Darmstadt die Architektur eine Führungsposition, wie sie schon im quantitativen Überhang der Arbeitsleistung Olbrichs zum Ausdruck kommt. Durch die Re-Integration in lebenspraktische Zusammenhänge sucht die Kunst gesellschaftliche Wirksamkeit zu entfalten. Die Vermittlung zwischen Kunst und Leben geschieht durch das Wohnen. In ihrer Wohnwelt versuchen die Künstler, ein Vorbild zu geben.

Wie sich später im Weimarer Bauhaus der Zusammenhalt der Gruppe durch kollektive Rituale manifestierte,[65] so formierten sich bereits in Darmstadt die Künstler zur kultischen Gemeinschaft. Ihr Zentrum war das Ateliergebäude mit seiner weitgehend schmucklosen Fassade und dem kreisförmigen, von den monumentalen Plastiken ›Kraft‹ und ›Schönheit‹ flankierten Eingang. Olbrich setzte mit dem Bau seine bereits in Wien formulierte Vorstellung eines »Tempels« der künstlerischen Arbeit in die Realität um.[66] Die bühnenhafte Treppe, die zu dem Ateliergebäude emporführt, diente als Podium für die Aufführung des Festspiels ›Das Zeichen‹, das Georg Fuchs nach einer Idee von Peter Behrens für die Ausstellungseröffnung verfasst hatte.[67] Ein Kristall wurde darin zur symbolischen Verkörperung eines neuen Lebens, dessen Vorbereitung sich die Kunst zum Ziel setzte. Die Rolle des Künstlers als priesterlichen Verkünders einer neuen Zeit, von zumindest einigen der Darmstädter für sich in Anspruch genommen, fand in dem Schauspiel zu gleichnishafter Verdichtung.

In Darmstadt steht der Gemeinschaftsgedanke, verkörpert in dem beherrschenden Tempelbau als gemeinsamer Arbeitsstätte, im Widerstreit mit dem Individualismus der Einzelkünstler, wie er sich in der unterschiedlichen Gestaltung der Wohnhäuser äußert. Am pointiertesten deutet sich im Haus Behrens ein konkurrierendes Konzept an, das nicht die Gruppe als Trägerin der künstlerischen Erneuerung sieht, sondern die überragende Einzelpersönlichkeit. Das Bedürfnis der Künstler nach individualisierender Selbstinszenierung steht auch der Absicht entgegen, im eigenen Wohnen vorbildlich zu wirken. Hierin liegt der Hauptgrund, warum die Kolonie der Hoffnung ihres Gründers auf volkswirtschaftliche Impulse kaum gerecht werden konnte.[68]

Wenn das Weimarer Bauhaus 1920 das Bild des Kristalls zur Grundlage eines frühen Siedlungsplans macht, bedient es sich einer um 1900 geprägten Symbolform des künstlerischen Neubeginns. Allerdings gewinnt das gemeinschaftstiftende Symbol als Grundmotiv eines städtebaulichen Entwurfs eine verbindlichere Qualität.[69] Der Konflikt zwischen Einzelkünstler und Gemeinschaft hat sich in dem Plan für Buchfart zugunsten des kollektiven Prinzips gelöst. Die einzelne Wohneinheit unterwirft sich hier einer gemeinschaftlichen Geometrie. Das Individuum scheint ganz in der Gruppe aufzugehen.

Die Hagener Siedlung ›Am Stirnband‹, die Johannes L. M. Lauweriks 1910–14 auf Veranlassung des Bankierssohns und Mäzens Karl Ernst Osthaus baute,[70] besaß eine der Mathildenhöhe vergleichbare Bewohnerstruktur. Zwar entstand die Siedlung nicht als Gemeinschaftswohnanlage für eine bereits bestehende Künstlergruppe. Es lag jedoch von vornherein in der Absicht des Gründers, das reformorientierte Bauprojekt mit einer Konzentration kultureller Kräfte zu verbinden. Neben dem Architekten selbst wohnten hier drei bildende Künstler, ein Musiker, ein Schriftsteller, ein Bauunternehmer und der Leiter des Stadterweiterungsamtes.[71] Lauweriks' Häuser waren Teil der Pläne Osthaus', auf einem von ihm erworbenen Gelände außerhalb Hagens die Gartenstadt ›Hohenhagen‹ entstehen zu lassen. Innerhalb der Gesamt-

160 Aufführung des Festspiels ›Das Zeichen‹ zur Eröffnung der Ausstellung ›Ein Dokument deutscher Kunst‹ auf der Mathildenhöhe in Darmstadt, 1901, links das Ernst-Ludwig-Haus, rechts das Haus Olbrich

65 Vgl. hierzu: Droste 1991, S. 83. – Wünsche 1989, S. 15.

66 Bahr 1901, S. 46.

67 Ulmer 1990, S. XIX f.

68 Kruft 1978, S. 28. – Buddensieg 1980, S. 42.

69 Zur Ikonographie des Kristalls: Pehnt 1973, S. 37–41. – Den weiteren Umkreis des Kristallsymbols untersucht: Prange 1991.

70 Zu Lauweriks' Siedlung: Tummers 1972. – Stressig 1987. – Über den weiteren Kontext der von *Osthaus* gegründeten Gartenvorstadt: Stressig 1971. – Windsor 1981. – Osthaus 1984.

71 Stressig 1971, S. 430.

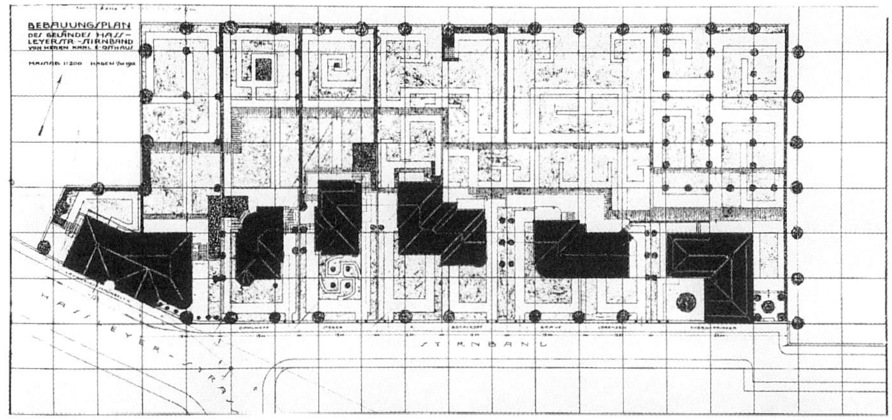

161 Johannes L. M. Lauweriks, Siedlung ›Am Stirnband‹, Hagen, Gesamtplan, 1912

162 Johannes L. M. Lauweriks, Haus Lauweriks/Schüngeler, ›Am Stirnband‹, Hagen, 1914, Ansicht, Straßenseite

planung bilden Lauweriks' Wohnbauten das letzte verwirklichte Projekt. Zuvor hatte Osthaus Henry van de Velde mit dem Bau seines eigenen ›Hohenhofs‹ betraut (1906–08). Aufträge für drei weitere Villen hatte er an Peter Behrens vermitteln können. Als ideellen Mittelpunkt der Anlage plante er einen Neubau des von ihm 1902 gegründeten Folkwang-Museums, zu dessen Verwirklichung es jedoch nicht mehr kam. Osthaus selbst stellte die Hagener Unternehmung in eine Reihe mit der Mathildenhöhe.[72] Gegenüber dem Ausstellungscharakter der Darmstädter Kolonie strich er allerdings den pragmatischen Anspruch seines Vorhabens heraus. Nicht als Bühne künstlerischer Selbstdarstellung wollte er seine Gartenvorstadt verstehen, sondern als Versuchsfeld für eine »nebengedankenlose Wohn- und Stadtkultur«.[73] Sein Ziel war es, dem Kulturdefizit im Industriegebiet Westdeutschlands entgegenzuwirken.
Sowohl Van de Velde als auch Behrens hatten für Teilstücke der Vorstadt Bebauungsentwürfe angefertigt. Der belgische Architekt schlug eine lockere Villenbebauung vor, die der Disposition der Künstlerhäuser auf der Mathildenhöhe nahe kam.[74] Behrens war bestrebt, zwischen den von ihm projektierten Hausbauten axiale Beziehungen herzustellen.[75] Lauweriks legte einen Gesamtplan vor, der stärker als die Entwürfe seiner Vorgänger das einzelne Haus in eine übergreifende Gesamtstruktur einband.[76] Dabei bediente sich der Architekt einer ungewöhnlichen Methode. Er organisierte die Bebauung in einer einzigen, vielfach vor- und zurückspringenden Linie, welche Straßen überbrückte und Freiflächen umschrieb. Diese Linie überzog das gesamte von Osthaus erworbene Gebiet und sparte lediglich die bereits von van de Velde und Behrens ausgeführten Gebäude aus. In seinen drei Einzel- und drei Doppelhäusern am Stirnband, die in dem Plan bereits enthalten sind, setzt Lauweriks das Konzept einer mäandrierenden Bebauung konsequent um. Er unterstreicht die Einheit der Zeile mit Hilfe der durchgängig verwendeten Materialien Kalkstein, Ziegel und Schiefer. Die Knickpunkte des Linienverlaufs integriert er jeweils in den Baukörper, so dass sich die Stirnseiten der Häuser auf gleicher Höhe gegenüberstehen. Auf diese Weise artikuliert der Architekt die Zwischenräume zwischen den Einzelbauten als Unterbrechungen eines imaginierten Kontinuums. Dabei garantiert der Dachfirst den linearen Zusammenhalt des Verbands. Den Endpunkt der Reihe, der sich allerdings vom Gesamtplan her betrachtet als ihr Beginn darstellt, bezeichnet das Haus des Glasmalers Johan Thorn Prikker. Hier vollführt die Firstlinie einen doppelten Knick, so dass der Bau seine Stirn zum Ausgangspunkt zurückwendet. Die abgetreppte Holzverkleidung des Giebels resümiert das Leitmotiv des Siedlungsplans. Auch auf den Fassaden der übrigen Häuser kommt das Motiv der springenden Linien zur Anwendung. In wechselnder Höhe sind jeweils rustizierter Kalkstein und plane Backsteinflächen gegeneinander abgesetzt. Es entstehen scharfe Konturen, die als dreidimensionale Mäander die

72 Osthaus 1912, S. 94.

73 Ebd.

74 Stressig 1971, S. 395.

75 Moeller 1991, WV 32, S. 492–494.

76 Der 1910 datierte Plan ist abgebildet in: Tummers 1972, S. 37.

Baukörper umspannen. Das einzelne Haus wird so zum Bestandteil eines abstrakten räumlichen Ordnungssystems.

Das Verhältnis zwischen Individuum und Kollektiv hat sich in der Hagener Siedlung gegenüber der Künstlerkolonie auf der Mathildenhöhe erkennbar verschoben. Zwar besitzt auch hier jedes Haus eine unverwechselbare Gestalt. Durch die Geschlossenheit des Siedlungsverbands sind jedoch der Individualität der Einzelarchitektur klare Grenzen gesetzt. Neben Material, Dachform und Massenverteilung betont die Wiederkehr der mäandrierenden Linie auf allen Maßstabsebenen den Vorrang der Gruppe. Nicht als Ansammlung individueller Hausbauten, sondern als straffer architektonischer Zusammenschluss ist das Wohnen der Künstler charakterisiert. Mäander und Spirale, die Lauweriks seinem Entwurf zugrunde legt, haben für ihn die Bedeutung universaler Symbole. Der Theosoph, der Kunst als »Aufführung des kosmischen Dramas« verstand, interpretierte durch die Schneckenform das Leben als labyrinthischen Weg, als mühevollen Aufstieg »aus den Schweren des Alltags« zum »Ziel von Licht und Leben«.[77] Das Wohnen der Künstler stellt er somit vor einen symbolisch-weltanschaulichen Horizont, die Arbeit des Einzelnen nimmt er für eine kollektive Aufgabe in Dienst. Er selbst bezog seine Wohnung dort, wo der Aufstieg beginnt: Das Büro des Architekten befand sich im Souterrain, seine Wohnung im Erdgeschoss des ersten, zugleich am tiefsten gelegenen Hauses der Zeile.[78]

Walter Gropius betreute als Mitarbeiter von Peter Behrens dessen Hagener Villenbauten und blieb nach der Trennung von seinem Lehrer mit Osthaus in Verbindung. Mit größter Wahrscheinlichkeit lernte er Lauweriks' Siedlungsprojekt bereits in der Planungsphase kennen. Das Entwurfsdenken des holländischen Architekten war ihm zudem durch die langjährige Zusammenarbeit mit dem Lauweriks-Schüler Adolf Meyer vertraut.[79] Es ist daher anzunehmen, dass ihm beim Entwurf der Dessauer Meisterhäuser die damals gut zehn Jahre alte Hagener Siedlung als auch im Umfang vergleichbares Projekt vor Augen stand. Deren Thema, die von einer straßenparallelen Grundlinie vor- und zurückspringende Fassadenflucht, scheint in Dessau nachzuklingen. Auch die Doppelhäuser der Bauhausmeister mit ihren gedrehten Grundrisskompartimenten beschreiben mehrfach abgeknickte Zickzacklinien, die sich allerdings nun nicht mehr von Haus zu Haus fortsetzen. Statt eines hausübergreifenden Linienmotivs gewährleistet das Prinzip serieller Wiederholung die Einheit des Verbands. Den Anfang dieses Verbands besetzt wie in Hagen das Domizil des Architekten.

Die gemeinsame Betrachtung der Künstler-Siedlungen in Darmstadt, Hagen und Dessau zeigt die Häuser der Bauhausmeister als entschiedenste Demonstration kollektiver Geschlossenheit. Hier weicht die Unterscheidbarkeit des einzelnen Domizils, an der Lauweriks noch festgehalten hatte, einer homogenen Reihung gleicher Wohneinheiten. Jede individualisierende Tendenz ist aufgegeben zugunsten einer uniformen Parteinahme für die Moderne. An die Stelle einer exklusiven Rolle des Einzelkünstlers tritt der Avantgardismus des Kollektivs. Allein das Haus des Architekten behält innerhalb der seriellen Abfolge den Rang eines Unikats.

Die Identität des Kollektivs

Das Bauhaus entwirft in den Dessauer Neubauten ein Bild von seiner Identität als künstlerischer Gemeinschaft. Bereits auf der Weimarer Ausstellung von 1923 hatte sich die Schule bemüht, der Öffentlichkeit einen geschlossenen Eindruck von der eigenen Arbeit zu vermitteln. Die Möglichkeit zu umfassenderer Selbstdarstellung bot sich in Dessau. In dem Schulgebäude erfüllt sich das Versprechen vom ›großen Bau‹ als identitätstiftendem Gemeinschafts-

77 Hinweise auf die symbolischen Konnotationen seiner Formensprache gibt der Architekt in dem Aufsatz: Lauweriks 1906–07. Hier zitiert nach: Tummers 1972, S. 29 u. 37. – Vgl. außerdem: Pehnt 1973, S. 45 f.

78 Lauweriks teilte sich das Haus mit dem Musiker Schüngeler.

79 Lauweriks' Ausstrahlung auf Gropius, von Tummers sicherlich überschätzt, wird neuerdings vorsichtiger bewertet. Tummers 1972, S. 52–54. – Müller 1987, S. 76, Anm. 14. – Moeller 1991, S. 106, 220 ff. u. 224. – Jaeggi 1994, S. 44–47.

163 Walter Gropius, Direktorenzimmer am Bauhaus Dessau, 1926, Foto Erich Consemüller

symbol. Die Aura der expressionistischen Vision ist dabei in der versachlichten Formensprache des von Gropius entworfenen Komplexes aufbewahrt.

Die Häuser der Meistersiedlung sind nicht wie in dem Projekt für Buchfart direkt auf das Bauhausgebäude ausgerichtet, doch formale Gemeinsamkeiten verbinden sie mit dem Mutterbau. Besonders die aus mehreren Baukörpern zusammengesetzten Doppelhäuser präsentieren sich als Ableger des Hauptgebäudes. Mit ihren der Straße zugewandten Atelierfenstern geben sie ein Echo auf die großen Glasflächen des Werkstättentrakts. Hier wie dort charakterisiert das dem Industriebau entlehnte Fenstermotiv den Arbeitsraum des Künstlers als Fertigungsstätte. Die Formanalogie untermauert sinnfällig die behauptete Einheit zwischen künstlerischer und technischer Produktion. Ein weiterer, am Bauhausgebäude verwendeter Fenstertyp findet sich in der Meistersiedlung: Die geschossübergreifenden Vertikalfenster vom fünfstöckigen Wohnhaus der Studierenden kehren an den Wohnflügeln der Doppelhäuser wieder. Die Meisterhäuser geben sich so als Teile eines Ganzen zu erkennen. Sie partizipieren damit auch an der im Gemeinschaftsbau formulierten Verheißung eines neu gestalteten Lebens.

Die überpersönliche Botschaft, die das große Haus verkörpert, erfährt in der kleinen Siedlung eine Umsetzung ins Persönliche. Hier leben mit den Bauhausmeistern jene Künstler, die der anonymen Gemeinschaft ihr Gesicht geben. In ihrer Wohnpraxis identifizieren sie sich mit der Institution Bauhaus und stärken dadurch deren Identität. Die Tatsache, dass die Schule prominente Künstlerpersönlichkeiten zu ihren Lehrern zählte, besaß für ihre Position in Dessau enorme Bedeutung. Als städtische Lehranstalt war sie auf kommunalpolitische Unterstützung angewiesen. Die Gegnerschaft der rechten Parteien bedeutete eine permanente Gefährdung. In dieser Situation war das Prestige, das insbesondere die Maler Feininger, Klee und Kandinsky als Hauptvertreter einer bereits etablierten Moderne genossen, von großem Nutzen. Die Präsenz der Maler am Bauhaus und ihre Zugehörigkeit zum Verband der Schule gewinnen in den Meisterhäusern Gestalt.

Neben dem Ziel, die Identität des Kollektivs wirksam nach außen zu vermitteln, wirbt Gropius mit den Meisterhäusern für die vom Bauhaus vertretene Wohnarchitektur. Dabei stellt er sein eigenes Domizil in den Mittelpunkt. Die ›befreiende‹ Qualität der neuen Wohngestaltung konnte er auf dem im Einzelhaus verwirklichten Niveau eher plausibel machen als in den Doppelhäusern. Während die Meisterhäuser für eine spezielle Bewohnergruppe konzipiert sind, wendet sich Gropius mit dem Direktorenwohnhaus an ein allgemeines bürgerliches Publikum. Er übersetzt hier den Bautyp der bürgerlichen Villa in ein modernes Idiom. Der formale Abstand zum Ausgangsmodell bringt den innovativen Charakter des Entwurfs klar zur Geltung. Zugleich erleichtert der Bezug zu der vertrauten Hausform den Zugang zur neuen Formensprache. Das Haus Gropius macht deutlich, dass die vom Bauhaus propagierte Reform des Wohnens mit bürgerlichen Ansprüchen an Komfort und gesellschaftliche Repräsentation durchaus vereinbar ist. Wenn also von den Dessauer Neubauten ein konkreter Appell zur Nachahmung ausgehen sollte, dann vor allem von der im Direktorenhaus vermittelten Wohnform.

Im inneren Gefüge des Bauhauses verkörpern die Meisterhäuser die hierarchische Spitze. Die Bewohner bilden den Kern des Meisterrats, des entscheidungsbildenden Gremiums der Schule. Walter Gropius beansprucht innerhalb der Spitzengruppe erhöhte Aufmerksamkeit, indem er das einzige Einzelhaus für sich reserviert. Nur an dieser Stelle des Bauhaus-Verbands steht ein Gebäude für einen individuellen Namen. Das sichtbare Hervortreten der einzelnen Person, das Gropius ansonsten verweigert, ist hier Bestandteil seiner Strategie. In seinem eigenen Hausbau konzentriert er die werbende Selbstdarstellung der Institution.

Auf ähnliche Weise vertritt im Direktorenzimmer des Bauhausgebäudes die Person des Leiters die Identität der Schule.[80] Der Raum befindet sich in dem Brückenbau, der den Werkstättenflügel und den Trakt der Berufsschule verbindet, also die Bereiche von Kunst und Gewerbe. Im darüber gelegenen Stockwerk der Brücke brachte der Architekt sein privates Bauatelier unter. Nicht nur in seinem Wohnen, sondern auch bei der Arbeit, nicht nur als Direktor, sondern auch als Privatarchitekt besetzt Gropius Schlüsselpositionen. Bereits im Gründungsjahr des Bauhauses hatte er Anspruch auf gesamtkünstlerische Kommandogewalt erhoben.[81] Auch bei der Dessauer Neugründung besteht er auf seiner Führungsrolle.

164 Walter Gropius, Siedlung Törten, Dessau, 1926–28, Ansicht einer Straße

Elite und Volk

In ihrem Wohnen geben sich die Bauhausmeister als Spitze einer institutsinternen Rangordnung zu erkennen. Nach außen hin setzen sie sich in Beziehung zur gesellschaftlichen Hierarchie. Das Direktorenwohnhaus erhebt sich über der im Souterrain befindlichen Wohnung des Hauswarts. Wie die bürgerliche Villa steht das Haus auf einem Sockel, in dem dienende Funktionen und Personen untergebracht sind. Sichtbar ist dem Wohnbau des Institutsleiters eine soziale Substruktur integriert. Der Direktor der progressiven Lehranstalt verzichtet nicht auf die privilegierte Position der bürgerlichen Oberschicht, der er angehört. Verzicht leistet er allerdings im Hinblick auf den traditionellen Formenapparat, durch den bislang das Bürgertum seine gesellschaftliche Stellung manifestierte. Mit der von allem historischen Beiwerk gereinigten Form ihrer Häuser grenzen sich Architekt und Künstlergruppe vom bürgerlichen Establishment ab. Gegenüber der gesellschaftlichen Oberschicht profilieren sie sich als geistige Elite.[82]

Bald nach den Meisterhäusern konnte Gropius im Süden Dessaus einen ersten Bauabschnitt der Reihenhaussiedlung Törten fertig stellen.[83] In einer der zweigeschossigen Wohneinheiten richteten die Bauhauswerkstätten eine Musterwohnung mit einfachen Holzmöbeln ein. Gropius wandte in Törten konsequent das Prinzip der Standardisierung auf den Massenwohnbau an. Folgte er beim Entwurf der Meistersiedlung dem Ideal ästhetischer Ökonomie, so unterwarf er sich in der Arbeitersiedlung einem realen ökonomischen Diktat. Die gestalterische Disziplin der Meisterhäuser verwandelte sich dort in eine rein pragmatische Serialität. Nicht nur räumlich sind die beiden Bauhaus-Wohnprojekte weit voneinander entfernt. In ihrem Abstand konkretisiert sich die soziale Distanz zwischen den Künstlern und dem ›Volk‹, auf das sie ihre Tätigkeit bezogen. Den hohen Komfort seiner Dienstwohnung rechtfertigte Gropius als Vorwegnahme einer besseren Zukunft: »Heute wirkt noch Vieles als Luxus, was übermorgen zur Norm wird.«[84] Am nordwestlichen Rand Dessaus formuliert er eine Utopie ›für alle‹, am südlichen Rand der Stadt fügt er sich der gesellschaftlichen Realität.

Die Meisterhäuser: Ideal und Wirklichkeit

Walter Gropius entwickelte die Schulkonzeption des Bauhauses in bewusster Abwendung von der Lehrpraxis der Kunstakademie. Für deren größten Fehler hielt er die Ausrichtung am Leitbild des Genies, das den Maler, Bildhauer und Architekten in die künstlerische Isolation führe. In den Schriften der frühen Bauhauszeit wandte er sich daher immer wieder gegen den Genietraum und Dünkel des Einzelkünstlers.[85] Seine programmatische Absage an den künstlerischen Individualismus findet in der uniformen Außengestaltung der Meisterhäuser ihr architektonisches Äquivalent. Die Gleichform des Äußeren war Gropius so wichtig, dass er Vorschläge für eine farbliche Differenzierung ablehnte.[86] Eine Mitsprache der Meister ließ er le-

80 Nerdinger 1985 b, WV 186, S. 303. Sessel und Schreibtisch übernahm Gropius aus seinem 1923 eingerichteten Direktorenzimmer in Weimar. Ebd., WV 182, S. 301. – Zu dem Weimarer Zimmer vgl. auch: Jehle-Schulte Strathaus 1991.

81 Damals erklärte er den Architekten zum »Führer der Künste«. Gropius 1919 a.

82 Seine Abneigung gegen ein »bürgerliches Philistertum« artikuliert er etwa: Ebd. – Vgl. auch: Wilhelm 1983, S. 88 ff.

83 Nerdinger 1985b, Kat.-Nr. 17, S. 82–89 u. WV 41, S. 240. Zur Eröffnung des neuen Bauhausgebäudes konnten die ersten beiden Siedlungshäuser besichtigt werden.

84 Gropius 1930, S. 112.

85 Gropius 1923, S. 83. – Ders. 1925 a, S. 96.

86 Entsprechende Farbpläne von Alfred Arndt sind abgebildet in: *Bauhaus-Archiv* 1981, S. 191 f. – Nerdinger 1985 b, S. 77.

165 Meisterhäuser am Bauhaus Dessau, Wohnhaus László Moholy-Nagy, Innenansicht, Wohnzimmer, Foto Lucia Moholy

diglich bei der Ausmalung des Inneren und der Möblierung zu. Die Bauhauswerkstätten erarbeiteten in Abstimmung mit den zukünftigen Bewohnern die jeweiligen Farbkonzepte und übernahmen die Ausführung.

Durch die Art, wie sie sich einrichteten, artikulierten die Meister ihre Nähe oder Distanz zu der vom Direktor bestimmten Bauhaus-Doktrin. Dicht an der von Gropius empfohlenen Ausstattungspraxis bewegte sich László Moholy-Nagy.[87] Seine Lehre am Bauhaus verkörperte die Neuorientierung an den Bedingungen der industriellen Produktion und die Abkehr vom individualistischen Künstlertum. Als Leiter des Vorkurses gab er die unter Itten gepflegte, primär zeichnerische Ausbildung zugunsten eines direkten Umgangs mit neuen Werkstoffen auf. Bei der Ausstattung seines Meisterhauses orientierte er sich am Direktorenwohnhaus und verwendete durchgängig die neuen Metallmöbel Marcel Breuers. Anders als Moholy-Nagy war die Mehrzahl der Künstler bestrebt, das orthodoxe Bauhaus-Interieur in ihrem Sinne abzuwandeln. Paul Klee[88] und Lyonel Feininger[89] setzten individuelle Farbkonzepte durch. Feininger verwendete von seinem Sohn Andreas entworfene Möbel. Josef Albers, der 1928 ein Meisterhaus bezog, kombinierte Sessel von Marcel Breuer mit selbst entwickelten Möbeln.[90] Georg Muche wählte aus Breuers Sortiment modulare Holzmöbel, die er nach eigenen Vorstellungen arrangierte.[91] Gegen Muches Willen versah Breuer dessen Schlafzimmer mit schwarz polierten Wänden. Der Maler artikulierte sein Unbehagen, indem er den Raum als Abstellkammer nutzte.[92]

Am entschiedensten verwirklichte Wassily Kandinsky in seiner Wohnung eigene Konzepte. Dem Maler gelang es, in der Modell-Architektur der Meisterhäuser ein individualistisches Künstler-Interieur zu installieren.[93] Seit längerem beschäftigte ihn der Gedanke dreidimensionaler Farbkompositionen.[94] Bei der Ausgestaltung seiner Doppelhaushälfte erprobte er seine Ideen. Im Wohnzimmer verwendete er die Farben Elfenbein und Hellrosa, eine Nische ließ er in Gold streichen. In ähnlicher Weise diente ihm auch in den anderen Räumen die Farbe als ein Mittel der Individualisierung. Kandinsky stellte die Farbgebung nicht in den Dienst des architektonischen Konzepts, wie es der Praxis der Bauhauswerkstätten entsprochen hätte, sondern versuchte im Gegenteil, die Materialität der Architektur aufzuheben. Im Flur des

87 Gropius 1930, S. 140–141 u. 144–147.

88 Aufschluss über Klees Mitwirkung an der Farbkonzeption für sein Haus geben Briefe an seine Frau vom 23. und 25. April und 8. Mai 1926, in: Klee 1979, Bd. 2, S. 1009–1011. – Ein Farbplan für das Atelier Klee von Fritz Kuhr ist abgebildet in: *Bauhaus-Archiv* 1981, S. 143.

89 Über die Ausstattung des Hauses Feininger berichtet T. Lux Feininger, Sohn des Malers, in einem Brief an den Verfasser vom 16. Juni 1991. – Zur 1994 abgeschlossenen Restaurierung des Hauses: Hofmeister 1994. – Kraft 1997, S. 38.

90 Albers leitete als Nachfolger Breuers die Möbelwerkstatt. Abbildung seines Wohnzimmers in: Droste 1991, S. 131. – Der vom Künstler 1929 entworfene Lehnstuhl aus Holz findet sich in: *Albers* 1988, Kat.-Nr. 76, S. 133.

91 Gropius nennt den Maler als Entwerfer der Wohnzimmereinrichtung: Gropius 1930, S. 142. – Zu Schreibtisch und Schubkastenelement von Breuer, die Muche verwendet: Wilk 1981, S. 52. – Droste/Ludewig 1992, S. 72.

92 Muche 1961.

93 Über die Ausstattung des Hauses Kandinsky, von Felix Klee als »ostasiatisches Museum« charakterisiert, berichtet: Kandinsky 1976, S. 118–120 u. 144. – Vgl. auch: Poling 1982, S. 43 f. – Ders. 1984, S. 39 f.

94 Poling 1982, S. 37 f.

166 Meisterhäuser am Bauhaus Dessau, Wohnhaus Wassily Kandinsky, Innenansicht, Esszimmer mit Tisch und Stühlen von Marcel Breuer

Hauses ließ er eine Glaswand übertünchen. Die Ausstattung stellte er überwiegend aus alten Holzmöbeln zusammen, die sich seit langem in seinem Besitz befanden. Für das Speisezimmer gab er bei Breuer Stühle mit hohen Lehnen und einer kreisförmigen Sitzfläche in Auftrag.[95] Mit ihnen nahm der Maler zwar Bauhauserzeugnisse in sein Domizil auf, jedoch nicht als Serienobjekte, sondern als exklusive Einzelanfertigungen.

Das Spektrum der Dessauer Einrichtungen reicht von der völligen Identifikation mit der Bauhaus-Programmatik bei Moholy-Nagy über verschiedene Versuche einer eigenständigen Aneignung des schuloffiziellen Standpunkts bis zur diskreten Distanzierung von der Institutsdoktrin bei Kandinsky. Die so entstandene, widerspenstige Vielfalt gab Gropius als bewusst angestrebten Gestaltungsreichtum aus.[96] Er sah dadurch bestätigt, dass äußere Gleichform und innerer Variationsreichtum sich keineswegs ausschließen. Gleichwohl zeigte er in seiner Publikation der Bauhausbauten vorwiegend Innenräume aus dem Haus Moholy-Nagy.[97] Weniger konforme Interieurs schloss er aus seiner Sammlung aus.[98]

Der Blick in das Innere der Künstlerwohnungen macht deutlich, dass Uniformitätsanspruch und Individualitätsbedürfnis auch am Bauhaus miteinander im Widerstreit lagen.[99] Das gleichförmige Äußere der Häuser spiegelt die Erwartung, die das Institut an seine Mitglieder richtet, nicht aber eine reale Bereitschaft der Künstler, sich der Gruppendisziplin völlig zu unterwerfen. Tatsächlich fanden Gropius' Bestrebungen, die künstlerische Arbeit in Zweckzusammenhänge einzugliedern und an wirtschaftlichen und technischen Grundsätzen zu orientieren, nicht bei allen Meistern ungeteilte Zustimmung. Wenn er vom Kunstwerk forderte, es habe in gleicher Weise zu »funktionieren« wie das Produkt der Technik,[100] dann stieß er damit zunehmend auf die Opposition seiner Kollegen. Den Malern fiel es immer schwerer, in einer Gestaltungspraxis, die sich auf das sinnvolle Ordnen von Lebensvorgängen beschränken wollte, die Rolle der künstlerischen Arbeit zu erkennen. Allmählich zogen sich daher die dienstältesten Meister aus den zentralen Bereichen des Instituts zurück.[101] Im Zuge dieser Entwicklung übernahmen 1925 junge Bauhaus-Absolventen die Leitung von vier der nun-

95 Zu den Stühlen fertigte Breuer einen Rundtisch, den dann auch Gropius und Moholy-Nagy in ihren Häusern verwendeten. Für Kandinsky entwarf er außerdem die Schlafzimmerausstattung. Wilk 1981, S. 45 f.

96 Gropius 1930, S. 86 u. 141.

97 Vgl. Anm. 87. Mit Moholy-Nagy und dem bevorzugten Ausstatter Breuer bildete Gropius eine Art Triumvirat, das seit 1925 die Bauhaus-Programmatik in besonderer Weise verkörperte. Die beiden jüngeren Meister verließen 1928 gemeinsam mit Gropius die Schule.

98 Nina Kandinsky erzählt, dass Gropius mit den Änderungen der Meister nicht einverstanden war. Kandinsky 1976, S. 144.

99 Vgl. hierzu besonders: Kröll 1974.

100 Gropius 1926 a, S. 102. – Vgl. auch: Ders. 1930, S. 9.

101 Kröll 1974, S. 71 f.

mehr sechs Werkstätten. Schlemmer, Kandinsky und Feininger gaben damals ihre Werkstattleitungen ab, letzterer ließ sich sogar von allen Lehrverpflichtungen entbinden. Bereits zur Zeit des Einzugs repräsentierte die Bewohnerschaft der Meisterhäuser nicht mehr den inhaltlichen Schwerpunkt der Bauhauslehre. Nur bedingt standen die hier lebenden Künstler noch für die Ziele des Instituts ein, wie Gropius sie im Bau der Häuser zu veranschaulichen suchte.[102]
Die Vorstellung einer homogenen Künstlergruppe, die einmütig für gemeinsame Ziele eintritt, war vor allem das Ideal des Architekten der Meistersiedlung. Er war es schließlich, der diese Ziele weitgehend selbst definiert hatte. Wenn es einen Zeitpunkt gab, zu dem Gropius' Ideal der Wirklichkeit nahe kam, dann an der Jahreswende 1924/25. Mit dem Entschluss zur Selbstauflösung und der anschließenden Übersiedlung von Weimar nach Dessau demonstrierte die Schule in einmaliger Weise ihre Geschlossenheit. Der kollektive Impuls, der von der Weimarer Sezession ausging, setzt sich in die Architektur der Meisterhäuser hinein fort. Aus der Frontstellung gegen die Weimarer Gegner des Bauhauses scheint die geradezu militärische Uniformität der Dessauer Häusergruppe ihre Motivation zu beziehen.[103] Hier präsentiert sich im kämpferischen Sinn des Worts eine ›Avantgarde‹.

102 Georg Muche etwa veröffentlichte 1926 einen Artikel, in dem er sich als Künstler im industriellen Gestaltungsprozess für überflüssig erklärte: »Das künstlerische Formelement ist ein Fremdkörper im Industrieprodukt.« Wenige Monate später zog er die Konsequenzen und verließ das Bauhaus. Muche 1926, S. 124.

103 In adäquater Diktion bezeichnete Gropius das Bauhaus als »Kampfgemeinschaft« und sprach von einer »geistigen Front«, die 1924/25 »ihre menschliche Probe« bestanden habe. Gropius 1930, S. 9 u. 11.

167 Erich Mendelsohn auf der Terrasse seines Hauses am Rupenhorn in Berlin-Charlottenburg, 1931

Erich Mendelsohn (1887–1953) begann 1908 ein Architekturstudium an der TH Berlin-Charlottenburg. 1910 wechselte er zu Theodor Fischer an die TH München, wo er 1912 mit dem Diplom abschloss. 1914 ließ er sich in Berlin nieder. Seine während des Ersten Weltkriegs skizzierten Architekturvisionen stellte er 1919 in der Berliner Galerie Paul Cassirer aus. Hauptwerke der expressionistischen Phase sind die Hutfabrik Herrmann & Co. in Luckenwalde (1920–23), das astrophysikalische Observatorium des ›Einsteinturms‹ in Potsdam (1920–24) und der Umbau des Verlagshauses Rudolf Mosse in Berlin (1921–23). In der zweiten Hälfte der zwanziger Jahre plante Mendelsohn zahlreiche große Warenhausbauten. Den Höhepunkt und Abschluss dieser Reihe bilden das Kaufhaus Schocken in Chemnitz (1928–30) und das Columbushaus in Berlin (1931–32). Mendelsohn war Jude und wählte 1933 die Emigration. Erste Etappe seines Exils war England, wo er eine Partnerschaft mit Serge Chermayeff einging. Ab 1936 hielt er sich überwiegend in Palästina auf und entfaltete dort eine umfangreiche Bautätigkeit. In den Vereinigten Staaten, wohin er 1941 übersiedelte, standen konfessionelle Bauten für die jüdische Gemeinde im Mittelpunkt seiner Arbeit.

Die Zukunftsmacht der Form:
Erich Mendelsohn

In den Jahren unmittelbar nach dem Ende des Ersten Weltkriegs gehörte Erich Mendelsohn[1] zu den energischen Vorkämpfern eines architektonischen Wandels. Bereits zu Beginn der zwanziger Jahre und damit früher als die meisten Generationsgenossen fand er die Möglichkeit, seine Vorstellungen von einer zukünftigen Architektur in die Realität umzusetzen. Sein eigenes Haus baute Mendelsohn jedoch nicht während dieser revolutionären Umbruchsphase, sondern erst 1928–30, also zu einem Zeitpunkt, als die Wende zu einer neuen Architektur bereits vollzogen war. Der Ort seines Hausbaus ist Berlin, wo einerseits die Auseinandersetzung um ein zeitgemäßes Bauen mit besonderer Intensität geführt wurde, andererseits das Leitbild des Einfamilienhauses die bürgerlichen Wohnvorstellungen stärker als in anderen Städten beherrschte. Weitaus mehr Architekten als etwa in Paris dokumentierten in Berlin ihre Standpunkte im Bau eigener Wohnhäuser. Ihre Domizile sind Stellungnahmen in einem Wettstreit der Positionen, zu dem Mendelsohn einen pointierten Beitrag leistete. Durch die aufwendig bebilderte Buchpublikation ›Neues Haus – neue Welt‹ verlieh er seinem Hausbau propagandistischen Nachdruck. Bei der Inszenierung seines Wohnens unterstützte ihn der Maler Amédée Ozenfant, selbst Besitzer eines von Le Corbusier entworfenen Atelierhauses. Ozenfant schuf drei Gemälde für das Haus Mendelsohn und schrieb den Einleitungstext für das Buch.

Großbauten und Wohnhäuser

Mit seinen visionären Skizzen und seinen ersten verwirklichten Bauten profilierte sich Mendelsohn als einer der führenden Vertreter des architektonischen Expressionismus.[2] Der mit dieser Bewegung einhergehenden Rückkehr zu handwerklichen Fertigungsmethoden schloss er sich jedoch nicht an. Vielmehr bildeten von Anfang an die Bedingungen des industriellen Baustoffs Eisenbeton den Ausgangspunkt seiner Formsuche. Die damals bautechnisch noch nicht voll einlösbaren plastischen Möglichkeiten des neuen Materials nahm er in der organisch bewegten Gestalt des nicht in Beton, sondern als verputzte Ziegelkonstruktion errichteten Einsteinturms vorweg. Auch nach dem Ende des expressionistischen Intermezzos blieb der Ausdruck einer »funktionellen Dynamik« Mendelsohns Anliegen.[3] In den Waren- und Geschäftshausbauten, die er ab Mitte der zwanziger Jahre verwirklichte, konkretisiert sich sein dynamisches Architekturkonzept im spannungsreichen Dialog mit dem urbanen Umfeld. Gestaffelte Gebäudehöhen, verglaste Wendeltreppen, stark profilierte horizontale

1 Zeitgenössische Werkpublikation: *Mendelsohn* 1930. – Vorträge und Veröffentlichungen des Architekten: Mendelsohn, Erich 1919. – Ders. 1923. – Ders. 1926. – Ders. 1929. – Ders. 1932a. – Ders. 1932 b. – Beyer 1961. – Monographien (Auswahl): Whittick 1940. – Posener 1969. – Zevi 1970. – Heinze-Mühleib 1986. – Achenbach 1987. – Stephan 1992. – James 1997. – Stephan 1998.

2 Zur Rolle Mendelsohns in der expressionistischen Architektur: Pehnt 1973, S. 117–126. – Der im Folgenden gegebene Überblick über die Arbeit Mendelsohns orientiert sich im wesentlichen an: Posener 1969. – Ders. 1979 b.

3 Den Ausdruck verwendet Mendelsohn in einem Brief an seine Frau vom 19. August 1923. Beyer 1961, S. 56–58, zitiert S. 57.

168 Erich Mendelsohn, Villa Sternefeld, Berlin, 1923–24, Ansicht

Bänder und rhythmisch eingesetzte Schriftwerbung begleiten den großstädtischen Bewegungsfluss. Auf solche Hilfsmittel einer »dynamischen Dekoration« verzichtete der Architekt erst am Ende der zwanziger Jahre.[4] Mit den homogenen Oberflächen seiner späten Berliner Großbauten näherte er sich enger an das Idiom des zeitgenössischen Neuen Bauens an. Es ist jener Moment weitestgehender formaler Ernüchterung, in dem Mendelsohn sein Wohnhaus baute.

Innerhalb des umfangreichen Auftragsvolumens, das der Architekt zwischen 1920 und 1933 bewältigte, nehmen Wohnbauten einen vergleichsweise geringen Anteil ein. Die in den Kriegsjahren entstandenen expressionistischen Skizzen für Bahnhöfe und Flughäfen, Fabriken und Silos verraten, dass seine Vorliebe denjenigen Bauaufgaben galt, in denen der Geist der industriellen Zivilisation am deutlichsten zum Ausdruck kam. Dieser Vorliebe entsprachen die Aufträge, die er zu Beginn der zwanziger Jahre ausführen konnte – eine Fabrikanlage, ein Observatorium und ein Verlagsgebäude. Aufgrund seines frühen Erfolgs blieb es Mendelsohn erspart, durch den Bau von Häusern und Villen für eine neue Architektursprache werben zu müssen. Die Aufträge für Wohnbauten, die er übernahm, erledigte er jedoch mit großer gestalterischer Sorgfalt und entwarf zumeist auch die Innenausstattung.

Drei Hausentwürfe verwirklichte Mendelsohn in Berlin vor dem eigenen Wohnhaus: das Doppelhaus am Karolingerplatz (1921–22)[5] und die Villa Sternefeld (1923–24),[6] beide im Charlottenburger Westend, sowie das kleine Landhaus für Dr. Bejach in Zehlendorf (1926–27).[7] Ihr gemeinsames Kennzeichen ist die enge Vernetzung der Baukörper mit dem Umraum. In den zwei Charlottenburger Entwürfen nutzte der Architekt die Ecklage für eine städtebaulich wirksame Artikulation der Gebäudemasse. Am Karolingerplatz gestaltete er eine symmetrische, zickzackförmig zurückgestufte Eckfassade. Den länglichen Baukörper der Villa Sternefeld öffnete er zur Straßenecke mit einer tiefen Aussparung im Erdgeschoss. Durch Gartenmauern in wechselnder Höhe band er das Grundstück fest an den Hausbau an. Die flach gedeckte, in Stahlbeton konstruierte Villa lässt in ihrer betont horizontalen Gliederung deutlich den Einfluss Frank Lloyd Wrights erkennen, wie er durch die junge niederländische Architektur vermittelt wurde. Bei dem kleinen, von einem auskragenden Flachdach bekrönten Landhaus in Zehlendorf stabilisierte Mendelsohn mit Hilfe zweier Pergolen die Position des Baukörpers auf dem Terrain. In allen drei Hausbauten unterstützte der Architekt die dynamische Massenkomposition durch eine belebte Oberflächentextur, in der sich Rauputz und eine horizontal strukturierte Ziegelverkleidung abwechseln.

4 Posener 1969, S. 181.

5 Achenbach 1987, Kat.-Nr. 185–188, S. 67–68. In den Bauakten erscheint der Architekt als Bauherr einer der Wohnhaushälften. Möglicherweise hatte er vor, in dem Gebäude selbst Wohnsitz zu nehmen.

6 Ebd., Kat.-Nr. 193–196, S. 68–72.

7 *Mendelsohn* 1930, S. 146–149. – Hier nicht berücksichtigt ist eine durch Richard Neutra im Büro Mendelsohn 1922–23 ausgeführte Einzelhaussiedlung in Berlin-Zehlendorf. Hines 1982, S. 34 f. u. Abb. 29–31.

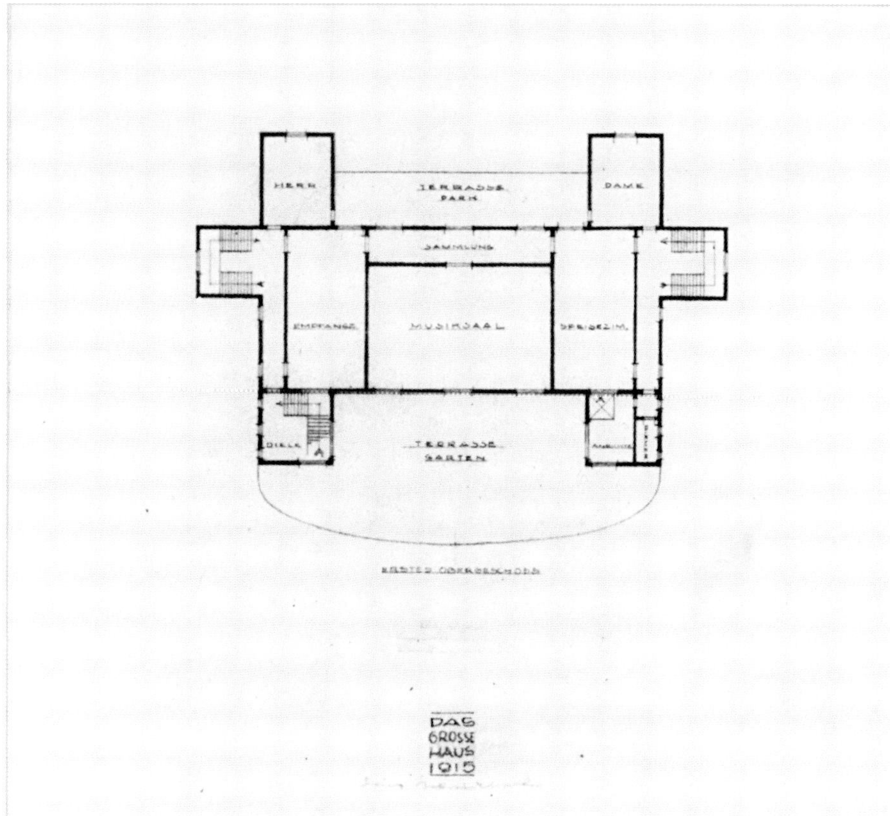

169 Erich Mendelsohn, Projekt für ein Wohnhaus des Architekten, 1915, perspektivische Ansicht

170 Erich Mendelsohn, Projekt für ein Wohnhaus des Architekten, 1915, Grundriss

Der Wunsch nach einem eigenen Haus hatte Mendelsohn schon sehr früh beschäftigt. Ein erster überlieferter Entwurf stammt von 1915, aus dem Jahr seiner Heirat mit Louise Maas.[8] Er trägt den Namen ›Das große Haus‹ – schon damals war es keine bescheidene Häuslichkeit, die der Architekt für sich anstrebte, sondern ein aufwendiges, großbürgerliches Wohnen. Der Entwurf sieht einen breit gelagerten, symmetrischen Baukörper vor, der sich zwischen niedrigen Risaliten über einer bastionsartig vorspringenden Terrasse erhebt. Fünf senkrechte Fensterstreifen gliedern geschossübergreifend die Fassade und geben ihr eine Monumentalität, die den Wohnzweck verschleiert. Der axiale Grundriss des Hauses organisiert sich um einen zentralen Musiksaal, an den eine Galerie für die ›Sammlung‹ angeschlossen ist. Ein zweites Hausprojekt, das Mendelsohn 1917 skizzierte, fiel in Massenverteilung und Grundrissdisposition kompakter aus.[9] In einer Zeichnung stellte er das Haus vor ein hoch aufragendes Fabrikgebäude, um auf eine prinzipielle Formenverwandtschaft zwischen den unterschiedlichen Bauaufgaben aufmerksam zu machen. Wohnhaus und Industriearchitektur begriff er als Teile einer übergeordneten baukünstlerischen Einheit. Die beiden Entwürfe, in ihrer äußeren Gestaltung nur summarisch charakterisiert, erinnern an jüngere Hausbauten Henry van de Veldes, unterscheiden sich aber von diesen durch ihren flachen Dachabschluss.[10]

Am Rupenhorn

Die Villa, die Erich Mendelsohn fast 15 Jahre nach dem ersten Entwurf eines eigenen Hauses für sich und seine Familie errichtete, liegt in der Straße ›Am Rupenhorn‹, einer Abzweigung der vom Berliner Zentrum nach Westen führenden Heerstraße.[11] Der Stadtteil Charlottenburg

8 Achenbach 1987, Kat.-Nr. 74–77, S. 43–44. – Weitere Abbildungen: Zevi 1970, S. 25, Abb. 12–15.

9 Achenbach 1987, Kat.-Nr. 101–105, S. 47–48. – Zevi 1970, S. 34 f., Abb. 1–14.

10 Vergleichbar erscheinen etwa die Villen Henneberg in Weimar (1913), Schulenburg in Gera (1913–14) und Theodor Springmann in Hagen (1914–15). Den Projekten ist eine Neigung zu symmetrischen Kompositionsschemata, geschossübergreifenden Gliederungssystemen und monumentalisierender Gestaltung gemeinsam. Vgl. auch: Hüter 1967, S. 136–149. – Sembach 1989, S. 150 u. 166 f.

11 Die Bauakte bewahrt das Bezirksamt Charlottenburg, Berlin. Darin ist auch ein vorangegangenes, vom ausgeführten Entwurf in Grundriss und Ansichten abweichendes Planungsstadium dokumentiert (24. 10. 1928). Publiziert in: Schwarz 1989, S. 125 f. – Zeitgenössische Veröffentlichungen: Bauwelt, Jg. 22, 1931, S. 1443–1446. – Die Bau- und Werkkunst, Jg. 8, 1932, S. 193–195. – Innendekoration, Jg. 43, 1932, S. 267–272. – Wasmuths Monatshefte für Baukunst und Städtebau, Jg. 16, 1932, S. 221–227. – Architecture d'Aujourd'hui, Jg. 3, 1932/33, H. 4, S. 14. – Architecture vivante, Nr. 38, Jg. 10, 1932, S. 35–38 u. Tf. 26–28. – Eigene Publikation des Architekten: Mendelsohn, Erich 1932a. – Über das Haus Mendelsohn: Achenbach 1987, Kat.-Nr. 243–246, S. 81–82. – Whittick 1940, S. 86–90. – Zevi 1970, S. 188–195. – Heinze-Greenberg 1987, S. 503. – Dies. 1998.

trifft hier auf den Stößensee, einen Nebenarm der Havel. Mendelsohn ist nicht der erste Architekt, der in der Straße Wohnsitz nimmt. Kurz vor ihm hat sich Karl Bertsch, Direktor der in Dresden-Hellerau und München ansässigen Deutschen Werkstätten, in der Nachbarschaft ein zweistöckiges, traditionalistisches Holzhaus mit Walmdach gebaut.[12] Auch die radikale Moderne ist bereits am Rupenhorn präsent. An der Straßenmündung erheben sich zwei von den Brüdern Luckhardt geplante Einfamilienhäuser – hohe, prismatische Baukörper mit geschwungenen Balkons und begehbaren Dächern.[13]

Das Haus Mendelsohn steht auf der westlichen Straßenseite, auf einem schmalen Grundstücksstreifen, der zum See hin stark abfällt. Der zweigeschossige, flach gedeckte, rundum glatt verputzte Bau teilt als nordsüdlich gelagerter Riegel das Grundstück in zwei Teile. Nur ein enger, links am Haus vorbeiführender Durchgang verbindet den ebenen, axial gegliederten Vordergarten mit dem rückwärtigen Abhang und seinem parkartigen Baumbewuchs. Für die gärtnerische Einbettung seiner Villa bediente sich Mendelsohn der Hilfe des Gartenarchitekten Friedrich Wiepking-Jürgensmann.[14]

Den ungleichen Gartenhälften entspricht eine unterschiedliche Gestaltung der beiden Fronten des Hauses. Zur Straße hin präsentiert sich der Bau mit einer im Erdgeschoss fensterlosen Fassade. Rechts nimmt ein eingeschossiger Vorbau die Haustür auf. Den Ort des Eingangs überwölbt die ausladende Krone eines einzelnen Baums. Links legt sich eine breite Terrasse als ein Abstand gebietender Zwischenraum vor das Haus. Die fünf Fenster des Obergeschosses sind durch ein umlaufendes Profil und die dunkle Bemalung der dazwischenliegenden Wandstreifen zu einem scheinbaren Fensterband zusammengefasst. Auf ähnliche Weise hatte Mendelsohn bereits in früheren Hausbauten Einzelfenster zu Bändern gefügt. Am

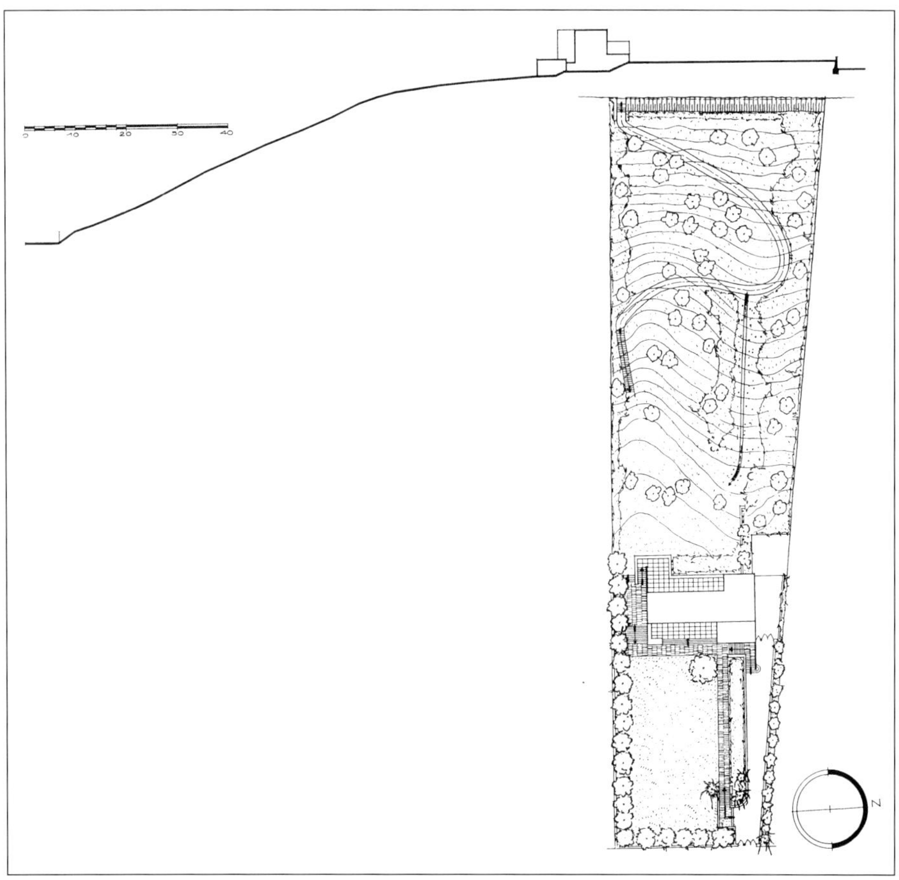

171 Erich Mendelsohn, Wohnhaus des Architekten, Am Rupenhorn 6, Berlin-Charlottenburg, 1928–30, Situation

12 Deutsche Kunst und Dekoration, Bd. 63, 1928/29, S. 132–150. – Vgl. auch: Wichmann 1992, S. 126 u. 138 f.

13 *Luckhardt* 1990, Kat.-Nr. 61–63, S. 226–229.

14 Vgl. hierzu: *Berlin und seine Bauten* 1975, S. 340–342.

172 Haus Mendelsohn, Berlin-Charlottenburg, Ansicht, Straßenseite

173 Haus Mendelsohn, Berlin-Charlottenburg, Ansicht, Gartenseite

Rupenhorn erlaubt die Vorderansicht keinen Rückschluss auf das Innere des Hauses, weder auf die Raumdisposition noch auf die Stockwerkshöhe.
Transparenter zeigt sich das Haus auf seiner Gartenseite. Das abschüssige Gelände lässt hier den Keller als Sockelgeschoss in Erscheinung treten. Der Sockel trägt eine breite Terrasse. Zu dieser hin öffnet sich das Erdgeschoss in großen Fensterflächen. Indem Mendelsohn die Glasflächen und die sie trennenden Wandstreifen hinter die Putzhaut der Fassade zurücknimmt, erweckt er erneut den Anschein eines Fensterbands. Es füllt die gesamte Fassadenbreite aus und führt sogar um zwei Ecken herum. Dagegen besitzt das Obergeschoss niedrigere Einzelfenster, deren Anordnung einem eigenen Rhythmus gehorcht. Das Haus bewegt sich in zwei Schüben auf den Garten zu, links als einheitlicher Vorsprung des Baukörpers, rechts durch ein breites, gegen den Hang vorstoßendes Sockelsegment. Die beiden Volumina ergänzen sich zum kontrapunktischen Zweiklang. Gegen die Horizontalität des Hausbaus stellen sich die im Garten vorgefundenen, hoch aufragenden Kiefernstämme.
Der Plan des Hauses weist im Erdgeschoss wenige große Räume auf. Eine zentrale Halle empfängt den Eintretenden und bündelt die Wege im Haus. Der südlich angrenzende Hauptraum, das Musikzimmer, ist nur durch eine Mauerzunge von ihr getrennt. Nach Norden schließt sich, schräg versetzt, das zum Garten hin vorspringende Speisezimmer an die Halle an. Alle Räume blicken nach Westen. Halle und Musikzimmer nehmen jeweils die gesamte Gebäudetiefe ein. Durch die einfache Disposition kommt Mendelsohn ohne separate Verkehrsflächen aus. Der Großzügigkeit des Erdgeschosses kontrastiert die komplexe Anordnung zahlreicher kleiner Raumeinheiten im Obergeschoss. Die von der Halle emporführende Treppe stößt zunächst auf ein Fremdenzimmer. Über dem Speisezimmer liegt, erkerartig gegen den Restbau abgesetzt, das private Arbeitszimmer des Architekten. Entlang der Gartenfassade erschließt ein schmaler Gang die übrigen Räume, ein ›Zimmer der Tochter‹ und ein zweiteiliges ›Appartement der Dame‹. Sie sind, wie auch das Fremdenzimmer, nach Osten orientiert. Im Kellergeschoss haben jene Vorrichtungen ihren Ort, die das Funktionieren des Haushalts ermöglichen. Dort finden sich nicht nur der Versenkmechanismus für die großen Fenster des Erdgeschosses, ein Heizungs- und ein Bügelraum, sondern auch die Zimmer für zwei Mädchen und einen Chauffeur.
Seine betont horizontale Gliederung hat das Haus am Rupenhorn mit Mendelsohns älteren Wohnhausbauten gemein. Insbesondere mit der Villa Sternefeld verbindet es seine asymmetrische, rhythmisch komponierte Massengliederung. Die komplexe, durch Rücksprünge und Auskragungen aufgelockerte Gesamtform des älteren Entwurfs weicht jedoch im Haus des Architekten einer strengeren Disposition geschlossener Kuben. An die Stelle des abgetreppten Konturs tritt ein einheitlicher Gebäudeabschluss. Zudem ersetzt am Rupenhorn eine homogene Putzhaut die gemischte Textur früherer Hausfassaden. Statt belebter Oberflächen bestimmt nun die reine Stereometrie der Baukörper das Erscheinungsbild des Hauses. Die spannungsvolle Zuordnung der Volumina kommt dadurch umso klarer zur Wirkung. Ergebnis der formalen Straffung ist nicht eine Beruhigung, sondern eine Konzentration des dynamischen Ausdrucks.
Die hier beobachtete Tendenz zu formaler Vereinheitlichung kennzeichnet auch die Großbauten, die Mendelsohn ab Ende der zwanziger Jahre entwarf. Die rhythmisch differenzierten Fassaden des Stuttgarter Kaufhauses Schocken (1926–28)[15] weichen im Chemnitzer Bau derselben Warenhauskette (1928–30)[16] einer seriellen Haut, die den Baukörper gleichmäßig überzieht. Der dynamische Impuls des Entwurfs artikuliert sich dort allein in der Krümmung des Gesamtgebäudes. Wie im Hausbau, so hat sich auch bei den Großprojekten das Moment der Spannung von der Detailform auf die Großform verlagert. Während aber Mendelsohn

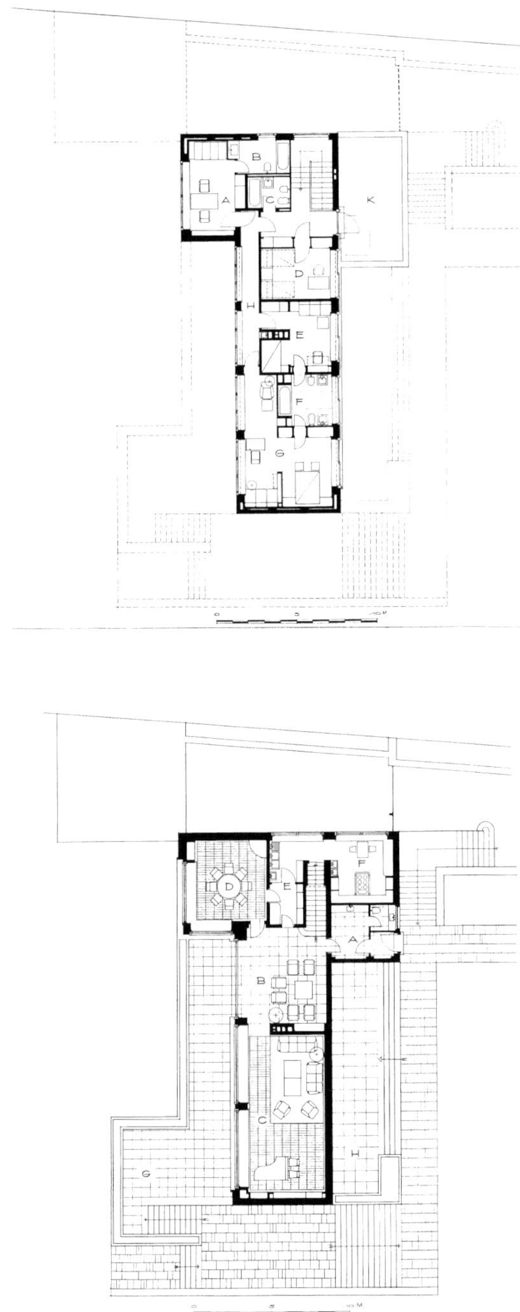

174 Haus Mendelsohn, Berlin-Charlottenburg, Grundrisse Erdgeschoss und Obergeschoss

15 Achenbach 1987, Kat.-Nr. 206–210, S. 74–75.

16 Ebd., Kat.-Nr. 236–240, S. 80–81.

175 Haus Mendelsohn, Berlin-Charlottenburg, Innenansicht, Zimmer des Hausherrn

beim Bau des Chemnitzer Warenhauses den Eindruck schwebender Leichtigkeit anstrebt, betont er im eigenen Wohnhaus den Charakter körperhafter Schwere. In Chemnitz lassen durchlaufende Fensterbänder und sanfte Kurvatur die Kaufhausfassade als feine Membran erscheinen. Am Rupenhorn geben sich die Außenflächen als massive Mauern zu erkennen, besonders deutlich auf der Gartenseite des Hauses, wo die Erdgeschossfenster tief in die Wand eingelassen sind. Keine Kurven mildern die kubische Härte des Hausbaus. Hatte bislang die idiomatische Angleichung kleiner und großer Bauaufgaben Mendelsohns Vorgehen bestimmt, so gelangt er nun zu einer klareren Unterscheidung zwischen Geschäftshaus und individuellem Wohnbau.

Ein Buch zum Haus

Zwei Jahre nach dem Einzug, 1932, stellt Erich Mendelsohn sein Haus in einem eigenen Buch vor. Unter den Veröffentlichungen des Architekten ist es die einzige, die er ausschließlich einem Gebäude widmet. Mendelsohn als Herausgeber des Bandes ergreift lediglich in den Bildunterschriften direkt das Wort. Dem Bildteil stellt er neben der bereits erwähnten Einführung von Amédée Ozenfant einen kurzen Text des Reichskunstwarts Erwin Redslob voran. In der planvollen Gesamtregie, der Bild und Text unterworfen sind, ist die Hand des Herausgebers deutlich erkennbar. Der Titel des Buches stellt den Bau vor einen kosmischen Horizont: ›Neues Haus – neue Welt‹.[17]

Ausführlich beschreibt die Folge der Photographien den Rundgang durch das Haus und lässt ihn, zergliedert in zahlreiche Bildsequenzen, als Bewegungsablauf erfahrbar werden. Photographische Dramaturgie, Struktur der Bildfolgen und Diktion der kommentierenden Texte dynamisieren die Wahrnehmung der Architektur. Der Photograph bevorzugt für die Wiedergabe von Außenbau und Innenräumen diagonale Perspektiven. Dadurch erzielt er stark stürzende Linien, die die Bildflächen schräg durchteilen und den Blick in Bewegung halten. Er wählt jedoch keine artifiziellen Blickpunkte, sondern lässt sich von den Wegen leiten, die die Architektur anbietet. So verhindert er, dass die Dynamik der Präsentation in manieristische Übertreibung umschlägt. In ihrer Abfolge sind die Photographien rhythmisch strukturiert. Mehrere Aufnahmen fügen sich zu Themengruppen, Nahansichten von Ausstattungsdetails wechseln sich ab mit Gesamtaufnahmen der Räume, überraschende Naturausblicke unterbrechen immer wieder die lange Reihe der Innenansichten. Mendelsohns teils deskriptive, teils interpretierende Kommentare begleiten stakkatoartig die photographische Präsentation und erweitern suggestiv die Bildsequenzen. Die Regie des Buches erzeugt einen virtuellen Bewegungsfluss, der die dynamische Qualität der Architektur zur Entfaltung bringt.[18]

Immer wieder gilt das Augenmerk der Kamera den Dingen des alltäglichen Gebrauchs. Spuren der Benutzung, sorgsam arrangiert, lassen das Haus als bewohnten Ort wahrnehmen. Blumen in allen Zimmern stehen für das Leben, das hier stattfindet. Stühle sind mitunter so verrückt, als sei eben gerade jemand aufgestanden. Am deutlichsten spürbar wird die Anwesenheit der Bewohner im Zimmer des Hausherrn. Zeichenrolle, Pfeife und sogar seine Brille vertreten den Architekten am Arbeitstisch. Der Rundgang durch das Haus ist als Besuch bei Erich Mendelsohn geschildert, auch wenn dieser selbst nicht in Erscheinung tritt. Das Buch führt durch ein persönlich geprägtes Ambiente. Die versteckte Präsenz der Bewohner ist Teil der photographischen Darbietung.

Ein wesentliches Anliegen der Präsentation ist es, das Haus zu seinem Umraum in Beziehung zu setzen. Die Kamera zeigt die Gestaltung des Zuwegs von der Straße und beschreibt die

17 Mendelsohn, Erich 1932 a. Das Buch erschien wie die drei vorangegangenen Publikationen Mendelsohns im Verlag Rudolf Mosse. Die beiden einleitenden Texte sind überschrieben ›Für Erich Mendelsohn‹ und ›Weltbild im Bau‹. Der Band enthält 54 photographische und 15 graphische Abbildungen. Sämtliche Photographien stammen von Arthur Köster, Berlin. Texte und Bildunterschriften sind in deutscher, englischer und französischer Sprache wiedergegeben. Format: 29 × 28 cm.

18 Eine ähnliche, an filmische Prinzipien anknüpfende Regieführung zeichnet bereits Mendelsohns Buch ›Amerika‹ aus. Vgl. hierzu: Molderings 1991, S. 88.

176 Haus Mendelsohn, Berlin-Charlottenburg, Innenansicht, Blick von der Halle nach außen

Phasen der Annäherung an das Haus. Mit der gleichen Sorgfalt schildert sie den Aufstieg zum Haus von der Gartenseite her. Ein wiederholtes *Aufwärts!*,[19] das den Bildunterschriften vorangeht, skandiert dabei die Bewegung. Der Weg über die steile Treppe setzt den Bau als landschaftliche Bekrönung ins Bild. Zwischen die Aufnahmen aus dem Inneren des Hauses sind zahlreiche Ausblicke auf Garten und Havellandschaft eingestreut. Die Breite des Flusses mit seinen Halbinseln und Nebenarmen schafft für Mendelsohn die Illusion einer vom Wasser umspülten *Urlandschaft*. Zugleich garantiert ihm die Havel als *Wasserstraße Berlin-Hamburg* die Verbundenheit mit der Welt.

Die Bildregie des Architekten erläutert das Verhältnis zwischen innen und außen. Ort der größten Durchlässigkeit des Hausbaus zur umgebenden Natur ist die Halle. Wenn das Fenster versenkt ist, verschmilzt der Raum mit der Terrasse. Ein einheitlicher Steinfußboden unterstützt die Verbindung zum Außenraum. Wenige Schritte weiter bezeichnet jedoch eine massive Brüstungsmauer deutlich die Grenze zwischen Gebautem und Natur. Die Terrasse dient nicht als Bindeglied zum Garten, sondern thront als *Bastion* über ihm, gehört also ganz dem architektonisch definierten Bezirk des Hauses an. Anders als in der Halle reichen im Musik- und im Esszimmer die Glasflächen nicht bis zum Fußboden. Sie sind hier trotz ihrer Größe durch Brüstungen, durch pfeilerartige Wandstreifen und durch Vorhänge als ›Fenster‹ gekennzeichnet. Mendelsohn verwandelt nicht ganze Wände in gläserne Membranen – wie es etwa die Brüder Luckhardt bei ihren beiden Hausbauten am Rupenhorn taten –, sondern schafft gerahmte Durchblicke. Im Bildkommentar zu einer Photographie des Esszimmers, auf der die Landschaft durch transparente Vorhänge hindurch wahrnehmbar ist, spricht er von *Gobelins*. Damit benennt er die angestrebte Bildhaftigkeit des Naturausblicks.

Mit einem letzten Blick über das Havelpanorama beschließt Mendelsohn die Bildfolge. Anstelle einer Bildunterschrift wiederholt er den Buchtitel: *Neues Haus – neue Welt*. Der Titel schien

19 Zitate aus den Bildunterschriften in ›Neues Haus – neue Welt‹ sind im Folgenden kursiv gedruckt.

177 Haus Mendelsohn, Berlin-Charlottenburg, Innenansicht, Versenkmechanismus für die großen Fenster des Erdgeschosses

eine Programmschrift anzukündigen, das Konzept einer vom Hausbau ausgehenden globalen Reform. Eine solche Zukunftsperspektive lässt das Buch jedoch vermissen. Mendelsohn formuliert keine konkreten Erwartungen an die ›neue Welt‹. Er verrät nicht den Weg, der von der erneuerten Architektur seines Wohnhauses in eine utopische Zukunft führt.

Jenseits des Funktionalismus

Obwohl Mendelsohn den utopischen Impuls des Titels nicht präzisiert, erhält das Buch programmatische Schärfe durch den einleitenden Text von Amédée Ozenfant.[20] Den Hauptinhalt seines Vorworts bildet die kritische Auseinandersetzung mit dem Funktionalismus.[21] Ozenfant befasst sich mit dem Verhältnis von Funktionalität und Schönheit, von Technik und Kunst in dem Hausbau. Er lobt die Bequemlichkeit des Hauses und seinen mechanischen Komfort, betont jedoch, dass die Lösung funktionaler Probleme nicht zwangsläufig schöne Architektur hervorbringe. Vielmehr seien ästhetische Qualität und praktische Zweckerfüllung wesensmäßig voneinander getrennt. Die Kunst lasse sich nicht aus Nutzungserfordernissen ableiten, sondern trete als gestalterischer Mehraufwand zur utilitären Gebrauchsarchitektur hinzu. Ozenfant wendet sich gegen eine Doktrin, die das technische Funktionieren des Gebäudes als Thema des architektonischen Entwurfs empfiehlt. »Es gibt in diesem Hause viele Motoren und Maschinen. Muss man aus ihnen ein Aushängeschild machen? Mendelsohn war klug genug, die inneren Organe dieses Hauses unter eine schöne Haut zu legen. Zwar sagt die Mode, es sei richtig, alle Organe offen zu zeigen. Aber ein Haus ist keine militärische Musterung, kein Beichtstuhl, kein Tribunal, kein Muskelmann, kein mechanisches Museum.«[22] Der gestalterische Umgang mit der häuslichen Technik wird zum Prüfstein für den Kunst-Charakter der Architektur. Ozenfants Polemik gilt der Metapher der Wohnmaschine, mithin der schematischen Gleichsetzung von technischer Effizienz, architektonischer Zweckmäßigkeit und künstlerischer Schönheit.

Für den puristischen Maler bedeutete der Einleitungstext eine Abkehr von früher vertretenen Positionen.[23] Die Hommage an das Haus Mendelsohn lässt sich lesen als kaum verhüllte Abrechnung mit seinem eigenen Atelierhausbau und der ihm zugrunde liegenden architektonischen Konzeption. Dort war genau jene technoide Ästhetik verwirklicht, die Ozenfant jetzt energisch zurückweist. Vom ausführenden Architekten seines Hauses und Wegbegleiter in den Jahren des ›Esprit Nouveau‹, Le Corbusier, hatte er sich 1925 im Streit getrennt. Mit der programmatischen Kurskorrektur, die er daraufhin vornahm, grenzte er sich von dessen Standpunkt ab.[24] Ohne ganz mit seiner puristischen Vergangenheit zu brechen, setzt er nun in seiner Architekturauffassung deutlich verschobene Akzente. Am Prinzip formaler Ökonomie hält er weiterhin fest. Doch die vom Purismus behauptete Analogie zwischen industrieller und künstlerischer Produktion lehnt er ab. In Mendelsohn lernte Ozenfant einen Architekten kennen, dessen Arbeit mit seinen gewandelten Vorstellungen konvergierte. Die Zusammenarbeit mit ihm bot dem Maler die Gelegenheit, den abgerissenen Kontakt zur Architektur erneut anzuknüpfen.[25]

Vor allem im Wohnbereich seines Hauses folgt Mendelsohn der Maxime *Funktionieren, ohne sichtbar zu sein*. Indem er Geräte und Installationen aus dem Blickfeld der Bewohner entfernt, verweist er die Technik auf eine dienende Position. Telefon, Radio, Grammophon verbirgt er in Wandschränken und hinter Verkleidungen. Durch unsichtbar angebrachte Leuchtkörper erhellt er die Haupträume seines Hauses. Nicht überall verzichtet der Architekt auf technische Formanleihen. Im Obergeschoss stattet er das Gästezimmer mit einem ausklappbaren Metallrohrbett und einer *Schlafwagenleselampe* aus, die Heizungsrohre auf dem Korridor lässt er

20 Ozenfant 1932. Der Text ist im Anschluss an dieses Kapitel im vollen Wortlaut wiedergegeben.

21 Über den Gebrauch des Funktionalismus-Begriffs bestand in der architektonischen Debatte der zwanziger Jahre noch keine klare Übereinkunft. Einige Autoren verwendeten ihn wie Ozenfant zur kritischen Abgrenzung gegen ein ausschließlich zweckorientiertes Architekturverständnis. Zum Synonym für die gesamte moderne Architekturbewegung wurde der Begriff erst seit Alberto Sartoris‹ 1932 erschienener Publikation ›Gli elementi dell'architettura funzionale‹, deren Titel auf eine Anregung Le Corbusiers zurückgeht. Vgl. etwa: Platz 1927, S. 177–179. – Adler 1930.

22 Ozenfant 1932.

23 Vgl. o. S. 90 ff. – Zum Folgenden außerdem: Stabenow 1989, S. 111–121.

24 Der Positionswechsel fand seinen ersten Niederschlag in der Schrift ›Art‹: Ozenfant 1928.

25 Seiner Wertschätzung für Erich Mendelsohn gab Ozenfant Ausdruck in der deutschen Ausgabe von ›Art‹, die er um einige Abbildungen von Werken deutscher Architekten (Walter Gropius) und Maler (Oskar Schlemmer und Willi Baumeister) erweiterte. Dabei widmete er Mendelsohn eine eigene Doppelseite mit Textergänzung sowie Photographien des Einstein-Turmes und des Chemnitzer Kaufhauses Schocken. Ozenfant 1931, S. 150 f.

unverkleidet. Diese Elemente passen dort zum angestrebten Charakter eines *kleinen Hotels* in *geringsten Abmessungen*. Mendelsohn verhindert jedoch, dass technische Formen das Erscheinungsbild des Hauses dominieren. Metallgeländer setzt er nur an untergeordneter Stelle ein. Mies van der Rohes Stahlrohrsessel mit Peddigrohrgeflecht[26] nutzt er wenig respektvoll als Gartenmöbel auf der vorderen Terrasse.[27]

Nicht nur im Verbergen der Haustechnik, sondern in der gesamten Gestaltung des Hauses demonstriert Mendelsohn seine Eigenständigkeit gegenüber den gängigen Kompositionsmustern des Neuen Bauens. Zur leichteren, abstrakteren Geometrie der Häuser eines orthodoxen Rationalismus stehen die horizontale Lagerung, körperhafte Schwere und geschlossene Gesamtform des Baukörpers in markantem Gegensatz.[28] Der Architekt vermeidet alle Vorführformen des Konstruktiven, etwa sichtbare Stützen, weite Auskragungen oder eine begehbare Dachlandschaft. Der einzige ›Topos‹ modernen Bauens, auf den er zurückgreift, ist das scheinbare Fensterband im Obergeschoss der Eingangsseite. Mendelsohn leugnet jedoch den funktionalen Sinn dieses Motivs. Anstatt durch ein wirkliches Glasband die Mauerfläche aufzulösen, fasst er Einzelfenster und die dazwischenliegenden, tragenden Mauerstreifen zu einer rein formalen Einheit zusammen. Das vorgetäuschte Fensterband ließe einen langen Verbindungsgang vermuten, wo sich de facto separate Räume befinden. Dagegen verwendet der Architekt auf der Gartenseite des Hauses, wo im Obergeschoss der tatsächliche Korridor verläuft, getrennte Einzelfenster.[29]

Mendelsohn behauptet den Primat der äußeren Form vor dem Ausdruck innerer Funktionen. Er sucht nicht das Wechselspiel zwischen Grundriss und Außenbau, sondern stellt die strenge Ordnung des Plans in den Dienst einer vereinheitlichten Gesamterscheinung. Mit Haus und Buch legt er sein Bekenntnis ab gegen eine funktionalistische Vereinnahmung der modernen Architektur. Die Forderung nach uneingeschränkter Zeitgenossenschaft der architektonischen Schöpfung stellt er damit nicht in Frage. Doch liegt die Erneuerung, die er anstrebt, jenseits einer Herrschaft funktionaler Prinzipien. Die ›neue Welt‹, für die Mendelsohn baut, erscheint als die Vision eines Künstlers. Es ist keine technisch-funktionale, sondern eine künstlerische Modernität, die den Horizont seiner Arbeit bildet.

178 Haus Mendelsohn, Berlin-Charlottenburg, Innenansicht, Esszimmer mit Gemälde ›Gelmeroda IV‹ von Lyonel Feininger

Ein modernes Gesamtkunstwerk

Den behaupteten Vorrang der Baukunst vor dem Aspekt des technischen Funktionierens bekräftigt Mendelsohn durch die zentrale Rolle, die er bei der Ausgestaltung seines Hauses Kunstwerken zuweist. Unter den herangezogenen Künstlern ist Amédée Ozenfant, der als erster insgesamt drei Bilder beisteuert, am stärksten involviert.[30] Die Haupträume im Erdgeschoss beherbergen neben zwei Gemälden von Ozenfant eines von Lyonel Feininger sowie ein Bronzerelief von Ewald Mataré. Im Obergeschoss hängen je eine weitere Arbeit von Ozenfant und Mataré.

Feiningers Bild ›Gelmeroda IV‹ hatte Mendelsohn bereits 1920 »für unser kommendes Heim« bei einem Besuch im Weimarer Atelier des Künstlers erworben.[31] Nun fand es seinen festen Ort im Esszimmer des Hauses am Rupenhorn.[32] Als *Richtpunkt* in der Achse des Eingangs empfängt das kleinformatige Gemälde den Eintretenden und lenkt ihn weiter um einen kreisförmigen Tisch herum, begleitet also die Bewegung im Raum. Die Farben des Bildes bestimmen die Farbgestaltung des Esszimmers bis hin zur Wahl des Blumenschmucks. Für die anderen beiden Räume gab Mendelsohn neue Arbeiten in Auftrag. Den prominentesten Platz, den er zu vergeben hatte, die Rückwand der Halle, nimmt ein großes Wandbild von Ozenfant ein, das zunächst als Fresko geplant war, dann jedoch auf Leinwand ausgeführt wurde.[33] Das

26 Der Entwurf für den Sessel stammt aus dem Jahr 1927. Vgl.: Geest/Macel 1980, S. 27 u. 95 f.

27 Den im Haushalt verwendeten, von Marcel Breuer entworfenen Teewagen auf drei Rädern mit Metallgestell beschreibt Louise Mendelsohn als unpraktisch: Mendelsohn, Louise o. J., S. 95.

28 Einen Vergleichshorizont für die hier vorgenommene Abgrenzung bieten etwa die Gebäude des Bauhauses in Dessau, die fortschrittlicheren unter den Bauten der Weißenhofsiedlung in Stuttgart oder auch die bereits genannten Häuser der Brüder Luckhardt am Rupenhorn.

29 Als augenfällige Inkonsequenz tadelt dieses Vorgehen: Hegemann 1932, S. 224.

30 Der Maler berichtet von seiner Arbeit für Mendelsohn in: *Ozenfant* 1968, S. 150–152.

31 Brief Mendelsohns an seine Frau am 12. Mai 1920, zitiert in: Achenbach 1987, S. 53. – Das Bild entstand 1915 und befindet sich heute im Solomon R. Guggenheim Museum, New York.

32 Feiningers Bild ist das einzige aus der Sammlung des Architekten, das in die Ausstattung des Hauses übernommen wurde. Andere Werke, die Mendelsohn seit längerem besaß – Arbeiten von Franz Marc, Max Pechstein und Paula Modersohn-Becker – fügten sich nicht in die neue Umgebung. Vgl. hierzu: Mendelsohn, Louise o. J., S. 91.

33 Vgl. hierzu: *Ozenfant* 1968, S. 151. – Das Gemälde befindet sich heute im Virginie Chrisler Museum, Norfolk. Achenbach 1987, S. 82). – Es ist farbig abgebildet in: Golding 1973, S. 11. Golding datiert das Bild fälschlich auf 1926. – Vgl. außerdem: Ball 1981, S. 147.

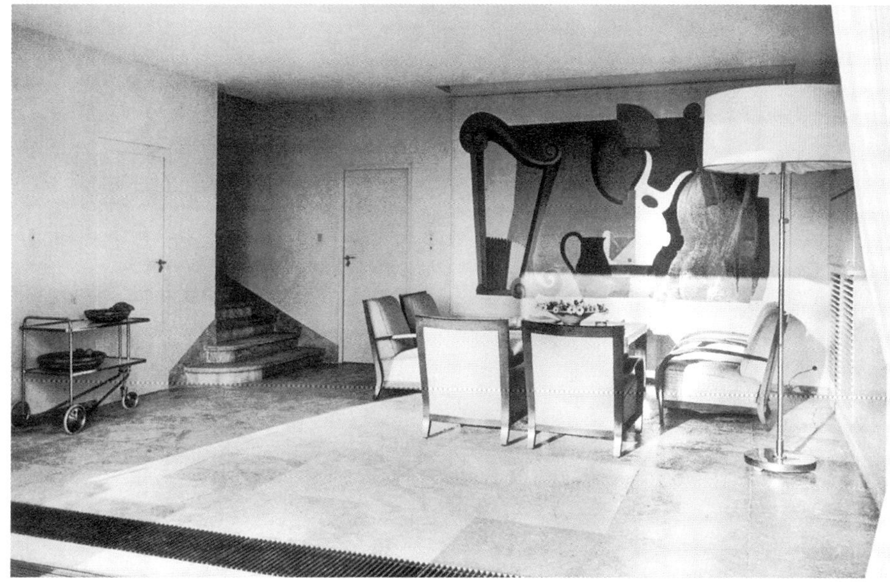

179 Haus Mendelsohn, Berlin-Charlottenburg, Innenansicht, Halle mit Wandbild von Amedée Ozenfant

in starken Farben leuchtende Gemälde verbindet *Symbole aller Künste* zu einem Stilleben. Zwischen Musikinstrumenten – Harfe, Cello und Kontrabass – erscheinen ein Hammer, eine Palette, Bücher, dazu im Schwerpunkt des Bildes Dreieck und Zirkel als Berufsinsignien des Hausherrn. Stilistisch bleibt Ozenfant den sich überlagernden Flächen älterer puristischer Stilleben treu.[34] An die früher bevorzugte Auswahl von ›objets-type‹ erinnert jedoch nur noch ein Krug am unteren Bildrand. Der Maler hat sein klassisches Gegenstandsrepertoire zugunsten einer von Mendelsohn ausgearbeiteten allegorischen Konzeption aufgegeben. Die Hauptakteure in dem Bild sind Musik und Architektur. Deren programmatische Verbindung setzt sich im benachbarten Musikzimmer fort. Dort befindet sich in einer quadratischen Nische der südlichen Flankenmauer ein weiteres Gemälde Ozenfants mit *Orgelpfeifen und Schallplatte, Radioröhren und Horn*.[35] Räumlich bildet es das präzise Gegenüber zu Feiningers Bild im Esszimmer. Die beiden Gemälde bezeichnen die Breitenausdehnung des Hauses, zugleich die Hauptbewegungsachse entlang der Fensterwand. Auf der Nordseite des Musikzimmers hängt Matarés Bronzerelief ›Frau mit Rindern‹.[36] Der Feinheit der Modellierung kontrastiert hier eine an prähistorische Kultbilder erinnernde Darstellung der menschlichen Figur. Von Ozenfants Arbeiten unterscheidet sich Matarés Relief durch die organischen Formen und durch den figürlichen Inhalt, der sich dem Thema ›Musik‹ entzieht. Zu dem in Medium und Stil so unterschiedlichen Wandbild in der Halle weist das Relief im Musikzimmer eine kompositionelle Parallele auf. In ähnlicher Weise wie die Musikinstrumente auf Ozenfants Gemälde greifen die drei Menschen- und Tierleiber auf dem Relief über einen rechteckigen Rahmen hinaus. Die Übereinstimmung lässt auf eine direkte Mitsprache des Hausherrn schließen. Beide Kunstwerke harmonieren mit den vor ihnen versammelten Möbelgruppen. Unter dem Wandbild nehmen die geschwungenen Armlehnen der Holzrahmensessel die Kurven von Harfe und Kontrabass auf. Die sanft modellierte Oberfläche des Reliefs findet in den weichen Rundungen schwerer Polstersessel einen Widerklang. Zudem stimmt der matte Glanz der Bronze mit dem Beige von Möbelbezügen und Teppich zusammen. Dagegen heben sich die Gemälde Ozenfants in Halle und Musikzimmer als bunte Akzente von den cremefarbenen Wänden ab. Dank verborgen installierter Beleuchtungssysteme erstrahlen sie auch bei Dunkelheit. Während Mendelsohn vor dem Relief Matarés eine Ruhezone schafft, bindet er Ozenfants Bilder eng in das dynamische Beziehungsgefüge des Hauses ein.

34 Ball wertet das Gemälde als Ozenfants letztes puristisches Bild. Ebd., S. 147 f.

35 Eine Farbabbildung des Gemäldes in: Golding 1973, Titelblatt. Unrichtig datiert auf 1950.

36 Schilling 1987, Kat.-Nr. 70, S. 168. Das in die Wand eingelassene Relief entstand 1930–31.

180 Haus Mendelsohn, Berlin-Charlottenburg, Innenansicht, Musikzimmer, Blick nach Süden mit Gemälde von Amedée Ozenfant

Zusätzlich zu dem Relief gab Mendelsohn bei Mataré eine Holzplastik ›Mutter und Kind‹ in Auftrag, die ebenfalls für das Musikzimmer bestimmt war und als stehende Figur die ganze Raumhöhe ausfüllen sollte. Der Künstler hat die 1930 begonnene Skulptur jedoch erst 1964 vollendet.[37] Eine weitere Arbeit von Mataré befand sich im ›Zimmer der Tochter‹; im ›Appartement der Dame‹ hing Ozenfants Bild ›Mutter und Kind‹. Andere Künstler, die Mendelsohn in seine Ausstattungspläne einbezog, waren Naum Gabo und Oskar Schlemmer. Mit Gabo nahm der Architekt wegen einer Skulptur für sein Haus 1929/30 Kontakt auf.[38] Schlemmer war mit einer Arbeit für das Musikzimmer beauftragt.[39] Die Arbeiten der beiden Künstler kamen jedoch nicht zur Ausführung.

Das Musikzimmer als programmatisches Zentrum des Hauses ist der Ort einer inszenierten Begegnung zwischen Musik und Architektur. Der Raum beherbergte einen großen Flügel und einen Instrumentenschrank, in dem Geige, Bratsche und Cello bereitstanden. Hier fanden die Kammerkonzerte statt, zu denen Mendelsohn einlud. Häufig spielte seine Frau Louise, die

37 Schilling 1987, Kat.-Nr. 69 u. 69a, S. 166f.

38 Hinweis in: Hammer/Lodder 1992, S. 17.

39 Der Künstler erwähnt in einem Brief die bereits fertigen Arbeiten Ozenfants sowie die Konkurrenz zu Gabo (29. August 1930). Schlemmers Arbeit dürfte, sofern es sich bei dem von Wulf Herzogenrath und Karin von Maur diskutierten, 113 × 328,5 cm großen Karton um eine Vorstudie handelt, für die Ostwand des Raumes bestimmt gewesen sein und nicht, wie von Maur annimmt, für die später mit Matarés Relief besetzte Nordwand. Herzogenrath 1973, S. 106f., 226 u. 290f., Anm. 451. – Maur 1979a, S. 207. – Dies. 1979b, Kat.-Nr. K31, S. 354. – Dies. 1993, S. 162–163 u. Kat.-Nr. 166, S. 182–183.

181 Haus Mendelsohn, Berlin-Charlottenburg, Innenansicht, Musikzimmer, Blick nach Norden mit Bronzerelief ›Frau mit Rindern‹ von Ewald Mataré

Cellistin war, mit ihrem Quartett.[40] Alljährlicher Höhepunkt war der 21. März, Geburtstag Mendelsohns und des von ihm verehrten Johann Sebastian Bach. Mendelsohn, der während der Entwurfsarbeit Schallplatten zu hören pflegte, ließ sich von Bachs Werken zu zahlreichen Architekturphantasien anregen und hob die »architektonische Ordnung« in dessen Kompositionen hervor.[41] Die Musik war ihm nicht einfach ein Inspirationsquell, sie verkörperte geradezu das Moment der künstlerischen Inspiration in seiner Arbeit. Zugleich sah er die musikalische Formschöpfung als kompositorisches Äquivalent der gebauten Form, die Gliederung des musikalischen Werks als Analogie zur architektonischen Proportion. Indem Mendelsohn die in Zweck und Materie verhaftete Baukunst auf die immaterielle Tonkunst bezieht, unterstreicht er den jenseits des Zweckmäßigen liegenden Anspruch seines Bauens. Nicht in der Befriedigung praktischer Bedürfnisse, sondern in der höheren Sphäre der Kunst erfüllt und vollendet sich für ihn die Architektur. Im Musikzimmer bringt Mendelsohn sein baukünstlerisches Credo konzentriert zur Darstellung. Durch die musikalische Analogie unterstützt er den anti-funktionalistischen Impuls seines Hausbaus am Rupenhorn.

Wie der photographische Rundgang es vorführt, dehnte Mendelsohn seine gestalterische Kontrolle über das gesamte Inventar des Hauses aus. Wichtige Ausstattungsstücke entwarf er selbst, das Fehlende erwarb er im Handel, wobei er strengste ästhetische Maßstäbe anlegte. Bestimmende Elemente der Einrichtung sind die Sitzmöbel, deren gespannte Kurven die Orthogonalität der Architekturform konterkarieren. Mendelsohn ließ drei Stuhl- und zwei Sesselserien anfertigen, außerdem je einen Stuhl und einen Sessel als Einzelmöbel. Der Reichtum der Varianten begünstigt die individuelle Charakterisierung der Räume; übergreifende formale Gemeinsamkeiten betonen jedoch die Einheitlichkeit des Gesamtinterieurs. Passende Gläser bestellte der Architekt bei der belgischen Firma Val St. Lambert. Besteck fand er beim Berliner Silberschmied Emil Lettré, der kleine Änderungswünsche berücksichtigte.[42] Blumenvasen in auf den jeweiligen Aufstellungsort abgestimmten Maßen wurden von Douglas Hill in Berlin gefertigt. Es ist bezeichnend für Mendelsohns Gestaltungswillen, dass er sogar für die Karosserie seines Mercedes-Benz den Entwurf selbst lieferte.[43] Der veredelnde Eingriff macht das Serienprodukt zum künstlerischen Eigentum des Architekten.

Durch das planvoll inszenierte Zusammenspiel der Teile verwandelt Mendelsohn sein Haus in ein Gesamtkunstwerk. »Das künstlerische Gesetz der Einheitlichkeit des Ganzen«[44] bildet in

40 Über musikalische Ereignisse im Haus Mendelsohn berichtet: Mendelsohn, Louise o. J., S. 95 f. Bei den Konzerten gastierte mitunter auch Albert Einstein, der an einem der Havelseen wohnte (in Caputh) und leidlich Geige spielte.

41 Brief an Louise Maas vom 16. März 1913. Beyer 1961, S. 19–20, hier S. 20. – Vgl. auch: Achenbach 1987, S. 52. – Heinze-Mühleib 1986, S. 62 f.

42 Mendelsohn, Louise o. J., S. 92 f.

43 Interview mit Louise Mendelsohn, in: King 1969, S. 39.

44 Mendelsohn, Erich 1932 b, S. 30.

den Schriften und Vorträgen des Architekten ein wiederkehrendes Motiv. Die innere Zusammengehörigkeit aller Lebenserscheinungen manifestiert sich für ihn in der Einheit der Künste. Diese Einheit verwirklicht Mendelsohn, indem er die Schwesterkünste in das baukünstlerische Gesamtkonzept seines Wohnhauses mit einbezieht. Malerei, Skulptur und Kunstgewerbe haben sich dabei der Logik des architektonischen Programms unterzuordnen. Der Maler Amédée Ozenfant hatte im eigenen Atelierhaus eine flexible Zuordnung von Bild und Bau erprobt und in seinem Buch ›Art‹ die grundsätzliche Freiheit der Malerei von architektonischer Bindung polemisch bekräftigt.[45] Im Haus Mendelsohn jedoch akzeptiert er die Einfügung seiner Gemälde in eine statische Konzeption. Hier ist es der Architekt, der Programm und Platzierung der Bilder bestimmt. Mendelsohn restituiert die von dem Maler angezweifelte Führungsrolle der Architektur als »Königin unter den Künsten«.[46]

Rückblick: das Haus Behrens

Mendelsohns Bemühen um eine Integration der Kunstgattungen weist zurück auf die Kunstpraxis der Jahrhundertwende, der die Einheit der Künste zentrales Anliegen gewesen war. Zwei Protagonisten jener Phase entdeckte der Architekt als Vorläufer eigener Bestrebungen: Henry van de Velde und Joseph Maria Olbrich.[47] Letzterer hatte 1901 als leitender Architekt der Ausstellung ›Ein Dokument deutscher Kunst‹ auf der Darmstädter Mathildenhöhe eine Unternehmung betreut, in der sich der Wille zum künstlerischen Neubeginn mit besonderer Deutlichkeit manifestierte.[48] Exponate der Ausstellung waren die Häuser der im Jahr zuvor gegründeten Künstlerkolonie, in denen jeder »Quadratcentimeter [...] von künstlerischem Geist durchdrungen« werden sollte.[49]

Olbrichs temporäre Ausstellungsbauten haben Mendelsohn vor allem in seinen frühen Skizzen formal beeinflusst.[50] Unter den Wohnhäusern der Ausstellung erscheint jedoch eher als die von Olbrich entworfenen Bauten das Haus Behrens dem Hausbau Mendelsohns verwandt. Das Programm der Ausstellung, alle Bereiche des Lebens in Kunst zu überführen, fand hier seinen

182 Peter Behrens, Wohnhaus des Malers und Architekten, Darmstadt, 1900–01, Innenansicht, Musikzimmer mit Behrens' Gemälde ›Ein Traum‹

45 Ozenfant 1931, S. 137.

46 Diese Formulierung verwendet: Ozenfant 1931, ebd. – Vgl. hierzu auch: Mendelsohn, Erich 1932 b, S. 43.

47 Mendelsohn, Erich 1919, S. 13 f. – Ders. 1923, S. 29. – Ders. 1932 b, S. 31 f.

48 Zur Ausstellung auf der Mathildenhöhe: *Dokument Deutscher Kunst* 1977. – Kruft 1978. – *Museum Künstlerkolonie* 1990. – Zur Rolle Olbrichs: *Olbrich* 1983.

49 Olbrich 1900 b, S. 370.

50 Diesen Einfluss reflektiert der Architekt in: Mendelsohn, Erich 1919, S. 13 f. Er erwähnt dort neben dem Hauptportal und dem ›Haus für Flächenkunst‹ der Ausstellung von 1901 den 1905–06 entstandenen Hochzeitsturm.

konzentriertesten Ausdruck.[51] Behrens unterwirft, indem er seinem Entwurf einen begrenzten Vorrat formaler Motive zugrunde legt, den gesamten Hausbau einem einheitlichen Gestaltungsgesetz. Im Inneren stellt er durch Aufhebung trennender Wände dynamische Raumbeziehungen her. Komplementär zur räumlichen Entgrenzung betont er die Individualität der Einzelräume durch ornamentale Variation, Farbgebung und Mobiliar. Die Einheit des Gesamtkunstwerks setzt sich zusammen aus einer Vielfalt räumlich inszenierter »Stimmungen«.[52] Schwerpunkt des Raumprogramms ist auch bei Behrens das Musikzimmer. Eine tiefe, in Blau und Gold gehaltene Farbigkeit und das Pathos der Strahlenornamentik tauchen den Raum in eine sakrale Atmosphäre. Als Verehrungsbild der hier zelebrierten Kunstreligion präsentiert Behrens in einer Marmornische sein Gemälde ›Ein Traum‹. Die Musik, verkörpert in dem gleichfalls von Behrens entworfenen Flügel, vertritt den kosmischen Anspruch der mit dem Hausbau in Aussicht genommenen künstlerischen Erneuerung.[53] Eine überspannte Stilisierung des Künstlerbilds, die sich bei Otto Wagner auf den Atelieranbau seiner ersten Villa beschränkt,[54] erfasst bei Peter Behrens das ganze Haus. Mit den leitmotivisch verwendeten Dekorationselementen des Adlers und des Kristalls schafft sich der Hausherr eine an Nietzsche orientierte Privatikonographie.[55] Er parallelisiert seine Künstlerrolle mit dem Priestertum des Religionsstifters Zarathustra; als kultureller Neuerer stellt er sich dem religiösen Neuerer an die Seite.

Wie Behrens strebt Erich Mendelsohn nach einer einheitlichen Gestaltung seines Hausbaus bei gleichzeitiger individueller Charakterisierung der Einzelräume. Anstelle eines allgegenwärtigen Ornaments dient ihm als Mittel der Differenzierung das isolierte Einzelkunstwerk, auf das er die übrige Ausstattung farblich oder formal abstimmt. Von Behrens trennt ihn somit der Verzicht auf eine persönliche Handschrift, wie sie sich in dessen ornamentalen Formfindungen artikuliert hatte. Gleich Behrens bezeichnet der jüngere Architekt durch die im Hauptraum seines Hauses konzentrierte musikalische Analogie die Tragweite seines Gestaltungsanspruchs. Jedoch kommt er dabei ohne die pseudoreligiöse Aura aus, mit der Behrens sein Haus umgeben hatte. Mendelsohn verwirklicht am Rupenhorn die säkularisierte, formal ernüchterte Version eines Gesamtkunstwerks.

Facetten einer Künstler-Rolle

Die Selbststilisierung des Künstlertums der Jahrhundertwende lebte im Expressionismus der ersten Nachkriegsjahre wieder auf. Erneut begriffen sich Architekten als Auserwählte, Führer der bildenden Künste, berufene Vollstrecker des Neuen.[56] Auch Erich Mendelsohn lässt in seinen frühen Vorträgen eine solche Haltung erkennen. Der Architekt beschwört den Auftrag der Baukunst, »den gesamten Formwillen einer Zeit am sichtbarsten zu dokumentieren« und prophezeit, dass der »Glauben einzelner« zum »Gesetz für Alle« werde.[57] Einzelne Aspekte seines Selbstverständnisses als Künstler reflektiert er in seinem Hausbau.

Mendelsohns Vertrauen in die Zukunftsmacht der individuellen Imagination findet den deutlichsten Niederschlag in seinen Skizzen, schnellen zeichnerischen Notaten, die den Moment der künstlerischen Inspiration auf das Papier bannen. Die Gewohnheit des raschen Skizzierens behielt er auch dann noch bei, als in seinen ausgeführten Bauten das expressive Ornament als Ausdruck künstlerischer Individualität an Bedeutung verlor. Durch die impulsive Kraft der Zeichnungen kompensierte er gewissermaßen die architektonische Ernüchterung.[58] Für das Haus am Rupenhorn gibt es mehrere solcher Skizzenblätter mit Grundrissen und perspektivischen Ansichten.[59] Das abschüssige Gelände ermöglichte es hier, die übertriebene Untersicht, die Mendelsohn in seinen Skizzen bevorzugte, in die Wirklichkeit zu überführen. In den Aufnahmen des Hauses von der Hangseite erfährt der ›heroische‹ Blickwinkel der

51 Zum Haus Behrens vgl. o. S. 149, Anm. 64.

52 Das Ziel räumlicher Individualisierung beschreibt: Olbrich 1900a, S. 369.

53 Das Musikzimmer als symbolisches Zentrum des Raumprogramms begegnet später in Hausbauten der expressionistischen Phase, so im Haus Buchthal der Brüder Luckhardt (1922–23) und in Otto Bartnings Haus Wylerberg (1921–24). Die »angestrebte Musikalität des ganzen Bauwerks« sieht darin verkörpert: Pehnt 1973, S. 158.

54 Vgl. o. S. 25.

55 Buddensieg 1980, S. 39ff.

56 Zum Selbstverständnis der Architekten im Expressionismus: Pehnt 1973, S. 34f. u. 73.

57 Mendelsohn, Erich 1919, S. 7 u. 21.

58 Zu den Skizzen als »Trost des Künstlers« angesichts der Grenzen architektonischer Realisierbarkeit: Posener 1969, S. 182.

59 Zevi 1970, S. 190, Abb. 1–6. – Achenbach 1987, Kat.-Nr. 243–246, S. 82.

183 Haus Mendelsohn, Berlin-Charlottenburg, Ansicht, Gartenseite

184 Erich Mendelsohn, Entwurfsskizze für das Wohnhaus des Architekten, Kunstbibliothek Berlin

Zeichnungen eine photographische Umsetzung. Die expressionistische Vision ist somit im ausgeführten Bau aufbewahrt. Dieser lässt sich lesen als materialisierte Form der skizzierten Ursprungsidee. Trotz der Zurücknahme des individuellen Ausdrucks will das Haus als Ergebnis eines ›inspirierten‹ Entwurfsprozesses gesehen werden. Hinter seiner versachlichten Architektur steht die Vorstellung vom Baumeister als begnadetem Formschöpfer.

Mendelsohns Kommentator Ozenfant beschreibt den universalen Horizont, auf den der Architekt seinen Hausbau bezieht. »Die Bewohner [...] haben den wichtigen Bedürfnissen des Geistes genügt: Der grösste Raum dieses Hauses ist der Musik gewidmet, die Halle vereinigt die Malerei, durch die Bücher denkt die ganze Welt hierher, überall ist die Natur grosszügig eingeladen.«[60] Seine Hommage gipfelt in dem Satz: »Dies ist ein Haus für einen Goethe von 1930.« Der Anspruch des Baukünstlers auf Universalität verdichtet sich im Arbeitszimmer des Architekten, wie es die zeitgenössische Photographie zeigt. Bestandteil des Raums ist ein in die Wand eingelassenes Regal, das außer Büchern ein Holzmodell des Kreml aufnimmt, Andenken von einer Russland-Reise.[61] Eine als *Archipenko* ausgewiesene Statuette steht seitlich auf dem Schreibtisch.[62] Hinter ihr gewährt ein Fenster den Ausblick auf die Weite der Havellandschaft. Den vorderen Rand des Arbeitstisches besetzt ein Globus. Die Weltkugel auf dem Schreibtisch des Architekten wird zur Metapher eines weltumspannenden Gestaltungswillens.[63] In seinem Arbeitszimmer versammelt der Architekt Wissen, Kunst und Natur zur inszenierten Universalität eines ›Goethe von 1930‹.

Nicht einladend, sondern distanziert gibt sich Mendelsohns Hausbau auf der Eingangsseite. Als *Distanzerweiterung durch perspektivische Mittel* setzt der Architekt die Kandelaber ein, die den Zuweg flankieren. Durch sie vergrößert er den Abstand zwischen privater und öffentlicher Sphäre. Die um vier Stufen angehobene Terrasse, die er vor das Haus legt, erzeugt mit ihrer fensterlosen Rückwand den Eindruck von Unnahbarkeit. Indem er die Außenwelt optisch auf Distanz hält, betont der Hausherr die Exklusivität seiner Rolle. In der Fassade seines Hauses zeigt sich der Baukünstler als ›besonderer Mensch‹. Dieser distanzierenden Szeno-

60 Ozenfant 1932.

61 Freundliche Auskunft von Esther Mendelsohn-Joseph, San Francisco.

62 Alexander Archipenko, ›Flacher Torso‹, 1914. Von der Skulptur existieren Ausführungen in verschiedenen Materialien. Bei der Statuette in Mendelsohns Arbeitszimmer handelt es sich vermutlich um eines der beiden 1922 von Archipenko geschaffenen Marmorexemplare, die sich heute in der Kunsthalle Mannheim und im Hirschhorn Museum, Washington, befinden. Michaelsen 1977, Kat.-Nr. S49, S. 175. – Schmoll/Heilmann 1986, S. 50–55.

63 Weltkugeln dienten z. B. auch im Arbeitszimmer Henry van de Veldes in seinem Haus ›Hohe Pappeln‹ oder im Wohnzimmer Paul Schultze-Naumburgs in Saaleck als Requisit.

graphie korrespondiert die geplante Nutzung der vorgelagerten Terrasse *für Tanz und Theater*. Mendelsohns Haus ist nicht Hülle für die Alltäglichkeit des Wohnens, sondern Kulisse für Schauspiel und festliche Darbietung.

Brüder Luckhardt: Wohnen im Versuchsgelände

Erich Mendelsohn bewahrt in seinem Beitrag zum Neuen Bauen Erinnerungen an die expressionistische Phase auf. Gerade im eigenen Hausbau bringt er diese Kontinuität zur Anschauung. Um das Haus Mendelsohn in die Berliner Architektenhauslandschaft einzuordnen, sollen ihm die Domizile von Kollegen gegenübergestellt werden, die wie er zu den Protagonisten des expressionistischen Aufbruchs gehört hatten: Hans und Wassili Luckhardt, Bruno Taut und Hans Poelzig. Sie alle bauten in der zweiten Hälfte der zwanziger Jahre Häuser für sich selbst und dokumentierten darin ihre Positionen innerhalb einer sich versachlichenden Moderne.
Die in den ersten Nachkriegsjahren entstandenen Entwürfe der Architekten für eigene Häuser waren zumeist auf dem Papier geblieben. Unter diese unverwirklichten Projekte fällt auch das ›Wohnhaus eines Architekten‹, das Wassili Luckhardt in der von Bruno Taut herausgegebenen Zeitschrift ›Frühlicht‹ publizierte.[64] Der Entwurf sucht die Analogie zu kristallinen Formbildungen. Durch die betonte Unregelmäßigkeit des Plans demonstriert der Architekt seine künstlerische Freiheit von rationalistischen Entwurfsprinzipien.
Bereits 1921/22 erwarben Wassili und Hans Luckhardt ein größeres Grundstück an der Schorlemerallee in Berlin-Dahlem.[65] Dort nahmen sie 1924 gemeinsam mit ihrem Partner Alfons Anker die Planung einer Reihenhaussiedlung in Angriff.[66] Das Projekt sah drei straßenparallele Gruppen aus viergeschossigen Häusern vor, von denen bis 1926 zwei zur Ausführung kamen. Jeweils die mittleren der sechs Häuser einer Zeile sind zur Straße hin vorgezogen, die äußeren zurückgestaffelt. Durch Eingangsvorbauten, eckübergreifende Fensterbänder und Brüstungsstreifen aus Backstein sind die einzelnen Häuser miteinander verzahnt und als volumetrische Einheit artikuliert. Die symmetrische Disposition der zwei Zeilen steigert die formale Prägnanz der Staffelung zu städtebaulicher Wirksamkeit. In den beiden Häusern, die den Durchgang zwischen den Zeilen flankieren, nahmen die Architekten Wohnsitz – links Alfons Anker, rechts die Brüder Luckhardt. In der Achse des Durchgangs errichteten sie 1925–26 ihr Atelier.[67] Damit orientierten sie die symmetrische Bebauung auf den Ort ihrer entwerferischen Tätigkeit. Das Paar ihrer Wohnhäuser fungiert als Torbau und Hinführung auf den Arbeitsplatz. Die zweigeschossige Atelierfront nimmt die Symmetrie der Gesamtanlage auf. Zwei fensterlose Wandstreifen fassen einen breiten, im Obergeschoss voll verglasten Mittelabschnitt ein. Der forcierte Kontrast zwischen Geschlossenheit und Transparenz

185 Wassili Luckhardt, Projekt für das Wohnhaus eines Architekten, 1921, perspektivische Ansicht und Grundriss

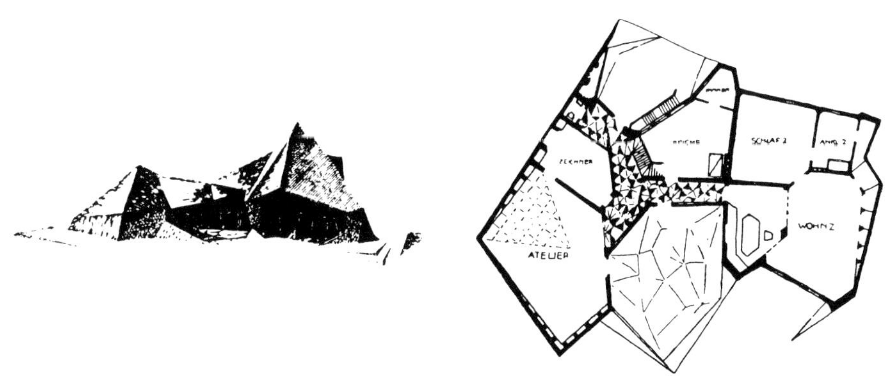

64 Frühlicht, Jg. 1, H. 2, Winter 1921/22, S. 51. Nachdruck: *Frühlicht* 1963, S. 123. – Vgl. auch: *Luckhardt* 1990, Kat.-Nr. 17, S. 188.

65 Über die Brüder Luckhardt: *Luckhardt* 1990. – Darin zum Folgenden: Wendschuh 1990, S. 148 ff.

66 *Luckhardt* 1990, Kat.-Nr. 33, S. 198–200.

67 Ebd., Kat.-Nr. 34, S. 200–201.

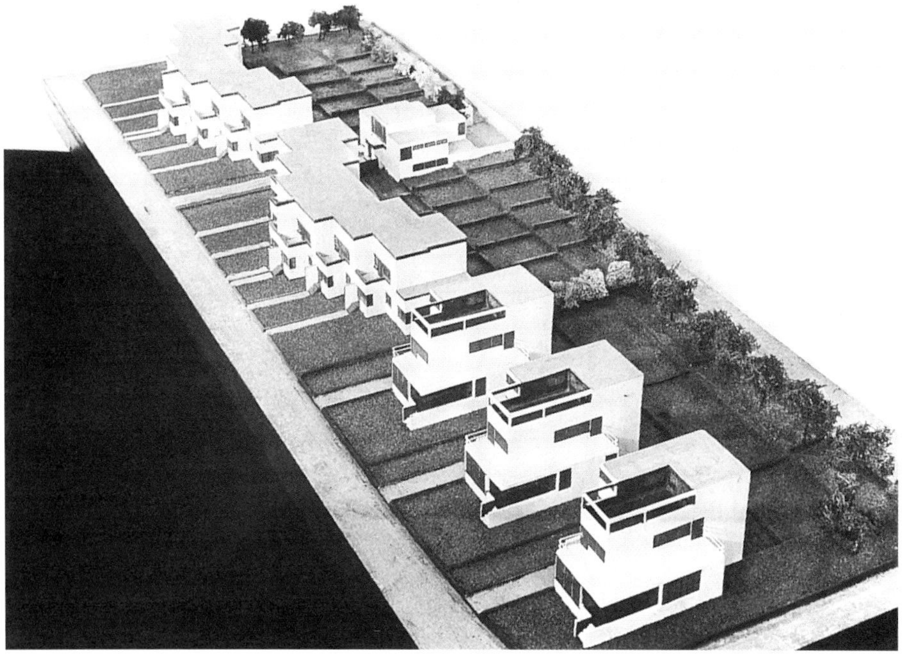

186 Brüder Luckhardt und Alfons Anker, ›Versuchsgelände‹ an der Schorlemerallee, Berlin-Dahlem, Modell, 1927

187 Brüder Luckhardt und Alfons Anker, Wohnhäuser und Ateliergebäude der Architekten, Schorlemerallee, Berlin-Dahlem, 1924–26 und 1925-26, Ansicht

sowie die basilikale Gliederung monumentalisieren die Fassade und verleihen der Stätte architektonischer Arbeit die Aura eines kostbaren Schreins.

Zugleich besitzt das Atelierhaus den Charakter eines experimentellen Entwurfs. Im Unterschied zum Mauerwerksbau der vorgelagerten Wohnzeilen verwirklichten die Architekten das Gebäude als Stahlskelettkonstruktion mit Plattenausfachung. In der gleichen Bauweise planten sie 1928–30 auf dem noch unbebauten Teil ihres Terrains ein Doppelwohnhaus und zwei Einzelhäuser.[68] Die Axialsymmetrie des bisherigen Bebauungskonzepts gaben sie damit auf. Das äußere Erscheinungsbild der drei Häuser ähnelt, wie auch die gleichzeitig entworfene Villenkolonie am Rupenhorn, Entwürfen Le Corbusiers. Auf der gegenüberliegenden Seite der Schorlemerallee entstanden 1929–30 außerdem vier in Stahlbeton konstruierte Reihenhäuser.[69]

Die Brüder Luckhardt nutzen ihr Grundstück als »Versuchsgelände«,[70] auf dem sie zielstrebig an der konstruktiven und typologischen Erneuerung des Wohnbaus arbeiten. Ihr eigenes Wohnen ist Bestandteil eines längerfristigen Experiments. In seinem Verlauf wird die strenge axiale Bindung der ursprünglichen Anlage gelöst, die Orientierung auf das zentrale ›Versuchslabor‹ aufgeweicht. Am Ausgang der Unternehmung stand eine hierarchische Konzentration der gebauten Form auf die berufliche Selbstdarstellung der Bauherren. Im Streben nach technischen und wohnkulturellen Verbesserungen lockert sich jedoch die städtebauliche Ordnung. Der Atelierbau bezeichnet den Übergang vom noch expressionistisch geprägten Rollenverständnis des Architekten als inspirierten Formfinders zum rationalen Entwickler neuer Methoden und Typen.

Von Erich Mendelsohn unterscheiden sich die Brüder Luckhardt durch ihr Bemühen um Vorbildlichkeit. Es ist ein serieller Haustyp, den die Architekten selbst bewohnen und zugleich zum Kauf anbieten. Anders das Haus Mendelsohn, das sich als Sonderfall präsentiert. Es will in seiner Bezogenheit auf einen spezifischen, landschaftlich bevorzugten Ort als einmalig verstanden werden. Die Häuser Luckhardt und Anker sind eingebunden in eine längere Folge architektonischer ›Versuche‹. Ihre Aktualität erscheint daher von vornherein begrenzt. Durch spätere Versuchsschritte werden sie sich überholen lassen. Dagegen strebt das Haus Mendelsohn nach einem Ausdruck der eigenen Zeit, der über den Moment hinaus Gültigkeit besitzt. Während der luckhardtsche Versuchsablauf das eigene Recht der künstlerischen Form sukzessive zurückdrängt, besteht Mendelsohn auf dem Vorrang gestalterischer Entscheidungen. Der Formgebung weist er die Aufgabe zu, die zeitlich gebundene Zweckform zu transzendieren.

Bruno Taut: zwischen Norm und Symbol

Bruno Taut hatte bald nach Kriegsende die ›Gläserne Kette‹ ins Leben gerufen, an der sich auch die Brüder Luckhardt mit Briefen und utopischen Projekten beteiligten.[71] Seit er 1924 zum beratenden Architekten der Berliner Baugenossenschaft ›Gehag‹ wurde, bildete der Massenwohnungsbau sein Hauptbetätigungsfeld. Einer seiner wenigen Einzelhausentwürfe war das eigene Wohnhaus, das er 1925–26 südlich von Berlin in Dahlewitz errichtete.[72] Ein Jahr nach Fertigstellung widmete er dem Bau das ausführlich illustrierte Buchlein ›Ein Wohnhaus‹.[73] Das zweistöckige, flach gedeckte Haus zeigt im Grundriss die Form eines Viertelkreises, der seine Rundung der Straße zuwendet. Ein eingeschossiger Wirtschaftsflügel ist dem Kreissegment seitlich angefügt. Während vorne der Fassadenschirm den Dachansatz verbirgt, kragt hinten, wo sich die Radien des Viertelkreises zur Spitze vereinigen, das Dach deutlich vor. Pfeilförmig schiebt sich dort das Haus in den Garten hinein. Das Erdgeschoss nimmt neben einem kombinierten Wohn- und Esszimmer einen Arbeitsraum und die Küche

68 Ebd., Kat.-Nr. 52, S. 216–217.

69 Ebd., Kat.-Nr. 60, S. 224–225.

70 So von den Architekten selbst bezeichnet in einer Publikation des als »Versuchshaus« deklarierten Ateliergebäudes. Bauwelt, Jg. 18, 1927, H. 31, S. 762–769, hier S. 762. Die Architekten stellen darin die Bauten auf ihrem eigenen Gelände in Beziehung zu dem Projekt einer ›Stadt ohne Höfe‹. *Luckhardt* 1990, Kat.-Nr. 47–49, S. 212–214.

71 Über Taut: Taut 1980. – Junghanns 1983. – Zöller-Stock 1993.

72 *Taut* 1980, S. 253. – Junghanns 1983, S. 11, 91 f. u. Abb. 258–260. – Eine eingehende Auseinandersetzung mit dem Haus Taut bietet: Jaeger, Roland 1995. Zur Datierung des Hausbaus: S. 125.

73 Taut 1927. Photographien von Arthur Köster, Berlin. Zeichnungen von Paul Schmidt, Berlin. Format: 16 × 23,5 cm

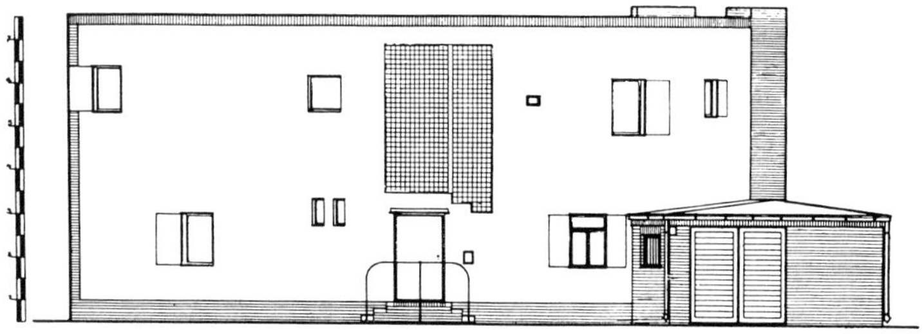

188 Bruno Taut, Wohnhaus des Architekten, Dahlewitz, 1925–26, Fassadenansicht, Straßenseite

189 Haus Taut, Dahlewitz, Ansicht, Gartenseite

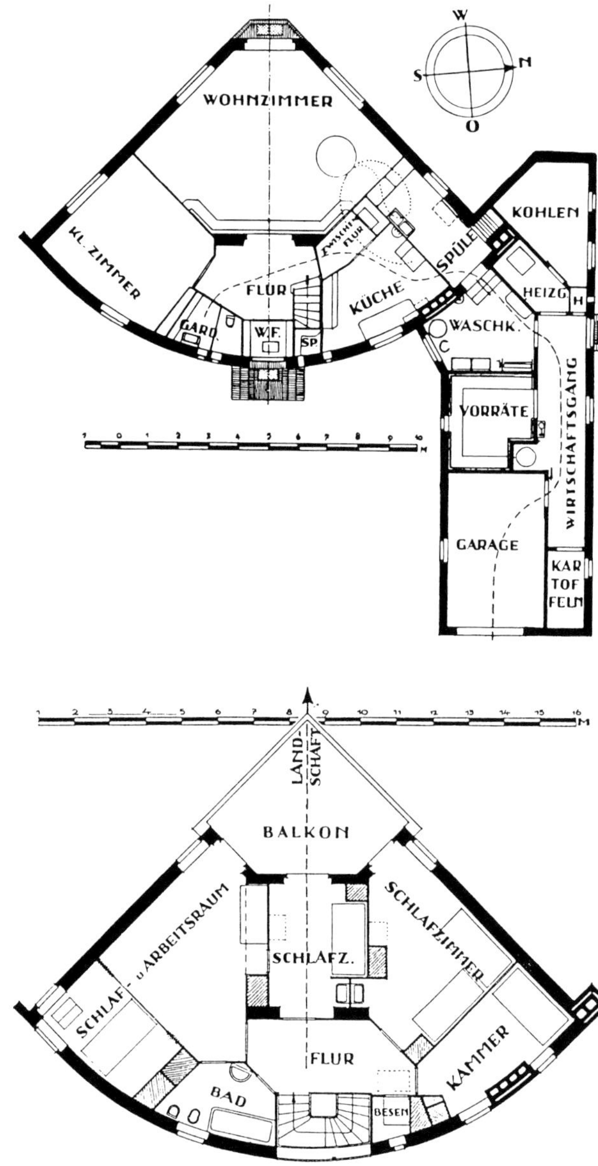

190 Haus Taut, Dahlewitz, Grundrisse Erdgeschoss und Obergeschoss

auf, das Obergeschoss vereinigt drei Schlafzimmer, die sich in verglasten Flügeltüren auf den im Bug des Kreissegments liegenden Balkon öffnen. »Im Anfang war der Grundriß«,[74] überschreibt Bruno Taut das vierte Kapitel seines Buches, doch eher scheint das Gegenteil der Fall zu sein. Nicht als Vorbereitung, sondern als Folge der im voraus festgelegten äußeren Form[75] zeigt sich der komplizierte Plan mit seiner Vielzahl unregelmäßiger Raumschnitte. Das einzige rechtwinklige Grundrisselement ist der als »Normenzimmer«[76] in Minimalabmessungen konzipierte mittlere Schlafraum. Raumökonomische Erwägungen sollen das Abweichen vom rechten Winkel plausibel machen. Das Ökonomieprinzip verlangt es darüber hinaus, jeden Anschein des Überflüssigen – so auch Vorhänge, Teppiche, Blumen – aus dem Haus zu verbannen.[77] Umgekehrt macht der Architekt Verborgenes sichtbar, wenn es zum Funktionieren des Hausorganismus beiträgt, beispielsweise die Heizungsrohre, die er über der Wandoberfläche verlegt. Taut versucht in seinem Hausentwurf, gegensätzliche Anliegen miteinander in

74 Ebd., S. 21.

75 Zur Viertelkreisform des Hauses überliefert Julius Posener den wenig respektvollen Kommentar Hans Poelzigs: »Bruno, wenn Du vier baust, hast Du'n Ganzes.« Posener 1990, S. 176.

76 Taut 1927, S. 83.

77 Ebd., S. 31 u. 105.

Einklang zu bringen. Einerseits bemüht er sich um eine Wohnarchitektur, die für jeden Menschen eine individuell angepasste Haut bereitstellt, andererseits gilt sein Streben einer brauchbaren Norm. Umgekehrt richtet sich seine Kritik gegen rationalistische Entwurfsschablonen und das Schlagwort der Wohnmaschine, zugleich aber auch gegen alles Ästhetische, das nicht »Folge des Praktischen« ist.[78]

Die Differenz der in den Häusern Taut und Mendelsohn artikulierten Standpunkte offenbart sich sehr deutlich in der Betrachtung der Publikationen. Die Architekten beschäftigen zwar denselben Photographen – Arthur Köster –, binden jedoch seine Aufnahmen in ganz verschiedene Buchkonzepte ein. In Tauts Veröffentlichung – klein im Format, vielteilig im Layout – besitzen Bilder, graphische Illustrationen und Text etwa gleiches Gewicht.[79] Der Architekt versteht sein Buch als didaktische Unternehmung und ist bestrebt, keinen Aspekt des Hausbaus unerklärt zu lassen. Ein Register soll das Auffinden der Themen erleichtern und den Band als Handbuch benutzbar machen. Die Demonstration der Farbgebung, die ihm besonders am Herzen liegt, unterstützt er durch eine im Anhang beigefügte Musterpalette mit nicht weniger als 25 Farbtönen. Mitglieder seiner Familie, die in zahlreichen Photographien auftreten, lassen die Darstellung des Hauses im Buch als persönliche Vorführung erscheinen. Im Unterschied zur geradezu pedantischen Präsentation Tauts verlässt sich Mendelsohn weitgehend auf die Aussagekraft der Bilder. Er zelebriert den Rundgang durch das Haus am Rupenhorn als visuelles Ereignis, das ihm zugleich Gelegenheit gibt, seinen erlesenen Geschmack unter Beweis zu stellen. Knappe Texte verwendet er lediglich zur Unterstützung des Bildsinns, stellt sie jedoch nicht in den Dienst einer didaktischen Absicht.

Bruno Taut reflektiert durch die Beschränkung auf Notwendiges, durch ein verkürztes Raumprogramm, insbesondere durch die programmatische Einfügung des ›Normenzimmers‹ im Entwurf des eigenen Hauses seine Tätigkeit im Massenwohnbau. Er scheut sich zwar, sein Haus als formales Vorbild hinzustellen,[80] empfiehlt jedoch die in dem Bau vorgeführte Haltung und Methode als Modell für eine breite Nachahmung.[81] Das Interesse am Wohnen großer Bevölkerungsschichten, das für Tauts Vorgehen die Richtschnur bildet, hat für den Entwurf Mendelsohns keine Bedeutung. Dessen Hausbau verfolgt ein ideelles Ziel jenseits sozialer Überlegungen. Die Forderung nach entwerferischer Ökonomie, für Taut eine Frage der Ethik, ist bei Mendelsohn ein ästhetisches Prinzip.

Diametral entgegengesetzte Wege beschreiten Taut und Mendelsohn in der Art, wie sie Funktion und Kunst aufeinander beziehen. Während der eine aus dem Herausstellen funktionaler Elemente ästhetischen Gewinn zu ziehen versucht, lässt der andere alle technischen Formen unter einer glatten Oberfläche verschwinden. Für Taut ist die architektonische Schönheit unmittelbares Ergebnis der Zweckerfüllung, Mendelsohn möchte das Schöne und das bloß Funktionale möglichst weit auseinander ziehen. Erklärt ersterer das Ideal des Gesamtkunstwerks für überwunden,[82] so bemüht sich letzterer, eben dieses Ideal mit neuem Leben zu erfüllen.

Allerdings setzt sich Taut über die Logik seiner funktionalistischen Argumentation in mehr als einer Hinsicht hinweg. Mit der differenzierten Farbgebung der Wände, Decken und Fußböden führt er ein zweckfreies Gestaltungsmittel in den Zweckorganismus seines Hauses ein. Durch den großzügigen Einsatz der Farbe kompensiert er die Kunstlosigkeit des Interieurs. Tritt im Inneren der farbliche Schmuck nachträglich zum funktionalen Plan hinzu, so ging am Außenbau die Formentscheidung dem Zweckkonzept voraus. Der Baukörper zeigt sich auf seiner Vorderseite in kreisförmiger Perfektion, nach hinten in kristalliner Brechung. Mit Kreis und Kristall greift Taut Motive auf, die er bereits in seinen frühen Ausstellungsbauten, sodann in den Entwürfen der expressionistischen Phase häufig verwendete.[83] Auch der

78 Ebd., S. 32.

79 Die Gestaltung des Buches besorgte der Graphiker Johannes Molzahn. Jaeger, Roland 1995, S. 135 ff.

80 Allerdings zeigt er auf einer Planzeichnung zwei weitere viertelkreisförmige Häuser neben seinem eigenen Haus, betont also dessen Reproduzierbarkeit. Taut 1927, S. 18.

81 Ebd., S. 9.

82 Ebd., S. 34.

83 Das Kreis-Motiv erscheint etwa in den Plänen für eine ›Stadtkrone‹ (1916), ein Einzelhaus (1921) und eine Siedlung für die Mitteldeutsche Ausstellung Magdeburg (1922). Bollerey/Hartmann 1980, S. 23 ff. – Den Entwurf ›Wohnhaus für K.‹ (1925) entwickelte Taut aus einem Halbkreis. Jaeger, Roland 1995, S. 122 f. – Zum Motiv des Kristalls bei Taut, am prägnantesten formuliert im Projekt für die Folkwangschule in Hagen (1920): Pehnt 1973, S. 37–41 u. 75–78. – Prange 1991, S. 51–256.

Gedanke der ›Glasarchitektur‹, den der Architekt in den Prismen der Fassade und der Balkonüberdachung anklingen lässt, verweist zurück auf einen expressionistischen Topos. Mit Hilfe eines Scheerbart-Zitats – »Das Glas bringt uns die neue Zeit«[84] – deutet er den utopischen Horizont an, auf den sich die Metaphorik des Glases bezieht. Form und Material besitzen in Tauts Hausbau Symbolkraft, sind Träger einer Utopie. Nicht nur durch einen generellen Verweis auf Zukünftiges, sondern durch seine spezifische Symbolik ist der Bau dem Utopismus der revolutionären Nachkriegsarchitektur verpflichtet. Auf ganz andere Weise kommt im Haus Mendelsohn eine Verbundenheit mit der expressionistischen Periode zum Ausdruck. Hier sind es der proklamierte Kunst-Charakter des Bauens, die restituierte Einheit der Künste und das durch sie vermittelte Bild des inspirierten Bauschaffenden, in denen expressionistische Impulse fortleben.

Hans Poelzig: die Sachlichkeit des Baukünstlers

Anders als für Erich Mendelsohn, Bruno Taut und die Brüder Luckhardt, die alle in den Jahren kurz vor oder unmittelbar nach dem Ersten Weltkrieg ihre Laufbahnen begannen, besaß für den seit der Jahrhundertwende aktiven Hans Poelzig das expressionistische Intermezzo den Charakter einer Durchgangsphase.[85] In seinem Haus in der Tannenbergallee im Charlottenburger Westend finden Erinnerungen an diese Periode keinen Niederschlag.[86] Poelzig als einer jener Architekten, die auch angesichts des vom Neuen Bauen vertretenen Zweckprinzips am eigenen Recht der architektonischen Form festhielten, errichtet für sich selbst 1929 einen seiner sachlichsten Bauten. ›Sachlichkeit‹ meint hierbei nicht einfach eine schlichte Formgebung, sondern das grundsätzliche Zurückstellen formaler Erwägungen. Ein geringes Interesse Poelzigs an der ›Form‹ des eigenen Hauses zeigt sich zunächst darin, dass er den Entwurf seiner Frau Marlene überließ und sich selbst nur das Mitspracherecht des Bauherrn vorbehielt. Marlene Poelzig, welche Schülerin ihres Mannes gewesen war und mit diesem auch bei anderen Hausprojekten zusammengearbeitet hatte, dürfte gleichwohl den Rahmen seiner Architekturvorstellungen nicht verlassen haben. In der Grundkonzeption ist der quer zu einem schmalen Geländestreifen gelagerte, flach gedeckte Riegel mit Wohnräumen im Erdgeschoss und Schlafräumen im Obergeschoss dem Haus Mendelsohn verwandt. Zahlreiche Nutzungserfordernisse – die Unterbringung zweier Ateliers und einer Chauffeurswohnung, das zum Garten hin vorgeschobene Kinderspielzimmer, Sonnenbalkons vor den Schlafzimmern – führten jedoch hier dazu, dass der Baukörper an vielen Stellen aus der Grundform ausbricht. Von Mendelsohns Wohnhaus unterscheidet sich Poelzigs Domizil durch sein weit auskragendes Dach und die frei über die Fassaden verteilten, individuell geformten Fenster. Zur formalen Unbekümmertheit der Entwerferin passt es, wenn Reste bürgerlichen Repräsentierens in die versachlichte Gestaltung des Hauses einbezogen sind, so der dreifach in Travertin umrahmte Haupteingang oder der marmorverkleidete Kamin und die Holzvertäfelung im Wohnzimmer. Der Hausherr Poelzig behält Wohnkonventionen bei, sofern sie primären reformerischen Anliegen, etwa dem unbehelligten Spiel der Kinder oder der Öffnung des Hauses zum Garten und zur Sonne, nicht im Wege stehen.

Seinen Entwürfen für Einzelhäuser in der Stuttgarter Weißenhofsiedlung (1927), in der Berliner Siedlung ›Am Fischtal‹ (1927–28) sowie in Kliedbruch (1929) legte Poelzig unterschiedliche Hausformen zugrunde.[87] Im ersten Fall näherte er sich äußerlich dem Idiom des Neuen Bauens an, in den beiden anderen Fällen wählte er ein traditionelleres Erscheinungsbild. Die jeweilige Form der Häuser erscheint einerseits austauschbar, behauptet jedoch

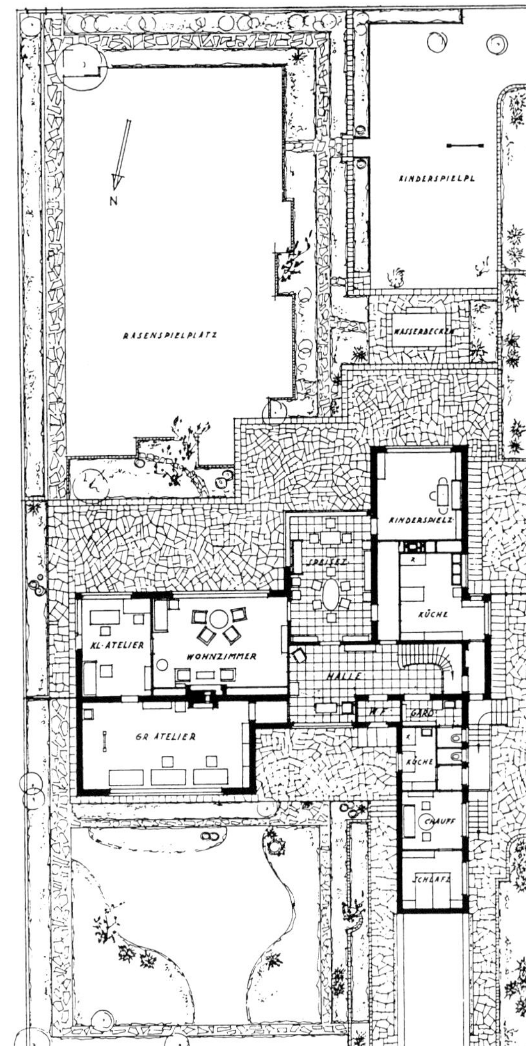

191 Marlene Poelzig, Haus Poelzig, Berlin-Charlottenburg, 1929, Grundriss Erdgeschoss

84 Taut 1927, S. 71. – Von dem Dichter Paul Scheerbart (1863–1915) ließ sich Taut für die Idee einer ›Glaskultur‹ begeistern, die eine moralische Erneuerung hervorbringen sollte. Vgl. hierzu: Pehnt 1973, S. 74. – Schirren 1993.

85 Über Poelzig: Posener 1970. – Schirren 1989. – Posener 1992.

86 Zeitgenössische Veröffentlichungen des Hauses Poelzig: Die Baugilde, Jg. 12, 1930, S. 1323–1335. – Bauwelt, Jg. 21, 1930, S. 1065–1072. – Wasmuths Monatshefte für Baukunst und Städtebau, Jg. 14, 1930, S. 461–466.

87 Posener 1986. – Posener 1992, S. 238–242.

192 Haus Poelzig, Berlin-Charlottenburg, Ansicht, Straßenseite

193 Haus Poelzig, Berlin-Charlottenburg, Ansicht, Gartenseite

andererseits ihre Unabhängigkeit von Plan oder Programm. Die eigengesetzliche Behandlung der Form bestimmt auch den Umgang des Architekten mit anderen Bauaufgaben, erkennbar etwa in der monumentalen Symmetrie seines Verwaltungsgebäudes für die I. G. Farben in Frankfurt (1928–31).[88] Dagegen tritt in Poelzigs eigenem Haus die Bedeutung der Form als vom Zweckkonzept losgelöster Kategorie deutlich zurück. Umgekehrt verdichtet sich die in dem Bau verwirklichte Sachlichkeit nicht zu einer programmatischen Aussage. Der Architekt will weder ein neues Modell anbieten noch einen utopischen Ausblick eröffnen. Noch weniger bemüht er sich um einen Ausdruck seines Selbstverständnisses als Künstler. Poelzig, der

88 Vgl. hierzu: Bartetzko 1989, S. 25–31.

den Anteil des Künstlerischen an der architektonischen Leistung ähnlich hoch bewertet wie Mendelsohn, verzichtet im eigenen Wohnen auf jede Darstellung seines Künstlertums. Jener dagegen konzentriert in seinem Wohnhaus den Anspruch, als Künstler eine ›neue Welt‹ zu gestalten. Poelzig errichtet sein Domizil an der Peripherie seiner architektonischen Arbeit, Mendelsohn stilisiert das eigene Haus zum gesamtkünstlerischen Zentrum seines Werks.

»Ein kostspieliges Haus«[89]

In Größe und Raumumfang ähneln sich die Häuser Poelzig und Mendelsohn. Unterschiede ergeben sich lediglich aus der Zahl der Kinderzimmer und durch die zwei dem Haus Poelzig integrierten Ateliers. Die gleiche Bedienstetenzahl liegt den Entwürfen zugrunde.[90] Beide Häuser dienen einem großbürgerlichen, wenngleich gegenüber gründerzeitlichen Ansprüchen reduzierten Lebensstil. Allerdings bringt das Haus Mendelsohn die Wohlhabenheit des Bewohners klarer zur Anschauung. Hierfür spielen das große Grundstück und die beherrschende Lage in der Landschaft eine wichtige Rolle. Doch tragen auch die Geschlossenheit und vornehme Strenge der Formen dazu bei, den Hausherrn als Besitzenden darzustellen. Die forcierte ästhetische Ökonomie lässt den Reichtum der materiellen Ausstattung um so deutlicher wahrnehmen. Vielleicht liegt hierin ein Grund dafür, dass nicht Poelzig, wohl aber Mendelsohn für den Luxus seines Hauses gerügt wurde.[91] Unter seinen Kritikern führte Werner Hegemann eine besonders spitze Feder.[92] Hegemann bezichtigte den Architekten eines »gefährlichen Wilhelminismus« und warf ihm vor, in einer Zeit wirtschaftlicher Knappheit teuren Aufwand zu treiben.[93] Nicht elitäre Einzelleistungen seien gefragt, sondern praktikable Haustypen zur Hebung des allgemeinen Wohn-Niveaus. Tatsächlich entzieht sich Mendelsohn mit seinem Hausbau der Forderung nach wiederholbaren Prototypen. Stattdessen formuliert er das Architektenhaus als kostspieligen Sonderfall.
Seiner Frau gegenüber gestand Mendelsohn Zweifel, ob der Luxus des gemeinsamen Hausbaus zeitgemäß sei.[94] Gegen Kritik von außen ließ sich der Architekt von seinem Apologeten Ozenfant in Schutz nehmen.[95] Dieser rechtfertigt den aufwendigen Bau mit den »Bedürfnissen des Geistes«, die ein »Dekor von hohem Niveau« verlangen. Er setzt also den materiellen Aufwand in Relation zur ideellen Zielsetzung des Hausbaus. Zugleich polemisiert er gegen das »Programm des Existenzminimums« und den herrschenden »Architekturmaterialismus«, welcher Häuser von der »skeletthaften Magerkeit einer unterernährten Katze« hervorbringe. In der Argumentation Ozenfants wird der Komfort des Hauses Mendelsohn zum Garanten einer anti-funktionalistischen Bekenntnishaltung.

Am Rand des Hauptstroms

Hans Poelzig dokumentierte durch seine Teilnahme an der Stuttgarter Werkbund-Ausstellung und am Bau der Berliner ›Fischtal‹-Siedlung die gleichzeitige Verbundenheit mit den Vertretern des Neuen Bauens wie mit dem Lager der Traditionalisten. Im Bau seines Hauses ergreift er für keine der beiden Gruppierungen Partei. Dagegen gibt sich Mendelsohn am Rupenhorn eindeutig als Exponent der progressiven Richtung zu erkennen. Gleichwohl nahm der Architekt innerhalb des fortschrittlichen Lagers eine Randposition ein. Auf der Stuttgarter Ausstellung, wo sich die progressive Architektenschaft sichtbar zur Gruppe formierte, war er nicht vertreten.[96] Die Distanz zum Hauptstrom der modernen Bewegung unterstreicht Mendelsohn in seinem Hausbau durch den Verzicht, zur Suche nach Modellen beizutragen, durch die

89 Ozenfant 1932.

90 Poelzig integriert die Mädchenzimmer in den Wohnbereich der Familie, Mendelsohn verbannt sie ins Souterrain.

91 So viel geht aus Ozenfants Einleitungstext hervor.

92 Hegemann 1932. Der Autor, der bislang Mendelsohns Arbeit mit Wohlwollen begleitet hatte, fühlte sich offenbar durch dessen Buch ›Neues Haus – neue Welt‹ zu schärferer Kritik herausgefordert. – Zur Polemik Hegemanns: Heinze-Greenberg 1998, S. 212 f.

93 Hegemann 1932, S. 227.

94 So in einem Brief vom 16. Dezember 1928. Beyer 1961, S. 84 f. – Vgl. hierzu auch: Heinze-Greenberg 1998, S. 203.

95 Ozenfant 1932.

96 Mendelsohns Name erscheint zwar auf den frühen Vorschlagslisten des Werkbunds, seiner Beteiligung wurden jedoch von Seiten des Stuttgarter Gemeinderats Hindernisse in den Weg gelegt. Dennoch zur Teilnahme aufgefordert, lehnte er schließlich unter Hinweis auf Intrigen innerhalb der Berliner ›Ring‹-Gruppe ab. Allerdings waren auch Architekten wie die Brüder Luckhardt, deren Arbeit sich dichter am Konsens des Neuen Bauens bewegte, nicht an der Ausstellung beteiligt. Vgl. hierzu: Tegethoff 1987, S. 213 f.

194 Windmühle in Jerusalem-Rehavia, bewohnt von Erich Mendelsohn 1935–41

Absage an den Funktionalismus und durch das Beharren auf der Exklusivität seiner Künstlerrolle. Gegenüber der Tendenz zum Zusammenschluss macht er seine Unabhängigkeit als Künstler geltend. Angesichts einer vorherrschenden zweckrationalistischen Strömung entwirft er die künstlerische Vision einer ›neuen Welt‹. Als parzielle Vorwegnahme dieser Vision, nicht jedoch als konkretes Modell einer architektonischen Reform baut er sein Haus. Die baukünstlerische Form umschließt den Verweis auf eine Zukunft, die Mendelsohn aus dem Chaos der Gegenwart entstehen sieht. Seine Deutung der Jetztzeit als revolutionärer Umbruchphase und Vorstufe einer kommenden Welt behielt der Architekt zwischen 1919 und 1932 im Wesentlichen bei.[97] In seinem Vertrauen auf die Zukunftsmacht der Form bleibt er einem expressionistischen Credo verpflichtet.

Epilog: ein Elfenbeinturm

Mit dem Entschluss zur Emigration gab Erich Mendelsohn im März 1933, nur knapp drei Jahre nach dem Einzug in das Haus am Rupenhorn, den Luxus seiner selbst geschaffenen Wohnwelt auf. Noch einmal, in Palästina, sollte der Architekt ein ihm kongeniales Domizil finden. Im Jerusalemer Vorort Rehavia bewohnte er 1935–41 eine alte Windmühle.[98] Der achteckige, konische Baukörper aus teilweise bossiertem Bruchsteinmauerwerk erhebt sich auf einem quadratischen Unterbau, der Mendelsohns Büro aufnahm. Zwei überkuppelte Vorbauten flankieren den über eine Außentreppe erreichbaren Eingang des Gebäudes, dessen drei Geschosse Wohnraum, Schlafraum und Mendelsohns Studio beherbergten. Die Mühle gab den Mendelsohns das Gefühl, im Einsteinturm zu leben. In dem Potsdamer Observatoriumsbau hatte Mendelsohn das Thema des ›Turms‹ zum Anlass für eine zeichenhafte Demonstration neuer baukünstlerischer Möglichkeiten genommen. Nun wählt er ein turmartiges Gebäude als ›Elfenbeinturm‹[99] für sich selbst. Die Konnotationen eines bergenden Rückzugsorts verstärkt er durch die Nutzung der obersten Ebene als persönliches Studierzimmer. An einem isolierten, der Alltagswelt enthobenen Platz empfängt der Baukünstler seine Eingebungen. Im Büro des Sockelgeschosses werden sie von seinen Mitarbeitern in realisierbare Pläne umgesetzt. Deutlicher noch als sein Berliner Wohnhaus vermittelt Mendelsohns Jerusalemer Mühle den Anspruch des Architekten auf eine Sonderstellung. Die Isolation im Turm reflektiert sein Selbstverständnis als berufener Lehrer in einem Land, von dem er meinte, dass es noch keine qualitätvolle moderne Architektur besitze.[100]

Seine Distanzierung von der jungen Architektenschaft Israels unterstrich Mendelsohn durch die Wahl der als ›arabisch‹ deklarierten Mühle.[101] In der Tradition der arabischen Bevölkerung Palästinas sah er die Kontinuität einer ortsgebundenen Kultur gewährleistet. An diese Kultur des Ortes versuchte er in seiner architektonischen Arbeit anzuknüpfen. In dem Bewusstsein, seine bisherige Baupraxis nicht bruchlos fortsetzen zu können, verzichtete er auf die Merkmale einer internationalen Betonarchitektur, auf Fensterbänder und glatt verputzte Oberflächen. Stattdessen verwendete er in den für Jerusalem entworfenen Bauten die steinerne Haut und sogar die flachen Kuppeln seiner Mühle.[102] Sein Wohnsitz war Ausgangspunkt für eine architektonische Neuorientierung.

97 Vgl. etwa: Mendelsohn, Erich 1919, S. 8. – Ders. 1932b, S. 34 ff.

98 Über die Windmühle: Mendelsohn, Louise o. J., S. 130–134. – Heinze-Mühleib 1986, S. 63. – Posener 1990, S. 234–237.

99 Vgl. hierzu: Grasskamp 1982.

100 Posener 1990, S. 239 f.

101 Diese Deutung setzt nicht unbedingt voraus, dass der Bau tatsächlich durch arabische Einheimische errichtet wurde. Louise Mendelsohn spricht in ihren Erinnerungen von einer »alten arabischen« Mühle. Vielleicht ist aber Julius Posener, der den Bau als ein Werk schwäbischer Einwanderer aus den sechziger Jahren des 19. Jahrhunderts bezeichnet, das präzisere Gedächtnis zuzutrauen.

102 Bei seinem Paradigmenwechsel kam ihm eine Auflage der Mandatsverwaltung entgegen, die für Neubauten in Jerusalem eine Steinverkleidung vorschrieb. Kuppeln verwendete Mendelsohn beim Bau des Hadassah-Krankenhauses auf dem Mount Scopus (1934–41). Vgl. hierzu: Heinze-Mühleib 1986, S. 139 f.

Anhang

Amédée Ozenfant

Für Erich Mendelsohn

Der berühmte Prähistoriker Piette schrieb über die Werkzeuge, die unsere Ahnen, die Höhlenbewohner, für sich anfertigten: »Die Sorge um das Notwendige, Zweckmässige hat sie nicht verhindert, sich auch künstlerisch zu äussern.« Also, seit ewigen Zeiten fühlte der Mensch in sich, dass das unmittelbar Zweckmässige nicht alles ist. Diese Wesen waren der Urnatur noch sehr nahe und handelten gerade deshalb vielleicht richtiger. Richtiger jedenfalls als diejenigen unserer zeitgenössischen Architekten, die da glauben, dass das Schöne automatisch das Produkt der Zweckfunktion ist. Dieser Glaube ist zumindest eine furchtbare Uebertreibung der einfachen Wahrheit, dass ein richtig angewendetes Werkzeug oder eine gut funktionierende Maschine mehr Beifall verdient als eine hässliche Architektur. Mögen augenblicklich die »Funktionalisten« triumphieren. Aber gebt acht und seid bescheiden: Eine schöne Architektur schlägt alle Maschinen knockout, und nicht nur für zehn Sekunden sondern für die Ewigkeit. Die Architektur eines Wohnhauses hat einfach zu sein – aber um uns glücklich zu machen, muss sie schön sein.

Während die Arbeit des Ingenieurs lediglich rationell ist und dem Zweck unmittelbar zu entsprechen hat, ist die freie Architektur unbewusst und ganz ohne Absicht. Ihr Nutzen ist der gleiche wie der Nutzen eines Gedichtes – ihre Freiheit kann, wenn die Kunst es verlangt, selbst bis zum Absurden ausgedehnt werden.

Am Rupenhorn zeigt das gestellte Problem keines dieser Extreme: hier ist ein sehr schönes, ausserordentlich behagliches Haus durch Kunst geadelt.

Aber zunächst etwas über die Funktionen, deren einziges Ziel es ist, uns Bequemlichkeiten zu schaffen. Glücklicherweise ist das »Zweckvolle« und das unentbehrliche »Zwecklose« – diese Forderung des beschwingten Geistes – nicht unvereinbar. Denn die Proportion zwingt sie zusammen. Dass ein Haus strahlen kann, ist am Rupenhorn bewiesen.

Das Zweckmässige muss immer Richtschnur sein. Kritischer Verstand kann dem Schaffenden beim Nachdenken, Auswählen, Handeln, Vollenden helfen. Aber die Nutzanwendung des technischen Verstandes, der uns all diese Bequemlichkeiten verschafft, kann nur die rohe Grundlage geben. Allein die künstlerische Intuition ist imstande, schöne, beglückende Proportionen zu erfinden und damit aus der letzten Zweckmässigkeit die unmittelbare Gebrauchsfähigkeit abzuleiten. Denn der Funktionalismus, also die befriedigende Lösung eines praktischen Bedürfnisses, hat keineswegs die ersehnte Schönheit zur Folge, allenfalls nur zufällig und sehr selten. Ich finde darin einen Beweis und eine beruhigende Erklärung für die Künstler: Der Funktionalismus anerkennt Abmessungen als ausgezeichnet, gegen die das Proportionsgefühl sich auflehnt; noch viel weniger widerspricht der Funktionalismus Formen und Farben, die einfach unmöglich sind. (Man fabriziert violette Schreibmaschinen und Photoapparate, aber die Unmöglichkeit des Violett in dieser Anwendung nimmt der Maschine nichts von ihrer Funktionsfähigkeit.) Der Funktionalismus wendet sich an die Physis, die Proportion an den Geist.

Damit will ich sagen, dass der Erfinder eines Gegenstandes oder einer Maschine dann Genie hat, wenn er die Grundgesetze besonders gut verwertet, d. h. wenn er ihnen aufs Wort gehorcht; denn dann handelt er als selbsttätiges Relais der Naturkräfte. Die Folge dieses Gehorsams: Es funktioniert! Man muss also erwarten, dahin zu kommen, dass die Natur durch ihren Mittler Formen schafft, die den Formen der Natur analog sind – natürlich in bescheidenen menschlichen Abmessungen. Und in der Tat, wir kennen Formen der künstlichen Mechanik, die sich sehr stark den Naturformen nähern, die ihrerseits an architektonische Formen erinnern. Denn beide gleichen geradezu den Formen der Geometrie. Aber dürfen diese Zusammenhänge der natürlichen und künstlichen Formzeugung mit der Formlehre der Kunst uns zu dem Gedanken verleiten, dass der Künstler ein überflüssiges Wesen ist? Sicher, wenn die Natur und der Ingenieur unser Kunstverlangen wirklich befriedigen können. Das wäre der theoretische Triumph des Funktionalismus!

Aber rechnen wir mal zuerst mit der Maschine ab: Bei aller Erfahrung reicht keine an ein Meisterwerk der Architektur heran: Die Maschine hat keine Akropolis; Mechanik und Kunst sind zwei Gebiete, deren Grundbedingungen – ihrem Ziel entsprechend – verschieden sind. Die Mechanik hat die Gebrauchsfähigkeit zum Ziel nicht aber den ästhetischen Genuss, das Gefühlserlebnis, die geistige Beglückung, die das Wesen der Kunst ausmachen. Zwar sind am ehesten verfeinerte Menschen imstande, den Funktionalismus auf diese ästhetische Beglückung hin zu beurteilen. Wenn wir folglich die ganze Skala der menschlichen Wesen betrachten, so werden wir klar erkennen, inwieweit das funktionalistische Ideal, d. h. die Natur – frei in ihrer Tätigkeit, Organe und Organismen zu schaffen – unser Bedürfnis nach Schönheit, dieses Geschenk der Natur, befriedigen kann. Ein Beispiel: Ich versuchte es gestern im Naturgeschichtlichen Museum vor den kilometerlangen Vitrinen. Ich habe nur sehr wenig Schönes gesehen aber sehr viel Indifferentes und zuviel Widerliches oder Hässliches. Die Schnecken haben mich vielleicht am meisten gefesselt; es gibt ganz wunderbare unter ihnen. Aber ich frage: Ist die schönste Schnecke schöner als eine jonische Volute? Sicher viel weniger schön als die Voluten des Erechtheion. Die Schönheit der Natur scheint nur in Teilen, in Anfängen, in Fragmenten zu bestehen – ausgenommen wir selbst, wir Menschen, Mann und Frau. – Die Natur ist das Chaos der Variationen. Sie schafft keinen Typ. Daher gibt es nicht d i e Muschel – aber es gibt d a s Parthenon.

Nehmen wir als Aeusserstes an, der Ingenieur könnte wirklich – wenn auch ausnahmsweise – Werke schaffen, deren Harmonie uns in Erstaunen versetzt. Aber die Harmonie ist nur e i n Mittel der Kunst – nicht das einzige. Die Harmonie allein genügt nicht, sie ist nicht das Ziel der Kunst.

Das intensive Gefühl des Schönen hängt von ganz anderen Bedingungen ab. Die pseudoästhetischen Erfolge der Natur und des Ingenieurs sind selten und das ist sehr verständlich. Denn die Natur weiss nichts von Kunst und der Ingenieur, als direkter Mittler der Natur, hat sich nicht mit Kunst zu beschäftigen; Gott sei Dank – denn wenn er sich zu seinem Unglück an sie erinnert, so hört er auf, Ingenieur zu sein, um ein unzulänglicher Künstler zu werden, der in der Materie stecken geblieben ist. Es kommt vor, dass die Hacke eines Erdarbeiters einen Stein in der Form einer Statue herausschlägt oder sogar eine Statue – aber wenn man eine wirklich schöne Statue haben will, so ist es klüger, sich an einen Bildhauer zu wenden. Es kommt vor, dass der Ingenieur etwas schafft, was schön ist wie eine Statue aber – verlassen Sie sich lieber auf den Bildhauer. Fabrikant der absichtsvollen Schönheit, das ist der Künstler.

Die Funktion ist die Mutter des Zweckmässigen.

Die ästhetische Absicht ist der Ursprung der Kunst.

Bach w o l l t e Kunst schaffen. Bach entwickelt sich nicht im Bereich der Naturlaute sondern der organisierten Klänge auf der Ebene des Gefühls, des Geistes und des Menschenherzens. –

Der Grund zu dieser Vorrede ist, dass ich schon mehrmals die Vorwürfe gehört habe, die man dem Architekten des Hauses am Rupenhorn macht: Das Haus sei nicht ganz funktionell, da es künstlerische Absichten habe – ja, Erich Mendelsohn sei geradezu schuldig, Künstler zu sein. Wirklich, das beweist dieses schöne Haus vor den Toren Berlins, auf den bewaldeten Höhen über den Seen, unendlich ausgebreitet bis zum Himmel, der ewig wechselt – im Grün, im Schnee zwischen den Kiefern.

Ich spreche nicht von diesem Hause, als hätte ich nur den Plan gesehen, ich kenne das Haus aus eigener Erfahrung. Ich habe in dem Hause gelebt und gearbeitet, ganz nach meinem Wunsch. Es war, als ob zehn mechanische Schutzengel mir mein Leben erleichterten. Dies ist wirklich das Haus des geringsten Kräfteverbrauches, eine gehorsame Maschinerie. Wo der technische Fortschritt die Mittel bereitstellte, hat der Architekt an den vollkommenen Automaten appelliert. So erspart er dem Bewohner unnötigen Energieverbrauch. Diesen kann er infolgedessen nach seinem Belieben verwenden, um auszuruhen, um den Gewinn an Ruhe zu kapitalisieren oder um seine Kräfte frei zu haben für fruchtbarere Dinge als die der Unbequemlichkeit.

Ich höre ein Teufelchen in meinem Ohr: Zu allen Zeiten hat eine gute Dienerschaft die Dienste geleistet, die eine kostspielige Mechanik heute an ihrer Stelle verrichtet. Diesem sophistischen Widerspruchsgeist werde ich antworten, dass die Könige von Spanien seltener werden.

Es ist das volle Recht des Menschen, sich ein Maximum an Komfort zu bereiten. Seine Aufgabe ist es ferner, Arbeiten höherer Art demjenigen zu übergeben, der fähig ist, sie zu erfüllen. Und von der Seite dieser Befreiung aus hat die Maschine eine moralische Auswirkung.

Es gibt in diesem Hause viele Motoren und Maschinen. Muss man aus ihnen ein Aushängeschild machen? Mendelsohn war klug genug, die inneren Organe dieses Hauses unter eine schöne Haut zu legen. Zwar sagt die Mode, es sei richtig, alle Organe offen zu zeigen. Aber ein Haus ist keine militärische Musterung, kein Beichtstuhl, kein Tribunal, kein Muskelmann, kein mechanisches Museum. Ein Haus, das seine technischen Spiele betont zeigt, erscheint bald wie ein Museum mechanischer Fossilien. Denn die neuesten Mechanismen machen schnell die älteren lächerlich. Es gibt in der Architektur vermeintliche Aufrichtigkeiten, die Ungeschicklichkeiten wenn nicht sogar Grobheiten sind. Die Nacktheit ist nur im Himmel der Venus vollkommen. Die Proportion veraltet nie. Sie ist ein ewiges Besitztum der Menschheit und der Vergleich von alter Kunst mit der heutigen und unseren eigensten Bedürfnissen fixiert nur ihre Unverrückbarkeit.

An der Tür des Hauses über den Seen verschwinden unsere Sorgen: Die Proportion beglückt uns, gibt uns die Weisheit der richtigen Masse.

Jede gut gespielte Musik lässt uns vergessen, dass es ein Metalldraht oder eine Darmsaite ist, die da klingt; in diesem Hause enthebt uns die musikalische Raumwirkung, allzusehr an die Substanz zu denken und an die Zweckbestimmung der Räume. Wenn der Raum nicht gerade zu seinem bestimmten Zweck benutzt wird (»Pst, ich bin das Speisezimmer!«), verrät er um so mehr seine musikalischen Beziehungen, sein Gesang trägt uns fort, wo das Materielle, wo die Niedergedrücktheit und Müdigkeit, wo die Banksorgen keine Rolle spielen, sondern die Heiterkeit, die Harmonie der Seele, die Güte des Herzens.

Was ich so sehr gern klar machen möchte und was ich so bewundere: Funktionalismus und Schönheit leben hier sozusagen in gegenseitiger Unabhängigkeit. Ganz im Gegensatz zu den ex-up to date-Theorien, die schnell altern. Ja ich weiss, man sagt das kleine »Palais« am Rupenhorn ist ein kostspieliges Haus. Gewiss. Aber ich werde antworten: Die Ausgabe ist gut angewandt, die erlaubt, nichts zu vernachlässigen. Die aufgewendeten Kosten haben die höchste Oekonomie erst ermöglicht. Häuser, die mit allzuwenig Geld gebaut werden, sind weit davon entfernt, das Gefühl einer wirklichen Leistung zu geben. Sie zeigen zu oft die arme skeletthafte Magerkeit einer unterernährten Katze, die moralische Tugenden haben kann, aber recht unerfreulich anzusehen ist. Ich darf das so hart sagen, weil ich einer der Apostel der Sachlichkeit war, der geistigen Oekonomie. Ich bin oft schlecht gelesen worden: Man hat statt Wirtschaftlichkeit – Dürftigkeit verstanden.

Ich lobe die Bewohner dieses Hauses, Bedürfnisse gehabt zu haben. Sie haben zu wagen verstanden und sich nicht auf den unmittelbaren Zweck begrenzt. Sie haben den wichtigen Bedürfnissen des Geistes genügt: Der grösste Raum dieses Hauses ist der Musik gewidmet, die Halle vereinigt die Malerei, durch die Bücher denkt die ganze Welt hierher, überall ist die Natur grosszügig eingeladen.

Dies ist ein Haus für einen Goethe von 1930.

In dieser Zeit des Architekturmaterialismus ist es revolutionär zu sagen, dass eine Familie nicht nur aus Menschen besteht, die schlafen, sich waschen und essen. Es sind menschliche, sind geistige Wesen! Sie brauchen als Umgebung – ich wage das Wort – ein Dekor von hohem Niveau. Gute Anregungen gehen von ihm aus, grosse Weiten, Schönheit. Ich wünsche jedem ein Haus in der Art wie dieses. Das wird diejenigen lächeln machen, die dieses kleine »Palais« sehen. Aber man erzählt uns immer von sozialen Systemen, die die Lebensbedingungen des einzelnen unendlich verbessern werden. Gleichzeitig tötet man uns mit dem Programm des Existenzminimums. Ich verstehe wohl, heute ist ein Anfang. Aber nach diesem Anfang? Wird es immer nötig sein, in Kaninchenkäfigen zu wohnen? Kaninchenkäfige, die die Kaninchen meines Grossvaters – unter dem König – abgelehnt hätten. Und das nennt Ihr Fortschritt? Alles vermindern auf ein Minimum? Ich glaube noch an die materielle Vervollkommnung. Daher glaube ich nicht an diese ständige Herabminderung.

Glücklich der Künstler, Schriftsteller, Wissenschaftler, Soziologe, der die Erneuerung will aber der Mode der Zeit nicht opfert – weder heute noch morgen. Der nicht vergisst, dass das Neue die ewigen und begründeten Bedürfnisse des Menschen nicht ausschliessen darf. Eines Tages werden sich alle Vernachlässigungen rächen und der Mann wird der grösste sein, der es verstanden hat, nichts zu vernachlässigen.

195 Oswald Mathias Ungers in der Bibliothek seines Hauses in der Belvederestraße 60 in Köln-Müngersdorf

Oswald Mathias Ungers, geboren 1926 in Kaisersesch, eröffnete nach dem Studium bei Egon Eiermann an der TU Karlsruhe 1950 sein eigenes Büro in Köln. In den fünfziger Jahren trat er mit einer beachtlichen Anzahl von Wohnbauten hervor. Mitte der sechziger Jahre unterbrach er seine Bautätigkeit, gab jedoch weiterhin wichtige Impulse durch seine Wettbewerbsprojekte sowie als Lehrer in Berlin (1963–68) und in Ithaca (New York) (1968–75). Seit seiner Rückkehr nach Deutschland beteiligt er sich erneut mit einem großen Auftragsvolumen am Baugeschehen. So entstanden in den achtziger Jahren u. a. das Deutsche Architekturmuseum in Frankfurt (1979–84), die Badische Landesbibliothek in Karlsruhe (1980–84) und das Hochhaus am Gleisdreieck in Frankfurt (1983–84), in den neunziger Jahren der Block 205 der Friedrichstadt-Passagen (1991–95) und die Erweiterung des Messegeländes Süd (1990–99), beide in Berlin. Neben solchen Großprojekten verwirklichte der Architekt sensible Platzgestaltungen am Konstantinsplatz in Trier (1981–83) und am Domplatz in Speyer (1988–90). Seine praktische Arbeit ergänzte Ungers durch zahlreiche theoretische Beiträge.

Selbstkritik der Moderne: **Oswald Mathias Ungers**

Im Gewand des ›Internationalen Stils‹ setzte sich nach 1945 die moderne Architektur weltweit durch. Die Position einer avantgardistischen Minderheit wurde nun zur herrschenden Norm. Die Vorherrschaft der Avantgarde führte zu einer Konventionalisierung jener Formen, die bislang als Embleme des Fortschritts empfunden worden waren. Damit verlor auch das im Architektenhaus formulierte Bekenntnis zur Moderne seine spektakuläre Wirkung. Was einmal engagierte Parteinahme gewesen war, reduzierte sich auf den obligaten Erweis einer zeitgemäßen Haltung.

Wenn es in den fünfziger Jahren einen ›internationalen Stil des Architektenhauses‹ gab, dann konkretisierte er sich im Modell des eingeschossigen, flach gedeckten, zumeist in Stahl konstruierten und großzügig verglasten Einfamilienhauses. Dieses Modell, das seine Ausstrahlung nicht zuletzt den kalifornischen ›Case Study Houses‹ verdankte, beeinflusste die Wohnvorstellungen in Nordeuropa genauso wie in Mittelamerika. Zu den deutschen Architekten, die sich im Bau ihres eigenen Hauses dem beschriebenen Paradigma annäherten, gehören etwa Wassili Luckhardt in Berlin (1957), Werner Wirsing in München (1957), Gottfried Böhm (1955) und Joachim Schürmann (1956–57) in Köln. Zurückhaltende Eleganz und der Verzicht auf eine zur Schau gestellte Modernität kennzeichnen ihre Häuser.

Oswald Mathias Ungers[1] markierte 1958–59 mit dem Bau seines Hauses in Köln-Müngersdorf in doppeltem Sinn den Beginn einer ›Revision der Moderne‹.[2] Zum einen bekundete er in dem Haus seine Distanz zum eben erst erreichten Konsens der Nachkriegsmoderne. Zum anderen trat er in Wettstreit mit den Architektenhäusern der historischen Avantgarde. Zwei solcher Bauten, Gerrit Thomas Rietvelds Haus Schröder und Otto Wagners zweite Villa, sollen dem Haus Ungers im Verlauf der folgenden Analyse gegenübergestellt werden. Durch einen programma-

196 Gottfried Böhm, Wohnhaus des Architekten, Köln-Weiss, 1955, Ansicht, Gartenseite

1 Veröffentlichungen des Architekten (Auswahl): Ungers 1977. – Ders. 1979. – Ders. 1981a. – Ders. 1981b. – Ders. 1983. – Monographien: Klotz 1985. – *Ungers* 1991. – Kieren 1994. – *Ungers* 1998.

2 So der Titel einer Ausstellung des Deutschen Architekturmuseums in Frankfurt, die 1984 die Entwicklung der ›Postmodernen Architektur‹ zurückverfolgte: Klotz 1984b. Darin über Ungers: S. 297–321. – Vgl. auch: Ders. 1984 a, S. 215–239.

197 Oswald Mathias Ungers, Wohnhaus des Architekten, Belvederestraße 60, Köln-Müngersdorf, 1958–59, Ansicht von Nordwesten, Einmündung der Quadrather Straße in die Belvederestraße

tischen Text, den Ungers 1960 gemeinsam mit Reinhard Gieselmann verfasste, verdeutlichte er den im Bau seines Domizils artikulierten Standpunkt. Hausbau und schriftliche Proklamation lassen sich als parallele Äußerungen lesen. Die mit dem Wohnhaus gegebene Positionsbestimmung korrigierte Ungers dreißig Jahre später, indem er einen Anbau für seine Privatbibliothek hinzufügte. Hatte er 1959 der aktuellen Architekturentwicklung innovative Impulse gegeben, so bemühte er sich 1990 um eine architektonische Aussage von überzeitlicher Gültigkeit. Beide Etappen des Gesamtbaus sind Gegenstand der hier unternommenen Betrachtung.

Das Wohnhaus: am Kopf der Zeile

Sehr deutlich distanziert Ungers seinen Hausbau vom ›internationalen Stil des Architektenhauses‹.[3] Er konstruiert nicht in Stahl und Glas, sondern in Backstein und Beton; er organisiert den Bau nicht ebenerdig, sondern in drei Geschossen; er gibt ihm keine planen Oberflächen, sondern ein skulptural artikuliertes Äußeres. Vor allem aber errichtet er sein

3 Klotz 1985, S. 15 u. 56–59. – *Ungers* 1991, S. 38–41. – Zeitgenössische Veröffentlichungen: Bauwelt, Jg. 51, 1960, H. 8, S. 206 u. 213–215. – Casabella, Nr. 244, Oktober 1960, S. 22 u. 30–33. – Architectural Design, November 1960, H. 11, S. 455–457. – Baukunst und Werkform, Jg. 14, H. 8, August 1961, S. 427–428. – Abitare, Nr. 21, November 1963, S. 38–43. – In zahlreichen Darstellungen der neueren Architekturgeschichte wird das Haus gewürdigt, so durch folgende Autoren: Sharp 1972, S. 230–231. – Pehnt 1983, S. 229. – Peters 1984, S. 597. – Vgl. außerdem: Dammann 1987, S. 12 ff.

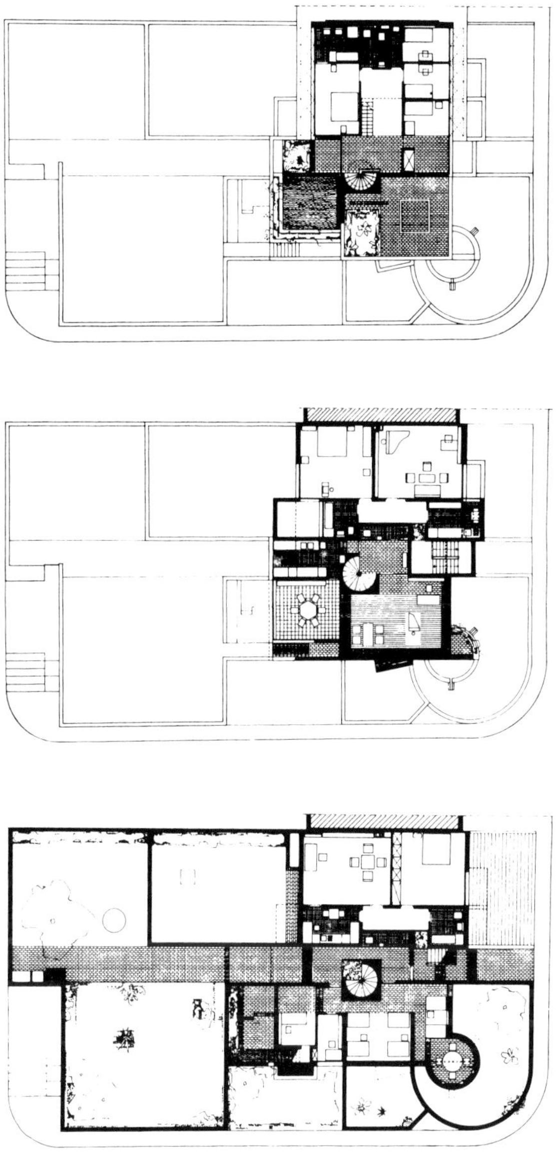

198 Haus Ungers, Belvederestraße 60, Köln-Müngersdorf, Grundrisse Erdgeschoss, erstes und zweites Obergeschoss

199 Haus Ungers, Belvederestraße 60, Köln-Müngersdorf, Ansicht von Norden

Haus nicht als isoliertes Einzelgebäude, sondern als Kopfbau einer straßenbegleitenden Zeile. Durch die Situation, in die er den Hausbau stellt, und durch die Art, wie er mit dieser Situation umgeht, demonstriert Ungers besonders wirksam seinen Abstand vom aktuellen Leitbild.

Der Ort des Hauses Ungers ist die Belvederestraße 60 in dem 1888 nach Köln eingemeindeten Müngersdorf.[4] Die geschlossene Bebauung des Straßenzugs begann bald nach der Eingemeindung und erreichte in den frühen dreißiger Jahren den Abschnitt an der Quadrather Straße, dem das Haus Ungers angehört. Heute fügen sich hier sechs zweigeschossige, durch Vorgärten von der Straße getrennte Häuser zu einer Zeile.[5] Die Häuser sind unterschiedlich breit und folgen auch sonst keinem einheitlichen Plan, bilden jedoch eine homogene Fassadenflucht unter durchlaufendem, teilweise ausgebautem Satteldach. Das Architektenhaus besetzt das Eckgrundstück an der Einmündung der Quadrather Straße.

Gleich den Nachbarhäusern wendet das Haus Ungers seinen Eingang der Belvederestraße zu. Dem Plan des Hausbaus liegt die Form eines Rechtecks zugrunde, dessen Hälften entlang der Eingangsachse geringfügig gegeneinander verschoben sind. Die Achse durchquert als breiter Korridor das Haus und setzt sich als Plattenweg in den Garten hinein fort. Im Inneren des Gebäudes trennt der axiale Durchgang die Büroräume des Architekten von einer dem Nachbarhaus zugewandten Einliegerwohnung. Eine Wendeltreppe, die zur Hälfte in den Korridor hineinragt, markiert das Zentrum des Grundrisses. Dessen Zweiteilung wiederholt sich im ersten Obergeschoss. Hier liegt links der Wohnbereich des Architekten und seiner Familie, rechts eine weitere unabhängige Wohneinheit. Erst im zweiten Stockwerk ist die Trennung aufgegeben. Ursprünglich war allein diese Ebene ganz der Familie Ungers vorbehalten. Später wurden die beiden Einliegerwohnungen dem Wohn- und Arbeitsbereich des Hausherrn angegliedert. Aus der Kombination dreier Wohneinheiten mit der Bürofunktion ergibt sich eine komplexe, jedoch durch die Mittelachse gestraffte Binnengliederung. Wie das Haus, so ist auch der ummauerte Garten in unterschiedlich große, rechteckige Raumabschnitte unterteilt.

Von der disziplinierten Komplexität des Inneren emanzipiert sich der vielgliedrige Außenbau. Das Gebäude präsentiert sich nicht als ›Haus‹, sondern als autonomes plastisches Gebilde. Dieses entfaltet sich, scheinbar losgelöst von der Logik des Grundrisses, im Wechselspiel der positiven und negativen Volumen. Frei aufragende Mauerzungen, Vor- und Rücksprünge, Balkone, Erker und Nischen lassen das Haus als abstrakte Skulptur wahrnehmen, deren Gestalt sich nur bei allseitiger Betrachtung erschließt. Die ausgreifende Plastizität des Baukörpers

4 Das durch die Nähe des Grüngürtels begünstigte Müngersdorf entwickelte sich seit den zwanziger Jahren zum Villen- und Künstlervorort. Häuser in dem Stadtteil besaßen etwa der Bildhauer Gerhard Marcks und der Schriftsteller Heinrich Böll, aber auch Ungers' Architektenkollegen Rudolf Schwarz und Wilhelm Riphahn. – Über Müngersdorf: *Köln* 1984, S. 232–241.

5 Als Ungers baute, standen erst drei der fünf Nachbarhäuser. Anhand der jeweils ersten Nennung der Hausnummern im Kölner Adressbuch lässt sich die diskontinuierliche Entstehung der Zeile folgendermaßen rekonstruieren: 52–54 (1933), 58 (1939), 60 (1960), 50 (1967), 56 (1969).

verschränkt sich mit dem Umraum und dehnt sich über die in wechselnder Höhe ummauerten Hof- und Gartenkompartimente auf das gesamte Grundstück aus.
Mit den biederen Häusern der Nachbarschaft hat das Haus Ungers auf den ersten Blick nichts gemein. Als stark gegliederter, zum Teil flach gedeckter Baukörper unterbricht es die spannungsarme Abfolge der Reihenhäuser. Bei genauerem Zusehen wird jedoch deutlich, dass Ungers nicht auf der Fremdartigkeit seines Entwurfs beharrt, sondern Elemente der Umgebung aufgreift. Schon durch die Wahl des Materials Backstein macht er sein Haus zum Bestandteil der vorgefundenen Häuserreihe. Zusätzlich verschleift er den Übergang zu der Zeile, indem er die eine Hälfte des Neubaus mit einem geneigten Dach versieht, das die Bedachung des Nebenhauses nahtlos fortsetzt. Mit der gerundeten Gartenmauer an der Grundstücksecke verwendet er zudem ein Motiv, das im Stadtteil Müngersdorf häufig anzutreffen ist. Bewusst akzeptiert Ungers die Bedingungen, welche die Situation ihm auferlegt.

Ein Manifest

Ein Jahr nach Vollendung des Hausbaus, 1960, schrieben O. M. Ungers und Reinhard Gieselmann ihren Aufruf ›Zu einer neuen Architektur‹, den sie ausdrücklich als Manifest verstanden wissen wollten.[6] Der enge zeitliche Zusammenhang legt es nahe, Haus und Text gemeinsam zu betrachten. Der Aufruf gehört zu den frühen Stellungnahmen gegen die Vorherrschaft eines funktionalistischen Architekturverständnisses.[7] Die Autoren formulieren kein kohärentes Programm, verwenden aber Begriffe, die der Diskussion über Architektur eine neue Richtung weisen. Im Zentrum des Texts stehen zwei grundlegende Forderungen. Die eine zielt auf eine Restitution der Architektur als künstlerische Disziplin, die andere auf eine Anbindung des Bauens an die ›Umwelt‹.
Der Ruf nach einer erneuerten Autonomie des Künstlerischen in der Architektur enthält eine radikale Absage an den vom Funktionalismus behaupteten Primat von Konstruktion und Zweck. An die Stelle eines technisch und funktional bestimmten Bauens soll wieder der Vorrang des Schöpferischen treten. Der somit von den Fesseln funktionalistischer Entwurfszwänge befreite Architekt geht jedoch eine neue Bindung ein. Er bekennt sich zur Verantwortung gegenüber der ›Umwelt‹. Diese beschreiben die Autoren des Manifests als eine vielschichtige Ganzheit, die im jeweiligen ›Ort‹ ihre Konkretisierung erfährt. Ungers und Gieselmann stellen die Architektur in das Spannungsfeld zwischen Künstler-Individuum und lokaler Realität. Der ›Ort‹, personalisiert im ›Genius loci‹, wird zum Gegenpol und Korrektiv des frei gestaltenden Einzelnen, das Bauen zur lebendigen Auseinandersetzung mit den vorgefundenen Bedingungen.
Weniger deutlich klingt ein weiterer Gedanke in dem Text an: die Wiedergewinnung des Historischen. Indem die Autoren die ›Tradition‹ in den Horizont der künstlerischen Arbeit einbeziehen, machen sie deren Geschichtlichkeit zum Thema. Indem sie den ›Ort‹ als einen vorgeprägten beschreiben, deuten sie an, dass er eine historische Tiefendimension besitzt. Zwar vermeiden sie es, von ›Geschichte‹ zu sprechen, doch sie rechnen mit der Realität des Historischen. Schon im folgenden Jahr wird Ungers die Aussage des Manifests präzisieren und die Arbeit des Künstlers ausdrücklich auf die ›Realität der Geschichte‹ orientieren.[8]

Kunstwerk-Charakter und Ortsbezug

Die beiden Hauptakzente des Manifests – Architektur als Kunst und das Eingehen auf den Ort – sind auch die bestimmenden Merkmale im Entwurf von Ungers' Wohnhaus. Durch die Plastizität des Außenbaus thematisiert der Hausherr den künstlerischen Anspruch der

6 Bis zur Veröffentlichung des Manifests dauerte es drei Jahre. Zwei Autoren zitierten bereits vorher aus dem Text: Conrads 1962, S. 173. – Altenstadt 1962, S. 70. – Der letztgenannte, in der Zeitschrift ›Der Monat‹ erschienene Artikel datiert das Manifest auf den 29. November 1960. Als Reaktion auf den Artikel schrieb Reinhard Gieselmann einen Leserbrief, in dem er um die Publikation des Texts im vollen Wortlaut bat. Zur Erstveröffentlichung kam es daher auf den Leserbriefseiten des ›Monats‹: Gieselmann/Ungers 1963. – Einem breiteren Fachpublikum wurde das Manifest erst ein Jahr später durch die von Ulrich Conrads herausgegebene Sammlung programmatischer Texte im ersten Band der ›Bauwelt Fundamente‹ bekannt: Conrads 1964, S. 158–159. – Das Manifest ist im Anschluss an dieses Kapitel wiedergegeben.

7 Weitere frühe, gegen die funktionalistische Doktrin gerichtete Manifeste: Johnson, Philip 1954. – Hundertwasser 1958. – Pichler/Hollein 1962.

8 »Alles künstlerische Schaffen liegt in der Auseinandersetzung zwischen Mensch und Umwelt, d. h. in der Auseinandersetzung mit der Realität begründet. Realität ist hier als ein Begriff im weitesten Sinne zu verstehen, der nicht nur die Realität des Ortes und des Gegenstandes, sondern auch die der Geschichte, die unser Bewußtsein mitprägt, einschließt.« Ungers 1961.

Architektur. Durch den sorgsam modulierten Übergang zum Nachbarhaus bezieht er den Neubau auf die örtliche Situation.

Eine kraftvolle stereometrische Außengestaltung kennzeichnet die Mehrzahl der von Ungers in der zweiten Hälfte der fünfziger Jahre realisierten Entwürfe. Der Architekt gruppiert Baukörper in rhythmischer Staffelung, zergliedert Fassaden in räumlich sich überlappende Schichten und schafft ein »Wechselspiel von Positiv- und Negativraum«.[9] In der Regel macht er jedoch plastische Elemente vom Grundriss her plausibel – wie beim Zweifamilienhaus Werthmannstraße[10] – oder bindet sie in eine serielle Gesamtstruktur ein – so im Fall der Mietshausfassaden.[11] Beim eigenen Wohnhaus belässt er dagegen dem Spiel der Flächen und Volumen weitestgehende Autonomie. Durch die Emanzipation von der inneren Struktur des Hauses unterstreicht er das eigene Recht des Künstlerischen. Die Forderung des Manifests nach Dynamik, Asymmetrie, Überraschung ist hier bereits erfüllt. Ungers' Haus will verblüffen und als Kunstwerk wahrgenommen werden. Die Strategie des Architekten zielt darauf, durch überraschende formale Lösungen den künstlerischen Anspruch seines Bauens vorzutragen.[12]

Auch den zweiten Grundgedanken des Manifests, die Einpassung in die örtliche Situation, erfüllt das Haus des Architekten anschaulicher als andere seiner Entwürfe. Die Arbeit im kriegszerstörten Köln brachte es mit sich, dass Ungers zahlreiche Projekte in Baulücken verwirklichte.[13] Nirgends jedoch übernahm er so ausdrücklich formale Eigenschaften der angrenzenden Bebauung in einen Neubau wie an der Belvederestraße. Zielstrebig nutzt er hier die Merkmale der Nachbarschaft – Materialwahl, Dachform, gerundete Grundstücksecke – zur formalen Differenzierung seines Entwurfs. Den Materialcharakter des Backsteins bringt er in den verzahnten Steinlagen der Mauerkanten zur Geltung. Durch gesimsartig verwendete Rollschichten artikuliert er den horizontalen Aufbau des Mauerwerks. Das Satteldach des Nachbarhauses macht er zum Gegenstand einer schrittweisen Verwandlung. Zunächst führt er es weiter, um es über der Eingangsachse seines Hauses abzuwalmen und dann in ein Flachdach übergehen zu lassen.[14] Auch die Rundung der Grundstücksecke verwendet er nicht als bloßes Zitat. Vielmehr setzt er sie über die Kreisform des Besprechungszimmers und über die Wendeltreppe, die das Haus vertikal erschließt, in das Gebäude hinein fort. Das ortstypische Merkmal wird so für die innere Struktur des Entwurfs relevant.

Abgrenzung und Zuwendung

In seiner Position am Kopf einer straßenparallelen Zeilenbebauung erinnert Ungers' Haus an einen Pionierbau der Moderne, das von Gerrit Thomas Rietveld 1923–25 in Utrecht errichtete Haus Schröder.[15] Aufgrund der Lageverwandtschaft, daneben auch wegen der von beiden Architekten geübten Methode, den Baukörper in Flächensegmente aufzulösen, hat bereits Reyner Banham die Häuser miteinander in Verbindung gebracht.[16] Gerade der Vergleich mit dem Haus Schröder, das sich seiner Umwelt gegenüber ablehnend verhält, macht jedoch das Neuartige im Vorgehen Ungers' deutlich. Rietveld nutzte die Brandmauer, an die er seinen Hausbau anlehnte, als kontrastierenden Hintergrund. Dass er sich dieser Funktion der Rückwand bewusst war, dokumentiert ein Entwurfsmodell, das die Mauer mit darstellt.[17] Vor der Kontrastfläche der Brandmauer verwirklichte er einen Entwurf, mit dem er der angrenzenden Häuserzeile in jeder Hinsicht widersprach. Er setzte Flachdach gegen Satteldach, Putzwand gegen Backsteinmauer, abstrakte Flächenkomposition gegen traditionell geschlossene Hausform. Um die Abwendung vom Nachbarbau zu vervollständigen, orientierte er den Eingang seines Hauses zur Stirnseite hin. Unternahm Rietveld mit seinem Neubau eine radikale

9 Unter diese Überschrift stellt Ungers ein Kapitel in: *Ungers* 1991, S. 25.

10 Köln-Lindenthal (1957–58). Klotz 1985, S. 54–55.

11 Vgl. etwa die Mehrfamilienhäuser Mauenheimer Straße in Köln-Nippes (1957–59). Ebd., S. 50–53.

12 Vgl. in diesem Zusammenhang: Pevsner 1961, S. 761. Pevsner möchte in dem Bau ein Wiederaufleben der Architektur des deutschen Expressionismus erblicken. Er konfrontiert das Haus mit Ludwig Mies van der Rohes Denkmal für Rosa Luxemburg und Karl Liebknecht (1926).

13 So die Kleiderfabrik Aachener Straße, Köln-Braunsfeld (1951), die Mehrfamilienwohnhäuser Garthestraße, Köln-Riehl (1956–58), das Mehrfamilienwohnhaus Aachener Straße, Köln-Braunsfeld (1958), und das Mehrfamilienwohn- und Geschäftshaus Hansaring (1959). Klotz 1985, S. 38, 42, 43 u. 60.

14 Dass die flache Dachform für ihn kein unerlässliches Attribut eines zeitgemäßen Bauens darstellt, zeigt Ungers auch in anderen Projekten, so in den Mehrfamilienhäusern Edenkobener Straße, Köln-Mauenheim (1955–57), im Mehrfamilienwohnhaus Brambachstraße, Köln-Dellbrück (1955–57), und im Studentenheim Goldenfelsstraße, Köln-Lindenthal (1956). Ebd., S. 40–41 u. 48–49.

15 Da Rietveld mit der Bauherrin, der Innenarchitektin Truus Schröder-Schräder, längerfristig zusammenarbeitete und zeitweise auch in ihrem Haus lebte, ist der Bau ›fast‹ ein Architektenhaus. – Über das Haus Schröder: Brown 1958, S. 35–74. – Küper/Zijl 1992, S. 97–101.

16 Banham 1966, S. 125 f. Zu Rietvelds Haus Schröder: S. 45.

17 Küper/Zijl 1992, S. 98.

200 Gerrit Thomas Rietveld, Haus Schröder, Utrecht, 1923–25, Ansicht

Infragestellung des Vorhandenen, so bestätigt Ungers in seinem Entwurf die Vorgaben der örtlichen Situation. Verweigerte jener strikt den Dialog mit der Umgebung, so bemüht sich dieser um Kontaktaufnahme mit der Nachbarschaft.

Eigene Zeit und Tradition

Sehr deutlich bekennen sich Ungers und Gieselmann in ihrem Manifest zur Bindung an den Ort. Weniger entschieden äußern sie sich zum Stellenwert der Tradition. Sie wollen eine »lebendige Entwicklung in Fluß [...] halten«,[18] betonen jedoch das Vorrecht der eigenen Zeit. Das Thema des Historischen wird nicht direkt beim Namen genannt, wohl aber indirekt – gewissermaßen im Begleitgepäck des ›Genius loci‹ – in die Diskussion eingeführt.

Auch an der Belvederestraße 60 schließt die Auseinandersetzung mit dem ›Genius loci‹ eine historische Komponente mit ein. Obwohl nur rund zwanzig Jahre älter als das Haus Ungers, vertreten die benachbarten Backstein-Reihenhäuser in ihrer herkömmlichen Gestalt die architektonische Tradition. Durch die Anfügung seines Hausbaus an eine vorhandene Bebauung bestimmt Ungers sein Verhältnis zur Vergangenheit. Dabei versucht er, zwischen neu und alt eine dynamische Beziehung herzustellen. Durch die partielle Anpassung seines Entwurfs an den älteren Baubestand verschafft er gleichsam dem Faktor Zeit Eingang in die Architektur des Hauses. Der Dialog mit dem Ort erweitert sich zum Dialog mit der Vergangenheit, der architektonische Eingriff stellt sich dar als Teil eines prozessualen Vorgangs.

Dieser ›Prozess‹ ist in zwei Richtungen lesbar: als unabhängig konzipierter Neuentwurf, der sich schrittweise in Abhängigkeit von den Bedingungen einer traditionell geprägten Nachbarschaft begibt, oder umgekehrt als traditionelle Bebauung, aus der allmählich eine neue Hausform herauswächst. In der ersten Lesart handelt es sich – mit den Worten des Manifests – um ein »vitales Eindringen in eine [...] gewachsene und geprägte Umwelt«.[19] Das Haus trifft als ursprünglich autonomes Gebilde auf eine historisch gewachsene Umgebung und bildet an den Nahtstellen überleitende Formen aus. Dabei behauptet es seine Eigenständigkeit, formuliert jedoch zugleich eine Antwort auf die vorgeprägte Situation.

18 Conrads 1964, S. 158.

19 Ebd., S. 159.

201 Haus Ungers, Belvederestraße 60, Köln-Müngersdorf, Ansicht von Nordwesten, Anschluss an das Nachbarhaus

In der zweiten Lesart wächst Ungers' Haus aus der traditionellen Zeilenbebauung hervor, sprengt ihre Schale, schüttelt das anfänglich fortgesetzte Satteldach ab und schiebt sich als flach gedeckter Bau in allen Richtungen auf die Grundstücksgrenzen zu. In ihrem programmatischen Text stellen Ungers und Gieselmann fest: »Schöpferische Kunst ist ohne geistige Auseinandersetzung mit der Tradition nicht denkbar. Sie muß die bestehende Form zertrümmern, um reinen Ausdruck ihrer eigenen Zeit zu finden.«[20] Ein solches ›Zertrümmern‹ scheint in dem Bau an der Belvederestraße stattzufinden. Der Entwurf nimmt seinen Ausgang von der traditionellen Hausform, befreit sich aber dann als neue Form aus den Zwängen der Tradition.

Vom Manifest aus betrachtet, wird im Haus Ungers zugleich mit dem Ortsbezug auch der Traditionsbezug thematisiert. Die Vergangenheit, vertreten durch die konventionelle Bebauung der Nachbarschaft, ist in dem Bau zugleich überwunden und anerkannt. Ohne seine gegenwärtige Identität zu verleugnen, präsentiert sich das Haus als Fortführung einer traditionellen Architektur.

Programmatische Konfrontation

Durch die bewusst herbeigeführte Begegnung von Vergangenheit und Gegenwart fordert Ungers' Hausbau zum Vergleich mit einem Architektenhaus aus der Frühzeit der Moderne heraus – mit der zweiten Villa Otto Wagners in ihrer spektakulären Nachbarschaft zur ersten Villa desselben Architekten.[21] Die Villa Wagner antwortet auf die ›freie Renaissance‹ des älteren Villenbaus, das Haus Ungers auf die traditionelle Prägung der benachbarten Häuserzeile. Beide Hausbauten beziehen ihre programmatische Wirkung aus der Konfrontation von Neu und Alt. Was jedoch bei Wagner eine distanzierende Gegenüberstellung war, wird bei Ungers zum direkten Zusammenprall. Wagner trug im Bau der zweiten Villa seinen professionellen Standpunkt mit der Geste kompromissloser Neuartigkeit vor. Ungers dagegen gibt mit seinem Hausbau gerade dadurch einen innovativen Impuls, dass er auf die Kompromisslosigkeit der Avantgarde verzichtet. Wagner stellte demonstrativ das Recht der Gegenwart über den Wert der Geschichte. Ungers macht die avantgardistische Abgrenzung gegenüber der Vergangenheit rückgängig. Indem er einer traditionell geprägten Umgebung seine Reverenz erweist, verlagert er den programmatischen Hauptakzent seines Hausbaus auf das Moment der Einpassung. Es entsteht eine neue Variante des ›gebauten Programms‹, die Merkmale des avantgardistischen Bekenntnisbaus mit einem Respekt vor der Vergangenheit kombiniert, wie ihn etwa Theodor Fischer in seinem Laimer Haus-Umbau zur Anschauung brachte.[22] Im Haus Ungers steigern sich die modernistische und die traditionalistische Geste gegenseitig und bedürfen einander, um den Standpunkt des Hausherrn wirksam vorzutragen. Die Spannweite des überbrückten Gegensatzes macht das Haus zu einem ›Manifest‹ aus eigener Kraft, das in seiner programmatischen Zuspitzung den Text von 1960 vorwegnimmt.[23]

Ungers' Haus demonstriert – in Abkehr vom Erbe der modernen Gründergeneration, aber auch von der aktuellen Praxis des Internationalen Stils – die Vereinbarkeit von Moderne und Tradition. Die utopischen Konzepte der historischen Avantgarden waren darauf ausgerichtet, die alte Welt durch eine neue zu ersetzen. Nun suchen fortschrittliche Architekten nach Möglichkeiten einer Koexistenz von Neu und Alt.[24] In Ungers' Domizil ist dieses Anliegen in besonders prägnanter Weise formuliert. Die Bedeutung des Hausbaus liegt in der Feststellung eines neu wahrgenommenen Bedarfs, den der Architekt erst später auch schriftlich konstatierte: »Nicht die Konstruktion neuer Städte, sondern die Umstrukturierung der alten sind Probleme der Zukunft. Was gebraucht wird, ist nicht eine neue Utopie, sondern der Entwurf

20 Ebd., S. 158.

21 Vgl. o. S. 33 f.

22 Vgl. o. S. 42 ff.

23 Erst die Formulierung von der ›Coincidentia oppositorum‹, die Ungers später verwendete, trifft das antithetische Vorgehen und damit die programmatische Stoßkraft des Hausentwurfs. Ungers 1985, S. 36.

24 Es war vor allem die junge italienische Architektur, die sich während der fünfziger Jahre um eine Wiedergewinnung des Historischen bemühte. Vgl. hierzu: Belluzzi/Conforti 1994, S. 35–43.

zur Ergänzung der bestehenden Realität.«[25] Das Haus Ungers ist ein programmatischer Bau, der von der Epoche utopischer Ausschließlichkeit Abschied nimmt.

Stellungnahme in einer Architekturdebatte

Ein Aspekt des Hausbaus, der im Manifest nicht zur Sprache kommt, ist der Gedanke der Materialehrlichkeit. In den unverputzten, an manchen Kanten miteinander verzahnten Ziegelflächen, den frei liegenden Betonstürzen und den tief eingeschnittenen Fensteröffnungen stellt das Gebäude seine Materialität offen zur Schau. »Ehrfurcht vor dem Material« war ein zentrales Anliegen des ›New Brutalism‹, einer von England ausgehenden Bewegung, die in den fünfziger Jahren der architektonischen Entwicklung wichtige Impulse gab.[26] Reyner Banham rechnet in seiner Abhandlung über den ›New Brutalism‹ Ungers' Haus zu den beispielhaften Lösungen dieser Richtung.[27] Wenn er es mit Rietvelds Haus Schröder vergleicht, dann setzt er es in Relation zu einem Bau, den die ›Brutalisten‹ bewunderten.
Gelegenheit zum Kontakt mit den sich formierenden Vertretern des ›New Brutalism‹ fand Ungers 1953 auf der IX. Tagung der CIAM in Aix-en-Provence. Auf derselben Tagung wurde er Zeuge der Gründung von ›Team X‹, einer internationalen Architektenvereinigung, mit der er bis in die sechziger Jahre enge Verbindungen unterhielt.[28] Ungers' Bestreben, seine Arbeit in einen internationalen Diskurs einzubinden, zeigt sich auch in dem Haus an der Belvederestraße. In seinem entwerferischen Bemühen um den Ort wusste der Architekt sich im Einklang mit den ›Brutalisten‹. Mit seinem Interesse für dessen historische Prägung verließ er dagegen den Konsens der Gruppe. Die Auseinandersetzung um den architektonischen Umgang mit der Geschichte entzündete sich 1959 auf dem CIAM-Treffen in Otterlo. Dort stellte Ernesto Nathan Rogers die Mailänder ›Torre Velasca‹ vor, einen 28 Stockwerke hohen Geschäfts- und Wohnturm, der sich durch motivische Reminiszenzen an mittelalterliche Wehrarchitektur in die historische Altstadt Mailands einzufügen sucht.[29] Die Mehrheit der Teilnehmer verurteilte den Bau als traditionalistisch.[30] Ungers sah sich damals als Parteigänger Rogers'.[31] Der Streit fällt in das gleiche Jahr wie der Bau seines Hauses. Das Domizil des Architekten beschreibt präzise dessen Standpunkt innerhalb der Debatte.

Erprobung einer Entwurfsmethode

Ein weiteres Merkmal des Hausentwurfs, das in dem programmatischen Text keine Entsprechung findet, jedoch auf eine charakteristische Entwicklung in Ungers' späterer Arbeit vorausweist, ist die ›morphologische‹ Verwendung der Kreisform.[32] Ungers erhebt einen Formgedanken, der leicht abgewandelt an drei funktional voneinander unabhängigen Stellen des Baus wiederkehrt, gewissermaßen zum Leitmotiv. Darin kündigt sich eine Disziplinierung der entwerferischen Freiheit an, welche formale Variationen nur noch innerhalb einer vorbestimmten Systematik zulassen und das Moment der Überraschung mehr und mehr verdrängen wird. Zur vollen Ausreifung gelangte das Prinzip des ›morphologischen‹ Variierens in Ungers' Entwurf eines Studentenwohnheims für Enschede (1964), das er ganz aus den Grundformen Kreis, Dreieck und Quadrat entwickelte.[33] Doch die in dem Projekt für Enschede erprobte differenzierte Entwurfsmethodik bedeutete nur ein Zwischenstadium im Zuge der fortschreitenden geometrischen Reduktion, der Ungers seine Arbeit unterwarf. Diese mündete schließlich in eine zunehmend schematische Verwendung quadratischer Strukturen, die in den achtziger Jahren zum Erkennungszeichen seiner Entwürfe wurde.

25 Ungers 1979, S. 140.

26 Banham 1966, S. 46. – Die heterogene Bewegung wandte sich gleichermaßen gegen funktionalistische Dogmen wie gegen die Verflachung der modernen Architektur im Internationalen Stil. Vgl. hierzu etwa: Frampton 1992, S. 262–268.

27 Banham 1966, S. 125 f.

28 ›Team X‹ diente zunächst als Plattform der Opposition gegen die ältere Architektengeneration innerhalb der CIAM und wurde später zu deren Nachfolgeorganisation. Vgl. hierzu: Frampton 1992, S. 269–279.

29 Bei der 1954–58 ausgeführten ›Torre Velasca‹ handelte es sich um ein Projekt des Büros BBPR, dem Rogers angehörte. Bonfanti/Porta 1973, S. 156–164 u. A84–A86. – Belluzzi/Conforti 1994, S. 131–137.

30 Über die Auseinandersetzung im ›Team X‹: Newman 1961, S. 92–97 u. 218–221. – Jencks 1973 b, S. 326 f. – Lampugnani 1984, S. 37.

31 Über seine Sicht der Kontroverse berichtet er in einem Interview: Klotz 1977, S. 282 ff.

32 Vgl. hierzu: Klotz 1985, S. 15 f.

33 Die Bedeutung des Entwurfs für Enschede betont: Klotz 1979, S. 15. – Vgl. auch: Ders. 1985, S. 19 ff. u. 80–83.

202 Haus Ungers, Belvederestraße 60, Köln-Müngersdorf, Erweiterung, Ansicht, Blick von Nordosten

203 Haus Ungers, Belvederestraße 60, Köln-Müngersdorf, Erweiterung, 1989–90, Schnitt, Blick nach Süden

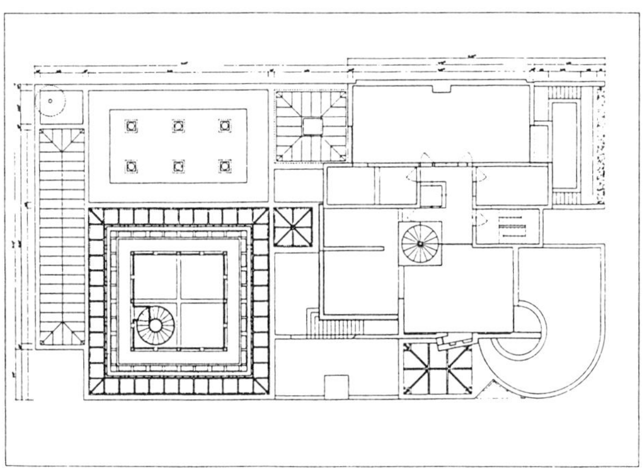

204 Haus Ungers, Belvederestraße 60, Köln-Müngersdorf, Erweiterung, Grundriss

Der Bibliotheksanbau: Ergänzung und Widerspruch

Die hiermit angedeutete, bereits in den sechziger Jahren begonnene Entwicklung vollzog Ungers mit dem Bibliotheksanbau von 1989–90 im eigenen Wohnbereich nach.[34] Durch die Erweiterung erfuhr sein Haus eine nachträgliche Aktualisierung. Hinter dem Wohnhaus, auf ursprünglich Hof und Garten vorbehaltenem Gelände, erhebt sich die Bibliothek über quadratischem Grundriss. Der Kubus schiebt sich dicht an die nördliche Flanke des Grundstücks heran. Seine Höhe entspricht der Traufhöhe des Wohnhauses. Ebenerdig umgibt ihn ein eingeschossiger, glasüberdachter Gang. Der Restraum zwischen Wohnhaus und Bibliothek ist größtenteils eingeschossig überbaut. Lediglich zur Quadrather Straße hin ist ein schmaler Vorplatz ausgespart, von wo sich ein direkter Zugang zu dem Anbau öffnet. Hier setzen zwei Bäume sowie eine Stele des Bildhauers Hubert Kiecol[35] vertikale Akzente. Im Grundstücksinneren bleibt noch Raum für einen rechteckigen Hof, in dem sechs toskanische Säulen sich paarweise gegenüberstehen.[36]

Durch seine Verkleidung mit dunkelgrauem Eifelbasalt setzt sich der fensterlose Baukörper der Bibliothek gegen die niedrigere Umbauung und gegen das Wohnhaus ab. Dem zu einem Drittel in der Erde versenkten und damit ›verborgenen‹ äußeren Würfel ist ein innerer Würfel eingestellt, der sich beim Betreten des Bibliotheksraums in seiner vollkommenen Geometrie

205 Haus Ungers, Belvederestraße 60, Köln-Müngersdorf, Erweiterung, Ansicht, Eingang an der Quadrather Straße mit ›Wachstumsspuren‹ an der Umfassungsmauer

34 *Ungers* 1991, S. 216–219. – Veröffentlichungen in Zeitschriften: Strodthoff 1991. – Domus, Nr. 727, Mai 1991, S. 38–43. – Lotus international, Nr. 72, 1992, S. 50–55.

35 Es handelt sich um einen hohen Pfeiler mit treppenförmigem Abschluss. Eine kleinere Skulptur ähnlichen Typs ist als ›Treppe mit Sockel‹ (1986) veröffentlicht in: *Kiecol* 1988, S. 23.

36 Die Säulen sind Spolien unbekannter Herkunft, die der Architekt im Kunsthandel ersteigerte.

206 Haus Ungers, Belvederestraße 60, Köln-Müngersdorf, Erweiterung, Ansicht, Innenhof, Blick von Südosten

207 Haus Ungers, Belvederestraße 60, Köln-Müngersdorf, Erweiterung, Innenansicht, Bibliotheksraum

zu erkennen gibt. Acht Pfeiler tragen auf halber Höhe einen Umgang und teilen mit ihm die Seiten des Raums in je vier quadratische Abschnitte. Den Zugang zur Galerie ermöglicht eine Wendeltreppe in klassisch handwerklicher Ausführung.[37] Auf schlanken, in die Brüstung des Umgangs einbezogenen Podesten stehen Abgüsse nach antiken Apollobüsten, Teile eines Ensembles von Ian Hamilton Finlay, die das klassizistische Gepräge des Raums verstärken.[38] Wie den Hausbau von 1959 zur Nachbarschaft, so stellt Ungers seine Hinzufügung von

37 Massivholz verzapft. Diese und zahlreiche folgende Angaben zu Ausstattung und Nutzung des Hauses beruhen auf Auskünften des Hausherrn bei einem Besuch am 21. Juli 1991.

38 ›Revolutionary Heads‹, 1990. Abrioux/Bann 1992, S. 307.

1990 zum älteren Wohnhaus in scharfen Kontrast. Auf die komplexe Plastizität des Altbaus antwortet er mit einem Anbau von geometrischer Eindeutigkeit; der lokalen Passform des Wohnhauses setzt er eine universale Grundform entgegen. Diese Universalität entspricht der Funktion des Anbaus als Bibliothek und Hort universalen architektonischen Wissens. Behauptete Ungers 1959 den Kunst-Charakter des Bauens durch eine individualisierende plastische Gestaltung, so tut er es 1990 durch eine zeitlos gültige, zu äußerster Abstraktion reduzierte Form. Nicht mehr aus der Autonomie des Schöpferischen, sondern aus der überzeitlichen Gültigkeit geometrischer Formgesetze begründet er jetzt den künstlerischen Anspruch der Architektur. Das Vorrecht der eigenen Zeit tritt damit zurück vor der Bindung an eine geometrischen Gesetzmäßigkeiten verpflichtete Tradition.

Es scheint gerade das Element des Widerspruchs zu sein, das die Entwürfe von 1959 und 1990 verbindet. Beide zeichnen sich durch ein pointiert gegensätzliches Verhältnis zum Vorgefundenen aus. Allerdings unterscheiden sie sich in der Art und Weise, wie sie das Gegensätzliche zueinander in Beziehung treten lassen. 1959 schuf Ungers einen dynamischen Übergang zwischen Wohnhaus und Nachbarschaft. 1990 dagegen belässt er die Bibliothek in ihrer Andersartigkeit und vermittelt sie erst durch die Umbauung zum schwierigen Kontext des Altbaus. Als intakte platonische Form tritt der Anbau an das Wohnhaus heran und erweitert es additiv zu einem mikro-urbanen Gefüge. Darin übernimmt der Säulenhof die Rolle einer ›Piazza‹ als spezifisch städtischen Merkmals. Aus dem Haus wird eine Stadt,[39] die das ganze Grundstück ausfüllt und ein Forum bietet für die Koexistenz des Gegensätzlichen. Die geometrische Eindeutigkeit des Erweiterungsbaus geht dabei in der übergeordneten Komplexität des Ganzen auf. Zwar gibt der Erweiterungsentwurf das dynamische Moment des Ursprungsbaus zugunsten einer additiven Konzeption auf, doch es gibt ein Merkmal, das die Gesamtanlage als Ergebnis eines Prozesses kennzeichnet: Die offen sichtbaren Baunähte im Ziegelverband der erhöhten Grundstücksmauer sind bleibende Spuren des Erweiterungsschrittes und machen den architektonischen Wachstumsvorgang ablesbar.

Kontinuität zwischen den beiden Entwürfen besteht auch im Hinblick auf ihr Bemühen um eine historische Anbindung. Doch impliziert der Wandel in Ungers' architektonischer Position, der zwischen dem Bau des Wohnhauses und der Bibliothek stattgefunden hat, zugleich eine veränderte Sicht der Vergangenheit. 1959 verbeugte sich der Architekt vor der Geschichtlichkeit eines konkreten, aber beliebigen Ortes und fügte sich ein in die Tradition als eine im Fluss begriffene Gesamtheit. 1990 knüpft er an eine ganz bestimmte, nämlich die klassische Tradition an mit ihrem von der griechischen Klassik bis zu den Klassizismen der Neuzeit in gleicher Weise durch Maß und Zahl geprägten Architekturverständnis. Statt auf die Vergangenheit des individuellen Ortes verweist das Regelmaß des Erweiterungsbaus auf einen universellen architektonischen Traditionsstrang, dem sich Ungers besonders verpflichtet fühlt. Auch das Innere des Wohnhauses hat er dieser Vorliebe angepasst, indem er ursprünglich nackte Backsteinwände weiß verputzte und die Räume teils mit historischen, teils mit auf Kreis und Quadrat basierenden, selbst entworfenen Möbeln ausstattete.

Während sich die historische Verankerung somit konkretisiert, tritt der Ortsbezug in den Hintergrund. Der Wohnhausbau erhielt durch seine Verschmelzung mit der Nachbarschaft eine Form, die nur an dieser Stelle so denkbar ist. Der quadratische Bibliotheksanbau hingegen könnte überall stehen. Ein in dem klassischen Habitus der Bibliothek enthaltener Verweis auf den Genius loci Kölns mit seiner antik-römischen Vergangenheit[40] bleibt vage. Auf einen anderen geschichtlichen Raum soll die Basaltverkleidung des Bibliothekskubus hinweisen. Das Material stammt aus der Eifel wie der Architekt selbst, der hier auf seine eigene Herkunft anspielt.[41]

39 Ein Kapitel in seiner 1991 erschienenen Monographie überschreibt Ungers: »Das Haus als Abbild der Stadt«. *Ungers* 1991, S. 45.

40 Gesehen z. B. von: Strodthoff 1990.

41 Vgl. hierzu: Pehnt 1991.

Eine private Architekturgeschichte

Die besondere Anschaulichkeit des Entwurfs, die dem Hausbau von 1959 seine ›sprechende‹ Qualität verlieh, ist 1990 zum generellen Merkmal von Ungers' Arbeit geworden. Ein Hang zu formaler Abstraktion und das Bemühen um eine ›Thematisierung der Architektur‹ machen viele seiner Projekte seit Mitte der sechziger Jahre zu Demonstrationsobjekten eines architektonischen Diskurses. Das abstrahierende Moment in seinen Entwürfen beschreibt Ungers als ein Denken in Archetypen und in Gegensätzen.[42] Es ist Bestandteil seiner ›morphologischen‹ Entwurfssystematik, die er anfangs als Variieren von Grundformen im Streben nach Vielfalt handhabte, später jedoch immer mehr hinter einer einprägsamen Vereinfachung des Gesamtentwurfs zurücktreten ließ. Ausgehend vom Prinzip der ›morphologischen‹ Abstraktion macht Ungers architekturimmanente ›Themen‹ zum Gegenstand seines Entwerfens.[43]
Wie andere Entwürfe Ungers' bringt auch der Bibliotheksanbau diese Prinzipien zur Anwendung. Im Archetypus des Würfels und in der Konfrontation mit dem komplexen Altbau äußert sich ein Streben nach abstrakter Klarheit. Mit der doppelten Umhüllung des inneren Würfels durch Basaltkubus und quadratischen Umgang greift Ungers zudem eines der von ihm bevorzugten ›Themen‹ auf, die ›Inkorporation‹.[44] Insgesamt ist aber weder eine über andere Projekte hinausgehende programmatische Zuspitzung zu erkennen, noch sind die in dem Bibliotheksbau formulierten Inhalte – geometrische Reduktion, Konfrontation des Gegensätzlichen, Annäherung an die klassische Tradition, Analogie von Haus und Stadt – neu im Werk Ungers'. Anders als 1959 eröffnet der Architekt 1990 keinen Ausblick auf eine neue Architektur, deutet nicht einmal eine Tendenzwende in der eigenen Arbeit an. Im Gegenteil, der Bibliotheksanbau gibt die schlüssige Zusammenfassung einer Architekturhaltung, die bereits seit zweieinhalb Jahrzehnten Ungers' Arbeit charakterisiert, und der Akzent liegt dabei auf dem Reduktionismus der achtziger Jahre.
Das um die Bibliothek erweiterte Haus Ungers reflektiert nun wieder die aktuelle Position des Hausherrn, allerdings nicht im Sinne eines erneuerten avantgardistischen Anspruchs, sondern als zeitlos gültige Äußerung. Die Erweiterung von 1990 trägt nicht den Charakter eines ›gebauten Manifests‹, sondern eines Exemplums. Die programmatische Aussage des Wohnhauses wird zwar in Teilen ergänzt, nicht aber in eine grundsätzlich neue Aussage überführt. Es entsteht vielmehr eine erweiterte Einheit, die das Alte mit umfasst. Diese übergeordnete Einheit meint Ungers, wenn er das Haus zu seiner architektonischen »Summa« erklärt.[45] Es ist das persönliche Fazit eines Architekten, der sich vom Hauptstrom des aktuellen Baugeschehens entfernt hat. Das Haus Ungers in seiner gegenwärtigen Gestalt umspannt den architektonischen Weg des Hausherrn, es zeichnet ein gerafftes Bild seiner eigenen Architekturgeschichte.

Wahlverwandtschaften und Ewigkeitswerte. Ikonographisches

Im Rahmen dieses historischen Rückblicks auf die eigene Arbeit suggeriert der Erweiterungsbau einen Endpunkt. Gab Ungers mit dem Wohnhaus ein Signal des Aufbruchs, so beschreibt er mit dem Bibliotheksanbau eine bereits erreichte Zielmarke, über die er nicht weiter hinausgreifen will. Diesen Endgültigkeitswert unterstrich Ungers, indem er Haus und Bibliothek samt ihrem Inhalt in eine eigens geschaffene, von der Stadt Köln getragene Stiftung einbrachte, als deren Mieter er nunmehr hier wohnt.[46] Zwar dient die Maßnahme in erster Linie dem Zweck, die kostbare Bibliothek zusammenzuhalten; zugleich ist sie aber Ausdruck einer vorweggenommenen Musealisierung des eigenen Schaffens. Ungers verwandelt sein Haus in einen Ort, an dem sich die Geschichte des Einzelnen und die Geschichte der architektonischen Disziplin, persönliche Arbeit und öffentliches Interesse miteinander verschränken.

42 Ungers 1985, S. 35 f.

43 Der ›Thematisierung der Architektur‹ widmet Ungers die vielleicht wichtigste seiner Schriften. Er behandelt darin die ›Themen‹ der ›Transformation‹, ›Assemblage‹, ›Inkorporation‹, ›Assimilation‹ und ›Imagination‹. Durch die ›thematische‹ Entwurfsmethodik wird die Architektur zum Inhalt ihrer selbst, es entsteht gleichsam ›Architektur über Architektur‹. Ungers 1983.

44 Ebd., S. 55–72. – Ein weiterer Bau, in dem Ungers das Thema der Umhüllung oder der ›Puppe in der Puppe‹ exemplifiziert, ist das Deutsche Architekturmuseum in Frankfurt. Ebd., S. 62–67.

45 Strodthoff 1991, S. 831.

46 Ebd., S. 832. – Pehnt 1991.

208 Haus Ungers, Belvederestraße 60, Köln-Müngersdorf, Erweiterung, Ansicht, Innenhof mit Plastik von Georg Herold

Bibliothek und Sammlung dienen ihm dazu, seine Arbeit in übergreifende Zusammenhänge einzubetten. Ungers' Vorentwürfe entstehen in der Bibliothek. »Das theoretische Wissen der abendländischen Architektur [...] in Erstausgaben«[47] umgibt den Architekten am Arbeitstisch, hohe Bücherwände schirmen ihn gegen die Außenwelt ab. Seine Modellsammlung konzentriert sich auf Archetypen historischer Baukunst: Monumentalsäulen, Triumphbögen, Kuppeln. Im Keller des Wohnhauses ist ein Mitarbeiter damit beschäftigt, Ungers' gebaute und ungebaute Hochhausprojekte als Gipsmodelle nachzubauen, dazu zwei großmaßstäbliche Modelle des Parthenon und des Pantheon. Das Werkzeug, das er hierfür verwendet, hat er nach Angaben Leon Battista Albertis angefertigt. In der Gegenüberstellung eigener Bauten mit den Höhepunkten der antiken Baukunst bekundet sich überdeutlich Ungers' Ambition, mit seiner Arbeit zu einer bleibenden Architektur beizutragen.

Die Kunstsammlung des Architekten ist relativ breit gefächert, gleichwohl lässt sich der Versuch erkennen, Vorlieben und Wahlverwandtschaften zu dokumentieren, die eigene Position in einen historischen und zeitgenössischen Kontext einzubetten. Innerhalb der Architekturdarstellungen liegt erwartungsgemäß ein Schwerpunkt bei den an der klassischen Tradition orientierten Architekten; ein Werk Leo von Klenzes bildet hier den Hauptakzent.[48] Im Bereich der Gegenwartskunst dominieren jene Künstler, die für Ungers' Architekturauffassung relevante Konzepte vertreten. Einige Arbeiten integriert der Hausherr unverrückbar in den architektonischen Zusammenhang. Zentral platziert ist Bruce Naumanns stählernes Quadrat im Innenhof, Beispiel für eine dem Architekten kongeniale Beschäftigung mit geometrischen Grundfiguren.[49] In der Bibliothek besetzen Ian Hamilton Finlays Apolloköpfe den prominentesten Ort. Mit den ursprünglich zwölf identischen Gipsbüsten erinnert der schottische Konzeptkünstler an Robespierre und gemeinsam mit diesem guillotinierte Jakobiner. Weniger Finlays Neigung zu einem martialisch inszenierten revolutionären Pathos[50] als die klassische Vorlage, die er hier verwendet, mag Ungers' Wahl bestimmt haben. Der Architekt, dem nicht daran gelegen sein dürfte, ausgerechnet Robespierre in seiner Bibliothek ein Denkmal zu setzen, entscheidet sich aus formalen Gründen für die Arbeit. Über die Zwölfzahl der Köpfe setzt er sich hinweg, da seine Bibliothek nur für acht Büsten Platz bietet.[51] Die Architektur vereinnahmt die Form des Kunstwerks, lässt sich aber durch die vom Künstler intendierte Bedeutung nicht festlegen. Der Bezug zwischen Architektur und ausgestellten Kunstwerken bleibt inhaltlich unspezifisch. Ungers nutzt die visuelle Beredsamkeit einzelner Sammlungsstücke, um die Sprachlosigkeit seines puristischen Interieurs anzureichern. Eine ikonographische Schlüssigkeit strebt er dabei nicht an. Mit ähnlicher Entschiedenheit wie Erich Mendelsohn beansprucht er eine Führungsrolle für die Architektur, in deren Konzept sich die Schwesterkünste einzufügen haben. Gegenüber der Einrichtungspraxis Mendelsohns, der für ausgewählte Orte in seinem Haus Kunstwerke in Auftrag gab und dabei auch über inhaltliche Aspekte mitentschied, hat sich jedoch im Haus Ungers die Bindung zwischen Architektur und künstlerischer Ausstattung gelockert.[52] Zwei sich ergänzende Aussagen des Hausherrn über seine Künstlerrolle sind in dem Bibliotheksanbau bzw. seiner Ausstattung angedeutet. Die breite Ablehnung, die der Bau in der Nachbarschaft erfährt, gibt Ungers Gelegenheit, die Rolle des unverstandenen, von der Masse befehdeten Künstlers wieder zu beleben. Der fensterlose, ungegliederte Kubus hat zu scharfen Protesten geführt,[53] die ihren Weg bis auf die Leserbriefseiten von Architekturzeitschriften fanden.[54] Ein Nachbar soll sogar auf Abriss gegen die Stadt Köln geklagt haben. Ungers glaubt hierin einen gegen alles Andersartige gerichteten Vernichtungswillen der Allgemeinheit zu erkennen, provoziert durch die radikale Geste eines Einzelnen. Der Architekt nutzt den Widerstand, um eine Außenseiterposition zu artikulieren, die in der spröden Haltung des introvertierten Baus gegenüber seiner Umgebung bereits angelegt ist.

47 Ungers 1996, zitiert nach der deutschen Ausgabe, S. 21.

48 Das Gemälde von 1859 zeigt den älteren Heratempel in Paestum. Abgebildet in: *Klenze* 1985, Kat.-Nr. 5, S. 271.

49 Die Plastik ist datiert ›77/88‹.

50 Einen Einblick in die Arbeit Ian Hamilton Finlays geben: Abrioux/Bann 1992. Der Band enthält zahlreiche Abbildungen von Finlays Haus und Garten ›Little Sparta‹ in Dunsyre (Lanarkshire), wo der Künstler seit 1966 wohnt.

51 Die Abbildung des Bibliotheksraums in der zweiten Auflage der Werkpublikation Finlays lässt darauf schließen, dass der Künstler die Maßnahme des Architekten billigte. Abrioux/Bann 1992, S. 307. – Die restlichen vier Köpfe haben im neuen Wohnhaus des Architekten am Kämpchensweg 58 Aufstellung gefunden.

52 Vgl. o. S. 186–172.

53 Piegeler 1990.

54 Bauwelt, 1991, H. 16, S. 818. – Bauwelt, 1991, H. 18, S. 927.

Einen komplementären Aspekt seines künstlerischen Selbstverständnisses bringt Ungers sinnbildhaft mit Hilfe einer Stele von Georg Herold zur Anschauung, die er in einer Abseite des Innenhofs aufgestellt hat.[55] In der Stele ist eine Nische angebracht, in welcher der Architekt an seinem Geburtstag Platz zu nehmen pflegt, um sich zu vergewissern, dass der durch einen Schlitz fallende Sonnenstrahl auf die gleiche Stelle trifft wie im Jahr zuvor. Mit einer Mischung aus Pathos und Ironie manifestiert Ungers seine Verbundenheit mit dem, was bleibt in einer Welt permanenter Veränderung. Während das Äußere des Bibliotheksanbaus dieser Welt und ihren wechselnden Moden ein abweisendes Gesicht zeigt, bietet das Innere Raum für eine Besinnung auf Ewigkeitswerte.

Palladio in der Eifel

Jene Beschränkungen, die ihm beim Bibliotheksanbau die räumliche Enge und der zu einer gewissen Kontinuität verpflichtende Altbau auferlegten, schüttelte Ungers im Fall der ›Glashütte‹ ab. In dem Landhaus, das er sich 1986–88 auf dem Gelände einer historischen Glasbrennerei in der Eifel bei Utscheid errichtete,[56] fand er einerseits die Möglichkeit, ein eindeutigeres architektonisches Bekenntnis zu formulieren, andererseits ein Feld für raumgreifende Repräsentation. Während der Erweiterungsbau von 1990 das im Wohnhaus vorgetragene Architekturkonzept nur partiell revidiert, gelangt Ungers mit der ›Glashütte‹ zu ungeschmälertem Ausdruck der reduktionistischen Tendenzen im Werk der achtziger Jahre. Dabei zielt die Reduktion weniger auf eine geometrische Idealfigur als auf die größtmögliche Vereinfachung eines historischen Typus, der italienischen Villa suburbana palladianischer Prägung. Ergebnis ist ein zweigeschossiger, kalksteinverkleideter Bau auf Quadratgrundriss mit flach geneigtem, bündig schließendem Satteldach und identischen, allein durch Fenstereinschnitte gegliederten Fassaden. Dem Vorbildtypus entspricht vor allem der Grundriss mit seiner um ein zentrales Treppenhaus gruppierten additiven Raumfolge. Eine Vorstufe des Plans stellte Ungers in seinem 1986 erschienenen Bändchen ›Quadratische Häuser‹ in eine Reihe mit prominenten, aus dem Quadrat entwickelten Wohnarchitekturen der älteren und jüngeren Baugeschichte.[57] Die darin enthaltene Auswahl reicht von Palladios ›Villa Rotonda‹ bis hin zu Le Corbusiers ›Prä-

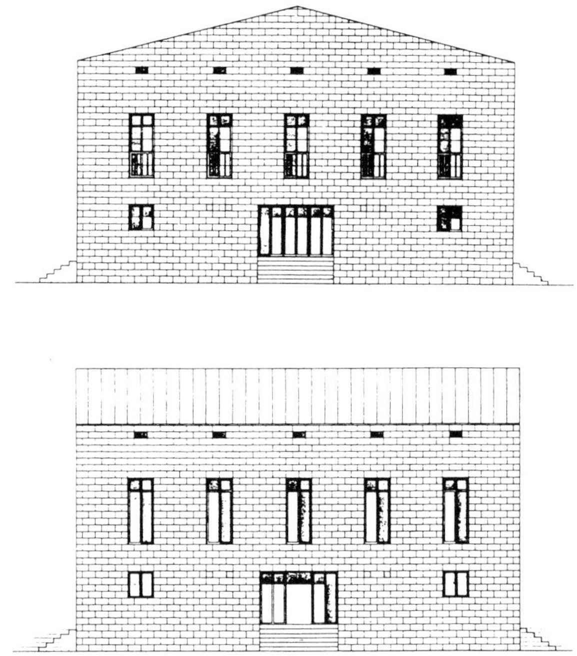

209 Oswald Mathias Ungers, Haus ›Glashütte‹, Landhaus des Architekten, bei Utscheid, 1986–88, Fassadenansichten

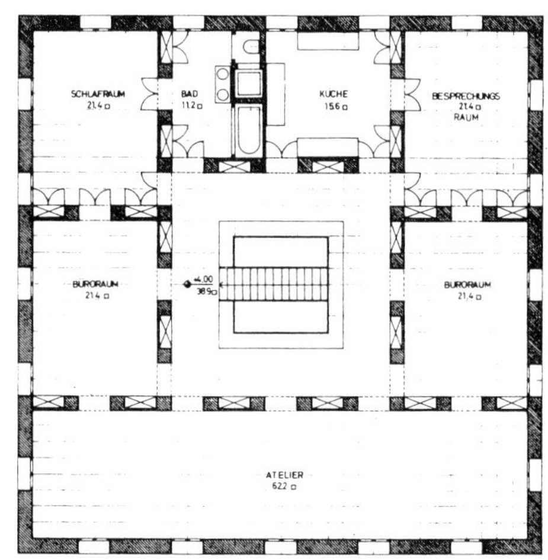

210 Haus ›Glashütte‹, bei Utscheid, Grundriss Obergeschoss

211 Haus ›Glashütte‹, bei Utscheid, Ansicht, Blick von Norden

55 ›Ofen Observatorium Kamin‹, 1991.

56 *Ungers* 1991, S. 184–187. – Veröffentlichungen in Zeitschriften: Kieren 1995. – Ungers 1996, S. 23 ff. – Die ehemalige Glashütte wurde im 17. Jahrhundert als Holzbau errichtet, an dessen Stelle später ein Steinbau trat. Im 18. Jahrhundert wurde die Glasbrennerei eingestellt, die Ruine landwirtschaftlich genutzt.

57 Ungers 1986.

212 *Oswald Mathias Ungers, Wohnhaus des Architekten, Kämpchensweg 58, Köln-Müngersdorf, 1994–95, Ansicht, Straßenseite*

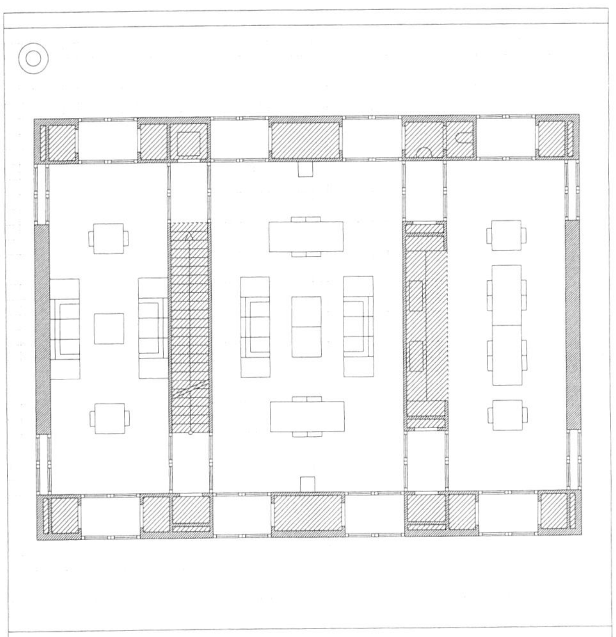

213 *Haus Ungers, Kämpchensweg 58, Köln-Müngersdorf, Grundriss Erdgeschoss*

fabrizierten Häusern für Kunsthandwerker‹. Wiederum soll die historische Anbindung den Anspruch auf überzeitliche Gültigkeit bekräftigen. Mit seinem Landsitz formuliert der Architekt eine klare Antithese zur programmatischen Komplexität des Stadthauses von 1959.
Abweichend von der Empfehlung Palladios, Villen auf erhöhten Punkten anzulegen,[58] fügt sich Ungers' Haus in eine Senke ein, leicht aus der Neigungsachse des hinter ihm liegenden Hügels herausgedreht. Ansonsten behauptet der Baukörper gegenüber der Landschaft seine Autonomie. Die Villa führt keinen differenzierten Dialog mit dem Genius loci, sondern beharrt auf der Gegensätzlichkeit von Gebautem und Natur. Jedoch nutzt Ungers die Landschaft als Folie für eine seigneurale Selbstdarstellung. In der Abgeschiedenheit eines Locus amoenus präsentiert sich der Architekt als Grundherr. Das unbebaute Land, auf das er blickt, ist sein Eigentum, ebenso wie die Schafe, die darauf weiden. Zu Füßen der Villa liegt ein Teich; ein Boot steht für Lustfahrten zu einer Insel mit Trauerweide bereit. Auf dem Anwesen befinden sich außerdem ein Kreuzgarten in den Grundmauern der historischen Glashütte, ein hölzernes Ateliergebäude als Aufstellungsort für die bereits genannten Gipsmodelle und in einer alten Kapelle Ungers' zukünftige Grablege. Ein Hof im benachbarten Dorf rundet den Besitz ab. Die Architektenvilla vereint exklusive Zurückgezogenheit mit herrschaftlicher Repräsentation. Ungers inszeniert ein patrizisches Landherrentum, in dem die Rolle des Künstlerfürsten als nostalgische Geste wieder ersteht.

Postscriptum: aphoristische Variationen

Mit dem Bibliotheksanbau von 1990 schien Ungers' Wohngeschichte einen Endpunkt erreicht zu haben, der ihren Beginn mit einschloss. Doch der Eindruck täuschte, der Hausherr Ungers war noch nicht am Ziel angekommen. 1994–95 ließ er einen weiteren Hausbau folgen, mit dessen Fertigstellung er sich von seinem alten Wohnhaus verabschiedete. Dieses dient ihm nunmehr ausschließlich als Arbeitsort, als Bildergalerie und als Gästeunterkunft. Sogar einen Teil seiner Bibliothek nahm Ungers mit in sein neues Domizil.
Ungers' neues Haus liegt am Kämpchensweg 58, nur hundert Meter von der Belvederestraße 60 entfernt.[59] Das zweigeschossige, flach gedeckte Gebäude füllt als querrechteckiger Kubus einen Großteil der Grundstücksbreite aus. Je vier Fensterachsen gliedern Straßen- und Gartenansicht, je zwei Achsen die Flanken des Hauses. Das Innere besteht aus einem doppelgeschossigen Hauptraum und vier Nebenräumen, die diesen geschossweise flankieren. Alle Räume durchmessen die gesamte Gebäudetiefe. Zwei Galerien, die den Hauptraum entlang seiner Schmalseiten durchqueren, verbinden die Nebenräume des Obergeschosses.
Zwar reguliert ein Quadratraster die Proportionen des Gebäudes, doch das Quadrat als Grundrissfigur ist in dem neuen Haus aufgegeben. Im Unterschied zum Bibliotheksanbau oder zum Landhaus ›Glashütte‹ sind Baukörper und Raumstruktur klar gerichtet. Eindeutig privilegiert die ›basilikale‹ Organisation des Inneren die Tiefenachse des Baus. Wie für sein Landhaus, so führt Ungers auch für sein neues Wohnhaus eine Reihe historischer Vorbilder an – Villen Palladios, Schinkels Pavillon beim Schloss Charlottenburg, Mies van der Rohes Haus Perls.[60] Er benennt damit jedoch keine präzisen Analogien, sondern lediglich einen Assoziationsrahmen für die in seinem Hausbau verwirklichte Raumform.
Gegenläufig zur historisierenden Typologie kommt in dem Haus am Kämpchensweg eine abstrahierende Tendenz zum Zuge, die historische Bindungen hinter sich lässt. Erkennbar wird diese Tendenz im Verzicht auf eine Materialverkleidung, in der Unterdrückung der Stockwerkshierarchie und in der konsequenten Ausgliederung der dienenden Funktionen. Durch den glatten Enkaustoputz, den Ungers für äußere und innere Oberflächen verwendet,

58 Palladio 1983, S. 161 ff.

59 *Ungers* 1998, S. 284–291. – Veröffentlichungen in Zeitschriften: Archithese, Jg. 16, 1996, H. 5, S. 44–47. – a+u, 1996, H. 11, S. 96–103. – Casabella, Nr. 635, Juni 1996, S. 4–11. – Ungers 1996, S. 30–33.

60 Ungers 1996, S. 9.

gibt er dem Gebäude eine immaterielle Qualität. Durch die einheitliche Form der ›französischen‹ Fenster hebt er den Unterschied zwischen Erd- und Obergeschoss auf. Die Fenster des Erdgeschosses nutzt er zugleich als Türen, ohne jedoch einen Haupteingang auszuweisen. Im Inneren seines Hauses verbirgt Ungers nicht nur Installationen und Schränke, sondern auch Küche, Bäder und vertikale Erschließungswege in raumhaltigen Wänden. Die im Haus Mendelsohn beobachtete Praxis, technische Funktionselemente aus dem Blickfeld zu verbannen,[61] ist hier zum Extrem gesteigert. Der Raum hat alle dienenden Funktionen ausgeschieden. Er dient nur noch sich selbst.

Voraussetzung für Ungers' Hausbau war ein Abriss. Am Bauplatz fand der Architekt ein 1953 von seinem Kollegen Peter Friedrich Schneider errichtetes Einfamilienhaus vor, das als aussagekräftiges Zeugnis der Nachkriegsarchitektur in die Kölner Denkmalliste eingetragen werden sollte. Der Unterschutzstellung kam Ungers mit dem Abbruch des Gebäudes knapp zuvor.[62] Wirksamer als durch diese Maßnahme hätte er sich von seinem eigenen Haus an der Belvederestraße nicht distanzieren können – dort die demonstrative Akzeptanz des Vorhandenen, hier die stillschweigende Entsorgung des Vorgängerbaus. Mit dem Auszug aus der Belvederestraße nimmt Ungers Abschied vom interaktiven Potenzial seines alten Wohnhauses. Gegen die neue Nachbarschaft am Kämpchensweg schirmt er sich durch eine hohe Taxushecke ab.

In dem Text ›Aphorismen zum Häuserbauen‹ hält Ungers Rückschau auf die Häuser, die er für sich selbst errichtet hat.[63] Von der formgetragenen Eloquenz seines alten Wohnhauses heben sich der Bibliotheksanbau, das Landhaus und das neue Wohnhaus als ›gebaute Aphorismen‹ ab. Eine rigorose Verknappung von Form und Inhalt ist ihr gemeinsames Merkmal. Für sich betrachtet, erweckt jeder dieser Bauten einen Anschein von Endgültigkeit. Indem jedoch Ungers die drei neuen Häuser in eine Reihe stellt, nimmt er ihnen den Charakter einer definitiven Äußerung und rückt stattdessen den Aspekt des Variierens in den Vordergrund. Er präsentiert die drei Bauten als Variationen eines eng umgrenzten thematischen Repertoires. Mit der resümierenden Reihung seiner selbstgebauten Domizile relativiert er den Endgültigkeitsanspruch des Einzelbaus und bekräftigt den Vorrang des Prinzips Variation.

61 Vgl. o. S. 167 f.

62 Über die Episode berichten: Rossmann 1994. – Kölner Stadt-Anzeiger, Nr. 18, 22./23. 01. 1994.

63 Ungers 1996.

Anhang

Reinhard Gieselmann und Oswald Mathias Ungers

Zu einer neuen Architektur

Schöpferische Kunst ist ohne geistige Auseinandersetzung mit der Tradition nicht denkbar. Sie muß die bestehende Form zertrümmern, um reinen Ausdruck ihrer eigenen Zeit finden zu können. Auch Bauen dient wie jede Kunst dem Genius, um seine Zeit durch diese auszudrücken und um eine lebendige Entwicklung in Fluß zu halten.

Architektur ist partielle Schöpfung. Jeder schöpferische Vorgang aber ist Kunst. Ihm gebührt der höchste geistige Rang.

Technik ist Anwendung von Wissen und Erfahrung. Technik und Konstruktion sind Hilfsmittel der Verwirklichung. Technik ist nicht Kunst.

Form ist Ausdruck des geistigen Gehaltes.

Folgt man den Methoden der technisch-funktionellen »Architektur«, so ergibt sich Uniformität, Einförmigkeit. Architektur verliert ihren Ausdruck bei Anwendung technisch-funktioneller Methoden. Die Folge ist, daß Wohnblocks wie Schulen, Schulen wie Verwaltungsgebäude und Verwaltungsgebäude wie Fabriken aussehen. Ein leeres Gerüst wird vorgehängt. Form wird durch die Anwendung von mathematischem, also unkünstlerischem Schematismus auswechselbar.

Die so entstehende »Architektur« ist Ausdruck einer materialistischen Gesellschaftsordnung, deren Prinzipien Primat der Technik und Gleichmachung sind.

Das Verhältnis zur Umwelt wird programmatisch festgelegt und dadurch spannungslos. Durch diesen Mangel an Vitalität entsteht ein geistiges Vakuum.

An Stelle der lebendigen Auseinandersetzung des aktiven einzelnen mit seiner Umwelt tritt die geistige Versklavung durch die Diktatur der Methodik.

Freiheit lebt nur in der ständigen Auseinandersetzung des einzelnen mit der Realität und im Erkennen der persönlichen inneren Verantwortung gegenüber Ort, Zeit und Mensch.

Diese Freiheit existiert heute nur in einer lebendigen demokratischen Ordnung. Innerhalb dieser freiheitlichen Ordnung materialistische Methoden anzuwenden ist gewissenlos und zeugt von Verantwortungslosigkeit oder Dummheit. Beide bedeuten zu jeder Zeit eine ernste Bedrohung und Gefahr für die persönliche Entwicklung des Menschen.

Die Aufgabe ist, die Freiheit für die Entfaltung des schöpferischen Geistes zu hüten.
Das Anliegen der Architektur ist die Suche nach vollkommenem Ausdruck des Inhalts.

Architektur ist vitales Eindringen in eine vielschichtige, geheimnisvolle, gewachsene und geprägte Umwelt. Ihr schöpferischer Auftrag ist Sichtbarmachung der Aufgabe, Einordnung in das Vorhandene, Akzentsetzung und Überhöhung des Ortes. Sie ist immer wieder Erkennen des Genius loci, aus dem sie erwächst.

Architektur ist nicht mehr zweidimensionaler Eindruck, sondern wird Erlebnis des Körperhaften und Räumlichen durch Umschreiten und Eindringen.

An die Stelle der Starre tritt die Bewegung, der Symmetrie die Asymmetrie, der Statik die Dynamik.

An die Stelle der monotonen Übersichtlichkeit tritt die Überraschung.

An die Stelle des Gegenüber-Seins das Darin-Sein. Das Verhältnis Subjekt-Objekt ist aufgehoben.

Architektur ist Einhüllung und Bergung und damit eine Erfüllung und Vertiefung des Individuums.

Mit diesem Manifest wenden wir uns an alle, die auf dieser Grundlage eine Erneuerung der europäischen Architektur anstreben.

214 Frei Otto auf einem Testbau für das Münchner Olympiadach

Frei Otto, geboren 1925 in Siegmar bei Chemnitz, studierte nach dem Kriegsdienst als Kampfflieger und zweijähriger französischer Gefangenschaft 1948–52 Architektur an der TU Berlin. Anknüpfend an seine Dissertation über ›Das hängende Dach‹ verwirklichte er erste Zeltkonstruktionen als temporäre Ausstellungsbauten, etwa 1957 für die Interbau in Berlin. Bis zum Anfang der sechziger Jahre begleitete er seine architektonische Praxis durch bildhauerische Arbeiten. In Berlin gründete er 1957 die ›Entwicklungsstätte für den Leichtbau‹, in Stuttgart 1964 das ›Institut für leichte Flächentragwerke‹ der TU. Zu seinen erfolgreichsten Entwürfen zählen der deutsche Pavillon auf der Weltausstellung 1967 in Montreal (mit Rolf Gutbrod), die Dächer für den Hauptsportstättenbereich der Olympischen Spiele 1972 in München (mit Behnisch & Partner, Leonhardt und Andrä) und die Mehrzweckhalle auf der Bundesgartenschau 1975 in Mannheim (mit Carlfried Mutschler + Partner). Neben solchen, an konkrete Aufträge gebundenen Projekten ist Otto der Autor zahlreicher visionärer Planungen, so einer ›Stadt in der Arktis‹ (1971 mit Kenzo Tange).

Die Permanenz der Utopie: **Frei Otto**

Die Arbeit Frei Ottos[1] lässt sich beschreiben als die eines Forschers und Wissenschaftlers, eines Erfinders und Konstrukteurs, jedoch entzieht sie sich dem herkömmlichen Berufsbild des Architekten. Gleichwohl soll Frei Otto im Folgenden, ohne den weiteren Umfang seiner Praxis aus den Augen zu verlieren, als ›Architekt‹ behandelt werden. Ottos Recherche zielt auf Bauten, die analog zu den Konstruktionen der lebenden Natur mit einem Minimum an Material auskommen und die zugleich in der Lage sind, sich wandelnden Erfordernissen flexibel anzupassen. Das Interesse an materieller Dauerhaftigkeit tritt dabei ebenso in den Hintergrund wie die Bedeutung des Bauwerks als eines künstlerischen Formgebildes. Otto bestreitet, dass es zu den Aufgaben des Bauens gehöre, der Individualität des Entwerfers Ausdruck zu verleihen, Symbole zu schaffen oder Botschaften zu vermitteln. Sein eigenes Haus entwirft er nicht als formale Konkretisierung einer architektonischen Botschaft, sondern als Teilversuch innerhalb einer kontinuierlich verfolgten Recherche.

Das Haus und die Stadt von morgen

Einen Schlüssel zu der Material sparenden und wandelbaren Architektur, die er anstrebt, findet Frei Otto in den Möglichkeiten des Leichtbaus, insbesondere der leichten Flächentragwerke. Seit seiner 1954 veröffentlichten Dissertation über ›Hängende Dächer‹ steht die Beschäftigung mit zugbeanspruchten Konstruktionen im Zentrum seiner Arbeit. Ihrer Erforschung und Erprobung widmet Otto einen Großteil seiner Lebensleistung. Gegen die Schwere konventionellen Bauens setzt er die Schwerelosigkeit seiner Zelte, Gitterschalen und Pneus. Neben seiner Auseinandersetzung mit neuartigen Konstruktionsmethoden engagiert sich Otto jedoch auch im traditionellen Betätigungsfeld des Architekten, im Haus- und Städtebau.[2] Dieser Bereich stellt die zweite, verborgene Konstante in seiner Arbeit dar. Hier definiert er den lebenspraktischen Rahmen, in dem er seine spektakulären Zeltkonstruktionen platziert. Ottos Studien zu Fragen des Wohnens lassen sich verstehen als das Fundament, über dem sich die schwebenden Tragwerke erheben.

Bereits als Student begann Otto, sich in unkonventioneller Weise mit dem Wohnbau auseinander zu setzen. Nach einem 1951 gezeichneten Projekt für Wohnhochhäuser beschäftigte ihn 1952 eine Doppelhaus-Siedlung als Thema seiner Diplomarbeit.[3] Den damit begründeten Arbeitsschwerpunkt vertiefte er in den folgenden Jahren durch zahlreiche Aufsätze und Projekte, daneben durch eine kleine Zahl ausgeführter Bauten. Sehr früh kristallisierten sich die

1 Schriften (Auswahl): Otto, Frei 1954. – Ders. 1962–66. – Ders. 1982a. – Burkhardt 1983. – Periodische Veröffentlichungen der von Otto geleiteten Institute: Mitteilungen der Entwicklungsstätte für den Leichtbau (EL), 9 Hefte, Berlin 1958–1963. – Mitteilungen des Instituts für Leichte Flächentragwerke (IL), Stuttgart ab 1969. – Monographien: Roland 1965. – Drew 1976. – Glaeser 1977. – Wilhelm 1985.

2 Über Ottos Beschäftigung mit Problemen des Wohnens: Wilhelm 1985, S. 98–109.

3 Zu der Studienarbeit (1951): Wilhelm 1985, S. 106 f. – Zum Diplomprojekt ›Siedlung Waidmannslust‹ (1952): *Wohn-be-reiche* 1985, S. 31.

zentralen Gedanken heraus, die Ottos Standpunkt im Wohnungs- und Städtebau bestimmen. Kennzeichnend für seine Denkweise ist die enge Verknüpfung bautechnischer und wohnkultureller Aspekte. Indem er Methoden des Selbstbaus fördert, möchte Otto den Bewohner am Bau seines Hauses beteiligen und zur Schaffung einer individuell geprägten Wohn-Umwelt beitragen. Durch Orientierung des Entwurfs am Sonneneinfall strebt er nach Energieersparnis und einem natürlichen Klima im Haus. Als Gegengewicht zum utilitären Wohnzweck betont er den bergenden Charakter der Wohnung als ›Nest‹.

Eine Zusammenfassung der einzelnen Themen unternimmt Otto in dem Aufsatz ›Die Stadt von morgen und das Einfamilienhaus‹, sodann in einem Heft seiner EL-Mitteilungen unter dem programmatischen Titel ›Anpassungsfähig bauen‹.[4] Beiden Veröffentlichungen gibt er exemplarische Hausentwürfe und schematische Bebauungsvorschläge bei. Als universales Wohnmodell empfiehlt er das ebenerdige, eingeschossige Einzelhaus. Dieses soll keine statische Form erhalten, sondern mit der darin wohnenden Familie wachsen und schrumpfen. Otto sieht 400–600 m² große Grundstücke vor, die in Erbpacht an die Bewohner vergeben werden, jedoch im Eigentum der Gemeinschaft bleiben. Die Einfamilienhäuser gruppiert er in zellenartigen Siedlungseinheiten, die sich an astförmigen Verkehrssystemen aufreihen. Das Astwerk der Wege nimmt seinen Ausgang von einem fußläufigen Stadtzentrum, in dem Kultur- und Verwaltungsbauten konzentriert sind. Otto achtet auf abgestufte Straßenbreiten und auf eine Trennung der Autostraßen von Rad- und Fußwegen.

Erkennbar reflektieren Ottos Modelle die städtebauliche Diskussion in Westdeutschland während der ersten Wiederaufbauphase,[5] wie sie in den Standpunkten Roland Rainers, Hans-Bernhard Reichows und Hans Bernoullis zum Ausdruck kommt. Mit seinem Plädoyer für die ebenerdige Wohnstadt macht sich Otto die Position Roland Rainers zu eigen. Rainer propagierte die Vorzüge des kleinen Einzel- oder Reihenhauses gegenüber dem vielgeschossigen Wohnungsbau.[6] Die organischen Wegenetze und die Zellenstruktur der Bebauung, die Otto vorschlägt, scheinen von den Siedlungsmodellen Hans-Bernhard Reichows inspiriert. Vor allem das Bestreben Reichows, städtebauliche Gestaltungsprinzipien in Analogie zu den Erscheinungen der belebten Natur zu entwickeln, dürfte Otto angeregt haben.[7] Ottos Überlegungen zur Organisation der Bodenrechtsverhältnisse beruhen auf Reformideen Hans Bernoullis, der den städtischen Grund in die Hand der Gemeinde überführen und nur ein befristetes Privateigentum am Hausbau zulassen wollte. Allerdings möchte Otto das private Besitzrecht erweitert sehen, um die individuelle Initiative zu kontinuierlicher baulicher Veränderung zu stimulieren.[8] Ausgehend von der aktuellen Diskussion formuliert Otto sein eigenes städtebauliches Modell. Er modifiziert dabei die Leitbilder der Epoche zugunsten einer Stärkung individueller Anpassbarkeit und städtebaulicher Flexibilität. In dem aus präfabrizierten Teilen zusammengesetzten Einzelhaus sieht er das geeignete Instrument eines nach den Vorstellungen der jeweiligen Benutzer maßgeschneiderten Wohnbaus. Die organische Stadtstruktur begreift er als praktikables Mittel eines für zukünftige Veränderungen offenen Planens.

Für Ottos Bemühen um architektonische und städtebauliche Anpassungsfähigkeit spielt ein weiteres Vorbild eine wichtige Rolle: Martin Wagners Konzept des ›wachsenden Hauses‹.[9] Wagner hatte 1931 als Berliner Stadtbaurat den Wettbewerb für ein preisgünstiges, schrittweise zu erweiterndes Kleinhaus ausgeschrieben. Zwanzig preisgekrönte Beiträge, darunter jene von Gropius,[10] Häring, Mendelsohn, Poelzig, Scharoun, den Brüdern Taut sowie Wagners eigener Entwurf, wurden ausgeführt und auf der Ausstellung ›Sonne, Luft und Haus für alle‹ im Rahmen der Berliner Messe im Frühjahr 1932 vorgestellt. Otto beruft sich bei seiner Suche nach einer flexiblen Hausform ausdrücklich auf den von Wagner veranstalteten Wettbewerb, der hierfür die ersten brauchbaren Ergebnisse geliefert habe.[11] Sein

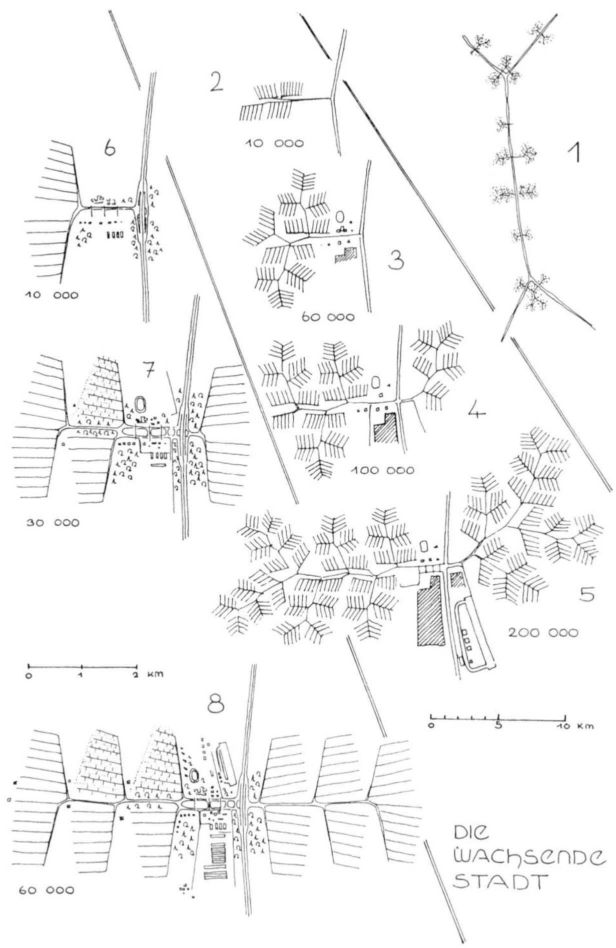

215 Frei Otto, Die wachsende Stadt, 1959, Planschema in verschiedenen Wachstumsphasen

4 Otto, Frei 1956. – *Anpassungsfähig Bauen* 1959.

5 Vgl. hierzu: Beyme 1987, S. 60–100. – Rabeler 1990, S. 19–31. – Durth 1990. – Zur Kontinuität mit der Planungspraxis im ›Dritten Reich‹ vgl. besonders: Durth 1995.

6 Rainer 1947. – Ders. 1948 a, S. 65–90. – Ders. 1948 b. – Auf die letztgenannte Schrift verweist: Otto, Frei 1955 a.

7 Die Orientierung an organischen Modellen bildete im Deutschland der Nachkriegszeit einen gemeinsamen Nenner, auf dem Modernisten und Traditionalisten, »Belastete und Unbelastete« zusammenfanden. Beyme 1987, S. 71–75, hier zitiert S. 73. – Hans-Bernhard Reichow trieb die organische Analogie in formaler Hinsicht besonders weit. Vgl. hierzu: Reichow 1948. – Über Reichow: Durth 1992, S. 334, 336 f. u. 512 f. – Frei Otto bezieht sich nicht explizit auf die Arbeit Reichows.

8 Bernoulli 1946. – Otto setzt sich mit Bernoullis Vorschlägen auseinander in: *Anpassungsfähig Bauen* 1959, S. 54–60.

9 Wagner, Martin 1932. – Über Wagner: Scarpa 1986.

10 Dieser beschäftigte sich bereits in seinem ›Baukasten im Großen‹ mit Möglichkeiten, im Hausbau spätere Erweiterungen vorauszuplanen. Vgl. o. S. 142 f.

11 U. a. in: *Anpassungsfähig Bauen* 1959, S. 19–23. – *Anpassungsfähig Bauen* 1975, S. 310 f. – *Wohn-be-reiche* 1985, S. 12–15.

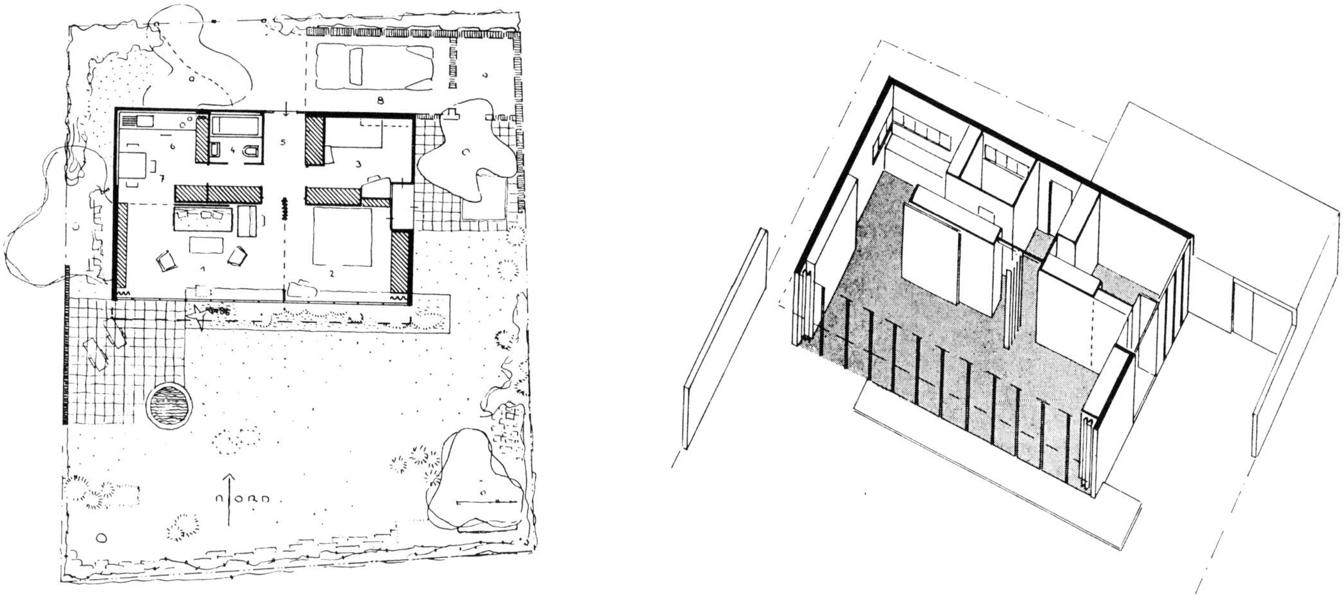

216 Frei Otto, Haus Mrozek, Bremerhaven, 1953, Grundriss und isometrische Darstellung

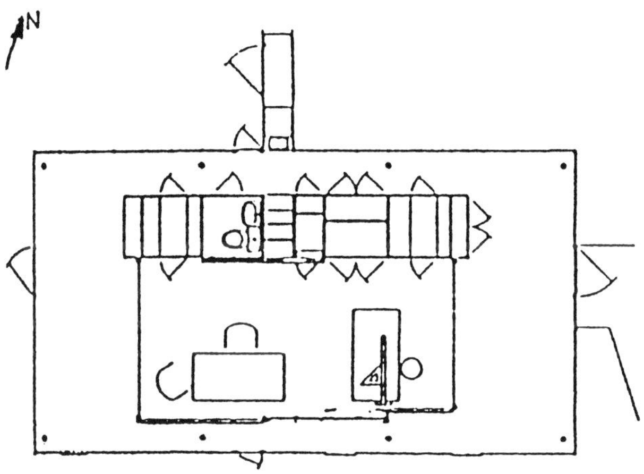

217 Frei Otto, Atelier des Architekten, Berlin-Zehlendorf, 1959, Grundriss

218 Atelier Frei Otto, Berlin-Zehlendorf, Ansicht

urbanistisches Modell bezeichnet er analog zu Wagners ›wachsendem Haus‹ als »wachsende Stadt«.[12]

Die erste und bis zum eigenen Hausbau einzige Gelegenheit, ein Einfamilienhaus zu realisieren, erhielt Otto 1953 mit dem Bau des Hauses Mrozek für seine Schwester in Bremerhaven.[13] In seiner Einfachheit könnte der rechteckige, flach gedeckte Baukörper bereits für das wenig später ausgearbeitete Stadtkonzept bestimmt gewesen sein. Schiebewände ermöglichen eine flexible Unterteilung des entlang einer durchgehend verglasten Südfront organisierten Inneren. Die rechteckige Kastenform verwendete Otto auch 1958 im Entwurf seines Ateliers in Berlin-Zehlendorf, das er wie das Haus Mrozek als Stahlskelettkonstruktion ausführte, diesmal jedoch allseits mit Glas umgab.[14] In den gläsernen Kubus stellte er eine innere, ebenfalls gläserne Raumschale hinein, der eine breite Schrankwand als Rücken dient.

Gleichzeitig mit dem Zehlendorfer Bau plante Otto ein Atelier für den Bildhauer Paul Dierkes als in einen Hügel eingegrabenes Erdhaus mit beweglichem Zeltdach.[15] Parallel zur prismatischen Eleganz des eigenen Ateliers entwarf er hier einen Haustyp von archaischer Einfach-

12 *Anpassungsfähig Bauen* 1959, S. 51.

13 *Kleinsthaus* 1956, S. 18. – *Wohn-be-reiche* 1985, S. 31.

14 Drew 1976, S. 7. – *Natürlich Bauen* 1980, S. 159. – Wilhelm 1985, S. 8 (Abb.). – *Wohn-be-reiche* 1985, S. 39.

15 Deutsche Bauzeitung, Jg. 65, H. 7, 1960, S. 363. – *Natürlich Bauen* 1980, S. 158. – Wilhelm 1985, S. 101. – *Wohn-be-reiche* 1985, S. 37.

219 Frei Otto, Projekt eines Ateliers für den Bildhauer Paul Dierkes, 1958, Modell

heit, der Merkmale volkstümlicher Lehmarchitektur mit der Erinnerung an die Zelte wandernder Wüstenbewohner verband. Ähnlich ungeschliffen präsentiert sich der Entwurf für ein ›Wohnhaus aus sandgefüllten Foliensäcken‹, den der Architekt 1959 veröffentlichte.[16] Die aus Sandsäcken gefügten Wände gleichen in der zeichnerischen Darstellung rohem Steinmauerwerk, sind aber im Gegensatz zu diesem beliebig veränderbar. Die Überschau über Ottos frühe Hausentwürfe zeigt den Pluralismus der Formen und technischen Mittel, der sein Vorgehen charakterisiert. Im Streben nach möglichst einfacher Ausführung gelangt er einerseits zu abstrakten Baukörpern von klassischer Strenge, andererseits zu elementaren Konstruktionen, die sich mimetisch der Erde anschmiegen.

Parallel zur Beschäftigung mit dem Einfamilienhaus bemüht sich Otto um Lösungen im Etagenwohnbau. Sein Interesse zielt hier vordringlich darauf, die vom Einzelhaus garantierte Individualität auf das mehrstöckige Wohngebäude zu übertragen. Er entwickelt daher die Vorstellung eines neutralen »Hausgerippes«,[17] in dem jeder Bewohner vom Architekten seiner Wahl die ihm gemäße Einzelwohnung ausführen lassen kann. Die resultierende Verschiedenartigkeit der Etagengrundrisse soll auch am Außenbau ablesbar sein. Otto knüpft an den von Le Corbusier etwa im Etagenwohnhaus der Rue Nungesser-et-Coli 24 verwirklichten ›plan libre‹ an,[18] zudem an dessen für Algier entwickeltes Projekt einer ›Autobahnstadt‹ mit frei bebaubaren Geschossflächen.[19]

Die geschilderte Strategie verfolgte Otto bereits bei den 1951 als Studienarbeit gezeichneten Entwürfen für ein ›Wohnhochhaus als senkrechte Schalenkonstruktion‹ und ein ›Wohnhochhaus für 12 Familien‹.[20] Beim Bau einer Wohnanlage in Berlin-Tempelhof für die ›Alexandra-Stiftung‹ (1954–56) sah er sich jedoch mit der Unmöglichkeit konfrontiert, unter den Bedingungen des sozialen Wohnungsbaus seinen Wunsch nach Individualisierung in die Realität umzusetzen.[21] Die als Rückschlag empfundene Erfahrung hinderte ihn nicht daran, weiter nach Wegen zu einem individuellen Wohnen im Hochhaus zu suchen. Um 1959–60 skizzierte er das Prinzip vielstöckiger Betonmasten, an die sich allseitig Wohneinheiten anhängen lassen, etwa in einem Projekt für drei Wohnhochhäuser am Central Park in New York.[22] Weitere Entwürfe für hängende Wohnbauten entstanden im Laufe der sechziger Jahre.[23]

Mit der intensivierten Arbeit an vertikalen Wohnlösungen öffnete Otto seine städtebauliche Perspektive. Zwar befürwortet er weiterhin ebenerdige und kleinstädtische Modelle, richtet

16 *Anpassungsfähig Bauen* 1959, S. 77 f. – Wilhelm 1985, S. 101. – Ebenso wie das Atelier Dierkes blieb das Projekt unausgeführt.

17 Erläuterungsbericht zur Studienarbeit 1951. Zitiert nach: Wilhelm 1985, S. 107.

18 Vgl. o. S. 111 f.

19 Le Corbusier 1935, S. 226 f.

20 Vgl. o. Anm. 3. – Außerdem: *Anpassungsfähig Bauen* 1959, S. 91. – *Wohn-be-reiche* 1985, S. 28.

21 *Wohn-be-reiche* 1985, S. 32 f.

22 *Anpassungsfähig Bauen* 1959, S. 82–84. – *Wohn-be-reiche* 1985, S. 30.

23 Vgl. hierzu: Roland 1965, S. 106–110. – Wilhelm 1985, S. 94–98. – In diesen Zusammenhang gehören auch die ›Schiffshäuser‹ von 1965/66. Ebd., S. 92 f.

220 Frei Otto, ›zukünftige Stadt‹, Skizze, 1963

jedoch nun seine Aufmerksamkeit verstärkt auf Formen metropolitaner Konzentration. Neben das horizontale Konzept der ›wachsenden Stadt‹, deren hohen Flächenverbrauch er als Problem erkennt,[24] stellt er die Vision »dreidimensionaler Gartenstädte«.[25] In seinen Schilderungen ›zukünftiger Städte‹[26] greift Otto Elemente auf, die schon in utopischen Stadtkonzepten der zwanziger Jahre eine Rolle spielten.[27] Zugleich vollzieht er in der Verdichtung der urbanen Strukturen einen aktuellen Leitbildwandel mit. Zeitgenossen seiner Zukunftsbilder sind etwa die ›Ville spatiale‹ Yona Friedmans, die ›Plug-in Cities‹ der englischen Gruppe ›Archigram‹ oder die Megastrukturen der japanischen Metabolisten.[28] Deren technizistische Abstraktion kleidet jedoch Otto in ein organisches Gewand. Durch integrierte Wasserstraßen, kurvenreiche Spazierwege und alpine Gebäudeformationen verwandelt er die Stadt der Zukunft in ein Natursurrogat.[29] Mit dünnen Membranen überspannt Otto seine Stadtlandschaft. Er simuliert hier die Anwendung seiner Zeltkonstruktionen in städtebaulichem Maßstab. In der Stadtvision sucht er nach einer Synthese seiner unterschiedlichen Arbeitsbereiche.

Zwar sind es vor allem Großbauten und spektakuläre Tragwerkkonstruktionen, durch die Otto seinen internationalen Ruf begründete. Den doppelten Fluchtpunkt seiner Arbeit bilden jedoch, wie er immer wieder betont, »das Haus und die Stadt von morgen«.[30] Seine Leitfrage, wie das menschliche Leben auf der Erde in Zukunft aussehen wird,[31] mündet im Wohnbau. Auch wenn die Wohnplanungen nur einen geringen Teil seiner ausgeführten Projekte ausmachen, liegen sie im Zentrum seines Werks. Vor diesem Hintergrund ist das Haus zu beurteilen, das der Architekt für sich selbst baute.

Warmbronn

Frei Otto errichtete sein Haus 1967–69 in Leonberg-Warmbronn, etwa 15 km südöstlich von Stuttgart.[32] Das Haus Otto steht am Nordrand des Ortes in einem Neubaugebiet, das vom Ortskern durch einen Wiesenstreifen getrennt ist. Am unteren Rand eines nach Süden

24 So etwa in: *Anpassungsfähig Bauen* 1959, S. 56.

25 Verwendung des Begriffs: Otto, Frei 1969, S. 11. – Vgl. auch: Wilhelm 1985, S. 91 u. 107.

26 Otto, Frei 1964. – Vgl. auch: Wilhelm 1985, S. 94–95 u. 98.

27 So besonders die Vorstellung einer aufgeständerten Innenstadt, die sich über einem separaten Installationsgeschoss erhebt. Erläutert in: *Anpassungsfähig Bauen* 1959, S. 65f. – Vgl. dazu etwa die urbanistischen Vorschläge Auguste Perrets in: Perret 1920. Zitiert in: Fanelli/Gargiani 1990, S. 106–107.

28 Hierzu etwa: Banham 1976, besonders S. 57–64. – Gleiniger-Neumann 1986. – Zu einer Kritik an den Raumstadtkonzepten der sechziger Jahre: Bohning 1981, S. 179–188. – Rowe/Koetter 1984, S. 51–54.

29 Darin lassen sich Ansätze zu einer Humanisierung, aber auch zu einer Verharmlosung des technischen Großprojekts erkennen.

30 Otto, Frei 1956, S. 643. – Otto, Frei 1982a, S. 101.

31 Otto, Frei 1967.

32 An dem Entwurf war Rob Krier, 1966–70 Ottos Bürochef, maßgeblich beteiligt. – Einzelveröffentlichungen des Hausbaus: Braun 1983. – Glasforum, Jg. 34, 1984, H. 2, S. 15–18. – Abbildungen und Informationen enthalten: Hix 1974, S. 177–178. – *Anpassungsfähig Bauen* 1975, S. 322–323. – Drew 1976, S. 59 u. 82–85. – Glaeser 1977, S. 46. – *Natürlich Bauen* 1980, S. 160–161. – Otto, Frei 1982a, S. 119–121. – Wilhelm 1985, S. 101–105. – *Wohn-be-reiche* 1985, S. 40–41. – Außerdem beschäftigt sich mit dem Haus: Dammann 1987, S. 47–50.

221 Frei Otto, Wohnhaus und Atelier des Architekten, Leonberg-Warmbronn, 1967–69, Luftbild

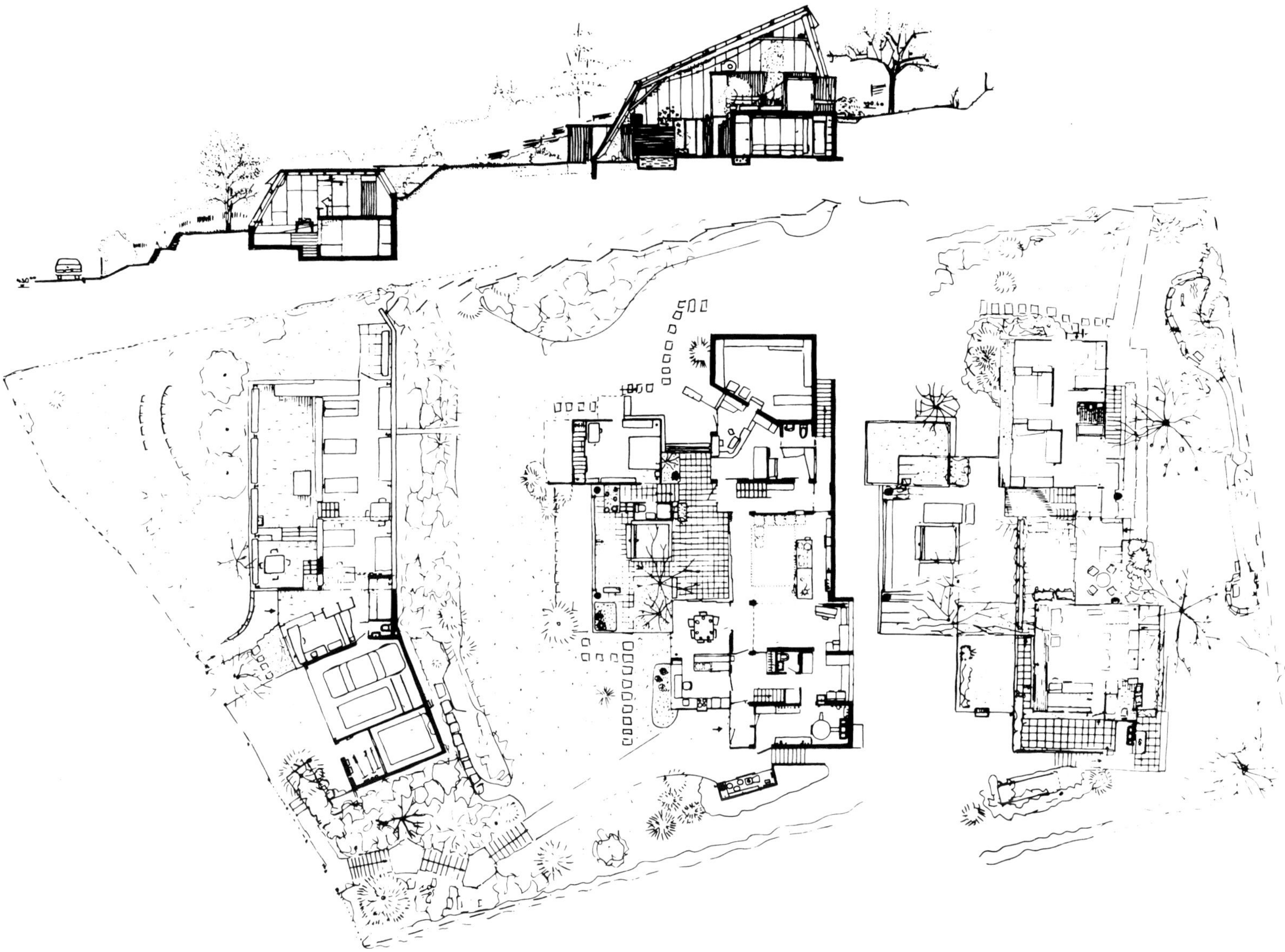

222 Haus Otto, Leonberg-Warmbronn, Schnitt, Grundrisse Erdgeschoss und Obergeschoss

blickenden Hanggrundstücks liegt Ottos Ateliergebäude, weiter oben das Wohnhaus. Die getrennten Bauteile stellen sich quer zur Geländeneigung, so dass der untere den Blick auf den oberen versperrt. Rechts vom Atelier befinden sich Garagen und ein Öltankraum, daneben führt eine mehrfach abgeknickte Gartentreppe zum Haus empor. Atelier und Wohnhaus sind so in den Hang hineingeschoben, dass die Differenz zwischen Vorder- und Rückseite jeweils der Höhe eines Stockwerks entspricht.

Den mittleren Bereich des Hauses überfängt auf etwa 10 m Breite und 15 m Tiefe eine gläserne Hülle. Sie besitzt senkrechte Flanken, ihr Dach folgt annähernd der Steigung des Terrains, um im Norden steil abzufallen. Zu beiden Seiten treten zweistöckige, kastenförmige Baukörper an das Glashaus heran. Sie sind nach Süden ebenfalls durchgehend verglast, ansonsten jedoch mit senkrechten Holzlatten verschalt. Während der westliche Flügel als einheitliches Volumen ausgebildet ist, erhält der östliche durch Terrassen und Rücksprünge eine bewegtere Massenverteilung. Eine weitere, eingeschossige Raumeinheit ist dem Glashaus an seiner Südwestecke vorgebaut. Die asymmetrisch verteilten Anfügungen konterkarieren die axiale Symmetrie des gläsernen Mittelbaus.

223 Haus Otto, Leonberg-Warmbronn, Innenansicht, überdachter Freiraum, Blick nach Osten

224 Haus Otto, Leonberg-Warmbronn, Innenansicht, Blick vom Dach des ›Kinderhauses‹ auf die Terrasse des Obergeschosses

225 Haus Otto, Leonberg-Warmbronn, Ansicht, Blick von Westen auf die große Glashülle, links oben ›Kinderhaus‹, rechts unten ›Gartenhaus‹

Die drei Anbauten – ›Kinderhaus‹ im Westen, ›Elternhaus‹ im Osten und das für Gäste bestimmte ›Gartenhaus‹ – setzen sich innerhalb des von der Glashülle umschlossenen Bezirks fort. Sie verbinden sich hier zu einer nach oben zurückgestuften, auf drei Ebenen genutzten Wohnlandschaft. Zu ihren Füßen erstreckt sich ein geschützter Freiraum mit Bäumen, Sträuchern und einem Wasserbecken, der die verschiedenen Funktionsbereiche zueinander in Beziehung setzt. Im Erdgeschoss lassen sich durch bewegliche Wände das gemeinsame Wohnzimmer und ein Esszimmer zu der überdachten ›Piazza‹ hin öffnen. Dahinter schließen sich auf der Elternseite Küche und Hauswirtschaftsräume, auf der Kinderseite eines der Kinderzimmer sowie ein separater Kellerraum an. Im Obergeschoss befinden sich das großzügige Appartement der Eltern im einen, weitere drei Kinderzimmer im anderen Flügel. Zwischen den beiden Bereichen liegt eine breite Terrasse, von der rückwärtig ein schmaler Raum durch Schiebewände abgeteilt werden kann. Auf dem Dach des Elterntrakts, unmittelbar unter der Glashülle, hat sich der Architekt einen kleinen Raum als »Eremitage« eingerichtet.[33] Die Haupttreppe zum oberen Stockwerk ist dem ›Kinderhaus‹ zugeordnet, das ›Elternhaus‹ verfügt über eine eigene Stiege. Der Haupteingang liegt auf der Südseite des Elterntrakts. Außerdem gibt es Zugänge zu beiden Ebenen des Hauses von Norden her. Der Organismus des Hauses ist ›beweglich‹ nicht nur durch die Möglichkeiten der flexiblen Raumteilung, sondern auch durch die Vielzahl der angebotenen Wege. Zugleich gewährleistet die große Glashülle den Zusammenhalt der verschiedenen Raumeinheiten. Die Komplexität des Plans entfaltet sich im Wechselspiel von Autonomie und Bindung.

Der Architekt wählt für seinen Hausbau keine einheitliche Struktur, sondern kombiniert in undogmatischer Weise Elemente einer Beton-, Stahl- und Holzkonstruktion. Auch am Außenbau lässt er neben der Glätte des industriellen Materials Glas die Formeigenschaften des natürlichen Materials Holz zur Sprache kommen. Otto arbeitet mit einer einfachen Verglasung, die es ihm erlaubt, sehr feine Profile zu verwenden. So erzielt er dünnlinig gerasterte Oberflächen. Indem er die schmalen Fensterscheiben der Seitenflügel bis zur Dachkante hinaufzieht, betont er die geometrische Präzision der Baukörper. Die große Glashülle präsentiert sich als vollkommen transparentes Gebilde, durch das der Blick frei hindurchstreift. Die beiden Holzrahmen, die das durchscheinende Dach tragen, sind auch von außen erkennbar. Sie sind aus ungeschnittenen Fichtenstämmen zusammengefügt, vertreten also den Urzustand des Baustoffs Holz. In ihrer plastischen Schwere bilden sie einen wirkungsvollen Gegensatz zur Leichtigkeit der transparenten Hülle.

Falle für Sonnenstrahlen und bewohntes Gewächshaus

In einem Aufsatz über das ›ungeheizt schon warme Haus‹ resümiert Otto seine ersten Erfahrungen mit dem, was später als passive Solararchitektur bezeichnet werden wird.[34] Er beginnt den Artikel mit der Losung: »Fenster sind Fallen für Sonnenstrahlen«. Bereits in seinen frühen Projekten ist er bestrebt, durch Ausrichtung der Wohngebäude nach Süden die Sonne als Wärmequelle zu nutzen. Im Siedlungsbau bedient er sich einer eigens entwickelten ›horizontalen Sonnenuhr‹, um jenen Plan zu ermitteln, der eine optimale Besonnung ermöglicht.[35] Großzügig verglaste Südfassaden sollen die Sonnenstrahlen ins Hausinnere lenken und somit helfen, Energie zu sparen. Beim Bau des nach Süden weit geöffneten, auf den anderen drei Seiten jedoch wärmedämmend isolierten Hauses Mrozek setzt Otto diese Überlegungen in die Praxis um.[36] In seinem eigenen Haus in Warmbronn fängt der Architekt die Sonnenenergie nicht mehr nur durch einzelne Fenster, sondern mit Hilfe einer großen, dem Bau übergestülpten Glashülle. Das gläserne Dach macht die Orientierung auf die Sonne zum Haupt-

33 Braun 1983, S. 28.

34 Otto, Frei 1955 b. – *Wohn-be-reiche* 1985, S. 34–35.

35 Otto, Frei 1955 c.

36 Vgl. o. Anm. 13.

thema der Architektur des Hauses. Mit seinen schräg gestellten Glasflächen reckt sich der Bau buchstäblich den Sonnenstrahlen entgegen.
Durch die Ausnutzung der Sonnenwärme erreicht Otto eine mittlere Temperaturdifferenz von 12 °C zwischen Garten und Glasraum.[37] Zur Regulierung des Innenklimas stattet er den Hausbau mit verschiedenen flexiblen Strukturen aus.[38] Ein etwa 36 m^2 großes Tor in der Südwand des Glashauses kann über eine Seilwinde mit Hilfe eines Elektromotors unter das Dach gehoben werden. Ein weiterer Motor erleichtert das Ausrollen eines Sonnensegels, das vor zu starker Wärmeeinstrahlung schützt.[39] Mechanische Lüftungsklappen am höchsten Punkt des Glasdachs sorgen für den Austausch überhitzter Luft. Der thermischen Regulierung dienen auch die schmalen Korridore, die Otto den außerhalb des Glashauses befindlichen Räumen auf ihrer Südseite vorlegt. Sie sind nach außen wie nach innen verglast, lassen sich beidseitig durch Schiebetüren öffnen und wirken als Wärmepuffer. Die beweglichen Wände im Haus verhindern den Wärmeabfluss. Eine Warmwasserzentralheizung kann im Bedarfsfall zugeschaltet werden und tritt automatisch in Funktion, sobald die Temperatur im Glashaus 6 °C unterschreitet.
Ein ebenso wichtiges Anliegen wie der Sonnenfang ist es für den Hausherrn, die natürliche Vegetation in seine Wohnwelt hineinzulassen.[40] Unter dem Glasdach hat er mehrere Beete angelegt. Hier wachsen Eukalyptus, Feigenbäume, Efeu, Myrte und Kakteen. Zahlreiche Kübelpflanzen bevölkern die Terrasse des Obergeschosses. Das quadratische Wasserbecken vervollständigt die umschlossene Gartenlandschaft. Durch exotische Pflanzen und ganzjährig blühende Blumen charakterisiert Otto die Glashülle als Gewächshaus. Die Pflanzen legen Zeugnis ab von dem paradiesischen Klima, das in dem Haus herrscht. Während der warmen Jahreszeit ist tagsüber das große Tor in der Südfront geöffnet. Innere und äußere Natur gehen dann fließend ineinander über.
Die Pflanze ist für Otto prägender Bestandteil einer »Welt der Übergänge, die des Menschen Urumwelt zu sein scheint«.[41] Beim Bau seines Hauses gestaltet er klimatische und räumliche Übergänge zwischen menschlicher Wohnwelt und Natur. Der Bezirk unter der Glashülle wird zum Mittler zwischen künstlichem und natürlichem Klima, zwischen umgrenztem und offenem Raum. Das Haus stellt Strukturen bereit, die eine dynamische Beziehung zum Umraum ermöglichen. Es setzt seine Bewohner einem sich stetig wandelnden Reizklima aus.

Maschine und Nest

Mechanische Klimakontrolle und Öffnung zur Natur entsprechen den zwei Grundfunktionen, die Otto im Hausbau miteinander verbinden will. »Das Haus ist eine Maschine. So soll es auch aussehen: Ein Behälter von schöner Gestalt, der schwerelos zwischen Bäumen, über Felsen und Klippen [...] schwebt. Doch etwas am Haus ist untechnisch: Das Nest, sein intimer Kern.«[42] Durch maschinengleiche Funktionalität einerseits, den bergenden Charakter eines ›Nests‹ andererseits antwortet das Haus den unterschiedlichen Bedürfnissen menschlichen Wohnens.
Als ästhetisches Äquivalent der ›Wohnmaschine‹ beschreibt Otto das Bild des schwebenden, kastenförmigen Behälters. Dieser Idealform, archetypisch formuliert in Ludwig Mies van der Rohes Farnsworth House (1948–51) oder Philip Johnsons eigenem ›Glass House‹ (1949), näherte sich der Architekt in seinem Zehlendorfer Atelier. Beim Bau des Hauses in Warmbronn fügt er mehrere solcher Einheiten zu einer komplexeren Konfiguration zusammen. Der Gedanke an Mies' schwerelose Behälter ist darin aufbewahrt, deren Schwebezustand jedoch zugunsten einer engeren Verzahnung mit dem Umraum aufgegeben.

37 Glasforum, Jg. 34, 1984, H. 2, S. 18.

38 Die im Folgenden genannten Vorrichtungen schildert ausführlich: Braun 1983, S. 27–28.

39 Die wechselnde Einstellung von Südtor und Sonnensegel im Tagesverlauf beschreibt die Bildfolge in: *Anpassungsfähig Bauen* 1975, S. 322–323.

40 Zu diesem Aspekt des Hausbaus äußert sich Otto in: Klotz 1977, S. 257–258.

41 Otto, Frei 1956, S. 25.

42 Otto, Frei 1954 b, S. 411.

226 Frei Otto, Skizze einer aus dem ›Wohnhaustyp Warmbronn‹ zusammengesetzten Gartensiedlung, 1976

227 Frei Otto, Skizze einer aus dem ›Wohnhaustyp Warmbronn‹ zusammengesetzten mehrgeschossigen Wohnanlage, 1976

Die Einbettung des Hauses in das Terrain entspricht der angestrebten Nestfunktion. Mit der Metapher des ›Nests‹ bezeichnet Otto jene Elemente des Hauses, auf die der Bewohner auch dann nicht verzichten könnte, wenn er des technischen Schutzes durch die Wohnmaschine nicht bedürfte. Der ›intime Kern‹, den der Architekt beschwört, umschließt den ureigenen Individualbereich des Bewohners und enthält zugleich die Erinnerung an ein paradiesisches »Urklima«,[43] das einmal den natürlichen Lebensraum des Menschen bestimmt haben soll. Der Nest-Charakter des Hauses bildet für Otto die anthropologische Konstante in einer Welt, die das Wohnen beschleunigter Veränderung unterwirft.[44] Durch die Rückbindung an natürliche Lebensbedingungen möchte er den Menschen vor den Nachteilen einer fortschreitenden Technisierung schützen. Sein Haus in Warmbronn dient einem Leben, das »die Natur nicht vergessen läßt«.[45]

Bezüge im Werk

Im Bau des Warmbronner Hauses konzentriert sich Ottos Nachdenken über das Wohnen. Der Architekt bemüht sich hier um eine Umsetzung seiner Ideen. Gerade jener Aspekt, in dem er am entschiedensten von der Position der meisten Zeitgenossen abweicht, der Gedanke eines anpassungsfähigen, sich kontinuierlich wandelnden Bauens, findet jedoch in seinem eigenen Wohnen keinen deutlichen Niederschlag. Während der dreißig Jahre, in denen er das Haus bewohnt, hat Otto keine größeren Veränderungen an dem Bau vorgenommen.[46] Offensichtlich geht es ihm in Warmbronn nicht um eine Demonstration seiner Theorie vom Wachsen und Schrumpfen der menschlichen Behausung.

Otto entwirft das eigene Wohnhaus nicht als lehrbuchhaftes Modell, sondern als Einzellösung, abgestimmt auf seine persönlichen Bedürfnisse. Durch die neutrale Qualität der kastenförmigen Einheiten, aus denen er den Bau zusammensetzt, gibt er ihm jedoch ein ›typisches‹ Erscheinungsbild. Eine Vervielfältigung der auf einem modularen Raster errichteten Hausform erscheint vorstellbar. Tatsächlich skizzierte Otto 1976 zwei Siedlungskomplexe, die sich auf der Basis des ›Wohnhaustyps Warmbronn‹ bilden ließen. Er deutet damit Möglichkeiten an, den in Warmbronn verwirklichten Entwurf in einen städtebaulichen Maßstab zu übertragen.[47] Im ersten Fall zeigt er eine für ebenes Gelände konzipierte Gartensiedlung. Zweistöckige Häuser gruppieren sich hier jeweils um einen Innenhof, der von einem Glasdach überfangen wird. Im zweiten Fall stapelt er doppelgeschossige Wohneinheiten mit schräg gestellter Glasfront in vier Ebenen übereinander. Beide Male unterstreicht er durch die charakteristische Form des gläsernen Dachs die Verwandtschaft zum eigenen Wohnhaus. Mehr jedoch als die konkrete Gestalt seines Hauses ist es das Prinzip der Klimahülle über einfachen »Kästen«,[48] das der Architekt als Vorbild empfiehlt.

Diesem Prinzip folgte Otto auch in zahlreichen Großprojekten. Mit der Klimahülle seines Hausbaus gibt er einen Reflex auf die großen Zeltkonstruktionen, die ihn gleichzeitig beschäftigten. Im Jahr 1967, als er die Planung des eigenen Hauses in Angriff nahm, entstand

43 Ebd.

44 Zur von Otto angestrebten Nest-Qualität des Wohnhauses vgl. auch: Wilhelm 1985, S. 100–101.

45 Klotz 1977, S. 258.

46 Der einzige äußerlich sichtbare Eingriff ist die Doppelverglasung der Wohnflügel. Zu inneren Umbaumaßnahmen kam es lediglich im Bereich des ›Kinderhauses‹. Freundliche Auskunft des Architekten.

47 Abbildungen: Klotz 1977, S. 259. – *Vision der Moderne* 1986, S. 195.

48 Von »Kästen« unter einem »Glashaus« spricht Otto in: Klotz 1977, S. 257.

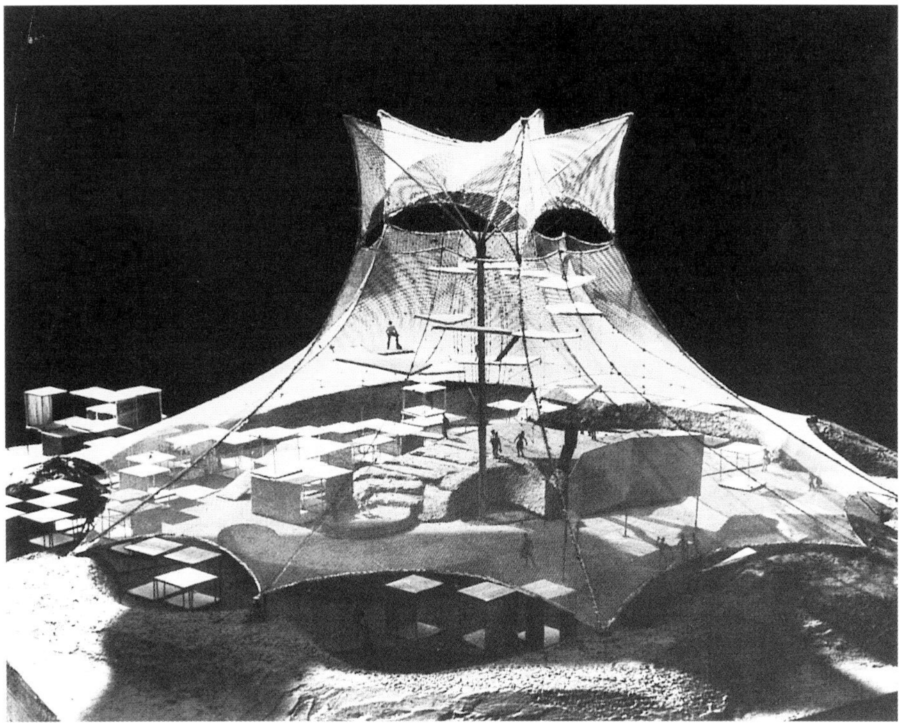

228 Frei Otto, Projekt für den indischen Pavillon auf der Weltausstellung 1970 in Osaka, 1967, Modell

der Pavillon für die Weltausstellung in Montreal. Ein von acht Masten abgehängtes, unregelmäßiges Zeltdach überspannte dort das streng orthogonale System der in drei Ebenen angelegten Ausstellungsterrassen. Im gleichen Jahr, 1967, plante Otto den indischen Pavillon für die Expo 1970 in Osaka. Diesmal sah er ein regelmäßiges, von einem zentralen Mast mit fünf Auslegern gestütztes Zeltdach vor. Der innere Ausstellungsaufbau sollte aus den würfelförmigen Containern zusammengesetzt werden, die für den Transport des Zeltbaus bestimmt waren. Im Projekt für ein Kulturzentrum in Abidjan (1972–73) entwarf Otto eine Stahlseilnetzkonstruktion über einer rechtwinkligen Zellenstruktur.[49] Wiederkehrendes Motiv der Arbeiten ist die Verbindung einer freien, hoch aufragenden Großhülle mit einer orthogonalen, aus kastenförmigen Elementen gebildeten Substruktur. Den gleichen Gedanken bringt der Architekt auch in seinem Wohnhaus zur Anwendung.

Parallel zu solchen, durchweg auf Einzelbauten bezogenen Konstruktionen plante Otto Klimahüllen, die ganzen Landstrichen Schutz geben und damit zur Erschließung neuer Territorien beitragen sollten. Die frühe Darstellung einer überkuppelten ›Siedlung am Hafen in der Arktis‹ zeichnete er 1959,[50] präzisere Vorschläge für arktische Städte arbeitete er 1971 und 1981 aus.[51] Die Pläne für überdachte Stadtanlagen übertragen den Gedanken der Großhülle in eine utopische, gleichwohl realisierbare Dimension. Mit der Glashülle, die Otto über seinem als kleine Stadtlandschaft artikulierten Wohnhaus errichtet, verweist er auf solche Visionen eines großflächigen Klimaschutzes.

Innovation und Kontinuität

Innovative Impulse paaren sich in dem Warmbronner Hausbau mit starken Elementen der Kontinuität. Zu den Innovationen, die Otto einführt, gehören die flexible Zuordnung verschiedener, in relativer Autonomie belassener Wohnbereiche, die konsequente Nutzung der Sonnenenergie und der Gedanke des Wohnens im Gewächshaus. Allerdings sind diese Neuerungen, wie

49 Zu den Projekten für Montreal, Osaka und Abidjan: Drew 1976, S. 74–79, 86–87 u. 134–135. – Glaeser 1977, S. 26–28 u. 32. – Wilhelm 1985, S. 71–77 u. 79.

50 Wilhelm 1985, S. 87.

51 Drew 1976, S. 128–131. – Glaeser 1977, S. 54. – Wilhelm 1985, S. 88.

229 Frei Otto u. a., ›Ökohaus‹ für die IBA 1987, Berlin, 1988–90

die Überschau über vorangegangene Wohnbauprojekte zeigt, nicht an den Bau des Hauses gebunden. Otto leistet in Warmbronn die Umsetzung entwerferischer Anliegen, die er bereits seit den fünfziger Jahren propagiert. Er verkündet keine neuen Programme, sondern exemplifiziert seit längerem vertretene Überzeugungen. Erst später wird er den Bau als »erstes deutsches Ökohaus«[52] deklarieren und damit nachträglich das Moment der Innovation herausstreichen.

Kennzeichnend für Ottos gesamten Weg ist trotz der Vielfalt seiner Arbeitsgebiete die innere Kontinuität seiner Recherche. Im Wohnbau bleibt er den während der unmittelbaren Nachkriegszeit formulierten Modellen über Jahrzehnte hinweg treu.[53] Mit dem Warmbronner Haus bekundet er sein grundsätzliches Festhalten am Ideal des ebenerdigen Wohnens, das er auch in einer Zeit wachsender urbaner Konzentration für entwicklungsfähig hält.[54] Mit den ›Ökohaus‹-Projekten für die IBA 1987 versucht er, früh entwickelte Konzepte mehrstöckigen Wohnens wieder zu beleben.[55] Aufgrund der Konsequenz seines Vorgehens bleibt er von dem architektonischen Paradigmenwechsel, der sich im Zeichen postmoderner Rückbesinnung seit den siebziger Jahren ereignet, weitgehend unberührt.

Neben dieser inneren Folgerichtigkeit steht Ottos Arbeit in Kontinuität mit den architektonischen Traditionen der zwanziger Jahre. In der Ausrichtung auf Zukünftiges setzt er die utopische Tradition des Expressionismus und der rationalistischen Moderne fort. Seine Stadtlandschaften entspringen dem gleichen visionären Impuls wie etwa Bruno Tauts ›Alpine Architektur‹. Zugleich knüpft Otto durch die Auseinandersetzung mit der Arbeit Martin Wagners, die in seinen Wohnbauprojekten ihren Niederschlag findet, an einen pragmatischeren Strang der modernen Architekturentwicklung an. Konzeptionelle und formale Parallelen zwischen seinem Haus in Warmbronn und Wagners Version des ›wachsenden Hauses‹ untermauern diese Verbindung.[56] Aber auch Elemente einer konservativen Stadtkritik, wie sie in den zwanziger Jahren vorwiegend von traditionalistischen Architekten vorgetragen wurde, nimmt er in seine Überlegungen auf.[57] Otto gibt zu erkennen, dass er seine Recherche als ein Weiterarbeiten an einem Projekt begreift, das andere begonnen haben. Als Wegmarke einer kontinuierlich vorangetriebenen Entwicklung, nicht jedoch als Ergebnis eines voraussetzungslosen Neubeginns erscheint in diesem Licht das eigene Haus des Architekten.

Wohnen als Experiment

Nicht als endgültige Lösung präsentiert Frei Otto sein Wohnhaus, sondern als Testfall. Der Architekt ist nicht Vor-Wohner, sondern Versuchsperson. Sein Wohnen bezeichnet er als »Experiment«,[58] das auf einer langen Reihe vorangegangener Untersuchungen aufbaut und für die Zukunft nur vorläufig Gültigkeit besitzt. Zu den älteren Versuchen, die dem Warmbronner Experiment als Grundlage dienen, zählen insbesondere Ottos Forschungen zur Besonnung und Klimakontrolle. Ein erster Schritt in dieser Richtung war die 1951 entwickelte ›horizontale Sonnenuhr‹.[59] Später, 1956–57, stellte Otto in Berlin-Dahlem ein Jahr lang zwei Miniaturhäuser auf, die er mit Thermografen ausrüstete, um die energetischen Vorzüge der vollverglasten Südwand quantitativ nachzuweisen.[60] Unmittelbare Vorstufe des Hauses in Warmbronn war auch in klimatechnischer Hinsicht der Bau des Zehlendorfer Ateliers. Hier erprobte Otto die Wirkung der doppelten Glashülle als Wärmepuffer, die er in verbesserter Form auch in seinem Hausbau nutzte. Jene Entwurfselemente, die in Zehlendorf unbefriedigend blieben, gaben später Anlass zu neuen Lösungen. So verwendete Otto in Warmbronn anstelle der problematischen Dachfolie aus Polyvinylchlorid eine neue, eigens für ihn hergestellte Zelthaut.[61] Nachdem er in dem Atelier den Fußboden als zu kalt empfunden hatte, verlegte er in seinem Wohnhaus die Heizungsrohre an der unteren Fensterkante,[62] wodurch sich die Bodenwärme

52 *Wohn-be-reiche* 1985, S. 5.

53 Die zugrunde liegende Konstante ist dabei der Gedanke des anpassungsfähigen Bauens.

54 Vgl. dazu auch: Otto, Frei 1969, S. 9 f.

55 Das Projekt ist dokumentiert in: *Wohn-be-reiche* 1985, S. 48–79. – Die zweite, für die Corneliusstraße 11–12 in Berlin-Tiergarten bestimmte Projektvariante wurde 1988–90 ausgeführt. Vgl. dazu: *Internationale Bauausstellung* 1984, S. 24–25. – *Berlin Brandenburg* 1990, S. 61.

56 Wagner umgab sein Haus auf drei Seiten mit einer schräg gestellten Glashaut »als Sonnen- und Wärmefang«. Wagner, Martin 1932, S. 144–149, hier zitiert S. 144.

57 Stadtgrößen von 50 000 Einwohnern empfiehlt er »für Europa als besonders geeignet«. Otto, Frei 1956, S. 645.

58 Klotz 1977, S. 257.

59 Otto, Frei 1955c. – *Wohn-be-reiche* 1985, S. 30.

60 Ebd., S. 38.

61 Ebd., S. 27 u. 40.

62 Ebd., S. 39. – Braun 1983, S. 28.

erhöhte. Wie in den Dahlemer Versuchshäuschen führte er in Warmbronn über lange Zeiträume hinweg Temperaturmessungen durch. Sie beseitigten seine anfänglichen Zweifel, ob sich die damaligen Ergebnisse auf natürliche Wohnhausgrößen übertragen ließen.[63] Wichtigste nachträgliche Veränderung des Hauses in Warmbronn war der Einbau des Sonnensegels, das die thermischen Kontrollmöglichkeiten weiter verbesserte.

Diesen für sich betrachtet geringfügigen Maßnahmen bautechnischer Entwicklung gibt Otto dadurch Gewicht, dass er sie in seinen Publikationen immer wieder hervorhebt. Rückblickend fügt er die Ergebnisse seiner Beschäftigung mit Fragen des Wohnbaus zu einer Art Stammbaum und betont so den evolutionären Charakter seiner Arbeit.[64] Fast immer stellt er seinen Hausbau als Glied in eine Kette mit anderen Entwürfen. Sogar in den beiden Einzelveröffentlichungen zum Haus legt er einen deutlichen Akzent auf den Zusammenhang mit älteren Arbeiten.[65] Bezeichnenderweise erschienen die beiden Artikel in Spezialzeitschriften, die sich bautechnischen Einzelgebieten widmen. Auch hierdurch zeigt Otto, dass er seine Häuser gleich technischen Produkten ›entwickelt‹.

Der Architekt entwarf sein Haus zu einer Zeit niedriger Energiepreise, etliche Jahre vor dem durch die Energiekrise von 1973 eingeleiteten allgemeinen Bewusstseinswandel. Für eine quantitative Optimierung der Energieersparnis gab es damals noch keine dringende Veranlassung. Möglichkeiten zu einer weiteren Reduzierung des Verbrauchs wurden bald erkennbar, etwa durch eine bessere Isolierung auf der Nordseite oder durch ein Gebläse, das Wärmeüberschüsse innerhalb des Hauses umleitet.[66] Angesichts der gewandelten Situation äußerte Otto bereits in den siebziger Jahren den Wunsch, seinem ersten Wohnhaus einen weiteren Hausbau folgen zu lassen, in den neue Erfahrungen einfließen könnten.[67] Vor allem im Hinblick auf den Energieverbrauch würde er dabei präziser arbeiten. In der Tat wäre ein zweiter Versuchsschritt die logische Fortsetzung eines als Experiment verstandenen Wohnhausbaus. Zur nächsten Stufe des Experiments ist es allerdings nicht gekommen, weder im Auftrag eines fremden Bauherrn noch für den Architekten selbst.

Zwar wird die experimentelle Qualität des Hausbaus anhand seiner klimatechnischen Eigenschaften am deutlichsten fassbar, sie erstreckt sich aber über diese hinaus. Die Versuchsanordnung umfasst alle innovativen Aspekte des Entwurfs und bezieht sich auf das Wohnen in seiner Gesamtheit. Bestandteile des Experiments sind sowohl die Zuordnung der Raumeinheiten als auch die Verwendung flexibler Elemente in der ›Wohnmaschine‹, sowohl das Leben unter einem Dach mit den Pflanzen als auch das Gedeihen der Pflanzen selbst. Insofern unterscheidet sich das Haus Otto von älteren als Testfälle konzipierten Architektenhäusern, etwa den Versuchsbauten der Brüder Luckhardt an der Schorlemerallee.[68] Während dort der ›Versuch‹ vordringlich auf die Erprobung neuer Konstruktionsmethoden, daneben auf eine erneuerte formale Gestaltung des Wohnbaus zielte, spannt Otto den Horizont seiner Unternehmung weiter.

Bautechnik und Wohnhygiene: Rudolph Michael Schindler

In seinem ganzheitlichen Anspruch findet das von Otto durchgeführte Wohn-Experiment einen Vorläufer in dem 1921–22 entstandenen Hausbau Rudolph Michael Schindlers in Hollywood.[69] Der Schüler Otto Wagners, der 1920 in den Diensten Frank Lloyd Wrights nach Los Angeles gekommen war, errichtete sein Domizil als ebenerdiges Doppelhaus für zwei Familien mit gemeinsam zu nutzender Küche. Schindler erprobte in dem Bau die Verwendung präfabrizierter Wandelemente, deren Erfindung er für sich reklamierte.[70] Zwei Personen konnten

63 *Wohn-be-reiche* 1985, S. 40. – Braun 1983, S. 27 u. 29.

64 Das ausführlichste Resümee seiner Recherche findet sich in: *Wohn-be-reiche* 1985, S. 24–43. Vgl. hier besonders die Zeittafeln auf S. 24–26.

65 Braun 1983, S. 25–27. – Glasforum, Jg. 34, 1984, H. 2, S. 16 f.

66 Braun 1983, S. 29.

67 Klotz 1977, S. 258.

68 Vgl. o. S. 175–177.

69 Über das Haus Schindler: Gebhard, David 1971, S. 47–51 u. 190. – *Schindler* 1985, S. 24–29. – Sarnitz 1986, S. 17–18 u. 44–47. – The Architects' Journal, Bd. 194, H. 20, November 1991, S. 32–39.

70 Schindler 1932, S. 150. – Prinzipiell war das von Schindler verwendete ›tilt-slab‹-System jedoch bereits von dem kalifornischen Architekten Irving Gill entwickelt worden. Sarnitz 1986, S. 17.

230 Rudolph Michael Schindler, Doppelhaus Schindler/Chase, West Hollywood, 1921–22, perspektivische Ansicht

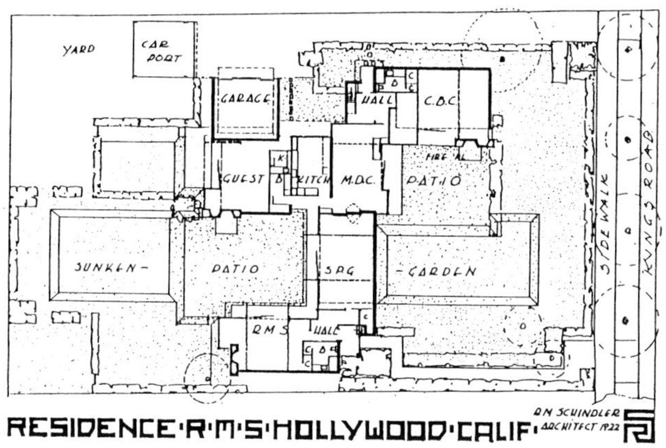

231 Doppelhaus Schindler/Chase, West Hollywood, Grundriss

mit Hilfe von Flaschenzügen die dünnen Betonplatten aufrichten. Schindlers Experiment zielte auf eine Material sparende Konstruktionsweise, verbunden mit Möglichkeiten des Selbstbaus. Anstelle der herkömmlichen Spezialisierung der Räume nach Funktionen gliederte der Architekt das Haus in autonome Wohneinheiten. Er wies jedem Bewohner ein eigenes Studio zu, das sowohl dem Wohnen als auch dem Arbeiten zu dienen hatte. Die Öffnung zum Außenraum bildete einen wesentlichen Bestandteil seines Konzepts. Als eigentliche Wohnräume sah er die ›Patios‹ vor, offene Höfe, um die er jeweils zwei der Studios L-förmig gruppierte. Durch leinwandbespannte Schiebetüren gewährleistete er eine flexible Verbindung nach außen. Die Idee eines der Natur angenäherten Wohnens untermauerte Schindler durch wohnhygienische Überlegungen.[71] Seine besondere Aufmerksamkeit widmete er Fragen der Belüftung. Offene Schlafkabinen auf dem Dach sollten ein gesundes »Schlafen im Freien« ermöglichen.[72] Den bergenden Charakter der Behausung betonte er durch die Kamine als Zentren der Geselligkeit[73] in den Studios und auf den ›Patios‹ .

Mit dem Haus Otto teilt Schindlers Domizil die Spannweite des experimentellen Ansatzes. Ähnlich wie Otto erprobt Schindler im Bau des eigenen Hauses zahlreiche Innovationen nicht nur bautechnischer, sondern auch wohntypologischer Art. Eine umfassende Erneuerung der Lebensweise bildet den Fluchtpunkt seines architektonischen Versuchs. Der Stärkung des Individualbereichs kommt dabei ein ebenso großer Stellenwert zu wie der Vorstellung eines ›natürlichen‹ Wohnens. Die beiden Architektenhäuser unterscheiden sich allerdings hinsichtlich ihrer Stellung im jeweiligen Gesamtwerk. Schindlers Haus steht am Beginn der

71 Der Architekt veröffentlichte 1926 sechs Artikel zu bautechnischen und wohnhygienischen Themen in der von Philip Lovell herausgegebenen Rubrik ›Care of The Body‹ der Los Angeles Times. Alle Artikel abgedruckt in: Sarnitz 1986, S. 146–150.

72 Schindler 1926 a, S. 146.

73 Schindler 1926 b, S. 148. – Mit der »geselligen« Funktion, die er dem Kamin zuweist, steht Schindler in der Tradition Frank Lloyd Wrights, der ebenfalls die Feuerstelle als symbolisches ›Herz‹ des Hauses artikulierte. Vgl. hierzu: Twombly 1979, S. 41–42.

selbstständigen Berufspraxis des Hausherrn. Im Blick auf seine zukünftige, überwiegend dem Bau von Einzelhäusern gewidmete Arbeit hat es eine antizipierende Funktion. Grundmuster kommender Entwürfe sind hier erstmals vorgeprägt. Dagegen baut Otto sein Haus als Glied einer Kette gleichgerichteter Versuche. Der Akzent liegt hier nicht auf dem singulären innovatorischen Akt, sondern auf dem Aspekt einer kontinuierlichen Entwicklung.

Domizile von Konstrukteuren: Jean Prouvé, Richard Buckminster Fuller

Ebenso wenig wie die Tätigkeit Frei Ottos entspricht die Arbeit Jean Prouvés und Richard Buckminster Fullers dem traditionellen Berufsbild des Architekten. Nur fallweise mündet ihre Beschäftigung mit Konstruktionen oder konstruktiven Details in eigene Planungen ganzer Bauten. Wohnhäuser für sich selbst entwarfen Prouvé und Fuller nicht am Beginn, sondern auf dem Höhepunkt ihrer beruflichen Laufbahnen. Das 1954 errichtete Haus Jean Prouvés in Nancy ist ein virtuoses Gelegenheitsprodukt aus der Werkstatt des Konstrukteurs.[74] Es erhebt sich auf stark abfallendem, nach Süden blickendem Gelände als linearer, entlang eines schmalen Korridors organisierter Bau. Ein Wandschrank aus Blech, der den Gang auf 27 Metern Länge begleitet, bildet das konstruktive Rückgrat des Hauses. Schlanke Stahlstützen tragen die Vorderwand, massive Flankenmauern sorgen für die Steifigkeit der von aluminiumverkleideten Holzplatten überfangenen Konstruktion. Aus der modularen Abfolge der Raumeinheiten tritt ein zentraler Wohnraum hervor, dessen voll verglaste Südwand die Sonnenstrahlen auffängt. Mit dem Begriff »Auberge«[75] umschrieb Prouvé die angestrebte Nestqualität des Hauptraums, den er mit einem frei stehenden Kamin ausstattete. Für die Pflanzen, die in dem Raum wachsen, ist eine Öffnung im Fundament ausgespart. Sie wurzeln im Erdreich unter dem Haus. Sonne und Natur finden Einlass in das technische Gebilde des Wohnbaus.

In die Nähe des Hauses Otto rückt der Hausbau in Nancy durch den Pluralismus der Materialien und durch das empirische Vorgehen Prouvés. Sein Haus entsteht als Ergebnis eines

232 Jean Prouvé, Wohnhaus des Architekten, Nancy, 1954, Ansicht

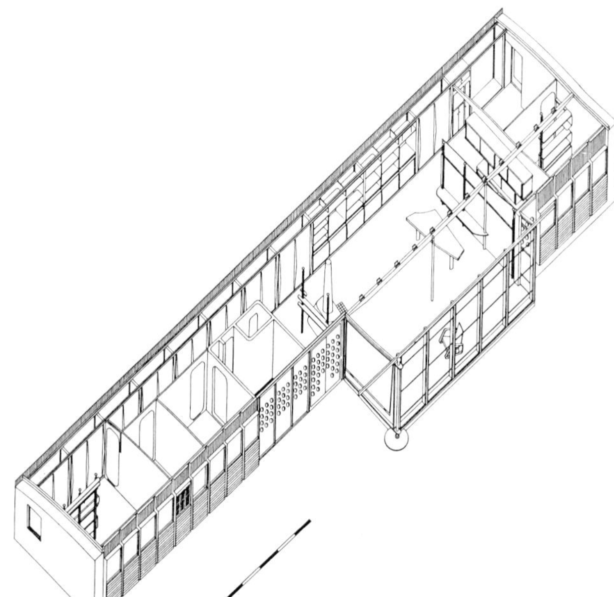

233 Haus Prouvé, Nancy, axonometrische Darstellung

234 Haus Prouvé, Nancy, Innenansicht, ›Auberge‹ nach Westen

74 Zum Haus *Prouvé*: Prouvé 1981, S. 129–130. – Da Costa 1984, S. 52–67. – Prouvé 1990, S. 209–213.

75 Da Costa 1984, S. 54.

235 Richard Buckminster Fuller, Wohnhaus des Architekten, Carbondale (Illinois), 1960, Ansicht

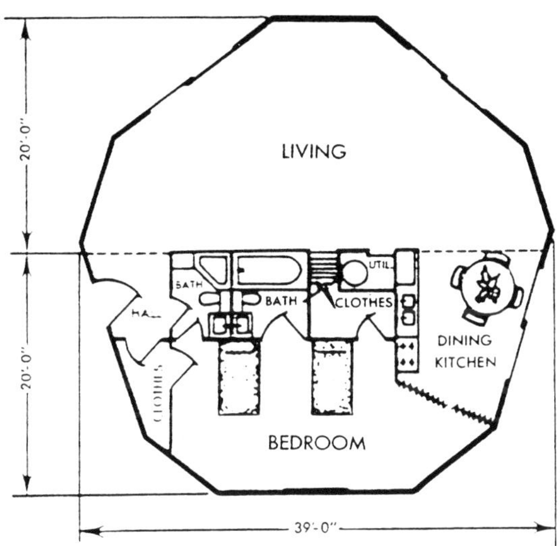

236 Haus Fuller, Carbondale (Illinois), Grundriss

experimentellen Entwurfsprozesses in enger Auseinandersetzung mit den Bedingungen des Terrains. Mehr Wert als Otto legt Prouvé auf die Raffinesse der technischen Lösung und auf die Durchbildung des konstruktiven Details. Mit der schwerelosen Erscheinung des weit ausladenden Daches schafft er zudem ein einprägsames Bild für die Möglichkeiten des Leichtbaus. Otto dagegen verwendet bei seinem Hausbau bewusst einfache Konstruktionsmethoden. Er zeigt kein Interesse am Vorführen technischer Virtuosität. Umgekehrt lässt Prouvés Haus die flexible Grundrissorganisation und die differenzierte Gestaltung der Übergänge vermissen, der Otto seine ganze entwerferische Fürsorge widmet.

Die Häuser Jean Prouvés wie Frei Ottos lassen sich als Sonderfälle im Werk ihrer Architekten beschreiben, die zwar mit gleichzeitig entwickelten Standard-Wohnlösungen in Verbindung stehen, diesen gegenüber jedoch ihre Eigenständigkeit wahren. Anders als Prouvé oder Otto sucht Richard Buckminster Fuller die sinnfällige Übereinstimmung zwischen Werk und Wohnen. Die Arbeit des amerikanischen Konstrukteurs ist in ihrer Bandbreite jener Ottos verwandt. Seine Beschäftigung reicht von räumlichen Tragwerken über Automobile bis hin zu Wohnprojekten und Stadtentwürfen. Das erste von Fuller konzipierte Wohnmodell war das ›Dymaxion House‹ von 1927, eine sechseckige, von einem zentralen Versorgungsmast abgehängte Metallkonstruktion. Ihm folgte das 1946 patentierte, kreisförmige ›Wichita House‹. Als spätere Varianten entwarf Fuller ebenerdige, aus dreieckigen Sperrholzkompartimenten zusammengesetzte Kuppeln, die ab Ende der fünfziger Jahre von der Pease Woodwork Company of Ohio mit seinem Patent hergestellt wurden und auch zu Wohnzwecken genutzt werden konnten. Eine solche Kuppel bezog er 1960 in Carbondale (Illinois) selbst.[76] Das konventionelle Innere seines Hauses besteht aus einem Wohnraum, der die Hälfte der Grundfläche einnimmt, einem kleineren Schlafzimmer sowie einer darüberliegenden, als Bibliothek und Arbeitsraum eingerichteten Galerie. Statt der im ›Dymaxion‹-Typ vorgesehenen präfabrizierten Ausstattung nehmen die Räume das persönliche Mobiliar des Hausherrn auf.

Der amerikanische Konstrukteur wählt auch für sich jene Hausform, die er als universales Modell empfiehlt. Es handelt sich dabei nicht um einen Prototypen, sondern um einen bereits serienmäßig hergestellten Entwurf. Im Unterschied zur Wohnpraxis Frei Ottos erscheint hier das Wohnen des Erfinders nicht mehr als Testfall, sondern als persönliche Aneignung des

76 Zum Haus Fuller: McHale 1962, Abb. 88–90. – Jencks 1982, S. 241. – Ward 1985, Bd. 4, S. 32–35. – Pawley 1990, S. 40 u. 141.

schon Erprobten. Im Domizil Buckminster Fullers wird die neue Wohnform zum Emblem. Deutlich verweist Fuller durch die Form des Hausbaus auf seine geodätischen Großstrukturen. Von ihnen leitet sich das Bauprinzip des Fertigteilhauses ab. Der Hausherr präsentiert die Vielzahl seiner Erfindungen als Teile einer einzigen Produktfamilie. Mit dem Haus unter der Kuppel bewohnt er ein Markenzeichen seiner konstruktiven Recherche.

237 Haus Otto, Leonberg-Warmbronn, Ansicht, Blick von Süden aus der ›Berghalde‹

Spiegel einer Haltung

Ein wiederkehrendes Thema in den Äußerungen Frei Ottos ist sein Misstrauen gegen die autonome Verwendung der Form, gegen ihre Indienstnahme als Trägerin von Botschaften und Deklarationen.[77] Der Architekt bemüht sich, auch sein eigenes Wohnhaus von ›darstellenden‹ Aufgaben zu befreien. Er verzichtet auf eine Demonstration architektonischen Fortschritts mit den Mitteln der Form. Von Modeströmungen und formalen Trends zeigt er sich weitgehend unabhängig. Durch die einfache Kastenform der Wohneinheiten, die er bereits in seinen frühen Hausmodellen bevorzugte, entzieht er sich dem Anspruch beständiger gestalterischer Aktualisierung. Sein Haus vertritt keinen deklamatorischen Modernismus, sondern eine selbstverständliche Modernität.

Ebenso wenig wie zur Darstellung seines Fortschrittsbewusstseins dient die Gestaltung des Hausbaus dem Architekten zum Ausweis seiner künstlerischen Individualität. Er versagt sich originelle Einzelformen, manieristische Übertreibungen, überhaupt jede die sachlichen Erfordernisse überschreitende Formidee. Hinter der Objektivität des architektonischen Entwurfs tritt die Persönlichkeit des Entwerfers zurück. Der private Hausbau wird nicht zum Erkennungszeichen eines Personalstils. Nicht durch gestalterische Maßnahmen, sondern allein durch die Umsetzung persönlicher Wohnwünsche gibt Otto seinem Domizil eine individuelle Prägung.

Keinen Spielraum lässt Ottos Handhabung der Form für Gesten beruflich-gesellschaftlichen Repräsentierens. Der Architekt nutzt das eigene Wohnhaus nicht als Gelegenheit zu statusorientierter Profilierung, sondern als privates Refugium.[78] Seiner zurückgezogenen Wohnpraxis entspricht die unauffällige Einbettung des Bauvolumens in die Hangsituation. Der erhebliche räumliche Komfort, den das Haus bietet, tritt nach außen hin kaum in Erscheinung. Der Zuweg führt nicht direkt auf den Bau zu, sondern in mehrfacher Brechung seitlich an ihn heran. Ein hoher Bretterzaun und die dichte Bepflanzung der Grundstücksgrenzen entziehen Haus und Garten dem Blick. Durchaus reserviert zeigt sich Otto auch im Hinblick auf die publizistische Verbreitung seines Hausbaus. Zur Veröffentlichung kommt es erst, als er sich in den achtziger Jahren um die Durchsetzung seines Berliner ›Ökohaus‹-Projektes bemüht.

In der Zurückhaltung seines Warmbronner Hausbaus manifestiert Otto seine Abneigung gegen eine Architektur, die etwas ›bedeuten‹ will. Dabei gewinnt – gewollt oder ungewollt – die Vermeidung von Bedeutung selbst die Qualität einer Äußerung. Durch seine formale Enthaltsamkeit, durch den Verzicht auf modernistisches Pathos und individuelle Selbstdarstellung macht Otto das Haus zum Spiegel seiner Haltung als Architekt.

Einen zentralen Aspekt seiner beruflichen Haltung artikuliert Otto durch die gelebte Nähe zur umgebenden Natur. Pflanzen sind in seinen Hausbau einbezogen, das Leben im Haus bezieht sich auf sie. Die Pflege seines Gartens gehört zu den Beschäftigungen des Hausherrn, die Sorge für die Natur zu den Pflichten des Architekten. Otto bezeichnet sich selbst als »Gartenspießer«,[79] er identifiziert sich mit der naiven Idylle des Hobbygärtners. Bewusst reiht er sich ein in die deutsche Tradition kleinbürgerlicher Gartenkultur mit ihrem Repertoire an Schre-

77 Besonders ausführlich in: Klotz 1977, S. 212 ff. u. 226 ff.

78 Braun 1983, S. 25.

79 Klotz 1977, S. 248.

238 Haus Otto, Leonberg-Warmbronn, Ansicht, Blick von Süden, Lage am Ortsrand Warmbronns

bergärten und Laubenhäusern, Goldfischteichen und Vogelnistkästen. Aus der Perspektive des Freizeitgärtners Otto ist die Arbeit im eigenen Garten das natürliche Korrektiv der künstlichen Lebensbedingungen in der Großstadt.[80]

Neben der Hingabe an ein individuelles Gartenglück beinhaltet die gärtnerische Betätigung des Architekten den Hinweis auf seine Verantwortung für die Natur. Otto bemüht sich darum, das Bauen mit natürlichen Gesetzmäßigkeiten in Einklang zu bringen. Die Begrenztheit der Ressourcen und die Gefährdung menschlichen Lebens auf der Erde veranlassen ihn zum sparsamen Umgang mit Material und Energie. Architektur darf nach seinem Verständnis die Natur nicht ausbeuten oder zerstören, sondern soll sie harmonisch ergänzen.[81] In seinem Wohnen strebt er danach, diesen Anspruch umzusetzen. Haus und Garten in Warmbronn sind sein persönlicher Naturausschnitt, in dem er die erhoffte Harmonie zu verwirklichen sucht. Mit seiner Gartenliebe folgt Otto den Spuren traditionalistisch orientierter Architekten, etwa Theodor Fischers oder Fritz Högers, die wie er in die Rolle des Gärtners schlüpften.[82] Ihre Gartenarbeit war einerseits Ausdruck eines baumeisterlichen Gestaltungswillens, andererseits Sinnbild einer konservativen ›Schollenbindung‹. Diese Bedeutungen treten bei Frei Otto zurück. Er gibt in der Fürsorge für seinen Garten den Reflex einer ethisch motivierten Berufsauffassung.

Widerschein einer Utopie

Frei Otto versucht mit dem Bau seines Wohnhauses keine epochale Neuschöpfung, sondern legt Zeugnis ab von einer beharrlichen Recherche. Sein Haus ist eher Experiment als endgültiges Modell, mehr Ausdruck einer Haltung denn Träger architektonischer Darstellungsabsichten. Gleichwohl lässt Otto in Warmbronn eine utopische Botschaft aufscheinen. Den visionären Horizont des Hausbaus bildet die Vorstellung eines modernen Paradieses, in dem Natur, Mensch und Technik miteinander versöhnt sind. Diese Hoffnung des Hausherrn gewinnt Gestalt mit der Ausrichtung auf das Ziel des Sonnenfangs. Der zentrale Baukörper des Hauses wird zum gläsernen Prisma, das sich zur Sonne hin öffnet. Wie ein mit Licht durchtränkter Kristall schwebt das Haus des Architekten inmitten der konventionellen Einzelhausbebauung am Ortsrand von Warmbronn. Dabei stellen Dachneigung und Firstlinie den Kontakt zu den Nachbarhäusern her. Zudem besetzt Ottos Hausbau eine für die Wirkung im Ortsbild günstige Position am Knick der Straße ›Berghalde‹, in der Flucht ihres ersten, gerade verlaufenden Teilstücks. Das Architektenhaus tritt nicht als widerspenstiger Fremdkörper unter die Häuser der Umgebung, sondern hebt sich wie ein ›Edelstein‹ aus ihnen heraus. Fast scheint es, als ereigne sich in Warmbronn die Wiederkehr eines expressionistischen Symbols. Otto verwirklicht mit dem Hausbau eine späte Version der von Paul Scheerbart und Bruno Taut in Aussicht genommenen ›Glasarchitektur‹.[83] Erneut ist der Kristall das Zeichen, das eine kommende Architektur, mehr noch, ein neu geordnetes Weltganzes versprechen möchte. Trotz Ottos Abneigung gegen architektonische Symbolik ist hier eine symbolträchtige Architektur entstanden. In ihr verdichtet sich sein Beitrag zur Utopie der Moderne.

80 Vgl. etwa: Otto, Frei 1969, S. 11.

81 Vgl. hierzu: Otto, Frei 1982b, S. 107 f.

82 Vgl. o. S. 73.

83 Vgl. o. S. 179 f.

Überschau

Das Architektenhaus ist kein ›Bautyp‹. Während das Wohnen der Künstler mit dem Atelierhaus des Malers einen spezifischen Typus ausbildet, kennt das Wohnen der Architekten im 20. Jahrhundert keine ›typologischen‹ Konstanten. Typisch jedoch ist die Neigung der Architekten, im eigenen Hausbau etwas mitzuteilen; typisch ist die Nutzung des Architektendomizils als Träger einer berufsbezogenen Bekundung. Architekten veranschaulichen in ihrem Wohnen Grundprinzipien ihrer Entwurfspraxis und geben Auskunft über ihren theoretischen Standpunkt. Sie treten in Dialog mit einer lokalen Situation und beschreiben ihr Verhältnis zu einer gesellschaftlichen Realität. Wenn es ein Merkmal gibt, das die Wohnsitze der Architekten insgesamt charakterisiert, dann ist es dieses ›diskursive‹ Potenzial.
Die Architekten, deren Wohngeschichten hier verfolgt wurden, zählen zu den führenden Vertretern ihrer Disziplin. Das ›diskursive‹ Potenzial des Architektenhauses haben sie in besonderer Weise genutzt. Im Bau ihrer Wohnsitze haben sie die Mittel der Selbstaussage differenziert, verdichtet, gesteigert. Das Ergebnis sind pointierte und vielschichtige Äußerungen, die den Regelfall des Architektenhauses hinter sich lassen. Die hier versammelten Häuser und Wohnungen bilden deshalb keinen statistischen Querschnitt. Jedoch vertreten sie die ganze Spannweite der Möglichkeiten, im eigenen Domizil Positionen und Visionen zu formulieren. In diesem Sinne sind sie repräsentativ für das Wohnen der Architekten im 20. Jahrhundert.
Wohnsitze von Architekten sind lesbar als Markierungen, die den Verlauf des Baugeschehens akzentuieren. Sie erlauben Rückschlüsse auf den Gang der Architekturentwicklung, konstituieren aber keinen selbstständigen Entwicklungsstrang. Man wird die individuellen Wohngeschichten nicht zu einer ›Geschichte des Architektendomizils‹ vereinigen können. Anstelle einer solchen Synthese sollen abschließend wichtige Einzelaspekte – Fragen der Einordnung, Themen des architektonischen Diskurses – schlaglichtartig beleuchtet werden. Zusätzlich zu den bereits untersuchten Domizilen werden dabei auch solche Architektenhäuser herangezogen, die im Rahmen der vorangegangenen Betrachtung unberücksichtigt blieben.[1]

Architektonische Bekundungen und ihr zeitlicher Kontext

Bereits vor 1900 wird das Architektenhaus zum Topos. An den Architekten richtet sich die Erwartung, im eigenen Hausbau seinen Standort zu präzisieren. Erwartet wird also, dass sein Haus etwas ›aussagt‹. Schon von sich aus tritt damit das Domizil in den Kontext eines ›Redens über Architektur‹. Diese durch einen spezifischen Erwartungshorizont vorbereitete

1 Für weiterführende Angaben zu allen im Folgenden erwähnten Architektendomizilen sei – sofern sie nicht im Text bereits behandelt wurden – auf den im Anhang beigegebenen Katalog verwiesen.

239 Karl Schneider, Wohnhaus des Architekten, Hamburg-Bahrenfeld, 1928, Ansicht, Straßenseite

Äußerung intensivieren manche Architekten mit Hilfe formaler Strategien. Otto Wagner wie auch Fritz Höger unterstützen ihre Appelle durch die Konfrontation von Neu und Alt. Walter Gropius gestaltet die Straßenfassade seines Hauses als abstrakte Flächenkomposition und bringt so den innovativen Charakter des Entwurfs eindringlich zur Darstellung. Bruno Taut verwandelt durch die ausgefallene Geometrie des Viertelkreises und die Anspielung auf das Kristall-Symbol sein Wohnhaus in eine bedeutungsvolle Architektur. Auch Oswald Mathias Ungers lässt sein Domizil durch ein Spiel geometrischer Formen mitteilsam erscheinen. Durch den Zusammenstoß mit dem Nachbarbau verstärkt er diese Wirkung.

Die ›sprechende‹ Qualität der genannten Entwürfe besteht jeweils in einer die sachlichen Erfordernisse des Hausbaus überschreitenden, auf abstrakte Inhalte zielenden Inszenierung. Eine zeitliche Entwicklung wird sichtbar gemacht, ein stilistischer Gegensatz thematisiert. Formen werden in einer Weise komponiert, wie sie auch vom Bau losgelöst – als malerische oder skulpturale Realisationen – vorstellbar wären. Im Abstand von der Konvention konkretisiert sich eine Mitteilungsabsicht. Durch formale Abstraktion verdeutlicht der Entwerfer sein Bemühen um eine allgemeingültige Aussage.

Der Bruch mit herrschenden Konventionen und die Neuartigkeit einer architektonischen Lösung tragen dazu bei, dass ein Hausentwurf als grundsätzliche Äußerung wahrgenommen wird. Die programmatische Wirkung einer formalen Artikulation ist insofern zeitabhängig. Bauten etwa, die Mitte der zwanziger Jahre radikale Innovationen präsentierten, fanden bereits am Ende desselben Jahrzehnts eine breite Nachfolge. Dabei verlor sich schnell der Appellcharakter, der die Pionierbauten auszeichnete. Walter Gropius forderte im Dessauer Direktorenwohnhaus mit programmatischem Nachdruck eine architektonische Erneuerung. Drei Jahre später errichtete Karl Schneider sein Haus in Hamburg-Bahrenfeld, einen Bau von ähnlich kompromissloser Modernität und ebenbürtiger Qualität. Trotz des geringen zeitlichen Abstands konnte jedoch der jüngere Hausbau nicht das gleiche Aufsehen erregen. Schneider verkündete keine neue Botschaft mehr, sondern reihte sich ein in eine schon formierte Gruppe moderner Architekten. An vielen Orten in Deutschland bedienten sich damals Architekten beim Bau ihrer Häuser des neuen Idioms: Das Kollektiv, das die moderne Architektur ›vor-wohnte‹, erweiterte sich rasch, und die in Dessau kodifizierte Architektursprache fand zunehmend Verbreitung.[2]

2 Etwa gleichzeitig mit dem Haus Schneider entstanden die dem Neuen Bauen verpflichteten Domizile folgender Architekten: Carl Fieger (1927), Gottfried Schramm (1927), Max Feistel (1928), Willy Richter (1928). In den darauf folgenden Jahren bauten sich eigene Häuser: Ernst Neufert (1929–30), Richard Döcker (1930), Werner von Walthausen (1930).

240 Heinrich Tessenow, Wohnhaus des Architekten, Berlin-Zehlendorf, 1930, Fassadenansichten

Erich Mendelsohn, der 1928 am Rupenhorn zu planen beginnt, errichtet also sein Domizil in einem anderen zeitlichen Kontext als Gropius. Er baut in gewisser Hinsicht bereits gegen die von diesem angestrebte, durch ihren Funktionsbezug definierte Konformität an.

Anders als die Vertreter einer fortschrittsbewussten Moderne, suchen traditionalistische Architekten in ihren Hausbauten formgetragene Deklarationen zu vermeiden. Sie bemühen sich um eine sachbezogene Einfachheit. Die Form soll nicht nur mit dem Zweck, sondern auch mit einer herkömmlichen Bauweise in Einklang gebracht werden. Eine so verstandene ›Sachlichkeit‹ vertreten zu Beginn des Jahrhunderts die Wohnsitze Theodor Fischers in München und Schlederloh, in den zwanziger Jahren das dritte Haus von Paul Bonatz (1921–22) und das Haus von Paul Schmitthenner (1922), beide in Stuttgart. Wie Fischer verwirklichen Bonatz und Schmitthenner im eigenen Auftrag vorbildliche Lösungen, wie jener verzichten sie dabei auf den Gestus des Bekundens. Trotz dieser Zurückhaltung gewinnen ihre Häuser angesichts der Ausbreitung des Neuen Bauens bald die Qualität von Gegen-Deklarationen. Das Beharren auf konventionellen Hausformen, auf Sattel- oder Walmdach erscheint nun als demonstrative Abwehr gegen eine expandierende moderne Bewegung. Hausbauten, deren Schlichtheit für sich betrachtet keinerlei programmatische Absicht erkennen lässt, werden im Kontext einer verschärften architektonischen Auseinandersetzung als konservative Stellungnahmen wahrnehmbar.[5] Vor dem Hintergrund dieser Zuspitzung ist insbesondere das Domizil zu sehen, das Heinrich Tessenow 1930 in Berlin-Zehlendorf für sich baute. Durch archetypische Reduktion steigert der Architekt das Bild des traditionellen Haustyps zu äußerster Prägnanz.

Der Rahmen für architektonische Bekundungen im Architektendomizil veränderte sich nachhaltig, als die Moderne nach 1945 die Vorherrschaft antrat. Die Innovationen der zwanziger und dreißiger Jahre verfestigten sich zu einer modernen Konvention, auf die ein Architekt affirmativ oder ablehnend reagieren konnte. Einige Anhänger der modernen Architektur pflegen nun eine ähnliche Sachlichkeit und formale Zurückhaltung, wie sie zuvor für die traditionalistischen Widersacher des Neuen Bauens kennzeichnend war. Beim Entwurf ihrer Wohnsitze bevorzugen sie eine einfache Hausform, die sich an Projekten Mies van der Rohes oder an den kalifornischen Case Study Houses orientiert – eingeschossige, flach gedeckte Bauten auf rechteckigem Grundriss mit großzügig verglasten Fronten. Beispiele hierfür sind die Häuser von Gottfried Böhm (1955) und Joachim Schürmann (1956–57) in Köln, von Werner Wirsing (1957) in München oder von Wassili Luckhardt (1957) in Berlin. Auch Frei Otto tritt mit seinem Warmbronner Hausbau unter jene Architekten, die sich um eine zurückhaltende Fortführung der modernen Architektur bemühen.

Eine Möglichkeit der Rebellion gegen eine normative Moderne bestand in deren modernistischer Überbietung. Weiterhin versuchen Entwerfer, durch spektakuläre Formen Modernität

241 Peter Neufert, Wohnhaus des Architekten, Köln-Rodenkirchen, 1962–63, Ansicht

5 Dass etwa im Fall Schmitthenners eine solche Wahrnehmung auch intendiert war, zeigt die Veröffentlichung seines Hauses in: Schmitthenner 1932, S. 169–186.

zur Darstellung zu bringen. In dieser Weise verfahren beim Bau ihrer Häuser der japanische Architekt Kiyonori Kikutake ebenso wie sein Kölner Kollege Peter Neufert. Kikutake, Mitglied der Metabolisten-Gruppe, stellt sein Tokioter ›Sky House‹ (1958) auf vier Betonstützen und hebt es hoch über ein abschüssiges Terrain. Neufert macht eine innovative Konstruktionstechnik zum Thema des eigenen Hausentwurfs (1956–63).[4] Er überdacht sein Haus mit einer 20 Meter breiten Parabelschale, wie sie sonst eher für Hallenbauten verwendet wird. Sowohl Kikutake als auch Neufert entfernen sich noch weiter vom traditionellen Erscheinungsbild des Hauses, als die Vertreter der Moderne der zwanziger Jahre es gewagt hatten.
Ein anderer Weg der Kritik an der modernen Architektur eröffnete sich im Rückgriff auf die von dieser ignorierten historischen Überlieferung. Diese Möglichkeit zeichnet sich bereits im ersten Haus von Oswald Mathias Ungers ab und konkretisiert sich in den Architektendomizilen der siebziger und achtziger Jahre, etwa in den Häusern von Ante Josip von Kostelac (1976–78) und Andreas Deilmann (1982–83).

Die Position im Gesamtwerk

Ein spezifischer Aspekt der zeitlichen Einordnung eines Architektenhauses ist seine Position im Gesamtwerk des Hausherrn. Selten errichteten Architekten sich ihr Haus als ersten ausgeführten Bau, häufig jedoch zu einem vergleichsweise frühen Zeitpunkt. Es sind vor allem die um 1900 zur angewandten Kunstpraxis überwechselnden Maler, bei denen der eigene Hausbau am Anfang der architektonischen Arbeit stand: Henry van de Velde, Peter Behrens, Richard Riemerschmid, aber auch der Bildhauer Bernhard Hoetger. Unter den Pionieren der zwanziger Jahre baute nur Rudolph M. Schindler sein Haus ganz am Beginn seiner selbstständigen Berufslaufbahn. Zahlreiche Merkmale dieses prototypischen Entwurfs kehren in späteren Bauten des Architekten wieder.[5] Dass das Architektenhaus als Erstlingswerk eine Ausnahme bleibt, dürfte in der Regel einen einfachen wirtschaftlichen Grund haben: Bevor der Architekt selbst zum Bauherrn wird, hat er sich durch Auftragsentwürfe eine finanzielle Basis zu schaffen. Dies muss allerdings nicht immer lange dauern. Eine große Zahl von Architekten konnte den Bau des eigenen Domizils in einer frühen Phase ihrer Selbstständigkeit in Angriff nehmen. Nicht wenige führten im Laufe ihres Lebens mehrere Häuser für sich aus. Otto Wagner zeigte im regelmäßigen Wechsel des selbst gebauten Wohnsitzes besondere Konsequenz. Sein Bedürfnis nach Aktualisierung reflektiert eine geschärfte Sensibilität für den Wandel stilistischer Strömungen. Anderen Architekten ging es beim häufigen Wohnungswechsel nicht um formale Aktualität, sondern um die Erprobung neuer Varianten innerhalb ihrer persönlichen Recherche.[6] Ein weiterer Beweggrund dürften handfeste ökonomische Absichten gewesen sein, wie sie nicht nur bei Otto Wagner, sondern auch etwa bei dem Karlsruher Architekten Hermann Billing vermutet werden können, der mehrere auf eigene Rechnung gebaute Häuser nach kurzer Zeit weiterverkaufte.[7]

Architekten ohne selbst gebauten Wohnsitz

Wenige prominente Architekten entzogen sich einer Teilnahme am ›Gespräch‹ der Domizile, indem sie darauf verzichteten, in einem selbst entworfenen Bau Wohnsitz zu nehmen. Der junge Le Corbusier warb mit den Wohnhäusern, die er für seine Künstlerfreunde entwarf, wirkungsvoll für einen ›neuen Geist‹ in der Architektur. Er selbst zog jedoch zunächst die anonyme Bohème seiner Mansardenwohnung in der Rue Jacob 20 einem eigenen Architektenhaus vor. Als Pionier modernen Wohnens ließ er sich von seinem Partner Ozenfant vertreten, für den

4 Über das Haus Neufert: Dammann 1987, S. 42–46.

5 Sarnitz 1986, S. 18.

6 Vgl. etwa die Wohngeschichten von Heinrich Tessenow, Marcel Breuer und Charles W. Moore.

7 *Billing* 1997, S. 139 ff., 144 ff. u. 212 ff.

er das ›typischste‹ seiner Pariser Häuser baute. Die Wohnhäuser, die Le Corbusier nach der Maison Ozenfant in Paris verwirklichte, sind in hohem Maße individualisierte Bauten. Möglicherweise empfand es der Architekt als schwierig, inmitten einer großen Zahl individueller Hausentwürfe einen ›besonderen‹ Wohnsitz für sich selbst zu errichten. Die Besonderheit, die er suchte, fand er dann im Dachappartement der Rue Nungesser-et-Coli 24. Durch das Wohnen auf der Etage vermied er die Konkurrenz zu den von ihm entworfenen Hausbauten. Zugleich sicherte er mit der Höhenlage seine Sonderrolle als Architekt.

Noch ausdauernder im Verzicht auf ein selbst geplantes Domizil zeigte sich Ludwig Mies van der Rohe. Er unternahm zwar verschiedene Anläufe zum Entwurf eigener Wohnsitze,[8] verwirklichte aber keines seiner Vorhaben. Mögliche Gründe können hier nur hypothetisch formuliert werden. Mies' architektonische Recherche zielte auf endgültige Lösungen, die dazu tendierten, das Wohnhaus zum ›Monument‹ werden zu lassen. Sein Verständnis von Baukunst ließ keinerlei subjektiven Ausdruck zu.[9] An einer persönlichen Inbesitznahme mag ihn zum einen sein Perfektionsstreben gehindert haben. Nur ein Bau von höchster Vollendung hätte dieses Maß an Identifikation verdient. Zum anderen wäre die über-individuelle Gültigkeit, die er anstrebte, durch die individuelle Aneignung gefährdet worden. Die Wohnpraxis des Architekten hätte einen Anschein von Individualisierung erwecken können, den Mies um jeden Preis vermeiden wollte. Offenbar widerstrebte dem großen Architekten aber auch die Einordnung in das ›Zellen-Konglomerat‹ seiner Chicagoer Lake Shore Drive Apartments, die er nur vorübergehend erwog.

Vorbildliche Bewohner

Das Wohnen der Architekten im 20. Jahrhundert besitzt ein Leitmotiv im Streben nach Vorbildwirkung. Der Architekt als Hausherr hofft auf eine breite Nachahmung seiner Wohnpraxis. Henry van de Velde empfiehlt sein eigenes Wohnen als Vorbild, indem er die für sein Haus entworfenen ›Bloemenwerf‹-Möbel zum Verkauf anbietet. Otto Wagner übernimmt die Rolle eines vorbildlichen Bewohners, indem er die Einrichtung seines ›Absteigquartiers‹ durch Ausstellung und Publikation einer interessierten Öffentlichkeit bekannt macht. In beiden Fällen erklärt sich der Architekt zum ›Jedermann‹, der so wohnt, wie er es sich für alle wünscht.

Das reproduzierbare Einzelmöbel, die ausgestellte Raumausstattung, vor allem aber das publizierte Interieur werben für eine Reform des Wohnens, die im Architektendomizil ihren Orientierungspunkt hat. Unter den Protagonisten des architektonischen Wandels um 1900 verzichtet kaum einer auf die Zeitschriftenpublikation der eigenen Wohnung. Adolf Loos veröffentlicht ›Das Schlafzimmer meiner Frau‹,[10] Hermann Muthesius ›Mein Haus in Nikolassee‹.[11] Hans Poelzig publiziert etwas beiläufiger sein Wohnhaus in Breslau-Leerbeutel,[12] das im Grundriss und in vielen Ausstattungselementen von seinem um so ausführlicher veröffentlichten Einfamilienhaus auf der Breslauer Ausstellung für Handwerk und Kunstgewerbe von 1904 abstammt.[13]

Gegenüber der Präsentation in einer Fachzeitschrift signalisiert die monographische Behandlung im Buch eine Steigerung des pädagogischen Anspruchs. Drei Hauptvertreter des Neuen Bauens widmen ihren Häusern Teile von Büchern oder sogar eigene Monographien. Walter Gropius gibt in seinem Band ›Bauhausbauten Dessau‹ der Vorstellung des Direktorenwohnhauses breiten Raum und unterstreicht so den kanonischen Charakter der für sich selbst verwirklichten Wohnform.[14] Bruno Taut macht in dem Buch ›Ein Wohnhaus‹ sein Domizil zum Anschauungsobjekt für eine minutiöse Auseinandersetzung mit allen Fragen des Wohnens.[15] Erich Mendelsohn zelebriert in ›Neues Haus – neue Welt‹ sein ästhetisch bestimmtes Wohn-

8 Mies' Projekte für ein ›Landhaus in Eisenbeton‹ (1923) und ein ›Landhaus aus Backstein‹ (1924) wurden als Planungen zu einem eigenen Hausbau gedeutet. Tegethoff 1981, S. 32 ff. u. 40 ff. – Auch den Entwurf für ein ›Haus in den Bergen‹ bei Bozen (1934) fertigte der Architekt für sich selbst an. Ebd., S. 120 u. Kat.-Nr. 16. – In Chicago beabsichtigte Mies, sich in einem der beiden von ihm 1948–51 ausgeführten Wohntürme am Lake Shore Drive 860–880 zu installieren. Mit den Planungen einer eigenen Doppel-Wohnung in der Nr. 880 (1950–52) – übrigens im obersten Stockwerk des 26-geschossigen Hochhauses – stand er vermutlich der Realisierung eines Architektendomizils am nächsten. Schulze 1992, S. 220–223.

9 Die hier zugrunde gelegte Einschätzung der Arbeit von Mies beruht vor allem auf: Huse 1985, S. 79–86, besonders S. 83 ff. – Vgl. auch: Ders. 1986.

10 Loos 1903b.

11 Muthesius, Hermann 1908/09.

12 Die Kunst, Bd. 16, Jg. 10, 1907, S. 226–231.

13 Architektur des XX. Jahrhunderts, Sonderheft 6, Berlin 1905. – Vgl. auch: Schirren 1989, S. 42–48.

14 Gropius 1930, S. 84–133.

15 Taut 1927.

ideal.[16] Die Haus-Monographien von Gropius, Taut und Mendelsohn präzisieren die programmatische Wirkung ihrer Domizile und verstärken den Vorbild-Charakter der privaten Interieurs.[17] Sehr eindringlich vermitteln die drei Bücher die Intensität der pädagogischen Absicht, die das Wohnen der Architekten im 20. Jahrhundert auszeichnet.

Exemplarische Bauten

Manche Architekten konkretisieren den Anspruch auf Vorbildlichkeit, indem sie im Bau ihres Hauses ein architektonisches Modell fixieren. Nicht nur die Wohnpraxis des Hausherrn, sondern das Haus als Ganzes soll zur Nachahmung anregen. Mehr als die Gestaltung des Interieurs muss sich die architektonische Form des Hauses, um Breitenwirkung zu entfalten, dem Charakter eines Standards annähern. Ökonomische Beschränkung und gestalterische Neutralität sind Voraussetzungen für einen Erfolg des Modells.

Unter den hier behandelten Architektenhäusern besitzen vor allem Otto Wagners zweite Villa und Walter Gropius' Dessauer Direktorenwohnhaus die Eigenschaft des Typischen, die sie als Modelle empfiehlt. Ein weiterer Bau, der sich in besonderer Weise als Modell eignet, ist das Haus der Möbeldesigner Charles und Ray Eames (1945–49) in Santa Monica. Dass im Fall der Villa Wagner die Möglichkeit einer Vervielfältigung mitgedacht ist, zeigen Entwürfe aus der Wagner-Schule, die einen der Villa verwandten Typus variieren.[18] Auch in der betont seriellen Fassadengestaltung der Villa klingt der Gedanke der Wiederholbarkeit an. Das Einzelhaus des Bauhausdirektors verkörpert nicht nur in seiner Ausstattung, sondern mehr noch in seiner architektonischen Gestalt die von der Schule propagierte Erneuerung der Wohnkultur. Der enge Zusammenhang mit dem von Gropius entwickelten Baukastenprinzip unterstützt den Modellcharakter seines Hauses. Das Domizil von Charles und Ray Eames, ein zweigeschossiger Stahlskelettbau von elementarer Quaderform, bezieht seine Eignung als reproduzierbare Hausform aus der ausschließlichen Verwendung vorgefertigter Bauteile. Das Haus entstand als ›Case Study‹ im Rahmen eines ausstellungsähnlichen Programms vorbildlicher Wohnhausbauten. Innerhalb dieser auf breite Ausstrahlung angelegten Unternehmung gingen vom Haus Eames die stärksten Impulse aus.[19]

Die von Wagner, Gropius und Eames vorgeschlagenen Modelle orientieren sich an gehobenen Wohnbedürfnissen. Hausmodelle für einen schmaleren Etat realisieren Heinrich Tessenow, Le Corbusier und Richard Buckminster Fuller. Tessenows Hausbau in Berlin-Zehlendorf verdichtet traditionelle Wohnvorstellungen zu einem exemplarischen Kleinhaus. Le Corbusiers ›Cabanon‹ in Cap-Martin präsentiert sich als serienfähiger Prototyp für das Wohnen in der Sommerfrische. Einen wirklichen Standard vertritt die Holzkuppel in Carbondale, unter der Fuller Wohnsitz genommen hat. Die Vielzweck-Konstruktion wurde mit seinem Patent in Serie produziert. Nachahmer fand das Wohnen unter der Kuppel vor allem in der alternativen Selbstbau-Kultur des amerikanischen Südwestens.[20]

Gemeinsam ist den genannten Hausherren, dass sie ihre Modelle als fertig ausformulierte Lösungen anbieten. Andere Architekten setzen den Akzent nicht auf dem endgültigen Resultat, sondern auf der schrittweisen Innovation. Sie erproben in ihren Domizilen entwicklungsfähige Konzepte und bestimmen so das eigene Wohnen als ›Experiment‹. Ein solcher Ansatz kennzeichnet die Wohnhäuser Rudolph M. Schindlers, der Brüder Luckhardt und Frei Ottos. Schindler verwirklicht bautechnische, typologische und wohnhygienische Neuerungen in experimenteller Weise für sich selbst. Die Brüder Luckhardt errichten auf ihrem ›Versuchsgelände‹ an der Schorlemerallee mehrere Wohnhausgruppen unterschiedlicher Konstruktionsweise und Typologie. Dabei bezeichnet das Reihenhaus, in das sie 1926 selbst einziehen, nur einen ein-

16 Mendelsohn, Erich 1932a.

17 Weitere zeitgenössische Architektenhaus-Bücher: Seidl 1919. – Schultze-Naumburg 1927.

18 Insbesondere Josef Hannich verwendet in seinem 1911 entstandenen Projekt einer Villenkolonie einen der zweiten Villa Wagner verwandten Haustyp. Pozzetto 1980, Abb. 254.

19 Über den Kontext der ›Case Study Houses‹: *Blueprints* 1989.

20 Jencks 1982, S. 234–245.

zelnen Versuchsschritt. Ganz ausdrücklich erklärt Frei Otto seine Wohnpraxis zum ›Experiment‹. Am eigenen Leib überprüft er neben der Funktionstüchtigkeit der Klimahülle das gesamte Potenzial eines Lebens zwischen technischer Wohnwelt und natürlicher Umwelt. Obgleich er sein Haus als Testfall konzipiert, bezieht er die Möglichkeit einer Vervielfältigung in seine Überlegungen mit ein. Auch Ottos Experiment zielt in letzter Konsequenz auf Vorbildwirkung. Die experimentelle geht in eine exemplarische Wohnform über.

Utopische Signale

Die programmatische Aussage, die der Architekt in seinem Wohnsitz trifft, bezieht sich mitunter auf einen utopischen Horizont. Der Hausherr versucht, auf eine kommende Entwicklung Einfluss zu nehmen, indem er den Hausbau als Vorwegnahme erscheinen lässt. In seinem Wohnhaus enthüllt er das Bild einer zukünftigen Welt. Der Entwurf soll durch seine werbende Kraft dazu beitragen, dass diese Welt Realität wird. Otto Wagner gibt mit der Gegenüberstellung seiner beiden Villen einen solchen utopischen Ausblick. Er thematisiert den Fortschritt als Weg in eine bessere Zukunft. Dagegen liegt für Fritz Höger die bessere Welt in der Vergangenheit. Er macht sein wiederhergestelltes Elternhaus zum Vehikel einer retrospektiven Utopie. In dem Bau konkretisiert sich für ihn eine vorindustrielle Lebenswirklichkeit. Le Corbusier wiederum deklariert das Pariser Etagenwohnhaus, auf dessen Dach er sich einrichtet, als Fragment einer urbanistischen Utopie. Er gibt damit sein Domizil als Keimzelle für die Reorganisation der modernen Metropole aus. Für Erich Mendelsohn umschließt die neue Form seines Wohnhauses das Versprechen einer neuen Welt. In der Darmstädter Künstlerkolonie und am Weimarer Bauhaus ist der utopische Impuls mit dem Gedanken einer idealen Lebensgemeinschaft verbunden, die im Bild des Kristalls symbolischen Ausdruck findet. Auch in Bruno Tauts Haus vermittelt die kristalline Form ein utopisches Signal. Noch im Hausbau Frei Ottos scheint die Erinnerung an expressionistische Kristall-Symbolik nachzuklingen. Im Prisma der großen Glashülle verdichtet sich zeichenhaft die Utopie einer durch Architektur ermöglichten Versöhnung zwischen Mensch und Natur.
In der utopischen Ausrichtung, welche die Architekten ihren Wohnsitzen geben, spiegeln sich hoch gespannte Erwartungen hinsichtlich der Wirkungsmacht des eigenen Tuns. Die Hausherren glauben an die Möglichkeit, bauend die Welt zu verändern. Ihre Arbeit verstehen sie als Beitrag zu einer umfassenden Erneuerung des Lebens. Ihr Hausbau dient dem Vorsatz, Wege zu bahnen, die in eine bessere Zukunft führen.

Individualistische Manifestationen

Ein dem Streben nach Vorbild-Charakter entgegengesetzter Weg, den Bau des eigenen Domizils zu nutzen, liegt in den Möglichkeiten der Individualisierung. Durch eine individualisierende Ausgestaltung gibt der Architekt seinem Haus, seiner Wohnung ein unverwechselbares Gepräge. Auf der Darmstadter Mathildenhöhe ist der Individualismus der Künstlerhäuser Bestandteil des architektonischen Gesamtkonzepts. Kein Entwurf soll dem anderen gleichen. Im Haus von Peter Behrens zeichnet sich die Zuspitzung des Persönlichen am schärfsten ab. Zu offen zeigen der Bau und selbst die Ausstattungsstücke die Handschrift des Entwerfers, als dass von hier eine Modell-Wirkung hätte ausgehen können. Bernhard Hoetger verwandelt das Paradigma des niederdeutschen Bauernhauses durch eigenwillige Detailausbildung in einen exzentrischen Künstler-Wohnsitz. Die ländliche Tradition dient ihm als Folie, von der sich seine künstlerischen

242 Günther Domenig, ›Steinhaus‹, Wohnhaus des Architekten, Steindorf am Ossiacher See, Baubeginn 1986, Ansicht, Baustelle

Manipulationen wirksam abheben. Auch Oswald Mathias Ungers bemüht sich in seinem Wohnhaus in der Belvederestraße um eine unverwechselbare Gestalt. Durch eine individuelle stereometrische Artikulation unterstreicht er den künstlerischen Anspruch seines Bauens.

Unter den Architektendomizilen der zweiten Jahrhunderthälfte gehört das Haus Ungers jedoch zu den gemäßigteren Äußerungen künstlerischer Individualität. Radikalere Manifestationen sind beispielsweise die Wohnsitze des Mexikaners Juan O'Gorman (1953–56), des Amerikaners Herb Greene (1961) oder des Italieners Carlo Mollino (1959–66). Der Maler-Architekt O'Gorman überzieht die Wände seiner höhlenartigen Behausung außen wie innen mit plastischem und musivischem Schmuck. Greene bedeckt sein auf ovalem Grundriss errichtetes Haus allseits mit länglichen Holzschindeln, so dass es einem gepanzerten Drachen gleicht. Mollino gestaltet seine Turiner Wohnungen als surrealistische Rückzugswelten.[21] Die am weitesten vorgeschobene Position eines architektonischen Individualismus besetzt das 1986 begonnene ›Steinhaus‹ des Österreichers Günther Domenig, der sein Domizil als extremen baukünstlerischen Sonderfall formuliert.[22] Das Wohnen des Architekten steht hier außerhalb aller Norm. Der Bau verkörpert »die innere Suche seines Erbauers nach dem eigenen Selbst in der Gestalt seiner Architektur«.[23] Im Fall Domenigs behält die individualistische Äußerung keinen privaten Charakter, sondern wird zur öffentlichen Bekundung: Der Architekt lässt Videos über seinen Hausbau drehen und schickt Zeichnungen und Modelle auf Kunstausstellungen.[24]

Für die Zunahme und Radikalisierung individualistischer Manifestationen im Wohnen der Architekten lassen sich zwei Motive ausmachen. Einerseits fordert eine voranschreitende

21 Ähnlich individualistische Häuser bauten für sich die Architekten Bart Prince (1984) und Dieter Schmid (1990). Auch die historisierenden Miniaturarchitekturen, die Tomaso Buzzi auf seinem Landsitz versammelte (1960–78), gehören in diesen Zusammenhang.

22 Über Domenig: Domenig 1991. – Noever 1991, S. 166–183.

23 Carl Pruscha in: *Domenig* 1988, S. 12.

24 Eine allein dem ›Steinhaus‹ gewidmete Ausstellung veranstaltete 1988 das Österreichische Museum für angewandte Kunst: *Domenig* 1988. – 1989 war das Projekt vertreten auf der Ausstellung ›Künstlerhäuser. Eine Architekturgeschichte des Privaten‹ im Deutschen Architekturmuseum in Frankfurt: Schwarz 1989, S. 218–221. – In kleinerem Umfang zeigte 1993 die Architekturgalerie München Domenigs Hausbau.

Funktionalisierung des Bauens zum Protest heraus; der Architekt betont gegenüber den ›objektiven‹ Gesetzmäßigkeiten des Baumarkts die subjektive Kraft seiner Erfindungen. Andererseits nötigt die Erosion des Bautyps ›Einfamilienhaus‹ jene Entwerfer, die individuelle Abgrenzung suchen, zu immer ausgefalleneren Formulierungen. Denn angesichts aufgeweichter Konventionen wirken nur noch extreme Lösungen unkonventionell.

Architekten als Künstler

Die meisten der hier vorgestellten Architekten artikulieren in ihrem Wohnen den künstlerischen Anspruch ihrer Arbeit. Mit unterschiedlichem Nachdruck und jeweils eigener Akzentuierung verweisen Wagner und Behrens, Guimard und Hoetger, Gropius und Mendelsohn, Le Corbusier und Melnikow, schließlich Ungers auf die künstlerische Identität des Architektenberufs. Dabei bezeichnet der zur Schau gestellte Individualismus eines Bernhard Hoetger nur einen der möglichen Wege, die Rolle des Künstlerischen zur Geltung zu bringen. Erich Mendelsohn erreicht dasselbe Ziel durch die planvolle Indienstnahme der Schwesterkünste bei der Ausstattung seines Domizils. Konstantin Melnikow gibt durch die zylindrische Abstraktion seines Hausbaus und die mystische Rauminszenierung seines Ateliers einen Hinweis auf sein Künstlertum.
An ihrem Selbstverständnis als Künstler lassen gerade jene Architekten, die sich besonders nachdrücklich für die Durchsetzung eines ›Nutzstils‹ engagieren – Wagner, Le Corbusier, Gropius – keinen Zweifel. Dagegen tritt bei den Vertretern einer traditionell-handwerklichen Berufsauffassung – Theodor Fischer, Fritz Höger – der Aspekt des Künstlerischen in den Hintergrund. Aber auch Hans Poelzig, für den der Kunst-Charakter des Bauens eine Selbstverständlichkeit ist, sieht keine Veranlassung, diesen besonders zu betonen.
Wie es scheint, waren es vor allem die frühen Vorkämpfer eines zweckkonformen Bauens, die es als notwendig empfanden, ihre Künstler-Identität hervorzuheben. Gründe hierfür können an dieser Stelle nur vermutet werden. Festigten die Architekten mit Hilfe der Künstlerrolle ihre Autorität als Neuerer und Pioniere? Bedurften sie einer höheren Legitimation, um den ›Nutzstil‹ durchzusetzen? War es nur im Namen künstlerischer Wahrheit möglich, die Fesseln der Stilkunst abzustreifen? Konnten nur Bau-Künstler sich in der Konkurrenz mit dem Ingenieur behaupten?
Selbst Walter Gropius, der eine Neuorientierung der Architektur an funktionalen und konstruktiven Kriterien mit besonderer Entschiedenheit verfocht, bekräftigte durch die Siedlungsgemeinschaft mit den Bauhauskünstlern, dass er seine Arbeit weiterhin als eine künstlerische begriff. Im Dessauer Direktorenhaus thematisierte er den Durchbruch zu einer funktionalen Gestaltung als ästhetische Innovation. Allerdings war es sein Vorsatz, die ästhetische Komponente des Bauens in dessen Zweck-Charakter aufgehen zu lassen, also die Autonomie des Ästhetischen aufzuheben. Es ist diese Verschmelzung von Kunst und Funktion, gegen die sich Erich Mendelsohn in seinem Hausbau zur Wehr setzte. Gegen die sich abzeichnende Tendenz einer Funktionalisierung des Bauens behauptete er die Autonomie der Kunst als einer von Fragen des Zwecks losgelösten Kategorie.
Um 1930 war der ›Funktionalismus‹, von dem Mendelsohn sich abgrenzte, noch mehr eine theoretische Position als eine das Baugeschehen bestimmende Realität. Knapp dreißig Jahre später setzt Oswald Mathias Ungers seine Forderung nach einer künstlerischen Architektur gegen einen real existierenden Funktionalismus. Das Prinzip technischer Rationalität, das Gropius durch die Vision des Baukünstlers kontrolliert glaubte, hat sich in der Zwischenzeit verselbstständigt. Die Wiederkehr der Kunst seit den fünfziger Jahren ist eine Reaktion gegen die Vorherrschaft des funktionalen Arguments.

Strategien der Repräsentation

Ein wichtiger Aspekt der Entwicklung, die Otto Wagner in der Konfrontation seiner beiden Villen zusammenfasst, ist die Preisgabe axialer Raumbeziehungen und repräsentativen Aufwands. Besonders in seiner Wohnung in der Döblergasse zeigt Wagner allerdings, dass er nicht völlig auf gesellschaftliche Repräsentation verzichten möchte. Er unternimmt aber eine Umdeutung repräsentativer Konventionen. Gestalterische Aktualität und eine symbolisch vermittelte Funktionalität werden nun zu den wesentlichen Kriterien eines standesgemäßen Wohnens. Theodor Fischer legt beim Umbau des ›Laimer Schlößl‹ keinen besonderen Wert auf repräsentative Wirkungen – im Gegensatz zu seinem Schüler Paul Bonatz, der im Bau seines zweiten Hauses ein ausgeprägtes Statusbewusstsein erkennen lässt. Das Wohnen im ›Schlösschen‹ erlaubt Fischer dennoch eine herrschaftliche Selbstinszenierung. Erich Mendelsohn befriedigt seine repräsentativen Ansprüche im Idiom des Neuen Bauens. Die Strenge der architektonischen Form unterstützt den exklusiven Charakter seines Domizils. Das Haus am Rupenhorn demonstriert die Eignung der modernen Architektur als Instrument gesellschaftlichen Repräsentierens. Oswald Mathias Ungers greift in seinem Landhaus ›Glashütte‹ auf historische Formen der Repräsentation zurück. Der Architekt schlüpft in die Rolle eines frühneuzeitlichen Gutsbesitzers. Diese dient ihm gleichsam als ein Versatzstück, das er für seine eigene Selbstdarstellung in Dienst nimmt. Mit seiner Anleihe bei jenen Repräsentationsformen, die Otto Wagner abgelegt hatte, steht Ungers nicht allein. Durch die Rehabilitierung des Historischen werden seit den siebziger Jahren auch Elemente historischer Repräsentation erneut verfügbar. Der hier gegebene Überblick macht deutlich, dass zwar die Strategien der Selbstdarstellung sich ändern, der Statuserweis an sich jedoch für viele Architekten des 20. Jahrhunderts ein Bedürfnis bleibt.

Vorzugslagen

Mit ihren Domizilen bezeichnen Architekten nicht nur programmatische Positionen, sie besetzen auch in ganz konkreter Weise Orte. Durch ihre lokale Einordnung stellen sie Beziehungen zu ihrer Umwelt her. Joseph Maria Olbrich und Walter Gropius errichten ihre Häuser in Künstler-Siedlungen und definieren durch die örtliche Relation zu den Nachbarn ihr Verhältnis zu den Schwesterkünsten. Theodor Fischer bestimmt mit dem Erwerb des ›Laimer Schlößl‹ seine Beziehung zu der Stadt, in der er baut. Er nimmt Wohnsitz im Münchner Stadterweiterungsgebiet, auf das sich ein wichtiger Teil seiner Entwürfe bezieht. Durch die Übernahme eines historischen Gebäudes verstärkt er die persönliche Aneignung des Ortes.

Fritz Höger und Fritz Schumacher dringen mit ihren Haus-Umbauten in prominente Bereiche der Hamburger Sozialtopographie ein. Der junge Architekt aus der holsteinischen Provinz untermauert durch den Wohnsitz im vornehmen Rotherbaum seine in der Großstadt erworbene Position. Dagegen demonstriert der Oberbaudirektor im freien Blick über die Alster seine Kontrolle über das Baugeschehen in der Stadt. Außer den Vierteln an der Alster besitzen in Hamburg die Elbchaussee und die elbnahen Quartiere besonderen Siedlungsreiz für Architekten. Die Aussicht auf den Strom ist das Prädikat, das diese Gegenden auszeichnet. Häuser an der Elbchaussee errichten die Architekten Gottfried Schramm (1935), Erich Elingius (1939) und Cäsar Pinnau (1950–51) für sich selbst. Ein Domizil mit Elbblick baut sich ferner Rudolf Lodders (1950–51). Auf den Strom blickt auch Meinhard von Gerkan, und zwar sowohl aus seinem Wohnhaus (1980–82) als auch aus seinem Büroneubau an der Elbchaussee (1991).

In vielen Städten ist zu beobachten, wie die Domizile erfolgreicher Architekten sich in bestimmten Vorzugslagen konzentrieren. So ist in Paris das 16. Arrondissement die bevorzugte

Wohngegend. Hier befinden sich die Häuser von Hector Guimard und Paul Guadet ebenso wie die Wohnungen von Auguste Perret und Le Corbusier. Die letztgenannten Architekten stellen in ihren Domizilen ein neues Verhältnis zur Großstadt her. Nicht vom grünen Vorort aus, sondern aus der Höhe ihrer Dachappartements verfolgen sie die Entwicklung der Metropole. Sowohl in der städtischen Topographie als auch innerhalb des Etagenwohnhauses besetzen sie einen privilegierten Standort.

Für sich betrachtet, ist die Einfügung des Architektendomizils in eine Wohnanlage oder ein Mietshaus lesbar als Geste gesellschaftlicher Einordnung. So bekunden Max Taut (1919–21), die Brüder Luckhardt (1924–26), Pavel Janák (1932), Arne Jacobsen (1949–51), Bernhard Hermkes (1949–51), das Architektenehepaar Spengelin (1952–53) oder Hans Scharoun (1960), indem sie Häuser in von ihnen geplanten Siedlungen oder Mietwohnungsanlagen bewohnen, die Akzeptanz einer sozialen Norm. Nicht wenige von ihnen reservieren sich jedoch, ähnlich wie Perret und Le Corbusier, innerhalb ihrer Wohnanlage einen privilegierten Standort. Hans und Wassili Luckhardt besetzen gemeinsam mit ihrem Partner Alfons Anker die Symmetrieachse und damit das symbolische Zentrum ihrer Reihenhäuser an der Schorlemerallee in Berlin-Dahlem. Ingeborg und Friedrich Spengelin dehnen ihren Besitz innerhalb einer von ihnen entworfenen Reihenhausbebauung in Hamburg-Groß Flottbek sukzessive auf zwei Wohnhäuser und Büroanbau aus. In besonders prägnanter Weise verwirklicht Hans Scharoun ein exklusives Wohnkonzept im Gewand sozialer Konformität. Der Berliner Architekt verlegt sein Domizil in die Sozialwohnungsanlage Charlottenburg-Nord, die er selbst entworfen hat. Anstelle einer beliebigen Wohneinheit reserviert er für sich ein Doppelappartement auf dem höchsten Punkt eines ansteigenden, achtgeschossigen Gebäudeflügels. Scharoun fasst zwei übereinander liegende Wohnungen zusammen und mietet eine dritte, angrenzende Einheit als Büro. Anstatt sich einzufügen in die Anonymität der Wohnanlage, besteht er auf einer Spezialanfertigung. Zwar identifiziert er sich mit der kollektiven Wohnform, bekundet aber durch die interne Standortwahl elitäres Bewusstsein.

Pluralität und Konvergenz

In der Rückschau am Übergang zum 21. Jahrhunderts zeigt sich der Weg der ›modernen Architektur‹ in seinem pluralen Verlauf.[25] Der vergleichende Überblick über das Wohnen der Architekten erschließt die Architekturentwicklung in ihrer Pluralität. Die ›eine‹ Architekturgeschichte zergliedert sich in eine Vielzahl von Wohngeschichten, in denen jeweils das Persönliche dominiert – auch dort, wo Universalität beansprucht wird. Es sind die konkurrierenden Weltentwürfe Einzelner, aus denen sich das vielgesichtige Phänomen ›moderne Architektur‹ zusammensetzt. Dieser plurale Charakter offenbart sich besonders deutlich in der ›Architektenhauslandschaft‹ Berlin, wo in den zwanziger Jahren die Brüder Luckhardt und Bruno Taut, Erich Mendelsohn und Hans Poelzig ihre jeweils eigene Sicht der Moderne formulieren. Teil der für die Gesamtentwicklung charakteristischen Vielfalt sind aber auch die Positionen einer traditionalistischen Architektur, wie sie in den Wohnbiographien Paul Schmitthenners oder Fritz Högers zur Darstellung kommen.

Gegenläufig zu der hier beobachteten Pluralität ist die Architekturentwicklung bis in die sechziger Jahre hinein gekennzeichnet durch ein starkes Bemühen um Konvergenz. Die Mehrzahl der Akteure versteht die eigene Arbeit als Beitrag zu einer Erneuerung der architektonischen Kultur insgesamt. Der individuelle Beitrag soll aufgehen in einer erhofften Einheit, die anfangs als ›Neustil‹, später zumeist als grundsätzliche Überwindung des Stilprinzips verstanden wird. Merkmale eines solchen Einheitsstrebens sind einerseits eine typologische Recherche, die auf

25 Vgl. zum Folgenden auch: Welsch 1987, S. 25, 49 u. 101 f.

wiederholbare Modelle zielt, andererseits eine Tendenz zur formalen Vereinfachung, zum Weglassen alles Überflüssigen. Seit den zwanziger Jahren richtet sich das Interesse auf den Massenwohnbau, der zum ideellen Fluchtpunkt der Bauaufgabe ›Wohnhaus‹ wird – oft auch im Wohnen der Architekten. Innerhalb der architektonischen Avantgarde betreibt am zielstrebigsten Walter Gropius die Suche nach einem ›stilistischen‹ Konsens. Im Dessauer Direktorenwohnhaus ermittelt er den kleinsten gemeinsamen Nenner fortschrittlicher Tendenzen als Basis für die formale Identität des ›Neuen Bauens‹. Innerhalb der konservativen Strömung verfolgt am konsequentesten Heinrich Tessenow das Ziel der Vereinheitlichung. In Berlin-Zehlendorf baut er für sich selbst ein idealtypisches Kleinhaus als traditionalistisches Konsensmodell.

Bis heute

In der ersten Hälfte des 20. Jahrhunderts stand das Thema ›Wohnen‹ im Zentrum der architektonischen Entwicklung. Der Hausbau übernahm eine Schrittmacherfunktion für typologische und formale Innovationen. Das jeweils Neue trat hier zuerst in Erscheinung. Seit der Mitte des 20. Jahrhunderts verliert die gesamtarchitektonische Strahlkraft des Einzelhauses an Intensität. Zwar bietet der Hausbau weiterhin ein wichtiges Feld für die Erprobung und Präsentation innovativer Tendenzen.[26] Doch der Fortschrittsoptimismus, der die Manifestationen der historischen Avantgarden inspirierte, scheint gebrochen. Die Vorstellung einer Parallelität von technischem und ästhetischem Fortschritt in der Architektur ist in Frage gestellt. Technisch-konstruktive Innovationen lassen sich im Hausbau kaum mehr darstellen. Die Bemühungen um eine Reform des Wohnens haben nachgelassen. Der öffentlich finanzierte Massenwohnbau ist zum Erliegen gekommen. Zudem muss heute der mit dem Bau von Einzelhäusern verbundene Landverbrauch in hohem Maße fragwürdig erscheinen.
Die abnehmende gesamtarchitektonische Bedeutung der Bauaufgabe ›Wohnhaus‹ bildet den Hintergrund für eine verstärkte Pluralisierung der Erscheinungsformen. Im Wohnbau der Jahrhundertwende, der zwanziger und noch der fünfziger Jahre hielten sich Pluralität und Konvergenz die Waage. Im letzten Drittel des Jahrhunderts gewinnt der Aspekt des Pluralen das Übergewicht. Waren die modernen Pioniere bestrebt, eine neue Norm zu etablieren, so kennzeichnet eine steigende Vielfalt der Möglichkeiten die architektonische Recherche der letzten Jahrzehnte. Konträr zu den Tendenzen stilistischer Konzentration in den zwanziger Jahren geht es nun um gestalterische Diversifikation.[27] Die forcierte Pluralisierung des Architekturgeschehens beeinträchtigt die Wahrnehmbarkeit programmatischer Bekundungen im Wohnen der Architekten. Die neue Unübersichtlichkeit macht es schwer, der im eigenen Hausbau getroffenen Aussage Gehör zu verschaffen. Anders als in den zwanziger oder fünfziger Jahren existieren keine starren Regeln mehr, gegen die sich avantgardistische Konzepte formulieren ließen. Selbst exemplarische Lösungen geraten angesichts der aktuellen Vielfalt in den Verdacht der Beliebigkeit. Immer seltener errichtet deshalb der Architekt sein Domizil als Baustein einer besseren Welt; immer häufiger baut er sein Haus als Fluchtburg des Individuellen. Insofern ist das Vorgehen Günther Domenigs – die kompromisslose Verwirklichung eines individualistischen Architekturkonzepts – durchaus typisch für das ausgehende 20. Jahrhundert.
Die Wohnhäuser von Oswald Mathias Ungers und Frei Otto repräsentieren zwei komplementäre Wege, das Erbe der historischen Moderne fortzuführen. Ungers' Hausbau in der Belvederestraße steht als Absage an den Konsens der Nachkriegsmoderne am Beginn der beschriebenen Pluralisierung. Wie in den Architektenhäusern der zwanziger Jahre ist hier das Pathos

26 Früh wurden gerade im Bau von Einfamilienhäusern Ansätze zu einer Kritik an der Moderne formuliert. Wichtige Schritte in dieser Richtung sind Robert Venturis Haus für seine Mutter Vanna Venturi (1962), Frank Gehrys eigenes Haus (1977–78) und die frühen Häuser (inklusive der eigenen) von Charles W. Moore.

27 Kein Versuch, die jüngere Architekturentwicklung in eine historiographische Erzählung einzufügen, kommt ohne einen gut bestückten Vorrat an Ismen aus. Vgl. etwa: Frampton 1992, S. 280–313. – Tzonis/Lefaivre 1992.

der spektakulären Form mit einer allgemein verbindlichen Aussage verknüpft. Diese zielt jedoch auf eine Revision des modernen Fortschrittskonzepts. Dagegen setzt Frei Otto in unspektakulärer Weise die von den modernen Pionieren begonnene Reform fort. Als wesentlichen Innovationsschritt bezieht er den Aspekt der ökologischen Verantwortung in sein Wohnkonzept mit ein. In formaler Hinsicht knüpft er an den Konsens der Nachkriegsmoderne an. Er zeigt kein Interesse an einer formgetragenen Bekundung. Gegenüber der beginnenden Suche nach einer reicheren architektonischen Form verhält er sich reserviert.

Auf die Vieldeutigkeit des Architekturgeschehens der achtziger und neunziger Jahre antwortet Oswald Mathias Ungers im Landhaus ›Glashütte‹, im Bibliotheksanbau der Belvederestraße und in seinem neuen Wohnhaus am Kämpchensweg mit der Eindeutigkeit der Geometrie. Der Vielfalt aktueller Konzepte und Strategien begegnet er mit äußerster formaler Klarheit. Im Rückgriff auf historische Typologie und kubische Elementarform schafft er ideale Gegenbilder zu einer zersplitterten Realität. Erneut trägt der Architekt im Widerspruch zur zeitgenössischen Situation eine pointierte Stellungnahme vor. Wenn er mit dem älteren Hausbau ›eine lebendige Entwicklung in Fluß‹ hielt, so bemüht er sich nun um einen Standort außerhalb dieser Entwicklung. Dennoch bleibt auch Ungers mit seinem Versuch, sich gegen die herrschende Vielfalt abzugrenzen, ein Teil ebendieser Vielfalt. Wie der radikale Individualismus eines Günther Domenig bezeichnet der geometrische Reduktionismus von Oswald Mathias Ungers eine Extremposition innerhalb der Pluralität gegenwärtigen Bauens.

Häuser und Wohnungen von Architekten im 20. Jahrhundert
Ein Katalog

Der im Folgenden zusammengestellte Katalog von Architektendomizilen bildet das Reservoir an Beispielen, das der Studie als Grundlage diente. Der Katalog stellt das Wohnen der Architekten im 20. Jahrhundert in größerer Bandbreite vor, als es eine den individuellen Wohngeschichten folgende Betrachtung vermag. Grundsätzliche Voraussetzung für die Aufnahme in das Verzeichnis war die Verfügbarkeit von publiziertem photographischem oder graphischem Material. Nur wenige der aufgeführten Architekten-Wohnsitze sind nicht im Bild veröffentlicht. Bei dem überwiegenden Teil der Eintragungen handelt es sich um Einfamilienhäuser, meist als freistehende Einzelbauten, seltener als Doppel- oder Reihenhäuser errichtet. Ferner sind Wohnungen in städtischen Etagenwohnbauten berücksichtigt.
Der Katalog enthält die Wohnsitze einer Mehrzahl derjenigen Architekten, die mit ihrer Arbeit die Entwicklung im 20. Jahrhundert geprägt oder maßgeblich beeinflusst haben. Ausschlaggebend für die Aufnahme waren jedoch nicht allein die architekturhistorische Bedeutung oder der Bekanntheitsgrad der Bewohner. Zwei weitere Gesichtspunkte leiteten die Auswahl. Einerseits ging es darum, das Wohnen der Architekten in seinem zeitspezifischen Durchschnitt zu erfassen – zur Bestimmung des Typischen fanden auch Häuser und Wohnungen weniger prominenter Berufsvertreter Berücksichtigung. Andererseits galt das Interesse der Verschiedenartigkeit der Lösungen, zu denen der Bau des eigenen Wohnsitzes Anlass gab.
Um einzelne Domizile als Teile einer persönlichen Wohngeschichte erkennbar werden zu lassen, sind zahlreiche Architekten mit mehreren Wohnsitzen im Katalog vertreten. Mitunter werden dabei auch Häuser und Wohnungen aufgeführt, die vor 1900 entstanden. Der Katalog spiegelt die Konzentration der Untersuchung auf den deutschen Sprachraum wider, bezieht jedoch in größerem Umfang europäische und außereuropäische Beispiele mit ein. Nur bedingt schlägt sich das Maß, in dem einzelne Länder an der modernen Architekturentwicklung Anteil hatten, in der Zahl der aufgenommenen Häuser nieder. Zu den Regionen, die nicht in dem Umfang berücksichtigt werden, in dem sie zur Architektur des 20. Jahrhunderts beigetragen haben, gehören Lateinamerika und Japan.

Hinweise zum Katalog

Jede Eintragung enthält folgende Angaben: Name des Architekten und Hausherrn, Bezeichnung des Domizils, Ort und Jahr. Sofern entsprechende Informationen verfügbar waren, sind Angaben über Straße, An- und Umbauten sowie Zerstörung hinzugefügt. Nicht bei allen aufgeführten Bauten konnte überprüft werden, ob sie noch existieren.
Name: Bei Hausentwürfen, für welche Partnerschaften firmieren, ist jeweils nur der bewohnende Architekt genannt. Mitwirkende Architekten sind gegebenenfalls zusätzlich aufgeführt. Ausnahmen von dieser Regel: Gemeinschaftswohnungen assoziierter Architekten und entwerfender Ehepaare.
Bezeichnung: Von der generellen Benennung ›Wohnhaus‹ bzw. ›Wohnung‹ wird in Einzelfällen abgewichen, um Besonderheiten des Gebäudes (Doppel-, Fertigteil-, Solarhaus), der Nutzung (Ferien-, Sommer-, Wochenendhaus) oder der Lage (Landhaus) zu charakterisieren. Haben sich für ein Haus eine Bezeichnung (Villa) oder ein Name (›Hvitträsk‹) eingebürgert, so stehen diese an erster Stelle. Genannt werden Atelier oder Büro, sofern sie dem Haus bzw. der Wohnung angeschlossen sind. Erwähnung findet, ob ein Haus Ergebnis eines Umbaus ist oder als Teil einer Siedlung errichtet wurde. Bei Wohnungen ist nach Möglichkeit die Lage im Etagenwohnbau angegeben. Ferner ist erwähnt, ob der Entwurf für das Mietshaus vom Architekten selbst stammt. Falls mehrere Domizile eines Architekten aufgeführt werden, sind sie fortlaufend römisch nummeriert.
Ort: Namen der Stadtteile sind mit Bindestrich angehängt, Stadtbezirke in der ortsüblichen Schreibweise nummeriert. Die Gebietszugehörigkeit (Provinz, amerikanischer Bundesstaat, Land) ist in Klammern angegeben.
Zeit: Bei Einfamilienhäusern bezieht sich die Jahreszahl auf die Bauzeit. Waren genauere Angaben verfügbar, ist die Zeitspanne zwischen Planungsbeginn und Fertigstellung bezeichnet. Bei Wohnungen in vom Architekten selbst entworfenen Etagenwohnbauten sind in der Regel ebenfalls die Baudaten genannt. Andernfalls benennt die Jahreszahl das Datum der Einrichtung, mitunter den Zeitpunkt des Einzugs (z. B. ›ab 1925‹) oder, sofern bekannt, die Wohndauer (z. B. ›bewohnt von Wagner 1913–16‹).
Die Literaturangaben verweisen in erster Linie auf publiziertes Abbildungsmaterial. Sie dienen der Auffindbarkeit der jeweiligen Domizile, ersetzen jedoch keine vollständige Bibliographie.
Veröffentlichungen, in denen zahlreiche weitere Architektendomizile publiziert sind: Winkler, Robert 1955. – Wagner/Schlegel 1974. – Wagner, Walter F. jr. 1981. – *Architects' Own Houses* 1983. – Newton 1992.

Alvar Aalto
Wohnhaus des Architekten (I)
Munkkiniemi bei Helsinki
1934–36
Aalto 1963, S. 62–65.

Sommerhaus des Architekten (II)
Muuratsalo
1953
Aalto 1963, S. 200–203.

Adolf Abel
Wohnhaus des Architekten
München-Herzogpark
1930
Die Kunst, Bd. 70, Jg. 35, 1934, S. 77–88. – Das Schöne Heim, Jg. 5, 1934, S. 96–108.

Kurt Ackermann
Wohnhaus des Architekten
Herrsching am Ammersee
1960–61
Die Kunst und das Schöne Heim, Jg. 62, H. 5, Februar 1964, S. 212–217. – *Ackermann* 1978, S. 11 u. 40–43.

Franco Albini
Wohnung des Architekten
Mailand
1940
Domus, Nr. 163, 1941. – *Albini* 1979, S. 132.

Otto Ameis
Wohnhaus des Architekten
Schleusenredder 21
Hamburg-Wohldorf
1907
Marg/Fleher 1983, S. 10.

Erik Gunnar Asplund
Sommerhaus des Architekten
Stennäs
1936
Byggmästaren, 1938, H. 30, S. 330. – Moderne Bauformen, Jg. 39, 1940, S. 145. – Wrede 1980, Abb. 166–168.

Ian Athfield
Wohnhaus des Architekten
Wellington (Neuseeland)
1965–82
The Architectural Review, Nr. 1023, Mai 1982, S. 48–52.

Bela Auer
Wohnhaus des Architekten
Zagreb
1929–30
Laslo 1990, S. 318.

Hinrich Baller
Wohnung und Atelier des Architekten
(Dachausbau eines kurz nach 1900 errichteten Etagenwohnhauses)
Lietzenseeufer
Berlin-Charlottenburg
1991
Deutsche Bauzeitung, Jg. 125, 1991, H. 8, S. 28–30.

Gian Luigi Banfi (BBPR)
Wohnung des Architekten
Via Moscova
Mailand
1939
Domus, Nr. 149, April 1940, S. 36–43. – Bonfanti/Porta 1973, S. A40 u. Abb. 132.

Luis Barragan
Wohnhaus des Architekten
C. General Francisco Ramirez 14–16
Mexico City
1947
Smith, Clive Bamford 1967, S. 74–83. – Barragan 1991, S. 116–133.

Otto Bartning
Wohnhaus des Architekten
Nußbaumallee 42
Berlin-Charlottenburg
1937
Bredow/Lerch 1983, S. 120.

Leopold Bauer
Wohnhaus des Architekten
Auhofstraße 230a
Wien XIII
1907–08
Der Architekt, Jg. 14, 1908, S. 116–117.

Herbert Bayer
Studio und Wohnhaus des Künstlers
Red Mountain
Aspen (Colorado)
1950 und 1959
Architecture d'aujourd'hui, Nr. 124, Jg. 36, Februar/März 1966, S. 48. – Cohen, Arthur A. 1984, S. 326–327. – *Bayer* 1986, S. 78.

Wilfried Beck-Erlang
Wohnhaus des Architekten
Marquardstraße 10
Stuttgart
1964–66
Pehnt 1970, S. 62–63. – Meyer-Bohe 1970, S. 119–121. – Einzig 1981, S. 106–113.

Günter Behnisch
Wohnhaus des Architekten
Oberer Haldenweg 13
Ostfildern-Kemnat bei Stuttgart
1968–69
Behnisch 1975, S. 13. – *Behnisch* 1992, S. 139.

Peter Behrens
Wohnhaus des Architekten (I)
Alexandraweg 17
Darmstadt-Mathildenhöhe
1901
Die Kunst, Bd. 6, Jg. 5, 1902, S. 1–48. – Norberg-Schulz 1980. – Buddensieg 1980.

Landhaus des Architekten (II)
am Zierksee bei Neustrelitz
1932
Die Dame, 1936, H. 10, S. 10f. u. 50. – Buddensieg 1980, S. 47 (Hinweis).

Lodovico Barbiano di Belgiojoso (BBPR)
Wohnung des Architekten
Via Perugia
Mailand
1940
Bonfanti/Porta 1973, S. A45.

Jan Benthem
(mit Mels Crouwel)
Wohnhaus des Architekten
De Fantasie 10
Almere-Stad (Niederlande)
1982–83
Architecture d'aujourd'hui, Nr. 236, Dezember 1984, S. 16–17. – Davies 1988, S. 148–151. – Grevenendijk/-Vollaard 1987, S. 99, E 15.

Ivar Bentsen
Wohnhaus des Architekten
Holbaek (Dänemark)
1910
Arkitektur, Jg. 7, 1963, H. 2, S. 62–63.

Hendrik Petrus Berlage
Wohnhaus des Architekten
Violenweg 14
Den Haag
1913–14
Berlage 1925, S. 113–114. – Polano 1987, S. 212.

Jean-Louis Berthomieu
Wohnhaus des Architekten
Passage Larousse
Malakoff bei Paris
1988–89
Architecture d'aujourd'hui, Nr. 269, Juni 1990, S. 82–85.

Karl Bertsch
Wohnhaus des Architekten
Am Rupenhorn 11
Berlin-Charlottenburg
1927–28
Dekorative Kunst, Bd. 37, 1928/29, S. 201–205. – Deutsche Kunst und Dekoration, Jg. 32, Bd. 63, 1928/29, S. 132–150. – Wichmann 1992, S. 138–139 u. 232–233.

German Bestelmeyer
Wohnhaus des Architekten
Muffatstraße 4
München-Schwabing
1925
Thiersch 1961, S. 21. – *München und seine Bauten* 1984, S. 315.

Heinz Bienefeld
Haus Derkum (Umbau eines Bauernhofs von 1879 zum Wohnhaus des Architekten)
Swisstal-Ollheim
Umbau ab 1979
architektur+wohnen, 1984, H. 1, S. 114–121. – Daidalos, Nr. 32, 1989, S. 113–117.

Max Bill
Wohn- und Atelierhaus des Künstlers (I)
Höngg bei Zürich
1932–33
Bechstein 1985.

Wohn- und Atelierhaus des Künstlers (II)
Zumikon bei Zürich
1967–68
Bechstein 1985.

Hermann Billing
Wohnhaus des Architekten (I)
Karlsruhe
Eisenlohrstraße 23
1898
Billing 1997, S. 139–141.

Wohnhaus des Architekten (II)
Karlsruhe
Eisenlohrstraße 25
1899–1900
Billing 1997, S. 144–146.

Wohnhaus des Architekten (III)
Karlsruhe
Moltkestraße 47
1905–06
Billing 1997, S. 20–21.

Dominikus Böhm
Wohnhaus des Architekten (I)
(heute Büro Gottfried Böhm)
Auf dem Römerberg 25
Köln-Marienburg
1931–32
Moderne Bauformen, Jg. 33, 1934, S. 649–655. – *Böhm* 1943, S. 138–141. – *Böhm* 1962, S. 298–301.

Wohnhaus des Architekten (II)
Jettingen
1939
Böhm 1943, S. 218–219. – *Böhm* 1962, S. 358–359.

Gottfried Böhm
Wohnhaus des Architekten
Am Rheinberg 5
Köln-Weiss
1955
Neue deutsche Architektur 1962, S. 28–29. – Hagspiel/Kier/Krings 1986, S. 288. – Raèv 1988, S. 20–23. – Schwarz 1989, S. 172–173.

Riccardo Bofill
La Fabrica (Umbau einer Zementfabrik für Wohnung des Architekten und Büro ›Taller de Arquitectura‹)
Sant Just Desvern (Barcelona)
1973–75
GA Architect, Nr. 4, Tokio 1985, S. 58–67. – D'Huart 1985, S. 80–91 u. 130–133.

Paul Bonatz
Wohnhaus des Architekten (I)
Ehrenhalde 9
Stuttgart
1906–07
Der Baumeister, Jg. 6, 1908, S. 64. – Bonatz 1950, S. 53. – Bongarz/Dübbers/Werner 1977, S. 47. – Roser 1992, S. 31.

Wohnhaus des Architekten (II)
Gellertstraße 8
Stuttgart
1911–12
Moderne Bauformen, Jg. 12, 1913, S. 600–603. – Die Kunst, Bd. 44, Jg. 24, 1921, S. 129–132. – Bongarz/Dübbers/Werner 1977, S. 51 – Roser 1992, S. 33–35.

Wohnhaus des Architekten (III)
Am Bismarckturm 45
Stuttgart
1921–22
Bonatz 1950, S. 110–111. – Bongarz/Dübbers/Werner 1977, S. 59. – Roser 1992, S. 46–47.

Ferienhaus des Architekten (IV)
Kornau bei Oberstdorf
1936
Bongarz/Dübbers/Werner 1977, S. 76. – Roser 1992, S. 82.

Pep Bonet
Landhaus des Architekten
Sant Antoni de Vilamajor (Barcelona)
1974–81
Lotus, Nr. 23, 1979, S. 56. – Bru/Mateo 1984, S. 122–124. – Werk, Bauen+Wohnen, 1986, H. 7/8, S. 34. – Cabrero 1989, S. 63–64. – *Arquitectura española* 1989, S. 632–637.

Piero Bottoni
Ferienhaus des Architekten (I)
bei Marina di Massa
1945
Consonni/Meneghetti/Tonon 1990, S. 332.

Ferienhaus des Architekten (Umbau) (II)
Capri
1958–65
Consonni/Meneghetti/Tonon 1990, S. 388–389.

Villa La Quercia (Ferienhaus des Architekten) (III)
Via Tamborio
Capri
1968–69
Consonni/Meneghetti/Tonon 1990, S. 411–412.

Victor Bourgeois
Wohnhaus des Architekten
Brüssel-Koekelberg
1925
Bourgeois 1971, S. 36–37.

Alexander von Branca
Wohnhaus des Architekten
Oberföhringer Straße 167
München-Oberföhring
1964
Die Kunst und das Schöne Heim, Jg. 81, H. 3, März 1969, S. 148–153.

Marcel Breuer
Wohnung des Architekten (I)
Berlin
1928
Blake 1949, S. 36.

Wohnhaus des Architekten (II)
Lincoln (Massachusetts)
1939
Blake 1949, S. 66–69. – Wilk 1981, S. 149.

Landhaus des Architekten (III)
Wellfleet (Massachusetts)
1943–48
Papachristou 1970, S. 218.

Wohnhaus des Architekten (IV)
New Canaan (Connecticut)
1947
Jones 1962, S. 222–224. – Papachristou 1970, S. 221. – Wilk 1981, S. 172–173 u. 179.

Wohnhaus des Architekten (V)
New Canaan (Connecticut)
1951
Jones 1962, S. 196–199. – Papachristou 1970, S. 222. – Wilk 1981, S. 173 u. 179.

Johannes Hendrik van den Broek
Wohnhaus des Architekten
Kralingseweg 179
Rotterdam
1948–52
Architectural Design, 1954, S. 227. – Winkler 1955, S. 108–111. – Bauen+Wohnen, Jg. 11, 1956, H. 3, S. 83–85. – Aloi 1961, S. 162–168. – Grevenendijk/Vollaard 1987, S. 240, N 24.

Tomaso Buzzi
›La Scarzuola‹
(Umbau eines ehemaligen Franziskanerklosters zum Landhaus des Architekten)
bei Montegiove (Umbrien)
1960–78
Eupalino, 1985, S. 49–55. – Ambiente, 1989, H. 11, S. 132–142.

Max Cetto
Wohnhaus des Architekten
Mexico City-Pedregal
1949
Cetto 1961, S. 178–179.

George Checkley
›White House‹
(Wohnhaus des Architekten)
Conduit Heat Road
Cambridge
1930–31
Jackson 1970, S. 90.

Serge Chermayeff
Wohnung des Architekten (I)
London-St. John's Wood
1930
Plunz 1982, S. 329.

›Bentley Wood‹ (Wohnhaus des Architekten) (II)
Halland (Sussex)
1938
Plunz 1982, S. 116 u. 340–341. – Dunster 1986, S. 94–97.

Wohnhaus des Architekten (III)
Truro (Massachusetts)
1945–72
Atelier 1952
Plunz 1982, S. 170 u. 348. – Kaspar 1967, S. 30–31.

Wohnhaus des Architekten (IV)
New Haven (Connecticut)
1963
Peters 1964, S. 31–35. – Plunz 1982, S. 288 u. 351.

Wells Coates
Atelierwohnung des Architekten
London-Knightsbridge
1935
Dunster 1986, S. 82–83.

José Antonio Coderch de Sentmenat
Ferienhaus des Architekten
(Umbau eines Fischerhauses) (I)
Cadaques (Gerona)
1958
Domus, Nr. 384, November 1961, S. 47–50. – Fochs 1989, S. 78–81.

Stammhaus des Architekten (Umbau) (II)
Espolla (Gerona)
1964
Der Baumeister, Jg. 64, H. 6, Juni 1967, S. 735–738. – Fochs 1989, S. 90–95.

Maurizio Cravotto
Wohnhaus des Architekten
Montevideo (Uruguay)
1933
Sartoris 1941, S. 907–908.

Justus Dahinden
Ferienhaus des Architekten (Umbau eines 400 Jahre alten Anlege-Gebäudes) (I)
Vierwaldstätter See
1959–63
Peters 1972, S. 68–71. – *Dahinden* 1973, S. 140–143.

Wohnhaus des Architekten (II)
Kienastenwiesweg 41
Zürich-Witikon
1971
Dahinden 1973, S. 148–151. – Die Kunst und das schöne Heim, Jg. 90, H. 2, Februar 1978, S. 105–112. – *Dahinden* 1987, S. 66–69.

Giancarlo De Carlo
Ca' Guerla (Umbau eines ländlichen Gebäudes für den Architekten)
Urbino
1980–83
Rossi 1988, S. 35.

Andreas Deilmann
Wohnhaus des Architekten
Münster
1982–83
Architektur und Wohnen, 1985, H. 6, S. 63–66. – Häuser, 1986, H. 3, S. 103–105 u. 116–123.

Harald Deilmann
Wohnhaus des Architekten
Münster
1956
Architecture d'aujourd'hui, Nr. 86, Oktober/November 1959, S. 21. – Deutsche Bauzeitung, 1961, H. 1, S. 13–18, u. 1965, H. 8, S. 627.

Louis-Herman De Koninck
Wohnhaus des Architekten mit Büro
Avenue Fond'Roy 49
Brüssel
1924
Erweiterung 1950
Aufstockung 1966–68
Der Baumeister, Jg. 28, 1930, S. 78–79. – *De Koninck* 1980, S. 139–151.

Mario De Renzi
Wohnhaus des Architekten
Sperlonga
1952–55
Accasto/Fraticelli/Nicolini 1971, S. 539. – Carunchio 1981, Abb. 44.

Ada Dewes und Sergio Puente
Sommerhaus der Architekten
Santiago Tepetlapa (Mexiko)
1986–88
Architecture d'aujourd'hui, Nr. 275, Juni 1991, S. 86–89.

Richard Döcker
Wohnhaus des Architekten
Stuttgart
1930
Döcker 1982, S.41. – Osteneck 1991.

Hans Döllgast
Wohnhaus des Architekten
Nederlinger Straße 7
München-Gern
1953–54
Döllgast 1987, S. 162–164.

Theo van Doesburg
Wohn- und Atelierhaus des Malers und Architekten
29, Rue Charles Infroit
Meudon
1929–30
Doig 1986, S. 199–211. – Straaten 1988, S. 236–251.

Günther Domenig
Das Steinhaus (Haus des Architekten)
Steindorf am Ossiacher See
Baubeginn 1986
Domenig 1988. – Schwarz 1989, S. 218–221. – Domenig 1991, S. 192–221. – *Domenig* 1993. – Domus, Nr. 780, März 1996, S. 26–35.

Willem Marinus Dudok
Haus ›De Wikke‹ (Wohnhaus des Architekten)
Hilversum
1926
Friedhoff 1928, Abb. 23 u. 24. – Magnée 1955, S. 23 u. 41.

Martin Dülfer
Villa des Architekten (I)
Margarethenstraße 45
Krailling bei München
1901–02
Dülfer 1910, S. 30–32. – Klein 1981, S. 117–118.

Wohnung des Architekten, zunächst im ersten, dann im dritten Stock eines von ihm entworfenen Etagenwohnhauses (II)
Leopoldstraße 77
München-Schwabing
1903
Klein 1981, S. 12 u. 38.

Giancarlo Durisch
Wohnhaus des Architekten mit Büro
Riva San Vitale
1973–74
Lotus, Nr. 15, 1977, S. 122–127. – Architecture d'aujourd'hui, Nr. 190, 1977, S. 61. – Brown-Manrique 1989, S. 106.

Charles und Ray Eames
Case Study House 8 (Wohnhaus der Architekten)
203 Chautauqua Boulevard
Pacific Palisades,
Santa Monica (California)
1945–49
Architecture d'aujourd'hui, Nr. 103, 1962, S. 2–3. – *Houses in U. S. A.* 1971, S. 86–91. – Neuhart/Eames 1989, S. 106–121. – *Blueprints* 1989, S. 51–53.

Egon Eiermann
Wohnhaus des Architekten
Krippenhof 16–18
Baden-Baden
1959–62
Architecture d'aujourd'hui, Nr. 124, 1966, S. 63. – Pehnt 1970, S. 46–49. – Schirmer 1984, S. 186–189. – Kirsch 1996, S. 160–181.

Hermann Eisenköck
Wohnhaus des Architekten
Oberer Plattenweg 28
Graz
1985–88
Graz 1987, S. 100 u. 109. – The Architectural Review, Nr. 1118, April 1990, S. 47–51.

Erich Elingius
Wohnhaus des Architekten (I)
Lindenallee (heute Corinthstraße)
Hamburg-Othmarschen
1912
Neuaufbau in vier Schritten durch Jürgen Elingius 1947–49, 1953, 1959 und 1981
Schramm/Bassewitz/Hupertz 1985, S. 37 u. 92–93. – Elingius/Leiska 1989, S. 65–67.

Wohnhaus des Architekten (II)
Elbchaussee
Hamburg-Othmarschen
1939
Schramm/Bassewitz/Hupertz 1985, S. 68. – Elingius/Leiska 1989, S. 183–185.

Martin Elsässer
Wohnhaus des Architekten
Frankfurt am Main
1925
Die Kunst, Bd. 62, Jg. 31, 1930, S. 97–105. – *Elsässer* 1933, S. 19–29 u. 94–102.

Ralph Erskine
Wohnhaus des Architekten
Drottningholm
1963
Peters 1964, S. 14–19. – Architecture d'aujourd'hui, Nr. 136, 1968, S. 100–101. – Collymoore 1983, S. 106–107.

Aarne Ervi
Wohnhaus und Büro des Architekten
Helsinki-Kuusisaari
1950 und 1962
Tempel 1968, S. 46–47. – Andresen/Jordan 1958, S. 102–103.

Gaston Eysselinck
Wohnhaus des Architekten
Gent
1931
Sartoris 1941, S. 121

Max Feistel
Wohnhaus des Architekten
Kesselgarten 3
Chemnitz
1928
Karl-Marx-Stadt 1989, S. 19.

Istvan Ferencz
Wohnhaus des Architekten
Budapest
1985
a+u, 1990, H. 3, S. 68–69 u. 122.

Carl Fieger
Wohnhaus des Architekten
Dessau
1927
Deutsche Bauzeitung, Jg. 125, H. 11, November 1991, S. 167–168.

Luigi Figini
Wohnhaus des Architekten
Via Perrone di S. Martino 8
Mailand
1934–35
Quadrante, Nr. 31/32, 1935, S. 20–25. – Domus, Nr. 99, März 1936, S. 1–7. – Architettura, Jg. 15, H. 4, April 1936, S. 175–177. – Abitare, Nr. 167, September 1978, S. 32–39. – Savi 1980, S. 18 u. 25.

Theodor Fischer
›Laimer Schlößl‹ (Umbau eines Adelssitzes aus dem 18. Jahrhundert zum Wohnhaus des Architekten) (I)
Agnes-Bernauer-Straße 112
München-Laim
1908
Nerdinger 1988, S. 247.

Sommerhaus des Architekten (II)
Schlederloh bei Icking
1911
(abgerissen 1990)
Nerdinger 1988, S. 263.

Hans Fischli
›Schlehstud‹ (Dreifamilien-Wohnhaus mit Wohnung und Atelier des Architekten, Malers und Bildhauers)
Obermeilen (Schweiz)
1933
Werk, Bauen+Wohnen, 1989, H. 6, S. 14–15. – Jost 1992, S. 15–22 u. 232–233.

Kay Fisker
Sommerhaus des Architekten
Udsholt Strand (Dänemark)
1933
Archithese, Jg. 15, 1985, H. 4, S. 54.

Albert Frey
Wohnhaus des Architekten (I)
Palm Springs (California)
1940
Erweitert 1947 und 1953
Rosa 1990, S. 80–83 u. 94–99.

Wohnhaus des Architekten (II)
Palm Springs (California)
1963–64
Rosa 1990, S. 140–143.

Nico Fritz
Wohnhaus des Architekten
Darmstadt
1985
Schwarz 1989, S. 199–201.

Bohuslav Fuchs
Wohnhaus des Architekten (I)
Hvězdárenská 2
Brünn
1927
Kudelka 1966, S. 71.

Wochenendhaus des Architekten (II)
Dolni Loučky
1935
Kudelka 1966, S. 92.

Richard Buckminster Fuller
(mit Pease Woodwork Company of Ohio)
Fertigteilhaus des Architekten
Carbondale (Illinois)
1960
Borcherdt/Traub 1962, S. 38–39. – Jencks 1982, S. 241. – Ward 1985, S. 32–35. – Pawley 1990, S. 40.

José Manuel Gallego Jorreto
Wohnhaus des Architekten
Carballo, Oleiros (La Coruna)
1977–79
Arquitectura española 1989, Bd. 2, S. 592–601. – *Gallego* 1992, S. 26–33.

Ignazio Gardella
Wohnung des Architekten
Mailand
1937
De Carli 1982, S. 483–484.

Tony Garnier
Villa des Architekten
Saint-Rambert
1910–12
Guiheux/Cinqualabre 1989, S. 50 u. 110–113.

Frank O. Gehry
Wohnhaus des Architekten
Santa Monica (California)
1977–78
Arnell/Bickford 1985, S. 134–145. – Gehry 1989, S. 33–43.

Meinhard von Gerkan
Wohnhaus des Architekten
Am Hirschpark 8
Hamburg-Nienstedten
1980–82
Peters/Henn 1982, S. 110–111. – Die Kunst und das Schöne Heim, Jg. 95, 1983, S. 121–128.

Hans und Oskar Gerson
Doppelwohnhaus der Architekten
Hamburg–Klein Flottbek
1922
Neue Baukunst, Jg. 2, März 1926, Sonderheft. – Hegemann 1928, Abb. 15–19.

Hermann Gesellius
Armas Lindgren
Eliel Saarinen
›Hvitträsk‹ (Wohnhäuser der Architekten mit Atelier)
1902–03
Die Kunst, Bd. 16, Jg. 10, 1907, S. 179–187. – *Saarinen* 1984, S. 22–28. – Pallasmaa 1987. – Hausen/Mikkola/Amberg/Valto 1990, S. 48–55, 116–125 u. 272–274.

Hubert und Franz Gessner
Wohnhaus der Architekten mit Atelier
Sternwartestraße 70
Wien XVIII
1907
Der Architekt, Jg. 14, 1908, S. 102 u. Jg. 15, 1909, Tf. 52. – Karplus 1910. – *Gessner* 1932, S. 2. – Uhl 1966, S. 41, Abb. 26. – Kristan 1992, S. 191–196 u. 515–517.

Ivano Gianola
Wohnung des Architekten in der von ihm gebauten ›Casa alle Orsoline‹
Mendrisio
1987
Werk, Bauen+Wohnen, 1989, H. 1/2, S. 14–16. – Lotus, Nr. 62, 1989, S. 102–107.

Reinhard Gieselmann
Wohnhaus des Architekten
Rittnerstraße 81
Karlsruhe-Durlach
1961 und 1964–65
Architecture d'aujourd'hui, Nr. 136, 1968, S. 104–105. – Pehnt 1970, S. 62–63.

Ernst Gisel
Drei Atelierhäuser, darunter eines für den Architekten (I)
Zumikon bei Zürich
1953
Werk, Jg. 42, 1955, H. 1, S. 10–14. – Winkler, Robert 1955, S. 38–43. – Werk, Bauen+Wohnen, 1982, H. 7/8, S. 62.

Berghaus des Architekten (II)
Rigi-Kaltbad (Luzern)
1959
Werk, Jg. 47, 1960, H. 4, S. 126–128. – Deutsche Bauzeitung, 1960, H. 12, S. 1562–1563. – Werk, Bauen+Wohnen, 1982, H. 7/8, S. 64

Wohnhaus des Architekten (III)
Zumikon bei Zürich
1966–67
Bauwelt, 1968, H. 48, S. 1534–1535. – Werk, Bauen+Wohnen, 1982, H. 7/8, S. 23 u. 58.

Ernö Goldfinger
Wohnung und Atelier des Architekten in einem 1930–31 von Michel Roux-Spitz errichteten Atelierwohnungsgebäude
3, Rue de la Cité Universitaire
Paris 14e
ab 1931
The Architectural Review, September 1938. – Dunnett/Stamp 1983, S. 8 u. 18.

Drei Reihenhäuser, darunter eines für den Architekten (II)
Willow Road
London-Hampstead
1937–39
Winkler, Robert 1955, S. 138–143. – Major 1973, Abb. 6–8. – Dunnett/Stamp 1983, S. 60 u. 70f. – Dean 1983, S. 36. – Dunster 1986, S. 100–101.

Teodoro González de León
Wohnhaus des Architekten
Galeana 107
Mexico City
1969
Heyer 1978, S. 28 u. 82–83.

Michael Graves
Wohnhaus des Architekten (schrittweiser Umbau eines Lagerhauses von 1926)
Princeton (New Jersey)
1977–86
Dunster 1979, S. 58–63. – Schwarz 1989, S. 196–197. – *Graves* 1990, S. 112–115.

Eileen Gray
Wohnung der Architektin (I)
21, Rue Bonaparte
Paris
ab 1925
Adam 1987, S. 331–337.

E 1027 (Wohnhaus für Jean Badovici und die Architektin) (II)
Cap-Martin, Roquebrune
1927–29
Der Baumeister, Jg. 28, 1930, S. 421–424. – Architecture Mouvement Continuité, Nr. 37, 1975. – Adam 1987, S. 191–238. – Archithese, Jg. 21, 1991, H. 4, S. 42–45.

Tempe à Pailla (Wohnhaus der Architektin) (III)
Castellar bei Menton
1932–34
Adam 1987, S. 259–289. – Archithese, Jg. 21, 1991, H. 4, S. 49–53.

Lou Pérou (Umbau eines Cabanon zum Sommerhaus der Architektin) (IV)
bei St.-Tropez
1954–58
Adam 1987, S. 348–367. – Archithese, Jg. 21, 1991, H. 4, S. 59.

Charles Sumner Greene
›Oakholm‹ (Wohnhaus des Architekten) (I)
368 Arroyo View Drive
Pasadena
1901
Erweiterung 1906
Current 1974, S. 26–27. – Makinson 1977, S. 58–59 u. 136–139.

Wohnhaus des Architekten (II)
Lincoln Avenue
Carmel
1920
Makinson 1977, S. 228.

Herbert Greene
Wohnhaus des Architekten
Norman (Oklahoma)
1961
Architecture d'aujourd'hui, Nr. 102, Juni 1962, S. 58–59. – *Houses in U. S. A.* 1971, S. 92–95. – Borcherdt/Traub 1962, S. 34–37. – Sharp 1972, S. 248.

Walter Gropius
Direktorenwohnhaus (I) und Doppelhäuser für die Bauhausmeister
Burgkühnauer Allee (heute Friedrich-Ebert-Allee)
Dessau
1925–26
(Direktorenwohnhaus bewohnt von Gropius 1926–28)
(Zerstörung des Direktorenwohnhauses und einer Doppelhaushälfte 1945)
Gropius 1930, S. 84–133. – Probst/Schädlich 1985, S. 182–184, Kat.-Nr. 67. – Nerdinger 1985 b, S. 76–80, Kat.-Nr. 16. – Kirsch 1996, S. 140–146. – Kraft 1997, S. 18–38 u. 64–68.

Wohnhaus des Architekten (II)
Lincoln (Massachusetts)
1938
Probst/Schädlich 1985, S. 197–199, Kat.-Nr. 84. – Nerdinger 1985 b, S. 194–195, Kat.-Nr. 57. – Kraft 1997, S. 39–63 u. 68–70.

Gustav Gsaenger
Landhaus des Architekten
Menzinger Straße 125
München-Obermenzing
1926
Der Baumeister, Jg. 30, 1932, S. 4–5. – *München und seine Bauten* 1984, S. 316.

Paul Guadet
Wohnhaus des Architekten
95, Boulevard Murat
Paris 16e
1912
Chemetov/Marrey 1980, S. 156. – Borsi/Godoli 1990, S. 17.

Hector Guimard
Wohnhaus des Architekten (I)
122, Avenue Mozart
Paris 16e
1909–12
Thiébaut 1992, S. 386–413. – Godoli 1992, S. 123–126.

La Guimardière (Landhaus des Architekten) (II)
Rue Lenôtre
Vaucresson
1930
(zerstört 1969)
Thiébaut 1992, S. 434. – Godoli 1992, S. 156.

Wenzel August Hablik
Wohnhaus des Künstlers und Architekten (innere Ausgestaltung und Umbau einer gründerzeitlichen Villa)
Talstraße 14
Itzehoe
erworben 1917
Hablik 1980, S. 12–13 u. 46–47. – *Hablik* 1981. – *Hablik* 1989, S. 79, 81 u. 96–100. – Feuß 1989, S. 241–246.

Max Ernst Haefeli
Wohnhaus des Architekten
Herrliberg
1947–48
Der Baumeister, Jg. 26, 1928, S. 177–179, Tf. 48. – Archithese, Jg. 10, 1980, H. 2, S. 69.

Paul Hankar
Wohnhaus des Architekten
Rue Defaqz
Brüssel-Saint Gilles
1893
Loyer 1986, S. 102–103 u. 278–289.

Valentine Harding
Wohnhaus des Architekten
Farnham Common
1934–35
Lubetkin 1983, S. 128.

Wallace K. Harrison
Wohnhaus des Architekten (Ausgangspunkt des Hausbaus ist das von A. Lawrence Kocher und Albert Frey erworbene ›Aluminaire House‹ von 1930)
Huntington (New York)
ab 1931
Erweiterungen 1940 und 1950
Newhouse 1989, S. 60–66.

Franz Hart
Wohnhaus des Architekten
Fischen am Ammersee
1972–74
Hart 1980, S. 72–77.

Thomas Havning
Wohnhaus des Architekten
Velby Langgade 7A
Kopenhagen
1934
Rasmussen 1940, S. 185. – Faber 1963, S. 223.

Werner Hegemann
Wohnhaus des Architekten
Berlin-Nikolassee
1922
De Fries 1925, S. 110–113. – Wasmuths Monatshefte für Baukunst, Jg. 10, 1926, S. 199.

Helmut Hentrich
Wohnhaus des Architekten
Düsseldorfer Straße 65
Düsseldorf-Oberkassel
1973–74
Klotz 1977, S. 141 u. 143.

Bernhard Hermkes
Wohnhaus des Architekten in von ihm entworfener Siedlung (I)
Karl-Jakob-Straße 21
Hamburg-Klein Flottbek
1949–51
Atelieranbau 1981
Winkler, Robert 1955, S. 90–93. – Marg/Fleher 1983, Kat.-Nr. 108. – Der Architekt, 1985, H. 7/8, S. 335–336.

Wohnhaus des Architekten mit Büro (II)
Herthastraße 10
Berlin-Grunewald
1966–67
Berlin und seine Bauten 1975, S. 32 u. 272–273.

Carl Hocheder
Wohnhaus des Architekten
Renatastraße
München-Neuhausen
1908
München und seine Bauten 1912, S. 408.

Fritz Höger
Wohnhaus des Architekten (I)
Langenhorner Chaussee 109
Hamburg-Langenhorn
1905
Bucciarelli 1992, S. 60.

Wohnhaus des Architekten (Umbau einer spätklassizistischen Reihenvilla) (II)
Magdalenenstraße 70
Hamburg-Rotherbaum
1912–13
(abgerissen 1973)
Höger 1923, S. 24–27. – Bucciarelli 1992, S. 75.

Wochenendhaus des Architekten (III)
Duvenstedter Triftweg
Hamburg-Wohldorf
1924–26
Berkenhagen 1977, S. 18–21. – Bucciarelli 1992, S. 107.

Geburtshaus des Architekten (IV)
Bekenreihe bei Elmshorn
Wiederherstellung durch Höger 1932
(abgebrannt 1963, durch Högers Witwe vereinfacht wiederaufgebaut)
Westphal 1938, S. 59 u. 61. – Bröcker 1940. – Kamphausen 1972, S. 41 u. 53. – Bucciarelli 1992, S.165.

Johannes Peter Hölzinger
Wohnhaus des Architekten mit Büro
Bad Nauheim
1975–77
Bauwelt, 1978, H. 25, S. 982–985; 1978, H. 29, S. 1079; 1979, H. 5, S. 163. – a+u, 1985, H. 11, S. 125–130. – Schwarz 1989, S. 214–216.

Bernhard Hoetger
›Brunnenhof‹ (Wohnhaus des Bildhauers und Architekten) (I)
Ostendorfer Straße 23
Worpswede
1915–16
Müller-Wulckow 1919/20. – Saal 1989, S. 44 ff. u. 70–82.

Wohnhaus des Bildhauers und Architekten (II)
Hinterm Berg 12–14
Worpswede
1921–22
Atelieranbau 1928
Müller-Wulckow 1925. – Saal 1989, S. 141–161.

Wohnhaus des Bildhauers und Architekten (III)
Lodystraße 16 (heute Gollanczstraße 40)
Berlin-Frohnau
1938–40
(abgerissen 1969)
Saal 1989, S. 294–296.

Clemens Holzmeister
Berghaus des Architekten (I)
Hahnenkamm
Kitzbühel
1930
Moderne Bauformen, Jg. 29, 1930, S. 77 u. Jg. 32, 1933, S. 225. – Steiner 1982, S. 16–17. – Holzmeister 1976, S. 80. – *Holzmeister* 1978, S. 218–219. – *Holzmeister* 1982, S. 75 u. 118.

Wohnhaus des Architekten (II)
Brunnhausgasse 14 b
Salzburg
1952–62
Holzmeister 1976, S. 188–189. – *Holzmeister* 1978, S. 220–221. – *Holzmeister* 1982, S. 128.

Raymond M. Hood
Landhaus des Architekten
Stamford (Connecticut)
1925
Stern 1982, S. 42 u. 107.

Michael Hopkins
Wohnhaus des Architekten
London-Hampstead
1975
Davies 1988, S. 100–101.

Victor Horta
Wohnhaus und Atelier des Architekten
23–25, Rue Américaine
Brüssel-Saint Gilles
1898–1901
Dierkens-Aubray 1990. – Borsi/Portoghesi 1990, S. 79–80 u. 220–237.

George Howe
High Hollow (Landhaus des Architekten)
Chestnut Hill (Philadelphia)
1914–16
Stern 1975, Abb. 3–10.

Peter Hübner und Frank Huster
Wohnhaus für Peter Hübner und Bürogebäude der Architekten
Goethehalde 42–44
Neckartenzlingen
1975–76
Umbau durch Peter Hübner 1985
Deutsche Bauzeitschrift, 1977, H. 4, S. 453–454. – Hoffmann, Kurt und Gretl 1983, S. 70.

Bohumil Hypšman
Villa des Architekten
U laboratoře 4
Prag-Střešovice
1926–27
Švácha 1985, S. 197. – *Tschechische Kunst* 1988, S. 231.

Angelo Invernizzi
(mit Ettore Fagiuoli)
Villa ›Il Girasole‹ (Wohnhaus des Ingenieurs)
Marcellise (Verona)
1929–35
Lotus, Nr. 40, 1983, S. 112–128.

Toyo Ito
›Silver Hut‹ (Wohnhaus des Architekten)
Tokio
1984
Architecture d'aujourd'hui, Nr. 236, Dezember 1984, S. 18–21. – Schwarz 1989, S. 235–236. – Kirsch 1996, S. 191–206.

Arne Jacobsen
Wohnhaus des Architekten (I)
Gotfried Rodesvej 2
Kopenhagen-Klampenborg
1928–29
Rubino 1980, S. 87. – Solaguren-Beascoa de Corral 1991, S. 29.

Sommerhaus des Architekten (II)
Gudmindrup Lyng, Nyköping (West-Seeland)
1937
Faber 1964, S. 2–3. – Rubino 1980, S. 90. – Solaguren-Beascoa de Corral 1991, S. 38–39.

Wohnhaus des Architekten in der von ihm gebauten Siedlung Söholm 1 (III)
Kystevejen
Kopenhagen-Klampenborg
1949–51
Faber 1964, S. 40–43 u. 174. – Solaguren- Beascoa de Corral 1991, S. 80–84.

Pavel Janák
Wohnhaus des Architekten in der Werkbund-siedlung Baba
Prag
1932
Janák 1984, S. 60.

Charles Jencks
›Garagia Rotunda‹ (Strandhaus des Architekten) (I)
Truro, Cape Cod (Massachusetts)
1976–77
Jencks 1982, S. 15. – Ambiente, 1984, H. 5, S. 42–50. – Jencks 1985, S. 36–53. – *Jencks* 1986, S. 149–164.

(mit Terry Farrell Partnership)
›The Thematic House‹ (Umbau eines Reihenhauses der 1840er Jahre zum Wohnhaus des Architekten) (II)
London
1978–84
Jencks 1985, S. 88–225 u. 242–245. – *Jencks* 1986, S. 45–84 u. 93–104.

(mit Buzz Yudell)
›The Elemental House‹ (Wohnhaus und Garten des Architekten) (III)
Rustic Canyon, Santa Monica (California)
1980–82
The Architectural Review, Nr. 1048, Juni 1984, S. 62–69. – Jencks 1985, S. 54–79. – *Jencks* 1986, S. 113–148.

Hans Jessen
Wohnhaus des Architekten
Hittorfstraße 12
Berlin-Dahlem
1913–14
Moderne Bauformen, Jg. 21, 1922, S. 44–47.

Philip Johnson
Wohnhaus des Architekten
New Canaan (Connecticut)
Wohnhaus und Gästehaus 1949
Schlafzimmer des Gästehauses 1953
Pavillon 1962
Gemäldegalerie 1965
Skulpturengalerie 1970
Johnson 1966, S. 36–45. – Johnson 1979, S. 212–225. – a+u, 1979, H. 6, S. 15–64. – Plummer 1989, S. 164–173.

Françoise-Hélène Jourda und Gilles Perraudin
Wohnhaus der Architekten mit Büro
Lyon-Vaise
1987–89
techniques&architecture, Nr. 390, Juni/Juli 1990, S. 58–63.

Josep Maria Jujol
›Torre Jujol‹ (Wohnhaus des Architekten)
Sant Joan Despí
1932
Lotus, Nr. 23, 1979, S. 125. – Bohigas 1969, Tf. 24. – Llinàs 1992, S. 140–141.

Dušan Jurkovič
Wohnhaus des Architekten
Nečasova 3
Brünn-Žabovřesky
1906
Šlapeta 1985, S. 12. – Foltyn 1991, S. 12.

Oiva Kallio
›Oivala‹ (Sommerhaus des Architekten)
Villinki
1927
Der Baumeister, Jg. 30, 1932, S. 128–129. – Wickberg 1963, S. 124–125.

Hans Kammerer und Walter Belz
Reihenhausgruppe mit den Wohnhäusern der Architekten
Stetten
1962
Die Kunst und das Schöne Heim, Jg. 65 (75), H. 4, Januar 1967, S. 183–190. – *Kammerer+Belz* 1985, S. 30–33.

Doug Kelbaugh
Solarhaus des Architekten
Princeton (New Jersey)
1973
Architectural Design, 1976, H. 11, S. 653–656.

Kiyonori Kikutake
›Sky House‹ (Wohnhaus des Architekten)
Bunkyo-ku
Tokio
1958
Kultermann 1960, S. 166–169. – Banham/Suzuki 1987, S. 90.

Knut Knutsen
Wohnhaus des Architekten (I)
Lillevansveien 8–8b
Oslo
1939 und 1954
Engh/Gunnarsjaa 1984, S. 212.

Sommerhaus des Architekten (II)
Portör, Kragerö
1948
Rubino 1980, S. 53. – Norberg-Schulz 1986, S. 96. – Gaynor 1989, S. 236–239.

A. Lawrence Kocher
(mit Albert Frey)
Wochenendhaus des Architekten (geht zurück auf das ›Experimental Weekend House‹ von 1932)
Northport (New York)
1934
Rosa 1990, S. 54 u. 60–63.

Pierre Koenig
Wohnhaus des Architekten
Glendale (California)
1950
Zodiac, Nr. 5, 1960, S. 157.

Otto Kohtz
Wohnhaus des Architekten
Schweinfurthstraße 24
Berlin-Dahlem
1922–23
Moderne Bauformen, Jg. 23, 1924, S. 242 u. 251–252. – Hegemann 1930, Tf. 11.

Ante Josip von Kostelac
Haus Malchen (Wohnhaus des Architekten)
Seeheim-Malchen
1976–78
Die Kunst und das Schöne Heim, Jg. 92, 1980, H. 1, S. 45–52. – Der Architekt, 1981, H. 12, S. 569–572. – Schwarz 1989, S. 176–177.

Jan Kotěra
Wohnhaus des Architekten
Prag-Vinohrady
1908–09
Der Architekt, Jg. 16, 1910, Tf. 17–18. – Novotný 1958, Abb. 199–202. – *Tschechische Kunst* 1984, Bd. 1, S. 149.

Friedrich Wilhelm Kraemer
Wohnhaus des Architekten mit Büro (I)
Braunschweig
1937
Moderne Bauformen, Jg. 38, 1939, S. 321–325. – *Kraemer* 1983, S. 28.

Wohnhaus des Architekten (II)
Braunschweig
1955
Kraemer 1983, S. 55.

Ferdinand Kramer
Wohnung des Architekten (I)
Senckenberganlage
Frankfurt am Main
1952
Kramer 1982, S. 12 u. 74.

Wohnung des Architekten in von ihm selbst gebautem Etagenwohnhaus (II)
Schaubstraße
Frankfurt am Main
1968
Kramer 1982, S. 89.

Wilhelm Kreis
Wohnhaus des Architekten
Sonnenleite 9
Dresden-Weißer Hirsch
(bewohnt ab 1935–36)
Mischke 1988.

Leon Krier
Wohnhaus des Architekten
Seaside (Florida)
1984
GA Houses, Nr. 27, 1989, S. 112–115. – Progressive Architecture, Dezember 1989, S. 66–73.

Rob Krier
Wohnung des Architekten (Dachausbau eines Etagenwohnhauses des frühen 19. Jahrhunderts)
Bräunerstraße 4–6
Wien I
1983
Der Baumeister, Jg. 83, 1986, H. 5, S. 33–37. – Gran Bazaar, 1985, H. 8/9. – Schwarz 1989, S. 204–206.

Jiří Kroha
Wohnhaus des Architekten
Sedlákova 45
Brünn
1928–30
Šlapeta 1985, S. 45. – *Tschechische Kunst* 1988, S. 329.

Lucien Kroll
Wohnung und Büro des Architekten in von ihm selbst gebauter Häusergruppe
Avenue Louis Berlaimont
Brüssel-Anderghem
1962–65
Kroll 1987, S. 32–33.

Mogens Lassen
Wohnhaus des Architekten
Sölystvej 5
Kopenhagen-Klampenborg
1933–36
Die Kunst und das Schöne Heim, Jg. 56, 1958/59, S. 269–273. – Rubino 1980, S. 34–35 u. 40. – Jorgensen 1989, S. 64–81.

Heinrich Lauterbach
Wohnhaus des Architeken
Nesselgrund (Grafschaft Glatz)
1938
Lauterbach 1971, S. 58–61.

J. L. M. Lauweriks
Haus Lauweriks/Schüngeler mit Wohnung und Büro des Architekten als Teil der von ihm 1910–14 angelegten Siedlung ›Am Stirnband‹
Hagen
1914
Tummers 1972, S. 55–60. – *Lauweriks* 1987, S. 97–98 u. 103–106.

Le Corbusier
Wohnung des Architekten im 7. und 8. Stockwerk eines von ihm gebauten Etagenwohnhauses (I)
24, Rue Nungesser-et-Coli
Paris 16e
1931–34
Sabatou 1934. – *Œuvre complète*, Bd. 2, S. 144–153 u. Bd. 5, S. 57–61. – Le Corbusier 1987a, S. 68–70 u. 127–129.

›Le Cabanon‹ (Sommerhaus des Architekten) (II)
Cap-Martin, Roquebrune
1951–52
Œuvre complète, Bd. 5, S. 78–79. – Chiambretto 1987, S. 33–59.

William Lescaze
Wohnhaus des Architekten mit Büro
New York
1933–34
Hubert/Stamm Shapiro 1982, S. 80–83.

Sigurd Lewerentz
Wohnung des Architekten im Dachgeschoss des Fabrikgebäudes seiner Firma IDESTA, die Stahlfenster herstellte
Bruksgatan 14
Eskilstuna
1943
(bewohnt von Lewerentz bis 1956)
Ahlin 1987, S. 138–141.

Evžen Linhart
Wohnhaus des Architekten
Na viničných horách 46
Prag-Dejvice
1926–28
Moderne Bauformen, Jg. 30, 1931, S. 22–24. – Archithese, Jg. 10, 1980, H. 6, S. 50. – Švácha 1985, S. 292–295.

Max Littmann
Villa Lindenhof (Wohnhaus des Architekten)
Höchlstraße
München-Bogenhausen
1902–03
(zerstört)
Die Kunst, Bd. 12, Jg. 8, 1905, S. 206–210. – *München und seine Bauten* 1912, S. 388.

Rudolf Lodders
Wohnhaus des Architekten (Doppelhaushälfte) (I)
Barbendiekstraße 38
Hamburg-Blankenese
1939–40
Lodders 1962, S. 73. – Bartels 1989, S. 41 u. 174.

Wohnhaus des Architekten (II)
Oesterleystraße 78–80
Hamburg-Blankenese
1950–51
Die Kunst und das Schöne Heim, Jg. 51, 1952/53, S. 358–360. – *Lodders* 1962, S. 74. – Bartels 1989, S. 109–110 u. 182.

Adolf Loos
Wohnung des Architekten
Giselastraße 3 (heute Bösendorferstraße)
Wien I
eingerichtet 1902
(bewohnt von Loos bis 1933)
Loos 1903b. – Rukschcio/Schachel 1982, Kat.-Nr. 18, S. 430–431. – *Loos* 1990, S. 34. – *Wiener Künstlerwohnungen* 1990, S. 142–144.

Colin Lucas
›The Hopfield‹ (Wohnhaus des Architekten)
St. Mary's Platt (Kent)
1933
Sharp 1972, S. 127.

Berthold Lubetkin
Wohnhaus des Architekten (I)
Whipsnade Zoo Estate
Whipsnade (Bedfordshire)
1933–36
Lubetkin 1983, S. 110–112. – Dunster 1986, S. 90–92.

Penthouse des Architekten im 7. Stockwerk des von ihm gebauten Etagenwohnhauses ›Highpoint II‹ (II)
London-Highgate
1937–38
Coe/Reading 1981, S. 157–158. – *Lubetkin* 1983, S. 170–171

Farm des Architekten (innerer Ausbau) (III)
Upper Kilcott (Gloucestershire)
1953
Lubetkin 1983, S. 212.

Brüder Luckhardt und Alfons Anker
Wohnhäuser für Hans und Wassili Luckhardt und für Alfons Anker als Teil einer von den Architekten errichteten Reihenhausanlage
Schorlemerallee 17a und 19
Berlin-Dahlem
1924–26
Bauwelt, Jg. 17, 1926, H. 12, S. 1–8. – *Luckhardt* 1990, Kat.-Nr. 33, S. 198–200. – Nowitzky 1992, S. 179–184, Kat.-Nr. W/H 1924: III.

Wassili Luckhardt
Wohnhaus des Architekten mit Büro
Fabeckstraße 48
Berlin-Dahlem
1957
Kultermann 1958, S. 154–161. – *Luckhardt* 1990, Kat.-Nr. 121, S. 274–275. – Nowitzky 1992, S. 319–321, Kat.-Nr. W 1956: II.

Eberhard Ludwig
Wohn- und Atelierhaus des Architekten
Bergische Landstraße 313
Düsseldorf-Ludenberg
1967–69
Wentz 1975, Nr. 61.

Charles Rennie Mackintosh
(mit Margaret Macdonald)
Wohnung des Architekten (I)
120 Mains Street
Glasgow
1899–1900
Billcliffe 1984, S. 50–57. – Laganà 1988, S. 104–105.

Wohnung des Architekten (II)
78 Southpark Avenue
Glasgow
1906
(rekonstruiert 1981 in der Hunterian Gallery, Glasgow)
Billcliffe 1984, S. 156–161. – Werk, Bauen+Wohnen, 1985, H. 9, S. 38–39. – Laganà 1988, S. 163.

Nicolás Mariscal
Wohnhaus des Architekten
Calle Molière
Mexico City
1952
Cetto 1961, S. 207.

Sven Markelius
Villa des Architekten (I)
Nockeby
1930
Wasmuths Monatshefte für Baukunst und Städtebau, Jg. 15, 1931, S. 395–398. – Ray 1969, S. 105–107 u. Abb. 1, 82 u. 83. – Rudberg 1989, S. 46 u. 58–59.

Landhaus des Architekten (II)
Kevinge
1944–45
Byggmästaren, 1946, H. 25, S. 463–471. – Kidder Smith 1957, S. 124–125. – Ray 1969, S. 109–111 u. Abb. 86–89. – Rudberg 1989, S. 104 u. 108–110.

Ernst May
Wohnhaus des Architekten (I)
Frankfurt am Main
1926
Die Kunst, Bd. 56, Jg. 30, 1926/27, S. 272–277. – Buekschmitt 1963, S. 34–35. – Preisich 1983, Abb. 23–28.

Wohnhaus des Architekten (II)
Nairobi
1937
Buekschmitt 1963, S. 81–83. – Preisich 1983, Abb. 36–38.

Wohnhaus des Architekten (III)
An der Flottbek 15
Hamburg-Groß Flottbek
1956
Buekschmitt 1963, S. 127–129. – Preisich 1983, Abb. 52–59.

Bernard Maybeck
Wohnhaus des Architekten (I)
Berkeley (California)
1892–1902
Cardwell 1977, S. 39

Wohnhaus des Architekten (II)
Berkeley (California)
1909
(abgebrannt 1923)
Cardwell 1977, S. 115.

›Sack House‹ (Wohnhaus des Architekten mit Büro) (III)
Berkeley (California)
1924
Cardwell 1977, S. 214–215.

Paul Mebes
Wohnhaus des Architekten (I)
Riemeisterstraße 25–27
Berlin-Zehlendorf
1907–08
Der Baumeister, Jg. 7, 1909, S. 57. – *Berlin und seine Bauten* 1975, S. 107.

(mit Paul Emmerich)
Wohnhaus des Architekten (II)
Katharinenstraße 11
Berlin-Zehlendorf
1925–26
(zerstört)
Die Kunst, Bd. 64, Jg. 32, 1931, S. 113–118. – Das Schöne Heim, Jg. 2, 1930/31, S. 157–162.

Konstantin Melnikow
Wohn- und Atelierhaus des Architekten
Krivoarbatskij Pereulok 10
Moskau
1927
Starr 1978, S. 117–132. – Chan-Magomedow 1990, S. 166–191. – Wortmann 1990, S. 81–124.

Erich Mendelsohn
Wohnhaus des Architekten
Am Rupenhorn 6
Berlin-Charlottenburg
1928–30
Bauwelt, Jg. 22, 1931, S. 1443–1446. – Innendekoration, Jg. 43, 1932, S. 267–272. – Wasmuths Monatshefte für Baukunst und Städtebau, Jg. 16, 1932, S. 221–227. – Mendelsohn, Erich 1932a. – Zevi 1970, S. 188–195.

Wohnung des Architekten in einer alten Windmühle (II)
Jerusalem-Rehavia
(bewohnt von Mendelsohn 1935–41)
Achenbach 1987, S. 24.

Bruno Möhring
Sommerhaus des Architekten
Parallelstraße 7
Berlin-Steglitz
1904
Haenel/Tscharmann 1907–10, Bd. 1, S. 49–50. – *Berlin und seine Bauten* 1975, S. 160. – Posener 1979 a, S. 34.

Heinrich Möller
Wohnhaus des Architekten
Altensteinstraße 66
Berlin-Zehlendorf
1921
Deutsche Bauzeitung, Jg. 63, 1929, S. 692–694. – Neue Baukunst, Jg. 6, 1930, H. 3a, S. 1 u. 8.

Carlo Mollino
Wohnung des Architekten (I)
Turin
1946
Brino 1987, S. 107–110. – Mollino 1989, S. 25 u.196–197.

Wohnung des Architekten (II)
Via Napione 2
Turin
1959–66
Domus, Nr. 703, März 1989, S. 66–73. – *Mollino* 1989, S. 274.

Farkas Molnár
Wohnung des Architekten (I)
Mihály ut. 11
Budapest
1929
Mezei 1987, Abb. 19–20. – Archithese, Jg. 18, 1988, H. 1, S. 29–32.

Wohnung des Architekten in von ihm selbst erbautem Mehrfamilienwohnhaus (II)
Lotz Karoly ut. 4b
Budapest
1933
Mezei 1987, Abb. 39–41. – Archithese, Jg. 18, 1988, H. 1, S. 29–32.

Charles Willard Moore
Wohnhaus des Architekten (I)
Pebble Beach (California)
1954–55
Johnson, Eugene J. 1987, S. 96–98.

Wohnhaus des Architekten (II)
Orinda (California)
1962
Allen 1980, S. 24–29. – Johnson, Eugene J. 1987, S. 99–101.

(mit William Turnbull, Donlyn Lyndon und Richard Whitaker)
›Sea Ranch‹ (Wohnanlage mit dem Haus des Architekten) (III)
Sea Ranch (California)
1963–65
Johnson, Eugene J. 1987, S. 102–103 u. 212–217.

Wohnhaus des Architekten (Umbau eines Arbeiterhauses aus den 1860er Jahren) (IV)
Elm Street
New Haven (Connecticut)
1966
Houses in U. S. A. 1971, S. 128–135. – Allen 1980, S. 54–59. – Johnson, Eugene J. 1987, S. 104–105.

Wohnhaus des Architekten mit Büro (Umbau eines Fabrikgebäudes) (V)
Essex (Connecticut)
1970–75
Allen 1980, S. 74–77. – Johnson, Eugene J. 1987, S. 106–107.

(mit Richard Chylinski)
Wohnanlage mit Wohnung des Architekten (VI)
Los Angeles (California)
1975–78
Johnson, Eugene J. 1987, S. 77 u. 108–111.

Blockhaus des Architekten (VII)
Pine Mountain (California)
1983
Johnson, Eugene J. 1987, S. 112.

(mit Arthur Andersson und Richard Dodge)
Wohnhaus des Architekten (VIII)
Austin (Texas)
1984–87
Johnson, Eugene J. 1987, S. 113. – GA Houses, Nr. 27, 1989, S. 134–145.

Werner Max Moser
Wohnhaus des Architekten (Doppelhaushälfte)
Wehrenbachhalde 20–22
Zürich
1930–31
Archithese, Jg. 10, 1980, H. 2, S. 63.

Albin Müller
Wohnhaus des Architekten
Nicolaiweg 16
Darmstadt-Mathildenhöhe
1911–12
Die Kunst, Bd. 26, Jg. 15, 1912, S. 469–476. – De Fries 1925, S. 116–117.

Hermann Muthesius
Landhaus des Architekten
Potsdamer Chaussee 49
Berlin-Nikolassee
1906–07
Atelieranbau 1909
Muthesius, Hermann 1908/09. – Ders. 1912, S. 165–176. – *Muthesius* 1977, S. 67–70.

Ernst Neufert
Wohnhaus des Architekten (I)
Gelmeroda bei Weimar
1929–30
Wasmuths Monatshefte für Baukunst und Städtebau, Jg. 15, 1931, S. 167–170. – Rassegna, Nr. 45, 1991, S. 80–81.

Wohnhaus des Architekten mit Büro (II)
Darmstadt
›Planerhof‹ 1949–50
›Planerklause‹ 1956
›Planstatt‹ 1957
Gotthelf 1960, S. 32–43.

Peter Neufert
Wohnhaus des Architekten
Am Zehnpfennigshof 9
Köln-Hahnwald
Planung 1956
Ausführung 1962–63
Architecture d'aujourd'hui, Nr. 124, Februar/März 1966, S. 42–43. – Häuser, 1985, H. 1, S. 28–33 u. 91–92. – Hagspiel/Kier/Krings 1986, S. 290.

Richard Neutra
VDL Research House (Wohnhaus des Architekten)
Los Angeles
1932
Boesiger 1964, S. 26–29. – Neutra 1977. – Hines 1982, S. 110–116.

Johannes Niemeyer
Wohnhaus des Architekten
Lettiner Straße 15
Halle
1924–26
Baugilde, Jg. 8, 1926, S. 306–308. – *Niemeyer* 1990, S. 56–58, 104–105 u. 136.

Oscar Niemeyer
Wohnhaus des Architekten (I)
Rio de Janeiro-Gavea
1942
Niemeyer 1977, S. 70–71. – Fils 1982, S. 117.

Wochenendhaus des Architekten (II)
Mendes (Rio de Janeiro)
1949
Papadaki 1960, Abb. 70–71. – Fils 1982, S. 126.

Wohnhaus des Architekten (III)
Rio de Janeiro-Canoa
1953–54
Papadaki 1960, Abb. 72–77. – Fils 1982, S. 134. – *Houses in Latin America* 1972, S. 64–71.

Christian Norberg-Schulz
Wohnhaus des Architekten
Oslo
1984
Norberg-Schulz 1986, S. 147.

Dieter Oesterlen
Wohnhaus des Architekten (I)
Schopenhauerstraße
Hannover
1950
Die Kunst und das Schöne Heim, Jg. 51, 1952/53, S. 386–387.

Sommerhaus des Architekten (II)
Hauptstraße
Isernhagen bei Hannover
1959–60
Erweiterung 1970
Oesterlen 1992, S. 216–221.

Juan O'Gorman
Wohnhaus des Architekten (I)
Mexico City-San Angel
1932
Smith, Clive Bamford 1967, S. 44.

Wohnhaus des Architekten (II)
Mexico City
1953–56
Smith, Clive Bamford 1967 S. 32–42. – Architecture d'aujourd'hui, Nr. 102, Juni/Juli 1962, S. 26. – *Houses in Latin America* 1972, S. 120–125.

Joseph Maria Olbrich
Wohnhaus des Architekten
Alexandraweg 28
Darmstadt-Mathildenhöhe
1900–01
Olbrich 1967, S. 63–70. – Schreyl 1972, S. 87–97. – *Olbrich* 1983, S. 164–173 u. 298.

Rudolf Olgiati
Wohnhaus des Architekten (Altbau mit geringfügigen Veränderungen; neben dem Haus besitzt Olgiati eine Scheune, in der er bündnerische Altertümer sammelt)
Flims-Dorf (Graubünden)
(bewohnt von Olgiati seit 1944)
Boga 1983, S. 7 u. 282.

Friedrich Ostendorf
Wohnhaus des Architekten
Weberstraße
Karlsruhe
1912–13
Ostendorf 1914, Abb. 116 u. 133. – Wasmuths Monatshefte für Baukunst, Jg. 10, H. 7, 1926, S. 284. – Posener 1979a, S. 184.

Frei Otto
Wohnhaus des Architekten mit Atelier
Berghalde 19
Leonberg-Warmbronn
1967–69
Braun 1983. – Glasforum, Jg. 34, 1984, H. 2, S. 15–18. – Wilhelm 1985, S. 102–105 u. 178.

Robert K. Overstreet
Wohnhaus des Architekten
Corte Madera (California)
1970
L'architettura, 1990, H. 1, S. 34–35.

Bernhard Pankok
Sommerhaus des Künstlers und Architekten
Reichentalstraße 1
Baierbrunn bei München
1905–07
(abgebrannt 1969)
Atelierhaus 1909
Hellwag 1916. – *Pankok* 1973, S. 32–34 u. 107–108. – *Pankok* 1986, S. 46–48, 125–127 u. 300–302.

Ico Parisi
Dachwohnung des Architekten auf dem von ihm gebauten Condominio S. Antonio (I)
Via Scalini
Como
1957–59
Parisi 1990, S. 51 u. 90–93.

Wochenendhaus des Architekten (Umbau) (II)
Spurano (Como)
1961
Parisi 1990, S. 100–101.

Pierre Patout
Wohnung des Architekten in von ihm gebautem Etagenwohnhaus
3, Boulevard Victor
Paris 15e
1929–35
Panerai 1974. – Lemoine/Rivoirard 1987, S. 208–209.

Bruno Paul
Wohnung des Künstlers und Architekten
Nymphenburger Straße
München
um 1900
Innendekoration, Jg. 12, Dezember 1901, S. 200–201. – Stadt, Jg. 29, 1982, H. 10, S. 23–24. – Ziffer 1992, S. 125.

Ieoh Ming Pei
Wochenendhaus des Architekten
Katonah, Westchester County (New York)
1952
Architecture d'aujourd'hui, Nr. 103, August/September 1962, S. 6–9. – Kaspar 1967, S. 58–61. – Suner 1988, S. 40–42.

Gustav Peichl
Wohnhaus des Architekten
Himmelstraße 47
Wien XIX
1960–62
Anbau 1974
Peichl 1981, S. 26–29. – Fonatti 1988, S. 38–41.

Auguste Perret
Studio des Architekten im 9. Stockwerk eines von ihm gebauten Etagenwohnhauses (I)
25bis, Rue Franklin
Paris 16e
1903–04
Uhry 1904. – *Perret* 1986. – Bressani 1990.

Wohnung des Architekten im 7. Stockwerk eines von ihm gebauten Etagenwohnhauses (II)
51–55, Rue Raynouard
Paris 16e
1928–30
Architecture d'aujourd'hui, Jg. 3, H. 7, Oktober 1932, S. 102–115. – Imbert 1933. – De Thubert 1934.

Charlotte Perriand
Berghaus der Architektin
Méribel
1960–62
Besset 1967, S. 116–117. – Werk, Bauen+Wohnen, 1990, H. 10, S. 2–8.

Marcello Piacentini
Villa des Architekten
Rom
1930–32
Lupano 1991, Abb. 109–113.

Cäsar Pinnau
Wohnhaus des Architekten
Elbchaussee 245
Hamburg-Othmarschen
1950–51
Marg/Fleher 1983, Nr. 107. – Fest 1982, S. 24–25.

Jože Plečnik
Wohnhaus des Architekten
Karunova 4
Ljubljana
1923–30
Bentley/Grzan-Butina 1983, S. 48–49. – Prelovšek 1992, S. 266–268.

Hans Poelzig
Wohnhaus des Architekten
Breslau-Leerbeutel
1906
Die Kunst, Bd. 16, Jg. 10, 1907, S. 226–231. – Posener 1970, S. 68. – Ders. 1986. – Ders. 1992, S. 28 u. 53–56.

Marlene Poelzig
Haus Poelzig
Tannenbergallee 28
Berlin-Charlottenburg
1929
Baugilde, Jg. 12, 1930, S. 1323–1335. – Bauwelt, Jg. 21, 1930, S. 1065–1072. – Wasmuths Monatshefte für Baukunst und Städtebau, Jg. 14, 1930, S. 461–466. – *Mein Heim* 1932, S. 104–106.

Gio Ponti
Wohnung des Architekten in dem von ihm gebauten Palazzo Laporte (I)
Mailand
1935
Ponti 1986, S. 72–73.

Landhaus des Architekten (II)
Civate (Como)
1955
Domus, Nr. 411, 1964, S. 36–42.

Wohnung des Architekten in einem von ihm gebauten Etagenwohnhaus (III)
Via Dezza
Mailand
1957
Ponti 1986, S. 124–128.

Bart Prince
Wohnhaus des Architekten
3591 Monte Vista
Albuquerque (New Mexico)
1984
Architecture d'aujourd'hui, Nr. 224, Dezember 1982, S. 43. – Archithese, Jg. 18, 1988, H. 5, S. 65–68.

Jean Prouvé
Wohnhaus des Architekten
Nancy
1954
Prouvé 1981, S. 129–130. – Da Costa 1984. – *Prouvé* 1990, S. 209–213.

Adolf Rading
Wohnhaus des Architekten (I)
Stifterstraße
Breslau
1921
De Fries 1925, S. 124–125. – *Rading* 1970, S. 22–24.

Wohnung des Architekten in einem von Hans Scharoun 1928–29 gebauten Etagenwohnhaus (II)
Kaiserdamm
Berlin-Charlottenburg
1929
Rading 1970, S. 120, Nr. 51 (o. Abb.).

Wohnung des Architekten (III)
Ruhlaer Straße
Berlin-Schmargendorf
1931
Rading 1970, S. 123, Nr. 63 (o. Abb.).

Roland Rainer
›Sommerhaus am Steinbruch‹ für den Architekten (I)
St. Margarethen (Burgenland)
1958
Wolgensinger/Debaigts 1968, S. 76–79. – *Rainer* 1990, S. 74–79.

›Wohnhaus unter Bäumen‹ für den Architekten (II)
Weidlichgasse
Wien XIII
Planung 1954
Ausführung 1965–66
Rainer 1990, S. 118–125.

Steen Eiler Rasmussen
Wohnhaus des Architekten
Dreyersvej 3
Rungsted
1935
Faber 1963, S. 220.

Antonin Raymond
Wohnhaus des Architekten (I)
Tokio-Reinanzaka
1923–24
Raymond 1973, S. 101–107.

Sommerhaus des Architekten (II)
Karuizawa
1933
Raymond 1973, S. 130–133.

Landhaus des Architekten (Umbau einer Farm) (III)
New Hope (Pennsylvania)
1939
Raymond 1973, S. 171–177.

Wohnhaus des Architekten mit Büro (IV)
Tokio-Azabu
1953
Raymond 1973, S. 236–241.

Leonardo Ricci
Wohnhaus des Architekten in dem von ihm geplanten ›Villaggio di Monterinaldi‹
Florenz-Monte Rinaldi
1952
Nestler 1954, S. 66–67. – Architecture d'aujourd'hui, Nr. 86, Oktober/November 1959, S. 28–31.

Erich Richter
Wohnhaus des Architekten
Schmidt-Ott-Straße 17
Berlin-Steglitz
1932
Bauwelt, Jg. 24, 1933, S. 1113–1116. – Monatshefte für Baukunst und Städtebau, Jg. 17, 1933, S. 497–500.

Willy Richter
Wohn-, Atelier- und Ausstellungsgebäude des Kunsthändlers und Architekten
Kickerlingsberg 15
Leipzig
1928
Leipzig 1976, S. 76.

Mario Ridolfi
Casa Lina (Wohnhaus des Architekten)
Le Marmore (Terni)
1966–67
Ridolfi 1979, S. 92 u. 98–99. – Lotus, Nr. 37, 1983, S. 15–24 u. 25–33. – Brunetti 1985, o. P.

Richard Riemerschmid
Wohnhaus des Architekten
Lützowstraße 1
München-Pasing
1898
Umbau und Atelieranbau 1907
Landhaus 1904, S. 3. – Deutsche Kunst und Dekoration, Bd. 22, 1908, S. 194–209. – Dekorative Kunst, Bd. 17, 1909, S. 307–313. – *Riemerschmid* 1982, S. 386.

Wilhelm Riphahn
Wohnhaus des Architekten (I)
Bensberg
1919
Moderne Bauformen, Jg. 22, 1923, S. 12–16. – Wasmuths Monatshefte für Baukunst, Jg. 9, 1925, S. 132. – Hagspiel 1982, S. 90–92. u. 409.

Wohnhaus des Architekten (II)
Am Morsdorfer Hof 10
Köln-Braunsfeld
1923–24
(zerstört)
De Fries 1926, S. 80–82. – Die Kunst, Bd. 60, Jg. 32, 1929, S. 33. – Hagspiel 1982, S. 92–95 u. 436.

Wohnhaus des Architekten (eines von vier Reihenhäusern) (III)
Löwenburgstraße 18
Köln-Klettenberg
1928–29
Hoffmann, Herbert 1929, S. 109. – Moderne Bauformen, Jg. 30, 1931, S. 100–102. – Hagspiel 1982, S. 277–280 u. 490.

Wohnhaus des Architekten (IV)
Am Gibbelsberg
Köln-Müngersdorf
1963
Hagspiel 1982, S. 562 (Hinweis).

Ernesto Nathan Rogers (BBPR)
Wohnung des Architekten
Via Bigli 15
Mailand
1956
Rogers 1957. – Interni, 1967, H. 3, S. 3–12. – Bonfanti/Porta 1973, S. A79 f. u. Abb. 272.

Richard Rogers
Wohnung des Architekten (I)
Place des Vosges
Paris
1976
The Architectural Review, Mai 1979, S. 293–295. – Einzig 1981, S. 90–93. – *Rogers* 1988, S. 68–69.

Wohnhaus des Architekten (Umbau von zwei fünfstöckigen Reihenhäusern von 1840) (II)
Royal Avenue
London
1987
Rogers 1988, S. 210–217.

Alfred Roth
Wohnatelier des Architekten im dritten Stock eines 1935–36 von ihm gemeinsam mit Emil Roth und Marcel Breuer errichteten Etagenwohnhauses (I)
Doldertal 19
Zürich
(bewohnt von Roth 1936–45)
Roth 1985, S. 88–93.

Wohnhaus Hélène de Mandrot (bewohnt von Roth ab 1945, in seinem Eigentum ab 1949) (II)
Hadlaubstraße 59
Zürich
1943–44
Werk, Bauen+Wohnen, 1983, H. 5, S. 30–31. – *Roth* 1985, S. 58–61.

›Fellowship Home‹
(bewohnt von Roth und fünf Studenten)
Bergstraße 71
Zürich
1960–61
Roth 1985, S. 78–83.

Sergius Ruegenberg
Wohnhaus des Architekten
Kurpromenade 6
Berlin-Kladow
1960
Bauwelt, 1960, S. 1110–1111. – Gärtner 1990, S. 80–85.

Sep Ruf
Wohnhaus des Architekten (I)
Am Ackerberg
Gmund am Tegernsee
1937–38
Die Kunst und das Schöne Heim, Jg. 48, H. 8, Mai 1950, S. 310–311. – Wichmann 1986, S. 198, Kat.-Nr. 31.

Wohnhaus des Architekten (II)
Am oberen Ackerberg
Gmund am Tegernsee
1952–55
Wichmann 1986, S. 206, Kat.-Nr. 56.

Wohnhaus des Architekten mit Atelier (III)
München-Grünwald
1967–69
Wichmann 1986, S. 222, Kat.-Nr. 119.

Eliel Saarinen
Wohnhaus des Architekten
an der Cranbrook Academy of Art
Bloomfield Hills (Michigan)
1928–30
Christ-Janer 1979, S. 108–111. – Abitare, Nr. 281, Januar 1990, S. 112–115.

Otto Rudolf Salvisberg
Wohnhaus des Architekten (I)
Öhlertstraße 13
Berlin-Südende
1921–22
Umbau 1927
Moderne Bauformen, Jg. 26, 1927, S. 453–460. – Werk Archithese, Jg. 64, H. 10, Oktober 1977, S. 32. – *Salvisberg* 1985, S. 28–29 u. 156.

Wohnhaus des Architekten (II)
Rastelbergstraße 97
Zürich
1930–31
Der Baumeister, Jg. 30, H. 3, März 1932, S. 77–86. – Werk, 1932, H. 8, S. 244–253. – Werk Archithese, Jg. 64, H. 10, Oktober 1977, S. 48. – *Salvisberg* 1985, S. 78–79 u. 156.

Leonardo Savioli
Wohn- und Atelierhaus des Architekten
Certosa di Galuzzo (Florenz)
1950–51
Bürogebäude 1968–69
Aloi 1960, S. 82–86. – Brunetti 1982, S. 17. – *Savioli* 1982, S. 22–23 u. 76–77 (Büro).

Tobia Scarpa
Wohnhaus des Architekten
Trevignano (Treviso)
1969
Zodiac, Nr. 20, 1970, S. 70–76. – *Houses in Southern Europe* 1971, S. 80–85.

Peter Schäfer
Wohnhaus des Architekten
Wilen bei Wollerau (Schweiz)
1966
Werk, Bauen+Wohnen, 1990, H. 10, S. 44–47.

Hans Scharoun
Wohnung des Architekten in von ihm 1929–31 errichteter Zeile in der ›Ringsiedlung‹ (I)
Jungfernheideweg 4
Berlin-Siemensstadt
(bewohnt von Scharoun 1930–60)
Pfankuch 1974, S. 96. – Geist/Kürvers/Rausch 1993, S. 58 f.

Zweitwohnung des Architekten mit Atelier auf dem Dach des von ihm 1955–57 errichteten Wohnhochhauses ›Romeo‹ (II)
Schozacher Straße 40
Stuttgart-Zuffenhausen-Rot
(bewohnt von Scharoun 1957–72)
Geist/Kürvers/Rausch 1993, S. 112 f.

Wohnung des Architekten mit Atelier in von ihm 1956–61 geplanter Siedlung (III)
Heilmannring 66 a
Berlin-Charlottenburg Nord
(bewohnt von Scharoun 1960–72)
Scharoun 1967, o. P., Einführungstext (Hinweis). – Pfannkuch 1974, S. 245–249 (Siedlung). – Geist/Kürvers/Rausch 1993, S. 118.

Karljosef Schattner
Wohnhaus des Architekten
Eichstätt
1957
Schwarz 1989, S. 170–171.

Hans Schilling
Wohnhaus des Architekten
Gereonswall 110
Köln-Neustadt
1954
Baukunst und Werkform, Jg. 8, 1955, S. 590. – Hagspiel/Kier/Krings 1986, S. 283.

Rudolph Michael Schindler
Wohnhaus des Architekten (Doppelhaushälfte)
833 N. Kings Road
West Hollywood (California)
1921–22
Schindler 1985, S. 24–29. – Sarnitz 1986, S. 44–47. – The Architects' Journal, Bd. 194, H. 20, November 1991, S. 32–39.

Dieter Schmid
Wohnhaus des Architekten
Biberach an der Riß
1990
Architecture d'aujourd'hui, Nr. 275, Juni 1991, S. 21–23.

Paul Schmitthenner
Wohnhaus des Architekten in der von ihm geplanten Gartenstadt Carlowitz (I)
Breslau
1912
Die Kunst, Bd. 36, Jg. 20, 1917, S. 41–47. – Moderne Bauformen, Jg. 21, 1922, S. 16–19. – Nerdinger 1985a, S. 193.

Wohnhaus des Architekten (II)
Stuttgart
1922
Anbau 1930–31
(zerstört)
Die Kunst, Bd. 56, Jg. 30, 1927, S. 112–117. – Schmitthenner 1932, S. 169–186. – Nerdinger 1985a, S. 198.

Ferienhaus des Architekten (III)
Imst (Tirol)
1932
Moderne Bauformen, Jg. 32, 1933, S. 246–252. – Nerdinger 1985a, S. 202.

Bruno Schmitz
Wohnhaus des Architekten
Bellstraße 24
Berlin-Charlottenburg
1904–06
(zerstört)
Der Baumeister, Jg. 4, H. 7, April 1906, S. 80 u. 82, Tf. 49–51. – *Berlin und seine Bauten* 1975, S. 54–55. – Posener 1979a, S. 104.

Karl Schneider
Wohnhaus des Architekten (I)
Osdorfer Landstraße
Hamburg-Osdorf
1924–25
(zerstört)
Der Baumeister, Jg. 29, 1931, S. 389. – Koch/Pook 1992, S. 15 u. 78.

Wohnhaus des Architekten (II)
Grünewaldstraße 11
Hamburg-Bahrenfeld
1928
Moderne Bauformen, Jg. 28, 1929, S. 178. – Der Baumeister, Jg. 29, 1931, S. 400–404. – Koch/Pook 1992, S. 18–19.

Paul Schneider-Esleben
Wohnhaus des Architekten
Düsseldorf-Golzheim
1950–51
Winkler, Robert 1955, S. 98–101. – Klotz 1987, S. 32.

Erich Schneider-Wessling
Wohnhaus des Architekten (Doppelhaushälfte) (I)
Bonn-Holzlar
1964–65
Deutsche Bauzeitschrift, Jg. 16, 1968, H. 7, S. 1085 ff. – Die Kunst und das Schöne Heim, Jg. 81, H. 5, Mai 1969, S. 245–249.

Wohnhaus des Architekten (II)
Josephstraße
Köln
1973–74
Bauwelt, 1978, H. 27/28, S. 1050–1056.

Gottfried Schramm
Wochenendhaus des Architekten (I)
Mittelweg
Reinbek bei Hamburg
1927
Schramm/Bassewitz/Hupertz 1985, S. 54–55.

Wohnhaus des Architekten (II)
Elbchaussee
Hamburg-Othmarschen
1935
Schramm/Bassewitz/Hupertz 1985, S. 66.

Rudolf Schroeder
Wohnhaus des Architekten
Strandweg 48
Heikendorf bei Kiel
1931
Beseler 1980, S. 35 u. Tf. 53.

Adolf Schröter
Wohnhaus des Architekten
Immergrünstraße 5
München-Großhesselohe
1975
Die Kunst und das Schöne Heim, Jg. 89, H. 4, April 1977, S. 237–244. – Meyer-Bohe 1982, S. 94–95. – *München und seine Bauten* 1984, S. 334.

Joachim Schürmann
Wohnhaus des Architekten
Enckestraße 2
Köln-Lindenthal
1956–57
Der Baumeister, Jg. 62, 1965, H. 10, S. 1121. – Flagge 1997, S. 12–23

Helmut Schulitz
Wohnhaus des Architekten
Beverley Hills (California)
1976
Davies 1988, S. 140–145.

Paul Schultze-Naumburg
Wohnsitz des Architekten
Saaleck bei Bad Kösen
1902–15
Umbau 1923–24
Die Kunst, Bd. 14, Jg. 9, 1906, S. 11–27. – Schultze-Naumburg 1927. – Borrman 1989, S. 110–111, Abb. 168–169 u. 174–179.

Fritz Schumacher
Wohnhaus des Architekten (Umbau eines spätklassizistischen Stadthauses)
An der Alster 39
Hamburg-St. Georg
1913–14
Schumacher 1943, S. 153–159. – Fischer, Manfred F. 1977, S. 15–16. – Frank, Hartmut 1994, Kat.-Nr. 172, S. 246.

Hans Schwippert
Wohn- und Atelierhaus des Architekten
Leo-Statz-Straße
Düsseldorf-Golzheim
1953–54
Deutsche Bauzeitschrift, Jg. 7, H. 11, November 1959, S. 1306–1308. – *Schwippert* 1982, S. 134–136. – *Schwippert* 1984, S. 92–93. – Werhahn 1987, S. 280–283 u. Kat.-Nr. 133.

Emanuel von Seidl
Wohnung des Architekten im obersten Stockwerk eines von ihm gebauten Etagenwohnhauses (I)
Bavariaring 10
München
1897–98
Seidl 1919, S. 1–26.

Landhaus des Architekten (II)
bei Murnau
1902
Seidl 1919, S. 29–114.

Gabriel von Seidl
Wohnhaus des Architekten (I)
Marsstraße 28
München
1878–1880
(zerstört 1945)
Bössl 1966, S. 87–88.

Landhaus des Architekten (II)
Wackersberger Leite
Bad Tölz
um 1900
Süddeutsche Bauzeitung, Jg. 12, 1902, S. 109–110. – Die Kunst, Bd. 8, Jg. 6, 1903, S. 276–277. – *Landhaus* 1904, S. 20–21. – *Münchner bürgerliche Baukunst* 1904, Tf. 15–17.

Harry Seidler
Wohnhaus des Architekten
Killara
1966–67
Blake 1973, S. 146–167. – Die Kunst und das Schöne Heim, Jg. 91, H. 7, Juli 1979, S. 469–476. – *Modern Australian Architecture*, Process: Architecture, Nr. 22, Tokio 1981, S. 60–63.

Paul Seitz
Wohnhaus des Architekten
Krumdals Weg 7
Hamburg-Blankenese
1952
Winkler, Robert 1955, S. 102–105.

José Luis Sert
Wohnhaus des Architekten (I)
Locust Valley, Long Island
1949
Bastlund 1967, S. 90–97.

Wohnhaus des Architekten (II)
Cambridge (Massachusetts)
1958
Architecture d'aujourd'hui, Nr. 86, Oktober/November 1959, S. 2–3. – Bastlund 1967, S. 140–149. – *Josep Lluis Sert. His Work and Ways*, Process: Architecture, Nr. 34, Tokio, Dezember 1982, S. 72–75.

Ferienhaus des Architekten (eines von neun Häusern einer von ihm geplanten Kolonie) (III)
Punta Martinet (Ibiza)
1966–71
Freixa 1980, S. 104–107.

Kaija und Heikki Siren
Wohnhaus der Architekten mit Büro
Helsinki-Lauttasaari
1951
Büroerweiterungen 1956 und 1960
Tempel 1968, S. 48–49. – Gaynor 1984, S. 106–109.

Aksel Skov
Wohnhaus des Architekten
Aarhus
1935
Rasmussen 1940, S. 184.

Thomas Gordon Smith
Richmond Hill House (Wohnhaus des Architekten)
Richmond (California)
1981–83
Smith, Thomas Gordon 1988, S. 122–125. – Schwarz 1989, S. 165–166.

Alison und Peter Smithson
›Fonthill Folly‹ (Landhaus der Architekten) (I)
Upper Lawn (Wiltshire)
1959–62
The Architectural Review, Nr. 792, Februar 1963, S. 135–136. – Architectural Design, Bd. 33, Oktober 1963, S. 482–483. – Schwarz 1989, S. 182–183. – Vidotto 1991, S. 33–34, Kat.-Nr. 49.

Wohnhaus der Architekten (Umbau) (II)
2 Priory Walk
London
1961–62
Smithson 1982, S. 54. – Vidotto 1991, S. 37, Kat.-Nr. 58.

Paolo Soleri
›Earth House‹ für den Architekten als Teil der von ihm geplanten Stadt ›Cosanti‹
Scottsdale (Arizona)
1956–58
Architecture d'aujourd'hui, Nr. 102, Juni/Juli 1962, S. 64. – Jencks 1982, S. 286–287.

Lars Sonck
Villa Lasses (Sommerhaus des Architekten) (I)
Finström (Aland)
1894–95
Wickberg 1963, S. 98. – The Architectural Review, Februar 1982, S. 41–42. – *Sonck* 1990, S. 8–14.

Villa des Architekten (II)
Helsinki-Kulosaari
1908–09
(abgrissen)
Korvenmaa 1991, S. 18.

Villa Brakeudd (Sommerhaus des Architekten) (III)
Kirkkonummi-Hirsala
1913–23
Wickberg 1963, S. 98–99. – *Sonck* 1990, S. 78.

Juan Sordo Madaleno
Wohnhaus des Architekten
Paseo de la Reforma
Mexico City
1952
Cetto 1961, S. 210–211.

Ettore Sottsass senior
Wohnhaus des Architekten
Turin
1938
(zerstört)
Sottsass 1991, S. 242.

Otto Spalding
Wohnhaus des Architekten
Buhrowstraße 12
Berlin-Steglitz
1901–02
(zerstört)
Berlin und seine Bauten 1975, S. 153. – Posener 1979a, S. 163.

Albert Speer
Wohnhaus des Architekten
Berlin-Nikolassee
1935
(zerstört)
Bauen-Siedeln-Wohnen, Jg. 19, 1939, S. 973–978. – Wolters 1943, S. 60–62. – *Speer* 1978, S. 54–55. – Krier 1985, S. 197.

Ingeborg und Friedrich Spengelin
Wohnhaus und Büro der Architekten in von ihnen geplanter Siedlung (I)
Hölderlinstraße 18 a
Hamburg-Groß Flottbek
1952–53
Erwerb des Nachbarhauses Nr. 18 1960
Büroanbau 1962
Zu Hause, Nr. 3, März 1970, S. 164–169. – Marg/Fleher 1983, Nr. 116.

Wohnhaus und Büro der Architekten in von ihnen geplanter Wohngruppe (II)
Habichtshorststraße 12
Hannover-Groß Buchholz
1973–74
Jaeger, Falk 1985, S. 176–177. – Weiß 1995.

Otto Steidle
Wohnhaus und Büro des Architekten in von ihm gemeinsam mit Ralph und Doris Thut geplanter Wohnanlage
Genter Straße 13
München-Schwabing
1970–71
Bauwelt, 1972, H. 1/2, S. 17–20. – Werk, Jg. 59, 1972, H. 3, S. 156–159. – Deutsche Bauzeitung, 1980, H. 1, S. 9–20. – Conrads/Sack 1985, S. 10–13.

Rudolf Steiger und Flora Steiger-Crawford
Wohn- und Atelierhaus des Architekten und der Bildhauerin
Bergstraße 67
Zürich
1959
Archithese, Jg. 10, H. 2, März/April 1980, S. 73.

Edward Durell Stone
Stadthaus des Architekten
New York
1956
Stone 1962, S. 160–163.

Oscar Stonorov
Wohnhaus des Architekten
Avon Lea, Charlestown (Pennsylvania)
1938
L'architettura, Jg. 18, H. 2, Juni 1972, S. 96–99.

Oskar Strnad
Wohnung des Architekten (I)
Ungargasse
Wien III
(bewohnt von Strnad 1914–29)
Wiener Innenraumgestaltung 1980, S. 29, Abb. 6. – *Wiener Künstlerwohnungen* 1990, S. 170.

Wohnung des Architekten (II)
Hockegasse 88A
Wien XVIII
(bewohnt von Strnad 1930–34)
Wiener Innenraumgestaltung 1980, S. 30, Abb. 12. – *Wiener Künstlerwohnungen* 1990, S. 170–171.

André M. Studer
Wohnhaus des Architekten in der Ateliersiedlung Gockhausen
Dübendorf (Schweiz)
1959
Zodiac, Nr. 5, 1960, S. 21. – Meyer-Bohe 1970, S. 162–167.

Eskil Sundahl
Sommerhaus des Architekten
Kalvnäs
1935
Byggmästaren 1938, H. 31, S. 346–350. – Kidder Smith 1957, S. 105.

Kenzo Tange
Wohnhaus des Architekten
Tokio
1951–53
Winkler, Robert 1955, S. 216–221. – Kultermann 1970, S. 28–31.

Bruno Taut
Wohnhaus des Architekten (I)
Dahlewitz
1925–26
Taut 1927. – *Taut* 1980, S. 253. – Junghanns 1983, S. 11 u. 91 f., Abb. 258–260. – Jaeger, Roland 1995.

Wohnhaus des Architekten (II)
Ortaköy (Türkei)
1937–38
Taut 1980, S. 261. – Junghanns 1983, S. 13 u. 111 f., Abb. 331.

Max Taut
Wohnhaus des Architekten in der Siedlung Eichkamp
Lärchenweg 15
Berlin-Charlottenburg
1919–21
Neuaufbau 1950–51
Taut 1984, S. 70 u. 108.

Manuel Teja
Wohnhaus des Architekten
Mexico City
1956
Cetto 1961, S. 202–203.

Heinrich Tessenow
Wohnhaus des Architekten (I)
Tännichtweg 2
Dresden-Hellerau
1911
De Michelis 1991, S. 231, Kat.-Nr. 1911/9.

Wohnhaus des Architekten (Umbau eines klassizistischen Bürgerhauses) (II)
Neutorstraße 26
Neubrandenburg
1928–29
De Michelis 1991, S. 297, Kat.-Nr. 1928/4.

Wohnhaus des Architekten (III)
(tatsächlich bewohnt von seiner Freundin Hilla Schlichter)
Sophie-Charlotte-Straße 7
Berlin-Zehlendorf
1930
Der Baumeister, Jg. 33, 1935, S. 292–293. – De Michelis 1991, S. 310–311, Kat.-Nr. 1930/3.

›Häuslerei‹ (Umbau eines Landarbeiterhauses zum Wohnhaus des Architekten) (IV)
Häuslerei Nr. 15
Siemitz bei Güstrow
1943
De Michelis 1991, S. 332, Kat.-Nr. 1943/1.

Wilhelm Freiherr von Tettau
Wohnhaus des Architekten
Corneliusstraße 31
Berlin-Lankwitz
1909
(zerstört)
Berlin und seine Bauten 1975, S. 157. – Posener 1979 a, S. 172.

Stanley Tigerman
Wochenendhaus des Architekten
Lakeside (Michigan)
1983
Underhill 1989, S. 144–153. – Schwarz 1989, S. 179.

Bernard Tschumi
Loft des Architekten
New York
1988
Schwarz 1989, S. 193.

Oswald Mathias Ungers
Wohnhaus des Architekten mit Büro (I)
Belvederestraße 60 und Quadrather Straße 2
Köln-Müngersdorf
1958–59
Bibliotheksanbau 1989–90
Bauwelt, Jg. 51, 1960, H. 8, S. 213–215. – Casabella, Nr. 244, Oktober 1960, S. 22 u. 30–33. – Architectural Design, November 1960, H. 11, S. 455–457. – Baukunst und Werkform, Jg. 14, H. 8, August 1961, S. 427–428. – Klotz 1985, S. 56–59. – Strodthoff 1991. – Domus, Nr. 727, Mai 1991, S. 38–43. – *Ungers* 1991, S. 38–41 u. 216–219. – Ungers 1996, S. 18–21 u. 27–29.

Haus ›Glashütte‹ (Landhaus des Architekten) (II)
bei Utscheid (Eifel)
1986–88
Ungers 1991, S. 184–187. – Kieren 1995. – Ungers 1996, S. 10–12 u. 23–25.

Wohnhaus des Architekten (III)
Kämpchensweg 58
Köln-Müngersdorf
1994–95
Archithese, Jg. 16, 1996, H. 5, S. 44–47. – a+u, 1996, H. 11, S. 96–103. – Casabella, Nr. 635, Juni 1996, S. 4–11. – Ungers 1996, S. 30–33. – *Ungers* 1998, S. 284–291.

Jörn Utzon
Wohnhaus des Architekten
Hellebaek bei Helsingör (Dänemark)
1952
Die Kunst und das schöne Heim, Jg. 52, 1953/54, S. 314 bis 315. – Faber 1968, S. 34–35. – *Houses in Northern Europe* 1974, S. 36–43.

Henry van de Velde
Haus ›Bloemenwerf‹ (Wohnhaus des Architekten) (I)
Avenue Vanderaey 102
Brüssel-Uccle
1895
Sembach 1989, S. 41–45.

Wohnung des Architekten (II)
Cranachstraße 11
Weimar
(bewohnt von Van de Velde 1902–1906)
Sembach 1989, S. 46.

›Hohe Pappeln‹ (Wohnhaus des Architekten) (III)
Weimar
1907–08
Sembach 1989, S. 124 u. 129–135.

›De Tent‹ (Wohnhaus des Architekten) (IV)
Wassenaar (Niederlande)
1920–21
Sembach 1989, S. 37.

›La Nouvelle Maison‹ (Wohnhaus des Architekten) (V)
Tervuren bei Brüssel
1927
Sembach 1989, S. 200–201.

Robert Venturi und Denise Scott Brown
Wohnhaus der Architekten (geringfügig verändertes Haus von 1908)
Philadelphia (Pennsylvania)
(bewohnt von Venturi und Scott Brown ab 1971)
a+u, 1990, H. 6, S. 64–69. – Moos 1987c, S. 295.

Vittoriano Viganò
Wohnung des Architekten
Mailand
1956
Domus, Nr. 617, Mai 1981, S. 33–35. – De Carli 1982, S. 632–633.

José Villagran García
Wohnhaus des Architekten
Calle Dublin 7
Mexico City
1934–35
Sartoris 1941, S. 657. – Katzmann 1963, Abb. 60. – Zorrilla Rodriguez 1985, S. 216–217.

Carlos Raúl Villanueva
Wohnhaus des Architekten (I)
Caracas-La Florida
1951
Aloi 1961, S. 312–318. – Moholy-Nagy 1964, S. 56–60. – *Houses in Latin America* 1972, S. 168–173.

Ferienhaus des Architekten (II)
Carabellada
1958
Aloi 1961, S. 305–311. – Moholy-Nagy 1964, S. 61–66. – *Houses in Latin America* 1972, S. 174–179.

Jaroslav Vondrák
Wohnhaus des Architekten
Prag-Ořechovka
1924
Benešová 1984, S. 318.

Charles Francis Annesley Voysey
›The Orchard‹ (Wohnhaus des Architekten)
Chorleywood (Hertfordshire)
1899–1900
Gebhard, David 1975, S. 139–143. – Simpson 1979, S. 86–89 u. 120–121. – Brandon-Jones 1979, S. 49–50.

Otto Wagner
Wohnung des Architekten in von ihm 1880–81 errichtetem Mietshaus (I)
Rathausstraße 3
Wien I
(bewohnt von Wagner 1882–83)
Asenbaum 1983, S. 115. – Graf 1985, S. 34 u. 40–41.

Wohnung des Architekten in von ihm 1882–83 errichtetem Mietshaus (II)
Stadiongasse 6–8
Wien I
(bewohnt von Wagner 1884–91)
Asenbaum/Zettl 1984, S. 120–121. – Graf 1985, S. 53–55.

Erste Villa des Architekten (III)
Hüttelbergstraße 26
Wien XIV
1886–88
Billardzimmer 1895
Atelieranbau 1899
(genutzt von Wagner ab 1888, Hauptwohnsitz 1895–1911)
Asenbaum/Zettl 1984, S. 132–137, 148–151 u. 182–189. – Graf 1985, S. 66–69.

Stadthaus des Architekten mit Atelier (IV)
Rennweg 3
Wien III
1889–91
(bewohnt von Wagner 1891–95)
Asenbaum/Zettl 1984, S. 138–147. – Graf 1985, S. 69–70 u. 74–75.

›Absteigquartier‹ (Wohnung des Architekten in von ihm 1898–99 errichtetem Mietshaus) (V)
Köstlergasse 3
Wien VI
(genutzt von Wagner ab 1899)
Asenbaum/Zettl, S. 162–181. – Graf 1985, S. 325–326.

Wohnung des Architekten mit Atelier in von ihm 1911–12 errichtetem Mietshaus (VI)
Döblergasse 4
Wien VII
(bewohnt von Wagner 1912–18)
Asenbaum/Zettl 1984, S. 252–273. – Graf 1985, S. 647.

Zweite Villa des Architekten (VII)
Wien XIV
1912–13
(bewohnt von Wagner 1913–16)
Asenbaum/Zettl 1984, S. 292–300. – Graf 1985, S. 647–653.

Werner von Walthausen
Wohnhaus des Architekten
Im Kamp 16
Berlin-Klein Machnow
1930
Der Architekt, 1992, H. 1, S. 9–10.

Gregori J. Warchavchik
Villa des Architekten
Sao Paolo
1927–28
Sartoris 1941, S. 167. – Bruand 1981, S. 51–52.

Lois Welzenbacher
Wohnhaus des Architekten (I)
München
1935
(zerstört 1943)
Achleitner/Uhl 1968, S. 151.

Wohnhaus des Architekten (II)
Absam bei Solbad Hall (Tirol)
1945
Die Kunst und das Schöne Heim, Jg. 48, H. 7, April 1950, S. 262–263. – Harbers 1951, S. 70. – Achleitner/Uhl 1968, S. 140. – Sarnitz 1989, S. 228.

David Wild
Wohnhaus des Architekten
44 Rochester Place
London-Camden Town
1985
Glancey 1989, S. 48–51. – Domus, Nr. 713, Februar 1990, S. 66–71.

Werner und Grete Wirsing
Wohnhaus der Architekten
München-Forstenried
1957
Wirsing 1985, S. 64–67.

Colin St. John Wilson
Wohnhaus des Architekten mit Büro
Cambridge
1963
Die Kunst und das Schöne Heim, Jg. 81, H. 9, September 1969, S. 443–444. – Maxwell 1972, S. 38–39.

André Wogensky
Wohnhaus des Architekten
St-Rémy-Lès-Chevreuse
1953–54
Winkler, Robert 1955, S. 148–151. – Die Kunst und das Schöne Heim, Jg. 65 (79), H. 2, November 1966, S. 76–79.

Frank Lloyd Wright
Wohnhaus des Architekten (I)
Oak Park (Illinois)
1889
Erweiterung 1893
Atelieranbau 1895
Manson 1958, S. 42–48 u. 88–92. – *Wright* 1978. – Futagawa 1985–87, Bd. 1, S. 22–33.

›Taliesin‹ (Landhaus des Architekten mit Büro) (II)
Spring Green (Wisconsin)
1911
nach Bränden 1914 und 1925 teilweise neu erbaut als ›Taliesin II‹ und ›III‹
Twombly 1979, S. 133–137. – Tafel 1981, S. 25–29, 117–120 u. 212–213. – Futagawa 1985–87, Bd. 3, S. 138–143; Bd. 4, S. 19; Bd. 5, S. 22–33.

›Taliesin West‹ (Landhaus des Architekten) (III)
Scottsdale (Arizona)
1937
Twombly 1979, S. 232–236. – Tafel 1981, S. 194–201. – Futagawa 1985–87, Bd. 6, S. 42–57. – Plummer 1989, S. 140–153.

Abraham Zabludovsky
Wohnhaus des Architekten
Mexico City
1969
Heyer 1978, S. 27 u. 76–81.

Literatur

Aalto 1963
Alvar Aalto, 1. Aufl. Zürich 1963, 2. Aufl. 1965.
Abram 1985
Joseph Abram, *Perret et l'école du classicisme structurel (1910–1960),* Nancy 1985.
Abram 1986
Joseph Abram, *Auguste e Gustave Perret: Un classicismo d'avanguardia,* in: *Perret* 1986, S. 8–15.
Abrioux/Bann 1992
Yves Abrioux und Stephen Bann (Hg.), *Ian Hamilton Finlay. A Visual Primer,* 1. Aufl. Edinburg 1985, 2. Aufl. London 1992.
Absteigquartier 1900
Ein Absteigquartier, in: Ver Sacrum, Jg. 3, 1900, H. 19, S. 295.
Accasto/Fraticelli/Nicolini 1971
Gianni Accasto, Vanna Fraticelli und Renato Nicolini, *L'architettura di Roma capitale 1870–1970,* Rom 1971.
Achenbach 1987
Sigrid Achenbach, *Erich Mendelsohn 1887–1953. Ideen Bauten Projekte,* Ausst.-Kat. Berlin 1987.
Achleitner/Uhl 1968
Friedrich Achleitner und Ottokar Uhl, *Lois Welzenbacher 1889–1955,* Salzburg 1968.
Ackermann 1978
Kurt Ackermann und Partner. Bauten und Projekte, Stuttgart 1978.
Adam 1987
Peter Adam, *Eileen Gray. Architect Designer,* New York 1987.
Adler 1930
Leo Adler, *Funktionalismus,* in: *Wasmuths Lexikon der Baukunst,* Bd. 2, Berlin 1930, S. 560.
Ahlin 1987
Janne Ahlin, *Sigurd Lewerentz architect,* Stockholm 1987.
Albers 1988
Josef Albers. A Retrospective, Ausst.-Kat. New York 1988.
Albini 1979
Franco Albini. Architettura e design 1930–1970, Ausst.-Kat. Mailand 1979.
Allen 1980
Gerald Allen, *Charles Moore,* Stuttgart 1980.
Aloi 1960
Roberto Aloi, *Ville in Italia,* Mailand 1960.
Aloi 1961
Roberto Aloi, *Ville nel mondo,* Mailand 1961.
Altenstadt 1962
Ulrich S. von Altenstadt, *Denkformen im Bauen,* in: Der Monat, Nr. 171, Jg. 15, Dezember 1962, S. 64–74.
Andersen 1970
Troels Andersen, *Malevich,* Amsterdam 1970.
Andresen/Jordan 1958
Th. Andresen und Bitten Jordan, *Wohnen in Skandinavien,* Stuttgart 1958.
Anpassungsfähig Bauen 1959
Anpassungsfähig Bauen, Mitteilungen der Entwicklungsstätte für den Leichtbau, Nr. 6, Juni 1959.
Anpassungsfähig Bauen 1975
Anpassungsfähig Bauen, Mitteilungen des Instituts für Leichte Flächentragwerke, Nr. 14, Dezember 1975.
Architects' Own Houses 1983
Architects' Own Houses of the World, Toshi-Jutaku (Tokio), Nr. 189, Juli 1983; Nr. 190, August 1983.
Arnell/Bickford 1985
Peter Arnell und Ted Bickford (Hg.), *Frank Gehry. Buildings and Projects,* New York 1985.
Arp 1983
Jean Arp. Le temps des papiers déchirés, Ausst.-Kat. Paris 1983.
Arquitectura española 1989
Arquitectura española contemporanea 1975/1990, 2 Bde., Madrid 1989.
Asenbaum 1983
Paul Asenbaum, *Otto Wagner. Möbel und Innenräume. Ausgeführte Interieurs für Wohnungen und Villen,* Diss. Salzburg 1983.
Asenbaum/Haiko/Lachmayer/Zettl 1984
Paul Asenbaum, Peter Haiko, Herbert Lachmayer und Reiner Zettl, *Otto Wagner. Möbel und Innenräume,* Salzburg 1984.
Asenbaum/Zettl 1984
Paul Asenbaum und Reiner Zettl, *Katalog,* in: Asenbaum/Haiko/Lachmayer/Zettl 1984, S. 115–303.
Assmann 1992
Jan Assmann, *Das kulturelle Gedächtnis. Schrift, Erinnerung und politische Identität in frühen Hochkulturen,* München 1992.
Avantgarde 1991
Avantgarde 1900–1923. Russisch-sowjetische Architektur, Ausst.-Kat. Tübingen, Stuttgart 1991.

Bahr 1901
Hermann Bahr, *Ein Document deutscher Kunst,* in: Ders., *Bildung. Essays,* Leipzig 1901, S. 45–52.
Ball 1981
Susan L. Ball, *Ozenfant and Purism. The Evolution of a Style. 1915–1930,* Ann Arbor 1981.
Banham 1956
Reyner Banham, *Ateliers d'Artistes. Paris Studio Houses and the Modern Movement,* in: The Architectural Review, Bd. 120, 1956, S. 75–83.
Banham 1960
Reyner Banham, *Theory and Design in the First Machine Age,* London 1960. Deutsche Ausgabe: *Die Revolution der Architektur. Theorie und Gestaltung im Ersten Maschinenzeitalter,* Reinbek 1964.
Banham 1966
Reyner Banham, *Brutalismus in der Architektur. Ethik oder Ästhetik?,* Stuttgart und Bern 1966.
Banham 1976
Reyner Banham, *Megastructure. Urban Futures of the Recent Past,* London 1976.
Banham/Suzuki 1987
Reyner Banham und Hiroyuki Suzuki, *Modernes Bauen in Japan,* Stuttgart 1987.
Banse 1951
Ewald Banse, *Der Klinkerfürst von Hamburg,* Braunschweig 1951. Maschinenschriftliches Manuskript, Nachlass Höger, Staatsarchiv Hamburg.
Barragan 1991
Luis Barragan Morfin 1902–1988. Obra Construida, 2. Aufl. Sevilla 1991.
Bartels 1989
Olaf Bartels (Hg.), *Rudolf Lodders. Schriften zum Neuaufbau 1946–1971,* Hamburg 1989.

Bartetzko 1989
Dieter Bartetzko, *Zwischen Freiheit und Bindung. Die versteinernde Moderne in Hans Poelzigs I. G.-Farben-Gebäude,* in: Schirren 1989, S. 25–31.
Bastlund 1967
Knut Bastlund, *José Luis Sert,* Zürich 1967.
Bauhaus 1923
Staatliches Bauhaus Weimar 1919–1923, München 1923. Nachdruck: München 1980.
Bauhaus-Archiv 1981
Bauhaus-Archiv Museum für Gestaltung. Sammlungskatalog, Berlin 1981.
Bayer 1986
Herbert Bayer. Kunst und Design in Amerika 1938–1985, Ausst.-Kat. Berlin 1986.
Bechstein 1985
Eva Bechstein, *Die Häuser von Max Bill,* in: Hüttinger 1985, S. 255–267.
Behne 1927
Adolf Behne, *Neues Wohnen – neues Bauen,* Leipzig 1927.
Behnisch 1975
Behnisch & Partner. Bauten und Entwürfe, Stuttgart 1975.
Behnisch 1992
Behnisch & Partner. Bauten 1952–1992, Stuttgart 1992.
Belluzzi/Conforti 1994
Amedeo Belluzzi und Claudia Conforti, *Architettura italiana 1944–1994,* Bari 1994.
Benešová 1984
Marie Benešová, *Česká architektura v proměnách dvou století. 1780–1980,* Prag 1984.
Benevolo 1964
Leonardo Benevolo, *Geschichte der Architektur des 19. und 20. Jahrhunderts,* 2 Bde., München 1964.
Bentley/Grzan-Butina 1983
Ian Bentley und Djurdja Grzan-Butina (Hg.), *Jože Plečnik 1872–1957. Architecture and the City,* Oxford 1983.
Bentmann/Müller 1970
Reinhard Bentmann und Michael Müller, *Die Villa als Herrschaftsarchitektur. Versuch einer kunst- und sozialgeschichtlichen Analyse,* Frankfurt 1970.
Benton 1987a
Tim Benton, *The Villas of Le Corbusier,* New Haven 1987.
Benton 1987b
Tim Benton, *La réponse de Le Corbusier à la Loi Loucheur,* in: Lucan 1987, S. 236–239.
Benton 1987c
Tim Benton, *Six Houses,* in: *Le Corbusier* 1987a, S. 44–70.
Berkenhagen 1977
Ekhart Berkenhagen, *Fritz Höger. Baumeister-Zeichnungen,* Ausst.-Kat. Berlin 1977.
Berlage 1925
Dr. H. P. Berlage. Bouwmeester, Rotterdam 1925.
Berlin und seine Bauten 1975
Berlin und seine Bauten, Teil IV, Bd. C: *Einfamilienhäuser,* Berlin 1975.
Berlin Brandenburg 1990
Berlin Brandenburg. Ein Architekturführer, Berlin 1990.
Bernoulli 1946
Hans Bernoulli, *Die Stadt und ihr Boden,* Zürich 1946. Neuausgabe: Basel 1991.
Beseler 1980
Hartwig Beseler, *Bauten in Schleswig-Holstein zwischen Vergangenheit und Gegenwart,* Heide in Holstein 1980.
Besset 1967
Maurice Besset, *Neue französische Architektur,* Stuttgart 1967.
Besset 1968
Maurice Besset, *Qui était Le Corbusier?,* Paris 1968.
Beyer 1961
Oskar Beyer (Hg.), *Erich Mendelsohn. Briefe eines Architekten,* München 1961.
Beyme 1987
Klaus von Beyme, *Der Wiederaufbau. Architektur und Städtebaupolitik in beiden deutschen Staaten,* München 1987.
Billcliffe 1984
Roger Billcliffe, *Mackintosh Furniture,* Cambridge 1984.
Billing 1997
Hermann Billing. Architekt zwischen Historismus, Jugendstil und Neuem Bauen, bearbeitet von Gerhard Kabierske, Ausst.-Kat. Karlsruhe 1997.
Blake 1949
Peter Blake, *Marcel Breuer. Architect and Designer,* New York 1949.
Blake 1973
Peter Blake, *Architecture for the New World. The Work of Harry Seidler,* Sydney 1973.
Blueprints 1989
Blueprints for Modern Living. History and Legacy of the Case Study Houses, Ausst.-Kat. Los Angeles 1989.
Böhm 1943
Dominikus Böhm. Ein deutscher Baumeister, Regensburg 1943.
Böhm 1962
Dominikus Böhm, München und Zürich 1962.
Boesiger 1964
Willy Boesiger (Hg.), *Richard Neutra 1923–1950. Bauten und Projekte,* Zürich 1964.
Bössl 1966
Hans Bössl, *Gabriel von Seidl,* in: Oberbayerisches Archiv, Bd. 88, München 1966, S. 5–111.
Boga 1983
Thomas Boga, *Die Architektur von Rudolf Olgiati,* Ausst.-Kat. Zürich 1977, 3. Aufl. 1983.
Bohigas 1969
Bohigas, *Architettura Modernista. Gaudi e il Movimento Catalano,* Turin 1969.
Bohning 1981
Ingo Bohning, *»Autonome Architektur« und »partizipatorisches Bauen«. Zwei Architekturkonzepte,* Basel 1981.
Bollerey/Hartmann 1980
Franziska Bollerey und Kristiana Hartmann, *Bruno Taut. Vom phantastischen Ästheten zum ästhetischen Sozial(ideal)isten,* in: *Bruno Taut 1880–1938,* Ausst.-Kat. Berlin 1980.
Bonatz 1950
Paul Bonatz, *Leben und Bauen,* Stuttgart 1950.
Bonfanti/Porta 1973
Ezio Bonfanti und Marco Porta, *Città, museo e architettura. Il gruppo BBPR nella cultura architettonica italiana 1932–1970,* Florenz 1973.
Bongarz/Dübbers/Werner 1977
Norbert Bongarz, Peter Dübbers und Frank Werner, *Paul Bonatz 1877–1956,* Stuttgart 1977.
Borcherdt/Traub 1962
Helmut Borcherdt und Volker Traub, *Einfamilienhäuser in den USA,* München 1962.
Borrmann 1989
Norbert Borrmann, *Paul Schultze-Naumburg 1869–1949. Maler, Publizist, Architekt,* Essen 1989.
Borsi/Godoli 1985
Franco Borsi und Ezio Godoli, *Wiener Bauten der Jahrhundertwende,* Stuttgart 1985.
Borsi/Godoli 1990
Franco Borsi und Ezio Godoli, *Pariser Bauten der Jahrhundertwende,* Stuttgart 1990.
Borsi/Portoghesi 1990
Franco Borsi und Paolo Portoghesi, *Victor Horta,* Brüssel 1990.
Bourgeois 1971
Victor Bourgeois 1897–1962, Ausst.-Kat. Brüssel 1971.
Brandon-Jones 1979
John Brandon-Jones u. a., *C. F. A. Voysey. Architect and Designer 1857–1941,* London 1979.
Braun 1983
Thomas W. A. Braun, *Das Wohnhaus von Frei Otto,* in: Sonnenenergie&Wärmepumpe, Jg. 8, H. 3, Mai/Juni 1983, S. 25–29.
Bredow/Lerch 1983
Jürgen Bredow und Helmut Lerch, *Materialien zum Werk des Architekten Otto Bartning,* Darmstadt 1983.
Bresler 1986
Henri Bresler, *Finestre su corte,* in: *Perret* 1986, S. 48–62.
Bressani 1986a
Martin Bressani, *1903–1933. Cronaca di un'architettura,* in: *Perret* 1986, S. 16–29.
Bressani 1986b
Martin Bressani, *L'albero e la ragione,* in: *Perret* 1986, S. 63–73.
Bressani 1990
Martin Bressani, *The Spectacle of the City of Paris from 25bis rue Franklin,* in: Assemblage, Nr. 12, August 1990, S. 84–107.
Brino 1987
Giovanni Brino, *Carlo Mollino,* München 1987.
Bröcker 1940
Paul Bröcker, *Fritz Höger und sein Heim,* in: Illustrirte Zeitung, Nr. 4961, 31. 10. 1940, S. 316–318.
Bröcker/Höger 1910
Paul Bröcker und Fritz Höger, *Die Architektur des hamburgischen Geschäftshauses. Ein zeitgemäßes Wort für die Ausbildung der Mönckebergstraße,* Hamburg 1910.
Brönner 1987
Wolfgang Brönner, *Die bürgerliche Villa in Deutschland 1830–1890,* Düsseldorf 1987.
Brooks 1982
H. Allen Brooks (Hg.), *The Le Corbusier Archive,* Bd. 1: Early Buildings and Projects 1912–1923, New York und Paris 1982; Bd. 11: Immeuble, 24, rue Nungesser-et-Coli and Other Buildings and Projects 1933.
Brown 1958
Theodore M. Brown, *The Work of G. Rietveld Architect,* Utrecht 1958.
Brown-Manrique 1989
Gerardo Brown-Manrique, *The Ticino Guide,* Princeton 1989.

Bru/Mateo 1984
Eduard Bru und José Luis Mateo, *Arquitectura española contemporánea,* Barcelona 1984.
Bruand 1981
Yves Bruand, *Arquitetura contemporânea no Brasil,* Sao Paolo 1981.
Brunetti 1982
Fabrizio Brunetti, *Leonardo Savioli architetto,* Bari 1982.
Brunetti 1985
Fabrizio Brunetti, *Mario Ridolfi,* Florenz 1985.
Bucciarelli 1992
Piergiacomo Bucciarelli, *Fritz Höger. Hanseatischer Baumeister 1877–1949,* Berlin 1992.
Bucher 1987
Annemarie Bucher, *Vasen,* in: Moos 1987a, S. 221.
Buddensieg 1980
Tilmann Buddensieg, *Das Wohnhaus als Kultbau. Zum Darmstädter Haus von Behrens,* in: Peter-Klaus Schuster (Hg.), *Peter Behrens und Nürnberg,* Ausst.-Kat. Nürnberg, München 1980, S. 37–47.
Buekschmitt 1963
Justus Buekschmitt, *Ernst May,* Stuttgart 1963.
Burkhardt 1983
Berthold Burkhardt (Hg.), *Frei Otto. Schriften und Reden 1951–1983,* Braunschweig und Wiesbaden 1983.
Burmeister 1990
Enno Burmeister (Hg.), *Bauhandwerkersiedlung in München-Laim,* Arbeitshefte zur Denkmalpflege, Nr. 35, München 1990.

Cabrero 1989
Gabriel Ruiz Cabrero, *Spagna. Architettura 1965–1988,* Mailand 1989.
Cardwell 1977
Kenneth R. Cardwell, *Bernard Maybeck,* Santa Barbara 1977.
Carunchio 1981
Tancredi Carunchio, *De Renzi,* Rom 1981.
Cetto 1961
Max L. Cetto, *Moderne Architektur in Mexiko,* Stuttgart 1961.
Champigneulle 1959
Bernard Champigneulle, *Perret,* Paris 1959.
Chan-Magomedow 1990
Selim O. Chan-Magomedow, *Konstantin Melnikow,* Moskau 1990.
Chan-Magomedow 1991
Selim O. Chan-Magomedow, *Bedingungen und Besonderheiten in der Entstehung der Avantgarde in der sowjetischen Architektur,* in: *Avantgarde 1900–1923. Russisch-sowjetische Architektur,* Ausst.-Kat. Tübingen, Stuttgart 1991, S. 10–33.
Chaslin 1984
François Chaslin, *De l'architecture de l'atelier,* in: Feuilles, Nr. 7, Winter 1984, S. 19–29.
Chemetov/Marrey 1980
Paul Chemetov und Bernard Marrey, *Architectures. Paris 1848–1914,* Paris 1980.
Chiambretto 1987
Bruno Chiambretto, *Le Corbusier à Cap-Martin,* Marseille 1987.
Christ-Janer 1979
Albert Christ-Janer, *Eliel Saarinen,* Chicago 1979.
Coe/Reading 1981
Peter Coe und Malcolm Reading, *Lubetkin and Tecton. Architecture and Social Commitment,* London 1981.
Cohen, Arthur A. 1984
Arthur A. Cohen, *Herbert Bayer. The Complete Work,* Cambridge (Mass.) 1984.
Cohen, Jean-Louis 1994
Jean-Louis Cohen, *L'empire céleste contre l'ignoble toiture. La ville au-delà de son apparence,* in: Leclercq/Simon 1994, S. 125–138.
Collins 1959
Peter Collins, *Concrete. The Vision of a New Architecture. A Study of Auguste Perret and His Precursors,* London 1959.
Collymoore 1983
Peter Collymoore, *Ralph Erskine,* Stuttgart 1983.
Conrads 1962
Ulrich Conrads, *Oswald Mathias Ungers,* in: Zodiac, Nr. 9, 1962, S. 172–181.
Conrads 1964
Ulrich Conrads (Hg.), *Programme und Manifeste zur Architektur des 20. Jahrhunderts,* Frankfurt und Berlin 1964.
Conrads/Sack 1985
Ulrich Conrads und Manfred Sack (Hg.), *Otto Steidle,* Braunschweig 1985.
Consonni/Meneghetti/Tonon 1990
Giancarlo Consonni, Lodovico Meneghetti und Graziella Tonon, *Piero Bottoni. Opera completa,* Mailand 1990.
Cramer/Gutschow 1984
Johannes Cramer und Niels Gutschow, *Bauausstellungen. Eine Architekturgeschichte des 20. Jahrhunderts,* Stuttgart 1984.
Current 1974
Karen und William R. Current, *Greene&Greene. Architects in the Residential Style,* Fort Worth 1974.
Curtis 1986
William J. R. Curtis, *Le Corbusier. Ideas and Forms,* Oxford 1986.

Da Costa 1984
Isabelle Da Costa, *Histoire d'une maison. Le dernier entretien avec Jean Prouvé,* in: Architecture Mouvement Continuité, 1984, H. 4, S. 52–67.
Dahinden 1973
Justus Dahinden. Denken, Fühlen, Handeln, Lausanne 1973.
Dahinden 1987
Justus Dahinden. Architektur, Stuttgart 1987.
Dal Co 1982
Francesco Dal Co, *Abitare e i »luoghi« del moderno,* in: Ders., *Abitare nel moderno,* Bari 1982, S. 3–50.
Dal Co 1990
Francesco Dal Co, *On the Cultural Tradition of the Werkbund,* in: Ders., *Figures of Architecture and Thought. German Architecture Culture 1880–1920,* New York 1990, S. 171–261.
Damisch 1987
Hubert Damisch, *Les tréteaux de la vie moderne,* in: Lucan 1987, S. 252–259.
Dammann 1987
Klaus Dammann, *Architektenhäuser der Gegenwartsarchitektur in Deutschland,* Magisterarbeit Universität Tübingen 1987.
Davies 1988
Colin Davies, *High-Tech-Architektur,* Stuttgart 1988.
Day 1986a
Susan Day, *Louis Süe. Architectures,* Brüssel 1986.
Day 1986b
Susan Day, *Louis Süe 1875–1968,* Ausst.-Kat. Brüssel 1986.
Dean 1983
David Dean, *The Thirties,* London 1983.
De Bardzki-Granon 1989
Anne de Bardzki-Granon, *Sophie Taeuber. Vom Kunsthandwerk zum Design,* in: *Taeuber* 1989b, S. 105–118.
De Carli 1982
Carlo De Carli, *Architettura. Spazio primario,* Mailand 1982.
De Cosmi/Croset 1980
Brigitte De Cosmi und Pierre-Alain Croset, *I clienti di Le Corbusier,* in: Rassegna, Nr. 3, Juli 1980, S. 88–96.
De Fries 1925
Heinrich de Fries (Hg.), *Moderne Villen und Landhäuser,* Berlin 1925.
De Fries 1926
Heinrich de Fries, *Junge Baukunst in Deutschland,* Berlin 1926.
De Koninck 1980
L. H. De Koninck. Architecte, Brüssel 1980.
De L. 1905
P. De L., *Une maison de dix étages. Terrasse fleurie. L'hotel des Sportsmen,* in: La Patrie, 21. 06. 1905, o. P.
Delorme 1987
Jean-Claude Delorme, *Les villas d'artistes à Paris,* Paris 1987.
De Michelis 1991
Marco De Michelis, *Heinrich Tessenow 1876–1950. Das architektonische Gesamtwerk,* Stuttgart 1991.
Deneke 1977
Bernward Deneke, *Volkskunst und »Stilwende«,* in: Gerhard Bott (Hg.), *Von Morris zum Bauhaus,* Hanau 1977, S. 91–108.
De Thubert 1934
Emmanuel de Thubert, *Un immeuble. 51–55, rue Raynouard à Paris,* in: La Construction Moderne, Jg. 50, 1934, H. 10, S. 224–232.
D'Huart 1985
Annabelle D'Huart (Hg.), *Riccardo Bofill. Taller de Arquitectura,* Stuttgart 1985.
Dierkens-Aubray 1990
Françoise Dierkens-Aubray, *Hortamuseum. Brussel Sint-Gilles,* Brüssel 1990.
Dixon/Muthesius 1978
Roger Dixon und Stefan Muthesius, *Victorian Architecture,* London 1978.
Döcker 1982
Richard Döcker 1894–1968, Ausst.-Kat. Stuttgart 1982.
Döllgast 1987
Hans Döllgast 1891–1974, Ausst.-Kat. München 1987.
Doig 1986
Allan Doig, *Theo van Doesburg. Painting into architecture, theory into practice,* Cambridge 1986.
Doisneau/Petit 1988
Robert Doisneau und Jean Petit, *Bonjour Monsieur Le Corbusier,* o. O. (Zürich) 1988.
Dokument Deutscher Kunst 1977
Ein Dokument Deutscher Kunst. 1901–1976, Bd. 5, Ausst.-Kat. Darmstadt 1977.
Domenig 1988
Günther Domenig. Das Steinhaus, Ausst.-Kat. Wien 1988.
Domenig 1991
Günther Domenig, *Werkbuch,* Salzburg und Wien 1991.

Domenig 1993
Günther Domenig. Das Steinhaus, 2. Aufl. Klagenfurt 1993.
Dormoy 1963
Marie Dormoy, *Souvenirs et portraits d'amis,* Paris 1963.
Drew 1976
Philip Drew, *Frei Otto. Form und Konstruktion,* Stuttgart 1976.
Droste 1991
Magdalena Droste, *Bauhaus,* Köln 1991.
Droste/Ludewig 1992
Magdalena Droste und Manfred Ludewig, *Marcel Breuer Design,* Ausst.-Kat. Berlin, Köln 1992.
Ducros 1987
Françoise Ducros, *Der Purismus und die Kompromisse einer modernen Malerei,* in: Moos 1987a, S. 66–79.
Ducros 1990
Françoise Ducros, *Theo van Doesburg et Le Corbusier,* in: Serge Lemoine (Hg.), *Theo van Doesburg,* Paris 1990, S. 158–163.
Dülfer 1910
Martin Dülfer, Berlin 1910.
Duncan Berry 1993
J. Duncan Berry, *From Historicism to Architectural Realism: On Some of Wagner's Sources,* in: Mallgrave 1993a, S. 243–278.
Dunnett/Stamp 1983
James Dunnett und Gavin Stamp, *Ernö Goldfinger,* London 1983.
Dunster 1979
David Dunster (Hg.), *Michael Graves,* London 1979.
Dunster 1986
David Dunster, *Leitbilder der Architektur im 20. Jahrhundert,* München 1986.
Durth 1990
Die Stadtlandschaft. Zum Leitbild der gegliederten und aufgelockerten Stadt, in: *Architektur und Städtebau der fünfziger Jahre. Ergebnisse der Fachtagung in Hannover 1990,* hg. vom Deutschen Nationalkomitee für Denkmalschutz, Bonn 1990, S. 24–36.
Durth 1992
Werner Durth, *Deutsche Architekten. Biographische Verflechtungen 1900–1970,* München 1992.
Durth 1995
Werner Durth, *Stadt und Landschaft. Kriegszerstörungen und Zukunftsentwürfe,* in: Jörn Düwel, Werner Durth, Niels Gutschow und Jochem Schneider (Hg.), *Krieg – Zerstörung – Aufbau. Architektur und Stadtplanung 1940–1960,* Ausst.-Kat. Berlin 1995, S. 127–175.

Einzig 1981
Richard Einzig, *Classic Modern Houses in Europe,* London 1981.
Eleb 1994a
Monique Eleb, *Du besoin au luxe. Sous les toits de Paris,* in: Leclercq/Simon 1994, S. 77–88.
Eleb 1994b
Monique Eleb, *Être ou paraître: de la coupole au toit-terrasse. Sur les toits de Paris,* in: Leclercq/Simon 1994, S. 159–176.
Eleb/Debarre 1995
Monique Eleb und Anne Debarre, *L'invention de l'habitation moderne. Paris 1880–1914,* o. O. 1995.
Elingius/Leiska 1989
Jürgen Elingius und Christiane Leiska, *Erich Elingius. Ein Architekt in Hamburg,* Hamburg 1989.
Elsässer 1933
Martin Elsässer. Bauten und Entwürfe aus den Jahren 1924–1932, Berlin 1933.
Engelmann/Schädlich 1998
Christine Engelmann und Christian Schädlich, *Die Bauhausbauten in Dessau,* 1. Aufl. Berlin 1991, 2. Aufl. 1998.
Engh/Gunnarsjaa 1984
Pal Henry Engh und Arne Gunnarsjaa, *Oslo. En arkitekturguide,* Oslo 1984.
Erdmannsdorfer 1950
Karl Erdmannsdorfer, *Flachdach und Steildach im bayerischen Hochland,* in: Der Bauberater, Jg. 15, 1950, H. 3–6, S. 17–48.
Erdmannsdorfer 1954
Karl Erdmannsdorfer, *Oberbayerische Burgen und Schlösser,* in: Schönere Heimat, Jg. 43, 1954, S. 99.

Faber 1963
Tobias Faber, *Dansk Arkitektur,* Kopenhagen 1963. Deutsche Ausgabe: *Geschichte der Architektur in Dänemark,* Kopenhagen 1978.
Faber 1964
Tobias Faber, *Arne Jacobsen,* Stuttgart 1964.
Faber 1968
Tobias Faber, *Neue dänische Architektur,* Stuttgart 1968.
Fanelli/Gargiani 1990
Giovanni Fanelli und Roberto Gargiani, *Perret e Le Corbusier. Confronti,* Bari 1990.
Fanelli/Gargiani 1991
Giovanni Fanelli und Roberto Gargiani, *Auguste Perret,* Bari 1991.
Fanelli/Gargiani 1994
Giovanni Fanelli und Roberto Gargiani, *Il principio del rivestimento. Prolegomena a una storia dell'architettura contemporanea,* Bari 1994.
Fest 1982
Joachim C. Fest, *Cäsar Pinnau. Architekt,* Hamburg 1982.
Feuß 1989
Axel Feuß, *Wenzel Hablik (1881–1934). Auf dem Weg in die Utopie,* Diss. Hamburg 1989.
Fils 1982
Alexander Fils (Hg.), *Oscar Niemeyer,* Berlin 1982.
Fischer 1912
Theodor Fischer. Wohnhausbauten, Stuttgart und Leipzig 1912. Einleitung von Gustav Keyssner.
Fischer, Manfred F. 1977
Manfred F. Fischer, *Fritz Schumacher, das Hamburger Stadtbild und die Denkmalpflege,* Hamburg 1977.
Fischer, Theodor 1901
Theodor Fischer, *Vornehm?!,* Manuskript, 08. 01. 1901, Nachlass Fischer.
Fischer, Theodor 1915
Theodor Fischer, *Das Stadttheater in Heilbronn,* in: Der Profanbau, 1915, H. 7, S. 85.
Fischer, Theodor 1927
Theodor Fischer, *Über Wohnen und Gewohntsein,* in: Zeitschrift für Wohnungswesen in Bayern, Jg. 25, 1927, S. 7–8.
Fischer, Theodor 1948
Theodor Fischer, *Goethes Verhältnis zur Baukunst,* 1. Aufl. München 1932, 2. Aufl. 1948.
Fischer, Therese 1941/42
Therese Fischer, *Theodor Fischer,* 1941/42. Maschinenschriftliches Manuskript im Architekturmuseum der TU München.
Flagge 1997
Ingeborg Flagge (Hg.), *Schürmann Entwürfe und Bauten,* Tübingen 1997.
Fochs 1989
Carles Fochs (Hg.), *J. A. Coderch de Sentmenat 1913–1984,* Barcelona und Madrid 1989.
Foltyn 1991
Ladislav Foltyn, *Slowakische Architektur und die tschechische Avantgarde 1918–1933,* Dresden 1991.
Fonatti 1988
Franco Fonatti, *Gustav Peichl. Opere e progetti 1952–1987,* Mailand 1988.
Frampton 1987
Kenneth Frampton, *The other Le Corbusier: primitive form and the linear city 1929–52,* in: *Le Corbusier* 1987a, S. 29–34.
Frampton 1992
Kenneth Frampton, *Modern Architecture. A Critical History,* 1. Aufl. London 1980, 3. Aufl. 1992.
Frank, Hartmut 1990
Hartmut Frank, *Typus oder Norm,* in: Florian Aicher und Uwe Drepper (Hg.), *Robert Vorhoelzer – Ein Architektenleben. Die klassische Moderne der Post,* Ausst.-Kat. München 1990, S. 14–23.
Frank, Hartmut 1992
Hartmut Frank, *Heimatschutz und Typologisches Entwerfen. Modernisierung und Tradition beim Wiederaufbau von Ostpreußen 1915–1927,* in: Lampugnani/Schneider 1992, S. 105–131.
Frank, Hartmut 1994
Hartmut Frank (Hg.), *Fritz Schumacher. Reformkultur und Moderne,* Ausst.-Kat. Hamburg 1994.
Frank, Joseph 1931
Joseph Frank, *Das Haus als Weg und Platz,* in: Baumeister, Jg. 29, H. 8, August 1931, S. 316–323.
Freixa 1980
Jaume Freixa, *Josep Lluis Sert,* Zürich 1980.
Fried 1958
Pankraz Fried, *Die Landgerichte von Dachau und Kranzberg,* Historischer Atlas von Bayern, Teil Altbayern, Heft 11/12, München 1958.
Friedhoff 1928
G. Friedhoff, *W. M. Dudok,* Amsterdam 1928.
Frühlicht 1963
Bruno Taut 1920–1922. Frühlicht. Eine Folge für die Verwirklichung des neuen Baugedankens, hg. von Ulrich Conrads, Berlin 1963.
Fuchs 1989
Professor Ernst Fuchs. Villa Wagner, Wien 1989.
Futagawa 1985–87
Yukio Futagawa (Hg.), *Frank Lloyd Wright Monograph,* Bd. 1: 1887–1901, Tokio 1986; Bd. 3: 1907–1913, 1987; Bd. 4: 1914–1923, 1985; Bd. 5: 1924–1936, 1985; Bd. 6: 1937–1941, 1986.

Gallego 1992
José Manuel Gallego, Barcelona 1992.
Gargiani 1993
Roberto Gargiani, *Auguste Perret. Teoria e opere,* Mailand 1993.

Gärtner 1990
Martin Gärtner, *Sergius Ruegenberg. Eine Monographie,* Berlin 1990.
Gaynor 1984
Elizabeth Gaynor, *Finnland. Lebensstil und Wohndesign,* Tübingen 1984.
Gaynor 1989
Elizabeth Gaynor, *Wohnkultur und Lebensstil in Skandinavien,* Köln 1989.
Gebhard, David 1971
David Gebhard, *Schindler,* London 1971.
Gebhard, David 1975
David Gebhard, *Charles F. A. Voysey. Architect,* Los Angeles 1975.
Gebhard, Torsten 1979
Torsten Gebhard, *Ländliches Bauwesen in Altbayern. Geschichtlicher Überblick,* in: *Bauen im ländlichen Bereich. Altbayern*, hg. vom Bayerischen Landesverein für Heimatpflege, München 1979, S. 3–12.
Gebhard, Torsten 1982
Torsten Gebhard, *Alpenvorland. Historischer Überblick,* in: *Bauen im ländlichen Bereich. Alpenvorland*, hg. vom Bayerischen Landesverein für Heimatpflege, München 1982, S. 3–6.
Geest/Macel 1980
Jan van Geest und Otakar Macel, *Stühle aus Stahl. Metallmöbel 1925–1940,* Köln 1980.
Geist/Kürvers/Rausch 1993
Johann Friedrich Geist, Klaus Kürvers und Dieter Rausch, *Hans Scharoun. Chronik zu Leben und Werk,* Berlin 1993.
Gehry 1989
Frank Gehry und seine Architektur, Basel 1989.
Geretsegger/Peintner 1963
Heinz Geretsegger und Max Peintner, *Otto Wagner. Unbegrenzte Großstadt. Beginn der modernen Architektur*, Wien 1963.
Gessner 1932
Hubert Gessner. Bauten und Entwürfe, Wien 1932.
Geul 1868
Albert Geul, *Die Anlage der Wohngebäude,* 1. Aufl. Stuttgart 1868. 2. Aufl. Leipzig 1884.
Gfeller 1985
Johannn Gfeller, *Le Corbusiers Wohnatelier für Ozenfant in Paris,* in: Hüttinger 1985, S. 237–253.
Giedion 1929
Sigfried Giedion, *Befreites Wohnen,* Zürich 1929. Nachdruck: Frankfurt am Main 1985.
Giedion 1965
Sigfried Giedion, *Space, Time and Architecture,* Cambridge (Mass.) 1941, deutsche Ausgabe: *Raum, Zeit, Architektur,* Ravensburg 1965.
Gieselmann/Ungers 1963
Reinhard Gieselmann und Oswald Mathias Ungers, *Zu einer neuen Architektur,* in: Der Monat, Nr. 174, Jg. 15, Marz 1963, S. 96. Abgedruckt in: Conrads 1964, S. 158–159.
Giordani 1987
Jean-Pierre Giordani, *Visioni geografiche,* in: Casabella, Nr. 531–532, Januar-Februar 1987, S. 18–33.
Glaeser 1977
Ludwig Glaeser, *The Work of Frei Otto and His Teams 1955–1976,* IL 17, Stuttgart 1977.
Glancey 1989
Jonathan Glancey, *New British Architecture,* London 1989.
Gleiniger-Neumann 1986
Andrea Gleiniger-Neumann, *Technologische Phantasien und urbanistische Utopien,* in: *Vision der Moderne. Das Prinzip Konstruktion,* Ausst.-Kat. Frankfurt, München 1986, S. 56–65.
Gloag 1970
John Gloag, *Mr Loudon's England,* Newcastle 1970.
Gloag 1971
John Gloag, *Loudon: Picturesque Progressive,* in: The Architectural Review, Nr. 896, Bd. 150, Oktober 1971, S. 221–224.
Godoli 1992
Ezio Godoli, *Hector Guimard,* Rom 1992.
Gössel/Leuthäuser 1990
Peter Gössel und Gabriele Leuthäuser, *Architektur des 20. Jahrhunderts,* Köln 1990.
Golding 1973
John Golding, *Ozenfant,* New York 1973.
Golücke 1984
Dieter Golücke, *Bernhard Hoetger,* Worpswede 1984.
Gotthelf 1960
Fritz Gotthelf, *Ernst Neufert. Ein Architekt in unserer Zeit,* Berlin 1960.
Graf 1985
Otto Antonia Graf, *Otto Wagner. Das Werk des Architekten,* Wien 1985.
Grasskamp 1982
Walter Grasskamp, *Elfenbeinsplitter. Zur Baugeschichte des Elfenbeinturms. Ein Glossarium für Einsteiger,* in: Kunstforum international, Nr. 51, 1982, S. 106–120.
Graves 1990
Michael Graves. Buildings and Projects 1982–1989, New York 1990.
Graz 1987
Architektur in Graz 1980–1987, Graz 1987.
Green 1976
Christopher Green, *Léger and the Avant-garde,* New Haven 1976.
Green 1987a
Christopher Green, *The architect as artist,* in: *Le Corbusier* 1987a, S. 110–118.
Green 1987b
Christopher Green, *Ozenfant, Purist painting and the Ozenfant studio,* in: *Le Corbusier* 1987a, S. 119–120.
Green 1987c
Christopher Green, *The architect as artist at home. Porte Molitor apartments, 24 rue Nungesser-et-Coli,* in: *Le Corbusier* 1987a, S. 127–129.
Grevenendijk/Vollaard 1987
Paul Grevenendijk und Piet Vollaard, *Guide to Modern Architecture in the Netherlands,* Rotterdam 1987.
Gropius 1910
Walter Gropius, *Programm zur Gründung einer Hausbaugesellschaft auf künstlerisch einheitlicher Grundlage m.b.H.* (1910), Manuskript, abgedruckt als: *Gropius at Twenty-six,* in: The Architectural Review, Bd. 130, Juli 1961, S. 49–51.
Gropius 1911
Walter Gropius, *Monumentale Kunst und Industriebau,* Vortrag, abgefaßt am 29. Januar 1911, Manuskript im Bauhaus-Archiv Berlin, abgedruckt in: Wilhelm 1983, S. 116–120.
Gropius 1919a
Walter Gropius, *Baukunst im freien Volksstaat,* in: *Deutscher Revolutionsalmanach 1919,* Berlin 1919, S. 134–136, abgedruckt in: Probst/Schädlich 1987, S. 65.
Gropius 1919b
Walter Gropius, *Antworten auf eine Umfrage,* in: *Ja! Stimmen des Arbeitsrates für Kunst in Berlin,* Charlottenburg 1919, S. 7–8 u. 30–33, abgedruckt in: Probst/Schädlich 1987, S. 66–70.
Gropius 1920
Walter Gropius, *Baugeist oder Krämertum?,* in: Der Qualitätsmarkt, 31. Januar 1920, S. 1–10.
Gropius 1922
Walter Gropius, *Wohnmaschinen,* 6. Februar 1922, Manuskript im Bauhaus-Archiv Berlin.
Gropius 1923
Walter Gropius, *Idee und Aufbau des Staatlichen Bauhauses Weimar,* in: *Staatliches Bauhaus Weimar 1919–1923,* München 1923, abgedruckt in: Probst/Schädlich 1987, S. 83–92.
Gropius 1925a
Walter Gropius, *Die neue Bau-Gesinnung,* in: Innendekoration, Jg. 36, 1925, S. 134–137, abgedruckt in: Probst/Schädlich 1987, S. 95–96.
Gropius 1925b
Walter Gropius, *Wohnhaus-Industrie,* in: Meyer, Adolf 1925, S. 5–14, abgedruckt in: Probst/Schädlich 1987, S. 97–100.
Gropius 1926a
Walter Gropius, *Wo berühren sich die Schaffensgebiete des Technikers und Künstlers?,* in: Die Form, Jg. 1, März 1926, S. 117–122, abgedruckt in: Probst/Schädlich 1987, S. 101–102.
Gropius 1926b
Walter Gropius, *Der große Baukasten,* in: Das Neue Frankfurt, Jg. 1, H. 2, Dezember 1926, S. 25–30, abgedruckt in: Probst/Schädlich 1987, S. 111–113.
Gropius 1927
Walter Gropius (Hg.), *Internationale Architektur,* München 1925, 2. Aufl. 1927. Nachdruck: 1981.
Gropius 1930
Walter Gropius, *Bauhausbauten Dessau,* München 1930. Nachdruck: Mainz 1974.
Gropius 1935
Walter Gropius, *The New Architecture and the Bauhaus,* London 1935. Deutsche Ausgabe: *Die neue Architektur und das Bauhaus,* Mainz 1965.
Gropius 1955
Walter Gropius, *Scope of Total Architecture,* New York 1955.
Gubler 1987
Jacques Gubler, *Cari vasi,* in: Casabella, Nr. 531–532, Jg. 51, Januar-Februar 1987, S. 104.
Guiheux/Cinqualabre 1989
Alain Guiheux und Olivier Cinqualabre, *Tony Garnier. L'Œuvre complète,* Paris 1989.

Habel/Merten/Petzet/Quast 1974
Heinrich Habel, Klaus Merten, Michael Petzet und Siegfried von Quast, *Münchener Fassaden. Bürgerhäuser des Historismus und des Jugendstils,* München 1974.
Hablik 1980
Hablik 1881–1934, Ausst.-Kat. London 1980.

Hablik 1981
Wenzel Hablik 1881 bis 1934. Aspekte zum Gesamtwerk, Ausst.-Kat. Itzehoe 1981.
Hablik 1989
Wenzel Hablik. Expressionismus und Utopie, Ausst.-Kat. Florenz, Wien und Schleswig, Florenz 1989.
Haenel/Tscharmann 1907–10
Erich Haenel und Heinrich Tscharmann (Hg.), *Das Einzelwohnhaus der Neuzeit,* Bd. 1, Leipzig 1907; Bd. 2, 1910.
Hagspiel 1982
Wolfram Hagspiel, *Der Kölner Architekt Wilhelm Riphahn. Sein Lebenswerk von 1913 bis 1945,* Diss. Köln 1982.
Hagspiel/Kier/Krings 1986
Wolfram Hagspiel, Hiltrud Kier und Ulrich Krings, *Köln: Architektur der 50er Jahre,* Köln 1986.
Haiko 1984
Peter Haiko, *Otto Wagners Interieurs. Vom Glanz der französischen Könige zur Ostentation der »modernen Zweckmäßigkeit«,* in: Asenbaum/Haiko/Lachmayer/Zettl 1984, S. 11–63.
Haiko 1986
Peter Haiko, *Otto Wagner: »Von der Renaissance der Renaissance zur Naissance der Kunst«,* in: Akten des XXV. internationalen Kongresses für Kunstgeschichte, Bd. 8, Wien 1986, S. 117–123.
Haiko 1990
Peter Haiko, *Otto Wagners Wohnungen: Orte künstlerischer Selbstverwirklichung und Objekte werbewirksamer Selbstdarstellung,* in: *Wiener Künstlerwohnungen* 1990, S. 68–77.
Halle 1929
Fannina W. Halle, *Dessau Burgkühnauer Allee 6–7,* in: Das Kunstblatt, Jg. 13, H. 7, Juli 1929, S. 203 ff., abgedruckt in: Wingler 1962, S. 158.
Hamburg und seine Bauten 1914
Hamburg und seine Bauten unter Berücksichtigung der Nachbarstädte Altona und Wandsbek 1914, 2 Bde., Hamburg 1914.
Hammacher 1960
A. M. Hammacher, *Lipchitz,* Amsterdam 1960.
Hammer/Lodder 1992
Martin Hammer und Christina Lodder, *Gabos Entwurf für den Palast der Sowjets,* in: *Naum Gabo und der Wettbewerb für den Palast der Sowjets. Moskau 1931–1933,* Ausst.-Kat. Berlin 1992, S. 15–35.
Hannover 1882
Hannover. Führer durch die Stadt und ihre Bauten, hg. vom Architekten- und Ingenieur-Verein zu Hannover, redigiert von Theodor Unger, Hannover 1882. Nachdruck: 1978.
Harbers 1951
Guido Harbers, *Das eigene Heim,* Ravensburg 1951.
Hart 1980
Franz Hart. Bauten, Projekte, Schriften, Ausst.-Kat. München 1980.
Hausen/Mikkola/Amberg/Valto 1990
Marika Hausen, Kirmo Mikkola, Anna-Lisa Amberg und Tytti Valto, *Eliel Saarinen. Projects 1896–1923,* Hamburg 1990.
Hegemann 1928
Werner Hegemann, *Die Architekten Brüder Gerson,* Berlin 1928.
Hegemann 1930
Werner Hegemann, *Otto Kohtz,* Berlin 1930.
Hegemann 1932
Werner Hegemann, *Mendelsohn-Haus und Goethe-Haus,* in: Wasmuths Monatshefte für Baukunst und Städtebau, Jg. 16, 1932, S. 221–227.
Heinze-Greenberg 1987
Ita Heinze-Greenberg, *Erich Mendelsohn,* in: Ribbe/Schäche 1987, S. 489–510.
Heinze-Greenberg 1998
Ita Heinze-Greenberg, *»Oft fürchte ich den Neid der Götter«. Erfolg, Haus und Heim,* in: Stephan 1998, S. 199–213.
Heinze-Mühleib 1986
Ita Heinze-Mühleib, *Erich Mendelsohn. Bauten und Projekte in Palästina (1934–1941),* München 1986.
Hellwag 1916
Fritz Hellwag, *Bernhard Pankok,* in: Kunstgewerbeblatt, Neue Folge, Jg. 27, H. 7, April 1916, S. 121–124.
Herbert 1984
Gilbert Herbert, *The Dream of the Factory-Made House. Walter Gropius and Konrad Wachsmann,* Cambridge (Mass.) 1984.
Herzogenrath 1973
Wulf Herzogenrath, *Oskar Schlemmer. Die Wandgestaltung der neuen Architektur,* München 1973.
Heyer 1978
Paul Heyer, *Mexican Architecture. The World of Abraham Zabludovsky and Teodoro González de León,* New York 1978.
Hilpert 1978
Thilo Hilpert, *Die Funktionelle Stadt. Le Corbusiers Stadtvision – Bedingungen, Motive, Hintergründe,* Braunschweig 1978.
Hines 1982
Thomas S. Hines, *Richard Neutra and the Search for Modern Architecture,* Oxford 1982.
Hipp 1988
Hermann Hipp, *Hamburger Kontorhäuser,* Berlin 1988.
Hipp 1989
Hermann Hipp, *Freie und Hansestadt Hamburg. Geschichte, Kultur und Stadtbaukunst an Elbe und Alster,* Köln 1989.
Hipp 1992
Hermann Hipp, *Fritz Schumachers Hamburg. Die reformierte Großstadt,* in: Lampugnani/Schneider 1992, S. 150–183.
Hipp 1997
Hermann Hipp, *Martin Hallers Stil,* in: Hornbostel/Klemm 1997, S. 76–94.
Hitchcock 1958
Henry-Russell Hitchcock, *Architecture Nineteenth and Twentieth Century,* Harmondsworth 1958.
Hix 1974
John Hix, *The Glass House,* London 1974.
Höger 1923
Fritz Höger. Bauwerke und Entwürfe, Charlottenburg o. J. (1923).
Höger 1938
Fritz Höger, *Meine Steckenpferde,* in: Westphal 1938, S. 101–103.
Hoffmann, Herbert 1929
Herbert Hoffmann, *Neue Villen,* Stuttgart 1929.
Hoffmann, Kurt und Gretl 1983
Kurt und Gretl Hoffmann, *Architekturführer Stuttgart und Umgebung,* Stuttgart 1983.
Hoffmann, Paul Theodor 1946
Paul Theodor Hoffmann, *Mit dem Zeiger der Weltenuhr. Bilder und Erinnerungen,* Hamburg 1946.
Hofmann 1970
Werner Hofmann, *Henri Laurens. Das plastische Werk,* Stuttgart 1970.
Hofmeister 1994
Sandra Hofmeister, *Zurück zur Moderne,* in: Bauwelt, 1994, H. 48, S. 2648–2649.
Hoh-Slodczyk 1985
Christine Hoh-Slodczyk, *Das Haus des Künstlers im 19. Jahrhundert,* München 1985.
Holzmeister 1976
Clemens Holzmeister, *Selbstbiographie,* Salzburg 1976.
Holzmeister 1978
Clemens Holzmeister. Sakralbau Profanbau Theater, Salzburg 1978.
Holzmeister 1982
Clemens Holzmeister, Ausst.-Kat. Wien 1982.
Hornbostel/Klemm 1997
Wilhelm Hornbostel und David Klemm (Hg.), *Martin Haller. Leben und Werk 1835–1925,* Ausst.-Kat. Hamburg 1997.
Houses in Latin America 1972
Houses in Latin America, Global Interior, Nr. 2, Tokio 1972.
Houses in Northern Europe 1974
Houses in Northern Europe 2, Global Interior, Nr. 7, Tokio 1974.
Houses in Southern Europe 1971
Houses in Southern Europe 1, Global Interior, Nr. 4, Tokio 1971.
Houses in U. S. A. 1971
Houses in U. S. A., Global Interior, Nr. 1, Tokio 1971.
Huber/Wolde 1977
Eva Huber und Annette Wolde, *Die Darmstädter Künstlerkolonie. Anspruch und Wirklichkeit ihrer künstlerischen Zielsetzungen,* in: *Dokument Deutscher Kunst* 1977, S. 56–107.
Hubert/Stamm Shapiro 1982
Christian Hubert und Lindsay Stamm Shapiro, *William Lescaze,* New York 1982.
Hubrich 1980
Hans-Joachim Hubrich, *Hermann Muthesius. Die Schriften zu Architektur, Kunstgewerbe, Industrie in der »Neuen Bewegung«,* Berlin 1980.
Hüter 1967
Karl-Heinz Hüter, *Henry van de Velde. Sein Werk bis zum Ende seiner Tätigkeit in Deutschland,* Berlin 1967.
Hüter 1979
Karl-Heinz Hüter, *Opera d'arte totale, opera totale, architettura totale,* in: Rassegna, Nr. 15, 1979, S. 47–56.
Hüttinger 1985
Eduard Hüttinger (Hg.), *Künstlerhäuser von der Renaissance bis zur Gegenwart,* Zürich 1985.
Hundertwasser 1958
Friedensreich Hundertwasser, *Verschimmelungsmanifest gegen den Rationalismus in der Architektur* (1958), abgedruckt in: Conrads 1964, S. 149–152.

Huse 1985
Norbert Huse, *»Neues Bauen« 1918 bis 1933. Moderne Architektur in der Weimarer Republik,* 1. Aufl. München 1975, 2. Aufl. Berlin 1985.
Huse 1986
Norbert Huse, *Baukunst und Wohnen,* in: *Der vorbildliche Architekt. Mies van der Rohes Architekturunterricht 1930–1958 am Bauhaus und in Chicago,* Ausst.-Kat. Berlin 1986, S. 13–20.

Imbert 1933
Charles Imbert, *Immeuble de rapport. 51, rue Raynouard à Paris,* in: La Technique des Travaux, Jg. 9, 1933, H. 4, S. 194–203.
Internationale Bauausstellung 1984
Internationale Bauausstellung Berlin 1987. Projektübersicht. Stadtneubau und Stadterneuerung, Berlin 1984.
Isaacs 1983
Reginald R. Isaacs, *Walter Gropius. Der Mensch und sein Werk,* 2 Bde., Berlin 1983.

Jackson 1970
Anthony Jackson, *The Politics of Architecture,* London 1970.
Jaeger, Falk 1985
Falk Jaeger, *Bauen in Deutschland,* Stuttgart 1985.
Jaeger, Roland 1995
Roland Jaeger, *Bau und Buch: »Ein Wohnhaus« von Bruno Taut,* in: Bruno Taut, *Ein Wohnhaus,* Nachdruck Berlin 1995, S. 119–147.
Jaeggi 1994
Annemarie Jaeggi, *Adolf Meyer. Der zweite Mann. Ein Architekt im Schatten von Walter Gropius,* Berlin 1994.
James 1997
Kathleen James, *Erich Mendelsohn and the Architecture of German Modernism,* Cambridge 1997.
Jamot 1927
Paul Jamot, *A. G. Perret et l'architecture du béton armé,* Paris und Brüssel 1927.
Janák 1984
Pavel Janák 1882–1956. Architektur und Kunstgewerbe, Ausst.-Kat. Wien 1984.
Jehle-Schulte Strathaus 1991
Ulrike Jehle-Schulte Strathaus, *Bilderstrategie eines Interieurs. Walter Gropius' Direktorenzimmer im Bauhaus,* in: Werk, Bauen+Wohnen, 1991, H. 10, S. 44–47.
Jencks 1973a
Charles Jencks, *Le Corbusier and the Tragic View of Architecture,* London 1973.
Jencks 1973b
Charles Jencks, *Modern Movements in Architecture,* Harmondsworth 1973.
Jencks 1982
Charles Jencks, *Current Architecture,* London 1982.
Jencks 1985
Charles Jencks, *Towards a Symbolic Architecture. The Thematic House,* London 1985.
Jencks 1986
Charles Jencks, a+u, Sonderheft, Januar 1986.
Jenger 1990
Jean Jenger, *Le Corbusier. Un autre regard,* Paris 1990.
Johnson 1966
Philip Johnson. Architecture 1949–1965, London 1966.
Johnson, Eugene J. 1987
Eugene J. Johnson, *Charles Moore. Bauten und Projekte 1949–1986,* Ausst.-Kat. Frankfurt 1987.
Johnson 1954
Philip Johnson, *The Seven Crutches of Modern Architecture* (1954), abgedruckt in: Ders. 1979, S. 136–140.
Johnson, Philip 1979
Philip Johnson, *Writings,* New York 1979.
Jones 1962
Cranston Jones, *Marcel Breuer 1921–1962,* Stuttgart 1962.
Jorgensen 1989
Lisbet Balslev Jorgensen, *Arkitekten Mogens Lassen,* Kopenhagen 1989.
Jost 1992
Karl Jost, *Hans Fischli. Architekt, Maler, Bildhauer (1909–1989),* Zürich 1992.
Juckel 1987
Lothar Juckel, *Hans Scharoun,* in: Ribbe/Schäche 1987, S. 529–558.
Junghanns 1983
Kurt Junghanns, *Bruno Taut 1880-1938,* 2. Aufl. Berlin 1983.
Junghanns 1994
Kurt Junghanns, *Das Haus für alle. Zur Geschichte der Vorfertigung in Deutschland,* Berlin 1994.

Kähler 1996
Gert Kähler, *Nicht nur Neues Bauen! Stadtbau, Wohnung, Architektur,* in: Ders. (Hg.), *Geschichte des Wohnens,* Bd. 4: *1918–1945. Reform Reaktion Zerstörung,* Stuttgart 1996, S. 303–452.
Kammerer+Belz 1985
Kammerer+Belz. Werkbericht, Stuttgart 1985.
Kamphausen 1972
Alfred Kamphausen, *Der Baumeister Fritz Höger,* Neumünster 1972.
Kandinsky 1976
Nina Kandinsky, *Kandinsky und ich,* München 1976.
Karlinger 1932
Hans Karlinger, *Theodor Fischer. Ein deutscher Baumeister,* München 1932.
Karl-Marx-Stadt 1989
Architekturführer DDR. Bezirk Karl-Marx-Stadt, Berlin 1989.
Karplus 1910
A. Karplus, *Neue Landhäuser und Villen in Österreich,* Wien o. J. (1910).
Kaspar 1967
Karl Kaspar, *Ferienhäuser – international,* Stuttgart 1967.
Kassal-Mikula 1993
Renate Kassal-Mikula, *Otto Wagner's Unsuccesful Parallel-Aktion,* in: Mallgrave 1993a, S. 21–51.
Katzmann 1963
Israel Katzmann, *Arquitectura Contemporanea Mexicana,* Mexico 1963.
Kerkhoff 1987
Ulrich Kerkhoff, *Eine Abkehr vom Historismus oder ein Weg zur Moderne. Theodor Fischer,* Stuttgart 1987.
Kidder Smith 1957
G. E. Kidder Smith, *Sweden Builds,* New York 1957.
Kiecol 1988
Hubert Kiecol, Ausst.-Kat. Bonn 1988.
Kieren 1994
Martin Kieren, *Oswald Mathias Ungers,* Zürich 1994.
Kieren 1995
Martin Kieren, *Eine Wiese, ein Haus. Ein Versuch, mit der Form zu überleben: Oswald Mathias Ungers' Haus in der Eifel,* in: Deutsche Bauzeitung, Jg. 129, 1995, H. 6, S. 84–91.
King 1969
Susan King (Hg.), *The Drawings of Eric Mendelsohn,* Ausst.-Kat. Berkeley 1969.
Kirsch 1987
Karin Kirsch, *Die Weissenhofsiedlung. Werkbund-Ausstellung »Die Wohnung« – Stuttgart 1927,* Stuttgart 1987.
Kirsch 1996
Karin Kirsch, *Die neue Wohnung und das alte Japan. Architekten planen für sich selbst,* Stuttgart 1996.
Klee 1979
Felix Klee (Hg.), *Paul Klee. Briefe an die Familie 1893 1940,* 2 Bde., Köln 1979.
Klein 1981
Dieter Klein, *Martin Dülfer. Wegbereiter der deutschen Jugendstilarchitektur,* München 1981.
Kleinsthaus 1956
Das Kleinsthaus. Neue Beispiele preiswerter kleiner Häuser, Bauwelt Sonderheft, Nr. 26, 1956.
Klenze 1985
Ein griechischer Traum. Leo von Klenze. Der Archäologe, Ausst.-Kat. München 1985.
Klotz 1971
Heinrich Klotz, *Materialien zu einer Gropius-Monographie,* in: Architectura, Bd. 1, 1971, S. 177–196.
Klotz 1977
Heinrich Klotz, *Architektur in der Bundesrepublik,* Frankfurt am Main 1977.
Klotz 1979
Heinrich Klotz, *Der Fall Oswald Mathias Ungers,* in: Deutsche Bauzeitung, Jg. 113, 1979, H. 10, S. 15–17.
Klotz 1984a
Heinrich Klotz, *Moderne und Postmoderne,* Braunschweig 1984.
Klotz 1984b
Heinrich Klotz (Hg.), *Revision der Moderne. Postmoderne Architektur 1960–1980,* Ausst.-Kat. Frankfurt, München 1984.
Klotz 1985
Heinrich Klotz (Hg.), *O. M. Ungers 1951–1984. Bauten und Projekte,* Braunschweig und Wiesbaden 1985.
Klotz 1987
Heinrich Klotz (Hg.), *Paul Schneider-Esleben. Entwürfe und Bauten 1949–1987,* Braunschweig 1987.
Koch/Pook 1992
Robert Koch und Eberhard Pook (Hg.), *Karl Schneider. Leben und Werk (1892–1945),* Ausst.-Kat. Hamburg 1992.
Köln 1984
Köln. Denkmälerverzeichnis 12.3. Rodenkirchen und Lindenthal, hg. von der Stadt Köln, Köln 1984.
Kolb 1989
Günter Kolb, *Otto Wagner und die Wiener Stadtbahn,* München 1989.
Koller-Glück/Lindner/Schawerda/Vyoral-Tschapka 1986
Elisabeth Koller-Glück, Gerhard Lindner, Elisabeth Schawerda und Margaretha Vyoral-Tschapka, *Die Villa Hahn in Baden,* Wien 1986.

Korvenmaa 1991
Pekka Korvenmaa, *Innovation versus Tradition. The Architect Lars Sonck. Works and Projects 1900–1910,* Helsinki 1991.
Kraemer 1983
Kraemer Sieverts&Partner. Bauten und Projekte, Stuttgart 1983.
Kramer 1982
Ferdinand Kramer. Architektur und Design, Ausst.-Kat. Berlin 1982.
Kraft 1997
Sabine Kraft, *Gropius baut privat. Seine Wohnhäuser in Dessau (1925/26) und Lincoln/Massachusetts (1938),* Marburg 1997.
Kratzsch 1969
Gerhard Kratzsch, *Kunstwart und Dürerbund,* Göttingen 1969.
Kreisl 1984
Bärbel Kreisl, *Dachateliers in München-Schwabing um die Jahrhundertwende,* Vertiefungsarbeit im Fach Denkmalpflege, TU München 1984.
Krier 1985
Leon Krier (Hg.), *Albert Speer. Architecture 1932–1942,* Brüssel 1985.
Kristan 1992
Markus Kristan, *Hubert Gessner. Der rote Architekt,* Manuskript Wien 1992.
Kröll 1974
Friedhelm Kröll, *Bauhaus 1919–1933. Künstler zwischen Isolation und kollektiver Praxis,* Düsseldorf 1974.
Kroll 1987
Lucien Kroll. Bauten und Projekte, Stuttgart 1987.
Kruft 1978
Hanno-Walter Kruft, *Die Künstlerkolonie auf der Mathildenhöhe,* in: Lucius Burckhardt (Hg.), *Der Werkbund in Deutschland, Österreich und der Schweiz,* Stuttgart 1978, S. 25–34.
Kruft 1985
Hanno-Walter Kruft, *Geschichte der Architekturtheorie,* München 1985.
Kudelka 1966
Zdeněk Kudelka, *Bohuslav Fuchs,* Prag 1966.
Küper/Zijl 1992
Marijke Küper und Ida van Zijl, *Gerrit Th. Rietveld 1888–1964. Het volledige werk,* Utrecht 1992.
Kultermann 1958
Udo Kultermann, *Wassili und Hans Luckhardt. Bauten und Entwürfe,* Tübingen 1958.
Kultermann 1960
Udo Kultermann, *Neues Bauen in Japan,* Tübingen 1960.
Kultermann 1970
Udo Kultermann, *Kenzo Tange 1946–1969. Architektur und Städtebau,* Zürich 1970.
Kunstenaarsateliers 1987
Kunstenaarsateliers, Sonderheft der Zeitschrift: Openbaar Kunstbezit in Vlaanderen, Jg. 25, 1987, H. 1.
Kutschke 1981
Christine Kutschke, *Bauhausbauten der Dessauer Zeit,* Diss. Weimar 1981.

Labadié 1922
J. Labadié, *Les cathédrales de la cité moderne,* in: L'Illustration, Nr. 4145, 12. 8. 1922, S. 131–135.
Labadié 1925
J. Labadié, *À la recherche du »home scientifique«,* in: La Science et la Vie, Nr. 102, 1925, S. 547–556.
Lacambre 1991
Geneviève Lacambre, *Ateliers d'artistes,* Paris 1991 (ein Führer des Musée d'Orsay).
Lacroux 1878
J. Lacroux, *Constructions en brique. La brique ordinaire du point de vue décoratif,* Paris 1878.
Laganà 1988
Guido Laganà (Hg.), *Charles Rennie Mackintosh 1868–1928,* Mailand 1988.
Laimer Schlößchen 1956
Laimer Schlößchen in neuem Glanz, in: Münchner Merkur, 26. 10. 1956, Nr. 257, S. 5.
Laisney 1994
François Laisney, *La règle et le toit. Règlements urbains et esthétiques des toits de Paris,* in: Leclercq/Simon 1994, S. 141–156.
Lampugnani 1983
Vittorio Magnago Lampugnani (Hg.), *Hatje Lexikon der Architektur des 20. Jahrhunderts,* Stuttgart 1983.
Lampugnani 1984
Vittorio Magnago Lampugnani, *Ungers' Boxes,* in: The Architectural Review, Nr. 1050, Bd. 176, H. 8, August 1984, S. 31–38.
Lampugnani/Schneider 1992
Vittorio Magnago Lampugnani und Romana Schneider (Hg.), *Moderne Architektur in Deutschland 1900 bis 1950. Reform und Tradition,* Ausst.-Kat. Frankfurt am Main, Stuttgart 1992.
Landhaus 1904
Das moderne Landhaus und seine innere Ausstattung, München 1904.
Laslo 1990
Aleksander Laslo, *Die Loos-Schule in Kroatien,* in: *Adolf Loos,* Ausst.-Kat. Wien 1990, S. 307–327.
Lassalle 1989
Hélène Lassalle (Hg.), *Fernand Léger,* Ausst.-Kat. Mailand 1989.
Laurens 1992
Henri Laurens. Rétrospective, Ausst.-Kat. Villeneuve-d'Ascq 1992.
Lauterbach 1971
Heinrich Lauterbach. Bauten 1925–1965, Berlin 1971.
Lauweriks 1906–07
J. L. M. Lauweriks, *Het Nut en Doel der Kunst,* in: Theosophia, Jg. 15, 1906–07, S. 525–535 u. 589–598.
Lauweriks 1987
J. L. M. Lauweriks. Maßsystem und Raumkunst. Das Werk des Architekten Pädagogen und Raumgestalters, Ausst.-Kat. Krefeld 1987.
Leclercq/Simon 1994
François Leclercq und Philippe Simon (Hg.), *Les toits de Paris. De toits en toits,* Ausst.-Kat. Paris 1994.
Le Corbusier 1923
Le Corbusier, *Vers une architecture,* Paris 1923. Deutsche Ausgabe: *Kommende Baukunst,* Stuttgart 1926. Neuausgabe: *Ausblick auf eine Architektur,* Braunschweig 1982.
Le Corbusier 1925a
Le Corbusier, *Urbanisme,* Paris 1925. Deutsche Ausgabe: *Städtebau,* Stuttgart 1927. Neuausgabe: 1979.
Le Corbusier 1925b
Le Corbusier, *L'Art décoratif d'aujourd'hui,* Paris 1925.
Le Corbusier 1930
Le Corbusier, *Précisions sur un état présent de l'architecture et de l'urbanisme,* Paris 1930.
Le Corbusier 1932
Le Corbusier, *Perret,* in: Architecture d'aujourd'hui, Jg. 3, H. 7, Oktober 1932, S. 7–9.
Le Corbusier 1933
Le Corbusier, *Croisade ou le crépuscule des Académies,* Paris 1933.
Le Corbusier 1935
Le Corbusier, *La Ville radieuse. Eléments d'une doctrine d'urbanisme pour l'équipement de la civilisation machiniste,* Paris 1935, Neudruck 1964.
Le Corbusier 1950
Le Corbusier, *Le Modulor,* Boulogne-sur-Seine 1950.
Le Corbusier 1955
Le Corbusier, *Modulor 2,* Boulogne-sur-Seine 1955,
Le Corbusier 1987a
Le Corbusier. Architect of the Century, Ausst.-Kat. London 1987.
Le Corbusier 1987b
Le Corbusier. Le passé à réaction poétique, Ausst.-Kat. Paris 1987.
Léger 1980
Fernand Léger 1881–1955, Ausst.-Kat. Berlin 1980.
Léger 1990
Fernand Léger, Ausst.-Kat. Mailand 1990.
Leipzig 1976
Architekturführer DDR. Bezirk Leipzig, Berlin 1976.
Lemoine/Rivoirard 1987
Bertrand Lemoine und Philippe Rivoirard, *Paris. L'architecture des Années Trente,* Lyon 1987.
Levine 1988
Neil Levine, *Frank Lloyd Wright's Own Houses and his Changing Concept of Representation,* in: Carol R. Bolon u. a. (Hg.), *The Nature of Frank Lloyd Wright,* Chicago 1988, S. 20–69.
Lévi-Strauss 1962
Claude Lévi-Strauss, *La pensée sauvage,* Paris 1962.
Lichtwark 1899
Alfred Lichtwark, *Palastfenster und Flügeltür,* Berlin 1899.
Llinàs 1992
José Llinàs, *Josep Maria Jujol,* Köln 1992.
Lodders 1962
Rudolf Lodders. Bauten 1931-1961, Hamburg 1962.
Loos 1898a
Adolf Loos, *Die Interieurs in der Rotunde,* in: Neue Freie Presse, 12. Juni 1898, abgedruckt in: Ders. 1981, S. 75–81.
Loos 1898b
Adolf Loos, *Das Luxusfuhrwerk,* in: Neue Freie Presse, 3. Juli 1898, abgedruckt in: Ders. 1981, S. 94–100.
Loos 1903a
Adolf Loos, *Aus den beiden Nummern von ›Das Andere‹* (1903), in: Ders. 1988, S. 21–53.
Loos 1903b
Adolf Loos, *Das Schlafzimmer meiner Frau,* in: Peter Altenberg (Hg.), *Kunst. Halbmonatszeitschrift für Kunst und alles andere,* Wien 1903, S. XII–XIII.
Loos 1908
Adolf Loos, *Ornament und Verbrechen* (1908), in: Ders. 1988, S. 78–88.

Loos 1981
Adolf Loos, *Ins Leere gesprochen,* Wien 1921, Nachdruck 1981.
Loos 1988
Adolf Loos, *Trotzdem,* Wien 1931, Nachdruck 1988.
Loos 1990
Adolf Loos, Ausst.-Kat. Wien 1990.
Lorenz-Meyer/Janda 1906
Eduard Lorenz Lorenz-Meyer und Emil Janda (Hg.), *Breitfenster und Hecke. Ein Bilderbuch alter hamburgischer Häuser und Gärten,* Hamburg 1906.
Loudon 1833
John Claudius Loudon, *Encyclopedia of Cottage, Farm and Villa Architecture,* London 1833.
Loudon 1836–38
John Claudius Loudon, *The Suburban Gardener and Villa Companion,* London 1836–38.
Loyer 1986
François Loyer, *Paul Hankar. La naissance de l'art nouveau,* Brüssel 1986.
Loyer 1987
François Loyer, *Paris XIXe siècle. L'immeuble et la rue,* Paris 1987.
Loyer/Guéné 1987
François Loyer und Hélène Guéné, *Henri Sauvage. Les immeubles à gradins,* Brüssel 1987.
Lubetkin 1983
Berthold Lubetkin, Ausst.-Kat. Brüssel 1983.
Lucan 1987
Jacques Lucan (Hg.), *Le Corbusier. Une encyclopédie,* Paris 1987.
Luckhardt 1990
Brüder Luckhardt und Alfons Anker. Berliner Architekten der Moderne, Ausst.-Kat. Berlin 1990.
Lupano 1991
Mario Lupano, *Marcello Piacentini,* Rom 1991.
Lux 1914
Josef August Lux, *Otto Wagner,* München 1914.

Magnée 1955
R. M. H. Magnée (Hg.), *Willem M. Dudok,* 1. Aufl. Amsterdam 1954, 2. Aufl. 1955.
Major 1973
Máté Major, *Goldfinger Ernö,* Budapest 1973.
Makinson 1977
Randell L. Makinson, *Greene&Greene. Architecture as a Fine Art,* Salt Lake City 1977.
Mallet-Stevens/Roederer 1908
Robert Mallet-Stevens und Jacques Roederer, *Notes from Paris. Block of Flats, No 25a, rue Franklin,* in: The Architectural Review, Nr. 137, Bd. 23, 1908, S. 254–257.
Mallgrave 1993a
Harry Francis Mallgrave (Hg.), *Otto Wagner. Reflections on the Raiment of Modernity,* Santa Monica 1993.
Mallgrave 1993b
Harry Francis Mallgrave, *From Realism to Sachlichkeit: The Polemics of Architectural Modernity in the 1890s,* in: Ders. 1993a, S. 281–321.
Manson 1958
Grant Carpenter Manson, *Frank Lloyd Wright to 1910. The First Golden Age,* New York 1958.
Marg/Fleher 1983
Volkwin Marg und Gudrun Fleher, *Architektur in Hamburg seit 1900,* Hamburg 1983.
Marks 1960
Robert W. Marks, *The Dymaxion World of Buckminster Fuller,* New York 1960.
Maur 1979a
Karin von Maur, *Oskar Schlemmer. Monographie,* München 1979.
Maur 1979b
Karin von Maur, *Oskar Schlemmer. Œuvrekatalog,* München 1979.
Maur 1993
Karin von Maur, *Oskar Schlemmer. Der Folkwang-Zyklus. Malerei um 1930,* Ausst.-Kat. Stuttgart 1993.
Maxwell 1972
Robert Maxwell, *Neue englische Architektur,* Stuttgart 1972.
Mayer 1928
Marcel Mayer, *A. et G. Perret,* Paris 1928.
McHale 1962
John McHale, *R. Buckminster Fuller,* New York 1962.
Mebes 1908
Paul Mebes, *Um 1800. Architektur und Handwerk im letzten Jahrhundert ihrer traditionellen Entwicklung,* 1. Aufl. München 1908, 3. Aufl. 1920.
Megele 1951
Max Megele, *Baugeschichtlicher Atlas der Landeshauptstadt München,* München 1951.
Mehlau-Wiebking/Rüegg 1989
Friederike Mehlau-Wiebking und Arthur Rüegg, *Sigfried Giedion als Aktivist in der Einrichtungsfrage,* in: *Sigfried Giedion 1888–1968. Der Entwurf einer modernen Tradition,* Ausst.-Kat. Zürich 1989, S. 161–178.
Mein Heim 1932
Mein Heim, 2. Aufl. Berlin 1932.
Mendelsohn 1930
Erich Mendelsohn. Das Gesamtschaffen des Architekten. Skizzen, Entwürfe, Bauten, Berlin 1930. Nachdruck: Braunschweig 1988.
Mendelsohn, Erich 1919
Erich Mendelsohn, *Das Problem einer neuen Baukunst,* Vortrag in Berlin 1919, abgedruckt in: *Mendelsohn* 1930, S. 7–21.
Mendelsohn, Erich 1923
Erich Mendelsohn, *Die internationale Übereinstimmung des neuen Baugedankens oder Dynamik und Funktion,* Vortrag in Amsterdam 1923, abgedruckt in: *Mendelsohn* 1930, S. 22–34.
Mendelsohn, Erich 1926
Erich Mendelsohn, *Amerika. Bilderbuch eines Architekten,* Berlin 1926. Nachdruck: Braunschweig 1991.
Mendelsohn, Erich 1929
Erich Mendelsohn, *Rußland, Europa, Amerika. Ein architektonischer Querschnitt,* Berlin 1929. Nachdruck: Basel 1989.
Mendelsohn, Erich 1932a
Erich Mendelsohn, *Neues Haus – neue Welt,* Berlin 1932, o. P.
Mendelsohn, Erich 1932b
Erich Mendelsohn, *Der schöpferische Sinn der Krise,* Berlin 1932, abgedruckt in: Ders., *Der schöpferische Sinn der Krise,* Berlin 1986, S. 29–47.
Mendelsohn, Louise o. J.
Louise Mendelsohn, *My Life in a Changing World,* San Francisco o. J. (unpubliziertes Manuskript).
Meyer, Adolf 1925
Adolf Meyer (Hg.), *Ein Versuchshaus des Bauhauses in Weimar,* München 1925.
Meyer, Peter 1928
Peter Meyer, *Moderne Architektur und Tradition,* Zürich 1928.
Meyer-Bohe 1970
Walter Meyer-Bohe, *Neue Wohnformen. Hang-, Atrium- und Terrassenhäuser,* Tübingen 1970.
Meyer-Bohe 1982
Walter Meyer-Bohe, *Neue Wohnhäuser,* Leinfelden-Echterdingen 1982.
Mezei 1987
Ottó Mezei, *Molnár Farkas,* Budapest 1987.
Michaelsen 1977
Katherine Jánszky Michaelsen, *Archipenko. A Study of the Early Works 1908–1920,* New York 1977.
Michels 1989
Karen Michels, *Der Sinn der Unordnung. Arbeitsformen im Atelier Le Corbusier,* Braunschweig 1989.
Mignot 1983
Claude Mignot, *Architektur des 19. Jahrhuderts,* Stuttgart 1983.
Milner 1988
John Milner, *The Studios of Paris. The Capital of Art in the Late Nineteenth Century,* New Haven und London 1988.
Mischke 1988
Gudrun Mischke, *Wilhelm Kreis. Wohnhaus Sonnenleite 9. Dresden-Weißer Hirsch,* TU Dresden, Sektion Architektur, Wissenschaftsbereich Theorie und Geschichte der Architektur, Dresden 1988.
Moeller 1991
Gisela Moeller, *Peter Behrens in Düsseldorf. Die Jahre von 1903 bis 1907,* Weinheim 1991.
Moholy-Nagy 1964
Sibyl Moholy-Nagy, *Carlos Raúl Villanueva und die Architektur Venezuelas,* Stuttgart 1964.
Molderings 1991
Herbert Molderings, *Mendelsohn, Amerika und der Amerikanismus,* in: Mendelsohn, Erich 1926, Nachdruck Braunschweig 1991, S. 83–91.
Molnár 1925
Farkas Molnár, *Das Leben am Bauhaus* (1925), in: *Wechselwirkungen. Ungarische Avantgarde in der Weimarer Republik,* Ausst.-Kat. Kassel, Marburg 1986, S. 270–274.
Mollino 1989
Carlo Mollino 1905–1973, Ausst.-Kat. Turin, Mailand 1989.
Moos 1968
Stanislaus von Moos, *Le Corbusier. Elemente einer Synthese,* Frauenfeld 1968.
Moos 1980
Stanislaus von Moos, *Le Corbusier as Painter,* in: Oppositions, Winter-Frühling 1980, S. 88–107.
Moos 1981
Stanislaus von Moos, *Standard und Elite. Le Corbusier, die Industrie und der Esprit Nouveau,* in: T. Buddensieg und H. Rogge, *Die nützlichen Künste,* Ausst.-Kat. Berlin 1981, S. 306–323.
Moos 1987a
Stanislaus von Moos (Hg.), *L'Esprit Nouveau. Le Corbusier und die Industrie 1920–1925,* Ausst.-Kat. Zürich und Berlin 1987.

Moos 1987b
Stanislaus von Moos, *Im Vorzimmer des »Machine Age«*, in: Ders. 1987a, S. 12–25.
Moos 1987c
Stanislaus von Moos, *Venturi, Rauch&Scott Brown*, München 1987.
Moravánszky 1988a
Ákos Moravánszky, *Die Architektur der Donaumonarchie*, Berlin 1988.
Moravánszky 1988b
Ákos Moravánszky, *Die Erneuerung der Baukunst*, Salzburg 1988.
Mrazek 1981
Wilhelm Mrazek, *Leopold Forstner. Ein Maler und Materialkünstler des Wiener Jugendstils*, Wien 1981.
Muche 1926
Georg Muche, *Bildende Kunst und Industrieform*, in: bauhaus, Jg. 1, 1926, H. 1, abgedruckt in: Wingler 1962, S. 123–124.
Muche 1961
Georg Muche, *Das schwarze Zimmer*, in: Ders., *Blickpunkte. Sturm Dada Bauhaus Gegenwart*, München 1961, S. 155–156.
Müller 1987
Sebastian Müller, *Die Moderne in der Architektur und J. L. M. Lauweriks*, in: *Lauweriks* 1987, S. 69–76.
Müller-Wulckow 1919/20
Walter Müller-Wulckow, *Bernhard Hoetgers Wohnhaus in Worpswede*, in: Deutsche Kunst und Dekoration, Jg. 23, 1919/20, S. 52–69.
Müller-Wulckow 1925
Walter Müller-Wulckow, *Das Haus Bernhard Hoetgers in Worpswede*, in: Baugilde, Jg. 7, 1925, H. 5., S. 241–245 u. 257–261.
Müller-Wulckow 1928
Walter Müller-Wulckow, *Deutsche Baukunst der Gegenwart. Wohnbauten und Siedlungen*, Königstein und Leipzig 1928.
München und seine Bauten 1912
München und seine Bauten, München 1912.
München und seine Bauten 1984
München und seine Bauten nach 1912, München 1984.
Münchner bürgerliche Baukunst 1904
Münchner bürgerliche Baukunst der Gegenwart, Abt. 8a: Innenräume aus Privathäusern älterer Stilarten, München 1904.
Museum Künstlerkolonie 1990
Museum Künstlerkolonie Darmstadt, Darmstadt o. J. (1990).
Muthesius 1977
Hermann Muthesius 1861–1927, Ausst.-Kat. Berlin 1977.
Muthesius, Hermann 1903
Hermann Muthesius, *Stilarchitektur und Baukunst*, 1. Aufl. Mühlheim 1902, 2. Aufl. 1903.
Muthesius, Hermann 1904
Hermann Muthesius, *Das englische Haus*, Bd. 1, Berlin 1904.
Muthesius, Hermann 1907
Hermann Muthesius, *Kunstgewerbe und Architektur*, Jena 1907.
Muthesius, Hermann 1908/09
Hermann Muthesius, *Mein Landhaus in Nikolassee*, in: Deutsche Kunst und Dekoration, Bd. 23, 1908/09, S. 1–21.
Muthesius, Hermann 1909
Hermann Muthesius, *Kultur und Kunst*, 1. Aufl. Jena 1904, 2. Aufl. 1909.
Muthesius, Hermann 1912
Hermann Muthesius, *Landhäuser*, München 1912.
Muthesius, Hermann 1913
Hermann Muthesius, *Architektur, Kunstgewerbe, Landschaft*, in: Das Jahr, Leipzig 1913, S. 495–503.
Muthesius, Stefan 1974
Stefan Muthesius, *Das englische Vorbild. Eine Studie zu den deutschen Reformbewegungen in Architektur, Wohnbau und Kunstgewerbe im späteren 19. Jahrhundert*, München 1974.

Natürlich Bauen 1980
Natürlich Bauen, Mitteilungen des Instituts für Leichte Flächentragwerke, Nr. 27, 1980.
Nerdinger 1985a
Winfried Nerdinger, *Süddeutsche Bautradition im 20. Jahrhundert*, Ausst.-Kat. München 1985.
Nerdinger 1985b
Winfried Nerdinger, *Walter Gropius*, Ausst.-Kat. Berlin 1985.
Nerdinger 1985c
Winfried Nerdinger, *Walter Gropius' Beitrag zur Architektur*, in: Probst/Schädlich 1985, S. 47–54.
Nerdinger 1987
Winfried Nerdinger, *Standard und Typ. Le Corbusier und Deutschand 1920–1927*, in: Moos 1987a, S. 44–53.
Nerdinger 1988
Winfried Nerdinger, *Theodor Fischer. Architekt und Städtebauer 1862–1938*, Berlin 1988.
Nerdinger 1993
Winfried Nerdinger, *Architektenausbildung in München. Von der Stil- zur Konstruktionsschule*, in: Ders. (Hg.), *Architekturschule München 1868–1993*, Ausst.-Kat. München 1993, S. 9–23.
Nestler 1954
Paolo Nestler, *Neues Bauen in Italien*, München 1954.
Neue deutsche Architektur 1962
Neue deutsche Architektur 2, Stuttgart 1962.
Neuhart/Eames 1989
John und Marilyn Neuhart und Ray Eames, *Eames Design. The Work of the Office of Charles and Ray Eames*, New York 1989.
Neutra 1977
Richard Neutra, *Bauen und die Sinneswelt*, Dresden 1977.
Newhouse 1989
Victoria Newhouse, *Wallace K. Harrison Architect*, New York 1989.
Newman 1961
Oscar Newman, *CIAM '59 in Otterlo. Arbeitsgruppe für die Gestaltung soziologischer und visueller Zusammenhänge*, Stuttgart 1961.
Newton 1992
Miranda H. Newton, *Architects' London Houses. The Houses of Thirty Architects since the 1930s*, Oxford 1992.
Nicolaisen 1985
Dörte Nicolaisen, *Studien zur Architektur in Hamburg 1910–1930*, Diss. Nimwegen 1985.
Niemeyer 1990
Johannes Niemeyer. Architekt und Maler, Ausst.-Kat. Berlin 1990.
Niemeyer 1977
Niemeyer, Belmont-sur-Lausanne 1977.
Noever 1991
Peter Noever (Hg.), *Wiener Architektengespräche*, Wien und Berlin 1991.
Norberg-Schulz 1980
Christian Norberg-Schulz, *Casa Behrens Darmstadt*, Rom 1980.
Norberg-Schulz 1986
Christian Norberg-Schulz, *Modern Norwegian Architecture*, Oslo 1986.
Novotný 1958
Otakar Novotný, *Jan Kotěra a jeho doba*, Prag 1958.
Nowitzky 1992
Dagmar Nowitzky, *Hans und Wassili Luckhardt. Das architektonische Werk*, München 1992.

Oechslin 1994
Werner Oechslin, *Stilhülse und Kern. Otto Wagner, Adolf Loos und der evolutionäre Weg zur modernen Architektur*, Zürich 1994.
Oesterlen 1992
Dieter Oesterlen. Bauten und Texte 1946–1991, Tübingen 1992.
Œuvre Complète
Le Corbusier et Pierre Jeanneret. Œuvre Complète, hg. von Willy Boesiger, Bd. 1: 1910–29, Zürich 1937; Bd. 2: 1929–34, 1935; Bd. 3 (hg. von Max Bill): 1934–38, 1947; Bd. 4: 1938–46, 1946; Bd. 5: 1946–52, 1953; Bd. 6: 1952–57, 1957; Bd. 7: 1957–65, 1965; Bd. 8: Die letzten Werke, 1970.
Olbrich 1900a
Joseph Maria Olbrich, *Unsere nächste Arbeit*, in: Deutsche Kunst und Dekoration, Bd. 6, Mai 1900, S. 366–369.
Olbrich 1900b
Joseph Maria Olbrich, *Das »Dokument Deutscher Kunst«*, in: Deutsche Kunst und Dekoration, Bd. 6, Mai 1900, S. 370–371.
Olbrich 1967
Joseph M .Olbrich 1867–1908. Das Werk des Architekten, Ausst.-Kat. Darmstadt 1967.
Olbrich 1983
Joseph M .Olbrich 1867–1908, Ausst.-Kat. Darmstadt 1983.
Osborn 1926
Max Osborn, *Das neue »Bauhaus«*, in: Vossische Zeitung, 4. 12. 1926, abgedruckt in: Wingler 1962, S. 134
Ostendorf 1914
Friedrich Ostendorf, *Haus und Garten. Erster Supplementband zu den sechs Büchern vom Bauen*, Berlin 1914.
Osteneck 1991
Volker Osteneck, *Das Haus Döcker in Stuttgart*, in: *Beiträge zur Denkmalkunde. Festschrift Tilman Breuer*, Arbeitsheft 56, München 1991, S. 113–120.
Osthaus 1912
Karl Ernst Osthaus, *Die Gartenvorstadt an der Donnerkuhle*, in: Jahrbuch des deutschen Werkbundes, Jena 1912, S. 93–96.
Osthaus 1984
Der westdeutsche Impuls 1900–1914. Die Folkwang-Idee des Karl Ernst Osthaus, Ausst.-Kat. Hagen, Essen 1984.

Otto, Christian F. 1983
Christian F. Otto, *Modern Environment and Historical Continuity. The Heimatschutz Discourse in Germany,* in: Art Journal, Sommer 1983, S. 148–157.
Otto, Frei 1954 a
Frei Otto, *Das hängende Dach. Gestalt und Struktur,* Diss. Berlin 1954.
Otto, Frei 1954 b
Frei Otto, *Vom Nest zur modernen Wohnstadt,* in: Der Architekt, Jg. 3, H. 12, Dezember 1954, S. 411–414. Abgedruckt in: Burkhardt 1983, S. 14–18.
Otto, Frei 1955 a
Frei Otto, *Bauten für morgen? Eine Kritik am deutschen Wohnungsbau,* in: Bauen+Wohnen, Jg. 10, H. 3, März 1955, S. 131.
Otto, Frei 1955b
Frei Otto, *Vom ungeheizt schon warmen Haus und neuen Fenstern,* in: Deutsche Bauzeitschrift, Jg. 3, H. 3, März 1955, S. 228–230. Abgedruckt in: Burkhardt 1983, S. 19–23.
Otto, Frei 1955 c
Frei Otto, *Die horizontale Sonnenuhr. Sonnenstand und Schattenwurf an Modellen und Zeichnungen schnell ermittelt,* in: Bauwelt, Jg. 46, 1955, H. 8, S. 150–152.
Otto, Frei 1956
Frei Otto, *Die Stadt von morgen und das Einfamilienhaus,* in: Baukunst und Werkform, Jg. 9, 1956, H. 12, S. 642–652. Abgedruckt in: Burkhardt 1983, S. 24–37.
Otto, Frei 1962–66
Frei Otto, *Zugbeanspruchte Konstruktionen. Gestalt, Struktur und Berechnung von Bauten aus Seilen, Netzen und Membranen,* Bd. 1, Berlin 1962; Bd. 2, 1966 (mit Berechnungen von Rudolf Trostel und Friedrich-Karl Schleyer).
Otto, Frei 1964
Frei Otto, *Villes futures,* in: Architecture d'aujourd'hui, Nr. 115, 1964, S. 22–25.
Otto, Frei 1967
Frei Otto, *Wie werden wir weiterleben?,* Referat auf dem 42. Bundestag des BDA Hannover 1967, abgedruckt in: Burkhardt 1983, S. 72–79.
Otto, Frei 1969
Frei Otto, *Bauen und Wohnen im letzten Drittel des 20. Jahrhunderts,* in: Elektrizität, 1969, H. 1, S. 3–12.
Otto, Frei 1982 a
Frei Otto, *Natürliche Konstruktionen. Formen und Konstruktionen in Natur und Technik und Prozesse ihrer Entstehung,* Stuttgart 1982.
Otto, Frei 1982 b
Frei Otto, *Natürlich Bauen,* in: Ders. 1982 a, S. 105–108.
Ozenfant 1928
Amédée Ozenfant, *Art,* Paris 1928.
Ozenfant 1931
Amédée Ozenfant, *Leben und Gestaltung,* Potsdam 1931.
Ozenfant 1932
Amédée Ozenfant, *Für Erich Mendelsohn,* in: Mendelsohn 1932 a, o. P.
Ozenfant 1968
Ozenfant. Mémoires 1886–1962, hg. von Katia Granoff, Paris 1968.
Ozenfant/Jeanneret 1918
Amédée Ozenfant und Charles-Edouard Jeanneret, *Après le Cubisme,* Paris 1918.
Ozenfant/Jeanneret 1921
Amédée Ozenfant und Charles-Edouard Jeanneret, *Le Purisme,* in: L'Esprit Nouveau, Nr. 4, Januar 1921, S. 369–386.

Palladio 1983
Andrea Palladio, *Die vier Bücher zur Architektur,* hg. von Andreas Beyer und Ulrich Schütte, Zürich und München 1983.
Pallasmaa 1987
Juhani Pallasmaa (Hg.), *Hvitträsk. The Home as a Work of Art,* Helsinki 1987.
Panerai 1974
Philippe Panerai, *3 Bd Victor Paris XV,* in: Architecture Mouvement Continuité, Nr. 35, Dezember 1974, S. 53–60.
Pankok 1973
Bernhard Pankok 1872–1943, Ausst.-Kat. Stuttgart 1973.
Pankok 1986
Bernhard Pankok, Ausst.-Kat. Münster 1986.
Papachristou 1970
Titian Papachristou, *Marcel Breuer. Neue Bauten und Projekte,* Stuttgart 1970.
Papadaki 1960
Stamo Papadaki, *Oscar Niemeyer,* New York 1960.
Papworth 1818
John Buonarotti Papworth, *Rural Residences,* London 1818.
Parisi 1990
Ico Parisi&architetture, Ausst.-Kat. Modena 1990.
Parker 1832–41
Charles Parker, *Villa Rustica,* 1. Aufl. London 1832–41. 2. Aufl. 1848.
Pawley 1990
Martin Pawley, *Buckminster Fuller,* London 1990.
Pays 1921
Marcel Pays, *Esthétique urbaine. L'adaptation des villes aux exigences de la vie contemporaine,* in: Excelsior, Nr. 3909, Jg. 12, 25. August 1921, S. 2–3.
Pecher 1981
Wolf D. Pecher, *Henry van de Velde. Das Gesamtwerk,* Bd. 1, München 1981.
Peichl 1981
Gustav Peichl. Bauten Projekte Meisterschule, Wien 1981.
Pehnt 1970
Wolfgang Pehnt, *Neue deutsche Architektur 3,* Stuttgart 1970.
Pehnt 1973
Wolfgang Pehnt, *Die Architektur des Expressionismus,* Stuttgart 1973.
Pehnt 1983
Wolfgang Pehnt, *Das Ende der Zuversicht. Architektur in diesem Jahrhundert,* Berlin 1983.
Pehnt 1991
Wolfgang Pehnt, *Die Kaaba von Müngersdorf,* in: Frankfurter Allgemeine Zeitung, Nr. 8, 10. 01. 1991, S. 25.
Perret 1920
Auguste Perret, *Ce que j'ai appris à propos des villes de demain,* in: L'Intransigeant, Jg. 41, 25. 11. 1920, S. 4.
Perret 1935
Auguste Perret, *L'Architecture,* Vortrag 31. 5. 1933, in: Revue d'Art et d'Esthétique, Jg. 1, 1935, H. 1–2, S. 41–50.
Perret 1986
Perret: 25bis rue Franklin, Rassegna, Nr. 28, Dezember 1986.
Peters 1964
Paulhans Peters (Hg.), *Einfamilienhäuser aus 12 Ländern,* München 1964.
Peters 1972
Paulhans Peters (Hg.), *Einfamilienhäuser einzeln und in Gruppen,* München 1972.
Peters 1984
Paulhans Peters, *Die Jahre von 1960 bis 1977,* Nachtrag zu: Leonardo Benevolo, *Geschichte der Architektur des 19. und 20. Jahrhunderts,* 3. Aufl. München 1984, S. 549–642.
Peters/Henn 1982
Paulhans Peters und Ursula Henn, *Einfamilienhäuser,* München 1982.
Petit 1970
Jean Petit, *Le Corbusier lui-même,* Genf 1970.
Petsch 1989
Joachim Petsch, *Eigenheim und gute Stube. Zur Geschichte des bürgerlichen Wohnens,* Köln 1989.
Pevsner 1949
Nikolaus Pevsner, *Pioneers of The Modern Movement,* 1. Aufl. London 1936, 2. Aufl. New York 1949. Deutsche Ausgabe: *Wegbereiter moderner Formgebung,* Reinbek 1957.
Pevsner 1961
Nikolaus Pevsner, *Moderne Architektur und der Historiker oder Die Wiederkehr des Historizismus,* in: Deutsche Bauzeitung, Jg. 66, H. 10, Oktober 1961, S. 757–764.
Pevsner 1976
Nikolaus Pevsner, *A History of Building Types,* Princeton 1976.
Pfankuch 1974
Peter Pfankuch (Hg.), *Hans Scharoun. Bauten, Entwürfe, Texte,* Berlin 1974.
Pfister 1968
Rudolf Pfister, *Theodor Fischer. Leben und Wirken eines deutschen Baumeisters,* München 1968.
Pichler/Hollein 1962
Walter Pichler und Hans Hollein, *Absolute Architektur* (1962), abgedruckt in: Conrads 1964, S. 174–175.
Piegeler 1990
Horst Piegeler, *Bau ist Stein des Anstoßes,* in: Kölner Stadt-Anzeiger, Nr. 238, 11. 10. 1990, S. 16.
Platz 1927
Gustav Adolf Platz, *Die Baukunst der neuesten Zeit,* Berlin 1927.
Platz 1933
Gustav Adolf Platz, *Wohnräume der Gegenwart,* Berlin 1933.
Plummer 1989
Henry Plummer, *The Potential House. Three Centuries of American Dwelling,* a+u Extra Edition, September 1989.
Plunz 1982
Richard Plunz (Hg.), *Design and the Public Good. Selected Writings 1930–1980 by Serge Chermayeff,* Cambridge (Mass.) 1982,
Polano 1987
Sergio Polano, *Hendrik Petrus Berlage. Opera completa,* Mailand 1987.
Poling 1982
Clark V. Poling, *Kandinsky. Unterricht am Bauhaus,* Weingarten 1982.
Poling 1984
Clark V. Poling, *Kandinsky in Rußland und am Bauhaus 1915–1933,* in: *Kandinsky. Russische Zeit und Bauhausjahre,* Ausst.-Kat. Berlin 1984, S. 9–59.

Pommer/Otto 1991
Richard Pommer und Christian F.Otto, *Weissenhof 1927 and the Modern Movement in Architecture,* Chicago 1991.
Ponti 1986
Gio Ponti 1891–1979. From the Human Scale to the Post-Modernism, Ausst.-Kat. Tokio 1986.
Posener 1969
Julius Posener, *Erich Mendelsohn* (1969), in: Ders., *Aufsätze und Vorträge,* Braunschweig 1981, S. 175–187.
Posener 1970
Julius Posener (Hg.), *Hans Poelzig. Gesammelte Schriften und Werke,* Berlin 1970.
Posener 1979a
Julius Posener, *Berlin auf dem Wege zu einer neuen Architektur,* München 1979.
Posener 1979b
Julius Posener, *Erich Mendelsohn,* in: Arch+, Nr. 48, Dezember 1979, S. 8–13.
Posener 1986
Julius Posener, *Poelzig und das Einfamilienhaus,* in: *Hans Poelzig. Ein großes Theater und ein kleines Haus,* Ausst.-Kat. Berlin 1986, o. P.
Posener 1990
Julius Posener, *Fast so alt wie das Jahrhundert,* Berlin 1990.
Posener 1992
Julius Posener, *Hans Poelzig. Reflections on His Life and Work,* Cambridge (Mass.) 1992.
Pozzetto 1980
Marco Pozzetto, *Die Schule Otto Wagners 1894–1912,* Wien 1980.
Präffcke 1986
Hans Präffcke, *Der Kunstbegriff Alfred Lichtwarks,* Hildesheim 1986.
Prange 1991
Regine Prange, *Das Kristalline als Kunstsymbol. Bruno Taut und Paul Klee,* Hildesheim 1991.
Preisich 1983
Gábor Preisich, *Ernst May,* Budapest 1983.
Prelovšek 1992
Damjan Prelovšek, *Josef Plečnik 1872–1957. Architectura perennis,* Salzburg 1992.
Probst/Schädlich 1985
Hartmut Probst und Christian Schädlich, *Walter Gropius,* Bd. 1, Berlin 1985.
Probst/Schädlich 1987
Hartmut Probst und Christian Schädlich, *Walter Gropius,* Bd. 3, Berlin 1987.
Programm 1919
Programm des Staatlichen Bauhauses in Weimar, Weimar, April 1919. Abgedruckt in: Droste 1991, S. 18–19.
Prouvé 1981
Jean Prouvé constructeur, Ausst.-Kat. Rotterdam 1981.
Prouvé 1990
Jean Prouvé »constructeur«, Ausst.-Kat. Paris 1990.

Rabeler 1990
Gerhard Rabeler, *Wiederaufbau und Expansion westdeutscher Städte 1945–1960 im Spannungsfeld von Reformideen und Wirklichkeit,* hg. vom Deutschen Nationalkomitee für Denkmalschutz, Bonn 1990.
Rading 1970
Adolf Rading. Bauten, Entwürfe und Erläuterungen, Berlin 1970.
Raèv 1988
Svetlozar Raèv, *Gottfried Böhm. Vorträge Bauten Projekte,* Stuttgart 1988.
Rainer 1947
Roland Rainer, *Die Behausungsfrage,* Wien 1947.
Rainer 1948a
Roland Rainer, *Städtebauliche Prosa. Praktische Grundlagen für den Aufbau der Städte,* Innsbruck 1948.
Rainer 1948b
Roland Rainer, *Ebenerdige Wohnhäuser,* Wien 1948.
Rainer 1990
Roland Rainer. Arbeiten aus 65 Jahren, Salzburg 1990.
Ranzani 1987
Ermanno Ranzani, *Un incontro difficile. Le Corbusier tra linguaggio e contesto,* in: Domus, Nr. 687, 1987, S. 30–55.
Rasmussen 1940
Steen Eiler Rasmussen, *Nordische Baukunst,* Berlin 1940.
Ray 1969
Stefano Ray, *Il contributo svedese all'architettura contemporanea e l'opera di Sven Markelius,* Rom 1969.
Raymond 1973
Antonin Raymond, *An Autobiography,* Rutland und Tokio 1973.
Reichlin 1984
Bruno Reichlin, *Für und wider das Langfenster. Die Kontroverse Perret-Le Corbusier,* in: Daidalos, Nr. 13, September 1984, S. 65–77. Erweitert als: *La »Petite Maison« à Corseaux. Une analyse structurale,* in: *Le Corbusier à Genève 1922–1932. Projets et Réalisations,* Ausst.-Kat. Genf, Lausanne 1987, S. 119–134.
Reichlin 1985
Bruno Reichlin, *Le Corbusier versus De Stijl,* in: *De Stijl et l'architecture en France,* Ausst.-Kat. Brüssel 1985, S. 91–108.
Reichlin 1987
Bruno Reichlin, *L'Esprit de Paris,* in: Casabella, Nr. 531–532, Jg. 51, Januar-Februar 1987, S. 52–63.
Reichlin 1991
Bruno Reichlin, *Das Faß des Diogenes wird wohnlich,* in: Archithese, Jg. 21, 1991, H. 4, S. 72–76.
Reichow 1948
Hans Bernhard Reichow, *Organische Stadtbaukunst. Von der Großstadt zur Stadtlandschaft,* Braunschweig 1948.
Reuther 1982
Hans Reuther, *Fritz Högers vorstädtische Siedlungen,* in: Niederdeutsche Beiträge zur Kunstgeschichte, Bd. 21, 1982, S. 156–162.
Ribbe/Schäche 1987
Wolfgang Ribbe und Wolfgang Schäche (Hg.), *Baumeister Architekten Stadtplaner. Biographien zur baulichen Entwicklung Berlins,* Berlin 1987.
Riemerschmid 1982
Richard Riemerschmid. Vom Jugendstil zum Werkbund. Werke und Dokumente, Ausst.-Kat. München 1982.
Ridolfi 1979
Le architetture di Ridolfi e Frankl, Ausst.-Kat. Terni 1979.
Rogers 1955
Ernesto Nathan Rogers, *Auguste Perret,* Mailand 1955.
Rogers 1957
Ernesto Nathan Rogers, *Un architetto per se,* in: Domus, Nr. 326, Januar 1957, S. 21–29.
Rogers 1988
Richard Rogers 1978–1988, a+u extra, Nr. 12, 1988.
Roland 1965
Conrad Roland, *Frei Otto – Spannweiten. Ideen und Versuche zum Leichtbau,* Berlin 1965.
Rosa 1990
Joseph Rosa, *Albert Frey Architect,* New York 1990.
Roser 1987
Matthias Roser, *Die Herrschaftshäuser von Paul Bonatz,* Diss. Stuttgart 1987.
Roser 1992
Matthias Roser, *Paul Bonatz. Wohnhäuser,* Stuttgart 1992.
Rossi 1988
Lamberto Rossi, *Giancarlo De Carlo. Architetture,* Mailand 1988.
Rossmann 1994
Andreas Rossmann, *Der Vandalismus des Architekten. Der Kölner Planer O. M. Ungers reißt ein Baudenkmal der fünfziger Jahre ab,* in: Frankfurter Allgemeine Zeitung, Nr. 18, 22. 01. 1994, S. 29.
Roth 1927
Alfred Roth, *Zwei Wohnhäuser von Le Corbusier und Pierre Jeanneret,* Stuttgart 1927.
Roth 1985
Alfred Roth. Architekt der Kontinuität, Zürich 1985.
Rowe/Koetter 1984
Colin Rowe und Fred Koetter, *Collage City,* Stuttgart 1984.
Rubino 1980
Luciano Rubino, *Arne Jacobsen. Opera completa,* Rom 1980.
Rudberg 1989
Eva Rudberg, *Sven Markelius Architect,* Stockholm 1989.
Rüegg 1985
Arthur Rüegg, *Le charme discret des objets indiscrets. Bemerkungen zu den offenen Badezimmern von Le Corbusier,* in: Archithese, Jg. 15, 1985, H. 1, S. 41–45.
Rüegg 1987
Arthur Rüegg, *Der Pavillon de l'Esprit Nouveau als musée imaginaire,* in: Moos 1987a, S. 134–151.
Rukschcio/Schachel 1982
Bernhard Rukschcio und Roland Schachel, *Adolf Loos. Leben und Werk,* Salzburg 1982.

Saal 1989
Walter Edmund Wolfgang Saal, *Bernhard Hoetger. Ein Architekt des Norddeutschen Expressionismus,* Diss. Bonn 1989.
Saarinen 1984
Saarinen in Finland, Ausst.-Kat. Helsinki 1984.
Sabatou 1934
J. P. Sabatou, *Immeuble à Paris. Un appartement dans le gabarit,* in: Architecture d'aujourd'hui, Jg. 5, H. 7, September 1934, S. 41–52.
Salvisberg 1985
O. R. Salvisberg. Die andere Moderne, Ausst.-Kat. Zürich 1985.
Sarnitz 1986
August Sarnitz, *R. M. Schindler. Architekt 1887–1953,* Wien 1986.
Sarnitz 1989
August Sarnitz, *Lois Welzenbacher. Architekt 1889–1955,* Salzburg 1989.
Sartoris 1941
Alberto Sartoris, *Gli elementi dell'architettura funzionale,* 1. Aufl. Mailand 1932, 3. Aufl. 1941.

Sauvage 1976
Henri Sauvage 1873–1932, Ausst.-Kat. Paris und Brüssel 1976.
Savi 1980
Vittorio Savi (Hg.), *Luigi Figini e Gino Pollini architetti,* Mailand 1980.
Savioli 1982
Leonardo Savioli grafico ed architetto, Ausst.-Kat. Faenza, Florenz 1982.
Sbriglio 1996
Jacques Sbriglio, *Immeuble 24 N. C. et appartement Le Corbusier,* Basel 1996.
Scarpa 1986
Ludovica Scarpa, *Martin Wagner,* Braunschweig 1986.
Sembach 1989
Klaus-Jürgen Sembach, *Henry van de Velde,* Stuttgart 1989.
Scharff/Sontheimer 1988
Nicole Scharff und Rainer Sontheimer, *Das Sommerhaus Theodor Fischer in Schlederloh,* Abschlussarbeit im Aufbaustudium Denkmalpflege an der TU München, München 1988.
Scharoun 1967
Scharoun, Ausst.-Kat. Berlin 1967.
Scheidig 1972
Walther Scheidig, *Die Bauhaus-Siedlungsgenossenschaft in Weimar 1920–1925,* in: Dezennium 2, Dresden 1972, S. 249–262.
Schilling 1987
Sabine Maja Schilling, *Ewald Mataré. Das plastische Werk. Werkverzeichnis,* Köln 1987.
Schindler 1926a
Rudolph M. Schindler, *Ventilation,* in: Los Angeles Times, Sunday magazine section, 14. 03. 1926, S. 25–26, abgedruckt in: Sarnitz 1986, S. 146–147.
Schindler 1926b
Rudolph M. Schindler, *About Heating,* in: Los Angeles Times, Sunday magazine section, 04. 04. 1926, S. 24–25, abgedruckt in: Sarnitz 1986, S. 147–148.
Schindler 1932
Rudolph M. Schindler, *A Cooperative Dwelling,* in: T-Square, Bd. 2, Februar 1932, S. 20–21, abgedruckt in: Sarnitz 1986, S. 150–151,
Schindler 1985
Rudolph M. Schindler. Architekt 1887–1953, Ausst.-Kat. München 1985.
Schirmer 1984
Wulf Schirmer (Hg.), *Egon Eiermann 1904–1970. Bauten und Projekte,* Stuttgart 1984.
Schirren 1989
Matthias Schirren (Hg.), *Hans Poelzig. Die Pläne und Zeichnungen aus dem ehemaligen Verkehrs- und Baumuseum in Berlin,* Ausst.-Kat. Berlin 1989.
Schirren 1993
Matthias Schirren, *Ironie und Bewegung. Die Sprüche Paul Scheerbarts,* in: Angelika Thiekötter (Hg.), *Kristallisationen, Splitterungen. Bruno Tauts Glashaus,* Ausst-Kat. Berlin, Basel 1993, S. 89–91.
Schmitt 1901
Eduard Schmitt, *Künstlerateliers,* Stuttgart 1901, in: *Handbuch der Architektur,* Teil IV, Halb-Band 6, H. 3, S. 4–85.
Schmitthenner 1932
Paul Schmitthenner, *Baugestaltung. Erste Folge. Das Deutsche Wohnhaus,* 1. Aufl. Stuttgart 1932. 4. Aufl. Stuttgart 1984.
Schmoll/Heilmann 1986
Helga Schmoll gen. Eisenwerth und Angela Heilmann, *Alexander Archipenkos Erbe. Werke von 1908 bis 1963 aus dem testamentarischen Vermächtnis,* Ausst.-Kat. Saarbrücken 1986.
Schorske 1994
Carl E. Schorske, *Wien. Geist und Gesellschaft im Fin de Siècle,* München 1994.
Schramm/Bassewitz/Hupertz 1985
Jost Schramm, Horst-Barthold von Bassewitz und Stephan Hupertz, *Häuser aus einem Hause,* Hamburg 1985.
Schreyl 1972
Karl Heinz Schreyl, *Joseph Maria Olbrich. Die Zeichnungen in der Kunstbibliothek Berlin. Kritischer Katalog,* Berlin 1972.
Schultze-Naumburg 1901
Paul Schultze-Naumburg, *Kulturarbeiten,* Bd. 1: Hausbau, München 1901.
Schultze-Naumburg 1906
Paul Schultze-Naumburg, *Das Bauernhaus in seiner vorbildlichen Bedeutung für das Arbeiterwohnhaus,* in: *Die künstlerische Gestaltung des Arbeiterwohnhauses,* Berlin 1906, S. 29–47.
Schultze-Naumburg 1927
Paul Schultze-Naumburg, *Saaleck. Bilder von meinem Hause und Garten in der Thüringer Landschaft,* Berlin 1927.
Schulze 1992
Franz Schulze (Hg.), *The Mies van der Rohe Archive,* Bd. 14, New York 1992.
Schumacher 1920
Fritz Schumacher, *Das Wesen des neuzeitlichen Backsteinbaus,* München o. J. (1920).
Schumacher 1935
Fritz Schumacher, *Stufen des Lebens. Erinnerungen eines Baumeisters,* Stuttgart und Berlin 1935.
Schumacher 1943
Fritz Schumacher, *Mein Heim An der Alster 39* (1943), in: Ders., *Selbstgespräche,* Hamburg 1949, S. 153–159.
Schwarz 1989
Hans-Peter Schwarz (Hg.), *Künstlerhäuser. Eine Architekturgeschichte des Privaten,* Ausst.-Kat. Frankfurt, Braunschweig 1989.
Schwarz 1990
Hans-Peter Schwarz, *Das Künstlerhaus. Anmerkungen zur Sozialgeschichte des Genies,* Braunschweig 1990.
Schwindrazheim, Hildamarie o. J.
Hildamarie Schwindrazheim, *Führer durch die Bauernstuben des Altonaer Museums,* Hamburg-Altona o. J.
Schwindrazheim, Oskar 1903
Oskar Schwindrazheim, *Deutsche Bauernkunst,* 1. Aufl. Hamburg 1903. 2. Aufl. Wien und Leipzig 1931.
Schwippert 1982
Hans Schwippert. Denken Lehren Bauen, Düsseldorf 1982.
Schwippert 1984
Hans Schwippert, Düsseldorf 1984.
Seidl 1919
Emanuel von Seidl, *Mein Stadt- und Landhaus,* Darmstadt 1919.
Sekler 1989
Patricia Sekler, *Constancies and Changes in Le Corbusier's Urbanism,* in: *Modernist Visions and the Contemporary American City,* Center. A Journal for Architecture in America, Nr. 5, New York 1989, S. 44–59.
Sembach 1989
Klaus-Jürgen Sembach, *Henry van de Velde,* Stuttgart 1989.
Shand 1935
Morton Shand, *Flat of Parc des Princes, Paris,* in: The Architectural Review, Bd. 77, Februar 1935, S. 73–76.
Sharp 1972
Dennis Sharp, *A Visual History of Twentieth-Century Architecture,* Greenwich (Conn.) 1972.
Sievers 1963
Kai Detlev Sievers, *Schleswig-Holsteinische Bauernstuben,* Heide 1963.
Simo 1988
Melanie Louise Simo, *Loudon and The Landscape. From Country Seat to Metropolis 1783–1843,* New Haven 1988.
Simpson 1979
Duncan Simpson, *C. F. A. Voysey. An Architect of Individuality,* London 1979.
Šlapeta 1985
Vladimír Šlapeta, *Die Brünner Funktionalisten,* Ausst.-Kat. Innsbruck 1985.
Smith, Clive Bamford 1967
Clive Bamford Smith, *Builders in the Sun. Five Mexican Architects,* New York 1967.
Smith, Thomas Gordon 1988
Thomas Gordon Smith, *Classical Architecture. Rule and Invention,* Layton 1988.
Smithson 1982
Alison+Peter Smithson. The Shift, London 1982.
Solaguren-Beascoa de Corral 1991
Félix Solaguren-Beascoa de Corral, *Arne Jacobsen,* Rotterdam 1991.
Sonck 1990
Lars Sonck 1870–1956. Tradizione e modernità, Mailand 1990.
Soth 1983
Lauren Soth, *Le Corbusier's Clients and their Parisian Houses of the 1920's,* in: Art History, Bd. 6, H. 2, Juni 1983, S. 306–323.
Sottsass 1991
Ettore Sottsass senior architetto, Ausst.-Kat. Trient, Mailand 1991.
Speer 1978
Albert Speer. Architektur. Arbeiten 1933–1942, Frankfurt am Main 1978.
Stabenow 1989
Jörg Stabenow, *Weihestätte und Bekenntnisbau. Der Durchbruch zur Moderne im Spiegel des Künstlerhauses,* in: Schwarz 1989, S. 80–155.
Starr 1978
S. Frederick Starr, *Melnikov. Solo Architect in a Mass Society,* Princeton 1978.
Steffen 1961
Uwe Steffen, *Das Bild des Menschen im Werk Otto Flaths,* 3. Aufl. Bad Segeberg 1961.
Steiner 1982
Dietmar Steiner, *Häuser im Alpenraum,* Innsbruck 1982.
Steinhausen 1929
Georg Steinhausen, *Geschichte der deutschen Kultur,* 1. Aufl. Leipzig 1904, 3. Aufl. 1929.
Stephan 1992
Regina Stephan, *Studien zu Wohn- und Geschäftshäusern Erich Mendelsohns in Deutschland,* Diss. München 1992.

Stephan 1998
Regina Stephan (Hg.), *Erich Mendelsohn. Architekt 1887–1957. Gebaute Welten,* Ostfildern-Ruit 1998.
Stern 1975
Robert A. M. Stern, *George Howe,* New Haven 1975.
Stern 1982
Robert A. M. Stern, *Raymond Hood,* New York 1982.
Stone 1962
Edward Durell Stone, *The Evolution of an Architect,* New York 1962.
Straaten 1988
Evert van Straaten, *Theo van Doesburg. Painter and architect,* Den Haag 1988.
Straaten 1994
Evert van Straaten, *Theo van Doesburg constructeur van het nieuwe leven,* Otterlo 1994.
Stressig 1971
Peter Stressig, *Hohenhagen. Experimentierfeld modernen Bauens,* in: *Karl Ernst Osthaus. Leben und Werk,* Recklinghausen 1971, S. 389–510.
Stressig 1987
Peter Stressig, *Die Häuser am Stirnband,* in: *Lauweriks* 1987, S. 82–106.
Strodthoff 1990
Werner Strodthoff, *Bescheiden, asketisch, klassisch,* in: Kölner Stadt-Anzeiger, Nr. 238, 11. 10. 1990, S. 16.
Strodthoff 1991
Werner Strodthoff, *Eine Privat-Bibliothek in Köln-Müngersdorf,* in: Bauwelt, 1991, H. 16, S. 830–833.
Sumi 1989
Christian Sumi, *Immeuble Clarté Genf 1932. Von Le Corbusier und Pierre Jeanneret,* Zürich 1989.
Suner 1988
Bruno Suner, *Pei,* Paris 1988.
Švácha 1985
Rostislav Švácha, *Od moderny k funkcionalismu,* Prag 1985.

Taeuber-Arp 1988
Sophie Taeuber-Hans Arp. Künstlerpaare-Künstlerfreunde, Ausst.-Kat. Bern 1988.
Taeuber 1989 a
Sophie Taeuber, Ausst.-Kat. Paris und Lausanne 1989.
Taeuber 1989 b
Sophie Taeuber-Arp 1889–1943, Ausst.-Kat. Aarau 1989.
Tafel 1981
Edgar Tafel, *Frank Lloyd Wright persönlich,* Zürich 1981.
Tafuri 1987
Manfredo Tafuri, *Machine et mémoire: la ville dans l'Œuvre de Le Corbusier,* in: Lucan 1987, S. 460–469.
Tafuri/Dal Co 1976
Manfredo Tafuri und Francesco Dal Co, *Architettura contemporanea,* Mailand 1976.
Taut 1927
Bruno Taut, *Ein Wohnhaus,* Stuttgart 1927. Nachdruck Berlin 1995.
Taut 1929
Bruno Taut, *Die neue Baukunst in Europa und Amerika,* Stuttgart 1929. Nachdruck: 1979.
Taut 1980
Bruno Taut 1880–1938, Ausst.-Kat. Berlin 1980.
Taut 1984
Max Taut 1884–1967, Ausst.-Kat. Berlin 1984.
Taylor 1978
Brian Brace Taylor, *Hygienic Housing or the Cleanliness Revolution in Paris,* in: *Henri Sauvage 1873–1932,* Brüssel 1978, S. 63–69.
Tegethoff 1981
Wolf Tegethoff, *Mies van der Rohe. Die Villen und Landhausprojekte,* Essen 1981.
Tegethoff 1987
Wolf Tegethoff, *Weißenhof 1927. Der Sieg des neuen Baustils?,* in: Jahrbuch des Zentralinstituts für Kunstgeschichte, Bd. 3, München 1987, S. 195–227.
Tempel 1968
Egon Tempel, *Neue finnische Architektur,* Stuttgart 1968.
Thiébaut 1992
Philippe Thiébaut (Hg.), *Guimard,* Ausst.-Kat. Paris 1992.
Thiersch 1961
Heinz Thiersch, *German Bestelmeyer. Sein Leben und Wirken für die Baukunst,* Müchen 1961.
Trevisiol 1990
Robert Trevisiol, *Otto Wagner,* Rom 1990.
Tschechische Kunst 1984
Tschechische Kunst 1878–1914. Auf dem Weg in die Moderne, 2 Bde., Ausst.-Kat. Darmstadt 1984.
Tschechische Kunst 1988
Tschechische Kunst der 20er und 30er Jahre. Avantgarde und Tradition, Ausst.-Kat. Darmstadt 1988.
Tummers 1972
Nic Tummers, *Der Hagener Impuls,* Hagen 1972.
Turkof 1986
Leopoldine Turkof, *Otto Wagner. Realisierung der eigenen Repräsentations- und Wohnvorstellungen im Haus Rennweg 3,* Praktikum, Institut für Kunstgeschichte, Universität Wien, 1986.
Twombly 1979
Robert C. Twombly, *Frank Lloyd Wright. His Life and His Architecture,* New York 1979.
Tzonis/Lefaivre 1992
Alexander Tzonis und Liane Lefaivre, *Between Utopia and Reality. Eight Tendencies in Architecture since 1968 in Europe,* in: Dies. (Hg.), *Architecture in Europe since 1968. Memory and Invention,* London 1992, S. 10–23.

Uhl 1966
Ottokar Uhl, *Moderne Architektur in Wien,* Wien 1966.
Uhry 1904
Edmond Uhry, *Une maison à Paris,* in: L'Art décoratif, Jg. 6, Juli–Dezember 1904, S. 51–60.
Ulmer 1990
Renate Ulmer, *Die Darmstädter Künstlerkolonie,* in: *Museum Künstlerkolonie* 1990, S. XIII–LV.
Underhill 1989
Sarah Mollmann Underhill, *Stanley Tigerman. Buildings and Projects 1966–1989,* New York 1989.
Ungers 1961
Oswald Mathias Ungers, *Aus einem Vortrag vor dem Akademischen Architektenverein in Hannover,* in: Baukunst und Werkform, Jg. 14, H. 8, August 1961, S. 426.
Ungers 1977
Oswald Mathias Ungers, *Entwerfen mit Vorstellungsbildern, Metaphern und Analogien,* in: Bauwelt, 1977, H. 47/48, S. 312–317.
Ungers 1979
Oswald Mathias Ungers, *Kommentar zu einer Humanistischen Architektur,* in: Das Kunstwerk, Jg. 32, H. 2/3, April/Juni 1979, S. 133–141.
Ungers 1981 a
Oswald Mathias Ungers, *Das Recht der Architektur auf eine autonome Sprache,* in: Heinrich Klotz (Hg.), *Kunst und Gesellschaft,* Frankfurt am Main 1981, S. 69–93.
Ungers 1981 b
Oswald Mathias Ungers, *Fünf Lehren aus Schinkels Werk,* in: *Karl Friedrich Schinkel. Werke und Wirkungen,* Ausst.-Kat. Berlin 1981, S. 214–215.
Ungers 1983
Oswald Mathias Ungers, *Die Thematisierung der Architektur,* Stuttgart 1983.
Ungers 1985
Oswald Mathias Ungers, *Bemerkungen zu meinem Entwerfen und Bauen,* in: Klotz 1985, S. 33–36.
Ungers 1986
Oswald Mathias Ungers, *Quadratische Häuser,* Stuttgart 1986, o. P.
Ungers 1991
Oswald Mathias Ungers. Architektur 1951–1990, Stuttgart 1991.
Ungers 1996
Oswald Mathias Ungers, *Aforismi sul costruire case,* in: Lotus international, Nr. 90, 1996, S. 6–33. Deutsche Ausgabe: *Aphorismen zum Häuserbauen,* Braunschweig 1999.
Ungers 1998
Oswald Mathias Ungers. Bauten und Projekte 1991–1998, Stuttgart 1998.
Ungewitter 1856
Georg Gottlob Ungewitter, *Entwürfe für Stadt- und Landhäuser,* 1. Aufl. Leipzig 1856. 2. Aufl. Glogau 1858.

Van de Velde 1897/98
Henry van de Velde, *Ein Kapitel ueber Entwurf und Bau moderner Moebel,* in: Pan, Jg. 3, 1897/98, H. 4, S. 260–264.
Vidotto 1991
Marco Vidotto, *A+P Smithson,* Genua 1991.
Viollet-le-Duc 1875–77
Eugène-Emmanuel Viollet-le-Duc, *Habitations modernes,* Paris 1875–77.
Vision der Moderne 1986
Vision der Moderne. Das Prinzip Konstruktion, Ausst.-Kat. Frankfurt, München 1986.
Voigt 1992
Wolfgang Voigt, *Vom Ur-Haus zum Typ. Paul Schmitthenners »deutsches Wohnhaus« und seine Vorbilder,* in: Lampugnani/Schneider 1992, S. 244–265.

Wagner, Martin 1932
Martin Wagner, *Das wachsende Haus,* Berlin 1932.
Wagner, Otto 1889
Otto Wagner, Einleitung (1889) zu: Ders. 1987, Bd. 1, abgedruckt in: Graf 1985, Bd. 1, S. 71–73.
Wagner, Otto 1893
Otto Wagner, *Erläuterungsbericht zum Entwurfe für den General-Regulirungsplan über das gesamte Gemeindegebiet von Wien,* Wien 1893, 2. Aufl. 1894, abgedruckt in: Graf 1985, Bd. 1, S. 87–121.

Wagner, Otto 1894
Otto Wagner, *Antrittsrede an der Akademie der bildenden Künste*, gehalten am 15. 10. 1894, abgedruckt in: Graf 1985, Bd. 1, S. 249–250.
Wagner, Otto 1896
Otto Wagner, *Moderne Architektur*, Wien 1896, abgedruckt in: Graf 1985, Bd. 1, S. 263–288.
Wagner, Otto 1911
Otto Wagner, *Die Großstadt*, Wien 1911, abgedruckt in: Graf 1985, Bd. 2, S. 640–647.
Wagner, Otto 1914
Otto Wagner, *Die Baukunst unserer Zeit*, 4. Aufl. Wien 1914.
Wagner, Otto 1987
Otto Wagner, *Einige Skizzen, Projekte und ausgeführte Bauwerke*, Bd. 1, Wien 1890; Bd. 2, 1897; Bd. 3, 1906; Bd. 4, 1922; Nachdruck aller Bände: Tübingen 1987.
Wagner, Walter F. jr. 1981
Walter F. Wagner jr., *More Houses Architects Design for Themselves*, New York 1981.
Wagner/Schlegel 1974
Walter F. Wagner und Karin Schlegel (Hg.), *Houses Architects Design for Themselves*, New York 1974.
Ward 1985
James Ward (Hg.), *The Artifacts of R. Buckminster Fuller. A Comprehensive Collection of His Designs and Drawings*, 4 Bde., New York 1985.
Warnod 1975
Jeanine Warnod, *Le Bateau-Lavoir*, Paris 1975.
Warnod 1978
Jeanine Warnod, *La Ruche et Montparnasse*, Paris 1978.
Weichardt 1878
Carl Weichardt, *Das Stadthaus und die Villa*, 1. Aufl. Weimar 1878. 2. Aufl. 1884.
Weiß 1995
Klaus-Dieter Weiß, *Städtebaulich wohnen. Das Wohn- und Atelierhaus von Ingeborg und Friedrich Spengelin in Hannover*, in: Deutsche Bauzeitung, Jg. 129, H. 6, S. 102–107.
Welsch 1987
Wolfgang Welsch, *Unsere postmoderne Moderne*, Weinheim 1987.
Wendschuh 1990
Achim Wendschuh, *Brüder Luckhardt und Alfons Anker. Gemeinsame und einsame Werk-Jahre – eine Chronologie*, in: *Luckhardt* 1990, S. 143–173.
Wentz 1975
Paul Ernst Wentz, *Architekturführer Düsseldorf*, Düsseldorf 1975.
Werhahn 1987
Charlotte M. E. Werhahn, *Hans Schwippert (1899–1973)*, Diss. München 1987.
Westphal 1938
Carl J. H. Westphal (Hg.), *Fritz Höger. Der niederdeutsche Backstein-Baumeister*, Wolfshagen-Scharbeutz 1938.
Whitford 1990
Frank Whitford, *Klimt*, London 1990.
Whittick 1940
Arnold Whittick, *Eric Mendelsohn*, 1. Aufl. London 1940. 2. Aufl. New York 1956.
Wichmann 1986
Hans Wichmann, *Sep Ruf. Bauten und Projekte*, Stuttgart 1986.
Wichmann 1992
Hans Wichmann, *Deutsche Werkstätten und WK-Verband 1898–1990. Aufbruch zum Neuen Wohnen*, München 1992.
Wickberg 1963
Nils Erik Wickberg, *Finnische Baukunst*, Helsinki 1963.
Wien 1906
Wien am Anfang des XX. Jahrhunderts. Ein Führer in technischer und künstlerischer Richtung, Bd. 2, Wien 1906.
Wiener Innenraumgestaltung 1980
Neues Wohnen. Wiener Innenraumgestaltung 1918–1938, Ausst.-Kat. Wien 1980.
Wiener Künstlerwohnungen 1990
Interieurs. Wiener Künstlerwohnungen 1830–1930, Ausst.-Kat. Wien 1990.
Wilhelm 1983
Karin Wilhelm, *Walter Gropius Industriearchitekt*, Braunschweig 1983.
Wilhelm 1985
Karin Wilhelm, *Porträt Frei Otto*, Berlin 1985.
Wilk 1981
Christopher Wilk, *Marcel Breuer. Furniture and Interiors*, London 1981.
Windsor 1981
Alan Windsor, *Hohenhagen*, in: The Architectural Review, Nr. 1015, Bd. 170, September 1981, S. 169–175.
Wingler 1962
Hans M. Wingler, *Das Bauhaus. 1919–1933 Weimar Dessau Berlin*, Bramsche 1962.
Winkler, Klaus-Jürgen 1991
Klaus-Jürgen Winkler, *The Neues Bauen in Weimar and the Bauhaus Legacy*, in: Rassegna, Nr. 45, 1991, S. 60–87.
Winkler, Robert 1955
Robert Winkler, *Das Haus des Architekten*, Zürich 1955.
Wirsing 1985
Werner Wirsing. Bauten und Projekte. Arbeiten seit 1947, Ausst.-Kat. München 1985.
Wohn-be-reiche 1985
Wohn-be-reiche im Garten. IBA Berlin 1987. Vorbereitende Studie für das »Ökohaus« Berlin, Warmbronn 1985.
Wolgensinger/Debaigts 1968
Bernard Wolgensinger und Jacques Debaigts, *Ferienhäuser in Europa*, München 1968.
Wolsdorff 1980
Christian Wolsdorff, *Georg Muche als Architekt*, in: *Georg Muche. Das künstlerische Werk 1912–1927*, Ausst.-Kat. Berlin 1980, S. 24–28.
Wolters 1943
Rudolf Wolters, *Albert Speer*, Oldenburg 1943.
Worbs 1983
Dietrich Worbs, *Der Raumplan im Wohnungsbau von Adolf Loos*, in: *Adolf Loos 1870–1933. Raumplan – Wohnungsbau*, Ausst.-Kat. Berlin 1983, S. 64–77.
Wortmann 1990
Arthur Wortmann (Hg.), *Melnikow. The Muscles of Invention*, Rotterdam 1990.
Wrede 1980
Stuart Wrede, *The Architecture of Erik Gunnar Asplund*, Cambridge (Mass.) 1980.
Wright 1978
The Plan for Restoration and Adaptive Use of Frank Lloyd Wright Home and Studio, Chicago 1978.
Wünsche 1989
Konrad Wünsche, *Bauhaus. Versuche, das Leben zu ordnen*, Berlin 1989.

Zahar 1928
Marcel Zahar, *L'Architecture vivante: l'Œuvre des Frères Perret*, in: L'Art Vivant, Jg. 4, 1928, H. 7, S. 763–764.
Zevi 1970
Bruno Zevi, *Erich Mendelsohn. Opera completa*, Mailand 1970.
Ziffer 1992
Alfred Ziffer (Hg.), *Bruno Paul*, Ausst.-Kat. München 1992.
Zöller-Stock 1993
Bettina Zöller-Stock, *Bruno Taut. Die Innenraumentwürfe des Berliner Architekten*, Stuttgart 1993.
Zorrilla Rodriguez 1985
Angelika Zorrilla Rodriguez, *José Villagran García. Architekt und Theoretiker*, Diss. Hamburg 1985.

Abbildungsnachweis

Achenbach 1987: 167
Architecture d'aujourd'hui, Jg. 3: 102, 111, 112, 113; Jg. 5 (© FLC): 116, 117, 118, 119, 120, 121, 126, 129; Jg. 6 (© FLC): 130, 131; Jg. 36: 241
Architecture, Mouvement, Continuité, Nr. 39: 81
Architecture vivante, Jg. 7: 138
Architectural Drawing Collection, University Art Museum, University of California, Santa Barbara: 230, 231
Der Architekt, Jg. 14: 19, 20; Jg. 16: 21
Architekturmuseum der TU München: 33, 34, 43, 44, 45, 49, 50
Archiv Asenbaum, Wien: 5, 30
Asenbaum/Haiko/Lachmayer/Zettl 1984: 10
Gert von Bassewitz, Hamburg: 242
Baugilde, Jg. 7: 77
Bauhaus-Archiv, Berlin: 93, 141, 143, 149, 150, 163, 164, 166
Bauhaus-Archiv, Berlin Foto: Lucia Moholy: 139, 140, 145, 147, 148, 165
Der Baumeister, Jg. 6: 38; Jg. 29: 239; Jg. 33: 240
Bauprüfabteilung, Bezirksamt Eimsbüttel, Hamburg: 56, 57
Benton 1987a: 89, 124
Hughes Bigo, Paris: 137
Bildarchiv Foto Marburg: 4
Bröcker 1940: 67
Brönner 1987: 2, 3
Bucciarelli 1992: 62
Chiambretto 1987: 136
Da Costa 1984: 233
Michael Dannenmann, Düsseldorf: 195
Deutsche Kunst und Dekoration, Jg. 23: 74
Robert Doisneau, Rapho, Paris: 114
Domus, Nr. 672: 98, 99, 100; Nr. 687: 85
Drew 1976: 228
Droste 1991: 154
Fischer 1912: 46, 47
Fondation Le Corbusier, Paris (© FLC): 78, 86, 87, 88, 91, 92, 115, 122, 123, 125, 127, 128
Frank, Hartmut 1994: 60
Frühlicht, Jg. 1: 185
Gfeller 1985: 90
Giedion 1965: 101
Glasforum, Jg. 34: 225
Gössel/Leuthäuser 1990: 103
Graf 1985: 27
Graphische Sammlung Albertina, Wien: 22
Gropius 1930: 142, 144, 146, 153
Historisches Museum der Stadt Wien: 6, 14, 18, 28
Höger 1923: 58, 61
L'Illustration, Nr. 4145: 104
Institut für Leichte Flächentragwerke, Stuttgart: 218
Das Interieur, Jg. 14: 31
Kieren 1994: 199
Kleinsthaus 1956: 216
Klotz 1985: 198
Die Kunst, Bd. 6: 159, 182; Bd. 36: 41, 42
Lampugnani 1983: 200
Lauweriks 1987: 161, 162
Dieter Leistner, Mainz: 206, 207
Loudon 1836-38: 1
Marg/Fleher 1983: 69
McHale 1962: 235, 236
Mendelsohn, Erich 1932a: 171, 172, 174, 175, 176, 177, 178, 179, 180, 181, 183
Mitteilungen des Instituts für Leichte Flächentragwerke (IL), Nr. 14: 224; Nr. 17: 214
Moderne Bauformen, Jg. 12: 39, 40
Müller-Wulckow 1928: 75, 76, 96, 97, 168, 189
Musée d'Orsay, Paris: 79
Museum Künstlerkolonie 1990: 160
Neue deutsche Architektur 1962: 196
Panerai 1974: 134
Christian Pixis, München: 32, 35, 36, 37
Präffcke 1986: 54
Probst/Schädlich 1985: 151, 155, 156
Prouvé 1990: 232, 234
Rassegna, Nr. 28: 105, 106, 107, 108; Nr. 45: 152
Rijksdeenst Beeldende Kunst, Den Haag: 95
Staatliche Museen zu Berlin, Kunstbibliothek: 64, 66, 71, 157, 158, 169, 170, 173, 184, 194
Staatsarchiv Hamburg, 621-2 Fritz Höger, Architekt: 53, 65, 73
Jörg Stabenow, Florenz: 15, 25, 26, 51, 52, 55, 59, 68, 72, 82, 83, 84, 109, 110, 133, 135, 201, 205, 208, 212, 229, 237, 238
Stiftung Archiv der Akademie der Künste, Berlin: 186, 187
Straaten 1994: 94
Süddeutsche Bauzeitung, Jg. 12: 48
Taeuber 1989b: 132
Taut 1927: 188, 190
Ungers 1991: 197, 203, 204, 209, 210
Tomáš Valena, München: 202
Viollet-le-Duc 1875-77: 80
Wagner, Otto 1914: 24
Wagner, Otto 1987, Bd. 1: 7, 8, 23; Bd. 2: 9; Bd. 3: 11, 12, 13; Bd. 4: 16, 17, 29
Wasmuths Monatshefte für Baukunst und Städtebau, Jg. 14: 191, 192, 193
Westphal 1938: 63, 70
Wilhelm 1985: 215, 219, 220, 221, 222, 223, 226, 227
Thomas Will, Dresden: 211
Wohn-be-reiche 1985: 217

Personenregister

Aalto, Alvar 242
Abel, Adolf 242
Ackermann, Kurt 242
Albers, Josef 147, 155
Albini, Franco 242
Alberti, Leon Battista 201
Ameis, Otto 68, 69, 71, 242
Anker, Alfons 175, 176, 251
Archipenko, Alexander 174
Arfvidson, André 82, 83
Arndt, Alfred 154
Arp, Hans 125
Asplund, Erik Gunnar 242
Athfield, Ian 242
Auer, Bela 242
Avenarius, Ferdinand 56

Bach, Johann Sebastian 171
Badovici, Jean 130, 131
Baller, Hinrich 129, 242
Banfi, Gian Luigi 242
Banham, Reyner 193, 196
Barberis, Charles 130
Barragan, Luis 242
Bartning, Otto 173, 242
Bauer, Leopold 18, 242
Baumeister, Willi 167
Bayer, Herbert 147, 242
Beck-Erlang, Wilfried 242
Behne, Adolf 12, 145
Behnisch, Günter 206, 242
Behrens, Peter 14, 15, 17, 80, 110, 140, 142, 149-152, 172, 173, 230, 233, 235, 242
Belgiojoso, Lodovico Barbiano di 242
Belz, Walter 249
Benthem, Jan 242
Bentsen, Ivar 242
Berlage, Hendrik Petrus 243
Bernoulli, Hans 208
Berthomieu, Jean-Louis 243
Bertsch, Karl 162, 243
Bestelmeyer, German 54, 55, 243
Bienefeld, Heinz 243
Bigot, Alexandre 99
Bill, Max 243
Billing, Hermann 230, 243
Böhm, Adolf 25
Böhm, Dominikus 40, 243
Böhm, Gottfried 189, 229, 243
Böll, Heinrich 191
Bofill, Riccardo 243
Bonatz, Paul 40, 46, 47, 229, 236, 243
Bonet, Pep 243
Bottoni, Piero 243
Bourgeois, Victor 80, 243
Branca, Alexander von 243
Braque, Georges 88
Breton, André 122
Breuer, Marcel 139, 143, 147, 155, 156, 168, 230, 243, 244, 255
Brinckmann, Justus 59, 60
Bröcker, Paul 60, 61, 65
Broek, Johannes Hendrik van den 244
Burne-Jones, Edward 13
Buzzi, Tomaso 234, 244

Canova, Antonio 10
Carré, Louis 122
Cassirer, Paul 158
Cetto, Max 244
Checkley, George 244
Chermayeff, Serge 158, 244
Chesnay, Léon 111
Ciamberlani, Albert 80
Coates, Wells 244
Coderch de Sentmenat, José Antonio 244
Coignet, François 101
Cravotto, Maurizio 244

Dahinden, Justus 244
De Beistégui, Charles 111, 117, 118
De Carlo, Giancarlo 244
De Czernichowski 81
Deilmann, Andreas 230, 244
Deilmann, Harald 244
Deiters, Wilhelm 149
De Koninck, Louis Herman 80, 244
De Mandrot, Hélène 119, 255
De Renzi, Mario 244
Dermée, Paul 78
Determann, Walter 145
Dewes, Ada 244
Dierkes, Paul 209, 210
Döcker, Richard 228, 244
Döllgast, Hans 245
Doesburg, Theo van 94, 135, 141, 245
Domenig, Günther 234, 238, 239, 245
Dudok, Willem Marinus 245
Dülfer, Martin 84, 249
Dürer, Albrecht 36, 56
Durisch, Giancarlo 245

Eames, Charles und Ray 232, 245
Eesteren, Cor van 141
Eiermann, Egon 188, 245
Einstein, Albert 171
Eisenköck, Hermann 245
Elingius, Erich 236, 245
Elsässer, Martin 245
Erbe, Albert 60
Erskine, Ralph 245
Ervi, Aarne 245
Eysselinck, Gaston 245

Feininger, Andreas 155
Feininger, Lyonel 135, 153, 155, 157, 168, 169
Feistel, Max 228, 245
Ferencz, Istvan 245
Fieger, Carl 228, 245
Figini, Luigi 245
Finlay, Ian Hamilton 198, 201
Fischer, Theodor 17, 29, 40-57, 59, 72, 73, 145, 195, 225, 229, 235, 236, 245
Fischer, Therese 42, 43, 49
Fischli, Hans 246
Fisker, Kay 246
Flath, Otto 71
Forbát, Fréd 142, 145, 146
Forstner, Leopold 29
Fränkel, Wilhelm 68
Frank, Joseph 80
Frey, Albert 246, 249

Friedman, Yona 211
Fritz, Nico 246
Fry, Maxwell 132
Fuchs, Bohuslav 246
Fuchs, Ernst 33, 34
Fuchs, Georg 150
Fuller, Richard Buckminster 222-224, 232, 246

Gabo, Naum 170
Gallego Jorreto, José Manuel 246
Gardella, Ignazio 246
Gaut, Pierre 126
Gehry, Frank O. 238, 246
Gerkan, Meinhard von 236, 246
Gerson, Hans und Oskar 246
Gesellius, Hermann 246
Gessner, Hubert und Franz 29-31, 246
Gianola, Ivano 246
Giedion, Sigfried 12, 126
Gieselmann, Reinhard 190, 192, 194, 195, 246
Gill, Irving 220
Gisel, Ernst 246
Glückert, Julius 149
Gminder, Emil 45, 59
Goethe, Johann Wolfgang von 45, 56, 145, 174
Goldfinger, Ernö 246
González de León, Teodoro 247
Graves, Michael 247
Gray, Eileen 131, 247
Greene, Charles Sumner 247
Greene, Herbert 234, 247
Gropius, Ise 144
Gropius, Walter 17, 132-157, 167, 208, 228, 229, 231, 232, 235, 236, 238, 247
Gsaenger, Gustav 247
Guadet, Julien 98
Guadet, Paul 105, 106, 237, 247
Guiette, René 90
Guimard, Hector 84, 102, 104-106, 235, 237, 247
Gutbrod, Rolf 206

Hablik, Wenzel August 247
Haefeli, Max Ernst 247
Häring, Hugo 208
Haller, Martin 60, 62, 63
Hankar, Paul 80, 247
Hannich, Josef 232
Harding, Valentine 247
Harrison, Wallace K. 247
Hart, Franz 247
Hase, Conrad Wilhelm 14
Haussmann, Georges-Eugène 80
Havning, Thomas 247
Hegemann, Werner 182, 248
Hénard, Eugène 101
Hennebique, François 99
Hentrich, Helmut 248
Hermkes, Bernhard 237, 248
Herold, Georg 201, 202
Hesse, Fritz 135
Hill, Douglas 171
Hocheder, Carl 248
Höger, Fritz 17, 58-77, 225, 228, 233, 235-237, 248
Hölzinger, Johannes Peter 248
Hoetger, Bernhard 73-76, 230, 233, 235, 248
Hoff, Robert van t' 141
Hoffmann, Josef 18, 80
Hoh-Slodczyk, Christine 9, 10
Holzmeister, Clemens 248
Hood, Raymond M. 248
Hopkins, Michael 248
Horta, Victor 248
Howe, George 248
Hübner, Peter 248
Huster, Frank 248
Hypšman, Bohumil 248

Invernizzi, Angelo 248
Ito, Toyo 248
Itten, Johannes 135

Jacobsen, Arne 237, 249
Janák, Pavel 237, 249
Janda, Emil 63
Janssens, René 80
Jeanneret, Pierre 110
Jencks, Charles 249
Jespers, Oscar 80
Jessen, Hans 249
Johnson, Philip 216, 249
Jourda, Françoise-Hélène 249
Jujol, Josep Maria 249
Jurkovič, Dušan 249

Kallio, Oiva 249
Kammerer, Hans 249
Kandinsky, Nina 156
Kandinsky, Wassily 135, 153, 155-157
Kelbaugh, Doug 249
Keyssner, Gustav 42
Kiecol, Hubert 197
Kikutake, Kiyonori 230, 249
Klee, Felix 155
Klee, Paul 135, 153, 155-157
Klenze, Leo von 201
Klimt, Gustav 29
Knutsen, Knut 249
Kocher, A. Lawrence 249
Koenig, Pierre 249
Köster, Arthur 165, 177, 179
Kohtz, Otto 249
Kostelac, Josip Ante von 230, 249
Kotěra, Jan 18, 29-31, 249
Kraemer, Friedrich Wilhelm 250
Kramer, Ferdinand 250
Kreis, Wilhelm 250
Krier, Leon 250
Krier, Rob 129, 211, 250
Kroha, Jiří 250
Kroll, Lucien 250
Kuhr, Fritz 155
Kulka, Heinrich 49

Lafon, Albert 89
Lambert, Jacques 101, 103
Langbehn, Julius 50
Lassen, Mogens 250
Laurens, Henri 123
Laurens, Jean Paul 81
Lauterbach, Heinrich 250
Lauweriks, Johannes L. M. 147, 150-152, 250
Le Corbusier 17, 78-97, 99, 110-131, 142, 143, 159, 167, 177, 202, 210, 230-233, 235, 237, 250
Léger, Fernand 121-123
Lehmann, Otto 71
Lemordant, Julien 88
Lenbach, Franz von 10
Lenglet, Jacques 80
Lescaze, William 250
Lettré, Emil 171
Lewerentz, Sigurd 250
Lichtwark, Alfred 11, 50, 59-64, 68, 69
Lindgren, Armas 246
Linhart, Evžen 250
Lipchitz, Jacques 122
Lissitzky, El 141
Littmann, Max 250
Lodders, Rudolf 236, 250
Löwengard, Alfred 62
Loos, Adolf 11, 31-33, 37, 38, 45, 49, 125, 231, 250
Lorenz-Meyer, Eduard Lorenz 60, 62-64
Loucheur, Louis 119
Loudon, John Claudius 13
Lovell, Philip 221
Lubetkin, Berthold 129, 251
Lucas, Colin 250
Luckhardt, Hans und Wassili 162, 166, 168, 173, 175-177, 180, 182, 220, 232, 237, 251
Luckhardt, Wassili 189, 229, 251
Ludwig, Eberhard 251
Lurçat, André 88

Mackintosh, Charles Rennie 251
Majorelle, Louis 80
Malewitsch, Kasimir 141
Marc, Franz 168
Marcks, Gerhard 191
Mariscal, Nicolás 251
Markelius, Sven 251
Mataré, Ewald 168-170
May, Ernst 40, 94, 95, 251
Maybeck, Bernard 251
Mebes, Paul 45, 251
Meissonier, Jean-Louis-Ernest 80
Melnikow, Konstantin 95, 96, 235, 251
Mendelsohn, Erich 17, 40, 78, 158-183, 201, 208, 229, 231-233, 235-237, 251
Mendelsohn, Louise 161, 168, 170, 183
Meyer, Adolf 132, 140, 143, 152
Meyer, Hannes 132, 147
Meyer-Ottens, Otto 147
Michelangelo 36
Mies van der Rohe, Ludwig 132, 168, 193, 204, 216, 229, 231
Modersohn-Becker, Paula 168
Möhring, Bruno 251
Möller, Heinrich 252
Moholy-Nagy, László 135, 155, 156
Moll, Carl 80
Mollino, Carlo 234, 252
Molnár, Farkas 143, 147, 252
Molzahn, Johannes 179

Moore, Charles Willard 230, 238, 252
Moreau, Gustave 89
Morris, William 13-16
Moser, Kolo 80
Moser, Werner Max 252
Mosse, Rudolf 158, 165
Muche, Georg 135, 143, 146, 155, 157
Müller, Albin 252
Muter, Mela 88
Muthesius, Hermann 11, 231, 252
Mutschler, Carlfried 206

Naumann, Bruce 201
Neufert, Ernst 228, 252
Neufert, Peter 229, 230, 252
Neutra, Richard 160, 252
Niemeyer, Johannes 252
Niemeyer, Oscar 252
Nietzsche, Friedrich 173
Norberg-Schulz, Christian 253
Nüll, Eduard van der 22

Oesterlen, Dieter 253
O'Gorman, Juan 234, 253
Olbrich, Joseph Maria 14, 148-150, 172, 236, 253
Olgiati, Rudolf 253
Orloff, Chana 88
Ostendorf, Friedrich 253
Osthaus, Karl Ernst 147, 150, 151
Otto, Frei 17, 206-225, 229, 232, 233, 238, 239, 253
Overstreet, Robert K. 253
Ozenfant, Amédée 17, 78-97, 110, 130, 159, 165, 167-170, 172, 174, 182, 230

Palladio, Andrea 202-204
Pankok, Bernhard 17, 253
Parisi, Ico 253
Patout, Pierre 128, 253
Paul, Bruno 253
Pechstein, Max 168
Pei, Ieoh Ming 253
Peichl, Gustav 253
Perraudin, Gilles 249
Perret, Auguste 17, 78, 79, 88, 98-109, 110, 111, 115, 125-128, 131, 211, 237, 253
Perret, Claude-Marie 102
Perret, Gustave 102
Perriand, Charlotte 122, 253
Pfann, Paul 51
Piacentini, Marcello 253
Picasso, Pablo 122
Pinnau, Cäsar 236, 253
Piper, Carl Anton 61
Pixis, Oskar 40, 42
Plečnik, Jože 18, 59, 254
Poelzig, Hans 175-178, 180-182, 208, 231, 235, 237
Poelzig, Marlene 180, 254
Ponti, Gio 254
Posener, Julius 178, 183
Prince, Bart 234, 254
Prouvé, Jean 222, 223, 254
Puente, Sergio 244
Pugin, Augustus N. W. 13, 14

Rading, Adolf 254
Raffael 36
Rainer, Roland 208, 254
Rasmussen, Stehen Eiler 254
Raymond, Antonin 254
Rebutato, Thomas 130
Redslob, Erwin 165
Reichlin, Bruno 131
Reichow, Hans-Bernhard 208
Ricci, Leonardo 254
Richter, Erich 254
Richter, Willy 228, 254
Ridolfi, Mario 254
Riemerschmid, Eduard 50
Riemerschmid, Richard 17, 53-55, 80, 230, 254
Rietveld, Gerrit Thomas 141, 189, 193, 194, 196
Riphahn, Wilhelm 191, 254, 255
Robespierre, Maximilien 201
Rogers, Ernesto Nathan 196, 255
Rogers, Richard 255
Roselius, Ludwig 74, 75
Rossetti, Dante Gabriel 13
Roth, Alfred 255
Rousseau, Henri 85
Roux-Spitz, Michel 119
Ruegenberg, Sergius 255
Ruf, Sep 255

Saarinen, Eliel 246, 255
Salvisberg, Otto Rudolf 255
Sartoris, Alberto 167
Sauvage, Henri 80, 99, 103, 105, 111
Savioli, Leonardo 255
Scarpa, Tobia 255
Schäfer, Peter 255
Scharoun, Hans 129, 208, 237, 255
Schattner, Karljosef 256
Scheerbart, Paul 180, 225
Scheper, Hinnerk 139
Scheu, Gustav 31
Schilling, Hans 256
Schindler, Rudolph Michael 18, 220, 221, 230, 232, 256
Schinkel, Karl Friedrich 204
Schlemmer, Oskar 157, 167, 170
Schmid, Dieter 234, 256
Schmidt, Joost 147
Schmitthenner, Paul 46, 47, 70
Schmitz, Bruno 256
Schneider, Karl 228, 256
Schneider, Léon 119
Schneider, Peter Friedrich 204
Schneider-Esleben, Paul 256
Schneider-Wessling, Erich 256
Scholer, Friedrich Eugen 46
Schramm, Gottfried 228, 236, 256
Schroeder, Rudolf 256
Schröder-Schräder, Truus 193
Schröter, Adolf 256
Schürmann, Joachim 189, 229, 256
Schulitz, Helmut 256
Schultze-Naumburg, Paul 17, 69, 256
Schumacher, Fritz 61, 64, 65, 73, 236, 256
Schwarz, Hans-Peter 9, 10
Schwarz, Rudolf 191

Schwindrazheim, Oskar 59, 60
Schwippert, Hans 257
Scott Brown, Denise 259
Seidl, Emanuel von 257
Seidl, Gabriel von 14, 29, 40, 51-53, 55, 257
Seidler, Harry 257
Seitz, Paul 257
Semper, Gottfried 22, 32
Sert, José Luis 257
Seurat, Georges 85
Siccardsburg, August Siccard von 22
Signac, Paul 84
Sima, Josef 104
Simon, Lucien 81
Siren, Kaija und Heikki 257
Sitte, Camillo 29, 40
Skov, Aksel 257
Smith, Thomas Gordon 257
Smithson, Alison und Peter 257
Soleri, Paolo 257
Sonck, Lars 257
Sordo Madaleno, Juan 257
Sottsass sen., Ettore 257
Spalding, Otto 257
Speer, Albert 257
Spengelin, Friedrich und Ingeborg 237, 257, 258
Steidle, Otto 258
Steiger, Rudolf 258
Steiger-Crawford, Flora 258
Steiner, Hugo 31
Stevenson, John James 13, 14
Stone, Edward Durell 258
Stonorov, Oscar 258
Strnad, Oskar 258
Studer, André M. 258
Süe, Louis 81, 82
Sundahl, Eskil 258

Taeuber, Sophie 124, 125
Tange, Kenzo 206, 258
Taut, Bruno 12, 175, 177-180, 208, 225, 228, 231-233, 237, 258
Taut, Max 208, 237, 258
Teja, Manuel 258
Tessenow, Heinrich 55, 59, 229, 230, 232, 238, 258
Tettau, Wilhelm Freiherr von 258
Tiber, Ben 33
Tigerman, Stanley 258
Thiersch, Friedrich von 40
Thorn Prikker, Johan 151
Tschumi, Bernard 258
Tzara, Tristan 125

Ungers, Oswald Mathias 17, 188-204, 228, 230, 234-236, 238, 239, 258, 259
Utzon, Jörn 259

Velde, Henry van de 10, 14, 15, 17, 80, 133, 151, 161, 172, 230, 231, 259
Venturi, Robert 238, 259
Venturi, Vanna 238
Viganò, Vittoriano 259
Villagran García, José 259
Villanueva, Carlos Raúl 259

Vondrák, Jaroslav 259
Voysey, Charles Francis Annesley 259

Wagner, Martin 208, 219
Wagner, Otto 14, 15, 17, 18-39, 41, 45, 62, 99, 129, 173, 189, 195, 228, 230-233, 235, 236, 259
Wallot, Paul 40
Walpole, Horace 10
Walthausen, Werner von 228, 259
Warchavchik, Gregori J. 259
Webb, Philip 13, 16
Welzenbacher, Lois 40, 259, 260
Wiepking-Jürgensmann, Friedrich 162
Wild, David 260
Wils, Jan 141
Wilson, Colin St. John 260
Wirsing, Werner und Grete 189, 160, 220, 260
Wogensky, André 260
Wright, Frank Lloyd 140, 160, 220, 260

Zabludovsky, Abraham 260